SOVSCRIPTION NATIONALE

POVR L'ÉRECTION D'VN MONVMENT
AV POÈTE REGNARD

200ᵉ Anniversaire
de sa Mort
Sept. 1709-1909

'IMMORTEL auteur du « Joueur », des « Ménechmes », des « Folies Amoureuses » et du « Légataire » est mort depuis deux cents ans, et il n'a nulle part encore de monument. Dans un siècle où les moindres célébrités ont le leur, les amis de l'Art français se sont émus de cet oubli et ils ont projeté de le réparer à la date prochaine du bi-centenaire de la mort du poète.

Ce monument, à la

fois modeste et artistique qu'ils préparent, ils ont pensé qu'on ne saurait le mieux placer qu'à l'endroit même où Regnard a voulu se retirer, composer ses chefs-d'œuvre et mourir, à *Dourdan,* la ville charmante de Seine-et-Oise, où il exerçait les charges de Lieutenant des Eaux et Forêts et des Chasses, de Capitaine du Château et de Grand Bailli d'Épée.

Au milieu de la place qu'il traversait chaque jour pour se rendre dans son petit château de Grillon, entre l'antique forteresse de Philippe-Auguste dont il était le gardien et la vieille Halle où il tenait ses audiences forestières, en face de la grande Église où il fut inhumé, une haute stèle de pierre portera la reproduction en bronze de l'admirable buste de Foucou. Ce sera l'hommage enfin rendu à l'aimable et joyeux auteur, tout ensemble bon vivant et grand seigneur, dont on goûtera toujours, dans son pays comme à l'étranger, le style étincelant, le franc rire et la verve intarissable.

Un comité de Souscription s'est constitué à cet effet et il fait appel à tous ceux qui ont à cœur d'honorer une gloire vraiment française.

Membres d'honneur : MM. LE SOUS-SECRÉTAIRE D'ÉTAT DES BEAUX-ARTS.
LE BARON DE COURCEL, ancien Ambassadeur, Sénateur de Seine-et-Oise.
LE PRÉFET DE SEINE-ET-OISE.
LE PRÉSIDENT DU CONSEIL GÉNÉRAL.
LE MAIRE DE LA VILLE DE DOURDAN.

Président : M. JULES CLARETIE, de l'Académie Française.

Vice-Présidents : MM. ABEL LEFRANC, Professeur au Collège de France.
MOUNET-SULLY, Sociétaire Doyen de la Comédie-Française.
PAISANT, ancien magistrat, Vice-Président de la Commission des Antiquités et des Arts de Seine-et-Oise.

Membres : MM. FERNAND BOURNON, Rédacteur au journal des « DÉBATS ».
ADOLPHE BRISSON, Directeur des « Annales », Critique théâtral du « Temps ».
COÜARD, Archiviste de Seine-et-Oise.
COÜET, Bibliothécaire Archiviste de la Comédie-Française.
G. LANSON, Professeur à la Faculté des Lettres.
G. LENÔTRE, Historien et Critique littéraire.
MAREUSE, Secrétaire de la Société de l'Histoire de Paris et de l'Ile-de-France.
TRUFFIER, Sociétaire de la Comédie-Française.

Secrétaire : M. JOSEPH GUYOT, Auteur de l'« Histoire de Dourdan » et de « Regnard à Grillon ».

Trésorier : M. A. PICARD, Libraire de la Société de l'École des Chartes.

LA COMPLAINTE DE REGNARD
attendant en vain un monument
depuis deux cents ans.

I

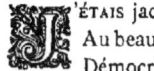'étais jadis un bon compère
Au beau visage, au sort prospère,
Démocrite jouant, aimant,
Voyageant, observant, rimant.
D'un rire épanoui, sincère,
Depuis deux siècles constamment,
Je vous fais rire innocemment
Jusqu'aux larmes. Vive, légère,
Jeune, un peu folle par moment,
Ma Muse a toujours sur la terre
Poursuivi son chemin gaîment ;
Mais moi, par un destin sévère,
Sans mériter ce châtiment,
Avec ceux qui vont tristement
Privés de sépulture, j'erre...
Ma pauvre ombre se désespère,
Car je n'ai pas de monument !...

II

On me compare avec Molière ;
On vante mon style élégant,
Ma verve plus primesautière,
Mon vers plus aisé, plus fringant,
Et ma prose moins roturière ;
On trouve mon *Joueur* charmant,
On se pâme à mon *Légataire* ;
Folies, *Ménechmes* fréquemment
Sont réclamés par le parterre ;
Maint illustre sociétaire
Tour à tour se fait brillamment
Ou mon Crispin ou mon Valère,
Et même à Londres récemment.
« Ils n'en ont pas en Angleterre. »
C'est possible... Mais, sur la terre,
Moi, je n'ai pas de monument !...

III

Moi, le joyeux célibataire,
Je n'eus pas de chance vraiment :
Tontine qui m'était si chère
Ne veut pas de moi pour amant ;
Ma belle santé qui s'altère
Ne veut plus que je sois gourmand,
Et je meurs d'un malheureux verre
D'eau froide pris imprudemment.
Je suis soupçonné par Voltaire ;
Dans une église où l'on m'enterre,

Mon crâne est brisé méchamment.
Mon *Grillon* se vend pierre à pierre
Et, pour comble de ma misère,
On me refuse un monument!...

.

IV

D'un petit grand homme éphémère
Vous qui faites journellement
La statue en pied, simplement
Mettez sur un socle de pierre
Rien que mon buste seulement!...

. . . .

Eh bien! ce que Regnard espère,
On va le faire incontinent
A Dourdan, dont il fut naguère

Bailli d'épée et Lieutenant
Des Forêts; Dourdan qu'il préfère
Même à Paris de son vivant,
Avec son vallon solitaire,
Ses tours et son site charmant.

Mais pour que le socle de pierre
Porte le buste dignement
Et que la fête soit entière,
Amis de l'art, discrètement
« Donnez l'obole à Bélisaire, »
Donnez... L'auteur du Légataire,
Au jour de son bi-centenaire,
Enfin aura son monument!...

———

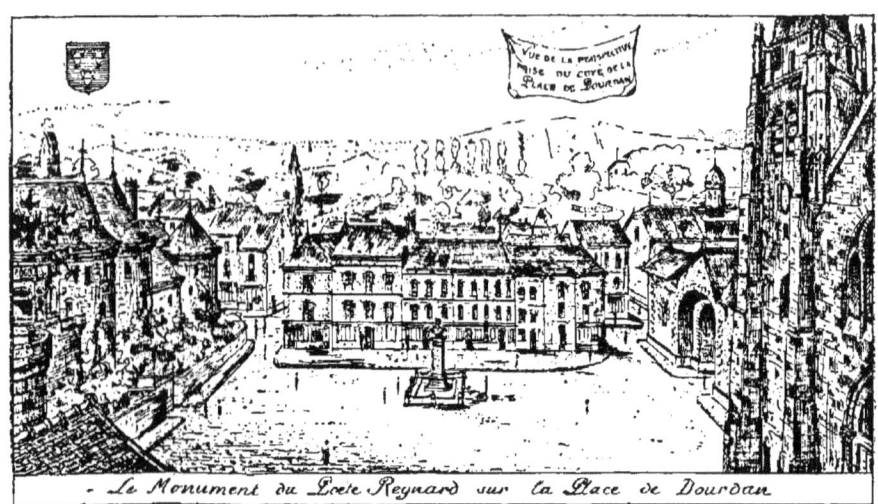

Le Monument du Poète Regnard sur la Place de Dourdan

Hommage sympathique de l'auteur

à Mlle aline Boulian

une Domdanaise – une artiste – et une amie

Joseph Guyot

CHRONIQUE

D'UNE

ANCIENNE VILLE ROYALE

DOURDAN

CAPITALE DU HUREPOIX

PAR

JOSEPH GUYOT

A PARIS

CHEZ AUGUSTE AUBRY

Libraire de la Société des Bibliophiles Français

18, rue Séguier.

1869

CHRONIQUE

DE

DOURDAN.

Imprimé aux dépens de l'Auteur

et tiré à petit nombre.

DOURDAN VU DE LA ROUTE DE CORBREUSE

M·DCCC LXIX

CHRONIQUE

D'UNE

ANCIENNE VILLE ROYALE

DOURDAN

CAPITALE DU HUREPOIX

PAR

JOSEPH GUYOT

A PARIS

CHEZ AUGUSTE AUBRY

Libraire de la Société des Bibliophiles français

18, rue Séguier.

M D CCC LXIX

AU LECTEUR.

Jacques de Lescornay, *conseiller et avocat du roi Louis XIII à Dourdan, a recueilli, pour les offrir à son maître, en 1624, ce qu'il appelle* les Mémoires de la ville de Dourdan. *Louis XIII, jeune encore, s'amusait au château, dont Marie de Médicis était usufruitière. La jalouse régente y trouvait son intérêt. De Lescornay voulut plaire à la mère et au fils : il célébra Dourdan, vanta le passé, exalta le présent, flatta tout le monde et réussit.*

Nous serions trop indulgent, si nous ne constations pas les lacunes, les erreurs, le défaut complet de critique, les fades hyperboles et le style ennuyeux de cet opuscule. Mais nous serions injuste si nous méconnaissions le véritable service rendu à la ville de Dourdan par un homme, intelligent d'ailleurs, qui rassembla et publia un certain nombre de titres et de pièces qu'on aurait quelque peine à se procurer aujourd'hui. Comme recueil des principales chartes qui intéressent l'histoire des mutations de Dourdan, le travail du complaisant annaliste est loin d'être sans valeur.

Personne n'a tenté depuis de refaire ou de compléter le petit livre de de Lescornay. Un commissaire de police de Dourdan, à la fin du XVIIIe siècle, le sieur Gaumer, a eu la patience de le recopier de sa main en ajoutant quelques notes informes sur ce qui le frappait alors dans la ville, mesures municipales, embellissements et restaurations du moment. M. Dauvigny, maire de Dourdan sous le Consulat et l'Empire, paraît avoir consigné quelques indica-

tions plus sérieuses dans des cahiers malheureusement perdus.

Il n'existe aucune étude moderne sur Dourdan : les dictionnaires ont reproduit plus ou moins exactement l'article abrégé de Dulaure. En dépit de sa mystérieuse origine, de ses royales destinées et de son vieux château, l'ancienne capitale du Hurepoix, pour être à la fois trop près de Paris et trop loin de la grande route, a vu ses souvenirs oubliés comme les charmants sites de sa vallée.

Le livre que nous offrons est le résultat modeste de recherches longues, patientes, faites avec un scrupuleux amour du sujet.

Des liens de naissance, de gratitude et d'affection ont donné pour nous un intérêt de famille au passé de la ville et de l'antique demeure où nous vivons. Un goût instinctif pour les choses d'autrefois nous a dirigé et soutenu dans nos études. En les publiant, nous n'avons ni d'autres raisons ni d'autres titres.

Nous devons au lecteur l'indication des sources où nous avons puisé.

Les archives de la mairie de Dourdan sont nulles au point de vue historique. Aucun papier n'existe au château. Il a fallu chercher ailleurs. Les immenses dépôts inexplorés des Archives de l'Empire nous ont offert une foule de documents épars ; les nombreux cartons de la section domaniale ont dû être complétés à Orléans, au centre de la généralité, où il existe un fonds du comté de Dourdan, malheureusement trop restreint. Les archives de Seine-et-Oise qui ont centralisé des documents modernes et quelques anciens fonds ecclésiastiques de la contrée, les archives d'Eure-et-Loir qui possèdent sur l'église de Dourdan plusieurs vieilles pièces intéressantes, ont été interrogées tour à tour.

Les établissements particuliers de Dourdan ont été pour nous l'objet d'une minutieuse enquête. A l'église, nous avons trouvé les papiers de Saint-Germain et de l'ancienne fabrique Saint-Pierre, dans l'état d'incohérence et de confusion où ils avaient été abandonnés après la révolution. Nous avons constaté là, une fois de plus, ce qui partout nous a laissé des regrets : les pertes immenses, les irréparables lacunes causées par les pillages que Dourdan a subis dans plusieurs siéges et surtout par les fanatiques auto-da-fé des guerres de la Ligue. Les archives paroissiales de Dourdan remontent au lendemain du siége de 1591. *Elles sont assez complètes à partir de cette époque.*

Le fonds de l'Hôtel-Dieu, classé avec soin, contient des documents spéciaux fort nombreux. La maison de la Communauté garde quelques pièces dont les originaux sont en grande partie à Versailles.

Dourdan étant une ville du domaine royal, nous n'avions pas la ressource des archives seigneuriales. Pourtant, comme plusieurs mouvances féodales se croisaient sur son territoire, nous avons désiré fouiller les terriers et les titres fonciers des nobles maisons des environs, spécialement de Bandeville et du Marais. Ils ont tous été mis, avec la plus gracieuse obligeance, à notre entière disposition.

Un nom nous était signalé, c'était celui du fils du dernier bailli de Dourdan, M. Roger d'Étampes, dont les ancêtres avaient exercé des charges importantes pendant près de deux siècles. Il a bien voulu nous ouvrir ses cartons de famille et nous laisser faire chez lui une assez ample moisson de parchemins, liasses et registres précieux pour l'histoire de l'administration locale aux derniers siècles. Nous avons le regret de ne pas les rendre aujourd'hui à leur aimable propriétaire, mais nous offrons nos remercîments à sa veuve qui a daigné, à notre prière, doter la mairie de Dourdan de ces pièces intéressantes qui seront religieusement conservées.

Nous ne saurions oublier les innombrables ouvrages qui ont pu nous éclairer sur les différentes parties de notre sujet, les bibliothèques qui nous ont prêté leur secours, les savants bienveillants qui nous les ont ouvertes et auxquels nous rendrons plus d'une fois hommage. Nous avons cherché à ne rien négliger pour être aussi complet et aussi exact que possible, et nous sommes reconnaissant envers tous ceux qui nous ont fourni des renseignements, des documents ou même des souvenirs. Quant aux erreurs, aux lacunes qui peuvent subsister dans ce long travail, nous en demandons pardon au lecteur, et nous le prions d'ajouter à nos recherches ce qu'il sait ou ce qu'il apprendra.

Nous souhaitons que les érudits qui voudront bien nous lire, trouvent dans cette Chronique locale d'une petite ville d'Élection quelques observations, quelques faits intéressants pour leur œuvre de généralisation et de synthèse qui est tout l'avenir de la science historique. Nous serons heureux si nous avons pu révéler à des amis du passé plusieurs vestiges qu'ils ignorent. Nous serions plus heureux encore s'il nous était donné de laisser entrevoir à certaines personnes de loisir le puissant intérêt qui s'attache, malgré le labeur, à l'étude, quelle qu'elle soit, du moindre coin de la terre natale.

On nous permettra d'inscrire en tête de notre Chronique de Dourdan un nom qui nous est cher à bien des titres, celui de l'homme excellent auquel nous avons la douleur de ne pouvoir dédier ce livre. C'est à M. Amédée Guenée que Dourdan doit la conservation de son vieux château; c'est à lui que nous devons l'inspiration de notre travail. Que nos efforts soient au moins un reconnaissant hommage à son souvenir!

Nos chers concitoyens, les dévoués administrateurs de notre ville, voudront bien agréer l'offre que nous leur faisons de ce tableau de leur histoire. Nous n'avons point ménagé les détails, car on aime à tout retrouver dans un portrait. Nous espérons qu'ils liront, sans trop d'ennui, certains développements un peu techniques, qu'on ne peut omettre aujourd'hui. Nous souhaitons qu'ils éprouvent quelque plaisir à savoir en détail tout ce qu'ont fait, vu ou souffert leurs pères, tout ce que vaut le passé, d'où naît le présent et d'où sort l'avenir. Nous sommes sûr qu'en connaissant mieux leur vieille cité, ils ne pourront que l'aimer davantage.

JOSEPH GUYOT.

Dourdan, 25 août 1869.

CHAPITRE PREMIER

LES ORIGINES DE DOURDAN.

ARTI de Paris pour aller à Tours, le voyageur qui suit
la ligne du chemin de fer d'Orléans, après avoir côtoyé
la Seine jusqu'à Athis, rencontre un modeste affluent.
Quittant alors le grand fleuve, il s'engage sur la droite
dans une vallée pleine de fraîcheur, où coule la rivière
d'Orge, que bordent de charmants villages : Juvisy,
Savigny-sur-Orge, Épinay-sur-Orge, Villiers-sur-Orge, Longpont, et
au sommet du coteau qui domine Saint-Michel, la tour de Montlhéry
commandant le passage. C'est là que, naguère encore, emporté sur
la gauche par le chemin de fer, dans la direction d'Étampes et de la
Beauce, le voyageur quittait à regret la vallée de l'Orge. Aujourd'hui,
sans allonger sa route, il peut, grâce à l'embranchement de Brétigny et
à la nouvelle ligne de Tours par Châteaudun et Vendôme, remonter
jusqu'au bout le cours pittoresque de l'affluent de la Seine le plus voisin
de Paris et jusqu'ici le moins connu. Arpajon, Breuillet, Saint-Chéron,
que les artistes ont su depuis longtemps découvrir, sont les premières
stations de cette ligne nouvelle. La quatrième est DOURDAN, l'ancienne
capitale du Hurepoix, où nous conduisons nos lecteurs.

Situé à 51 kil. de Paris, à 37 kil. de Versailles, à 21 kil. 6 de Rambouillet, à 16 kil. 9 d'Étampes et à 44 kil. 3 de Chartres, Dourdan, ville
de trois mille âmes, du département de Seine-et-Oise, de l'arrondissement
de Rambouillet, chef-lieu de deux cantons qui portent son nom, s'élève

à mi-côte sur le versant de la vallée exposé au midi, dominé par les grands clochers de son église et le donjon de son vieux château. Presque circulaire, contenue dans une enceinte de murailles fortifiées, prolongée seulement par quelques faubourgs, bordée plutôt que traversée dans sa partie inférieure par la rivière d'Orge, la ville est coupée dans le sens de sa longueur par deux voies principales, qui relient ses quatre portes et auxquelles toutes les autres rues viennent aboutir. L'église, le château, la place de la halle, occupent le centre. La rivière, qui prend sa source à deux lieues de là, au village de Bretencourt, forme en se divisant une sorte d'île au pied des murailles de Dourdan. A l'est et à l'ouest s'étendent des prairies qui étaient autrefois des étangs; sur les pentes, jadis cultivées en vignes, les champs s'étagent et rejoignent la plaine. Au nord la forêt de Dourdan, au sud-ouest les bois de Louye couronnent de verdure la cime des coteaux et complètent un paysage dont la variété, l'harmonie et le calme intéressent l'œil en le reposant.

Urapiorum felix regio, « l'heureux pays de Hurepoix (1), » disaient les anciens géographes en parlant de la province à laquelle ils donnaient Dourdan pour capitale; et à leurs yeux cette contrée où s'entremêlaient bois, prairies, moissons, vignes et vergers, était un contraste, un dédommagement créés tout exprès par la nature à côté de la région moins favorisée du Gâtinais, *Wastinium*, pays des « Gastines » sablonneuses ou forestières. Aussi mal défini comme origine que comme étendue, le Hurepoix était ce *pagus Huripensis, Heripensis, Mauripensis* ou *Morivensis*, dans lequel venait se confondre le Châtrais ou Josas, et dont Dourdan, Chevreuse, Corbeil, la Ferté-Alais, Palaiseau étaient les villes principales (2), tandis que le Gâtinais revendiquait les duchés d'Etampes, de Nemours, le comté de Rochefort et quantité d'autres seigneuries.

Géologiquement, Dourdan appartient encore à la Beauce; il est situé sur un des anciens rivages de ce grand lac d'eau douce qui expirait tout près de là, dans les sables, au nord et au nord-est, et dont l'immense bassin se creusait au sud-ouest, rempli jusqu'au bord du sédiment calcaire témoin irrécusable de ses flots disparus.

Aussi loin qu'on peut remonter dans l'histoire, on trouve tout ce vaste espace entre Paris et Orléans couvert de grandes et impénétrables forêts, dont celles de Saint-Germain, Rambouillet, Dourdan, Orléans, Fontainebleau, etc., ne sont que des lambeaux détachés. Au cœur de ces forêts, qui étaient elles-mêmes le cœur de la Gaule, les Carnutes apparaissent comme les antiques possesseurs du sol. Au temps de César, l'homme avait déjà morcelé par le défrichement et coupé par des voies cette vaste agglomération de bois. La portion qui s'étendait sur les confins de la

---

1. Papirius Masson, *Description de la France par les fleuves.* — G. Morin, *Hist. du Gâtinais et du Hurepoix.*

2. Guérard, *Provinces et Pays de la France,* Annuaire de la Soc. d'hist. de France, an. 1837.

Beauce et de l'Ile-de-France s'appela forêt d'Yveline ou des Yvelines, nom dérivé, dit-on, de l'humidité de son sol (1), et devenu par sa transcription latine l'*Aquilina* ou l'*Æqualina sylva* des anciennes chartes (2).

Le voisinage des eaux, le cours des rivières ont toujours attiré les hommes et fixé le choix de leur séjour. L'emplacement qu'occupe Dourdan dut tenter, à ce titre, les nomades et primitifs habitants de la forêt. L'Orge, se répandant au milieu du vallon élargi, y formait à la surface du sol, grâce à l'imperméabilité de couches argileuses, plusieurs grands étangs communiquant au terrain, dans cet endroit, une fertilité et une fraîcheur toutes particulières.

La clairière s'agrandit, et les parties défrichées ou desséchées furent peu à peu acquises à la culture. Si l'on nous demande les pièces justificatives de cet âge préhistorique de Dourdan, nous dirons que nous n'en connaissons pas d'autres que la rencontre dans le sol de quelques instruments de pierre et silex taillés, dits haches celtiques. Plusieurs de ces instruments se trouvent dans la forêt, aux abords de Dourdan; l'un d'eux, qui nous a été remis l'an dernier, a été découvert à la porte de la ville, enfoncé de plusieurs pieds dans le sol de la prairie, précisément à l'endroit du grand étang ou étang du Roi (3).

La meilleure preuve de l'existence de Dourdan pendant cette antique période serait le nom même de Dourdan. Dans la première syllabe de ce nom, évidemment fort ancien, on a voulu retrouver la racine *dour, dor, dur, dru*, qui signifierait « eau, rivière », et s'observe dans tant de noms géographiques: Durocasses, Dordogne, Dordrecht, Durance, etc. (4).

Si ce qu'on appelle l'âge de pierre a laissé à Dourdan quelques vestiges, l'âge de bronze, plus voisin ou au moins mieux connu de nous,

---

1. *Ève* ou *ive*, c'est-à-dire *eau*, à cause des sources nombreuses qu'on y rencontrait. Houzé, *Signification des noms de lieux*, etc.

2. Le nom de *forêt d'Yveline* désigne plus particulièrement aujourd'hui la partie de forêt comprise entre Rambouillet et Sonchamp.

3. D'autres sont en la possession de M. Aug. Moutié, président de la Soc. archéol. de Rambouillet. La commission de topographie des Gaules a signalé ces découvertes sur la belle carte qu'elle prépare.

4. D'autre part, le célèbre érudit de Genève, M. Pictet, consulté par nous, veut bien nous envoyer la note suivante :

« Comme nom de lieu, *Dourdan* n'est pas isolé : car on trouve un village *Dourdain* dans Ille-et-Vilaine; et un *Dordagno* en Espagne, entre la Coronne et Santiago ; mais rien de semblable en gaulois, ni chez les Celtes insulaires. Comme nom de rivière, par contre, nous avons le *Dourdon*, affluent du Tarn, et le *Durdan* (Seine-Inférieure), affluent à la Manche, et de plus un lac *Dordon* dans les Hautes-Pyrénées; et ces noms s'expliquent bien par l'irlandais *dord, dórdán, durdán*, murmure, bourdonnement, du verbe *dórd*, bourdonner; en gallois *durdd*, bruit sourd, murmure, évidemment une onomatopée. Cela ne convient guère pour un nom de lieu, à moins qu'il ne se rattache à celui d'un cours d'eau. Se pourrait-il que l'Orge (*Urbia, Hordea, Orgia*), eût été appelée aussi *Durdanus* ou *Durdana*? ou qu'elle ait brui notablement en passant à Dourdan? » — Peut-être, en se déversant dans le grand étang.

n'y a pas fourni jusqu'à présent de spécimens caractéristiques comme armes ou ustensiles. Quelques monnaies gauloises (1) ont été toutefois rencontrées dans le sol, et la présence d'habitants sur l'emplacement de Dourdan avant la période romaine paraît un fait incontestable. Si on a pu dire avec quelque vérité que sous tout vieux château se retrouve le sol d'une forteresse romaine, et sous toute forteresse romaine un *oppidum* gaulois, la situation de Dourdan sur un des points extrêmes de la Carnutie, sa position qui commande une vallée fertile, l'élévation naturelle sur laquelle a été bâti son château, suffiraient presque, *à priori,* pour permettre d'affirmer l'existence d'un établissement antérieur à la conquête.

Quant à la période gallo-romaine, aucune incertitude n'est permise ; les témoins s'en retrouvent tous les jours et nous les indiquerons sommairement.

Des fours à poteries romaines se sont rencontrés dans toutes les parties de la ville, et des monceaux de débris de vases auxquels se sont trouvées mêlées des monnaies romaines ont maintes fois révélé d'une manière évidente l'existence, sous les empereurs, non-seulement d'un centre de population, mais d'un centre de fabrication, pour laquelle d'ailleurs l'argile et le sable de la localité étaient spécialement propres. L'abondance même de ces débris à Dourdan, leur vulgarité, ont été une des raisons du peu d'importance qu'on y a de tout temps attaché sur les lieux, et il est bien regrettable que ces restes n'aient jamais été recueillis, comparés, étudiés. Plusieurs fours anciennement mis à découvert sur le versant de la côte de Liphart ont longtemps servi d'abri aux bergers. D'autres, à l'occasion de puits, de fondations, de caves, ont été constatés dans la rue Saint-Pierre, dans la rue de Chartres, dans la rue d'Étampes, sur la place du Marché, dans la rue des Belles-Femmes, etc., et ont disparu sous les constructions ou les pavages qui les recouvrent. L'année dernière, heureusement, un de ces fours a pu être observé dans le terrain du Parterre près de la rue Grousteau, lors des fouilles de la nouvelle gendarmerie. Ce four, avec son massif circulaire, son couloir latéral, n'a pas été détruit, et existe, recouvert seulement de terre et de sable, à l'angle de droite du bâtiment des écuries, dans la cour. Au milieu et aux abords de ce four se trouvait un amas de débris de poteries qui ont été conservés (2).

1. Une d'entre elles, monnaie de potin, ou cuivre jaune, fait partie de la collection de M. de Saulcy.

2. Plusieurs de ces fragments, rapprochés et recollés, ont été montrés par nous aux savants antiquaires de la manufacture de Sèvres, MM. Riocreux et Millet, qui les ont examinés avec un grand intérêt. Ces débris, avec d'autres vases entiers, ou fragments d'ouvrages en terre offerts par plusieurs particuliers, vont former une modeste collection que l'administration intelligente s'occupe d'ouvrir à la mairie, en invitant la population à y déposer, comme don ou même comme prêt, tout ce qui peut rappeler l'histoire du passé de la ville.

Parmi ces débris, il se trouve plusieurs spécimens des belles poteries rouges brillantes dites samiennes, entre autres deux écuelles ou soucoupes profondes à mascarons représentant des têtes de lion, à fond rugueux et siliceux, destinées au broiement de quelque ingrédient culinaire ou pharmaceutique; — des fragments portant des moulures ornées d'arabesques et une portion de médaillon à personnages ; — un éclat de poterie intérieurement rouge, et glacée par la cuisson d'une belle couleur ardoisée et métallique ; — une petite tête d'enfant en terre grise, fruste mais expressive, destinée à être appliquée comme mascaron, etc.

A côté de ces restes de poteries élégantes existent un grand nombre de débris de poteries communes de toutes les formes, grises, noires, blanches, à tous les degrés de cuisson, pots renflés, cruches ou bouteilles à une ou deux anses, écuelles ou sébiles, goulots de toutes sortes, bords, fonds ou pieds d'espèces de marmites d'un grand diamètre, etc. ; mais nous avons vainement cherché quelques marques de potier, quelques vestiges de moule. Parmi ces fragments on a trouvé deux moyens bronzes romains, d'une très-belle conservation, l'un de Néron et Drusus, l'autre de Trajan, qui témoignent des premières années de notre ère. Les monnaies romaines sont d'ailleurs assez fréquentes dans le sol de la ville ; une sorte de cachette dans une maison de la rue Saint-Pierre a fourni jadis un grand nombre de pièces malheureusement dispersées. Parmi celles qu'on a recueillies, ou dont on se souvient, quelques-unes portaient l'effigie de César et d'Auguste, la plupart appartenaient aux Antonins, et les autres dataient de leurs successeurs ou du bas empire. Les tuiles à rebords ne sont pas rares non plus, principalement dans un chantier au nord-est de la ville (1).

La présence des Romains à Dourdan n'a rien qui doive nous surprendre. Admirables stratégistes, ils ne manquaient jamais d'utiliser pour la défense du territoire qu'ils avaient conquis les points déjà fortifiés et reconnus les meilleurs par les indigènes eux-mêmes. Ils transformaient

---

1. Au moment où nous mettons sous presse, des trouvailles intéressantes viennent d'être faites dans cette région, à l'occasion des fouilles opérées pour les constructions de M. Beaurienne et de M. Gingréau. L'emplacement d'un cimetière gallo-romain a pu être facilement constaté. Douze squelettes au moins, les pieds tournés vers l'orient, ont été trouvés à une faible profondeur. Quelques-uns avaient la tête placée entre deux grosses pierres. Des clous permettent de penser que plusieurs avaient été déposés dans des cercueils. Des débris de poterie étaient mêlés aux terres. Un caveau, à demi effondré, contenait les ossements d'un personnage dont la tombe avait été brisée. Un fragment de moulure ou corniche, des débris d'animaux, le crâne d'un bœuf, de magnifiques tuiles à rebords, une meule à bras, des tessons de poteries, un vase intact en terre rouge fine élégant de forme et décoré d'entailles, le fond d'un autre vase contenant un dépôt vitreux de plusieurs centimètres d'épaisseur, une sorte de chaton en verre, quelques petits bronzes du bas empire, sont les objets les plus intéressants que la fouille de ce caveau ait amenés au jour. Ils donnent la date du quatrième siècle environ de notre ère, et les terres profondément remaniées, les détritus, les pierres enfouies dans le sol attestent un long et ancien établissement.

en station permanente et flanquaient en la rectifiant l'enceinte du poste primitif, et les habitations se multipliaient à l'entour.

Une étude fort curieuse serait celle des substructions qui se sont quelquefois rencontrées dans la ville, principalement aux abords de la place et du château, et dont l'époque n'a jamais été constatée. Une autre étude non moins intéressante serait celle de l'emplacement d'anciennes villas ou stations romaines qui ont dû exister le long du cours de l'Orge, au-dessus et au-dessous de Dourdan. Sans redescendre jusqu'à Saint-Evroult, où les vestiges romains sont incontestables, il est certain que des fragments de mosaïque et des restes de constructions romaines ont été trouvés au-dessous de Dourdan, près de Roinville, derrière le moulin Poissard. Dans la vallée, à l'ouest de Dourdan, est le chantier de Châtillon, autrefois le *Castillon*, qui rappelle évidemment un *castellum*. Bien que nous ayons une grande répulsion pour les hypothèses, l'antique *hostel des Meurs*, aux portes mêmes de la ville, du côté de Potelet, ne recouvrait-il pas quelque maison des champs antérieure aux barbares ou au moyen âge ? Ne pourrait-on pas penser la même chose, en remontant l'Orge, d'un terrain au-dessus de Grillon, près de Ville-Lebrun, où des traces de fossés et canaux indiquaient l'enclos d'une habitation ? Un peu plus haut, à Sainte-Mesme, des recherches offriraient un véritable intérêt, à en juger par ce que le hasard a fait découvrir.

Avant d'arriver à Sainte-Mesme, à l'endroit où la route de Dourdan tourne à angle droit pour franchir, sur un pont, la rivière, arrêtons-nous à la pièce de terre qui fait suite à la route, dans la direction de Corpeaux, et d'un bout se trouve bordée par le chemin de fer, c'était l'emplacement d'une grande villa romaine. L'attention de Lescornay avait été éveillée, car il rapporte que « joignant le village de Saincte-Mesme (la
« prairie néantmoins entre-deux) se trouve un grand champ, dans lequel
« (si on fouille un pied et demy) on trouve un lict de chaux et ciment
« sur le terrain qui n'est que sable, et sur ce lict du carreau blanc entre-
« meslé de noir large comme l'ongle, à la mosaïque, qui fait juger qu'en
« cet endroit estoit la salle de quelque somptueux palais et que quelque
« seigneur de grande qualité y demeuroit ; veu mesme qu'on y trouve
« tous les jours des pièces de marbre ouvré, et encore depuis peu
« une main fort bien taillée (1). » Au commencement de ce siècle, quand M. Lebrun, duc de Plaisance et propriétaire de Sainte-Mesme, fit tirer de ce champ des pierres pour l'établissement du chemin de Ville-Lebrun à Dourdan, d'autres mosaïques furent encore retrouvées, avec des marbres et pièces de monnaie d'Antonin, Marc-Aurèle, Constantin, etc. (2).

---

1. De Lescornay, p. 26.
2. Un fragment de marbre transparent comme de l'albâtre et portant des canne-

A quelque distance, dans la commune de Ponthévrard, près la ferme des *Châtelliers*, au chantier des *Castilles*, — noms caractéristiques, — il existe du carrelage en mosaïque à fleur de terre, et le savant Duchâlais en a ramassé lui-même quelques cubes avec des fragments de poterie rouge et noire (1).

Si nous nous arrêtons, à une petite lieue de Dourdan, aux ruines gallo-romaines de Sainte-Mesme, c'est que la tradition, et après elle de Lescornay, veulent trouver là le berceau de Dourdan, le point de départ de ses origines et de son nom. Nous entrons ici dans le domaine des légendes; que ce soit avec la circonspection impartiale avec laquelle la science aborde ces témoins obscurs, naïvement invraisemblables, mais quelquefois plus confus qu'inexacts.

« Anciennement, dit de Lescornay, un seigneur du pays qui estoit qua« lifié *Rex Dordanus*, homme payen, demeuroit au lieu dict Saincte« Mesme, demie lieuë au dessus de Dourdan, et avoit une fille nommée « Mesme, laquelle fit profession du christianisme à son desceu : à cause « de quoy (et pour n'estre descouverte) elle se retiroit ordinairement « prez d'une fontaine où elle faisoit ses secrettes prières; mais en fin « ayant esté descouverte, et n'ayant peu estre divertie (2), il luy fit tran« cher la teste par la main propre de Mesmin son frère, lequel (ad« jouste le vulgaire), ayant recogneu sa faute, fut baptisé et se relégua « quelque temps dans la forest prez d'une fontaine où il fit péni« tence (3). »

Une seule chose embarrasse de Lescornay : « pour ce que ces termes « sont équivoques signifiants roy Dourdain et roy de Dourdan, » il ne peut dire « s'il a fait bastir Dourdan et lui aye donné son nom, ou « si Dourdan estant auparavant luy, il en aye porté le nom pour ce « qu'il en estoit seigneur. » Là effectivement est la difficulté. Quant à la date, nulle donnée même approximative.

Autre légende tirée de l'histoire de Saint-Rémy des Landes :

Environ vers l'an 555, saint Arnoul, filleul et disciple de saint

---

lures et le bout d'une griffe d'animal finement sculptée, nous a été gracieusement offert par M. Dubois, agent voyer en chef du département de Seine-et-Oise, et fera partie du petit musée de la ville.

1. *Mém. de la Soc. arch. de l'Orléanais*, tom. I, 1852, p. 198.

2. Malgré l'offre de son père de la marier au fils du roi de *Castille* : *Magnati Castiliæ regis filio*. — (*Acta sanctorum, de sancta Maxima*, etc., 25 août.) — Serait-ce le seigneur des Châtelliers ?

3. D'autres versions ajoutent qu'il devint ensuite évêque d'Orléans. — Les Bollandistes ne veulent pas reconnaître ce personnage et sont sévères pour les incertitudes et les confusions de cette légende. (V. *Acta sanctorum; Gallia christiana; Martyrol. de Castell.; Martyrol. de Paris*, éd. de Noailles; *Brév. de Vers.*, etc.). Les fontaines de Sainte-Mesme et de Saint-Mesmin sont encore en vénération. L'église de Sainte-Mesme est l'objet d'un pèlerinage. (Voir à la fin du volume *la Promenade dans le canton sud.)*

Rémy et mari de la pieuse Scariberge, nièce de Clovis, ayant quitté sa femme pour entrer dans les ordres, et ayant été un instant évêque de Tours, fut tué à Reims. Son corps fut transporté sur un chariot et accompagné par Scariberge, pour être enterré à Tours. Le cortége passant par un endroit dit Yveline, le *comte Dordingus*, grand seigneur dans la province, poussait alors vivement un cerf qui se retira sous le chariot comme dans un asile. Dordingus, instruit des mérites du saint, passe la nuit en prières, et veut accompagner le corps jusqu'à Tours. Mais on ne peut faire avancer le chariot miraculeusement arrêté, et le comte donne à Scariberge le lieu où il chassait pour y bâtir une église. Le village d'Yveline prit le nom de Saint-Arnoul et existe encore à deux lieues de Dourdan, et Scariberge fonda le monastère voisin de Saint-Rémy des Landes. « Il « est aisé de juger, dit sans embarras le facile annaliste de ce monastère, « le P. Jean-Marie Cernot, qui rapporte cette histoire d'après un ancien « registre de l'abbaye *dont les lettres sont gothiques*, que le comte « Dordingus estoit un grand seigneur de la contrée, et qu'il avoit pour « titre de sa famille celuy de sa principale seigneurie, scavoir, de Dour-« dan, qui est un de nos anciens comtez de France et l'un des plus « remarquables endroits voisins de la petite ville de Saint-Arnoul. Il y a « aussi bien de l'apparence que Dordingus estendoit son domaine aux « environs, et qu'il avoit droit de chasse dans la forêt où les merveilles « que nous avons décrites sont arrivées (1). »

Que conclure de tout cela ? L'identité des deux personnages est chose probable, et la double tradition n'aurait sans doute fait que consacrer le souvenir d'un ancien seigneur important de la contrée. Qu'il habite le palais gallo-romain de Sainte-Mesme, la chose est possible ; qu'il en soit le fondateur, rien ne le prouve. Qu'il soit païen, que plus tard il se convertisse et fonde une église, et que tout cela se passe au vi^e siècle, il n'y a rien là d'étonnant; on sait qu'au vi^e et même au viie siècle le paganisme n'était pas encore totalement détruit dans les campagnes reculées et les vieilles forêts des Carnutes ; des documents incontestables en font foi. Qu'une portion de la forêt d'Yveline soit la propriété d'un seigneur de cette époque, l'histoire, fort obscure d'ailleurs à ce sujet, ne le contredit pas. La forêt d'Yveline, mentionnée par Grégoire de Tours (2), avait été d'abord donnée par Clovis à l'église de Reims ; elle rentra plus tard dans le domaine royal. Pépin s'en dessaisit de nouveau pour en faire donation à l'église de Saint-Denis (798) (3) ; mais déjà des écarts de cette immense forêt avaient été aliénés par les rois ses prédécesseurs, en faveur de quelques-uns de leurs barons (4).

1. *Vie de saint Arnoul et de sainte Scariberge, son épouse*, etc., par le P. I. M. Paris, 1676, in-32. — Cf. D. Bouquet, *in Greg. Turon.*, II, 387.
2. *Hist. eccles. Franc.*, lib. X.
3. Doublet, *Hist. abb. S. Dionysii*, p. 699 ; Bouquet, V, 707.
4. Malte-Brun, *Hist. de Marcoussis*. Paris, 1867, p. 3.

Le roi, c'est-à-dire seigneur ou comte *Dordanus* ou *Dordingus*, serait donc un des compagnons des rois mérovingiens, un de ces Francs de la conquête entre lesquels le sol fut partagé, et qui s'établirent, sans y faire grand changement, dans les villas gallo-romaines. Il est certain qu'on doit voir dans le nom de *Dordingus* une forme germanique, qui se retrouve d'ailleurs dans les premières traductions latines du nom de Dourdan. Nous avons dressé à ce propos, avec beaucoup de soin, la liste des diverses formes du nom de Dourdan d'après les plus anciens textes, et nous la mettons ici sous les yeux du lecteur.

« Apud villam *Dordingam* ou *Dordengam*, » an. 956; ex Chronico Senonensi Sanctæ Columbæ; D. Bouquet, tom. IX, 41, A.

« Apud *Dordingham* villam, » an. 956; Aimoini monachi de Gestis Francorum lib. V, cap. XLIV; apud Bouquet.

« Apud *Doringam*, » an. 956; Pertz, Monumenta Germaniæ, XI, 403.

« Apud *Drodingam* villam, » an. 956; ex Chronic. Hugonis Floriacensis; apud Bouquet, VIII, 321.

« *Dordeneus* villa, » an. 956; Chron. de l'abb. de Saint-Victor; id. IX, 44, D.

« Locus quem dicunt *Dordingum*, » an. 986; Gerberti epistola XCIV; citée dans D. Bouquet et dans Hadr. de Valois, article DOURDAN.

« Apud *Dordensium*, » an. 1120; charte de Louis le Gros citée par le P. Basile Fleureau, barnabite, dans ses « Antiquitez de la ville et du-« ché d'Estampes, » 1683, in-4, p. 496; Aim., lib. V, c. II.

« Apud *Dordingtum*; » charte de Louis le Gros tirée d'un cartulaire du prieuré de Longpont, indiquée par André du Chesne à J. de Lescornay, qui l'a citée dans ses « Mémoires de Dourdan, » 1624.

« Apud *Dordinchum*, » circ. an. 1147; lib. II Chron. Mauriniacensis. D. Bouquet, XII, 71.

« *Dordanum*, » an. 1210-1290; chartes latines manuscrites concernant le prieuré de Dourdan, aux archives d'Eure-et-Loir, fonds de Saint-Chéron; charte de Philippe Auguste (1222), Bibl. imp., ms. fonds français, n° 9852, 3 (Colbert), fol. 124, verso, etc., etc.

« *Dordannum*, » an. 1284; D. Bouquet, XXII, 458, A.

« *Dordan* » (Isabellam), an. 1174: Isabelle de Dourdan; cartulaires blancs et rouges de Josaphat, arch. d'Eure-et-Loir, et Gallia christiana, XII, 51, E.; an. 1314, Jean de Saint-Victor; ap. Bouquet, XXI, 658, J.

« *Dordam*, » an. 1257; Bibl. imp., ms. 9653, 5, A. Les continuateurs de D. Bouquet ne savent pas si l'on doit lire « Dordam » ou « Dordain. »

« *Dourdan*, » an. 1266; arch. du Loiret, comté de Dourdan, invent. de Vassal, A, 1384. — An. 1281, arch. d'Eure-et-Loir, fonds de Saint-Chéron, etc., etc.

« *Durdactum* castrum, » an. 1314; Guil. de Nangis; apud D. Bouquet XX, 609, D.

« *Dardunum*, » idem, dans le ms. n° 435.

« *Dordonum,* » idem, dans les mss. n° 999 et 4921, A.

« *Dordincum,* » Martyr. univers. de Castellanus ; Acta sanct.

« *Durdinium,* » Dictionnaire de Corneille.

« *Durdanum,* » Baudrant.

« *Dourdenc* » est encore une forme que nous nous rappelons avoir vue.

Il est difficile de déguiser sous plus de formes diverses un nom qui reste au fond toujours le même. L'ignorance et parfois les essais de science des copistes, des tabellions ou des clercs, l'influence des différentes races qui ont passé sur le territoire, ont amené ce résultat.

Pour en finir avec le seigneur Dordingus, a-t-il pris en le germanisant le nom primitif de Dourdan, la chose est probable, et ce nom primitif, ce nom vulgaire qui reparaît plus tard serait celui même de *Dourdan* ou *Dordan,* suivant la phrase de « l'autheur célèbre » que cite de Lescornay, « *Orgia alluit* Dordingam *quam vulgò* Dordanum *incolæ vocant.* »

L'existence, à Dourdan même, d'une bourgade mérovingienne est un fait hors de doute. A supposer que la forteresse romaine ait été alors détruite ou remaniée, Dourdan, à cause de sa position de frontière, dans les divers partages entre les descendants de Clovis, dut être doté d'un de ces châteaux que les rois mérovingiens firent construire sur certains points menacés du territoire (1).

La tradition, d'accord en cela avec les probabilités de l'histoire, fait en effet remonter à Gontran la fondation d'un château à Dourdan. Dourdan appartenait alors au pays d'Étampes, *pagus Stampensis*, dont la première mention se trouve, vers cette époque, dans Grégoire de Tours (2). Il en était une des frontières. Dépendant, comme le territoire d'Étampes et celui de Chartres, du royaume d'Austrasie, Dourdan fut compris dans la transaction de Childebert qui cédait tout ce pays à Gontran, roi de Bourgogne (587) ; il eut à subir les désastres et les ravages nés des sanglantes discordes de ces premiers et violents rivaux de la monarchie franque. On a voulu faire de Dourdan le théâtre d'un des chocs de Gontran et de Chilpéric, d'après le texte de Grégoire de Tours, qui indique comme lieu de l'action un pont sur l'Orge, *Urbiensis pons Parisiacæ civitatis*. Mais Dourdan n'appartenait pas à la *civitas Parisiaca*, au diocèse de Paris,

---

1. Viollet-le-Duc, *Dict. d'Architect.*, article Château.

2. *Hist. Francorum*, IX, xx ; X. xix ; le *pagus Stampensis* ou *Stampinus*, franchissant l'Orge sous Dourdan à la Brière (*Brocaria prope de fluviolo Urbia,* chart. Clotild. Bréquigny, Dipl., p. 257), s'engage par la branche affluente qui passe au nord de Rochefort et de Saint-Arnoul, par Bullion (*Bualone,* Testam. Bertramn. Episc. Cenoman.), et se perd dans la forêt Yveline, confinant au Gâtinais et au Chartrain et enveloppant dans son périmètre ce qui sera le doyenné de Rochefort. (Guérard, *Polyptique;* Guérineau de Boisvillette, *Mém. de la Soc. arch. d'Eure-et-Loir* t. III, p. 78, etc.)

comme on aurait dit plus tard, et, suivant H. de Valois, c'est à Savigny-sur-Orge qu'il convient de reporter la scène (1).

Certains objets ont été aussi attribués à la période mérovingienne de Dourdan. En fidèle narrateur, nous devons le consigner ici. Dans un mémoire présenté, en 1851, à la Société archéologique de l'Orléanais, par le regrettable M. Duchâlais, si compétent en pareille matière, un *triens* mérovingien, ou tiers de sou d'or, qui venait alors d'être acquis par la Bibliothèque impériale, est décrit comme ayant dû être frappé à Dourdan. Ce triens, de 11 millimètres de diamètre, porte un buste très-primitif dont les contours sont formés par de petits globules. Autour se lit le mot DORTENCO. Au revers, une croix fichée sur un globe, aux branches de laquelle pendent l'alpha et l'oméga, est entourée de cette légende, qui serait le nom du monétaire : LELGVN. M. Duchâlais, tout en avouant qu'il existe en Bugei un village de *Dortan*, croit devoir attribuer ce triens à Dourdan, en considération de l'importance que devait avoir déjà cette bourgade, par des motifs déduits, d'après de Lescornay, des traditions que nous avons rapportées (2).

Quand on a fouillé l'emplacement de l'ancien cimetière Saint-Pierre, où sont les arbres qui ombragent l'entrée du parterre, des cercueils fort anciens ont été trouvés. Ces cercueils, dont les uns étaient en pierre, les autres en plâtre, suivant l'usage adopté pendant une longue période, contenaient des ossements, entre autres ceux d'un homme ayant une épée à ses côtés, et ceux d'une femme enterrée avec son enfant. Ils ont été malheureusement dispersés avec ce qu'ils renfermaient, et finalement brisés après avoir servi quelque temps d'auges (3). Des antiquaires de Paris, alors informés, ont gardé un souvenir de cette découverte. Doit-on la rapporter à l'époque mérovingienne ? La supposition est fort plausible, mais elle aurait besoin d'être vérifiée.

Nous ne rechercherons pas le sort présumable du territoire de Dourdan pendant la période carlovingienne, puisque l'histoire s'est obstinée à en taire le nom. Sans doute il vit passer, au commencement du x° siècle, le torrent des pillards du Nord, les Normands de Rollon, qui dévastèrent tout le pays d'Étampes, au dire des chroniqueurs (4). Le Chartrain était alors tour à tour possédé, disputé ou partagé par les fils des nou-

---

1. Greg. Turon., lib. VI, cap. XIX; Hadr. Vales., *Notitia Galliarum*; Alfr. Jacobs, *Géographie de Grég. de Tours*, p. 138.
2. M. A. de Barthélemy, dans sa Notice sur les noms de lieux signalés sur les monnaies, se contente de citer l'opinion de M. Duchâlais, à propos du triens de Dourdan.
3. Disons toutefois qu'un de ces cercueils en pierre, très-bien conservé, existe encore, rempli de terre et de fleurs, dans la cour de la maison de la rue Saint-Pierre que possède M. Isambert, et qu'habite M. Cosseron, tourneur. Quant aux cercueils de plâtre, nous en avons vainement cherché les traces.
4. « *Stampas equidem adiens Rollo totam terram adjacentem perdidit, quamplu-« rimos captitavit.* » (Guill. de Jumièges, liv. II.)

veaux conquérants et par la puissante maison de Robert le Fort, qui hésitait encore à prendre définitivement la couronne sur la tête des pâles successeurs de Charlemagne. Hugues le Grand, duc et plus que roi de France, paraît avoir cédé vers ce temps le titre et certaines terres de son comté de Chartres à son parent le Normand Thibault le Tricheur, mais en conservant le territoire qui s'approchait de Paris. Dourdan faisait partie du domaine que se réservait le puissant duc, et c'est associée au nom de Hugues le Grand que cette ville, dont nous avons pu depuis longtemps affirmer sans témérité et suivre presque sans peine la vie latente, prend sa place au grand jour de l'histoire, avec son nom et la double mention de *villa* et de *castrum*.

CHAPITRE II

DOURDAN SOUS LES PREMIERS CAPETIENS.

(956-1180)

La seconde année du règne de Lothaire, le vieux duc passa gaiement les fêtes de Pâques avec Gilbert, prince des Bourguignons. Trois jours après Pâques, Gilbert était surpris par une mort subite, et Hugues, peu après, venait mourir à son tour dans le village de Dourdan, *apud Dordingham villam*. C'était le xvi des calendes de juillet de l'an 956.

Les chroniques des abbayes de Sainte-Colombe de Sens (1) et de Saint-Victor de Paris (2), celle du moine Aimoin (3), celle de Hugues de Fleury (4) sont d'accord dans leur narration comme dans leur austère et sèche brièveté. Celui qui, depuis Charlemagne, fut le plus puissant

---

1. « Hugo dies Paschæ lætus ducens cum Gisleberto principe Burgundionum : « idem Gislebertus feria tertia post Pascha morte subita præventus, manibus prædicti « Hugonis principatum suum commisit : quem brevi *apud villam Dordingam* secu- « tus est Hugo Dominicæ kalendas Julii. » (Ex *Chronico Senonensi Sanctæ Columbæ*; D. Bouquet, t. IX, p. 41, A.)

2. Exstat hæc historia in codice ms. abbatiæ S. Victoris Paris, n° 419. (*Dordeneus villa*). Florebat auctor sub principatu Phil. Augusti. (D. Bouquet, IX, 44, D.)

3. « Secundo anno (regis Lotharii) obiit Hugo Magnus dux Francorum *apud Dor- « dingham villam*, xvi kal. Julii, sepultusque est in basilica B. Dionysii martyris Parrhisiis. » (Aimoini monachi D. Germani à Pratis, *de Gestis Francorum*, lib. V, cap. XLIV; apud Bouquet.)

4. « Obiit Hugo Magnus dux Francorum *apud Drodingam villam* xvi kal. Jul. « sepultusque est in basilica B. Dionysii martyris Parisius (*sic*). (Ex *Chronic*. Hugonis Floriacensis monachi ; apud Bouquet, t. VIII, p. 321.)

sur la terre de France, disparaît sans que ses contemporains disent de lui autre chose que ces seuls mots : il mourut. Le nom de Dourdan a été au moins conservé à l'histoire. Soyons-en reconnaissants à nos avares annalistes.

La chronique de l'abbaye de Saint-Denis, où fut enseveli Hugues, ajoute seule quelques détails sur les derniers moments de l'aïeul des Capétiens :

« Bien senti Hues li granz que li termes de sa vie aprochait : les
« princes de sa duchée manda, et par leur conseil livra en garde Hue
« l'aînzé de ses fiux au duc Richart de Normendie ; de cest siècle tres-
« passa vieux et plains de jors ès Kalendes de Jugnet : ensepouturez fu
« en l'église de Saint-Denys en France (1). »

Nous sommes en droit de penser que Dourdan fut à cette heure suprême le rendez-vous d'une véritable cour royale : car dans sa *duchée* le puissant moribond avait pour feudataires une foule de nobles princes. A Dourdan s'assurèrent les destinées de l'aîné des Capétiens. Ce n'était pas la dernière fois qu'il devait y venir.

Quelques auteurs ont écrit à tort que Dourdan garda la sépulture de Hugues le Grand. C'est à Saint-Denis, dont il était *abbé*, que reposa le corps de celui qui, sans daigner être roi lui-même, fut le père de tant de rois.

Trente ans s'écoulèrent. Hugues Capet vint-il quelquefois au village de Dourdan, se délasser de la vie agitée de prétendant, comme l'avance assez vraisemblablement de Lescornay, sans d'autres preuves pourtant que des lieux communs? Nul ne le sait; mais ce que les textes nous apprennent et ce que n'a point su de Lescornay, c'est qu'en 986, année décisive où mourut réellement avec Lothaire la dynastie de Charlemagne, Dourdan fut le rendez-vous d'une importante et mystérieuse entrevue.

Hugues n'avait plus qu'un pas à faire pour être roi ; mais il fallait se débarrasser d'un puissant compétiteur, Charles de Lorraine, appuyé sur son droit et sur l'Allemagne. Trois hommes y travaillaient : l'évêque de Laon, l'évêque de Reims Adalbéron, et le fameux Gerbert, qui, avant de mener la politique de son siècle du haut de la chaire romaine, prêtait, comme écolâtre de l'Église de Reims, le secours de sa plume et de son adresse diplomatique aux ambitieuses menées de la dynastie naissante. C'est une lettre de Gerbert à Adalbéron qui nous révèle, au milieu d'avis obscurs sur les affaires privées de l'évêque, une phase peu connue de cette longue négociation qui prépare l'avénement de Hugues au trône.

« Il s'agit sérieusement de la grande affaire, écrit-il, *magna res serio*
« *agitur*. L'évêque de Laon, par le conseil d'Othon (duc de Bourgogne),

---

1. *Chronique de Saint-Denys;* Bouquet, t. VIII, p. 349.

« et d'Herbert (comte de Troyes), est venu trouver le duc au lieu qu'on
« nomme Dourdan. Revenez sans aucun délai(1). » La chose était grave :
« *res enim sunt grandes.* » (Epistola cxx.) L'entrevue de Hugues avec
l'évêque de Laon pouvait avoir une immense portée. En effet, autour de
la ville de Laon, siége principal de la royauté, s'agitaient les ambitions
rivales. L'année d'après, Hugues, sacré roi, devait perdre cette cité, puis
la reprendre par la complicité de l'évêque et y faire prisonnier son antagoniste vaincu.

C'est ainsi qu'en peu de temps le nom de Dourdan est enregistré deux
fois dans l'histoire des origines de la grande famille des Capétiens.

Le village de Dourdan, *villa Dordinga*, domaine particulier du duc
de France, devint terre de la couronne, *villa regia*, *regium municipium* (2). Municipe dans les deux sens de lieu fortifié et de ville de simple
bourgeoisie, Dourdan appartenait à cette zone centrale demeurée intermédiaire entre les régions du consulat au midi et de la commune au
nord. Conservant, comme les municipes non réformés, sa constitution
antérieure plus ou moins libre, plus ou moins démocratique, Dourdan
était une de ces villes qui jouissaient des libertés civiles et de quelques
droits administratifs restreints et dépendants de ceux de la royauté, mais
qui s'en contentaient parce qu'elles se trouvaient suffisamment protégées
contre les empiétements de la féodalité par l'attitude et l'intérêt même
du souverain. Aussi verrons-nous Dourdan échapper à la propagande
réformatrice du xiie siècle et au mouvement communal. Ses citoyens ne
demanderont aucune de ces franchises qui tenteront pour un instant
seulement ceux d'Orléans et d'Étampes ; et son meilleur privilége sera
celui d'être conservé, revendiqué, au besoin reconquis ou racheté par le
trône comme un bien de famille.

Dourdan avait un château, et de la tour de ce château relevaient toutes
les terres voisines. A cause de ce château aussi, à ce que nous apprend
Brussel (3), Dourdan sera, avec Paris, Poissy, Mantes, Senlis, Étampes,
Melun, Villeneuve près Sens, etc., une des prévôtés privilégiées de France
qui ne payeront rien à la sénéchaussée. Quand le grand sénéchal viendra
chaque année tenir dans la ville son *assise* ou grand jour, c'est dans le
château du roi son maître qu'il prendra son logement et ses *livrées* (4),
sans rien demander aux habitants. Quand le roi viendra, la ville ne lui
devra aucun droit de gîte; le roi descendra dans sa propre maison, dans
son patrimoine.

1. « Laudunensis episcopus, consilio Ottonis et Heriberti sibi faventium, ducem
« adiit eo loc' quem dicunt *Dordingum*. Redite, mora sit nulla. » (Gerberti Epistola, xciv. — Dans la collection de Duchesne et dans D. Bouquet; citée en partie
dans le *Notitia Galliarum* de Hadr. de Valois. Paris, 1675.)

2. « *Apud Dordinchum quod regium municipium est.* » (*Chron. de Morigny*, vers
1147; Bouquet, t. XII, p. 71. Cité par Hadr. de Valois.)

3. Brussel. *Usage des fiefs*, t. I, p. 511.

4. Ou *fournitures*. — Voyez dans Du Cange, *libragium, liberare*.

Pendant le xie siècle et la première moitié du xiie, Dourdan eut à souffrir, et cruellement sans doute, des hostilités et des belliqueuses incursions des grands vassaux voisins des domaines de la couronne. Ce n'est qu'à coups d'épée que les fils de Hugues Capet acquirent prépondérance et indépendance, et c'est précisément du côté du pays chartrain que leur venaient l'opposition et la menace. Oubliant que c'était des ducs de France qu'elle tenait son comté, héritière de l'humeur turbulente de Thibault le Tricheur, l'orgueilleuse lignée des comtes de Chartres, devenus très-puissants par l'acquisition des comtés de Champagne, Blois et Tours, tint véritablement la royauté en échec pendant près d'un siècle et demi. Les guerres du comte de Chartres Eudes II, fils de Berthe, reine répudiée, avec le roi Robert et avec Bouchard, comte de Melun et de Corbeil ; celles du comte Thibault III avec le roi Henri, amenèrent plusieurs fois la dévastation aux portes de Dourdan, dont le territoire fut souvent violé.

En face et tout près de Dourdan se dressait, comme un nid d'aigle et un repaire de bandits, Rochefort, *Rupifors,* ou *Rupes fortis,* abrupte et sauvage colline dominée par le manoir des comtes de Rochefort. De leur puissant *oppidum*, ceux-ci donnaient la main aux fils de Milon le Cruel, leurs terribles voisins et parents de Montlhéry, et, interceptant les routes, pillaient et rançonnaient les voyageurs. Le jeune Louis le Gros, fils aîné du roi Philippe, prince hardi et batailleur, eut le malheur de se prendre de querelle avec le sénéchal Guy de Rochefort, dont il répudia la fille Lucienne (1109). Tant qu'il vécut il dut lutter contre les ennemis suscités par son vindicatif beau-père. Guy disposait d'un terrible auxiliaire, son petit-neveu, le fameux vicomte Hugues du Puiset, ce malfaisant et puissant personnage dont le nom est resté légendaire. Il le lança sur Louis avec toute sa meute de *Puisétiens*, et pendant trente années Louis, fils de roi, puis roi lui-même, dut jusqu'à trois fois attaquer dans son repaire de la Beauce le loup-cervier du Puiset et raser son manoir maudit qui renaissait de ses ruines. Le duc de Chartres, Thibault IV, prêtait perfidement la main au bandit dont il avait éprouvé lui-même la colère. L'exaspération des campagnes était à son comble ; toutes les terres du domaine royal étaient ravagées. A chaque instant les prières des populations ruinées appelaient le roi, et quand il se leva pour le siége du Puiset, des bandes de paysans conduits par leurs curés s'enrégimentèrent pour prêter main forte. Louis, sur ces entrefaites, vint à Dourdan ; il y demeura comme dans une des villes frontières de la couronne, comme dans un poste intermédiaire entre Rochefort et le Puiset. Il demanda à Dourdan des soldats et des vivres et y fit camper ses troupes. C'est lui, comme nous le verrons tout à l'heure, qui donna, en la prenant sous sa protection, notre église Saint-Pierre à l'abbaye de Morigny ; c'est dans sa chambre, pendant l'un de ses séjours, *in camera regis, apud Dordingtum,* que furent expédiées des affaires d'administration et que fut passé, entre autres, un acte de donation entre-vifs retrouvé dans un cartulaire du prieuré de Longpont (1). Nous avons encore rencontré dans un acte de Philippe-Auguste de 1185 une allusion à la donation faite par Louis le Gros, et après lui par son fils, aux lépreux de Chartres de deux muids de froment sur le four de Dourdan et d'un muids sur la grange dudit lieu (2), et c'est le *prévôt royal* de Dourdan qui est commis par Louis, en 1116, pour désigner aux pauvres de *Corbereuse* les terrains qu'ils peuvent cultiver dans la terre de l'Église de Paris (3).

Avec la seconde moitié du xiie siècle s'ouvre pour la contrée une ère de renaissance et de paix dont Dourdan éprouve tout aussitôt l'heureuse influence. Favorisée par la puissance royale qui grandit, profitant du mouvement religieux des croisades, l'Église joue le premier rôle. Son administration se constitue régulièrement, et c'est à Chartres, métropole du *grand diocèse*, à Chartres, réconcilié avec le roi, qu'il nous faut chercher le véritable centre de tout le pays qui nous occupe.

Pour la première fois apparaissent avec leur vocable nos deux églises.

Dourdan dépendait de l'évêché de Chartres et sa paroisse Saint-Germain faisait partie du doyenné de Rochefort (4), dans le *grand archidiaconé*, l'un des six archidiaconés du diocèse (5). Aux portes de Chartres, s'élevait une antique abbaye. C'était, suivant les chroniques ecclésiastiques, sur l'emplacement où avait été martyrisé au ve siècle saint Chéron, l'apôtre du pays chartrain (6). Miraculeux pèlerinage, *Saint-Chéron-lès-Chartres* avait eu les faveurs des rois, et Clotaire III (658) avait richement doté le monastère en reconnaissance de la guérison d'un de ses fils. Saccagé par les Normands (858), reconstruit et prospère, il tomba on ne sait comment, vers le milieu du xe siècle, entre les mains du chapitre de Notre-Dame de Chartres jusqu'à l'épiscopat de Goslin de Lèves (1148-1150), qui fit cesser cet état de choses anormal en donnant le couvent aux chanoines réguliers de Saint-Augustin. En même temps, il leur octroyait de riches bénéfices,

---

1. De Lescornay, p. 36, d'après l'indication qui lui a été fournie par le savant Chesnius, André Duchesne.
2. Archives de l'Empire, K. 177, n° 7. — De Lépinois, *Hist. de Chartres*, t. I.— Catal. de Léop. Delisle, n° 131.
3. Arch. de l'Empire.
4. Pourquoi cette suprématie ecclésiastique de Rochefort sur Dourdan, conservée, malgré une infériorité d'importance, jusqu'à la fin du siècle dernier ? Remonte-t-elle à une époque reculée où l'un des deux villages pouvait l'emporter sur l'autre, comme centre de population ? Rappelle-t-elle une ancienne circonscription administrative ? Ne s'est-elle pas constituée précisément durant cette période que nous venons de retracer, période de défaveur pour Dourdan, ville royale le plus souvent en guerre avec Chartres ?
5. Voir le chapitre iv.
6. Bollandistes, t. VI, mai, p. 802 ; *Histoire manuscrite de Saint-Chéron*, bibl. communale de Chartres.

confirmés par bulle papale d'Innocent III (1), et au nombre de ces bénéfices étaient les prieurés de *Saint-Germain de Dourdan* (2) et de Saint-Léonard des Granges-le-Roi, près Dourdan. Un prieur et des chanoines réguliers remplaçaient désormais l'ancienne administration séculière, et pour de longs siècles la paroisse de Dourdan était mise sous la protection et l'obédience du grand monastère dont le nom se mêlera plus d'une fois aux événements divers de notre histoire.

Précisément à la même époque, l'autre paroisse de Dourdan, Saint-Pierre, avait été mise, elle aussi, sous la dépendance d'une puissante abbaye voisine, celle de Morigny. Don d'un pieux gentilhomme de la fin du xie siècle aux vénérables religieux bénédictins de Saint-Germer de Flex, près Gournay, au diocèse de Beauvais, le territoire de Morigny, dans la vallée d'Étampes, avait vu s'élever un opulent monastère. Les rois avaient enrichi son berceau, un pape avait consacré son église, Philippe Ier, Louis le Gros l'avaient pris sous leur sauvegarde (3). C'est alors que, par une munificence royale, l'église Saint-Pierre de Dourdan fut donnée à Morigny qui y envoya des moines en 1112 (*circa quartum annum Ludovici Grossi*). Nous trouvons dans une charte donnée par Louis le Gros, en 1120, pour la confirmation des possessions et priviléges de l'abbaye, mention de l'église Saint-Pierre de Dourdan : « *apud Dordensium, ecclesia sancti Petri* (4), » et dans le second livre de la chronique de Morigny, qui finit en 1147, nous lisons : « La vigne du Seigneur, » c'est ainsi que se désignait modestement et symboliquement elle-même la famille des moines, « plantée dans un pauvre lieu, « croissait et se multipliait et étendait partout ses rameaux; *elle a acquis « à Dourdan, qui est un municipe royal, l'église du bienheureux « Pierre* (5). »

Dourdan, ville royale la plus proche de Chartres, ne devait pas manquer de profiter de la nouvelle et étroite alliance de la couronne avec la

---

1. Arch. départ. de Chartres, *Chapitre, inv.*, p. 250 et *Saint-Chéron*, boîte première; voir *Hist. de Chartres*, par E. de Lépinois, 1854, t. I, p. 282.

2. Nous donnons aux pièces justificatives, pièce I, le texte de cette donation de Goslin de Lèves, avec les fautes de copiste, tel que nous l'avons retrouvé dans les archives de la paroisse Saint-Germain, où on en conservait l'expédition informe, comme un titre précieux souvent invoqué dans des intérêts divers, jusqu'aux derniers jours du xviiie siècle.

3. Voir, sur l'abbaye de Morigny, les détails donnés par M. de Mont-Rond dans ses *Essais historiques sur la ville d'Étampes*, 1836, tome I, p. 97; et l'*Histoire de Morigny, village monacal*, par M. Ernest Menault. Paris, 1867.

4. Citée par le P. Basile Fleureau, barnabite, *Antiquitez de la ville et du duché d'Estampes*, 1683, in-4°, p. 496; Aim., lib. V, c. 11.

5. Lib. II *Chron. Mauriniacensis*, cité par Hadr. Valesius, *Notitia Galliarum*, Paris, 1675, art. *Dourdan;* et dans D. Bouquet, t. XII, p. 71 : « Crescebat autem et « multiplicabatur vinea Domini, quæ in paupere loco plantata fuerat et circumquaque « palmites suos extendebat. *Apud Dordinchum quod regium municipium est eccle- « siam B. Petri adepta est.* »

puissante maison de Chartres-Champagne. Le comte Thibault était en haute faveur. Le roi Louis le Jeune l'avait nommé sénéchal de France, choisi pour gendre en lui donnant en mariage sa propre fille Adèle, et pour beau-frère en prenant comme seconde femme Alix de Champagne. Guillaume aux Blanches Mains, frère de Thibault et d'Alix, occupait le siége de Chartres. Tous les pouvoirs étaient aux mains de la famille.

Louis le Jeune trouva dans Dourdan un agréable séjour qui le rapprochait du centre de ses alliances, et la nouvelle reine ne tarda pas à prendre en grande affection un pays qui touchait au sien.

Le bon roi Louis, que sa grande dévotion fit surnommer le Pieux, aimait trop l'entretien des religieux et le voisinage des monastères pour se contenter de quelques chanoines qui desservaient les paroisses de Dourdan ; il songea bientôt à y attirer plusieurs de ces saints et vénérables religieux de Grandmont, connus sous le nom de *Bonshommes*, qui édifiaient alors une partie de la France par leur vie humble et leurs austères vertus. Fondé en Auvergne vers l'an 1076 par saint Etienne de Muret, transporté bientôt sur de hautes cimes au diocèse de Limoges, l'ordre de Grandmont, qui suivait la règle sévère de saint Benoît, avait été confirmé dès son origine par les souverains pontifes, protégé par les rois de France et d'Angleterre, favorisé de beaux priviléges et de nombreuses immunités ; moins d'un siècle après la mort de son saint fondateur, il comptait près de cent cinquante monastères qui suivaient tous son étroite observance (1).

Plusieurs maisons de cet ordre furent créées dans le diocèse de Chartres, sous le patronage de l'évêque Jean de Salisbury, le disciple bien-aimé de Thomas Becket, archevêque de Cantorbéry. De ce nombre furent celles de *Louye* et des Moulineaux réunies par la suite (2).

Louis le Jeune, qui paraît avoir eu une affection toute particulière pour l'ordre de Grandmont, en faveur duquel il fonda et dota richement plusieurs maisons, choisit presque à la porte de Dourdan, à 3 kil. à peine, dans le bois qui s'ouvre au sud-ouest, un lieu déjà consacré à Dieu suivant une antique tradition. C'était, comme dit de Lescornay, *une grande planade de terres labourables*, formant une sorte de vallée solitaire dominée de toutes parts par des versants boisés. Ce lieu, connu sous le nom de Louye, *locum de Loyá*, était, selon la légende, l'endroit même où un prince égaré à la chasse avait été *ouï* de ses compagnons et avait, en reconnaissance, élevé un sanctuaire à *Notre-Dame de l'Ouïe*. Ce qu'il y a de certain, c'est que cette étymologie avait cours au xiiie siècle : car,

---

1. Hermant, *Histoire des ordres religieux*, t. II.
2. En parlant pour la première fois du prieuré de Louye, dont l'histoire se mêlera maintes fois à celle de Dourdan, nous tenons à mentionner spécialement les documents rassemblés dans un *Recueil de chartes et pièces relatives au prieuré N.-D. des Moulineaux*, publié en 1847, avec une introduction, par M. Auguste Moutié, le très-estimé et savant président de la Société archéologique de Rambouillet.

dans une ancienne pièce, les frères de Louye sont désignés et traduits par ces mots : « *fratres nostri de Auditorio* (1) ».

A ce sanctuaire primitif avaient déjà été affectés des terres et des bois distingués du reste de la forêt par une enceinte de fossés, suivant cette phrase de la donation de Louis le Jeune : « *locum de Loyá cum nemore « et terra sicut fossatis undique cingitur et distinguitur.* » Cette sorte d'enclos fut à toujours concédé aux religieux de Grandmont, et pour leur en assurer la jouissance paisible, le roi prit soin d'obtenir de ses hommes ou sujets des Granges renonciation de tous les droits qu'ils pouvaient avoir sur les bois de Louye. Une charte datée d'Étampes de 1163 nous a conservé les termes de cette donation royale (2).

Auprès des *Bonshommes* de Louye, le pieux roi et sa femme vinrent souvent sans doute chercher lumières et consolation, et c'est à eux qu'ils s'adressèrent, comme le raconte du Haillan, pour obtenir du ciel ce fils si longtemps refusé à leurs vœux, ce Philippe qu'ils surnommèrent *Dieudonné*, et que l'histoire a baptisé *Auguste*.

C'est très-probablement aussi à Louis le Jeune que remonte la création de la léproserie de Dourdan (3).

Après la mort de Louis, la reconnaissance et une fidèle affection ramenèrent bien souvent à Dourdan la reine Alix. Une colline située tout près de la ville, où elle aimait, dit-on, à se promener, a retenu jusqu'à ce jour le nom de *Butte à la Reine*. Les bons religieux ses voisins ne furent pas oubliés par elle. Elle acheta la seigneurie de Chalou, nommée depuis *Chalou-la-Reine*, et la donna aux chevaliers du Temple, à la charge expresse de compter chaque année aux frères de Louye près Dourdan vingt muids de froment à prendre dans la grange de Chalou, à la mesure de l'endroit, le jour de la Saint-Rémi, et dix livres parisis à toucher au Temple à Paris, le lendemain de la Circoncision. Le grand maître du Temple, en présence de beaucoup de ses chevaliers, passa à l'heure même une reconnaissance de cette riche dotation par acte capitulaire daté de 1183 (4).

De toutes parts alors affluaient aux couvents et aux églises subsides de diverses espèces. Les particuliers tenaient à honneur d'être *aumôniers* comme les rois, et à la suite des riches offrandes faites par le roi Louis à la célèbre abbaye de Josaphat, au diocèse de Chartres, se trouve le don de la terre du Bouchet, près Dourdan, fait aux moines par la dame Isabelle *de Dourdan* (5). A peu de distance de sa vallée, sur une des lisières de la forêt

---

1. Abandon de dîmes fait aux chanoines de Saint-Chéron par les religieux de Louye, février 1223. — *Archives d'Eure-et-Loir*, fonds de Saint-Chéron. Voir le chapitre iv.

2. Voir le texte dans de Lescornay, p. 40, ou mieux dans le *Recueil* de M. Moutié, page 77.

3. Voir le chapitre iv.

4. Voir de Lescornay, p. 50; M. Moutié, p. 77.

5. Extrait des cartulaires blancs et rouges de Josaphat (archives départementales de

Yveline, près des bois de Rochefort, Dourdan avait vu tout récemment fonder par le successeur de Goslin de Lèves, l'évêque Robert le Breton, mort en 1164, deux abbayes voisines, celle de Clairefontaine (*Clarus fons*) de l'ordre de Saint-Augustin, et celle de Saint-Rémi des Landes (*Remigius de Landis*) de l'ordre de Saint-Benoît.

Chartres): « Reperitur anno 1174 in chartis ejusdem monasterii quibus significat « Isabellam *Dordan* dedisse monachis terram *de Boschat juxta Dordanum.* » (*Gallia christiana*, XII, 51, E.)

CHAPITRE III

DOURDAN, DE PHILIPPE-AUGUSTE A PHILIPPE LE BEL

1180-1307

LE long et brillant règne de Philippe-Auguste fut pour Dourdan une époque privilégiée entre toutes. L'antique *villa* des vieux rois capétiens attira plus d'une fois les regards de l'illustre monarque, fidèle sans doute à des souvenirs d'enfance et héritier de la prédilection de son père et de sa mère pour le paisible et riant séjour du domaine royal. La chasse l'y attirait, comme elle y avait attiré ses prédécesseurs, comme elle y retint bien souvent les princes qui lui succédèrent. Ce sont sans doute les exigences de la chasse qui l'entraînèrent à un acte tant soit peu arbitraire qui devait éveiller, plusieurs années après lui, les pieux scrupules de son saint petit-fils Louis IX: nous voulons parler du retrait des bois de Louye concédés par Louis le Jeune aux religieux de Grandmont et repris par le domaine, les textes ne disent pas à quelles conditions, jusqu'à saint Louis, qui se fit un devoir de les restituer, comme nous le verrons par la suite.

Brussel, à la fin de son « Nouvel examen de l'usage général des fiefs « en France pendant les xie, xiie, xiiie et xive siècles (1) », a transcrit « le « compte général des revenus tant ordinaires qu'extraordinaires de Phi- « lippe-Auguste pendant l'an 1202. » Ce compte renferme un certain nombre d'articles relatifs à Dourdan, ville du domaine royal. Nous les

---

1. 2 vol. in-4°, Paris, 1727 ; tome II, Appendice, p. cxli.

avons extraits et nous les publions ici (1), comme fournissant de curieux détails et des chiffres intéressants sur la taille, sur les équipages de chasse, chiens, valets de chiens, etc. On voit que Dourdan, qui n'était encore qu'une prévôté, relevait alors du bailli d'Étampes, Hugues de Gravelle.

Nous avons été heureux, en parcourant les innombrables actes émanés de l'actif et puissant génie qui fit tant pour la France, d'en rencontrer plusieurs qui ont trait à notre histoire et impliquent évidemment la présence ou les intérêts de Philippe-Auguste à Dourdan.

Dans des lettres de 1185, datées de Paris (du 20 avril au 31 octobre), Philippe rappelle que son aïeul et son père ont donné aux lépreux de Chartres deux muids de froment sur le four de Dourdan et un muid sur la grange dudit lieu. Il ordonne que désormais les trois muids se prennent sur la grange (2). — En août 1188, il invite le maire d'Étampes et les prévôts et baillis de Janville, Dourdan et Poissy à prêter leur concours à l'église de Saint-Jean en Vallée (3). — Il donne en 1216 à Hugues, son écuyer, une rente de dix muids d'avoine, mesure de Paris, à prendre sur le tensement de Dourdan et de Sonchamp (4) et, en 1220, à Jean, son échanson, la maison de Dourdan qu'il avait achetée de Jorri (5). C'est

1. *Anno Domini M° CC° secundo.*
PRÆPOSITURÆ. *De primo tertio (anni) mense novembri :*
Dordanum : De dimidio anno usque ad S. Remigium, L lib.
Expensa : . . . .
Fr. Haim. XXVI l. et debet XVII l. et VIII s.
Ballivia Hugonis de Gravella (bailli d'Etampes) :
Dordanum (Exp.) : Pro XL servientibus, VIxx et XIII l. et dimid.
Pro avenis *Dordani*, XLI, l. et VII s.
Anno Domini M° CC° secundo, mense februario, apud templum :
Dordanum (recept.) : De dimidio anno usque ad Martium, L lib.
Et de compoto XXIIII l. II s. minùs.
(Exp.) : Canes et famuli qui custodierunt canes, IIII l. et x s. IV d.
Item pro uno famulo qui custodivit canes, XXVIII s.
De duobus famulis custodientibus canes usque ad martium à S. Dionysio, VII l. II s. minùs.
Pionarii, L s.
Robertus Gorri, L s.
Summa, XVIII l. XXXII d. minùs.
Fr. Haim., XLVI l. et VIII d. Et quit.
Hugonis de Gravella : (mense februario : ballivi.)
(Recept.) : De bosco *Durdani*, III^c et XII l. et dimid. de termino Natalis
(Exp.) Fr. Haim., pro avenis Durdani, XLI l. et VII s.
Anno Domini M°CC° tertio, mense maio. Compot. Ballivorum : Hugonis de Gravella.
Pro tallia Dordani, C l.
Fr. Haim., pro tallia *Dordani*, IIII, xx et x l.
2. Arch. de l'empire, k. 177, n° 7. — Catal. de Léopold Delisle, n° 131.
3. Cartul. de Saint-Jean en Vallée, 19 v°, ms. lat., 5481, p. 166.
4. *Bibl. imp.*, fonds franç., n° 9852, A. 31 v°.
5. *Bibl. imp.*, fonds franç., n° 9852, 3 (Colbert), 201. Est-ce de Barthélemy Jorri, curé

ainsi que l'écuyer et l'échanson, suivant toujours leur maître, se créaient peu à peu des intérêts dans un lieu que la cour aimait à visiter. — En novembre 1220, Pierre, abbé, et le couvent de Saint-Chéron de Chartres s'engagent à ne pas établir d'hôtes sur un arpent de vignes que Philippe a permis à l'église des Granges de posséder en perpétuelle aumône (1), — et en 1222 ce même Pierre abbé passe avec le roi un contrat d'un haut intérêt pour nos études, et que nous devons signaler dans ses détails.

Par une charte signée à Paris du 2 au 30 avril, Philippe fait savoir à tous présents et à venir qu'il a institué une chapelle dans *son nouveau château de Dourdan* et qu'il a concédé à l'abbé et au couvent de Saint-Chéron de Chartres qu'un de leurs chanoines du prieuré de Saint-Germain de Dourdan célébrât tous les jours les saints mystères dans ladite chapelle, à la condition expresse que ce célébrant prêtera serment de fidélité au roi et à ses héritiers possesseurs du château, et que le serment sera renouvelé à chaque mutation de chanoine. A ce chanoine sont assignées quinze livres de revenu sur la prévôté de Dourdan, payables moitié à la Toussaint, moitié à la Purification ; et s'il arrive au prévôt d'être en retard pour le payement, il devra au roi cinq sous d'amende par chaque jour de retard.

Nos lecteurs ont compris toute la valeur de ce texte : il contient une précieuse révélation sur la construction du *nouveau château* et sur l'importance qu'y attache le souverain en le dotant d'une chapelle et d'une fondation de messe perpétuelle. Notre historien de Lescornay a connu et cité cette charte ; mais, comme il le dit lui-même, *sans l'avoir vue en forme*. Aussi, sa version est-elle incomplète et inexacte, dépourvue surtout de cette curieuse mention du *nouveau* château. Le texte que nous offrons (2) a été soigneusement copié par nous à la bibliothèque impériale sur le manuscrit original de ce précieux registre connu sous le nom de registre F, qui contient, avec le registre E auquel il a prêté et emprunté tour à tour, les actes officiels de la chancellerie royale sous Philippe-Auguste, la reine Blanche et saint Louis.

Une autre pièce nous sert ici de contrôle.

Du 2 au 30 avril 1222, Pierre abbé et tout le couvent de Saint-Chéron s'engagent à députer un de leurs chanoines du prieuré de Dourdan, pour célébrer la messe dans la chapelle que le roi vient de faire *nouvellement* construire dans son château, et cela sous la condition précitée d'un serment de fidélité (3). Les chanoines de Saint-Germain n'eurent certai-

des Granges à cette époque ? — C'est l'origine du *fief de l'Eschanson*, sis à Dourdan.
1. *Trésor des Chartes*, Chartres, II, 4, J. 172, Reg. 31, f. 61 bis, n° 103.
2. Pièce justificative II. — Bibl. impériale, fonds franc., n° 9852, 3 (Colbert), f. 124 v°.
3. Pièce justificative III, tirée du *Trésor des Chartes*, Chartres, II, 5, J. 172, reg. 31, f° 61 bis, n° 101. — Citée par Teulet, I, n° 1531.

nement qu'à se louer de la bienveillance royale, et, suivant toutes les présomptions, c'est à notre illustre fondateur que s'appliquent ces mots par lesquels commençait le martyrologe ou liste des bienfaiteurs de la paroisse Saint-Germain : « *Nous prierons pour le roi Philippe.* » C'est à lui que de Lescornay attribue la donation faite à la fabrique du droit de mesurage dans la ville et faubourgs, qui vaut ordinairement, ajoute-t-il, six cents livres par an, sans qu'aucun sache qui l'a donné, ni d'où il est venu, à cause de la perte des registres et titres de l'église (1).

Et maintenant, nous demandera-t-on, quel est ce nouveau château? C'est celui que nous voyons subsister encore aujourd'hui, au moins dans son plan général, avec son enceinte intacte, ses fossés, ses tours et son donjon. Notre intention n'est pas de le décrire ici, nous réservons à cette description un chapitre spécial. Nous dirons seulement qu'au lieu et presque certainement sur l'emplacement du vieux château romain et mérovingien où était mort Hugues et où Louis VII avait vécu, Philippe-Auguste, cet admirable constructeur de forteresses, fit élever, tout d'une pièce, un édifice imposant et régulier, pourvu de tous les systèmes de défense alors en usage, fossés profonds, courtine élevée flanquée de huit tours, donjon isolé avec tous les engins de siège, moyens d'existence, puits, souterrains de retraite, etc., corps d'habitation les uns destinés aux plaisirs du maître, les autres au logement de la garnison. Situé au milieu de la ville, entouré des maisons de la place, bien que séparé d'elles par des boulevards et des barrières, le château était le centre de Dourdan. Le seigneur avait sous les yeux, presque sous la main, l'église, la halle, c'est-à-dire la vie morale et la vie matérielle de la cité, et le puissant donjon renouvelé pour des siècles affirmait et au besoin était prêt à soutenir les droits politiques et féodaux du royal suzerain de la contrée.

S'il est dans une ville ou un monument un beau souvenir à recueillir, une trace précieuse à vénérer, c'est la mémoire, c'est le passage du pieux et grand monarque devant lequel l'histoire s'incline et l'Église s'agenouille, saint Louis, le roi modèle, le patron des rois très-chrétiens. Un nom est étroitement lié au sien dans les respects de la postérité, celui de son illustre mère, la reine Blanche de Castille. Dourdan a eu l'honneur et l'heureuse fortune d'être le domaine et parfois le séjour de ces deux hôtes vénérés. Son vieux château leur a ouvert ses portes, et le voyageur n'y foule pas sans émotion un sol qu'ils ont touché et des degrés qu'ils ont franchis.

En 1240, par une charte datée de Paris, Louis IX fait savoir qu'en échange des biens qu'il a distraits pour l'apanage de son frère Robert d'Artois, il a assigné à sa *très-chère dame et mère l'illustre reine Blanche,* pour être possédées par elle, avec toutes leurs appartenances, les villes de Meulan, Pontoise, Étampes, *Dourdan avec sa forêt,* Corbeil

---

1. De Lescornay, p. 48.

et Melun, auxquelles il ajoute Crépy en Valois, la Ferté-Milon et Pierrefonds, avec quatre mille cinq cents livres parisis de rente (1). Royal et juste témoignage de la piété filiale du jeune monarque envers l'auguste régente et la vaillante protectrice de ses premières années.

Dès l'an 1234, dans les comptes des baillis pour le terme de l'Ascension, se trouve insérée sous le nom de *Johannes Jaucus*, bailli d'Orléans (§ 72), la mention de la vente des blés et avoines d'Étampes et Dourdan pour la somme de trois cent quarante-six livres, quatorze sous, huit deniers, et celle d'une dépense de cent quatre sous d'or pour les travaux de Dourdan (2).

Le 8 juin 1253, saint Louis, voulant accorder à son chambellan Jean Bourguignel une faveur semblable à celle que Philippe-Auguste avait octroyée jadis à son échanson et à son écuyer en leur faisant présent de biens situés sur un domaine aimé et fréquenté de la cour, acheta tout exprès, d'un certain messire Berthault Cocalogon, seigneur de Femerez au Perche, près de Châteauneuf en Thymerais, une *seigneurie*, dépendante de celle de Dourdan, qu'il donna en perpétuelle propriété à Jean Bourguignel et à Marguerite sa femme (3). Cette seigneurie, d'après des lettres d'aveu de messire Berthault, passées dès 1190 sous les sceaux de la prévôté de Dourdan, n'était autre que la propriété de tous les droits seigneuriaux de la ville de Dourdan, cens, rentes, vassaux, ventes et reventes, saisines et amendes, champart et champartage, avec les mesurages, bonnages et corvées qui appartiennent à ce champart; plus d'autres revenus, non spécifiés, dans la ville, et des biens situés aux Granges-le-Roy *de lès Dourdan*.

Jean Bourguignel jouit de ces revenus pendant plusieurs années; mais, sans doute avec la permission du roi, il en fit vente et cession en 1266. Nous avons trouvé aux archives du Loiret une pièce qui nous apprend à qui Jean Bourguignel transmit ses droits seigneuriaux sur Dourdan ; c'est « à l'abbeesse et au couvent de l'Umilité Nostre Dame des Sereurs meneurs encloses jouste Saint-Cloust (4). » Ce couvent, plus connu sous le nom d'abbaye de Longchamp, près Paris, venait d'être fondé précisément par la sœur de saint Louis. L'intérêt de cette pièce est de nous donner le point de départ des droits de censive que nous voyons exercer jusqu'à la fin du xviiie siècle, sur une grande partie du territoire de notre ville, par les dames de Longchamp, sans qu'on ait bien su s'expliquer, jusqu'ici, leur présence à Dourdan et leur immixtion dans plusieurs affaires importantes.

---

1. Arch. de l'empire, J. 189, 6.
2. D. Bouquet, t. XXII, 574, DE. Comptes des prévôts et baillis pour l'année 1234. *Mense junio, de termino Ascensionis.* — Ces comptes n'ont pas été connus de Brussel.
3. De Lescornay, p. 54.
4. Pièce justificative IV. — Voir aussi le chapitre suivant.

Mû par un pieux scrupule, le saint monarque, comme nous l'avons déjà indiqué, se préoccupa du retrait des bois de Louye, et au mois d'avril 1255 il fit expédier de Vincennes des lettres de restitution. Il savait, disait-il, la concession faite par son bisaïeul aux Bonshommes de Grandmont de la possession libre et paisible des terres et bois de Louye ; mais son grand-père Philippe et son père Louis, et lui-même, après eux, avaient retenu le bois pendant quelques années. De l'avis des gens de bien, c'est ce bois qu'il venait restituer (1). Nos bons moines de Louye ne pouvaient manquer de faire écouter leurs légitimes réclamations par le roi *justicier* dont la France tout entière aimait à redire la paternelle équité.

Dans la liste des *mansiones et itinera regum*, que les savants continuateurs de Dom Bouquet ont insérée dans leur XXIe tome (2), nous avons trouvé la mention d'un voyage que saint Louis fit à Dourdan en décembre 1257. Il venait de Paris, et nous savons qu'en janvier il quitta Dourdan pour Saint-Germain-en-Laye. Le roi ne vint pas à Dourdan seulement avec ses familiers ou une portion de sa cour : il y séjourna avec sa chancellerie, ce qui ne se faisait pas toujours ; de là la difficulté qu'on éprouve à préciser, par les dates locales des actes officiels, les passages et les séjours, souvent très-multipliés pourtant, des souverains dans une résidence. A Dourdan, cette fois-là, dans son château paisible, Louis travailla avec ses conseillers ; il y expédia des affaires, il y fit rédiger, il y signa une longue charte pour la confirmation des possessions et priviléges d'une riche abbaye du Midi, l'abbaye de la Grâce, en Languedoc. Nous avons vu cette charte, elle est signée et datée *apud Dordam* (3).

Après la mort de sa mère, Louis voulut que Dourdan appartînt à sa femme la reine Marguerite de Provence. Par un acte de juin 1260, il en fait une partie de son douaire. Rappelant que ce douaire primitivement assigné sur la cité du Mans avait déjà été transporté une fois sur celle d'Orléans, il déclare qu'il veut « fere à la devant dicte Reine, pour ses « désertes, greigneur grâce et assigner luy ailleurs son devant dict doaire « en lieux plus prochains et plus proufitables, è porvoir parce à la pès « è au repos de sa vie. » Il échange donc l'ancien douaire contre les villes de Corbeil, Poissy, Meulan, Vernon, Pontoise, *Dourdan o les bois è o les autres appartenances*, avec la Ferté-Alais, mais sans les fiefs et les aumônes octroyés jusque-là dans toutes ces villes. Réservant, dans l'avenir, le libre exercice de sa charitable dévotion, il ajoute : « è retenons à nous, « tant comme nous vivrons, plenière è franche propriété de donner à

---

1. Voir *Recueil de pièces sur les Moulineaux*, publié par M. Moutié, p. 78.
2. D. Bouquet, XXI, 417 c.
3 Registre de saint Louis, p. 81, n° 2, Bibl. impér., ms. 9653, 5, A. Les continuateurs de D. Bouquet ne savent pas si l'on doit lire *Dordam* ou *Dordain*; c'est, dans tous les cas, la traduction française et le nom vulgaire de Dourdan à cette époque.

« églises è à personnes à quelles que nous voudrons, è tant comme nous
« voudrons, è d'octroier franchement è de conferrer à nostre volonté les
« dons, les ventes è les autres aliénations, se aucunes en sont fetes (1) ».

Prochain et *profitable* était estimé par la couronne Dourdan avec ses bois et ses appartenances, et c'était une des portions privilégiées du domaine royal que le prévoyant époux voulait assurer à sa fidèle épouse pour la paix et le repos de sa vie. Les revenus des prévôtés sur lesquelles était constitué ce riche douaire appartenaient à Marguerite, et dans les comptes des baillis de France pour le terme de la Toussaint 1285, qui ont été conservés (2), nous avons pu vérifier, à l'article 14 des prévôtés, que Dourdan, au lieu du détail accoutumé, ne portait que cette mention : *Reginæ, à la Reine* (3). Une curieuse remarque de Brussel nous apprend que c'est à la distraction, à titre de douaire, de Dourdan, Pontoise, Meulan, etc., en faveur de la reine Marguerite, qu'il faut attribuer cette notable baisse qui se fit alors sentir dans le revenu total des prévôtés de France, dont le chiffre, s'élevant en 1265 à 64,000 livres parisis, était tombé en 1277 à 52,000 livres (4).

Philippe le Hardi, et après lui Philippe le Bel, cet actif et remuant monarque dont les voyages et les étapes forment une liste vraiment étonnante (5), trouvèrent dans Dourdan un commode rendez-vous de chasse, et les textes du temps témoignent du soin jaloux avec lequel était gardé ce lieu favori, si bien disposé pour le plaisir royal. En 1310, à peine mis en possession de Dourdan, comme nous le verrons ci-après, Louis d'Évreux, frère de Philippe le Bel, fut assiégé par les réclamations réitérées du « commun des bonnes gens de la ville de Dourdan, des paroisses
« de Sainct-Germain et Sainct-Père de ladite ville et de la chapelle de
« Saincte-Mesme : c'est à sçavoir prestres, religieux, clercs, nobles et
« bourgeois, » qui se plaignaient amèrement de ce que les bêtes de la garenne réservée de Dourdan « et la gent establie à garder icelles faisaient
« dans leurs héritages » de tels « dommages et griefs qu'ils ne pouvaient
« bonnement les soustenir sans laisser lesdits héritages et partir du
« pays. » Force fut à Louis, pour ne pas voir toute la contrée désertée, de supprimer la garenne et de donner, par acte authentique, à tous les habitants, moyennant certaine redevance en argent, le droit de chasser sur leurs terres les bêtes à pied clos qui s'étaient multipliées dans une proportion effrayante. La forêt de Dourdan, reliée elle-même à toutes les forêts voisines, se prêtait admirablement aux grandes chasses de la vénerie royale. Le pays abondait en gibier de toutes sortes : lièvres, renards

---

1. De Lescornay, p. 62, et dans d'autres auteurs.
2. Mss. Bibl. impér., fonds de Gaignières, n° 558, 2.
3. Ce que les continuateurs de D. Bouquet traduisent ainsi : *Id est ad reginam dotalitii nomine pertinent.* — D. Bouquet, XXII, 630 c.
4. D. Bouquet, XXII, 765, note 7.
5. XXIe tome de D. Bouquet.

et blaireaux se voyaient tout à l'entour, même au temps de de Lescornay, qui parle des chasses de Dourdan avec enthousiasme : « Les bois
« dit-il, fournissent quantité de cerfs, sangliers et chevreuils qui peuvent
« donner infinis passe-temps aussi bien que les loups qui se rencontrent
« souvent dans le pays. Mais le comble des plaisirs arrive quand ces
« grandes bestes se rembûchent dans des petits bois ou buissons qui sont
« au milieu de la Beaulce esloignez de la forest :'pource qu'après avoir
« esté lancées, et qu'elles ont battu ces petits forts, elles sont contraintes
« de sortir et courir en plaine campagne, car lors on les voit avec toute
« la chasse, et les peut-on conduire de l'œil jusques à perte de veue sans
« aucun obstacle. Outre cecy la volerie y est très-belle, tant pour les
« hérons et canars que retiennent les estangs et la prairie, que pour les
« perdrix, corneilles et tous autres oyseaux qui y sont en quantité (1). »
Il a vu, ajoute-t-il, d'anciens comptes du domaine qui font mention des
pains que devaient les habitants des Granges-le-Roy, tous les ans, à Noël,
pour la nourriture des chiens de chasse, et aussi des gelines qu'ils devaient quand le roi venait à Dourdan pour la pâture des oiseaux de
proie qui n'y étaient apportés qu'avec les rois. D'autres chapitres de
ces anciens comptes ont trait à d'importantes recettes et dépenses de
foins et d'avoines consommés sur les lieux par les chevaux de l'écurie
du roi.

En consultant les anciennes tablettes de cire de Pierre de Condé, espèce d'agenda de l'intendance de la maison royale, nous avons rencontré
aux comptes de l'écurie pour l'année 1284 (2) mémoire de deux dépenses
de cent livres faites à Dourdan, aux dates du 3 février et du 27 septembre.

Elles correspondent bien certainement à deux passages de Philippe le
Hardi, dont elles nous donnent l'époque précise.

Si nous comparons ces dates avec la liste des étapes de ce prince, nous
apprenons qu'il fit ces deux séjours à Dourdan, l'un en allant à Saint-Germain, l'autre en en revenant. C'est aussi la marche qu'avait suivie
saint Louis, et que suivirent encore d'autres princes.

Nous nous garderons d'oublier ici un souvenir qui se rattache au
règne de Philippe le Bel. Si nous consultons la liste des grands maîtres
de l'artillerie de France, créés par ce prince bien avant l'invention du
canon, pour remplacer les grands maîtres des arbalétriers, nous voyons
figurer, comme le premier élu, en 1291, *Guillaume de Dourdan* (3).

1. De Lescornay, p. 29.
2. D. Bouquet, t. XXII, 458 a, 459 H. :

« § 147. — Debet : Jovis in crastino candelosæ, apud Dordannum, Johannes Catus,
« c. l. per Marcellum. » (3 févr. 1284.)

« § 158. — Debet : Mercurii ante sanctum Michaelem apud Dordannum, c. l.
duo clerici, per Marcellum. » (27 sept. 1284.)

3. On peut lire son nom inscrit en lettres d'or sur une plaque de chêne en tête du

Philippe le Bel avait un frère, Louis, comte d'Évreux, noble et vaillant prince, qui figure avec honneur dans plusieurs événements importants des annales de France, et s'était signalé en 1304 à la fameuse bataille de Mons-en-Puelle, gagnée par Philippe le Bel contre les Flamands, en sauvant la vie du roi, l'oriflamme et la victoire. Il fallait à ce premier prince du sang un état de maison digne de la couronne de France. Son père, en mourant, avait ordonné qu'un revenu de quinze mille livres tournois de rente lui fût affecté à lui et à tous ses descendants directs, et que ce revenu fût assis sur certaines portions du domaine royal qui deviendraient, comme apanage, la propriété de la branche cadette. Par lettres patentes datées de Poissy, avril 1307, Philippe fait savoir qu'il a depuis longtemps chargé deux chevaliers, personnages de confiance, Jean Choisel et Jean le Veneur, d'une minutieuse enquête sur la valeur et le produit des domaines qu'il destine à son frère, et que, suivant le fidèle rapport qui lui a été fait, il octroie à Louis les seigneuries d'Évreux, d'Aubigny, de Gien, de la Ferté-Alais, d'Étampes, de *Dourdan* et de Meulan, dont le revenu total égale quinze mille livres.

Cette prisée a pour nous un grand intérêt, parce qu'elle nous donne le détail et la consistance du domaine de la châtellenie de Dourdan à la fin du XIIIe siècle et en fixe la valeur. Après Étampes, vient :

« La *Préuosté de Dourdan*, ez appartenances de laquelle il a :

« C'est à sçauoir la coustume de toute la marchandise de la ville et « mairie des Granches ;

« Le moulin de Rescuel ;

« Les menus cens de Dourdan et des Granches ;

« Le tanxement des marchés partout les estalages de Dourdan ;

« Les fours aux pottiers ;

« Le sel et la basse justice de ladite préuosté ;

« Auennes appartenans au chastel de Dourdan, à Sonchamp et Denise « (*Denisy*), aux Granches-le-Roi, à Courbereuse, à Sainct-Ville, au « Rouuille, à Maudestour, à Long-Villiers et à Morsanc : trente-cinq « muids, dix septiers, trois minots, deux boisseaux ;

« Les exploicts de soixante sols et de moins ;

« La penne d'illec ;

« La garenne de Dourdan en bois, ou vigne ou en chans ;

« Les ventes de la forest et des bois de Dourdan et la paisson, sauf le « droict et usage aux usagers ;

« Le chastel de Dourdan en tel estat comme il est ;

« Item dix fiefs et trente arrière-fiefs en ladite chastellenie ;

« La haute justice d'illec.

---

tableau des grands maîtres, au Musée d'artillerie, à Paris, dans la grande salle, à main gauche. — Mention de *feu Guillaume Dourdan, pièça bailli de Longueville*, dont les lettres sont rappelées dans une ordonnance de Charles VI sur des métiers, 21 janv. 1416; Ordon. des Rois de France, t. X, p. 390

« Lesquelles choses dessus dites de ladite chastellenie de Dourdan,
« nous l'y asseons por le prix de : *douze cens soixante livres dix sept*
« *sols unze deniers tournois.*

« De ce chet en despence vingt-cinq sols tournois pour la retenue du
« moulin de Dourdan; demeure : douze cens cinquante-neuf livres
« douze sols unze deniers tournois.

« Retenus à nous tout les juis de ladite chastellenie de Dourdan (1). »

En cédant ainsi le château, la prévôté et la châtellenie de Dourdan avec leurs appartenances (*castrum, præposituram et castellaniam de Dordano, cum earum pertinentiis*), le roi se réservait tous les droits de suzeraineté (*superioritatem, resortum et homagium ligium*), tous les biens que possédaient les juifs au temps de leur expulsion du royaume, et la garde et la justice de toutes les églises et personnes ecclésiastiques ou privilégiées (2).

Nous sommes arrivés à l'heure où, avec le xiiie siècle, finit, pour Dourdan, la première période royale de son histoire. La couronne se dessaisit pour un temps de l'antique *villa*, que tant de souverains ont aimée.

De nobles princes, grands vassaux du trône, vont tour à tour se la transmettre ou se la disputer; mais la royauté fera plus d'une fois valoir sur elle son droit souverain et finira par la revendiquer comme sienne. A travers des siècles agités, Dourdan ressentira le contrecoup de tous les malheurs de la France, de toutes les épreuves de la monarchie, mais ne manquera pas de retrouver, à l'heure des renaissances du pays et du trône, ses priviléges intacts et des jours prospères qui ne seront pas sans gloire.

---

1. Copie des lettres pour parfournissement d'apanage octroyées en octobre 1298, conservée dans les papiers du domaine de Dourdan, aux Archives de l'empire, O, 20,436.
2. Acte daté de Poissy, avril 1307. — De Lescornay, p. 70.

CHAPITRE IV

PERSONNES ET BIENS D'ÉGLISE A DOURDAN AU XIIIᵉ SIÈCLE.

Sans répéter ici ce que nous avons pu dire sur ce sujet dans les chapitres précédents, et ce que nous aurons occasion de dire dans les chapitres spéciaux que nous consacrerons plus tard aux deux paroisses de Dourdan, nous croyons utile de préciser l'état ecclésiastique de Dourdan au xiiiᵉ siècle. En énumérant quelques-uns des biens possédés alors par le clergé, nous aurons occasion de faire plus directement connaissance avec certains éléments de la vie locale.

Par suite de la donation de l'évêque Goslin, l'église Saint-Germain, devenue le *prieuré Saint-Germain*, était desservie par des chanoines dont le prieur était spécialement chargé du soin des âmes, *prior curatus*. Le *collateur* était l'abbé de Saint-Chéron-lès-Chartres. C'était lui qui détachait de son couvent les chanoines réguliers qui formaient le clergé de Dourdan. C'était à lui que le roi Philippe-Auguste avait dû s'adresser pour le service de la chapelle *Monsieur S. Jehan* du château. C'était lui, en un mot, qui conservait sur ses « frères » la haute main, et jouissait, avec son couvent, de la plus grande partie des grosses dîmes de Dourdan. Mais outre la suprématie abbatiale, il y avait la suprématie épiscopale et archidiaconale. Dourdan, nous l'avons dit, faisait partie du *Grand Archidiaconé*, le premier des archidiaconés du diocèse de Chartres et, dans le grand archidiaconé, il appartenait au *Doyenné de Rochefort,* l'un des six doyennés relevant du grand archidiacre (1). Les archidiacres, dont

---

1. L'évêché de Chartres, le premier des suffragants de la métropole sénonaise, me-

l'institution n'est pas antérieure au IXe siècle, avaient, comme on sait, la charge spéciale de visiter les églises de leur archidiaconé et de veiller à la discipline ecclésiastique. Ils percevaient les revenus des cures vacantes, étaient juges ecclésiastiques de leur district et avaient une cour, un official et des sergents. Les paroisses inspectées devaient à l'archidiacre le droit, généralement converti en argent, de *procuration*, c'est-à-dire le gîte et la nourriture pour lui et ses gens.

L'évêque de Chartres avait sur les paroisses de Dourdan son droit de visite, et Saint-Germain figure en tête de la liste des « *procurationes episcopi Carnotensis in majori diaconatu,* » extraite d'un *pouillé* du diocèse de Chartres rédigé dans la seconde moitié du XIIIe siècle (1) D'après cette même pièce, le nombre des paroissiens de Saint Germain était alors de 220. Mais par paroissiens (*parochiani*) il faut entendre les chefs de famille, et en multipliant ce nombre par une moyenne de quatre têtes, comme pour l'évaluation des habitants par *feux*, on obtient un chiffre approximatif de 880 personnes.

L'estimation du revenu de Saint-Germain est de 80 livres (2). C'était de beaucoup la plus riche des paroisses des environs, dont quelques-unes pourtant, comme Saint-Arnoult, Châlo-Saint-Mard, et surtout Sonchamp, étaient alors plus peuplées (3). Par suite de donations ou en

---

surait près de 200 kil. de long sur 160 de large, et absorbait, en totalité ou en partie, la Beauce, le *Saltus* du Perche, les *Pagi* Chartrain, de Dreux, de Madrie, de Pinserais, de Dunois, de Vendôme et de Blois, c'est-à-dire les anciens districts administratifs que l'érudition moderne a groupés sous la rubrique « *civitas Carnotensis* » du *Notitia provinciarum et civitatum Galliæ*, et qui se retrouvent assez bien dans la division en archidiaconés.

Le grand archidiaconé renfermait trois cantons du Perche, et s'étendait sur le Chartrain et l'Étampois. Il comprenait dans ses six doyennés (Épernon, Auneau, Rochefort, Brou, Nogent-au-Perche, Courville) 223 églises paroissiales.

Le doyenné de Rochefort, qui représentait une fraction de l'ancien *pagus Stampensis*, renfermait tout l'Étampois chartrain et une partie de la Beauce. Sur les soixante-sept paroisses qu'il comprenait, cinquante-et-une appartiennent aujourd'hui au diocèse de Versailles; Dourdan est de ce nombre. — Voyez de Lépinois et Merlet, *Cartulaire de N.-D. de Chartres. Introd.*, p. XLVII, etc.

1. Cité au cartulaire de *Saint-Père* de Chartres, publié par M. Guérard, in-4°, 1840, tome I. — Tiré d'un manuscrit de la Bibl. Imp., coté cart. 43, et d'un manuscrit de la bibl. de Chartres, connu sous le nom de *livre blanc*.
A la suite de la paroisse Saint-Germain, fournissent *procuration* à l'évêque dans le doyenné de Rochefort : Saint-Pierre de Dourdan ;—l'abbaye de Claire-Fontaine ; — Bonnelle (*Bonella*) ; — Saint-Arnoult ; — Bretencourt (*Bertocuria*) ; — Boinville-le-Gaillard (*Boenvilla*), etc.

2. La livre valait environ 25 fr. à la fin du XIIe siècle, et comme le pouvoir de l'argent est de nos jours quatre fois plus faible qu'il ne l'était alors, la livre valait environ 100 fr. de notre monnaie. (Guérard.)

3. Voici la comparaison avec plusieurs paroisses des environs :

PAROISSES.	PAROISSIENS.	ESTIMATIONS.	COLLATEURS.
Foresta Regis (La Forêt-le-Roy).	72	30 livres.	Le grand archidiacre.

vertu du droit paroissial, Saint-Germain ou, pour mieux dire, le couvent de Saint-Chéron jouissait à cette époque de dîmes assez fructueuses et fort recherchées sur les vignes qui couvraient alors une grande partie du territoire de Dourdan. Ces dîmes furent souvent l'objet de contestations et de procédures qui fourniront dans la suite de ce chapitre plus d'un curieux détail. Comme l'église de Saint-Léonard des *Granges-le-Roy* avait été, en même temps que Saint-Germain, donnée à l'abbaye de Saint-Chéron, les droits et les prétentions de l'abbaye s'étendaient aussi sur ce territoire voisin de Dourdan.

Quand les chanoines de Saint-Chéron avaient pris, au xii⁰ siècle, possession de la paroisse de Saint-Germain, ils avaient entrepris la reconstruction de l'église très-probablement sur l'emplacement d'une église plus ancienne. Des vestiges de constructions de la fin du xii_e siècle se retrouvent, en effet, dans le chevet remanié du vaisseau actuel. Mais c'est au xiii⁰ siècle que remontent le plan complet et l'exécution d'ensemble de l'édifice, faciles à reconnaître sous les modifications, les restaurations tant de fois nécessitées par les outrages du temps et surtout des hommes. Le prieuré attenait à l'église et regardait la vallée, c'est-à-dire le plein midi. Le terrain qui en dépendait, augmenté au siècle suivant par la munificence des seigneurs, entourait à peu près l'église, et s'étageait en terrasses au-dessous des contre-forts. Une belle pièce souterraine, que nous décrirons ailleurs, avec voûtes en plein cintre soutenues par des piliers aux massifs chapiteaux, existe encore sous les bâtiments du presbytère. Il est difficile de voir dans cette sorte de crypte, malgré son aspect imposant et

PAROISSES.	PAROISSIENS.	ESTIMATIONS.	COLLATEURS.
Granchie Regis (Les Granges-le-Roy).	90	40 livres	L'abbé de Saint-Chéron.
Ruppis-Fortis (Rochefort).	224	60 —	Le seigneur du lieu.
Roinviletta (Roinville).	57	35 —	Le grand archidiacre.
S.-Karaunus (Saint-Cheron-Montcouronne).	78	30 —	*Idem.*
S.-Arnulphus in Aquilina (Saint-Arnoult-en-Yveline).	290	30 —	L'archevêque de Paris.
S.-Cyriacus (Saint-Cyr).	104	30 —	Le grand archidiacre.
Vallis S.-Germani (Le Val Saint-Germain).	186	30 —	*Idem.*
Danesi cum Capellá (Denisy, annexe de Sainte-Mesme.)	56	20 —	L'abbé de Josaphat.
Suus Campus (Sonchamp).	360	60 —	L'abbé de St-Benoît-s.-Loire.
Chalotum S.-Medardi (Châlo-Saint-Mard.)	290	30 —	L'abbé de Josaphat.
Abluyez (Ablis).	244	50 —	*Idem.*

sa construction très-ancienne, un lieu consacré au culte, une dépendance de l'église primitive. Il est beaucoup plus naturel de croire que c'était la cave, le cellier dans lequel les chanoines resserraient le vin des dîmes, tandis qu'à côté se trouvait la grange pour les dîmes de grains.

A l'extrémité orientale de la ville s'élevait le *moûtier Saint-Père*, au haut de la rue de ce nom, contre l'église Saint-Pierre, sur une éminence qui dominait le faubourg Grousteau et toute la prairie de Dourdan. Là demeuraient les moines de Morigny, l'abbaye étampoise dont la « vigne » symbolique avait étendu ses rameaux jusqu'à la petite ville royale de Dourdan.

Ils desservaient la paroisse qui n'était pas bien considérable : car le pouillé du diocèse de Chartres déjà cité ne lui donne que 36 paroissiens, environ 150 personnes, et ils exploitaient les terres qui dépendaient de l'église, principalement le *clos Saint-Père*, sis au Puits-des-Champs. Au modeste prieuré attenaient un jardin dans lequel était le cimetière des frères, et quelques vignes en terrasse sur la rue Grousteau. En 1232, un moine qui paraît avoir été un des prieurs du moûtier Saint-Pierre et qui était devenu abbé de Morigny sous le nom de Robert II, *dit de Dourdan*, jouissait d'une grande réputation de sagesse dans son ordre, et le cartulaire de l'abbaye (1) a conservé les règlements qu'il fit cette année-là pour le bon gouvernement de son couvent.

En 1257, sous l'abbé Nicolas, le vendredi avant la nativité de saint Jean-Baptiste, l'évêque de Chartres, Mathieu, ce prélat célèbre par son humilité et sa vie frugale, accorda un grand privilége au prieuré de Saint-Pierre. Considérant que les ressources dudit prieuré étaient tellement faibles et exiguës, *adeo sunt tenues et exiles*, qu'elles ne suffisaient pas à payer sans grande gêne le droit de visite ou « procuration annuelle » de l'évêque, il accorda « qu'il ne serait payé à l'avenir, pour ce droit, que « trente sols parisis (2). » Le total porté pour Saint-Pierre aux « estimations » du pouillé était de 10 livres.

Non loin de Saint-Pierre était le faubourg *Saint-Laurent*, qui avait emprunté son nom à la *maladrerie* élevée en dehors de la ville, près du chemin des Granges, au pied de la butte de Normont. Dans un repli de terrain exposé au nord et placé dans le courant d'air de la vallée, se dressait l'asile des pauvres lépreux. Un enclos renfermait des vignes et la chapelle, vaisseau oblong sans aucun ornement, percé de trois portes. L'une d'elles donnait accès aux lépreux dans les bancs qui leur étaient réservés, et ouvrait sur un jardin au bout duquel était le triste bâtiment du refuge. Il portait, suivant un titre du temps (3), le nom de *Maison de*

---

1. Voyez Cartul. de Morigny, Robert II, 13ᵉ abbé.
2. Voir cette pièce intéressante dans les *Antiquitez de la ville d'Estampes*, par le P. Bas. Fleureau. — Paris, 1683, p. 536.
3. Vide infra.

Saint-Lazare : car c'étaient les religieux de cet ordre qui la desservaient. Connu dès les premiers siècles en Palestine et dévoué aux pèlerins et aux lépreux, l'ordre de Saint-Lazare avait rendu de grands services aux croisés. Chassés par les Sarrasins, ses membres s'étaient retirés en France en 1137, sous la protection de Louis VII, qui leur donna sa maison de Boigny, près d'Orléans, et la maison de Saint-Lazare, près Paris. Saint Louis les confirma à son tour, et on comptait déjà de son temps deux mille léproseries en France.

La léproserie de Dourdan, signalée, comme on le verra tout à l'heure, dès 1216, par des pièces de procédures au sujet d'un conflit depuis longtemps pendant avec les chanoines de Saint-Germain, et déjà propriétaire à cette époque de terres et de vignes sujettes à dîmes, tant à Dourdan qu'aux Granges-le-Roy, remonte évidemment aux premiers temps de l'institution, et tout porte à croire que Louis VII et sa femme la reine Adèle, les fondateurs de Saint-Lazare en France, dotèrent, dès l'origine, d'une maison de lépreux le village royal qu'ils affectionnaient, et s'entourèrent à Dourdan des religieux hospitaliers, comme ils s'étaient entourés des moines de Grandmont en créant le couvent de Louye (1).

Pour comprendre et apprécier le bienfait, il faut se rappeler la terreur légendaire qu'inspirait à tous l'affreux mal rapporté d'Orient par les croisés et dont la contagion n'épargnait personne, la séquestration absolue à laquelle on condamnait les malades, la cérémonie bizarre et lugubre par laquelle on les retranchait du monde. Un prêtre allait chercher le lépreux à sa demeure et le conduisait à l'église porté sur une civière et couvert d'un drap noir, au chant du *Libera*. Après une messe, célébrée suivant un rituel spécial, le lépreux, toujours couvert d'un drap noir, était porté au seuil de l'église et aspergé d'eau bénite, puis processionnellement conduit hors de la ville avec des chants de deuil. Lorsque le cortége était arrivé à la léproserie, le prêtre adressait une série de défenses au lépreux debout devant lui : « Je te défends d'entrer dans les églises, « aux marchés, aux moulins, fours et autres lieux publics. — Je te dé- « fends de laver tes mains et les choses dont tu te sers dans les ruis- « seaux et les fontaines. — Je te défends d'aller en autre habit que celui « dont usent les lépreux, » etc. Et le passant, quand il rencontrait sur son chemin le malheureux, se détournait au son bien connu de la crécelle, ou, s'il avait la charité de donner un denier d'aumône, il le laissait tomber dans l'écuelle qui lui était tendue au bout d'un long bâton. Riches et pauvres étaient soumis à ce dur ostracisme, et quand la lèpre s'était étendue sur un homme, cet homme, fût-il prêtre, fût-il noble, était fui comme la peste qu'il portait.

Une découverte intéressante est venue récemment attester l'ancienneté de la léproserie de Dourdan. Un sceau du prieur de Saint-Laurent

---

1. Voir le chap. consacré à l'Hôtel-Dieu.

a été trouvé dans le jardin d'une maison du faubourg d'Étampes, non loin du quartier qui portait jadis le nom de Saint-Ladre, et s'appelle encore aujourd'hui *le Madre*. Ce sceau, en cuivre, de forme ovale, très-bien conservé et fournissant des empreintes très-nettes, a seulement perdu l'anneau qui servait à le suspendre. Il mesure 53 millim. de long sur 33 de large. Dans le champ est gravé un agneau avec un drapeau en pal. Autour se lit, en beaux caractères du xiiie siècle, la légende suivante : s[м] PRIORIS SCI. LAVRENCII. AD. CAS. (*causas*). Ce sceau *aux causes* était destiné à être apposé sur les actes judiciaires émanés du prieur (1).

A quelques centaines de mètres de Saint-Laurent, s'élève le coteau des *Jalots*, d'où la vue embrasse tout le panorama de Dourdan et de la vallée, et dont les pentes sablonneuses, garnies de bois médiocres, se couvraient sur plusieurs points, au xiiie siècle, de vignes étagées. C'est un des lieux les plus élevés du territoire de Dourdan, et, par sa situation, sa solitude, parfaitement convenable pour un monastère. Aussi, les religieux de Saint-Augustin de l'abbaye de *Claire-Fontaine*, dans la forêt Yveline, fondés ou tout au moins confirmés en 1164 par l'évêque Robert, et enrichis du privilége de mainmorte par Philippe-Auguste, en 1207, avaient établi aux Jalots une sorte de colonie rurale qui exploitait les anciens champs de *Biaurepère* (Beaurepaire), cachés dans un repli solitaire de la vallée, au pied du coteau, non loin de Roinville, et défrichait des terres couvertes de bois pour les rendre à la culture. La maison, comme les terres, était sur la paroisse Saint-Germain, et c'est encore une question de dîmes et de droit paroissial qui mettra les religieux des Jalots en concurrence avec les chanoines de Saint-Germain.

Le prieuré de Louye, bien qu'un peu plus éloigné de Dourdan, lui appartient réellement. Il formait, au xiiie siècle, le centre religieux le plus intéressant peut-être de son territoire. Il servait de retraite aux austères *bons-hommes,* qui suivaient dans toute sa pureté primitive la règle sévère de leur fondateur (2). L'inventaire des biens de Louye, dressé en 1696, ne rapporte aucun titre qui puisse faire supposer que, pendant les xiie et xiiie siècles, cette maison ait eu d'autres possessions que l'enclos donné par Louis le Jeune et les rentes en grains et en argent concédées sur les Templiers de Paris par la reine Alix. Les reli-

---

1. On pourra voir ce sceau dans la collection de la ville de Dourdan. Il vient d'être offert par M. Desjardins, qui l'avait trouvé dans le terrain de la maison qu'occupe aujourd'hui, au faubourg d'Étampes, M. Constant Clément.

2. Tellement sévère, qu'elle fut modérée en 1247 par le pape Innocent IV, et par Clément V en 1309. Lors de la réformation de l'ordre, en 1317, la maison de Louye, dont le supérieur portait le nom de *correcteur* ou *maître,* fut érigée en *prieuré-chef,* et se vit annexer les monastères de Bois-Saint-Martin et des Moulineaux, au diocèse de Chartres, et celui de la Coudre ou de Sainte-Radegonde, au diocèse de Sens. —Voir *Recueil de chartes et pièces relatives au prieuré de Notre-Dame des Moulineaux* publié par M. A. Moutié. — Inventaire de 1696 et journal de dom Nicod. *Archives départ. d'Eure-et-Loir.*—Hermant, *Hist. des ordres religieux.*

gieux, d'abord nombreux, y avaient été réduits, et, dans un chapitre général de l'ordre tenu à Grandmont en 1295, Louye n'est destiné que pour sept religieux seulement, et sa pension annuelle à la maison-mère fixée à 20 livres.

Les fossés d'enceinte, qui appartenaient au monastère, renfermaient un terrain d'une contenance totale de 453 arpents environ, dont 346 en bois et 96 arpents, 72 perches en terres labourables, trop ombragées par la haute futaie et ravagées par le gibier. Cette clôture extérieure ou grande clôture renfermait une enceinte intérieure ou petite clôture. Dans cette dernière se trouvaient l'église, les bâtiments claustraux et réguliers, le jardin et les dépendances servant au couvent et à l'exploitation. Ce double enclos s'appelait aussi *franchise,* parce qu'il jouissait des nombreux et beaux priviléges accordés à l'ordre de Grandmont par les rois et les souverains pontifes : exemption de la juridiction épiscopale et ordinaire du diocèse ; permission aux religieux de sonner les cloches et d'officier même en temps d'interdit général et d'exercer les fonctions curiales à l'égard de leurs domestiques et commensaux; exemption de toute dîme, pour tout ce qui se recueillait dans l'enclos, de toute mouvance, cens, servitudes, tailles, logement de gens de guerre, etc. ; droit de haute, moyenne et basse justice dans l'étendue de l'enclos (1).

Dans les siècles suivants, tour à tour favorisé par les seigneurs de Dourdan, ou ravagé par la guerre, le prieuré de Louye acquit et perdit successivement des biens assez considérables et des rentes nombreuses sur le territoire de Dourdan et sur les territoires voisins. La perception d'une partie des dîmes de la paroisse Saint-Germain, en lui imposant quelques charges, forma aussi une des principales sources du revenu du couvent. Dès le XIIIe siècle, c'est une matière à litige et l'occasion d'un long procès avec les chanoines de Saint-Chéron.

Nous devons mentionner enfin, bien qu'elles n'aient jamais été présentes à Dourdan que par leurs procureurs, les dames de l'*Umilité-Notre-Dame,* ou dames de Lonchamp, qui, par la cession de Jean Bourguignel, jouissaient du champart seigneurial à Dourdan et aux Granges. Elles ne tardèrent pas à y ajouter, par diverses acquisitions, une foule d'autres droits, qui leur constituèrent, à une certaine époque, une censive très-importante sur laquelle nous aurons occasion de revenir (2).

1. Pour justification de tous ces droits et priviléges, le prieuré de Louye conservait dans ses archives un manuscrit ancien, écrit en caractères gothiques, et aujourd'hui perdu, contenant cent rôles de parchemin, où étaient les bulles, règles et priviléges concédés à l'ordre.

2. Le rôle des cens dus à l'abbaye pour l'an 1340, conservé aux archives d'Orléans, sur un parchemin à demi-effacé, de 0,90 centim. de long, contient des noms de personnes et de lieux intéressants pour l'histoire locale de cette époque. Nous en donnons ici un échantillon sous forme d'extrait, d'après une fidèle copie faite pour nous par l'aimable et savant archiviste du Loiret, M. Maupré :

« La fame feu Gilet Mahi, pour sa terre de l'Estanc, 3 deniers ; item, pour sa meson des Vergiers, 5 sols.

PERSONNES ET BIENS D'ÉGLISE A DOURDAN AU XIIIe SIÈCLE.

Voilà, en abrégé, quels étaient au XIIIe siècle les principaux établissements religieux de Dourdan, et les personnages importants qui, à titre de propriété ou d'aumône, possédaient sur le territoire une partie du sol ou de ses produits. Un certain nombre de pièces du temps, qui ont échappé à la destruction, révèlent d'une manière intéressante les droits, les prétentions, les relations de ces divers personnages. Nous en donnerons ici l'analyse, en renvoyant, pour quelques-uns des textes les plus intéressants, aux pièces justificatives (1).

En avril 1209, sous le règne de Philippe-Auguste, se clôt entre les

« Agnès la Bernine, pour sa vingne des Ourmeteaux, 9 deniers.
« Guillaumin Cornille, pour sa vingne dessus l'Estanc, 5 deniers.
« Perrot le Roy, pour la meson qui fu à la Cornillele, 1 denier.
« Item, pour la meson qui fu Sirou, 3 deniers.
« Colin Gautier, pour la terre qui fu Tirboilleau, 2 deniers, obole.
« La fame feu Thomas le Prince, pour sa meson des Bordes, 6 sols.
« Houdon la Girarde, pour sa terre de Vau Roullet, 12 deniers.
« Robin du Pont, pour ses haires de la Sauçoye (la Saussaye), 22 deniers, ob.
« Gautier Renier, pour sa terre de Longue Raye, 9 deniers, ob.
« Item, pour sa terre de Saint-Ladre, 6 deniers.
« Micheau Guillart, charon, pour sayre (sa haire) de la Sauçoye, 6 deniers.
« L'Oustel-Dieu, pour sayre de la Sauçoye et pour sa noue, 14 deniers.
« Item, pour sa vingne des Baleiz, 5 deniers, ob.
« Guiot le Chandelier, pour saire (s' ou sa aire) de la Sauçoye, 1 denier.
« Nolet Caperon, pour sa meson des Vergiers, 20 deniers.
« Jehan Taudin, pour ses ayres de la Sauçoye, 2 deniers.
« Jehan le Texier, pour ses courtiz de l'Estanc, 4 sols 8 deniers, etc., etc.
« Ce sont les cens ad dames de Lonc Champ, receus ad Granges le Roy, le jour de Saint Remi, qui furent jadis ad dames de Breban, l'an de grace mil CCC XLIIII.
« Noulin Cheron, pour demi quartier de vingne en Mont-Gilebert, tenant à la femme feu Jehannot le Preste, 5 deniers, poitevine.
« Jehannin Quinefaut, pour quartier et demi de vingnes en Mont-Gilebert, tenant à Thenot Baril, 3 deniers.
« Jehannin Vivien, pour quartier et demi de vingnes en Mont-Gilebert, tenant à Thenot Lermite, 4 deniers, obole.
« Jehannot Vivien poie *p*. (par) achange.
« Thenot Lermite, pour demi quartier de vingnes en Mont-Gilebert, tenant à Symart Orry, 3 oboles.
« Les enfants Jehan Chelaut, pour un quartier de vingnes en Mont-Gilebert, tenant à Thenot Ourry, 3 deniers.
« Item, pour demi quartier de vingnes en isse lieu (*in hocce loco*), tenant à Thenot Lermite, 3 oboles.
« La fame feu Gilot Guinebert, pour trois quartiers de vingnes en Mont-Gilebert, tenant ad enfans Robin de la Croix, 6 deniers, obole.
« Johannin Provost, pour un quartier de vingnes en Mont-Gilebert, tenant à Colin de Loye, 2 deniers, obole. »

Ce qui précède représente 11 lignes d'un rôle de 77 centim. de long, écrit des deux côtés, sur parchemin, et comportant 150 lignes environ, du même intérêt. (A. 1387.)

1. Ces pièces, toutes inédites et originales, sont tirées des *Archives d'Eure-et-Loir, fonds de l'abbaye de Saint-Chéron*. — M. A. Moutié en a fait, avec une scrupuleuse exactitude, des copies qu'il a bien voulu nous communiquer.

bourgeois de Dourdan — *burgentes de Dordano* — et le chapitre de Saint-Chéron un long différend au sujet de la dîme de toutes les vignes situées « dans la paroisse Saint-Germain, » qui n'avait point encore été payée et que les chanoines réclamaient d'après leur droit paroissial. L'affaire avait été longtemps débattue, — *causa diutius agitata;* — enfin, grâce à la médiation de gens de bien, une composition et paix à l'amiable se fait par-devant trois chanoines de Chartres, juges délégués à cet effet, et les parties signent l'obligation (*cyrographum*) suivante : les bourgeois de Dourdan et leurs héritiers rendront annuellement, au temps de la vendange, à la réquisition des chanoines, *par chaque arpent* de vigne, *quatre setiers* de vin de cuve, *pressé au pied* (pede pressi), à la mesure actuelle du pays, sans augmentation ou diminution, suivant la récolte. Les vignes ne rendront rien avant la cinquième année de leur plantation. Si les chanoines se défient de la probité des détenteurs, ils pourront exiger le serment une fois et devront s'en contenter (1).

En 1217, par-devant deux chanoines de Paris, juges délégués par le pape, est signée, à la demande des parties, une transaction entre l'abbé de Saint-Chéron et le curé des *Granges*, « au sujet des dîmes des vignes « et menues dîmes possédées à Dourdan par ce dernier. » Le procureur de Saint-Chéron revendique pour le couvent ces dîmes au nom du droit paroissial, et le curé des Granges, *Barthélemi Jorri*, après preuve et délibération, se décide à reconnaître qu'il rendra chaque année de bonne foi au couvent la dîme des vignes. Quant aux menues dîmes, tant qu'il vivra, il les recueillera au nom du monastère et, en reconnaissance, il devra, au jour de la collecte des dîmes, 2 deniers. Après son décès, les dîmes reviendront intégralement au monastère.

En mars 1213, une donation de l'évêque de Chartres, Renaud, aux frères de *Louye* devient l'origine d'un interminable procès entre Saint-Chéron et Louye. Renaud, ayant acheté « quelques dîmes menues et grosses sur les paroisses de Dourdan et des Granges » de Robert de Guillerville (*de Willervilla*), avec l'assentiment et mainlevée des personnages dont relevaient les terres, entre autres Hugues de Marchais (*de Marchesio*), les donne en pure et perpétuelle aumône aux frères de Louye (2).

Malheureusement, l'évêque mal informé donnait ce qui appartenait à un autre : le vendeur, Robert de Guillerville, détenait injustement lesdites dîmes au préjudice des chanoines de Saint-Chéron, et ceux-ci s'étaient empressés de former opposition. En conséquence, délégation de l'abbé de Saint-Victor et du prieur de Sainte-Geneviève de Paris, — premier décret du doyen de Rochefort donnant raison à Saint-Chéron et demeuré sans exécution. — Au bout d'un an, second décret du

1. Voir pièce justificative V.
2. Pièce justificative VI.

doyen de Chartres et excommunication. — Accord entre l'abbaye de Saint-Chéron et les frères de Louye, pour faire juger leur cause par des arbitres, avec une amende de 100 livres parisis en cas de dédit et cautions fournies de part et d'autre. — Sentence arbitrale, de février 1219, rendue par l'archidiacre de Paris et le chanoine Gautier Cornu, le futur archevêque de Sens, mettant les abbé et couvent de Saint-Chéron en possession de toute la dîme en blé et en vin, et menue dîme venant de Robert de Guillerville, à la charge de payer en quatre ans, au couvent de Louye, un dédommagement de 160 livres parisis, avec clauses soigneusement formulées (1). — Confirmation, approbation du jugement par l'évêque de Chartres en mars 1219, la veille du dimanche de l'Annonciation, jour « où le sceau de l'abbaye de Saint-Chéron a été brisé en pré-« sence de l'évêque par l'abbé et le prieur, » par suite du changement d'abbé. — Enfin quittance des frères de Louye (*de Auditorio*) des 160 livres représentant le prix d'achat des dîmes de Guillerville, et abandon complet de leurs droits sur lesdites dîmes (2).

En même temps que les frères de Louye, les *lépreux* de Dourdan étaient l'objet des poursuites du couvent de Saint-Chéron. Il s'agissait aussi de dîmes de vignes injustement retenues sur les paroisses de Saint-Germain de Dourdan et Saint-Léonard des Granges. — Réclamation à laquelle les lépreux ne répondent pas, — jugement rendu contre eux à Paris par contumace, — au bout d'un an second décret par contumace, — ordre au sous-doyen de Chartres (nov. 1218) d'envoyer en possession *corporelle* desdites dîmes les chanoines de Saint-Chéron. — L'année suivante, mandement du chapitre de Paris au curé de la Forêt-le-Roi d'excommunier les lépreux et mendiants de Dourdan qui refusent de payer la dîme et P. Jorri qui recueille indûment celles de Semont (3). — En janvier 1222, accord entre les parties: les lépreux paieront la dîme de leurs vignes aux chanoines de la même manière que les autres bourgeois, avec une exception pour l'enclos qui est au-dessus de leur maison de Saint-Lazare, et la vigne qui est au-dessous de la route (4).

La présence et les propriétés des moines de *Clairefontaine* installés aux Jalots devaient donner lieu aussi à des questions de dîmes entre la paroisse et les colons implantés sur le territoire. Chacun défendait ses prétentions, ses droits, ou ses priviléges, et c'était justice. Les éléments de la cause étaient souvent complexes, les droits confus, les priviléges obscurs, et c'était, après tout, la dîme qui faisait vivre les intéressés. Donc, le différend de Saint-Chéron et de Clairefontaine porté devant le chapitre de Paris, et soumis à un arbitrage, à peine de quarante livres parisis de dédit, se termine par un compromis, en octobre 1219, et il est convenu

1. Pièce VII.
2. *Vidimus* de l'official de Chartres des pièces du procès, en 1251.
3. Pièce VIII.
4. Pièce IX.

que les chanoines de Saint-Chéron prendront la cinquième partie des grandes dîmes des terres *anciennement* cultivées sur le territoire de *Biaurepère* de la paroisse Saint-Germain ; mais qu'ils n'auront rien à prétendre sur les terres *nouvellement* défrichées et la nourriture des animaux. Le couvent de Clairefontaine paiera une petite restitution pour le passé. Les chanoines de Saint-Chéron auront droit paroissial sur la maison que les chanoines de Clairefontaine possèdent sur Saint-Germain (1).

Le xiiie siècle est, pour l'église de Dourdan, l'époque des donations pieuses et des cessions charitables. L'exemple des rois est suivi par les grands seigneurs, et l'abandon de dîmes ou de menues redevances de la terre devient, pour plus d'un riche propriétaire de la contrée, un moyen de s'assurer après lui de fidèles prières ou de perpétuels anniversaires. La famille *de Masserie* figure parmi les plus généreuses. En mars 1230, *Jean de Masserie* engage au prieuré la tierce partie des dîmes des Granges-le-Roy. — En juin 1234, *Jacquelin de Masserie*, chevalier, du consentement de son frère Robert, fait don aux chanoines de Saint-Chéron de toute la menue dîme qu'il possédait dans les paroisses de Saint-Germain de Dourdan et de Saint-Léonard des Granges, et, en reconnaissance, lesdits chanoines s'engagent à célébrer chaque année, en mars, dans l'église de Saint-Chéron un anniversaire pour le donateur et sa famille. — En mars 1247, *Jacques de Masserie* et sa femme Agnès renoncent aux droits qu'ils pouvaient partager avec les chanoines de Saint-Chéron et les prieurs de Saint-Germain et des Granges, dans les dîmes des vignes établies ou à établir à Dourdan. Ils y renoncent pour eux et pour les bourgeois de Dourdan ou autres qui, de leur fait, pourraient élever quelques prétentions. Lesdits bourgeois prêteront une fois dans leur vie serment à Jacques ou à ses héritiers de ne point contrevenir aux présentes dispositions. Jacques, sa femme et leurs héritiers toucheront, une fois dans leur vie, cinq sous parisis par chaque arpent des vignes susdites, suivant l'estimation des arpents qui sert de base à la récolte des dîmes par les chanoines et prieurs.

En mai 1233, donation par *Perrot Joly* de la dîme qu'il avait à Dourdan et confirmation par *Pierre Joly*, en novembre.

En mai 1235 (2), cinq *hostises* sises devant l'église de Saint-Germain sont données aux chanoines de Saint-Germain de Dourdan par *Renaud du Château*, avec les droits et revenus y attachés : trois sous et un setier d'avoine pour cens et taille de chacun des hôtes ; plus les corvées, droits de *forragium, roagium, tunleium, justitia fusi sanguinis et latronis*. En reconnaissance, chaque jour, les chanoines, à la première heure, célébreront une messe « dans l'oratoire du Crucifix » et entretiendront

---

1. Pièce X.
2. Et, peut-être bien antérieurement, vers 1178. — Voir pièce justificative XI.

à toujours d'huile une lampe allumée. Les trois sœurs de Renaud, leurs maris, leurs fils et leurs filles, donnent leur consentement à cette donation ; Pierre de Masserie s'en porte garant et de nombreux témoins assistent.

En 1248, le samedi avant *Lætare*, *Nicolas Esgaré* et Euphémie sa femme donnent en pure aumône à l'abbé de Saint-Chéron la cinquième partie d'une maison située dans la censive du prieur de Saint-Germain et touchant sa demeure, et lui vendent les quatre autres parties pour la somme de 12 livres. Suivent le consentement de Sédélie, femme de Guillaume de Broë, de Pierre et d'Erembard, enfants de Nicolas et d'Euphémie.

En mars 1254, *Mathieu de Papilion* donne au prieuré de Saint-Germain de Dourdan, pour l'anniversaire de son père et le sien, une vigne sise près de la fontaine de *Bonniveau* (Bonnivallis), dans la censive du prieur.

Il y avait déjà longtemps, au XIIIe siècle, que « religieus home le prieur « de Saint-Germain de Dourdan et si prédécesseur pour raison de leur « meson et de leur prieuré de S. Germain, » étaient « en possession de « prandre et recevoir au *moulin de Choiseler* un mui de blé de rante « chacun an. » C'est ce que confessa devant Gille Cortoys et Nicholas Deville, prévôts de Dourdan, « le mardi après les brandons, » l'an 1281, *Julienne de Choiseler*, veuve d'Amauri de Choiseler, en présence de plusieurs témoins, entre autres du meunier Jehannot (1).

En 1290, Jeannot, fils de *Robert le Charretier* (Quadrigarii), donne au prieur de Saint-Germain une rente annuelle de 4 setiers de vin, pour l'anniversaire de sa mère et de sa belle-mère.

1. Pièce XII.

CHAPITRE V

DOURDAN SOUS LES COMTES D'ÉVREUX

1307-1400.

NE fois en possession de Dourdan, Louis d'Évreux chercha les moyens de s'assurer une jouissance tout à la fois paisible et fructueuse. Il devait faire en sorte de ne point donner lieu aux habitants de trop regretter la domination royale, et en même temps il lui fallait retrouver le produit annoncé lors de la constitution de son apanage. Une occasion se présenta d'atteindre ce double but (1310). A demi-ruinés, comme nous l'avons vu, par toutes les servitudes et les réserves des chasses royales et la multiplication exagérée du gibier, les habitants de Dourdan et de Sainte-Mesme ne manquèrent pas de solliciter de leur nouveau seigneur la modification d'un état de choses qui menaçait d'entraîner leur désertion.

Louis, « la conscience enformée par bonnes gens dignes de foy, meu en
« pitié, voulant faire grâce au commeun desdites parroisses et encliner à
« leur resqueste, et mettre remède convenable parquoy ils puissent
« vivre paisiblement soubs lui et leurs héritages soustenir et sauver, »
leur accorda pour toujours la suppression de sa garenne dans « leurs
« terres gaignables, prez, vignes, courtils et en tous les frisches que ils
« ont enclos entre leurs vignes et leurs terres gaignables. » Eux-mêmes avaient fixé les conditions du contrat. Tous les détenteurs de terres s'engageaient ensemble, chacun en proportion de son exploitation, à payer chaque année au comte et à ses successeurs au châtel de Dourdan, *le*

jour et feste aux Mors, quatre-vingts livres parisis de rente en deniers. Cette rente était assise et assignée par eux sur tous leurs héritages, « si « comme il appert estre contenu plus amplement en plusieurs roolles « scellez du scel de la prévosté de Dourdan. » Dans le cas de défaut de paiement, le débiteur « payeroit l'amende telle comme l'on a usé et ac- « coustumé de payer aux lieux dessusdits pour causes de cens non « payé : c'est assavoir cinq sols. »

Ce n'est pas tout : Louis autorisait tous ceux qui paieraient la rente à chasser sur leurs terres, vignes, prés, jardins ou friches toutes les bêtes à pied clos, du lever au coucher du soleil, en se servant de filets, chiens, *fuirons,* etc., et en outre leur permettait la nuit de garder leurs terres et de prendre le gibier avec des chiens, des bâtons ou des pieux. S'ils étaient trouvés chassant de nuit avec d'autres engins, ils demeuraient passibles des anciennes peines, et si un habitant d'une autre paroisse était pris chassant sur le territoire, il devait être « mené au chastel « de Dourdan pour ce méfaict, » et le comte et ses successeurs se réservaient de tirer de ce délit vengeance et profit (1).

Désireux de vivre en paix avec tout le monde, Louis voulut aussi terminer un différend qui existait entre lui et le prieur de Saint-Pierre. Celui-ci prétendait avoir quelques droits sur la terre des Murs qui appartenait au comte, sur l'étang et sur quatre étaux de la halle. Louis, pour en finir avec toutes ces prétentions, lui donna des lettres d'amortissement général pour tout le bien de son prieuré.

Il n'oublia sans doute pas non plus les frères de Louye, et c'est à lui qu'il faut attribuer très-probablement cette donation dont il est fait mention dans l'inventaire de la maison en 1696 : « Louys, fils de « roy, donna une rente de bled (2). ».

Deux grands procès, deux causes célèbres entre toutes, occupaient alors l'attention du royaume. C'était d'abord le jugement des Templiers, accusés de crimes mystérieux et sanglants. Les États généraux allaient être convoqués à Tours, à cette occasion ; on était au mois de mai de l'an 1308. Une curieuse charte a été conservée, par laquelle Dourdan

---

1. Voir cette pièce dans de Lescornay, p. 74.
2. A moins que ce ne soit Louis d'Anjou, fils du roi Jean, à qui Dourdan fut donné en 1381, par le petit-fils de Louis d'Evreux.—Quoi qu'il en soit, le prieuré de Louye, qui devait, au siècle suivant, perdre par la guerre la plus grande partie de ses biens, paraît s'être ressenti de l'influence heureuse des comtes d'Evreux. Devenu prieuré-chef, il avait vu s'accroître le nombre de ses religieux et de ses dépendances, et avait même fait quelques acquisitions dans les environs. C'est ainsi que le samedi après la Saint-Georges de l'année 1347, frère Etienne La Gaayne, prieur de Louye, achète après plusieurs enchères ou *subastations (sub hasta*), pour la somme de 20 livres parisis, des créanciers de Jehan Marchant de Guysville, tondeur, jadis demeurant à Dourdan, une maison « assise à Dourdan, avec ses jardins et fous- « sez, tenant d'une part à Colin le Buysson le jeune, et d'autre part à Raychnot « Barnabas de Dourdan. » (*Arch. de l'Emp.*, J. 166, 27.)

nommait des députés pour la représenter à ces États généraux, et nous y trouvons avec intérêt quelques anciens noms. Jehan Aubert, *prévoust de Dourdan*, et Giles de Braules, garde du scel de la prévôté, font connaître le rappel de Jehan dou Chastel, bourgeois de Dourdan, clerc, récemment désigné pour se rendre à Tours, et la nomination faite, en son lieu et place, « de l'asentement et de l'acort des bourgois de Dour-« dan et de tout le commun, pour la chastellerie de Dourdan, de Jehan « le Roy et Robert Ermesant, bourgois de Dourdan, lais, et Monnin « Lade, sergent d'ice leu, » qui devront être à Tours, « à trois semaines « de Pasques, là où le Roy nostre syre sera, à oïr le commandement « nostre père le Pape et le Roy nostre seigneur. » Donné à Dourdan, « le lundi devant la seint Jaques et seint Phelipe, » l'an 1308 (1).

En même temps, un grand scandale éclatait à la cour de France (1314). Les chroniqueurs du siècle le racontent, la honte au front. Comme Dourdan est une des principales scènes de ce drame historique, nous le retracerons ici, uniquement d'après les anciens textes et les auteurs contemporains.

Sur les marches du trône, où ils devaient tour à tour monter, se voyaient alors, grands et beaux comme leur père Philippe le Bel, trois jeunes et vaillants princes, Louis le Hutin roi de Navarre, Philippe le Long comte de Poitiers, et Charles le Bel. Tous trois avaient épousé de jeunes et charmantes princesses, dont la beauté attirait tous les regards. Louis, l'aîné, s'était uni à la fille du duc de Bourgogne, Marguerite, qu'il avait faite reine de Navarre ; Philippe avait épousé la première fille du comte de Bourgogne, Jeanne ; et Charles avait obtenu la seconde, Blanche, une toute jeune enfant.

Transportées loin de leur famille, dans une cour galante ; assez peu surveillées par leurs très-jeunes époux, les trois belles-sœurs couraient grand risque. La pétulante Marguerite (*regina juvencula*) se lia d'étroite amitié avec la petite princesse Blanche, et toutes deux passaient ensemble de joyeuses journées en compagnie des gentils chevaliers de leur suite. Jeanne, plus sage et plus sérieuse, se tenait un peu à l'écart. Sans être tout à fait de la même cour, elle voyait bien dans la conduite de ses sœurs certaines apparences qui lui déplaisaient ; mais elle fermait les yeux, par crainte du scandale et par amour de la paix (2). Les choses allèrent de telle sorte qu'un certain jour Marguerite et Blanche, con-

---

1. Arch., J. 415, 5.—Fragment de sceau sur queue de parchemin ; au dos est écrit : *Villa de Dordano ;* une fleur de lis, au contre-scel : croix cantonnée de quatre alérions.

2. Nos lecteurs nous sauront peut-être gré de mettre en regard de notre récit la version naïve et peu connue que nous tirons de la *Chronique rimée* attribuée à Geffroi de Paris, conteur du temps, espèce de récitatif ou complainte populaire :

      La fille au conte (Blanche), si avait
      Une suer (Jeanne) qui riens ne savait

vaincues d'adultère avec deux jeunes chevaliers, furent saisies par ordre de leurs époux furieux, honteusement répudiées, couvertes de haillons, jetées dans une barque et transportées sur la Seine jusqu'aux Andelys, où une étroite prison les attendait au château Gaillard pour le reste de leur triste vie. La pauvre reine Marguerite, enfermée seule dans le haut d'une tour où elle avait froid, pleurait nuit et jour sa faute et le déshonneur qui en rejaillissait sur les reines de France. Ceux qui pouvaient la voir se retiraient le cœur brisé (1).

Quant aux deux chevaliers séducteurs, Philippe et Gaultier de Launay (*de Alneto*), regardés comme d'infâmes traîtres à leurs seigneurs; convaincus d'avoir, depuis trois années, abusé de l'âge et de l'inexpérience des jeunes princesses, ils furent jugés à Pontoise et expièrent leur crime dans d'horribles supplices, écorchés vivants sur la place publique, mutilés, écartelés, décapités et pendus. Les époux outragés poursuivirent à outrance de leur vengeance féroce les complices présumés. Tous subirent la torture. Beaucoup de nobles et de vilains furent noyés ou tués en secret.

Jeanne même n'échappa pas au soupçon. Le vieux roi, outragé dans sa fierté, voulait aller jusqu'au bout de son déshonneur et n'épargnait personne. Il fit prendre aussi sa troisième bru pour la juger. Jeanne cria bien haut qu'elle était innocente, demanda à se justifier et obtint du roi qu'il fût fait à son égard une sévère enquête (2). Mais il

> De la Royne (Marguerite), et de sa suer,
> Car el n'estait pas de leur cuer,
> N'au segré conseil apelée;
> Si vit èle, mainte jornée,
> Maint semblant qui li desplaisait,
> Mès de ce pas parler n'osait,
> Por la honte de son lignage,
> Et por corrous et por damage
> Eschiver : car qui le tout taist
> De touz a païs, vers nul n'a plaist.
> Mès il n'est nul feu sanz fumée :
> Lors est la chose ainsi alée ;
> Le fet fut ataint et prouvé.

1. Celz qui les dames visitant
Aloient, de pitié ploroient,
Ne point tenir ne s'en povoient
A leur très-grant contricion
Et très pure confession.

2. Le Roy, par le conseil qu'il ut,
Commanda que prise en féut
De Poictiers ausint la contesse :
Là ot-il grand duel et grand presse.
Et quand la contesse ce vit,
Hautement s'escria et dit :
« Por Dieu, oëz-moi, sire roy,

fallait enfermer provisoirement la prévenue; Philippe se souvint de Dourdan. C'était un lieu sûr, peu éloigné, une maison royale dont on pouvait faire une prison; la captive s'y trouvait chez son oncle, Louis d'Évreux. Le séquestre était convenable et commode. Louis fit ouvrir son château à la jeune princesse. On l'y conduisit, gardée à vue, et on l'y retint prisonnière. Ordre était donné de ne lui rien refuser; mais, triste et solitaire, la pauvre jeune femme pleurait l'absence de son mari qu'elle aimait, et n'était sans doute pas très-rassurée sur l'issue de cette triste affaire et la sentence de ses sévères juges (1). Une année s'écoula, bien longue pour la captive de Dourdan; la vérité s'était fait jour; Jeanne était reconnue épouse innocente et pure, et, en grande assemblée du parlement de Paris, en présence du comte de Valois, de Louis d'Évreux et d'une foule de nobles seigneurs, un décisif et solennel jugement était rendu en sa faveur. Sa prison s'ouvrit, son mari vint la chercher et la ramena en grande pompe et allégresse à Paris. C'était aux environs de Noël; tous les princes du sang se rendirent à sa rencontre; le roi lui-même vint au-devant d'elle pour lui faire honneur. Ce n'était plus le roi Philippe le Bel; il n'avait pas survécu à ce grand chagrin domestique, et la France était en deuil de lui.

> « Qui est qui parle contre moy?
> « Je dis que je suis preude fame,
> « Sanz nul crisme et sans nul diffame;
> « Et se nul le veut contredire,
> « Gentil roy, je vous requier, sire,
> « Que vous m'oyez en deffendant.
> « Se nul ou nule demandant
> « Me vait chose de mauvestié,
> « Mon cuer sens si pur, si haitié
> « Que bonement me deffendrai,
> « Ou tel champion baillerai
> « Qui bien saura mon droit deffendre,
> « S'il vous plest à mon gage prendre. »
> Li royal l'un l'autre bouta
> Et le roi qui bien l'escouta
> Li a dist : « Dame, nous saron
> « De ce, et droit vous en feron.
> « Mès par devers nous demorrez
> « Et droit et raison en orrez. »

1. Adonc fut la chose ordonée
Qu'èle fu à Dourdan menée.
Et là fu menée de voir;
Mès èle ot tout son estouvoir,
Boire, mangier à son plésir;
Mès èle n'ot pas le désir
De son seingnor qu'èle voulait
Dont malement el se dolait.
A Dourdan demora dedenz
La Dame, une pièce et t temps.

C'était Louis, le nouveau roi, qui n'avait guère le cœur réjoui en pensant à son père mort et à sa coupable et malheureuse épouse (1). Plus heureux que ses frères, ou plus habile, suivant les sceptiques de l'histoire, Philippe, comte de Poitiers, retrouvait intact son honneur conjugal, conservait la riche dot de sa femme, et la belle Jeanne ne tardait pas à s'asseoir à ses côtés sur le trône de France. Le roi Louis, en effet, succombait, jeune encore, à son farouche chagrin. Quant à l'infortunée Marguerite, en dépit de son touchant repentir, une impitoyable vengeance l'avait poursuivie jusque dans son cachot, et elle était morte étranglée. La pauvre petite Blanche s'était lentement éteinte derrière les grilles d'un cloître, oubliée de Charles, qui épousait la comtesse d'Évreux.

Le nom de Dourdan dut être alors dans toutes les bouches. La France suivit avec une curiosité émue ce grand procès où se jugeait l'honneur de trois reines. Pendant une année, les regards durent être fixés sur ce donjon fermé qui cachait une grande coupable ou une innocente victime ; et toutes les histoires du temps (2) sont d'accord pour enregistrer,

1.   Et de ce fet le roi enquist
     Tant et le voir sut, qu'il la fist
     Franche delivrer par sentence
     Dont l'on mena grant joie en France ;
     Car partir n'en vot autrement
     Que par droit et par jugement.
     Si fu à Phelippe rendue
     Qui volontiers l'a recéue ;
     Dont encontre li touz venirent
     Li royaus, qui joie li firent.
     Mès ainz que fut fest cest accort
     Etait le roy Phelippe mort :
     Si ne pot venir contre lui (elle)
     Le roy nouviau en lieu de lui
     I vint, de Navarraz Loys,
     Qui n'était pas moult esjoys
     Et por sa fame et por son père,
     Dont il faisait plus mate chière.
     Entor Noël fu ce dont parle.
                    (D. Bouquet, t. XXII, 146, 148.)

2. Dans la continuation de la chronique de Guillaume de Nangis (D. Bouquet, t. XX, p. 609 D à 610 B) : « ...Porro etsi Johanna Blanchæ soror, sponsa Philippi « comitis Pictavensis, vehementer in casu habita fuerit in principio pro suspecta, et à « viro suo aliquandiù separata et apud *Durdactum castrum* sub carcerali custodiâ « reservata, post inquestam nihilominus ob hoc factam à prædicta suspicione pur- « gata, inculpabilis et omnino innoxia in Parlamento Parisius præsentibus comite « Valesii et comite Ebroicensi multisque nobilibus aliis judicatur, et sic anno minime « revoluto reconciliari promeruit comiti sponso suo. » — Le manuscrit 435 met *Dardunum* au lieu de *Durdactum castrum*. Les manuscrits 999 et 4921 A portent *Dordonum*. — Le récit de Guillaume de Nangis est reproduit avec cette variante : *Apud Dordanum castrum*, par le continuateur de la chronique de Girard de Frachet. (D. Bouquet, XXI, 41, A.)

presque dans les mêmes termes, cette détention de la princesse Jeanne dans le château qui, sous la plume des copistes, s'appelle tour à tour : *Durdactum, Dardunum, Dordonum, Dordanum* ou *Dordan.*

Louis d'Évreux laissa trois enfants : l'aîné, Philippe, eut le comté d'Évreux, et par sa femme, fille de Louis le Hutin, le royaume de Navarre ; le cadet, Charles, garda Étampes, Dourdan, Gien et autres lieux ; une fille, Jeanne, épousa son cousin Charles le Bel, et fut reine de France. Charles d'Évreux préféra à Étampes, dont la baronnie fut pour lui érigée en comté (1327), la résidence voisine, et plus modeste pourtant, du château de Dourdan. Attirée sans doute par la pureté de l'air, sa femme Marie d'Espagne, petite-fille de saint Louis, y vint faire ses couches et son fils aîné y reçut le baptême. Dédaignant la fraîche et large vallée d'Étampes, son antique cité, son vieux châtel du bon roi Robert, ses belles églises, son puissant donjon de *guinette*, naguère prison de l'infortunée reine Ingelburge, Marie aima mieux la paisible et plus étroite vallée de Dourdan, aux riches versants garnis de vignes et couronnés de grands bois, le manoir aimé de Philippe-Auguste et de saint Louis, le vieux village des Capétiens groupé autour de ses deux paroisses et de sa grosse tour.

Arrivé à ce point de son récit l'intéressant et aimable historien d'Étampes nous jette un regard d'envie, et, parlant des premiers comtes d'Étampes, il dit : « Possesseurs en même temps de la châtellenie de Dour-
« dan, ils avaient établi dans cette ville leur résidence habituelle et se plai-
« saient à la doter de leurs faveurs. Étampes, en quelque sorte veuve
« et délaissée, n'avait que de loin en loin une part dans leurs bien-
« faits (1). »

Charles ne négligea rien pour agrandir son domaine de Dourdan et lui donner de l'importance. Il acheta des terres, des prés, des maisons, et le trésor des chartes a conservé de tous ces achats des titres qui sont presque tous datés de Dourdan (1329-1333). Nous avons dépouillé avec soin ces actes et, dans une histoire locale comme celle-ci, on nous permettra d'en donner quelques extraits qui rappellent des noms connus ou oubliés dans le pays, indiquent les possesseurs des terres et des censives et fournissent sur l'époque des renseignements toujours précieux.

En 1329, Charles achète une maison « qui fut Jehan de Béville, sise
« à Dourdan *devant le pont dou chastel,* tenant d'une part à la méson
« Éclin de Buysson et d'autre part à la veuve Drappier (2). »

En mars 1330, il achète « de Denis dou Tertre » deux arpents et

---

Dans Jean de Saint-Victor on lit : « Soror Blanchæ Johanna apud *Dordan* fuit diu « detenta, nec ibidem consortium viri sui potuit habere. » Le mot *diu* n'existe pas dans le manuscrit 306. (D. Bouquet, XXI, 658 J.)

1. M. de Mont-Rond, *Essai histor. sur la ville d'Étampes,* tom. II, p. 3.
2. Arch. de l'Empire, J. 166, 9.

demi de prés « sis au Grésillon (Grillon) dans la chastellenie de Dour-
« dan (1). »

Le samedi « jour de feste saint Loys » 1330, vente par Étienne Hermant « pour le prix de 12 livres de la monnoye courante ou temps que la
« vente se feist, » d'une maison assise à Dourdan « tenant d'une part à
« la méson Jehannette la Hermande et d'autre part à celle qui fu Hervé
« le Breton, tenue de monseigneur le comte à 10 deniers de cens payez
« par an à la Saint-Rémi (2). »

En 1331, Charles rachète moyennant 13 livres parisis, « de Gilles de Roil-
« lon, escuyer, demeurant à Roillon (Rouillon), » le droit de *criage* des
vins et autres boissons que ce seigneur possédait en la ville de Dourdan et
« en la chastelerie d'environ, » et en même temps la redevance de 20 deniers parisis de cens que Gilles de Rouillon prélevait chaque année sur
une pièce de terre que « monseigneur monsieur le comte a assis ou *ter-
« rouer des murs* de Dourdan *lès l'Etanc* (3). »

Le jeudi après la fête du Saint-Sacrement 1333, comparaissent pardevant Jehan du Berée, tabellion, et Gilles de Braules, garde-scel de la
prévôté de Dourdan, Bertaut Ermessent et Jehannette, sa femme. Ledit
Bertaut était alors en prison à Dourdan. « Toutevois, Nicholas le Ca-
« mus, bailli de la terre de très-excellent et puissant prince Mgr mon-
« sieur Charles d'Évreux, comte d'Estampes, le délivra et mit hors de
« prison et en leva la main. » Toutes les précautions étant prises pour
écarter le soupçon d'atteinte à la liberté individuelle, « Bertaut, tout
« déprisonné et franche et délivré en personne, avec sa femme, reconnut
« de sa bonne volonté et sans forcement avoir vendu à Monseigneur,
« pour la somme de sept vingt livres parisis, environ 24 arpens de terre
« arable et certains héritages qu'ils tenoient en la ville de Dourdan et au
« terrouer d'environ. » Parmi ces terres morcelées en plusieurs pièces,
les unes sont situées « au champtier de Pautolet (Potelet) » tenant à Jehan de Esteville, à la terre de *l'ostel Dieu de Dourdan*, à Jehan de Bris,
à Symon de Broillet, « au ruel, » au « chemin de monseigneur, » et sont
tenues à cens de Symon de Broillet ou à champart des dames de Lonchamp;
les autres sont situées au « champtier de Lufrehart (Liphard) » ou à Lufrehart, tenues à cens de Jehan Aubert ou à champart de messire Guillaume du Brueil; d'autres « au bois des Broces ou au champtier de Quoechereau. » De plus il y a un *hébergement*, avec ses appartenances « séant
« à Dourdan, lez le cimetière Saint-Germain, » tenu à 2 souls 6 deniers
de cens; une *granche*, séant à Dourdan, « qui fut jadis Jehan Char-
« neste, » tenue à 6 deniers de cens; et environ trois quartiers de vignes
« séant en Quoechereau, » tenus à 3 deniers et maille. Sur ces héritages,

---

1. Id., J. 166, 11.
2. Id., J. 166, 12.
3. Id., J. 166, 14.

les vendeurs quittent tous les droits seigneuriaux et autres qu'ils peuvent avoir et s'en désaisissent en la main d'Arnoul le Boucher, prévôt de Dourdan, consentant que Symon de Landes, « chastellain de Dourdan « pour ce temps, » en fût saisi au nom de monsieur le comte (1).

Le mardi « devant la Nativité N. S. » 1333, Jehan de Bris, bourgeois de Dourdan, vend à Mgr d'Étampes, moyennant 24 livres parisis, deux pièces de terre arable « au terrouer de Dourdan, champtier de Gaudrée, » l'une de 4 septiers 1/2, tenant au chemin d'Étampes, devant à la Saint-Rémi 3 souls parisis aux dames de Lonchamp; l'autre de 3 mines, tenue des héritiers de Arnoul *Mautaillé,* à 3 deniers de cens (2).

Plein de bienveillance pour le prieur de Saint-Germain et ses chanoines, Charles d'Évreux fit expédier à leur profit, peu de temps avant sa mort, des lettres d'amortissement qui ont été conservées dans le trésor de Saint-Chéron (1335) (3), et désireux de leur laisser après lui un pieux souvenir, il leur assigna, dans son testament, une rente de dix sols tournois, à la charge d'un anniversaire. Nous avons encore les lettres patentes par lesquelles sa sœur, la reine Jeanne, son exécutrice testamentaire, donne suite à cette disposition. (4)

Au comte Charles, mort sur un champ de bataille, succéda (1336) Louis son fils, deuxième du nom, comte d'Évreux, seigneur de Lunel, plus souvent nommé Louis d'Étampes. Élevé sous les yeux de son beau-père, le duc d'Alençon, auquel, jeune encore, s'était remariée Marie d'Espagne, Louis, l'enfant de Dourdan, fut un vaillant et généreux prince dont la France eut plus d'une fois raison d'être fière. Partout on le retrouve au premier rang de ces preux et nobles chevaliers qui, sous les yeux de Philippe de Valois, leur souverain, s'efforcèrent de résister aux Anglais, dont les puissantes armées menaçaient d'envahir tout le royaume. En convoquant l'arrière-ban de ses guerriers, Louis n'oublia pas d'appeler à ses côtés ses hommes d'armes de la vallée de Dourdan et les jeunes compagnons de son enfance. Maint habitant de cette contrée, marchant à la suite de son suzerain, partagea les périls, les succès et les revers qui signalèrent tour à tour le règne du premier des Valois. Le pays, appauvri, ne refusa jamais ses deniers ni son sang ; et dans cette grande misère de la France, Dourdan, à demi ruiné, vit longtemps ses fils décimés et ses terres laissées sans culture. Sous le règne suivant, le comte Louis figure au nombre des seigneurs que le roi Jean arma chevaliers à Reims, pour rendre plus magnifique la cérémonie de son sacre. Puis, quand arriva le jour funeste de la bataille de Poitiers (19 sept. 1356), l'histoire nous le montre encore présent à ce combat. Fait prisonnier avec le roi Jean, il eut part aux honneurs que le

1. J. 166, 17.
2. J. 166, 18.
3. De Lescornay, p. 85.
4. Idem, p. 86.

prince de Galles, généreux vainqueur, se plut à rendre à son noble captif, et on le vit prendre place, le soir de la bataille, à la table de ce prince avec le monarque vaincu (1).

La guerre, et la plus cruelle de toutes, puisque c'était la guerre civile, amena jusque dans Dourdan la désolation et la ruine ; un siége suivi de la peste signala l'année 1380. D'affreux désordres éclataient de toutes parts durant la minorité de Charles VI, et les Parisiens soulevés, les princes du sang divisés faisaient de la France un champ de bataille où la royauté faillit périr.

Aux heures où la guerre lui laissa quelque trêve, Louis revint dans sa ville natale et ne négligea rien pour lui faire du bien et alléger ses malheurs. Son grand-père, prenant en pitié les habitants de Dourdan, ruinés par les animaux de la forêt, leur avait accordé jadis, comme un bienfait, droit de chasse, moyennant une rente de quatre-vingts livres parisis; mais, hélas! le bienfait, devenu onéreux, pesait comme une lourde redevance sur une population sans ressource, et Louis, ému de compassion et effrayé tout à la fois de l'appauvrissement et de la dépopulation de sa seigneurie, prit *dans son châtel de Dourdan*, le 21 avril 1381, une généreuse et prudente mesure. Considérant « que pour les guerres et
« mortalitez qui depuis ont esté ou pays, les gens d'Église, clercs, nobles,
« bourgeois et habitans, sont tellement diminuez en nombre, et les hé-
« ritages sur lesquels ladite rente estait assise demourez en telle ruyne
« et désert que ladite rente ne revient pas à plus de quarante livres
« parisis ou environ, sur lesquels héritages a été aussi perdue grande
« partie des cens anciennement deubs, par la ruyne d'iceux héritages
« qui delaissiez et demourez sont en frische, dont encores, pour la pau-
« vreté du commun peuple dudit pays, il est grand doute qu'ils ne de-
« viennent de petite ou nulle valuë, et que les autres cens, rentes et
« droits sur aucuns héritages qui à présent sont fertiles, ne diminuent
« et viegnent à néant par les grandes pertes, pauvretez et misères qu'ont
« souffert iceux habitans pour ledit faict des guerres et autrement, les-
« quels ils ne peuvent bonnement supporter, » Louis, tout en confirmant le droit de chasse, met en vente le droit de ladite rente de quatre-vingts livres, et moyennant une somme de cinq cents livres tournois une fois donnée, y renonce pour toujours, le fait mettre « par les gens de
« ses comptes hors de ses comptes et registres, et ôter de son domaine,
« et en tient quittes et dischargez ses receveurs et prévost de Dourdan (2). »

Les chanoines de Saint-Germain n'avaient pas échappé à la détresse générale, et le revenu du prieuré ne fournissait plus qu'à grand'peine à leur entretien: car il avait « soustenu grandes pertes et dommages, pour le faict des guerres, mortalitez et autres pestilences. » Leurs supérieurs

---

1. D. Basile Fleureau, *Antiquitez d'Étampes*, 156.— De Mont-Rond, tom. II, p. 4.
2. De Lescornay, p. 96.

de Saint-Chéron ne pouvaient en rien les aider, l'abbaye étant elle-même dans de grands embarras. On était déjà loin des heures brillantes du xiiie siècle, où Saint-Chéron, entouré de la protection des papes, favorisé par les princes et les seigneurs, tenait un des premiers rangs parmi les abbayes du grand diocèse.

Avec la guerre était venue l'épreuve. Les habitants de Chartres avaient détruit la grosse tour de l'église du couvent, en 1357, dans la crainte que les Anglais n'en fissent une forteresse, et les malheurs de l'époque avaient porté un tel préjudice aux religieux placés entre les assiégés et les assiégeants, que la misère les avait obligés à vendre une partie de leurs propriétés rurales (1). Heureusement, depuis cinquante ans, « plusieurs « bonnes âmes avaient donné ou légué à Saint-Germain plusieurs terres, « vignes, prés, cens, rentes et autres choses pour le salut et remède de leurs « âmes, pour faire certains services et prières pour eux en ladite église. » Grâce uniquement à ces aumônes, le prieur et ses frères avaient pu « avoir leur substantation. » Mais ces biens nouvellement acquis étaient presque tous tenus du seigneur de Dourdan en fief ou censive, et il importait pour les degrever dans l'avenir d'obtenir amortissement.

Le prieur messire Robert Joudoin y parvint sans peine. Il avait la confiance et l'amitié du pieux et charitable comte Louis, qui « espérant « et voulant être participant ès-prières et oraisons qui seront faictes en « icelle église, comme vrai fondeur, »donna en son châtel de Dourdan, au mois d'avril 1381, des lettres générales d'amortissement et confirma celles de son père Charles d'Évreux, spécialement le don fait alors par feu Gilles Braules, écuyer, pour lors sire de Roullon, de seize sols parisis de rente, pour certains services en l'église Saint-Germain.

Bien plus, par un titre spécial (daté de Dourdan, mai 1373), Louis octroya au prieur et à ses frères leur chauffage de bois mort en sa forêt de Dourdan, tout le bois nécessaire aux constructions du prieuré, et le droit de faire paître chaque année vingt porcs dans la forêt, suivant les termes et époques accoutumés.

Les motifs dont il était animé, le pieux seigneur nous les donne en commençant : « Pour ce que nous avons singulière dévotion et parfaicte affection à l'église Saint-Germain de Dourdan, en laquelle nous receusmes le saint sacrement de baptesme et en laquelle ont esté faicts plusieurs anniversaires pour nos prédécesseurs et plusieurs services et oraisons pour nous. » En échange de ces dons, le prieur et ses frères s'engageaient à faire participer Louis à toutes les messes, oraisons et bien faicts de l'église et à célébrer chaque année à son intention une messe du Saint-Esprit durant sa vie et de *requiem* après sa mort (2).

Quand on ouvre le testament fait l'année qui précéda cette mort (1399)

---

1. Acte de l'abbé Robert (c. 1380); *Titres de Saint-Chéron*; arch. départ.
2. De Lescornay, p. 90.

par le noble et vénérable vieillard, on est frappé de son ardente piété, de ses mœurs simples et de son fidèle souvenir pour sa ville natale. Après un grand et touchant acte de foi et avant l'énumération naïve des biens et meubles usuels dont il fait don à ses parents et à ses amis, on lit ces lignes: « Il laisse à l'église Sainct Germain de Dourdan trente « livres parisis de rente par chacun an à tousiours, parmy ce qu'ils auront « creuë en ladite église un religieux qui sera tenuz de dire par chacun « jour perpétuellement une messe et avecques ce seront tenus en ladite « église faire son anniversaire chacun an une fois solennellement à tel « jour qu'il trespassera et sera faict à l'ordenance de sesdits exécuteurs « en la meilleur manière que faire se pourra par le conseil de sages. » Au nombre de ces exécuteurs testamentaires qu'il « eslit par grant seurté et « vraye amitié » nous ne sommes pas surpris de trouver au premier rang frère Robert Joudouin, le prieur de Saint-Germain, monté en dignité et devenu abbé de Saint-Chéron. Par une des clauses de ce testament, le vieux comte prend soin de laisser à un de ses meilleurs amis, « monsieur Pierre Torel, son conseiller, son bréviaire à l'usage de Char« tres. » C'était celui dont il se servait à Dourdan, la seule de ses résidences qui fût dans l'évêché de Chartres (1).

On aime à se représenter dans l'église Saint-Germain ce bon seigneur assistant dévotement aux offices des chanoines ; on cherche volontiers la place qu'il y occupait et c'est avec intérêt qu'on lit dans de Lescornay les détails suivants : « Il fut enterré auprès de sa femme à Saint-Denys « en France. Mais je croy qu'on réserva son cœur ou autres parties pour « Dourdan : car je trouve que dans l'église de Saint-Germain, derrière « l'hostel de Saincte-Barbe, il y a une espèce de tombeau qui porte les « armes de sa maison, par les restes duquel on remarque contre la mu« raille, à la hauteur de cinq ou six pieds, une saillie de pierres de taille « et sur icelles un empatement de croix (aussi ay-je appris des anciens « du pays qu'il y avait un fort beau crucifix qui fut ruiné pendant les « troubles de l'année 1567). Je lui attribuë cet ouvrage encore qu'il con« vienne aussi bien à ses père et ayeul : mais je n'ay point veu qu'ils « eussent tant de dévotion à ceste église que luy qui y avoit été baptisé, à « cause de quoy il auroit aussi voulu y laisser quelque partie de son corps. « Ou en fin si l'on veut nier que soit un tombeau, à tout le moins faudra« t-il advouer que c'estoit un crucifix que luy ou ses prédécesseurs avoient « fait mettre en ce lieu, afin de l'avoir pour perpétuel object lorsqu'ils « seroient dans leur banc, qui estoit en cet endroit, au lieu duquel depuis « on a basty l'autel de Saincte-Barbe (2). »

Louis d'Étampes s'occupa aussi, on peut le croire, des frères de Louye qui avaient eu à souffrir, non moins que les chanoines de Saint-Germain,

---

1. De Lescornay, p. 103.
2. De Lescornay, p. 113. — Aujourd'hui autel Saint-Pierre.

des années malheureuses qui venaient de s'écouler, et qui avaient tant à se plaindre des ravages du gibier sur leurs terres. Le prieuré avait été affligé par un drame sanglant (1381). Un membre indigne de l'ordre, que ses supérieurs avaient voulu expulser, s'était vengé par le meurtre du prieur, et une lettre de grâce accordée par le roi Charles VI à un pauvre jeune homme de Corbreuse, complice involontaire, nous révèle les détails de cette scène sanguinaire où se peignent les mœurs rudes et violentes de l'époque (1).

Si le comte Louis ne cessa pas jusqu'à sa mort de posséder et d'occuper Dourdan, nous devons dire toutefois qu'il en abandonna, dès 1381, la nue propriété. Se voyant sans postérité, il fit donation entre-vifs du comté d'Étampes et des seigneuries de Dourdan, Gien et Aubigny-sur-Nierre à Louis, duc d'Anjou, second fils du roi Jean, se réservant sa vie durant la jouissance de ces domaines et le douaire de sa femme (9 nov. 1381). Cette donation avait pour motifs la proximité du sang et les liens d'étroite amitié qui unissaient ces deux princes depuis leur enfance (2). Mais le duc d'Anjou, roi de Sicile, ne jouit pas de la libéralité de son généreux ami, ce fut lui qui mourut le premier, et ses enfants transportèrent Étampes et Dourdan à leur oncle Jean, duc de Berry, en échange de certains droits qui lui avaient été accordés par leur père sur la principauté de Tarente (3).

Cependant le vieux comte Louis, l'usufruitier et vrai seigneur, vivait encore, et bien qu'il daignât autoriser le duc de Berry à se faire dès lors recevoir en foi par le roi (4), il n'en conservait pas moins tous ses droits sur Dourdan et ne cessait pas de l'habiter. Nous en avons trouvé la preuve dans un acte conservé au trésor des Chartes qui porte « vente « d'un aulnoy qui fut à Regnault de Lardy à Mgr le comte d'Étampes, « par devant Jehan Davi, bailli de Dourdan (5). » Cet acte est de l'an 1399. Le vieux comte n'avait plus alors que quelques mois à vivre. Un jour, disent les historiens, étant à dîner à l'hôtel de Nesle, chez le duc de Berry, le bon vieillard laissa tomber sa tête sur l'un de ses bras qu'il avait ployé sur la table. Le duc s'en aperçut et dit en riant : *Le beau cousin s'endort, il faut le réveiller.* Ce sommeil était celui de la mort (6 mai 1400).

1. Voir pièce justificative XIII. Tirée des Archives de l'Empire, registre JJ. 128, fol. 89 r°.
2. Voir cet acte aux Arch. de l'Emp., J. 186, 53; dans de Lescornay, p. 115, et dans les *Antiquitez de la ville d'Estampes,* par B. Fleureau, p. 159.—Il est remarquable comme exemple de toutes les clauses et stipulations dont on entourait alors les contrats.
3. Par des lettres patentes du mois d'août 1385, le roi Charles VI ratifia ce transport.—Arch. de l'Empire, J. 186, 58.—De Lescornay, p. 125.—Fleureau, p. 168.
4. 4 sept. 1387.—Arch. de l'Empire, J. 186, 67.
5. Arch. de l'Empire, J 166, 33.

CHAPITRE VI

DOURDAN SOUS LES DUCS DE BERRY ET DE BOURGOGNE.

1400-1478.

Le duc de Berry, prince fastueux et ami du plaisir, une fois seul maître de Dourdan, ne tarda pas un instant à entrer en jouissance. Des lettres patentes, datées de Dourdan, furent données par lui, la même année, en faveur du prieur de Saint-Germain, et, deux ans après, il confirmait les droits des chanoines dans la forêt. L'inventaire des titres de Saint-Chéron, que de Lescornay lui-même a vu, nous a conservé le souvenir de ces faveurs, ainsi que la mention de deux testaments faits par ce prince à Dourdan, l'un du 2 juillet 1408, passé par-devant Simon Bonnet, tabellion à Dourdan, par lequel il nommait pour son exécuteur testamentaire le prieur de Saint-Germain, et lui donnait *le jardin qui est devant le château,* c'est-à-dire une partie de la place actuelle ; — l'autre, du 17 janvier 1412, passé par-devant Louis le Ricordeau, aussi tabellion à Dourdan, par lequel il donnait au même prieur *un jardin sur les remparts.* Guillaume Beaumaistre, évêque de Conserant, et Jean David, chancelier du duc d'Orléans, et bailli de Dourdan, servaient d'exécuteurs testamentaires.

Le duc de Berry dut bien certainement embellir, ou tout au moins soigneusement entretenir le château. A cet effet, d'ailleurs, il recevait sur les lieux d'importants subsides. « En récompensacion de ses bons services, « dit Charles VI dans un acte du 2 octobre 1402, pour ses dépenses, « comme *pour la garde et réparacion de ses chasteaulx,* villes et for-
« teresses, avons donné et donnons toutes les aides qui eurent cours

« pour ledit fait de la guerre ès pays comtés d'Estampes et de Gien,
« *ville de chastallenie de Dourdan*, ressors et appartenances d'iceulx,
« avec le prouffit des gabelles de sel et toutes amendes, exploits et for-
« traictures (*sic*) qui pourront revenir à cause des diz aides et gabelles,
« en cette présente année, pareillement que par nostre don et octroy il
« les a eues et prinses les années passées (1). »

C'est au duc de Berry qu'on doit attribuer les fortifications de Dourdan. L'emploi du canon, qui se généralisait, nécessitait un système de défense nouveau. Dourdan fut entouré d'une solide muraille flanquée de tours, dont la distance était calculée sur la portée des pièces alors usitées. Ces tours, comme on peut le voir, sont percées de meurtrières rondes taillées dans de grosses pierres qui tranchent sur l'ensemble de l'appareil et tournées en général dans trois directions. Sur certains points, la muraille est aussi garnie de meurtrières. Au pied des murailles était un fossé, aujourd'hui comblé, remplacé dans la partie inférieure de la ville par l'ancien cours de l'Orge. Quatre portes principales, flanquées de tourelles, et quelques fausses portes, comme celles du Petit-Huis et du faubourg Grousteau, donnaient seules accès dans la ville.

Nous en demandons pardon à nos lecteurs ; mais nous ne sommes pas au bout des transactions, donations, substitutions, qui firent passer Dourdan en bien des mains différentes dans l'espace d'un siècle ; et c'est une pénible époque que celle où les villes et les peuples changeaient à toute heure de maître, suivant les caprices, les arrangements de famille ou les embarras de fortune de leurs seigneurs.

Même avant de s'y établir ; bien mieux, même avant d'avoir vu mourir le comte Louis, donateur usufruitier, le duc de Berry avait déjà disposé deux fois des seigneuries d'Étampes et de Dourdan. Il avait fait à son neveu, le roi Charles VI, remise générale, après lui, de tous ses biens (2), à la charge que le roi donnerait cent mille livres à sa fille Bonne et soixante mille à sa fille Marie ; et comme le roi Charles VI avait daigné, malgré ce contrat, lui permettre de disposer à son gré d'Étampes, Gien et Dourdan, il les avait une seconde fois aliénés, et cette fois en faveur de son propre frère, Philippe le Hardi, duc de Bourgogne, et de ses enfants (3). Cette donation, du 28 janvier 1387, n'était, à proprement parler, qu'une substitution avec rétention d'usufruit au profit du duc de Berry. Mais Philippe le Hardi étant mort en 1404, avant le duc de Berry, la propriété d'Étampes et de Dourdan passa à son fils aîné, Jean de Bourgogne, dit Jean-sans-Peur, qui ne devait également en prendre possession qu'après le duc de Berry. On va voir com-

---

1. Publicat. de la Société d'histoire de France, 1863, tom. I, p. 244.

2. Anciens mémoriaux de la chambre des Comptes, livre E, feuillet 77. — B. Fleureau, p. 168.

3. Arch. de l'Empire, J. 382, 11.

ment il s'en saisit, les armes à la main, avant le terme fixé par la donation.

C'était le temps des grandes et fratricides discordes entre les princes du sang, qui se disputaient le gouvernement de la France, pendant la fatale démence de Charles VI. Jean-sans-Peur, à l'heure même où l'on croyait à la paix, avait fait assassiner son rival, le duc d'Orléans, et le crime de la rue Barbette jetait le royaume dans l'épouvante (1407). Le duc de Berry, justement irrité, se déclarait l'ennemi du meurtrier, et, révoquant la donation d'Étampes et de Dourdan, embrassait le parti du fils de la victime, le jeune duc d'Orléans, et se jetait dans la *ligue des Armagnacs*. Mettant dès lors à la disposition de son parti ses châteaux de Dourdan et d'Étampes, il fit ouvrir leurs portes aux garnisons du duc d'Orléans. Tristes temps pour la ville de Dourdan! Désolées par l'indiscipline et la licence effrénée des bandes factieuses, villes et campagnes étaient soumises à toutes les exactions de la guerre, et les chroniqueurs contemporains finissent par se lasser de décrire toutes « les roberies et pilleries » des partisans rivaux (1). Cantonnés dans la fertile région de Beauce, dont ils accaparaient et gâtaient les récoltes ; affamant les Parisiens-Bourguignons, les Armagnacs se répandaient dans toute la banlieue de Paris, « faisant tout le pis qu'ils povaient, « comme eussent fait Sarrazins, » et s'avançaient hardiment jusqu'aux portes de la capitale, où ils tenaient le roi en échec dans de quotidiennes et sanglantes escarmouches. Les populations, ruinées par les soldats des garnisons de Dourdan et d'Étampes, firent arriver jusqu'au trône le cri de leur détresse. On était en hiver (nov. 1411), et, bien que les princes eussent résolu de ne se mettre en campagne qu'au printemps, ils se décidèrent à châtier sur l'heure les audacieux assaillants (2). Les Armagnacs étaient campés au village de Saint-Cloud ; Paris se leva en masse. Bourgeois fanatiques arborant le chaperon vert et la croix de Saint André, compagnons armés de haches, terrible cohorte des *bouchers*, une

1. *Jean Juvénal des Ursins*. Collection Michaut, 1re série, tom. II, p. 470 et suiv. — *Pierre de Fenin*, ib., 579. — *Chronique du Religieux de Saint-Denis*, liv. XXXI, ch. xxiii : « Le 8 nov. 1410, les ducs, accompagnés des malédictions du peuple, se « retirèrent, le duc de Berry à Dourdan, celui de Bourgogne à Meaux, pour se trouver « l'un et l'autre à égale distance de Paris. »

2. « Or est vérité que durant les tribulacions dessus dictes, le Roy et ses princes « estans à Paris, eurent plusieurs complaintes des maulx et violences que faisoient « par le pays ceulx de la garnison d'Estampes et de Dourdan, et que pour ce nonobs- « tant qu'il eut esté pieça conclud que le Roy ne le duc d'Aquitaine ne se mectroient « poinct sus à puissance devant ce que l'iver seroit passé ; néantmoins, pour résister « aux entreprinses des dessusdiz, fut ce propos rompu, et le XXIIIe jour de novembre « ledit duc d'Aquitaine, acompaigné, etc... se parti de Paris en l'intencion de mectre « en l'obéissance du Roy les dessus dictes places d'Estampes et de Dourdan... mar- « chant à tout grant foison d'abillemens de guerre, tant bombardes comme autre « artillerie. » (*Chron. d'Enguerrand de Monstrelet*, édit. Douët-d'Arcq, in-8°, 1859, tom. II, p. 222.)

armée tout entière suivit le duc de Bourgogne, quand il se mit en marche, secondé « de la grand-compagnée de gens de guerre et de traict » du comte d'Arondel, ces alliés anglais auxquels le traître et impudent duc rouvrait les portes de la France. Culbutés au pont de Saint-Cloud, les Armagnacs se replièrent « en faisant maux innumérables; » et c'est alors que, s'attachant à leurs pas, la puissante armée bourguignonne se lança dans toutes les directions pour envahir à son tour, et confisquer et « mettre en la main du roi » les terres des princes armagnacs. Groupés autour du roi et du dauphin, duc de Guyenne, auquel on faisait faire ses premières armes, le duc de Bourgogne, les comtes de Nevers, de la Marche, de Penthièvre, de Vaudemont, le maréchal de Boucicaut, une foule de chevaliers et de gens de Paris conduits par l'un des fils du boucher Thomas le Gois, marchant *à grant puissance*, avec engins et machines, s'arrêtèrent sous les murs d'Étampes, où les retint quelque temps l'héroïque défense du lieutenant du duc de Berry, le chevaleresque et infortuné Louis de Bosredon; puis, s'avançant dans la Beauce, ils arrivèrent devant Dourdan.

« Dourdan, dit la chronique du Religieux de Saint-Denis, était une
« place de difficile accès, où le duc de Berry, oncle du roi, avait mis
« bonne garnison *(ad Dordanum, utique municipium accessu difficile,*
« *ubi dux Biturie, regis patruus, multos strenuissimos constituerat*
« *deffensores)*. C'étaient tous de vaillants hommes; mais, instruits par
« le malheur de leurs voisins et désirant éviter un siége, ils envoyèrent
« au-devant du duc de Guienne Jean de Gaucourt et Louis Bourdon
« pour lui offrir de mettre à sa disposition leurs personnes et leurs
« biens, et lui demander une suspension d'armes de huit jours. Ils espé-
« raient fermement que, dans l'intervalle, on leur enverrait des secours
« qui obligeraient leurs ennemis à lever le siége(1). L'affaire fut mise en
« délibération, et pendant ce temps le duc mandait un renfort de Paris.
« Les assiégeants, pour ne pas encourir le reproche de peur ou de
« lâcheté, souscrivirent à la demande qui leur était faite; mais, au jour
« fixé, le secours attendu par les assiégés n'arriva pas et la ville se rendit
« sans coup férir *(oppidum sine violencia receperunt)* (2). »

Bien que remis au roi, Dourdan appartenait encore au duc de Berry en 1415 : car Monstrelet nous apprend qu'en avril « les seigneurs
« du sang royal, prenant congié à la royne, se séparèrent l'un de l'autre.
« Et alèrent le duc de Berry à *Dourdan*, dans sa conté d'Estampes, et
« le duc d'Orléans à Orléans (III, 69). »

Six ans après (1417), les rôles étaient changés : les Bourguignons,

---

1. C'est pendant cette trêve que le comte de La Marche, cherchant aventure, fut fait prisonnier par les gens du parti d'Orléans.
2. *Chronique du Religieux de Saint-Denis,* liv. XXXII, ch. xxxviii, publiée dans la collection de documents inédits sur l'histoire de France. — Jean Juvénal des Ursins, p. 473, dit la même chose.

devenus ennemis déclarés du trône, reparaissaient devant Dourdan, et Jean en personne, seigneur félon, s'en emparait encore, tandis que ses lieutenants prenaient Rochefort, Étampes et Auneau. Si courageuse qu'elle pût être, la résistance fut impossible (1). Les assiégeants marchaient en vainqueurs, « conquestant villes, cités, chasteaulx, » et Jean « avoit de grans engins getans dedens la ville et contre les portes et « murailles. » A peine entré, le duc de Bourgogne, pour gagner le peuple, « fit cheoir les aydes et ne payait-on aucuns subsides. » Officiers royaux et fermiers étaient ruinés; « les gens riches pillez et desrobez, et « aucuns exécutez, et les autres s'absentoient et abandonnoient tout. « C'estoit grande et excessive pitié des villes où tels cas advenoient. » Hélion de Jacqueville était laissé comme gouverneur des villes prises. Le quartier général du duc fut longtemps à Chartres; toute la contrée fut ravagée, « et vivoient ses gens sur les champs, et en fut le païs fort « chargié (2). »

Heureusement, quelques mois après, grâce à l'énergie de Barbazan et du fameux Tanneguy du Châtel, les Bourguignons se voyaient délogés et Dourdan rouvrait encore une fois ses portes aux troupes royales.

Le duc de Berry était mort. Jean mourait assassiné à son tour (1419), et son fils Philippe le Hardi, duc de Bourgogne, continuait après lui à trahir la France et à maintenir le joug odieux de l'étranger. A cette heure des grandes hontes et des grandes misères de notre patrie, le roi d'Angleterre se disait *roi de France*, et il l'était. Chartres était une de ses capitales et la vieille monarchie, à demi-vaincue, s'était réfugiée dans l'Orléanais, comme dans un dernier asile. C'est alors que Thomas Montagu, comte de Salisbury, récemment créé comte du Perche par le roi d'Angleterre, reçut l'ordre de marcher contre Orléans et de prendre sur son passage toutes les places qui tenaient pour le roi de France (3). L'automne de 1428 est pour Dourdan une date néfaste. Les étrangers, vainqueurs impitoyables, se ruant tour à tour sur Bretancourt, Rochefort et toutes les villes voisines dont ils égorgeaient les habitants, arri-

1. La garnison de Dourdan avait attiré par son audacieuse attitude ces terribles représailles, pendant que les Bourguignons, campés dans le voisinage, occupaient Chartres et les environs : « Saillirent une nuit les Armignas estans en garnison à « Dourdan et à Dreux sur le point du jour, effondrèrent en ung village nommé Sours, « à deux lieues près dudit lieu de Chartres, auquel village estoit logié le bastard de « Thian, gouverneur de l'estandart du seigneur d'Incy... Lesquels Armignas firent « moult de maux audit village et y prirent moult de gens en leurs lis, et en demoura « pau que tous ne fussent pris. Et tout ce qu'en y trouva de leurs chevaulx, harnas et « aultres choses, que riens n'y laisserent. Et prirent l'estandart dudit seigneur d'Incy « et l'emportèrent avec eulx. » (*Chronique anonyme pour le règne de Charles VI*. — Monstrelet, édition Douët-d'Arcq, VI, 243.)

2. Juvénal des Ursins, tome cité, p. 537.— Pierre de Fenin, p. 591.—*Journal d'un Bourgeois de Paris*, p. 648.

3. Vély, Montfaucon, Duchesne, *Histoire de Chartres*, etc.

vèrent un jour devant Dourdan au nombre de dix mille. Emportée d'assaut, la malheureuse cité fut mise à sac; femmes et enfants furent passés au fil de l'épée et les hommes de la garnison pendus. L'église Saint-Germain, voisine du château, perdit dans la lutte ses deux tours et une partie de ses murs et de ses voûtes s'effondra. Ce qu'il y eut de plus cruel pour Dourdan, le vieux domaine des rois de France, ce fut de voir flotter plusieurs années sur ses tours l'étendard étranger à côté de la bannière déshonorée de la Bourgogne. C'est un de ces *faux et renégats Français*, dont parlent les mémoires (1), Jean des Mazis, l'ancien échanson du duc de Bourgogne, qui reçut tous pouvoirs dans le pays comme bailli, gouverneur et capitaine.

On ne peut se faire une idée de l'état lamentable de nos campagnes et de leurs habitants. Cette guerre, après tant d'autres, avait tout ravagé. Dans les champs incultes, les ronces et les broussailles avaient remplacé les moissons. « C'est par les Anglais que les bois sont venus en France, » répétèrent depuis les légendes.

« Les laboureurs, cessant de labourer, allaient comme désespérés et
« laissaient femmes et enfants, en disant l'un à l'autre : Mettons tout en
« la main du diable; ne nous chault (peu nous importe) que nous deve-
« nions...... Mieux nous vaudrait servir les Sarrasins que les chrétiens,
« faisons du pis que nous pourrons; aussi bien ne nous peut-on que tuer
« ou pendre... Par le faux gouvernement des traîtres gouverneurs, nous
« faut renier femmes et enfants et fuir aux bois comme bêtes égarées,
« non pas depuis un an, ni deux, mais il y a jà quatorze ou quinze ans
« que cette danse douloureuse commença (2). »

La terre ne rapportant plus rien, propriétaires et tenanciers étaient ruinés, et c'est pitié de lire, comme nous l'avons fait, dans un grand nombre d'actes de vente, cessions, baux passés à Dourdan ou aux environs dans la seconde moitié du xve siècle, cette mention qui revient à chaque instant comme une triste et monotone complainte : «..... champ ou vigne qui est demeuré en frische à cause des guerres qui ont été au pays ;—cens ou rente qui de présent est de petite ou nulle value pour le fait des guerres, » etc.

Comme si le ciel avait voulu ajouter ses fléaux à ceux des hommes, les saisons parurent dérangées dans ces années calamiteuses, et les chroniques contemporaines ne manquent pas d'enregistrer, presque à chaque page, les froids destructeurs, les chaleurs excessives, les merveilleux tonnerres, les nuées d'insectes, les maladies nouvelles et bizarres, les piteuses mortalités et toutes sortes de pestilences regardées comme des châtiments d'en haut.

La pauvre abbaye de Louye, bouleversée par les soldats, était comme

---

1. *Mémoires concernant la Pucelle d'Orléans*, coll. Michaud, p. 85.
2. *Journal d'un Bourgeois de Paris*.

un troupeau sans pasteur. Resté fidèle à la cause de son roi légitime, le prieur Michel Pourrat avait quitté son prieuré désolé et ruiné. C'est alors que par un de ces jeux dérisoires de la fortune, Henri VI, *roi de France et d'Angleterre, protecteur et gardien des églises de son royaume de France,* pour remédier à l'absence de ce prieur passé *ès pays à lui contraires,* donna au prieuré de Louye, pour administrateur intérimaire, Pierre Galle, le prieur des Moulineaux (1).

Le jour où Jeanne d'Arc, après avoir sauvé la France, tombait entre les mains des Anglais (1430), un preux chevalier, son compagnon d'armes, le sire Étienne de Vignolles, plus connu dans les camps sous le nom de La Hire, s'avançant jusqu'aux portes de Rouen pour délivrer la vaillante Pucelle, était pris par les soldats anglais et bourguignons, et l'histoire nous apprend que l'auteur de cette capture était Jean des Mazis, *le bailli de Dourdan.* « Il fut mis au chastel de Dourdan, » dit le Journal de Paris (2), et les longs ennuis de l'indomptable captif intéressèrent alors la France entière. Impatient de retrouver ses compagnons et ses habitudes de farouche indépendance, La Hire avait recours aux bonnes villes du royaume pour payer sa rançon, sans doute fort considérable. Le 27 janvier 1432, il écrivait de sa prison « à ses très-
« chiers et grands amis les gens d'esglise, bourgeois, manans et habitans
« de la cité de Lyon, » les engageant « à le secourir de la plus grande
« somme que possible leur seret. » Le 12 mars suivant, la fidèle ville de Tours votait, de son côté, un subside de trois cents livres tournois pour payer sa rançon aux Bourguignons, « auxquels il a esté longue-
« ment prisonnier (3). »

En avril 1433, un de ses compagnons de captivité, Robin Boutin, transféré de Dourdan à Chartres, eut vent des menées sournoises de Laubespine, qui cherchait à rendre la place aux Anglais. De retour à Dourdan, il en informa La Hire, qui n'eut plus de cesse jusqu'à ce qu'il eût échappé à ses geôliers (4). Il est certain qu'au mois de septembre de la même année il était libre, rejoignait son ami Xaintrailles et reprenait sa vie errante et ses courses aventureuses.

C'est sur ces entrefaites (1434) que Philippe le Hardi, sans doute dégoûté d'une seigneurie ruinée, donna Dourdan avec Étampes à son cousin Jean de Bourgogne, comte de Nevers, et dans le fameux traité d'Arras (21 sept. 1435) un article spécial reconnaissait cette possession de la châtellenie de Dourdan à Jean de Nevers à la condition qu'il produira en bonne forme l'ancienne donation du duc de Berry (5). Au milieu de ces pé-

---

1. A. Moutié, *Introduction au Recueil de pièces relatives au prieuré des Moulineaux,* p. 14.
2. Collection Michaud, p. 141.
3. Archives de Tours. — *Comptes.*
4. De Lépinois.—*Histoire de Chartres.*
5. B. Fleureau, p. 179.—Coquille, *Hist. du Nivernais.*—De Lescornay, p. 141.

nibles discordes entre les princes du sang, tous les droits, intervertis et faussés, étaient devenus autant de problèmes, et nos lecteurs sont peut-être déjà las de nous suivre dans le récit, aussi rapide pourtant et aussi clair que nous avons pu le faire, des passages successifs de notre ville en tant de mains rivales.

Jean de Nevers eut-il à Dourdan une résidence habituelle, nous l'ignorons. Nous savons seulement, par d'anciens comptes du domaine, qu'à cette époque une grande quantité de paons étaient entretenus à Dourdan, sans doute pour les délices du seigneur.

Jean des Mazis, l'ancien Français *renié*, revenu à de meilleurs sentiments, continuait pour le roi, jusqu'en 1463, à être tout à la fois bailli, gouverneur et capitaine de Dourdan. Le registre des échevins de Chartres fait mention qu'en décembre 1437 le bruit se répandit que les Anglais devaient diriger une nouvelle expédition contre Dourdan. On dépêcha sur-le-champ le poursuivant d'armes du bailli de Chartres au sire des Mazis. Toutes les mesures furent prises, mais l'ennemi pour cette fois passa! Toujours menaçante, l'armée anglaise ne quittait pas le territoire et il fallait le lui disputer pied à pied. En 1442, peu de jours après la reprise de Gallardon par les Français, la trahison livra à l'ennemi le capitaine de Dourdan, Jehan de Gapaumes « prins, dit Mons-« trelet, par aulcuns de ses gens qui le trahirent et le livrèrent aux des-« susdiz Anglois, auxquelz pour sa rançon il paia depuis moult grant « finance (1). »

Les bourgeois de Dourdan cherchaient à reprendre peu à peu l'administration de la ville pacifiée. En tête des habitants rassemblés, en 1446, pour « la curacion et le gouvernement de l'Hostel-Dieu de Dourdan, » figurent *Robert Galloppin*, premier lieutenant; *Guillaume Honoré*, procureur, commis par le roi audit lieu; *Guillaume Champeau*, receveur commis pour iceluy fisc. Ce sont eux qui composent « la plus saine « partie » des habitants dudit lieu avec *Jacob Rollo, Jehan Marchant, Jehan La Rose, Jehan Péchot, Guillaume Inbaut, Michau Thiboust, Gilles Boudet, Jehan Yvon, Symon Fortesépaulles, Gilles Trompette, Jehan Orry, Benoist Poussin, Jehan Jehan, Jehan Ducastel*, etc. (2).

Dourdan cependant touchait à la phase la plus critique de son histoire. Pour avoir eu tant de maîtres, cette ville, malheureuse entre toutes, se trouvait n'en plus avoir de légitimes, et comme une de ces terres en déshérence, convoitées par des plaideurs de mauvaise foi, sur lesquelles l'autorité étend la main, elle attendait dans un triste sequestre la fin du débat, jusqu'au jour où elle était soustraite enfin aux prétentions rivales par le droit souverain de ses premiers, de ses seuls vrais seigneurs, les

---

1. Monstrelet, VI, p. 59.
2. Archives de l'hospice, B. 1. 1.

rois de France. Cherchons à retracer en quelques lignes l'histoire de cette période lamentable.

Dès 1421, confisquant en droit les terres du duc de Bourgogne, son sujet rebelle, le dauphin Charles avait disposé de Dourdan et d'Étampes en faveur de Richard, duc de Bretagne ; dans la suite, étant roi, il avait confirmé cette donation (1425). Quand, après la mort de Richard, sa veuve Marguerite d'Orléans fit valoir les droits de François son jeune fils, Charles VII les confirma une seconde fois (1442). C'est ce nouvel acte de la munificence royale qui précipita tout.

Marguerite ayant demandé à la cour entérinement de cette dernière donation, deux oppositions puissantes s'élevèrent à la fois; deux hommes réclamèrent Dourdan : l'un, le duc de Bourgogne, comme garant de son cousin Jean de Nevers, allégua les droits de ses pères et les siens en vertu de la succession du duc de Berry; l'autre, le procureur général du parlement, remontant plus haut, soutint que, Dourdan avec Étampes n'ayant été donné autrefois par Philippe le Bel à Louis d'Évreux que pour sa postérité directe bientôt éteinte, ses descendants n'avaient pu en disposer pour des collatéraux, et que Dourdan en conséquence avait dû et devait de plein droit revenir à la couronne.

C'était un procès en forme; les parties furent appelées à produire leurs titres; en attendant Dourdan était saisi au nom du roi. C'était l'année 1446 : la saisie dura trente ans. On se figure aisément ce que cet état de choses anormal dut amener de souffrances et d'inquiétudes pour la ville, d'embarras dans son administration. Une pièce curieuse, transcrite aux comptes du domaine pour l'année 1450, nous initie à tous ces malaises. C'est une requête présentée au parlement par « le commis à « la recepte ordinaire de la ville et chastellenie de Dourdan, Denis « Basclac. » Le suppliant expose son embarras pour la reddition de ses comptes, la distribution des deniers de sa recette, le paiement des frais de justice, des gages des officiers, « les réparations nécessaires à faire tant au « chastel seigneurial dudit lieu de Dourdan, comme aux assignez entre « les fiefs et aumônes d'iceluy lieu. » Il demande humblement qu'on commette quelqu'un pour apurer ses comptes « afin qu'il sçache comment il « se aura à gouverner pour le temps à venir. » — Le parlement fait droit à sa requête, et on le renvoie aux deux commissaires déjà chargés de l'administration du domaine d'Étampes : car au bas de la requête est écrit : « Committuntur commissarii alias dati in comitatu Stampensi. « Actum in parlamento 23 septemb. 1453. Signé Chourteau (1). »

Ce sont ces commissaires qui, en l'année 1471, réduisent la rente de quatre muids de blé froment qu'avait droit de prendre à Dourdan pour ses lépreux le prieur du Grand-Beaulieu de Chartres, à deux muids

---

1. De Lescornay, p. 144.

seulement, qu'ils évaluent à raison de quatre sols huit deniers parisis le septier (1).

Le château, sans maître, serait demeuré solitaire et désert si la chasse, plus facile que jamais, n'eût attiré dans ses murs de fréquentes visites. Pendant cette longue suspension de tous les droits, chacun des prétendants ne se fit pas faute de venir à son tour ; et c'est ainsi que, successivement, le château ouvrit ses portes au roi, au duc de Bourgogne, au comte de Nevers et au duc de Bretagne (2), sans compter une foule de seigneurs, grands chasseurs, qui se donnaient rendez-vous dans la giboyeuse forêt et dans le château vide.

A ce propos, l'histoire, par une confusion aujourd'hui dévoilée, a voulu faire des environs de Dourdan le théâtre d'un drame sinistre (31 mai 1477). Il s'agit du meurtre de Charlotte de France, fille naturelle de Charles VII et de la belle Agnès, surprise en adultère et poignardée sur le lit de ses enfants par son mari, le sénéchal de Normandie Jacques de Brézé, au château des *Ramiers* ou *Romiers-lès-Dourdan*. La Chronique de Jean de Troyes, ou Chronique scandaleuse, Philippe de Comines et le P. Anselme, sans s'accorder sur la date, ont répété cette version. Un long et consciencieux travail du savant M. Douët d'Arcq, rédigé d'après les pièces de ce procès célèbre, a prouvé qu'il y avait eu erreur de nom, et que c'est à Rouvres, près d'Anet, à deux lieues de Houdan, que les faits s'étaient passés, et non pas à Dourdan, où il n'a jamais été question de château des Romiers (3).

La guerre presque aux portes de la ville, les sanglants démêlés du roi Louis XI avec ses grands vassaux, la bataille voisine de Montlhéry, amenèrent plus d'une fois la violation du territoire de Dourdan et accrurent, s'il était possible, ses infortunes.

Heureusement Louis XI n'était pas homme à laisser indéfiniment durer un état de choses aussi irrégulier que les sequestres d'Étampes et de Dourdan ; il obtint du parlement un arrêt qui rendait définitivement à la couronne cette partie du domaine (1477 ou 1478). Dourdan revenait à ses anciens maîtres. Nous verrons qu'ils en avaient déjà disposé en faveur d'un fidèle serviteur.

---

1. Comptes du domaine de l'année 1535.
2. Fleureau, p. 182.—Argentré, *Histoire de Bretagne*.
3. *Bibl. de l'Ecole des Chartes*, IIe série, tom. V, p. 211 et suiv.

CHAPITRE VII

LES SEIGNEURS ENGAGISTES DE DOURDAN

1478-1559

ÉTAMPES et Dourdan, rendus à Louis XI, furent bientôt aliénés de nouveau ; mais Dourdan fut démembré du comté d'Étampes et cessa d'être en relation directe avec cette ville, dont il avait si longtemps partagé toutes les fortunes. La charte datée d'Arras, avril 1478, qui donne le comté d'Étampes à Jean de Foix, vicomte de Narbonne, nous apprend que le roi « ne veut et n'entend être aucune-
« ment compris en ce don les châtel, terre et seigneurie de Dourdan, et ses
« appartenances et appendances quelconques, dont puis aucun temps il a
« fait don et transport à son amé et féal escuyer d'écurie *Pierre Gobache* (1). »

Ce don avait été d'abord purement verbal ; il remontait « à cinq ans
« en ça ou environ, pour recongnoissance et récompense de plusieurs
« très grans, agréables et recommandables services faitz par l'amé et féal
« conseillier et maistre d'ostel Pierre Gobache (2). » Et comme « lors
« estoit débat, question ou procès en la court de parlement pour raison
« de la conté d'Estampes, » le roi « n'avoit commandé lors aucunes
« lettres du dit don. » Mais « pour ce que puis naguères, dit le roi, le-
« dit procès ainsi pendant a été vuidé et déciz par arrest de nostre court
« de parlement, savoir faisons que nous les choses dessusdites considé-
« rées, bien recors et commémoratifs dudict don verbal par nous faict à

---

1. Fleureau, p. 192.
2. Lettres patentes de février 1478.—Arch. de l'Empire, reg. XIA. 8607, f° 151.

« icelui nostre conseillier Pierre Gobache, considérans que depuis icelui
« il sest toujours emploié de bien en mieulx en nostre service et nous a
« fait plusieurs autres grans et agréables services dignes de grant rétri-
« bucion et recommandacion, tant ou faict de nos guerres que autre-
« ment en plusieurs et maintes manières, voulant par ce lui entretenir
« le dit don, donnons, cédons, etc., lesdits chastel, chastellenie, terre
« et seigneurie de Dordan.... pour en joyr par icelui et ses hoirs.... en
« prandre et percevoir.... les fruis, proufitz, revenus et émolumens en
« quelque manière qu'ilz viennent ens, tant en justice, juridiction, haute,
« moienne et basse, honneurs, hommaiges, fiefz, arrière-fiefz, etc. »

Ce sieur Gobache ou de Gobaches jouit de Dourdan pendant une dizaine d'années. Nous retrouvons dans les comptes de l'ordinaire de Dourdan rendus par Robert le Charron pour les années 1485-1491 (1), des contrats passés par ce seigneur qui donnent d'intéressantes indications sur l'ancien domaine de Dourdan. Par devant Gervais Chalas, bailli, et Jacques Charles, tabellion-juré, Pierre de Gobache, le 6 mai 1483, baille à titre de rente perpétuelle, pour lui et ses hoirs, « à *Jehan Sei-*
« *gneur Charron*, demeurant à Dourdan, le manoir, maison, maizure,
« cour, jardin et appartenances assis audit Dourdan, appelé l'*Hostel*
« *des Murs*, avec tout autant de prez qui est entre ledit manoir et
« l'eauë de l'estang, entre les deux chaussées, » sauf « un buisson ou
« *tallope* où de présent a des épines plantées, que mondit seigneur
« réserve pour l'ébat et la nourriture de ses *conils* » ou lapins. — Il baille, en outre, soixante arpents de terre, « à les avoir et prendre le
« plus près possible dudit hostel tant qu'il en pourra fournir et le sur-
« plus, depuis la voie de l'*orme galopin*, en tirant au long du chemin
« d'Auneau, du côté devers Chastillon, en soy rabattant devers le champ-
« tier de Gallion, desquelles terres en doit avoir quarante arpens en
« nature. » Le preneur est autorisé à échanger certaines pièces contre des enclaves, et à *ameilleurer* le domaine. Lui et ses ayants cause pourront prendre du bois mort dans la forêt de Dourdan « pour eux chauffer
« et faire leur proffit. » Le prix du bail consiste en dix-huit septiers de grains, mesure du lieu, deux tiers en blé, un tiers en avoine, à livrer chaque année, à la Saint-Martin d'hiver; par suite, viennent s'ajouter huit deniers parisis de cens (2).

Aux comptes de l'ordinaire pour l'année 1484, on lit encore : « De la
« rente du *moulin de Poutelet*, assis près de la chaussée dudit grand
« étang de Dourdan, du côté devers le Chastillon, baillé à rente et cens
« *de nouvel* par les gens et officiers au dit Dourdan, comme vaccant et
« demeuré longtemps en la main du roy notre syre en ruyne et non val-

1. Tiré des extraits faits par la Cour des Comptes, le 18 août 1679, à la requête du duc d'Orléans, qui désirait justifier de ses droits domaniaux.—Archv. du Loiret, A. 1380.
2. *Vidimus* des présentes, en 1496, par Gervais Chalas, bailli, et transcription par Jean de la Croix, tabellion juré de Dourdan.

« loir, à Mathurin Salligot et Achille Badin, ensemble et l'un pour le
« tout, à la quantité de quatre septiers de bled mouture, à la mesure du
« dit lieu, et deux poulets, le tout payable au jour et feste de saint Rémy
« par an. »

En 1484, Dourdan fut retiré par Charles VIII des mains du sieur de Gobaches, et pendant trente ans demeura réuni à la couronne. Mais en 1513, au milieu des guerres étrangères qui ruinaient alors la France, Louis XII, se trouvant dans de grands embarras de finances pour l'entretien de ses troupes, aliéna une partie de son domaine, et moyennant 80,000 livres (320,000 fr. environ), engagea Dourdan, avec Melun et Corbeil, à *Louis Malet de Graville.*

Cet illustre personnage, seigneur de Montagu, Marcoussis et Bois-Malesherbes, chambellan et conseiller du roi Louis XI, amiral de France, gouverneur de Picardie et de Normandie, grand veneur du roi Louis XII, d'une antique famille normande qui prétendait remonter au temps de Jules César et « avoir été sire en Graville premier que roy en France, » possédait déjà, par son alliance avec les de Montagu, beaucoup de fonds de terre dans la châtellenie de Dourdan. Riche et puissant, il fut le bienfaiteur de Marcoussis. Il n'oublia pas Dourdan. Une tradition, qui était encore vivante du temps de de Lescornay, lui attribue la reconstruction des tours, clochers et voûte de l'église Saint-Germain, détruits en 1428 par Salisbury. Ce qu'il y a de certain, c'est que sur la première clef de cette voûte étaient gravées les armes du pape ; sur la seconde, celles du roi, et sur la troisième, celles de l'amiral de Graville, qui sont : de gueules à trois fermaux d'or. Le style de plusieurs décorations fines et délicates exécutées à l'intérieur et à l'extérieur de l'église, principalement au portail de la place, porte l'empreinte de cette époque.

Un très-curieux codicille, trouvé en 1515, après la mort de ce seigneur, et précisément daté de 1513, année de l'achat de Dourdan, mérite ici quelques détails. Nous devons avouer à nos lecteurs que le sire Louis Malet de Graville passe pour avoir été un personnage assez rapace et très-soigneux de ses intérêts pécuniaires. L'acte de générosité qu'on va lire a semblé à quelques auteurs une sorte de restitution, un honorable et dernier scrupule.

Considérant d'abord que pendant fort longtemps il a eu « gros estat,
« grosses pensions, grands dons et profits de la chose publique, en quoy
« a été ladite chose publique chargée ; » considérant ensuite les « urgens
« affaires » du royaume, pour lesquelles « le pauvre peuple est, de pré-
« sent, fort grevé, comme chacun sçait, » Louis de Graville, « après y avoir
« pensé et repensé, » donne et lègue purement et simplement « à ladite
« chose publique » les quatre-vingt mille livres qu'il a versées entre les mains du roi, et pour lesquelles les seigneuries de Dourdan, Melun et Corbeil lui ont été hypothéquées. Il rend, après lui, sans aucune indem-

nité, les terres qu'il tenait du roi pour l'engagement de ce prêt, « sauf le droit qu'il avait sur ledit Dourdan de piéça. »—« Quant à nos héritiers, « dit-il, nous leur laissons des héritages et autres biens assez... et nous « supplions très-humblement le roy qu'il luy plaise diminuer ez bail- « liages les plus grevez de son royaume ladite somme de 80,000 livres « tournois, afin que le pauvre peuple prie Dieu pour luy et pour « moy (1). »

Rentré, par ce codicille, en possession de Dourdan, François Ier en disposa, en 1522 (2), en faveur d'un illustre capitaine, l'un des plus vaillants guerriers du xvie siècle, le *sieur de Montgommery*, seigneur de Lorges, dont il voulait récompenser les services, sans rancune pour la blessure involontaire qu'il avait reçue de lui, dit-on, l'année précédente, dans un jeu à Romorantin. La jouissance de Dourdan fut accordée à Montgommery pour dix années, avec son habitation dans le château et son chauffage dans la forêt. En même temps, Louis de Vendôme, prince de Chabanais et vidame de Chartres, marié à Louise, fille aînée de l'amiral de Graville, lui abandonnait la capitainerie de Dourdan, dont il avait été pourvu lui-même quelque temps auparavant.

Avant l'expiration des dix ans, le roi songea à distraire Dourdan de son domaine : car nous trouvons qu'en mars 1529 (n. s. 1530 (3), François Ier, le prisonnier de Pavie, s'étant engagé, par le traité de Cambrai, à céder à l'empereur, comme partie de sa rançon, les terres possédées en Flandre par la duchesse Marie de Luxembourg, douairière de Vendôme, donna à cette dernière, en compensation, avec le duché de Valois et le comté de Montfort, la terre et seigneurie de Dourdan.

Quoi qu'il en soit, en 1536 François dispose de nouveau de Dourdan Cette fois, ce n'est plus en faveur d'un vaillant capitaine ou d'un fidèle serviteur, c'est pour l'amour d'une belle dame, sa puissante favorite, *Anne de Pisseleu*, comtesse d'Étampes. Être comtesse, c'était trop peu pour la maîtresse d'un roi. En choisissant Étampes *pour y loger de France la plus belle*, François voulut en faire un duché, et pour donner au présent plus de valeur, il y fit entrer les châtellenies de Dourdan et de la Ferté-Alès (4). Pendant dix ans, la belle duchesse

1. Ce testament, cité comme modèle, fut imprimé dans plusieurs livres d'église de l'époque, et on prétend que Richelieu le fit réimprimer pour le comparer au sien. Voir, pour la biographie de l'amiral de Graville, les intéressants détails donnés par M. Malte-Brun dans son *Histoire de Marcoussis*, charmant volume, chronique d'une châtellenie voisine de la nôtre.—In-8º, Paris, 1867.

2. Lettres patentes du 4 décembre 1522, transcrites aux comptes du domaine de la même année.

3. Archives de l'Empire, X ia. 8612, fº 202.

4. « ...Par ces présentes, unissons et incorporons les chastellenies, terres et seigneuries de Dourdan et la Ferté-Alès aux honneurs, priviléges, prérogatives, libertez, franchises, exemptions et prééminences appartenant à duché, sous une seule foy et hommage de nous et de nostre couronne, et sous le ressort immédiat de nostre Cour

jouit largement de sa souveraine faveur et de son riche domaine, mais à la mort de son royal protecteur elle perdit tout (1547). La France oublia la favorite, et Henri II reprit le duché.

Les comptes de l'ordinaire de Dourdan, rendus, pour les années 1540 à 1549, par Louis Tirard (1), receveur ordinaire, nous apprennent que pendant ce temps le roi, comme naguère le seigneur de Gobaches, se réservait toujours, dans la *terre des Murs*, près le grand étang, affermée aux descendants de *Jean Seigneur Charron*, le buisson ou *tallopée* planté d'épines pour l'ébat et la nourriture *des conils du roy notre sire*. Peut-être le galant roi vint-il chasser à Dourdan, sur les terres de la belle Anne, lorsque, le 26 février 1547, il demeura à Rochefort, un mois avant d'aller mourir au château de Rambouillet (2).

Henri II fit ce qu'avaient fait beaucoup de ses prédécesseurs; manquant d'argent, il engagea une partie de son domaine. Ce n'était pas la première fois que Dourdan sortait de cette manière des mains du roi de France. Les besoins étaient pressants; Henri voulait retirer des mains des Anglais les places qu'ils occupaient encore dans le Nord; il avait à entretenir une foule de gens de guerre dont les exigences embarrassaient singulièrement le trésor. C'est sur ces entrefaites que Dourdan fut vendu, en 1549, à faculté de rachat perpétuel, à François de Lorraine, duc de Guise, en même temps que les seigneuries de Provins et de Saumur, par les commissaires du roi, « avec les aydes qui en dépendent, » pour la somme de « sept vingt quinze mil quatre cens quatre vingt unze livres « ung solz tournois. » En reconnaissance des services du duc, très-vantés par le roi, « et pour le désir, ajoute le monarque, que nous auons d'auan-
« tager notre dit cousin des prérogatives et prééminences qui puissent
« tourner à l'ornement et décoration des choses ainsi par lui acquises,
« lui avons octroyé par ces présentes.... pouuoir, puissance et faculté de
« nous nommer et présenter gens idoynes, capables et suffisans aux
« bénéfices desdites châtellenies, ressorts et juridictions d'icelles.... en-
« semble à tous et chascuns les états et offices royaulx ordinaires, et da-
« vantage aux extraordinaires, des aydes et choses extraordinaires dont
« il joyt, etc. (3). »

François de Lorraine ayant, « par inadvertance, » négligé de faire publier et enregistrer ces dites lettres, et craignant quelque opposition, en

---

de Parlement : voulant que tous les vassaux et autres gens, de quelque autorité et condition qu'ils soient, tenans noblement ou roturièrement desdits comté d'Estampes et chastellenies de Dourdan et la Ferté quand ils feront doresnavant leurs hommages et baillieront leurs denombremens et adveus, les fassent et baillent sous le nom et tiltre de duché, et semblablement tous leurs autres actes et reconnoissances. » (Lettres-patentes d'érection, janvier 1536.—Archives de l'Empire. X1A 8613, f° 9.)

1. Une rue de Dourdan (de la rue de Chartres à la rue Neuve) porte encore aujourd'hui le nom de *Tirard*.
2. Itinéraire des rois de France.—*Pièces fugitives*, etc.
3. Lettres patentes du 8 avril 1550.—Archives de l'Empire, X1A. 8621, f° 184.

obtient confirmation par lettres nouvelles du 27 juin 1557 (1). A la mort de Henri II, le duc de Guise, qui a paisiblement joui de son droit, «crainct « et doubte que cy après on lui voulsist mectre ou donner en cela quel- « que trouble, destourbier ou empeschement au moyen du trespas du « roy depuis intervenu. » Il demande et obtient les lettres de continuation nécessaires le 15 janvier 1559 (2).

L'année 1556, sous ce nouveau seigneur, fut consacrée pour Dourdan à un acte sérieux et pacifique, qui occupera dans le chapitre suivant la place qu'il mérite; nous voulons parler de la rédaction des coutumes, véritable bienfait du roi Henri II. Cette opération importante et délicate, cette fixation des droits et des usages, ne pouvait se faire sans l'intervention et la participation de tous les ordres de la société, et c'est pour nous, en même temps qu'un repos après et avant tant d'orages, un curieux spectacle, une précieuse occasion de faire connaissance avec tous les personnages qui, à des titres divers, prétendaient avoir alors sur notre contrée des droits de propriété ou des traditions de censive, de patronage et de suzeraineté.

1. Archives de l'Empire, XIA, 8621, f° 185.
2. *Idem*, 8623, f° 100.

CHAPITRE VIII

LES COUTUMES DE DOURDAN

1556

OMME toutes les coutumes des autres villes du royaume, composée d'usages successivement établis, la coutume de Dourdan n'avait pas encore été rédigée. Un édit de Charles VIII, en 1453, avait, il est vrai, ordonné cette rédaction; mais un siècle s'était écoulé, et faute d'un texte certain, « les subjectz étoient tumbez « en grandes involutions de procès, confusion, difficultez et despences « de faire preuves. »

Frappé de ce désordre, Henri II nomma une commission chargée de se transporter partout où besoin serait, dans les diverses provinces et seigneuries ressortissant par appel en la Cour du parlement, et le 28 décembre de l'an 1556, Dourdan vit arriver dans ses murs le président Christofle de Thou (père du fameux historien) et les deux conseillers du roi Barthélemy Faye et Jacques Viole, venant d'Étampes, où ils avaient achevé leur tâche. Dès le 19 octobre, le bailli de Dourdan, Tristand le Charron, avait reçu ordre des commissaires royaux de convoquer à jour fixe « tous et chacuns les prélatz, abbez, chapitres, collèges et personnes « ecclésiastiques, ducz, comtes, barons, chastellains et seigneurs justiciers, « les officiers du roy, advocatz, procureurs, bourgeois, les manans et ha- « bitans, et gens du tiers estat des villes, villaiges et lieux enclavez au de- « dans dudict bailliaige et ancien ressort d'iceluy, pour veoir procéder à « la rédaction desdictes coustumes, icelles accorder, mettre et rédiger par « escript, lire et publier, pour dorenavant estre gardées et observées par

« loy. » Le bailli s'était hâté de faire faire cette assignation par le premier sergent royal du bailliage, et, bon gré, mal gré, « sous peine de prinse « et saisie de leurs biens, » tous les ayants cause, dûment mis en demeure, étaient réunis le mardi 29 décembre, « heure de sept heures, attendant « huict heures du matin, » dans la salle du *Plaidoyé*, ou auditoire qui s'ouvrait dans l'ancienne halle de Dourdan.

Maître Pierre Rousselet, greffier du bailliage, ayant donné lecture des ordonnances royales, appela les trois états.

D'abord, l'*État d'Église* :

Par leurs procureurs comparurent :

Révérend Père en Dieu, messire Charles Guillart, évêque de Chartres, représenté par Jehan Peronnel, vice-gérant du grand archidiacre de Chartres en son siége de Dourdan.

Le révérendissime cardinal de Chastillon, pour les droits qu'il prétend, à cause de son abbaye de Saint-Benoît-sur-Loire, à Sonchamp, Authon, le Plessis-Saint-Benoît et Sainville.

Messire Eustache du Bellay, évêque de Paris, à cause des prieurés de Louye et de Saint-Arnoul, dont il est prieur.

Maître Jacques de Monthelon, grand archidiacre de Chartres.

Les religieux, abbé et couvent de Saint-Chéron-lès-Chartres, pour leurs droits de censive.

Les religieux, abbé et couvent de Clairefontaine, pour le fief des Jalots et autres droits.

Les religieux, abbé et couvent de Morigny-lès-Estampes, pour leur droit de censive.

Les doyen, chanoines et chapitre de l'Église de Paris, pour leurs droits au village de Corbreuse, Outrevilliers, la Grange-Paris, Aizainville et environs.

Les religieuses, abbesse et couvent de Longchamp, pour censive et autres droits.

Les religieuses, abbesse et couvent de Villiers-lès-Estampes, pour dîmes inféodées et autres droits.

Puis se présentèrent :

Frère Pierre Prieur, prêtre, prieur-curé de l'église Saint-Germain de Dourdan.

Maître Jacques Soullay, prieur, et frère Jacques Audren, prêtre, curé de l'église Saint-Pierre.

Frère Louis Guérin, prêtre, prieur-curé de l'église Saint-Léonard des Granges-le-Roy.

Frère Antoine de Lyon, commandeur d'Étampes, pour le fief de la Roche.

Maître Hiérome du Tertre, official du grand archidiacre en son siége à Dourdan.

Maître Jacques Le Maire, promoteur dudit archidiacre à Dourdan.

Maître Jean Bernard, curé de Sermaize.

Maître Claude de la Montenelle, curé de Corbereuse.

Maître Jean le Meignan, maître et administrateur de l'hôtel-Dieu de Dourdan.

Maître Nicolas Butin, chapelain de la chapelle Saint-Georges, assise à Blancheface.

Après l'État d'Église, l'*État de noblesse* :

En tête, haut et puissant seigneur François de Lorraine, duc de Guise, pair de France, seigneur usufruitier de Dourdan, représenté par Mᵉ Pierre Gonnot, son procureur et receveur.

Puis, messire Aloph de l'Hospital, chevalier, seigneur de Saint-Mesme, le Jallier, Denisy, Corpeaux, Roullon, Semonds, les Jourriats, Grousteau, Chenevelle et Vauloseil. Il était là en personne, pour défendre les intérêts de ses nombreux et riches domaines, assisté de ses deux avocats.

Messire Jehan le Clerc, chevalier, seigneur de Beauvais.

Noble homme maître Adrian du Drac, conseiller du roi au parlement;

Noble homme maître Jacques Hurault, conseiller du roi en son grand conseil, seigneur du Marais, le Val-Saint-Germain, Chasteaupars, les Mignères et Grillon.

François de Hémery, écuyer, seigneur de Blancheface, la Bretonnière et le Mesnil.

Jean de Grante, écuyer, seigneur du Coulombier, Malassis et Beaurepaire.

Jean de Boulhard, seigneur du Grand-Platel, et Grateloup.

Noble homme maître Pierre Chevalier, conseiller du roi et maître ordinaire en sa chambre des comptes, seigneur du Tertre.

Damoiselle Isabeau de Buserolles, tutrice des enfants de Jean du Guéregnard, seigneurs de Bellanger.

Maître Jacques Boudet, avocat au parlement, seigneur de l'Eschanson.

Maître Jacques Bougon, seigneur de Hautes-Mignères.

Antoine de Lucault, Jacques d'Averton, Adrian Berthelot, pour le fief de Maudestour.

La veuve de Jean de Pouy, pour ses filles, dames de Bandeville, assis à Corbreuse.

François Simonneau, seigneur de Pinceloup, assis en la paroisse de Sonchamp.

Thomas Brémant, écuyer, pour le fief et moulin de Grandville, assis en la paroisse du Val-Saint-Germain.

Noël Boutet, seigneur du Bois-Poignant.

Claude des Mazis, écuyer, seigneur de Drouville et de Marchais en partie.

Jacques de Morinville, écuyer, seigneur de Chantinonville.

Tristand de Longueil, seigneur de Bichetelle.

Après la noblesse, et avant le tiers état, comme une sorte d'ordre intermédiaire, le corps des *officiers du roi* à Dourdan :

Le bailli, Tristand le Charron.
Le prévôt, Étienne Hervé.
Deux élus, Hugues Poussepin et François Legendre.
Le commis à l'exercice de la justice des forêts, Pierre Boudet.
Le greffier des insinuations, Florent Gouyn.
Le fermier du tabellioné, Hannibal Périer.
Le notaire royal, Denis Fanon.
Un avocat, Guy Léomont.
Les procureurs Guillaume Fanon, Adam Charles, Jean le Camus, Marin Deschamps, Étienne le Doux, Jacques Yvon.
L'appréciateur juré, Jean le Mareschal.
Les sergents royaux Pierre Gueau, Philippe Trousse, Denis Belhomme, Jacques Hourry, Louis et Étienne Chanteau, Jacques Boudon, Jacques Dugué.
Les sergents verdiers de la forêt, Gilles Liger et Jean de Blèves.
Les sergents royaux en l'élection, Julian et Denis Boutet.
Le maître-maçon juré pour le roi au bailliage, Pierre Leroy.

Enfin le *Tiers État :*

Représentés par leurs procureurs presque tous *gaigers,* c'est-à-dire marguilliers des paroisses, comparurent les manans et habitants de :
Dourdan ;
Sainte-Mesme et Denisi ;
Les Granges-le-Roi ;
Authon et le Plessis-Saint-Benoît ;
Sermaize ;
Corbereuse ;
Roinville ;
Val Saint-Germain ;
Chantinonville ;
Moiretel et Marchais.

A l'appel de leurs noms ne répondirent pas plusieurs curés du bailliage, plusieurs seigneurs possesseurs de quelques fiefs ou de quelques droits aux environs, maître François Buron, maître et administrateur de la maladrerie Saint-Laurent de Dourdan, les manants et habitants de Sonchamp et de Sainville; défaut fut donné contre eux.

La discussion commença. Plusieurs protestations se produisirent. Avant toutes, celle du procureur du roi, qui s'éleva fort justement contre les titres de fiefs prétendus par certains seigneurs, « à cause que plusieurs
« d'eux avoient grandement dilaté leurs fiefs sur la forest de Dourdan,
« de laquelle ils estoient voisins, au grand dommage du roy ; tendoient
« à s'en estranger, s'advouant d'autres seigneurs loingtains pour oster
« la cognoissance de telles usurpations ; et que de ce qu'ils en tenoient
« n'avoient baillé adveu ne dénombrement qui fust suffisamment reçeu
« et vérifié. » — Triste mais inévitable résultat des fortunes si variables de notre pauvre ville pendant les siècles qui venaient de s'écouler.

Les procureurs du cardinal de Chastillon, à cause de son abbaye de Saint-Benoît-sur-Loire, tentèrent de soustraire Sonchamp, Authon et Sainville à la juridiction et aux coutumes de Dourdan, en invoquant celles d'Orléans, Montfort et Étampes. Mais le procureur du roi leur prouva que c'étaient des usurpations et des abus, et il ajouta, ce qui était très-vrai, que « depuis plus de soixante ans Dourdan avoit été aux
« mains des usufruictiers, auxquels le roy l'avoit baillé, et qui n'avoient
« eu le soing de faire garder les droicts du roy. »

Autrement graves et inquiétantes furent les prétentions du substitut du procureur d'Étampes, Girard Garnier. Invoquant la réunion de la châtellenie de Dourdan au duché d'Étampes, il dit avec dédain que « ceulx de Dourdan se seraient ingerez de vouloir faire rédiger quelques
« pretendues coustumes, et à ce faire appeler les habitans d'Authon,
« le Plessis-Saint-Benoist, Congerville et Sainville, de la jurisdiction du
« dict bailliage d'Estampes, et déjà appelez comme subjects à ses cous-
« tumes. » Il protesta de nullité pour tout ce qui se ferait, et se vanta « de faire cy-après contraindre les habitans de Dourdan à se régler selon
« les coustumes d'Estampes. »

Repoussant vigoureusement l'attaque et traitant le plaidoyer de Garnier « d'impertinent et sans raison, » le procureur du roi représenta l'antique et actuelle possession de Dourdan par la couronne, rappela ses protestations au sujet des villages cités lors des récents débats pour la rédaction des coutumes d'Étampes, où personne n'avait jamais eu l'idée d'appeler Dourdan, et bien loin, ajouta-t-il, que Dourdan eût rien à démêler avec Étampes, c'est Étampes qui autrefois ressortissait à Dourdan pour les *cas royaux*. D'ailleurs, les coutumes de Dourdan avaient toujours été fort différentes de celles d'Étampes, coutumes toutes bretonnes introduites jadis à Étampes par les ducs de Bretagne. Quant aux villages en cause, réunis à la châtellenie de Dourdan par lettres patentes du 2 août 1532, c'est à Dourdan qu'ils payaient les droits seigneuriaux, c'est au bailliage de Dourdan qu'ils appartenaient.

Calme et impartiale, la commission royale n'en continua pas moins son œuvre; mais les deux parties furent renvoyées à la cour de parlement *le lendemain des Roys.*

Rejetant tour à tour les prétentions des chanoines du chapitre de Paris, seigneurs de Corbreuse, qui voulaient se rattacher à la prévôté de Paris, les réclamations de Chatignonville, du Val Saint-Germain, du Marais, Bandeville, Roinville et Villeneuve, qui revendiquaient le ressort de Montfort ou celui de Montlhéry, le procureur fit valoir les droits de Dourdan sur ces villages, qui « avoient voulu se distraire à l'appétie de « leurs seigneurs et esgarer les droicts du roy. »

Personne n'élevant plus la voix, acte fut donné des protestations, et la rédaction des Coutumes commença. Les trois États prêtèrent serment « de rapporter, en leurs consciences et loyautez, les coustumes anciennes « qu'il avoient veu garder audict bailliage, et aussi dire ce qui est sub- « ject à réformation, correction ou modération, pour le bien, proufit et « utilité du pays. » Rousselet donna lecture des cent cinquante-un articles présentés par les officiers royaux comme composant la coutume de Dourdan, et le procès-verbal de la séance nous a conservé les amendements ou additions à bon nombre d'entre eux, de l'avis des trois États. Le droit coutumier était devenu droit écrit. En ordonnant que « lesdites cous- « tumes seroient entretenues, gardées et observées pour loy, » la commission royale y attachait la sanction pénale, et, revêtue du seing et des armes des magistrats qui avaient accompli leur tâche, la *Coutume de Dourdan* était portée à Paris, à côté des autres coutumes du royaume, dans le grand arsenal juridique d'où sont sortis les codes de notre législation moderne.

Outre l'insertion qui fut faite de la Coutume de Dourdan dans le *Coutumier général*, une édition spéciale en fut donnée par Jacques Boudet, avocat au parlement et seigneur du fief de *Leschanson*, sis à Dourdan, en un petit volume in-8 de 51 pages, sous le titre de *Covstvmes dv bailliaige et chastellenie de Dovrdan*, à Paris, « pour Galiot du Pré, « libraire iuré de l'Vniversité, au premier pillier de la grand salle du « Palais, 1559. » L'éditeur dédie son livre à « monseigneur messire Gilles « le Maistre, premier président en la court de parlement, » et, dans une emphatique préface, il l'assure de la reconnaissance des habitants de Dourdan, qui « sous sa faveur se sentent délivrez des troubles, esquelz « Licurge ancien législateur des Lacédémoniens a quelquefois mis sa « république, pour avoir deffendu de ne rediger par escrit les coustumes « sous lesquelles il commendoit de vivre. »

CHAPITRE IX

DOURDAN SOUS LES GUISES

1559-1588.

E duc de Guise choisit Dourdan pour un des quartiers généraux de sa maison, et c'est là qu'il fit établir ses écuries. Elles furent installées dans le château (1). Le souvenir d'un des officiers de cette écurie a été longtemps en grand honneur à Dourdan, à cause d'un fait insignifiant en apparence, qui a été le point de départ d'une industrie précieuse pour la ville et toute la contrée. Cet officier, s'amusant à voir travailler un jeune garçon qui fabriquait des bonnets de laine, suivant l'usage très-répandu dans le pays, fut frappé de son adresse et lui suggéra l'idée de faire un bas. Comme modèle, il lui donna un de ses vieux bas de soie, et ne fut pas médiocrement surpris quand le jeune homme lui rendit un bas d'estame fait en perfection. L'apprenti devint l'instituteur de ses compagnons, et tous les ouvriers de la ville se mirent à faire des bas. Les villages voisins, dont le tricot de laine était la principale occupation, ne tardèrent pas à suivre leur exemple, et cette fabrication se répandit en Beauce à dix lieues à la ronde. Quelques années

---

1. Il en existait encore une partie, en 1597, au rez-de-chaussée du bâtiment de droite qui avait vue sur la rue de Chartres et aboutissaità la grosse tour : « Au dessoubz
« des chambres haultes sont les écuries garniz de leurs posteaulx, rastelliers et man-
« geoires, en longueur de trois espasses, estans lesdicts posteaulx espassiez de cinq
« piedz loing l'ung de l'aultre, partie carrelées de pavé de dix-huit piedz de long et de
« six piedz de large, et l'aultre partie de sollives couchées estre terre où marchent les
« chevaulx ; estans lesdictes escuries de vingt-deux piedz de longueur. » (Archives de l'Empire Q. 1514.—*Procès-verbal de visitation fait pour M. de Sancy*.)

après, les ouvriers de Dourdan, plus habiles que ceux de la campagne, laissèrent à ceux-ci le tricot de laine et s'adonnèrent presque exclusivement aux bas de soie, dont le produit fut pour eux, pendant plus de deux siècles, une véritable fortune.

La mort du roi Henri II accrut démesurément la puissance du duc de Guise. La couronne retombait sur la tête de trois enfants. C'était un orage de près d'un demi-siècle qui commençait pour la France. Catherine de Médicis, femme aux passions violentes, régente aux intrigues ténébreuses, tenait les rênes du gouvernement. Elle les confia aux Guises, qui, déjouant les complots de la faction rivale, devinrent bientôt eux-mêmes d'inquiétants prétendants. Nous ferons, en passant, une mention spéciale des fameux États-généraux de 1560, où la ville de Dourdan eut à se faire représenter comme les autres. Le 12 novembre 1560, par une lettre datée d'Orléans, le jeune roi François II fait savoir à son amé et féal le bailli de Dourdan que, changeant la résolution qu'il lui avait fait antérieurement connaître, de rassembler, le 10 décembre, les États-généraux à Meaux, il venait de décider que ces États se rassembleraient à Orléans, ville plus commode et mieux approvisionnée pour ce grand concours. Dourdan possède la lettre originale de cette convocation (1), qui porte la longue et mince signature du pauvre roi de seize ans. Ce n'est pas lui qui devait présider les orageux débats auxquels il invitait. Vingt-cinq jours plus tard, le 5 décembre, il mourait après quelques mois de règne, et on voyait paraître aux États d'Orléans, tenus du 13 décembre au 31 janvier, Charles IX, son frère, un roi de dix ans. Or, à Dourdan, le 5 décembre, à l'heure même où expirait François, se réunissaient, en vertu de la missive royale, les trois états du bailliage. Comme représentants étaient élus : pour l'état d'Église, discrète personne messire Robert Donde, vicaire de la paroisse Saint-Germain; pour l'état de noblesse, Ollivier Dugueregnard; et pour le tiers-état, noble personne Michel de Lescornay, sommelier-bouche de la reine-mère et bourgeois de Dourdan, tous trois chargés de présenter au roi les doléances dudit bailliage.

Nous avons été frappé en lisant, dans le manuscrit conservé par la famille de l'auteur, le cahier des doléances du tiers-état de Dourdan, du ton énergique, indépendant, et quelquefois acerbe, qui règne dans les réclamations et les remontrances adressées à la couronne. Le lecteur trouvera à la fin de ce livre plusieurs extraits que nous en avons faits (2). On sent, on entend, dans les plaintes contre le clergé, un souffle et un écho de la réforme, et dans l'exposé des griefs contre les nobles, les gens

---

1. Elle fait partie des papiers provenant du don récent de la famille de M. Roger d'Étampes.
2. Pièce justificative XIV. — Ce manuscrit sur parchemin, expédition du temps signée par le greffier Rousselet, est également la propriété de la ville. Il avait été conservé par la famille Roger, qui était alliée aux de Lescornay.

de guerre et de justice, dans ce soupir douloureux d'un peuple las d'être foulé, comme le bruit avant-coureur des doléances terribles des États de 1789.

La guerre civile et religieuse avait éclaté, et ses fureurs ensanglantaient Paris et les environs. Pour contenir les calvinistes rebelles et conserver la capitale sous l'obéissance du roi, tout notre pays, transformé en place de guerre, en arsenal, en grenier de réserve, fut regardé comme une sorte de boulevard contre les ennemis. En novembre 1562, cependant, les reîtres de d'Andelot, cavaliers mercenaires à la solde des calvinistes, devenus maîtres, par un coup de main, de la ville d'Étampes et de la nôtre, séjournèrent six semaines dans nos parages et commirent toutes sortes d'excès et de profanations ; mais le duc de Guise, après la mémorable bataille de Dreux, revenant avec une armée victorieuse, dispersa devant lui cette horde étrangère.

Quelques mois après (1563), l'infatigable champion des catholiques périssait de la main d'un assassin, et sa veuve, *Anne d'Este*, duchesse de Guise, héritait de ses droits sur Dourdan. A la faveur de la paix d'Amboise, la noble usufruitière put jouir tranquillement de son domaine pendant cinq années. Dès le 3 mai 1563, elle obtint du roi des lettres patentes (1) qui renouvelaient en sa faveur l'autorisation, octroyée jadis à son époux, de nommer aux offices de la châtellenie de Dourdan, et le nom de *Dame de Dourdan* lui est donné dans tous les titres de cette époque.

Avec l'année 1567, les hostilités recommençaient. Dourdan, place importante, paraît avoir été, dès les premiers mois, l'objet de l'attention et des préoccupations du roi. Il existe aux archives (2) une curieuse lettre de Charles IX, du 17 juin, par laquelle il notifie au parlement son désir de retirer la terre et seigneurie de Dourdan et ses appartenances, engagées, dit-il, au duc de Guise pour 22,000 livres, avec les impositions et aides de tous le siége de Dourdan, Rochefort et Authon, vendus pour 27,300 livres. Il avoue qu'il n'a pas, pour ce retrait, l'argent nécessaire dans ses finances et ordonne qu'une vente de bois soit faite dans sa forêt de Dourdan, jusqu'à concurrence de 50,000 livres. Mais ses adversaires le cernaient de trop près ; le prince de Condé et l'amiral de Châtillon marchaient sur Paris. Avant de racheter la ville, on songea à la défendre. Un brave général et un des seigneurs de nos voisins, Claude de la Mothe Bonnelle, chargé par le roi du commandement du pays et spécialement de la forteresse d'Étampes, ne manqua pas de donner des ordres pour la fortification et l'approvisionnement du château et de la place de Dourdan.

A Dourdan, comme à Étampes, ses efforts devaient être inutiles et un

---

1. Archives de l'Empire XIA, 8625, f° 39.
2. Archives de l'Empire XIA, 1621, f° 387.

même désastre devait bouleverser les deux malheureuses cités (oct. 1567). Écoutons un instant le langage naïvement philosophique de notre vieil historien de Lescornay :

« Dourdan jusqu'en l'an 1567 s'estoit peu dire heureux, tant pour
« l'honneur qu'il auoit eu de tout temps d'estre fréquenté et aymé des
« rois, princes et autres grands seigneurs, que pour l'augmentation qu'il
« en auoit receu, si la prise du chasteau que feirent les sieurs de Mont-
« gommery et visdame de Chartres, chefs de ceux de la religion préten-
« duë réformée, ne l'eussent difformé et mis à sac : l'insolence de ces Re-
« ligionaires ne se contenta pas de piller et ruyner la ville, mais encores
« porta leurs mains sacrilèges jusques dans l'Église d'où ils rauirent les
« précieux ornements qui y estoient en grande quantité, avec l'or et l'ar-
« gent et autres richesses esquelles estoient enchassez plusieurs ossaincts
« et reliques qui furent impieusement jettez à l'abandon : ils n'oublie-
« rent pas mesme l'estoffe des Orgues qui y estoient aussi belles qu'en
« aucun autre lieu de France. En ceste rencontre Dourdan experimenta
« à ses despens que les choses du monde ne sont gouuernées que par vi-
« cissitudes, et que les plus grandes prosperitez ne seruent que de but
« aux malheurs qui les abattent à la fin les reduisant comme au premier
« poinct de leur naissance : car en bien peu de iours il se veit despouillé
« de tout ce que les siècles passez et la libéralité de ses seigneurs y auoient
« apporté de richesse et d'ornement (1). »

Montgommery, fils du seigneur de Lorges, autrefois usufruitier de Dourdan sous François Ier, ne ménagea pas la ville que son père avait possédée. Brave mais cruel, poussé par une sorte de fatalité qui s'attachait à sa famille, meurtrier involontaire de Henri II dans un tournois, poursuivi par la haine de Catherine, malheureux puis coupable, renégat et rebelle, il devait payer sur l'échafaud le sang qu'il avait versé.

La ville, ruinée pendant le siège opiniâtre qu'elle soutint, le fut plus encore peut-être après le siége. Rendue à discrétion au vidame de Chartres par Jean de l'Hospital, comte de Choisy, qui y commandait et qui depuis suivit le parti des huguenots, elle dut subir les horreurs du pillage.

Comme toutes les guerres de religion, la guerre de 1567 eut à Dourdan un caractère de violence féroce et de persécution fanatique. Le sac des églises, la profanation des reliques étaient œuvres pies pour ces farouches et zélés calvinistes, et Montgommery passait pour l'un des plus ardents (2). La paroisse Saint-Germain possédait depuis longtemps, comme un précieux trésor, plusieurs ossements de la tête de saint Étienne martyr, renfermés dans un *chef* de vermeil. Les soldats s'emparèrent du riche reliquaire et jetèrent les reliques dans les fossés du château. Une

---

1. De Lescornay, p. 162.
2. La nouvelle de la profanation des reliques de Dourdan retentit jusqu'à Paris, et Jehan de La Fosse, ce curé ligueur que nous a fait connaître M. Ed. de Barthélemy, l'inscrivait sur son journal.—*Journal d'un curé ligueur*, 1865, in-18, p. 86.

pieuse femme, comme au temps des premiers siècles de l'Église, prit soin de les recueillir, les emporta dans sa maison et, paraît-il, s'en servit plusieurs fois pour obtenir à de pauvres malades soulagement et guérison, jusqu'au jour où l'autorité ecclésiastique, comme nous le verrons par la suite, revendiqua et réintégra à Saint-Germain les ossements du martyr. Une tradition qui s'est perpétuée à travers le dix-septième siècle et le dix-huitième (lequel n'est pas précisément le siècle des légendes), attribue aux fossés du château où furent jetées les reliques un singulier privilége, quand on songe à la profondeur de ces fossés : tous ceux qui y tombent par accident sont préservés dans leur chute de mort et de blessure. Nous avons sous les yeux des attestations écrites de nos pères, et bien des personnes de la ville en connaissent et en citent volontiers des exemples.

Dourdan perdit, dans le sac de son château, de ses églises, de ses établissements publics, de son couvent de Louye, toutes les archives de son histoire et tous les titres de son passé ; perte irréparable pour elle, qui a rebuté tous les narrateurs et qui rend si difficile aujourd'hui à son modeste chroniqueur la tâche qu'il s'est imposée !

Les religionnaires laissèrent à Dourdan, en garnison, une partie de leurs troupes (1), mais l'occupation dura peu ; l'armée du roi, commandée par le connétable de France, après la brillante victoire de Saint-Denis (nov. 1567), balaya les environs de la capitale et vint, à son tour, mettre garnison et faire des travaux de défense dans la ville, prise et reprise quatre fois en cinq ans par les deux partis rivaux.

Grâce à une courte trêve entre les adversaires, puis à l'éloignement du théâtre de la guerre, Dourdan put avoir quelques années de tranquillité relative avant ses nouveaux malheurs.

Pendant ce temps, la *Dame de Dourdan* était toujours la veuve de François de Lorraine, duc de Guise, Anne d'Este, remariée depuis 1566 à Jacques de Savoie, duc de Genevois et de Nemours. Pour bailli et pour gouverneur, Dourdan avait le brave général de 1567, M. de Bonnelle. Nous avons trouvé une lettre fort amicale que lui adressait Anne d'Este, le 6 mars 1570, pour affaire d'administration : « Je veux vous
« avertir, lui dit-elle, que j'ai permis à Jehan de Lescornay, officier de la
« reine-mère, de faire paistre quatre vaches dans la forest de Dourdan,
« aux allées des gardes de ladite forest, pour le désir que j'ai de luy faire
« plaisir en aultre plus grande chose que cela, et je vous prie de tenir la
« main que, sous ombre de cette permission, il ne soit fait par d'aultres
« aucuns dégâts en icelle forest, *laquelle je vous recommande;* et pour
« l'assurance que j'ai que nos affaires vous sont en si bonne souvenance,
« il me semble n'éstre besoing de vous en faire plus ample persuasion.
« Votre meilleure amie, Anne d'Este (2). »

1. P. Bas. Fleureau, p. 240.

2. Nous avons vu aussi un certificat de cette permission du 13 février 1573. Ces pièces font aujourd'hui partie du *fonds Roger*.

Quelques mots, si le lecteur le veut bien, sur les de Lescornay, qui paraissent, à cette époque, jouir à Dourdan de beaucoup de considération et d'influence. Dans une histoire locale, le souvenir des familles importantes du pays trouve naturellement sa place.

Noble homme Toussaincts de Lescornay, marié à noble femme Jehanne de Malicorne, figure au nombre des écuyers et des officiers de la reine Anne de Bretagne. Leur fils, Michel de Lescornay, attaché comme écuyer et *sommelier de panneterie bouche,* à mesdames la Dauphine et Marguerite de France, est qualifié natif et demeurant à Dourdan, dans son contrat de mariage avec Pasquette Léomont, fille d'honorable homme Mathurin Léomont, sieur du Mont (paroisse d'Aunay) et bourgeois d'Orléans. A ce contrat (13 juin 1538) sont assistants et consentants, du côté du mari, son cousin honorable et sage personne maître Giles Lucas, procureur du roi en tous les siéges royaux de Dourdan; du côté de la femme, ses frères, maître Guy Léomont, avocat, licencié ès-lois, et Laurent Léomont, marchand, tous deux demeurant à Dourdan, avec son beau-frère, maître Jehan Triffouillet, procureur fiscal audit lieu, dont une rue de Dourdan porte encore aujourd'hui le nom.

Par lettres du 9 août 1543, Michel de Lescornay est exempté de tout subside pour *la clôture et fortification de Dourdan*, et tout ce qui avait été exigé de lui à cet égard lui est restitué. Nommé sommelier de panneterie de la reine Catherine de Médicis en 1558, c'est Michel que nous avons vu élire pour représenter le tiers-état de Dourdan aux États de 1560. C'est certainement à sa plume intelligente et hardie qu'on doit le cahier des doléances.

Son fils Jehan de Lescornay, sieur du Mont, président en l'élection de Dourdan, reprend, dès 1557, la survivance de l'office de sommelier ordinaire de panneterie de la reine Catherine, et nous avons eu entre les mains bon nombre de certificats revêtus de la masculine signature de l'altière régente, nécessités sans doute par les exigences et les défiances des partis dans ces temps de factions, et attestant que le porteur fait partie des « officiers domestiques et commensaux de la reine, actuelle-« ment servant aux gages de 60 écus par an. » C'est lui qui obtient de la duchesse de Nemours la faveur qu'on vient de voir; nous le retrouverons bientôt à deux époques mémorables de nos annales.

Dourdan reçut alors pour bailli et gouverneur un très-vaillant gentilhomme dont la famille tenait un des premiers rangs dans la contrée, Louis Hurault, chevalier de l'ordre, sieur de Ville-Luysant ou Vauluisant, neveu par sa mère Marie Hurault, et cousin par son père Jacques Hurault, sieur de Saint-Denis, du fameux chancelier Philippe Hurault, comte de Cheverny, lieutenant général de la province. (1) Gentilhomme ordinaire de la chambre du roi, capitaine de l'une des anciennes com-

---

1. *Mémoires de Cheverny.*—Collection Michaud, 1re série, t. X, p. 484-497.

pagnies italiennes pour le service de Sa Majesté, il devait aider Joyeuse à battre Henri IV au commencement de l'année 1587, et plein d'une ardeur toute chevaleresque, mettre pied à terre, prendre une pique et enlever de sa personne une barricade au combat de la Motte Saint-Esloy. Victime d'un attentat mystérieux, il succombait à la fleur de l'âge, en 1589, assassiné dans une église au pays du Maine, laissant une jeune femme et deux petits enfants.

Le gouvernement de Dourdan fut encore confié par le roi à un membre de la famille de l'Hospital. L'aîné, Jean, comte de Choisy, gouverneur en 1567, avait alors rendu la ville aux huguenots. Cette fois, ce fut le tour du représentant de la plus jeune branche, Louis Gallucio de l'Hospital, marquis de Vitry, fils de François de l'Hospital Vitry. Il avait été gentilhomme du duc d'Alençon, et sous le règne suivant il devait jouer un rôle important par ses fidèles services et sa haute faveur.

Marchons avec les événements, et d'abord cherchons, en quelques lignes, à préciser la situation.

François de Guise, en mourant, avait laissé un fils encore plus ambitieux que lui, Henri, *le Balafré;* Charles IX, en succombant à ses débauches et à ses remords, avait légué à Henri III, son frère, la France plus déchirée que jamais par la guerre civile et religieuse. Henri de Guise crut faire un coup d'État en suscitant, contre le prétendant calviniste Henri de Navarre, *la ligue* des catholiques dont il espérait devenir le roi; Henri III crut faire un coup d'adresse en se déclarant le chef de la ligue, pour ôter la première place au duc de Guise. Tous deux se trompèrent.

De 1575 à 1587, il se passa à peine une année sans qu'il y eût une guerre ou un traité. En 1587, chaque parti fit un effort énergique, car le dénoûment approchait. La santé du roi était mauvaise, le duc voulut se servir des derniers jours de royauté qui restaient à Henri III pour accabler le futur Henri IV. La ligue redoubla de fureurs; les protestants d'Allemagne envoyèrent une puissante armée au secours de leurs frères de France. Le roi chargea le duc de Guise d'arrêter l'étranger avec quelques soldats, et Joyeuse, son favori, d'arrêter Henri de Navarre. Il comptait que les Allemands le débarrasseraient du Guise, et Joyeuse du Béarnais. Le contraire arriva : Joyeuse fut vaincu et tué à Coutras, et Guise dispersa les *reîtres* à Auneau. Le roi était deux fois battu.

Voilà le drame, voilà la scène; voyons le rôle qu'y joua Dourdan : son nom est inséparable de celui d'Auneau dans les récits de la fameuse défaite des reîtres (1).

---

1. Nous avertissons le lecteur que tout ce qui suit est une scrupuleuse analyse des documents contemporains et des narrations des témoins oculaires. — Voir, sur ce sujet, les opuscules divers classés à la page 316 du premier volume du catalogue de l'histoire de France de la Bibl. Impér. Lb 34, n°s 385 et suivants, et particulièrement le « Discours ample et très véritable contenant les plus mémorables faitz avenuz en

Les reîtres, forts d'environ six mille chevaux et quatre mille hommes de pied, s'étaient jetés sur la Beauce, pays plat favorable à leurs chevauchées, contrée fertile qui leur fournissait des vivres en abondance.

L'armée du roi, le roi lui-même, étaient venus camper non loin d'eux à Étampes, dès le mois de septembre 1587; mais le duc de Guise les serrait encore de plus près, et choisit Dourdan pour centre de ses opérations. Dourdan était d'ailleurs une place dévouée à sa famille, la seigneurie de sa mère, et les habitants, dès le principe, s'étaient déclarés pour la ligue et signés de la croix de Lorraine. Le jeudi 19 novembre, le sieur de La Chastre (1), ayant battu le pays et reconnu que les ennemis étaient divisés par colonnes, vint le premier, laissant le duc de Guise à Étampes, s'installer à Dourdan avec trois cents lances et six cents arquebusiers à cheval. En arrivant, il apprit que les reîtres se rendaient à Auneau avec leur chef, le baron d'Othna, quittant Authon où ils avaient logé, et laissant à Orsonville, à deux lieues de Dourdan, sept cornettes des leurs pour les couvrir. Le sieur de La Chastre trouva Dourdan un lieu « très-hasardeux pour en estre les forces ennemies fort « proches et resserrées en pays ouvert et large, » mais en même temps il reconnut que « la ville estoit couverte du costé d'Aulneau de quelques « bois taillis qui approchent iusques au prez de la ville, et y passe un « petit ruisseau que l'on peult saulter, qui coule le long d'une vallée « fort plantée de peupliers, aulnes, saules et autres arbres désirans les « marests, qui se rendent iusques vers d'Olinville et Chastres (2) sous « Montlhéry, » ressource commode pour la retraite des fantassins en cas de besoin. Prenant ses quartiers dans le château et dans la ville, il fit poster dès le soir même, sous les ordres du sieur de Vins, la cavalerie légère et les arquebusiers à cheval, à une lieue et demie en avant sur le chemin d'Auneau. Une première rencontre avec les reîtres décida ceux-ci à déloger d'Orsonville vers minuit.

Cependant, le baron d'Othna s'était présenté devant Auneau, gros bourg, mal clos de murailles, mais défendu par un assez fort château que protége un long étang. Un gascon, le capitaine Chollard, y commandait pour le roi. Les reîtres, reçus à coups d'arquebuse, ne tentèrent rien contre le château, mais se campèrent dans le bourg. Sur ces entrefaites et dans cette même nuit du jeudi 19, le sr de La Chastre dépêcha de Dour-

« l'année mil cinq cens quatre vingt et sept, tant en l'armée commandée par Monsieur
« le duc de Guyse, qu'en celle des huguenotz, conduite par le duc de Bouillon, envoyé
« par un gentil homme François à la Royne d'Angleterre. » (In-8º de 150 p. Biblioth. Impér. Lb 34, nº 416.) Ce gentilhomme français n'est autre que Cl. de la Chastre, un des héros de la campagne.

1. Claude de La Chastre, gouverneur du Berry, était maréchal de camp dans l'armée du duc de Guise. Il était de l'ancienne famille d'Esbe, baron de La Chastre, qui, jadis, fut pris dans une croisade par les infidèles avec son fils, et fut obligé, pour payer sa rançon, de vendre sa baronnie, ce qui appauvrit toute sa race.

2. Arpajon.

dan à Chollard le capitaine Saint-Étienne pour l'admonester de faire bon service au roi et de donner entrée dans sa place à M. de Guise et à l'armée. En même temps il expédiait à Étampes un gentilhomme vers M. de Guise pour lui donner avis de cette situation hasardeuse et l'engager à venir, le lendemain matin vendredi, d'Étampes à Dourdan avec ses troupes, lui promettant pour l'heure de midi la réponse de Saint-Étienne, et lui faisant entrevoir la possibilité d'une marche immédiate sur l'ennemi. Le lendemain, à l'heure dite, le duc de Guise faisait son entrée à Dourdan, entouré de ses officiers, avec deux mille cinq cents arquebusiers, cinq cents corselets et mille à douze cents chevaux, sans aucun bagage, pas même le sien. Saint-Étienne n'était pas arrivé. Le duc de Guise prit son repas, les soldats restèrent sous les armes jusqu'à une heure. Prévoyant un plus long retard, on s'occupa de loger les troupes ; la cavalerie fut envoyée dans les fermes et villages les plus proches, l'infanterie installée dans les maisons des faubourgs. Saint-Étienne n'arriva qu'à huit heures du soir, ayant eu grand' peine à traverser les lignes des reîtres. Il répondait de Chollard : mais la soirée était trop avancée pour rien tenter ce jour-là. On fit partir sur-le-champ deux gentilshommes du pays, MM. de Buc et le Bays, pour annoncer à Chollard la marche du lendemain.

 Le samedi soir le rendez-vous était donné à toutes les compagnies, cavaliers et fantassins, à une ferme ou *cense* à mi-chemin de Dourdan à Auneau, appelée la cense de Villère, au-dessus de Corbreuse, au milieu de la plaine, devant un orme qui portait encore en 1624 le nom d'*Orme du rendez-vous*. Chacun s'y trouva à point et « délibéra de bien faire. » L'infanterie, quoiqu'il fît très-froid, se dépouilla ; les piquiers mirent leurs chemises sur leurs corselets et les arquebusiers sur leurs pourpoints. Une mauvaise nouvelle dérangea tout. Un paysan vint dire que son compagnon, porteur d'une lettre pour Chollard, avait été arrêté et que les reîtres avertis montaient à cheval.

 Le duc de Guise, contrarié, renvoya l'infanterie à Dourdan, et disposant sa cavalerie en trois embuscades (1), dépêcha en avant le sieur de Vins, avec soixante chevaux, pour reconnaître le chemin d'Auneau. Celui-ci se trouva face à face au point du jour avec quatre cents reîtres et, se repliant, les entraîna dans une des embuscades. L'ennemi perdit dans cette rencontre une compagnie de ses hommes d'élite et ses plus nobles officiers.

 On était au dimanche, les soldats étaient las et les chevaux harassés. On laissa les reîtres enterrer leurs morts, et tout le monde revint se reposer à Dourdan. Le duc de Guise assista aux offices et le reste du

---

1. M. de La Chastre avec trois cents lances dans la ferme, le duc de Guise avec six cents au Bréau-Sans-Nappe, et M. d'Elbœuf avec deux cents chevaux à mille pas de là.

jour se passa en conseil de guerre. Le château de Dourdan vit ce soir-là réuni dans ses murs une noble et brillante assemblée, la fleur de la jeunesse française et toute cette cour de gentilshommes catholiques serrés autour du duc de Guise comme autour d'un drapeau. Nous savons leurs noms et nous pouvons d'ici décrire les groupes animés qu'ils formaient autour du chef illustre dont ils partageaient ou combattaient alors les audacieux projets.

Nous reconnaissons d'abord aux côtés du duc de Guise, qui ne cesse de l'interroger, notre concitoyen Jehan de Lescornay. Le duc l'a vu souvent chez la reine-mère et est fort heureux de le retrouver ici pour prendre sur la topographie du pays les renseignements d'un habitant intelligent de la contrée. De Lescornay connaît les environs d'Auneau aussi bien que ceux de Dourdan, puisqu'il a sa maison du Mont dans la paroisse d'Aunay. Avec eux est Claude de la Chastre, maréchal général de camp, et l'*alter ego* du duc.

Parmi les plus ardents sont les jeunes officiers de la cavalerie légère, ces coureurs toujours les premiers à l'action : M. de Vins, leur commandant, réputé le plus avisé des capitaines; le comte de Chaligny, le chevalier d'Aumale, et le seigneur de Conflans, messieurs de Randan et de Boisdaulphin, chefs de deux compagnies d'élite, et le sieur de Fontenilles, qui vient de sa garnison de Cambrai ; monseigneur d'Elbeuf, qui mène l'avant-garde; M. de Tieuges, commandant la compagnie de monseigneur de Mayenne; M. du Monestier, commandant celle de monseigneur de Nemours; et Henry Monsieur, fils aîné de monseigneur de Mayenne; qui tous trois suivent la cornette de monseigneur d'Elbœuf.

Autour du marquis de Chaussin et du prince de Joinville, qui ont l'honneur de défendre la cornette blanche, se serrent bon nombre de capitaines et gentilshommes volontaires, qui tous font paraître un extrême et singulier désir de se bien employer en cette occasion : M. le baron de Senessey, qui marche au centre avec les gendarmes de monseigneur de Guise, et les comtes de Servy et de Montenay.

Plus prudents paraissent messieurs de Luxembourg et de Brissac, auxquels on confie l'arrière-garde; messieurs de Montcoquier, de Villiers, de Villebouche et de Tholome, gentilshommes expérimentés qui ont la surveillance des marches et des manœuvres. Quant aux officiers d'infanterie, le seigneur de Saint-Paul, le sieur de Ponsenac qui conduit le régiment de Sacromore, messieurs de Birague, de Joannes, de Buc et de Gié, ils sont, malgré leur bravoure personnelle, préoccupés de leurs hommes qu'il s'agit d'exposer à découvert, avec quatre grandes lieues de retraite à faire à pied en cas d'insuccès. Ils remontrent vivement au duc la témérité de l'entreprise contre un ennemi prévenu et sur ses gardes. Mais le duc croit à son étoile, il a des raisons politiques d'en finir, il impose sa volonté. Toute la journée du lendemain sera consacrée aux préparatifs ; l'affaire sera pour la nuit du lundi au mardi. Sur ce, on annonce Chollard, qui arrive d'Auneau pour s'entendre de vive voix. Le duc s'enferme avec lui, et Chollard, quand il se retire, paraît fort content d'un beau présent qu'il vient de recevoir.

Dourdan offrait, le lundi 23 novembre, le spectacle animé d'un camp la veille d'une bataille. Les soldats préparaient tout l'attirail, Dourdan prêtait des munitions, et trois milliers de poudre, de cordes, de balles et de mèches étaient disposés pour mettre au milieu des corselets et des piques. Les femmes pétrissaient de la pâte dans toutes les maisons, et vingt-cinq mille pains étaient prêts pour munir au besoin le bourg d'Auneau. On s'assurait de guides fidèles, on requérait des échelles, et on fabriquait des pétards pour lancer contre les portes. La nuit arrivait vite dans cette saison avancée ; les compagnies se formaient dans les faubourgs, et l'une après l'autre sortaient de la ville pour gagner le rendez-vous. Il était fixé à la sortie des bois de Dourdan, dans la plaine de Corbreuse, et le bruit avait été semé à dessein que l'armée se repliait sur Étampes à cause de la fatigue des troupes et de la difficulté de garder ce logis périlleux. M. de La Chastre était là d'avance qui assignait à chacun son rang.

Cependant, sortant du château avec son état-major de princes, seigneurs et capitaines, le duc de Guise s'en vint à l'église de Saint-Germain, où tout le clergé et le peuple étaient agenouillés. « Il ouït les Vespres fort
« dévotement, faisant veuz et supplications à Dieu, recognoissant que les
« victoires sont en sa main, et qu'il est le Dieu des batailles ; puis il fit
« descendre le *Corpus Domini*, et tous les assistans adorèrent le sacré et
« précieux corps de Nostre Seigneur Jésus-Christ, eslevé sur l'autel
« dedans un paradis. Il laissa son aulmosnier, pour continuer les prières
« toute la nuict avec le clergé et le peuple dudict lieu de Dourdan, et
« ordonna que l'on dist trois Messes à minuict comme le jour de
« Noël (1). » Les chevaux attendaient à la porte de l'église ; le duc monta en selle avant sept heures, et partit avec son escorte. « Il s'en alla, dit
« de Lescornay, assisté de tous ceux de Dourdan capables de porter les
« armes, lesquels naturellement affectionnez à leur seigneur, ne pou-
« voient permettre qu'il s'engageast à une si haute entreprise sans estre
« de la partie et le seconder de leurs armes, pendant que les autres, trop
« vieux ou trop jeunes, avec les femmes, luy prépareroient la victoire par
« leurs vœux et prières (2) ».

Il faisait nuit noire dans la grande plaine, car on était « au deffault
« de la lune. » Il tombait une pluie froide, et le départ s'organisa avec des peines infinies. Le duc de Guise était inquiet et agité, les officiers d'ordonnance portaient « de grandes marques blanches pour estre reco-
« gneus parmy l'obscurité de la nuit. » Les files se perdaient, les guides

---

1. De La Chastre.
2. De Lescornay, p. 165.

eux-mêmes s'égaraient, et « pourtant, dit de La Chastre écrivant à la « reine d'Angleterre, jamais ne vis mieulx marcher, ny faire plus grande « advance. »

Nous n'accompagnerons pas cette célèbre expédition au delà du territoire de Dourdan, les détails de la bataille d'Auneau ne rentrant point dans le cadre que nous nous sommes tracé. Nous dirons seulement que les fantassins du duc de Guise, se glissant jusque dans le château par la chaussée de l'étang, tombèrent au point du jour sur les reîtres, au moment où sonnait le boute-selle, et, les traquant de toutes parts, en firent un affreux carnage. Le baron d'Othna et une vingtaine de cavaliers réussirent seuls à se sauver à la faveur du brouillard. Tout le reste fut fait prisonnier.

Cependant, à Dourdan, l'anxiété était grande; grande fut la joie, quand, sur le soir du mardi, arriva, comme messager de la victoire, le sieur Jehan de Lescornay, qui s'était tenu, pendant l'action, aux côtés du duc de Guise, et qui venait de sa part, en toute hâte, pour faire chanter un *Te Deum*. L'allégresse éclata partout. Durant deux jours, on attendit impatiemment les combattants, fort occupés à charger sur des chariots tout le bagage des reîtres et à fouiller les maisons du bourg. On vit alors la plus bizarre des cavalcades et des processions. Grotesquement équipés des dépouilles des étrangers, de fantassins devenus cavaliers, les soldats ligueurs se mirent à retraverser la plaine. Une partie descendit dans la vallée de Dourdan, l'autre partie gagna directement Étampes, où le duc de Guise, après s'être reposé à Dourdan, alla les rejoindre, et termina son brillant fait d'armes en exigeant des Suisses, rassemblés en bataille dans la plaine de Chalô-Saint-Mard, le serment de retourner dans leur pays (1).

Une année s'écoula. C'est avec enthousiasme que les habitants du bailliage de Dourdan jurèrent solennellement l'édit de Chartres, qui donnait tant de puissance aux Guises et à la Ligue; et c'est avec une profonde stupeur qu'ils apprirent de la bouche de Claude le Camus, leur député du tiers-état, les détails de la mort violente de leur trop puissant et trop ambitieux seigneur le duc de Guise, assassiné aux États-généraux de Blois par les ordres du monarque jaloux et menacé.

1. Morin, dans son *Histoire du Hurepoix*, fait mention d'un officier nommé Anthoine de Carmeneau, marquis de Quaquain, tué à une rencontre près d'Auneau, en compagnie de M. de Vitry, et enterré à Dourdan. Faut-il le regarder comme une victime de cette campagne de 1587 ?

CHAPITRE X

DOURDAN SOUS HENRI IV

1589-1611.

ENRI de Guise tombé, son frère, le duc de Mayenne, reprit sa place comme chef de la Ligue et rival du roi. Henri III, devant un peuple hostile et Paris révolté, donna la main au roi de Navarre, et tous deux, champions de la même couronne, l'un pour le présent, l'autre pour l'avenir, partirent de Tours et marchèrent sur Paris. (Juin 1589.)

La ville d'Étampes, fortifiée par la Ligue, était sur le passage des deux monarques. Le siége en fut fait et la place, prise d'assaut et livrée trois jours au pillage, expia cruellement sa résistance. « *Les habitans* « *de Dourdan*, dit Palma-Cayet, l'historien et le sous-précepteur « de Henri IV, *furent plus advisez que ceux d'Estampes et ne receurent* « *aucune incommodité*, car ils vindrent à l'armée du roi avec la marque « royale, qui estoit la croix blanche ou l'escharpe blanche (*en quoy ils* « *employèrent leurs belles serviettes de lin*), au contraire de ceux de « l'union, qui portoient des croix de Lorraine ou des escharpes de toutes « sortes de couleurs (1). » — C'est que pour eux, fidèles vassaux de la couronne, le roi légitime était là. Nous les retrouverons tout à l'heure plus récalcitrants et moins heureux.

La tradition du pays prête au roi de Navarre, en cette circonstance,

---

1. Palma Cayet, *Chronol. novenaire.*—Collect. Michaud, 1re série, t. XII, p. 145.

un bon mot aux dépens des Dourdanais. En récompense de leur fidélité et de leur respectueuse démarche, ils s'attendaient à quelque grâce royale. « Combien compte-t-on de Dourdan à Étampes ? aurait demandé Henri. — Quatre lieues, sire. — Eh bien, désormais vous n'en compterez plus que trois. »

Henri III, assassiné quelques mois après, pendant le siége de sa capitale, laissait au roi de Navarre, proclamé Henri IV par l'armée, des droits incontestables, mais loin d'être incontestés. La question de religion surgissait plus grave que jamais. L'hérésie du prétendant entravait tout; pour les uns c'était un prétexte de parti, pour beaucoup c'était une répulsion native et un scrupule de vieille foi catholique et française. Henri, avant de se décider à abjurer, dut entreprendre pied à pied la conquête du royaume que la naissance lui donnait. On vit alors de fidèles serviteurs du trône, partagés entre leurs convictions royalistes et religieuses, s'éloigner, quoique à regret, de l'héritier légitime, et l'on vit aussi des villes, attachées aux croyances de leurs ancêtres, fermées depuis un siècle à toutes les tentatives de la réforme et inquiètes d'obéir à un prince calviniste, préférer les hasards d'une dangereuse résistance et compromettre tout un passé de fidélité monarchique. De ce nombre fut Dourdan, de ce nombre aussi fut son gouverneur.

« Il y en eut quelques-uns, dit Péréfixe, le sage narrateur des faits et
« gestes du grand Henri, qui refusèrent absolument de signer la décla-
« ration (de 1589), entre autres le duc d'Épernon et *Louis de l'Hôpital*
« *Vitry*. Ce dernier, inquiété, se disait-il, du scrupule de conscience, se
« jeta dans Paris et se donna quelque temps à la Ligue ; mais aupara-
« vant il abandonna *le gouvernement de Dourdan,* que le défunt roi
« lui avait donné. » Tirant de cette conduite le motif d'une réflexion générale, Péréfixe ajoute : « Telle étoit alors la maxime des vrais gens
« d'honneur dans les guerres civiles, qu'en quittant un parti, quel qu'il
« fût, ils quittaient aussi les places qu'ils en tenaient et les remettaient
« à ceux qui les leur avaient confiées (1). »

Si cette conduite est digne de remarque chez quelqu'un, c'est à coup sûr chez l'homme qui devait mettre au service de Henri IV son dévouement célèbre et devenir l'ami de son maître.

Sur ces entrefaites, la Ligue plaça comme gouverneur dans Dourdan le fameux capitaine Jacques Dargiens, Ferrarais d'origine, l'un des plus acharnés ligueurs et des plus audacieux soldats du temps. Siége d'une

---

1. Les seigneurs de la contrée étaient généralement dévoués au parti catholique. L'un d'eux, pourtant, le seigneur de Sermaise, Louis de Hémery, nous apparaît comme protestant ; mais pour satisfaire à la volonté du roi Henri III et à la déclaration faite pour l'exécution de l'édit du mois de juillet 1585, touchant la réunion de tous les sujets à l'Église catholique, apostolique et romaine, il abjura le 16 juin 1587, et nous avons vu, à ce propos, l'attestation de Louis Hurault, bailli et gouverneur de Dourdan, et le certificat du curé et du vicaire de Sermaise.

garnison permanente, centre d'approvisionnement, fortifiée avec soin, la place de Dourdan joue un rôle important dans cette phase si agitée et si curieuse de l'histoire de la Ligue. Ce n'est certes pas pour son bonheur. Nous laissons à penser le trouble apporté dans une ville par la présence prolongée d'une garnison nombreuse, le logement de soldats turbulents, le contre-coup de toutes les péripéties de la lutte, de toutes les alertes, marches et contre-marches d'un parti; le bouleversement causé dans la culture des campagnes par ces levées incessantes de vivres et de provisions, ces immenses convois de grains soudainement organisés au profit de la capitale affamée, et toutes les exigences d'une armée fourrageant et vivant uniquement sur le pays.

Dès novembre 1589, les soldats de Dourdan entrent en ligne contre le nouveau roi. Étampes, fortifié par la Ligue et vigoureusement assiégé par Henri, demande du secours à sa voisine et alliée. Dourdan envoie des soldats. Ceux-ci trouvent la ville investie et occupée par les troupes royales. Les habitants, fatigués de tant de vicissitudes, avaient fui, abandonnant dans la vieille forteresse et le donjon de Guinette le jeune comte de Clermont-Lodève, que la Ligue y avait jeté. Tandis que les assiégeants le battaient en brèche, les soldats de Dourdan, s'emparant par un hardi coup de main de la porte Saint-Martin, enlevèrent de *l'hostellerie des Mores* deux seigneurs de l'armée du roi, les sieurs de Vaugrigneuse et de Montroger. Après la reddition de la place, il fallut qu'Étampes payât au vainqueur la rançon des deux nobles prisonniers (1).

Henri IV, retenu neuf jours devant Étampes, pendant lesquels il logea, dit-on, à Brières-les-Scellés, hésita un instant s'il ne marcherait pas sur Dourdan. Mais il ne se sentait pas en sûreté au milieu de cette contrée, où la Ligue était trop puissante; il continua sa route vers Orléans. En s'éloignant d'Étampes, il put voir commencer l'écroulement de la vaste citadelle que les habitants avaient demandé au roi, comme un bienfait, la permission de démolir eux-mêmes, pour qu'elle ne fût plus l'occasion de siéges et de malheurs nouveaux. La vieille tour de Guinette, qui domine encore la vallée de sa masse imposante, devait seule rester debout au milieu de ces ruines volontaires. A l'heure où Étampes s'annulait ainsi de plein gré par lassitude, Dourdan gardait son château dans toute sa force, mais aussi son avenir gros de menaces et de périlleux hasards.

Le capitaine Jacques avait toujours les yeux fixés sur Paris. De là lui venait le mot d'ordre de son parti. Il suivait de loin avec une anxieuse attention les péripéties de ce siége terrible que le roi poussait vigoureusement contre sa capitale opiniâtrément fermée. Une affreuse famine décimait les assiégés; cinquante mille personnes étaient mortes de faim (août

---

1. Le P. Fleureau, *Antiquitez d'Estampes*, p. 259.

1590). Paris allait se rendre. « Les ducs de Mayenne et de Parme, dit
« Palma-Cayet, étant venus à bout de desgager Paris, arrachèrent des
« mains du roy ceste ville, qui dans quatre jours au plus tard se fust
« rendue à luy par l'extrême famine qui estoit dedans. Aussi tost que le
« roy eut retiré son infanterie des faux-bourgs de Paris du costé de l'U-
« niversité, qui fut le 30ᵉ d'août, le capitaine Jacques Ferrarois, qui
« commandoit dans Dourdan pour l'Union, fut le premier qui le len-
« demain matin amena à Paris, par la porte Saint-Jacques, une grande
« quantité de vivres. Quatre jours après, il y arriva encore mille cha-
« rettes pleines de bled qui furent amenées de devers Chartres (1). »

Paris avait du pain et pouvait tenir longtemps. Pour cette fois encore Henri IV dut céder. A Dourdan, comme à Chartres, l'allégresse éclata et l'on chanta des *Te Deum* « pour rendre grâces à Dieu de la belle dé-
« livrance de Paris. » On ne songea plus qu'à coopérer au ravitaillement de la capitale épuisée et on ne trouva pas de meilleur moyen, pour se procurer de l'argent et du blé, que de saisir les revenus et de vendre les biens meubles et immeubles des propriétaires soupçonnés de royalisme. Mais ces convois de grains n'étaient pas sans danger, le 23 novembre des rôdeurs ennemis en assaillirent un près d'Auneau. Le bruit d'une attaque prochaine courait dans toute la contrée. On se préparait à la lutte, et on avait raison : le maréchal de Biron, traversant subitement les plaines de la Beauce, investissait Chartres le 10 février (1591) avec des forces considérables et, le 15, Henri IV en personne apparaissait avec tout son état-major.

La résistance de cette héroïque cité, où La Bourdaisière commandait, fut longue et terrible (2). Assauts, brèches, feu d'une formidable artillerie, mines et contre-mines tout fut tenté, mais tout avait encore échoué le 11 mars, et le roi, malade d'impatience dans une auberge du grand-fau-
bourg, jurait de faire payer cher aux Chartrains la poudre qu'ils le for-
çaient à brûler. Chartres cependant, aux abois, avait demandé du secours aux villes ligueuses ses voisines (3) et tandis que, par crainte, la plupart le lui refusaient ou le lui faisaient attendre, Dourdan marchait sans hésiter, et le capitaine Jacques, arrivant le 12 avec ses gens, aidait les Chartrains à continuer cette lutte qui devait jusqu'au 10 avril tenir la France dans l'attente et l'admiration. A Dourdan, les esprits étaient agités, le clergé en offices continuels, le peuple en prières pour le triomphe des braves assiégés. L'émotion redoubla quand un courrier vint annoncer la reddition de la place et l'entrée de Henri IV

---

1. Palma Cayet. — Collect. Michaut, p. 247.

2. Voir, pour tous les détails de ce siége mémorable, le très-intéressant chapitre que lui a consacré M. de Lépinois dans son excellente *Histoire de Chartres* (ch. xxi, t. II).

3. État des dépenses faites pendant le siége et compte de Michel Bachelier. (*Arch. de la mairie de Chartres.*)

dans la ville vaincue ; nouvelle bientôt suivie de cet autre message significatif et terrible : la marche des troupes du roi sur Auneau.

Comme dans nos grandes plaines de Beauce, on voit les laboureurs suivre du regard et prévoir presque à heure fixe l'orage qui monte à l'horizon et vient sur eux de clocher en clocher ; ainsi Dourdan voyait arriver son tour et pouvait, d'étape en étape, calculer l'heure fatale de la lutte. Le calcul était effrayant parce que le résultat était trop sûr ; disons tout de suite qu'il ne découragea pas Dourdan.

Le mois d'avril finissait : le capitaine Jacques était rentré dans Dourdan avec toutes ses troupes et sa fière attitude avait décidé la garnison à soutenir un siége à outrance contre l'armée du roi. La ville ne pouvait tenir longtemps, les forces furent concentrées dans le château. On y prépara tout, à la hâte, pour la défense ; les provisions furent entassées dans les magasins et les munitions dans les casemates, le donjon et les tours garnis d'artillerie. Le sol de la place, devant le château, exhaussé autrefois par un grand apport de terre pour servir de jardin, dominait et commandait le rez-de-chaussée de la forteresse. On fit des prodiges de terrassement ; la terre servit pour les gabions et les travaux de défense, et *l'ancien solage* de la place fut retrouvé. Une chose préoccupait le capitaine Jacques, c'était la proximité de l'église qui touche presque au château et dont les clochers, dominant les fossés, les murailles et l'enceinte, pouvaient, entre les mains des assiégeants, devenir un ouvrage avancé contre les assiégés. L'enragé ligueur n'hésita pas ; il fit rompre une partie des voûtes de la nef, frotter de poix et de résine toute la *charpenterie* du vaisseau et des clochers et entasser dans les combles de la paille et autres matières inflammables, pour y mettre le feu quand l'ennemi approcherait. Cela fait, il attendit. Il y a tout lieu de penser qu'un grand nombre d'habitants, impropres au service de la place, durent se retirer alors de la ville et abandonner leurs maisons.

Henri IV avait quitté Chartres le 22 avril pour se porter sur Château-Thierry assiégé par le duc de Mayenne ; mais il avait laissé son armée au maréchal de Biron pour reprendre Auneau et Dourdan qui s'élevaient comme deux obstacles entre Chartres et Paris (1). A cette prise on attachait une grande importance, car ces deux forts étaient les deux clefs de la Beauce où Paris se ravitaillait, et de toutes parts on répétait « qu'il « ne falloit plus qu'*oster la pierre au laict* à ceulx de Paris pour les « ranger à leur devoir par force, s'ils n'y vouloient entendre d'a- « mitié (2). »

L'ennemi sortait d'Auneau que Chollard venait de rendre sans combat au nom de son maître, Ange de Joyeuse. Il déboucha dans la vallée

---

1. Lettre de Henri IV au duc de Nivernais, 29 avril 1591. — *Documents inédits de l'histoire de France.* Lettres missives de Henri IV, t. III.
2. *Mémoires d'État de Villeroy.* — Collect. Michaut, 1re série, XIe vol., p. 151.

de Dourdan du côté du couchant, et remontant vers le nord, prit position sur les pentes qui regardent le midi et dominent la ville. Le maréchal de Biron, s'appuyant à la forêt, fit camper ses troupes dans un repli de terrain formant un vallonnement entre la lisière des bois et la route qui descend de la butte de Semonds, au lieu qui porte encore aujourd'hui le nom de *Val Biron*. Il y eut aussi sans doute un bivouac de troupes royales dans un *champtier* qu'on rencontre vers l'est, en descendant le cours de l'Orge et qui s'appelle encore le *Champtier de Navarre*.

Quand le maréchal de Biron, pénétrant dans la vallée, put apercevoir la ville de Dourdan serrée en amphithéâtre au pied de son haut donjon et de sa grande église, il dut comprendre qu'il n'y avait pas à espérer d'entrer sans coup férir, comme à Auneau : car déjà des toits de l'église s'élevait un tourbillon de feu et les deux clochers flambaient comme deux torches au-dessus de la ville. « En effet, dit de Lescornay, le capi-
« taine Jacques ne veit pas plus tôt les avant-coureurs, qu'il feit
« porter le feu, lequel embrasa en un instant le plus bel édifice qui se
« veist à bien loin de là (1). »

C'est dire la résistance longue et désespérée que le brave commandant déploya contre les efforts combinés de l'artillerie royale, contre les assauts répétés d'une milice disciplinée et dressée par toutes les manœuvres du siége de Chartres, contre les tentatives de la mine et de la sape, trop faciles, hélas! dans ce terrain. Comme l'avait prévu le capitaine Jacques, les ennemis, maîtres de la ville, dressèrent leurs batteries sur la place du marché et cherchèrent à se faire une redoute du vaisseau de l'église. L'attaque du château se faisait pour ainsi dire à bout portant, et la malheureuse ville, prise entre deux feux, souffrait autant de la riposte des assiégés que du feu des assaillants. La vieille halle, les murs de l'église, portaient encore, au bout de deux siècles et demi, engagés dans leurs façades, les projectiles que la garnison lançait contre les troupes du roi (2).

Le maréchal de Biron, avec le caractère hautain et présomptueux que lui donne l'histoire, et son habitude de regarder comme prises les villes qu'il attaquait (3), s'irritait fort d'une résistance qui dépassait toutes ses prévisions. Il correspondait de son camp avec le roi, et les grands politiques du temps venaient en personne s'entretenir avec lui des moyens de rétablir enfin la paix dans le royaume. Du Plessis-Mornay,

---

1. De Lescornay, p. 170.

2. Lors de la démolition de l'ancienne halle, en 1836, on a trouvé dans les poutres qui soutenaient la toiture, des boulets du poids de six à huit livres. La plus grande partie de la charpente était criblée de balles et de pointes de fer semblables à des pointes de javelots. Les balles, comme des groupes de cerises, étaient unies ensemble par de petits fils de fer. Plusieurs de ces projectiles ont été déposés alors à Paris au musée d'artillerie.

3. Mémoires de Sully.

notre voisin, poussait fort le maréchal de Villeroy à négocier un traité entre le duc de Mayenne et Henri IV. Le prudent chancelier de Cheverny, messieurs de Videville et de Fleury consentaient à un pourparler. De Villeroy se mit en route. « Je m'acheminay, dit-il, à Estampes au « commencement de mai ; nous passâmes jusques à Dourdan que ledit « sieur mareschal tenoit assiégé. Mon voyage fut du tout inutile, car les « sieurs de Cheverny et de Biron n'avoient aucune charge ny envie « d'accorder ledit commerce. Partant, chacun se tint sur les paroles « générales, avec plus de défiances les uns des autres qu'il n'y en avoit, « ce me semble, de subject. Au moyen de quoy, après nous estre assem- « blez deux jours durant, nous nous séparasmes, remettant à consulter « de toutes choses avec ceux qui nous avoient envoyez (1). »

Les négociations n'avançaient pas plus à Dourdan que le siége. L'escalade, tentée plusieurs fois, avait échoué. Les tours battues par l'artillerie avaient perdu leurs toitures, leurs planchers et leurs voûtes supérieures, mais leur puissante maçonnerie eût résisté longtemps encore aux boulets. Ce qui perdit la place, ce fut le sol sur lequel elle est bâtie, et un moyen de destruction qui n'était pas prévu par ses antiques constructeurs, la mine par la poudre. Dans la butte sablonneuse qui forme le soubassement de la citadelle, l'effet fut décisif, et deux tours, ébranlées par ce moyen, rendirent impossible une plus longue défense de l'enceinte. Restait le donjon, isolé au milieu de ses fossés. Comme une bête fauve traquée dans son repaire, le capitaine Jacques s'y enferma. Il eût encore vendu chèrement sa vie, mais une trahison le força à se rendre. On raconte qu'un maçon qui avait travaillé à la casemate qui conduit du donjon dans le milieu de la place d'armes, et, comme une sorte de grand siphon renversé, met en communication l'un avec l'autre en passant sous le fossé, indiqua cette route au maréchal de Biron, et amena ainsi la fin de la lutte. Le capitaine Jacques était forcé de capituler ; mais cette capitulation, il la reçut, dit l'histoire, « aussi « advantageuse et honorable que la gentillesse de son courage l'avoit « méritée. » Les officiers de l'armée du roi se connaissaient en vaillance ; ils eurent la générosité de ne point humilier de braves Français vaincus, et les articles accordés par le maréchal de Biron au capitaine Jacques en apprendront plus à nos lecteurs que tout ce que nous pourrions en dire. Nous les citons textuellement d'après de Lescornay, qui, dans son incomplète et laconique narration, les a au moins conservés.

Articles accordez par Monseigneur de Biron, mareschal de France, au capitaine Jacques, commandant au chasteau de Dourdan.

« Le capitaine Jacques sortira comme il demande, avec tous ses compagnons, tant de cheval que de pied, avec leurs chevaux, armes et bagage, avec leur Cornette, Dra-

---

1. *Mémoires d'État de Villeroy*, p. 173.

peaux desployez, Tambours battans, la mesche allumée, sans qu'aucun des soldats et autres gens de guerre qui auront esté soubs sa charge puissent estre arrestez en quelque façon que ce soit, présentement, ny recherchez à l'advenir pour faict de guerre, et pourront les chefs avoir deux charrettes pour emporter les commoditez à eux appartenants et non à autres.

« Pour le respect de l'artillerie, celle du Roy ayant tiré, elle est à celuy qui commande à l'artillerie de Sa Majesté.

« Monseigneur le Mareschal fera conduire le capitaine Jacques et ses compagnons en lieu de seureté, par personnes notables.

« Que si aucuns soldats de la compagnie du capitaine Jacques, tant de cheval que de pied, habitans de ceste ville de Dourdan, le veulent suivre, ne leur sera fait aucun desplaisir.

« Pour le respect du receveur des tailles, sera suivy l'ordonnance que le Roy a faite sur ce, le Roy ne perd point ses tailles.

« Les habitans de ceste ville de Dourdan pourront retourner en leurs maisons et biens, en faisant les submissions et serment de fidélité portez par les ordonnances du Roy, et seront traitez comme subjects de Sa Majesté, et jouiront doresnavant de leurs biens.

« Pour les droicts et revenus de Madame de Nemours, sera renvoyé au Roy, qui y fera tousiours ce qu'il luy semblera estre à faire pour sa bonne parente.

« Le capitaine Jacques sortira du chasteau de Dourdan avec les gens de guerre qui y sont, et remettra la place en l'obéissance du Roy lundi prochain au matin. Cependant il ne fera travailler en aucune façon aux fortifications de ladite place, et pour seureté de cela baillera hostages à Monseigneur le Mareschal.

« Faict au Camp de Dourdan, le vendredy 17 de may 1591. Ainsi signé, BIRON. Et plus bas : Par Monseigneur le Mareschal, JULIEN. Et scellé du cachet dudit sieur (1). »

En vertu de ce traité, le lundi 20 mai, au matin, le capitaine Jacques sortit fièrement du château, avec tous les honneurs de la guerre, à la tête des bataillons décimés de sa garnison. Escorté jusqu'à une certaine distance par de nobles officiers de l'armée royale (2) et des gentilshommes royalistes du pays, il reprit ses ôtages, et, se repliant en bon ordre vers Paris, alla mettre son épée et celle de ses braves gens au service des chefs de la Ligue, toujours maîtres de la capitale. Nos lecteurs nous permettront de suivre un instant à Paris la garnison de Dourdan, pour voir de près comment on l'y reçut.

Paris, encore une fois affamé, apprit, le lundi 20 mai, la prise de Dourdan par le roi et s'en émut, au dire des historiens du temps. Les chefs savaient gré au capitaine Jacques de sa belle défense, mais le peuple, que l'inquiétude et la faim rendaient injuste, se croyait trahi. Voici une

1. On voit, d'après les dates, que de Lescornay a singulièrement exagéré la longueur du siége, quand il la porte à six semaines. L'histoire nous apprend que Henri IV quitta Chartres le lundi 22 avril, et que le maréchal de Biron y resta au moins jusqu'au 24, pour asseoir la taille sur les habitants et désarmer la milice. Il ne dut être devant Dourdan que le 26. Du 26 avril au 17 mai, il put y avoir 21 jours de siége. C'est déjà, de la part d'une ville comme Dourdan, en face d'un pareil ennemi, une résistance qui peut passer pour héroïque.

2. Entre autres, M. de Sainte-Colombe, maréchal des logis de la compagnie de M. de Châtillon.

scène curieuse que raconte à ce sujet P. de l'Estoile dans son vivant journal : « Le mardi 21 mai, le conseiller Maschaut, nouveau capitaine
« du quartier Saint-Eustace, à Paris, donna deux soufflets en pleine
« procession à la femme d'un esguilletier, demourante près la Croix du
« Tirouer, et l'envoya prisonnière, comme hérétique et politique, pour
« ce qu'elle parloit contre les voleurs et les larrons, et se moquant des sol-
« dats du capitaine Jacques, qui revenoient de Dourdan, avoit dit qu'ils
« ne sçavoient faire autre chose que manger et piller le bonhôme, et
« rendre les villes à l'ennemi au lieu de les deffendre ; qu'elle eust voulu
« que tous les larrons qui leur ressembloient et qui estoient à Paris, qui la
« faisoient mourir de faim avec tant d'autre pauvre peuple, eussent esté
« pendus.—A la charge que le Béarnois y dust entrer dès demain, disoit-
« elle, je fournirois de bon cœur les cordes qu'il faudroit pour les estran-
« gler. — Parole de femme, à la vérité indiscrète, mais de laquelle le
« ventre, qui n'a point d'aureilles (comme l'on dit), crioit, et laquelle
« estoit assez commune à Paris en la bouche de beaucoup de pauvres
« femmes de sa qualité. Aussi fust-elle relaschée dès le jour mesme, à la
« charge qu'elle seroit plus sage une autre fois et ne parleroit plus de
« pendre les Larrons devant Maschaut, attendu l'intérêt qu'on voyoit
« qu'il y prétendoit (1). »

Henri IV, comme les Parisiens, comprenait toute l'importance de la prise de Dourdan, et le 11 juin il écrivait au duc de Saxe, prince et électeur de l'empire : « Pendant que je faisois le dict voyage à Châteaü-
« Thierry, j'avois laissé mon armée soubs la conduicte de mon cousin
« le mareschal de Biron, qui l'employa à l'expurgation des chasteaux de
« Auneau et *Dourdan*, entre Chartres et Paris, *ce dernier très-fort*,
« par le moyen desquels ladicte ville souloit tirer de grands rafraischis-
« semens de vivres, et *depuis la prinse d"iceulx* elle demeure du tout
« privée des commoditez de la Beaulce, qui luy fournissoit une partie
« de sa nourriture (2). »

Si nous rentrons maintenant dans Dourdan, nous y verrons tous les ravages et tous les troubles que la guerre apporte avec elle : les habitants dispersés, le château déshonoré, l'église encore une fois pillée et endommagée. Le château, devenu, hélas ! inutile, fut fermé, et on ne s'occupa guère d'effacer la trace des blessures qu'il avait reçues. Six ans plus tard, nous le retrouverons dans l'état lamentable où l'avait mis le siége, et nous aurons à décrire alors tous ses désastres. Quant à l'église, il est probable que Dourdan fit, dès la même année 1591, de grands efforts pour réparer les dégâts du capitaine Jacques, exagérés, selon nous, par de Lescornay, car nous lisons cette inscription intéressante et fort

---

1. *Journal de P. de l'Étoile.*—Collect. Michaut, 2ᵉ série, t. I, p. 51.
2. Lettres missives de Henri IV, t. III, p. 394.

peu connue gravée sur une bande de fer servant de penture à la grande porte (1) :

Prions Diev de Bon (*un cœur*) qvil novs donne sa payx

Et Paradis a la fin. Faict 1591 ps. (*une fleur de lys*).

Les offices, en tout cas, ne furent pas longtemps interrompus. Les archives de l'église, qui subsistent presque complètes à dater de l'année 1591, nous donnent sur la reprise du culte une indication fort précise. Dans son compte pour 1591, le marguillier de la Vierge insère cette note : « *Nota*. Que depuis le dimanche, jour de Kasimodo, vingt et
« ungième jour d'apuril audit an, ledit rendant n'auroit rien receu, à
« cause que l'armée de monsieur le mareschal de Biron estoit en ceste
« ville de Dourdan, qui seroit venu exprès assieger le chasteau de ceste
« dicte ville, où estoit le capitayne Jacques, lors tenant le party de
« l'union, que jusques au premier jour de juing lors ensuyvant (2). »

Les habitants, en vertu de la capitulation, purent rentrer dans leurs maisons et dans leurs biens en faisant le serment de fidélité exigé par l'ordonnance royale, mais ils furent bien longtemps avant de se relever de ce cruel assaut qui devait heureusement être un des derniers. Les cultivateurs appauvris retrouvaient leurs terres dévastées et pourtant il fallait payer l'impôt : « le roi ne perd point ses tailles. » Pour traiter cette question, et d'autres encore, l'administration municipale de Dourdan envoya comme messager maître Pierre Gonnot, à Mantes, où était Henri IV, et, n'ayant pas d'argent, emprunta à la fabrique de l'église, au susdit *gager du bassin de Notre-Dame*, les fonds nécessaires pour les frais du voyage (3).

M. de Garantières avait été donné à Dourdan pour gouverneur. La tranquillité se rétablissait, mais les propriétaires qui avaient participé à

---

1. Cette inscription, avec son curieux rébus, sous laquelle les habitants de Dourdan passent chaque jour sans la lire, forme deux lignes de 30 centimètres de longueur.

2. *Archives de l'Église*. « Compte rendu par devant Pierre Boudon, lieutenant géné-
« ral en l'élection, et Tristand Fanon et Jacques Fougerange élus, par honneste per-
« sonne Léonard Pelault, marchand, *gager du bassin Nostre-Dame*, pour 1591 et 1592. »
— « Le dimanche vingt et ungième jour d'apuril, le jour de Kasimodo, receu unze sols
« neuf deniers tornois... Item, le samedy, le dimanche et jour de la Pentecoste, le
« premier, deulx, troys et quatriesme jour de juing audit an, receu trente-cinq sols
« cinq deniers tornois. »

3. « Baillé à Me François Gonnot, demourant audict Dourdan, la somme de 17 escus
« 52 sols tornoys pour sa peyne et vacations d'avoir esté à Mentes *pour les affaires
« de la ville* dudict Dourdan, du consentement des habitans de cette dicte ville,
« comme il appert par acte donné de M. le bailly de Dourdan. — 15 sols à Jehan
« Depars, greffier du bailliage, pour ledit acte de consentement. — 2 escus 1/2 pour
« dix journées d'un homme et son cheval, qui feu baillé audict Gonnot pour aller à
« Mentes pour les affaires de la ville. »—Comptes de Me Pelault, *Archives de l'Église*.

la résistance étaient toujours plus ou moins en butte à la défiance du parti nouveau. Dourdan s'était signalé comme ville catholique et éminemment rebelle au gouvernement d'un prince hérétique. Même après l'abjuration de Henri IV (juillet 1593), ce fut une défaveur et un souvenir difficile à faire effacer. Beaucoup de gentilshommes du pays qui avaient été de très-zélés ligueurs durent prendre des lettres *d'abolition;* entre autres le lieutenant général du bailliage, le sieur Boudon, qui avait soutenu de tout son pouvoir le capitaine Jacques (1). Bien entendu, au contraire, ceux qui s'étaient abstenus par prudence, ceux surtout qui avaient manifesté des opinions favorables au prétendant, ne manquèrent pas de s'en faire un mérite et de demander des attestations et des certificats de leur bonne conduite.

Au premier rang, nous trouvons Jehan de Lescornay, sieur du Mont. Dès 1592, comme la guerre civile n'est pas finie et que les représailles de la Ligue sont encore à craindre, il obtient, en considération « de sa « fidélité et bons services, » que tous ses biens, sa maison de Dourdan, celle du Gravier près Dourdan, celle du Mont à Aunay, soient mis sous la sauvegarde du roi, avec promesse de n'être inquiété par aucun logement de troupes ni subside de guerre. Aussi Jehan de Lescornay est-il conservé comme président en l'élection de Dourdan, et, pour qu'il ne reste aucun soupçon sur son passé, un certificat en bonne forme lui est délivré le 28 janvier 1593 par M. de Sainte-Colombe, maréchal des logis de M. de Sourdis. Cet officier, qui a pris part au siége de Dourdan, atteste que ledit de Lescornay « est et a toujours esté bon serviteur du roi ; » que lui-même l'a vu réfugié, lors du siége, dans le château de Brétencourt, appartenant à M. le chancelier Huraut de Cheverny ; qu'il a même entendu dire au capitaine Jacques, alors qu'il le conduisait en lieu sûr, après sa reddition, que « si de Lescornay tomboit jamais entre ses mains, « il le chastiroit bien pour ce que de Lescornay luy avoit touiours esté « contraire et que c'estoit ung vray royaliste (2). »

Ce n'était pas un mince privilége alors d'être exempté des subsides de guerre et des logements de troupes. Pour les habitants, cet impôt était une lourde charge, et, durant les années 1595 et 1596, une de leurs grandes préoccupations paraît avoir été de faire alléger à tout prix le fardeau. Présents à leur gouverneur, M. *de Garantières;* présents en argent ou en nature aux officiers de régiments ; messages à Paris pour obtenir la protection de Mme de Nemours, qui s'intéresse toujours à Dourdan, rien n'est négligé; et comme la caisse municipale est à sec et que M. le premier marguillier Hector le Febure est en même temps receveur des tailles en

---

1. M. P.-V. Roger, lieutenant général au XVIIIe siècle, dit, dans une note qu'il a laissée, avoir vu ces lettres d'abolition.

2. Nous avons eu entre les mains les originaux de ces deux pièces, signées l'une Henry, l'autre Saincte-Coulombe, et conservées parmi les papiers de famille de M. Roger.

l'élection, c'est toujours la caisse de la fabrique qui fournit l'argent, avec promesse de remboursement par les collecteurs Jehan Dureau et Isaac Berger, qui en somme semblent avoir assez fidèlement payé. Les détails de ce compte sont curieux (1). On y voit que Dourdan, même en 1596, avait encore des jours d'inquiétude et d'alerte, pendant lesquels il fallait faire le guet aux clochers et se mettre sur ses gardes. Ce qu'il y avait

1. « Sommes livrées à Me Pierre Guyot, syndic des habitants, par ordonnance de
« M. le lieutenant :
« Pour un présent faict à un capitaine logé avec ses troupes à Corbereuse, 2 escus.
« Pour ledict Guyot avoir esté à Paris à la poursuite d'un officier de la ville, 10 escus.
« Pour un message à M. de Garantières pour l'advertir que la compaignie de M. le
« connestable vouloit venir loger à Dourdan.
« Pour un présent de 9 escus fait par les habitans à M. de Garantières, pour avoir ce
« empesché par un voyage à Paris.
« Pour un présent de 2 escus aux gendarmes de M. le connestable logez à Saint-
« Arnoul.
« Pour ung poinson de vin, ung mouton et aultres vivres donnés à des gendarmes
« logez aux faulxbourgs de la ville, 7 escus.
« Pour trois pintes de vin données à des soldats des troupes de Mgr le comte de
« Soissons, qui passoient près les portes de la ville, 15 sols 6 deniers (c'est l'Église qui
« les paie).
« A Toussainct Hudicourt, pour avoir faict le guet au clocher pendant l'année 1596,
« quand il a esté besoing, 6 escus 45 s.
« Pour un présent de 24 escus à M. le gouverneur.
« Pour un voyage de Paris pour aller prier Mme de Nemours d'obtenir l'exemption
« des munitions demandées aux habitans pour les troupes de M. de Nemours,
« 2 escus 30 s.
« Pour trois paires de chausses de soye données à cet effect à trois officiers de
« M. de Nemours, 16 escus.
« Du lundy 3 juing, baillé à Jehan le Cerf et Germain Bérard, *enterreurs des pesti-*
« *férés*, par commandement de M. le lieutenant, 10 escus.
« Pour un messager que M. de Garantières, estant à Briere, envoya à Dourdan, afin
« que l'on se tînt sur ses gardes, 45 sols.
« A un autre messager, pour avoir apporté une sauvegarde de Mme de Nemours,
« 1 escu.
« A un soldat de M. de Nemours, mallade en ceste ville, 3 escus 36 sols.
« Payé aux maistres (de l'auberge) *du Loup*, pour la despense faicte par le sr du
« Belloy, commandant en l'armée de M. d'Espernon, 33 escus.
« Pour deux journées de cheval, pour aller à Paris prier Mme de Sancy de rescrire
« au sr du Belloy, 30 sols.
« Pris sur les quatre mesureurs de grains de la fabricque, par ordonnance de M. le
« lieutenant du 6 oct. 1596, pour les pauvres et pour païer ceulx qui enséputuroient
« les pauvres, 17 escus 45 sols.
« A deux hommes qui firent le guet au clocher ung jour et une nuict, qui fut le
« 27 nov. 1596, 20 sols. » — Compte rendu par Hector le Fébure, principal gager et proviseur de l'esglise Monsieur Sainct-Germain de Dourdan, pour les années 1595 et 1596, signé du président en l'élection, de Lescornay, et du lieutenant général au bailliage, Boudon. — *Archives de l'Église.* — La recette de ce compte se monte, pour les deux années, à 998 écus, 57 s., 10 den., et la dépense et mise à 939 écus, 22 s., 11 den.

de plus triste, c'est que la peste, cette compagne inséparable de la guerre, avait envahi la ville et, se joignant à la misère, avait forcé l'autorité à prendre des mesures sévères.

Réveillée par tant de malheurs, la foi de la population se traduisait en aumônes et en dons aux églises. Un tronc pour la réparation de Saint-Germain était en permanence (1); mais, ce qui affligeait le plus les habitants de Dourdan, c'était de ne plus entendre leurs belles sonneries. Le métal de leurs cloches, revendiqué par l'artillerie royale, par suite d'un privilége, avait été emporté et on soupçonnait qu'il était à Chartres. Une touchante souscription s'ouvrit, des quêteurs allèrent de maison en maison : les plus riches donnèrent de l'argent, les autres de menus objets de quincaillerie et de vieilles ferrailles qu'on vendit (2). On fit marché avec un fondeur de Paris, Thomas Mousset, qui se chargea de fabriquer trois cloches. Il établit son atelier sur la place, au pied même des clochers, et malgré la rigueur de l'hiver (1596), il modela, coula et monta les trois cloches (3).

Le peuple était avide d'entendre la parole de Dieu, et la fabrique avait recommencé à faire venir, suivant l'usage, des prédicateurs de Paris et de la province qu'elle défrayait à l'auberge du *Croissant*.

Le 29 mai 1596, en exécution de l'édit de septembre 1591 pour la vente et revente du domaine du roi jusqu'à deux cent mille livres, celui de Dourdan fut vendu à faculté de rachat perpétuel et adjugé par les commissaires royaux au sieur *Imbert de Diesbach*, gentilhomme bourgeois et conseiller de la ville et canton de Berne, colonel d'un régiment suisse, moyennant la somme de quarante un mille six cent vingt écus et

---

1. Hector le Fébure accuse 59 écus pour le produit des *quêtes* des bassins pour ses deux années, toutes charges de messes, services et autres payées. — Les droits de *fosses* montent à 52 écus.

2. « Recette en argent, 112 escus. — Vente de 227 livres de quincaillerie, à 2 sols « la livre, 7 escus. — Don des parrains et marraines le jour de la bénédiction, 22 escus « 13 s. » — *Compte de le Fébure.*

3. « Du 28 janvier 1596, pour despence faicte à l'*Autruche* par Thomas Mousset, « fondeur, venu pour faire le marché, 50 sols. — Journées de maçon, à 6 sols ; — de fon- « deur, à 5 sols. — Un tombereau de terre, 6 sols. — Fagots pour faire chauffer l'eau à « destremper le mortier, à cause du froid. — Suif à 6 sols 6 d. la livre. — Chandelle à « 7 sols la livre, pour travailler le soir. — 3 livres de cire pour faire l'escripture sur « la cloche, 1 escu. — Pesée du métal, 1 escu. — Pour 50 livres d'étain sonnant, 3 escus. « — Pour 1700 livres pesant de métal, à 7 escus les 100 livres, achetées à Paris. — « Plus, pour 80 livres fournies par le fondeur. — A Thomas Mousset, pour l'accort « faict avec lui pour la fonte de 2 cloches, 20 escus. — Voyage du marguillier qui a « essaié de retirer le métail des cloches de la ville, que l'on disoit estre à Chartres. — « Pour le bafroy du clocher, 17 escus. — Pour la despence occasionnée par la refonte « d'une des cloches cassée par Marin le Maire, qui fut condamné à païer 20 escus « pour la faire refondre. » Le total de la dépense portée à ce compte pour ledit article, se monte à environ 212 écus. — *Compte d'Hector le Fébure.*

cinquante sols, mais presque aussitôt, le 12 janvier 1597, ce gentilhomme fit un contrat au profit de *Nicolas de Harlay de Sancy*, par lequel il déclarait « que ce auroit esté ledict sieur de Sancy qui auroit païé et « fourny le prix de ladicte terre (1), » et que, par conséquent, c'était lui le véritable acquéreur.

Nous trouvons, dans cette substitution, la trace d'un de ces marchés que le célèbre surintendant faisait alors avec les Suisses. Il avait su, pendant deux règnes, les retenir au service de la France, et exerçait sur eux la plus complète influence.

Il est curieux de savoir au juste en quoi consistait alors la seigneurie de Dourdan. Nous le lisons dans le procès-verbal de mise en possession du 13 mars 1597 :

« La terre et seigneurie de Dourdan, domaine et revenus d'icelle, ses appartenances et deppendances consistant en chastel, maisons, manoirs, bailliage, prevosté, justice, seigneurie, cens, rentes, exploicts, admendes, sceaulx, escriptures, minage, mesurage, droits de hallage, estaulx, foires, prez, pasturages, herbages, estancs, rachapts, reliefs, proffıcts des fiefs, lots, ventes, saisines et amendes, ventes ordinaires de bois taillis, garennes, pessons, pannages, admendes et confiscation, eaulx et forests, et aultres reuenus en deniers et grains tant muables qu'immuables; nomination des officiers ordinaires, fors et excepté de ceulx des forests, à la charge que la justice sera rendue tant soubs le nom de Sa Majesté, que soubs celuy de l'acquéreur par engagement, auquel toultefois les proffıcts et esmollumens d'icelle justice appartiendront, et sans aucune chose réservée et retenue, fors les bois de haulte fustaie, offices extraordinaires et ceulx cy-devant vendus et engagés à faculté de rachapt, à la charge de païer les charges, gaiges, fiefs et aumosnes, ventes et aultres redebuances »(2).

Ce procès-verbal de mise en possession, qui est en même temps celui de *visitation*, nous donne de précieux détails sur l'état du château de Dourdan, en 1597 ; il nous le montre tel que de Harlay de Sancy l'a trouvé, six ans après le terrible siége dont toutes les traces subsistaient encore et n'ont jamais pu être effacées.

Pierre Boudon, le lieutenant général du bailliage, accompagné du procureur du roi et de maître Claude Gonnet, procureur de M. de Sancy, assisté de Jehan Le Roy et Louis Gerbin, « maistres massons, » et de Michel du Brun et Jehan Granvau, « maistres charpentiers, » dûment assermentés, se présente, le 13 mars, devant le château, pour « faire la visitation de l'estat des lieulx. »

Le résultat est lamentable. Le bâtiment de la grange, à droite en entrant, n'est plus qu'un bastion comblé de terre, pour amortir le choc des boulets de l'attaque. Les divers « corps d'hostel » qui environnent la cour sont criblés par les boulets, et les toitures rompues, les charpentes brisées sont pendantes ou effondrées. Les tours de l'enceinte sont

---

1. Archives de l'Empire Q, 1514.
2. Archives de l'Empire Q, 1514.

découronnées ou fendues. Il ne reste qu'un pan de la chapelle; et le donon lui-même a son faîte écorché et sa casemate forcée.

Du reste, pour ne pas interrompre notre récit, nous ne suivrons point nos experts dans cet examen des lieux. Nous y reviendrons avec eux, dans le chapitre que nous consacrons spécialement à la description du château. Nous les accompagnerons rapidement dans leurs autres visites aux divers endroits dépendant du domaine de Dourdan.

Aux *halles,* la charpenterie, qui est fort belle, est demeurée « bonne et vallable. » Il y a bien cinq ou six poutres « couppées de coups de canon, mais qui néantmoings ne laissent de porter leurs charges. » La couverture a plus souffert et se trouve percée en plusieurs endroits. Quelques marches et gardes-fous manquent au grand escalier de grès qui conduit « en l'audithoire du siége roïal, » mais la chambre du barreau a été remise à neuf, enduite et recarrelée, et bien « garnie de bancs, chaizes et perches d'appuy des procureurs et bureau. » La justice s'y rend, mais la chambre du conseil est à refaire. Sous la halle, le commerce a repris sa place, mais faiblement encore. La grande allée du milieu est seule garnie d'étaux de boucherie et divers métiers, mais les trois autres allées sont vides, et on n'y voit que huit places occupées en partie par des poissonniers.

Du *Moullin du Roy,* où nous ne les accompagnerons pas, monsieur le lieutenant général et ses assesseurs se rendent au *grand estang,* situé à l'ouest de la ville, près du Petit Huis. « Vuide d'eau tant qu'à présent et en prairie, » le grand étang ne nous apparaît que comme un bassin à sec, avec « sa chaussée et contrescarpe faicte de gresserie picquée, de la « longueur de quatre-vingtz six thoises et de neuf à dix piedz de haul-« teur, » sa bonde, au milieu de la chaussée, « faicte en vouste de gres-« serie picquée, de largeur de trois pieds et de haulteur de neuf toises, » et à la queue dudit étang, le gril et le glacis de pierres de taille « par « où renversent les eaux. »

A *l'estang de la Muette,* sur le chemin des Granges, il n'y a plus qu'une simple chaussée de terre et une « bonde en charpenterie. » Quant à *l'estang de Gauldrée,* sa chaussée est coupée ; il est « empesché, comme « à vuide et de nulle valleur (1). »

Mis en possession de Dourdan, de Harlay de Sancy paraît s'être plu à y venir. Dans les heures de loisir de sa vie agitée d'homme d'État, dans ses jours de lutte avec la belle et puissante Gabrielle, il aima à s'y

---

1. Archives de l'Empire Q, 1514. — Cette visite demande trois jours aux experts, et Pierre Boudon alloue « à chascun d'eulx, pour chascun trois journées, la somme de « deulx escus deulx tiers, et au clerc qui a escript ledict procès-verbal ung escu sol.; « à quoy sera ledict sieur de Sancy ou son recepveur constraint par toultes voies « deubes et raisonnables. » La minute reste au greffe de Dourdan, où sont enregistrés tous les contrats et autres titres d'engagement.—12 mars 1599, un jugement reçoit le dépôt dudit procès-verbal.

récréer et à y dépenser de l'argent. Le grand surintendant ne pouvait se contenter des antiques logis délabrés du château. Le plus agréable de tous, celui qui regarde le midi et jouit de la vue de la vallée, étant hors de service, il le fit raser. A la place il éleva un grand bâtiment appuyé d'un côté à la terrasse qui regarde l'église, de l'autre à la tour du couchant. La tour qui existe au milieu de ce côté de l'enceinte fut comprise dans la nouvelle construction et son haut toit d'ardoise en devint le centre.

Là ne devaient point se borner les projets d'embellissement de Nicolas de Sancy. Chacun des vieux bâtiments du château aurait à son tour fait place à de nouvelles constructions; mais la disgrâce du ministre arrêta tout, et ses grandioses desseins furent repris, avec infiniment plus d'économie, par son illustre et prudent successeur.

Maximilien de Béthune, *duc de Sully*, remplaça de Harlay de Sancy dans la faveur du roi Henri IV et dans le poste de surintendant des finances. Il le remplaça aussi dans la jouissance de la terre de Dourdan. « La terre de Dourdan que j'achetai de Sancy, qui la tenait des Suisses, « dit Sully dans ses Mémoires, me coûta, outre l'argent que me devoit « Sancy, cent mille livres d'argent déboursé (1). » Il est très-probable que c'est à l'instigation de sa femme que Sully fit ce marché. Sully venait en effet d'épouser, en 1592, Rachel de Cochefilet, veuve de François Hurault, sieur de Châteaupers et du Marais, et cette dame qui avait dans le pays ses habitudes et ses intérêts fut sans doute heureuse d'y revenir. Des alliances de famille augmentèrent l'à-propos de ce voisinage. Rachel de Cochefilet maria sa fille, Mlle Du Marais, avec M. de la Boulaye, et Sully fit épouser Marguerite de Béthune, sa fille, à Henri II duc de Rohan, de la famille des seigneurs de Rochefort.

Pendant une douzaine d'années, Dourdan demeura entre les mains de l'intelligent ministre, aussi habile à régir ses propres affaires qu'à administrer la fortune publique. C'était ce qui pouvait arriver de plus heureux à ce domaine, depuis longtemps livré à l'incurie de maîtres passagers et à tous les désordres d'une gestion troublée par la guerre et l'occupation violente de deux partis rivaux.

Sous la sage tutelle de ce riche seigneur, et déchargée, grâce à son influence, du fardeau de l'impôt (2), la ville répara ses ruines; le pays pacifié travailla à effacer la trace de ses désastres. L'église restaurée reprit peu à peu, au centre de la ville, sa noble et fière attitude et le timbre

---

1. *Mémoires de Sully*, in-8, Londres, 1778, t. VIII, p. 274.

2. Arrêt du Conseil, du 24 juillet 1607, qui décharge les habitants de la ville de Dourdan et des paroisses de Corbreuse, les Granges, Roinville, le Bréau Saint-Lubin, Saint-Germain, Saint-Cyr-sous-Rochefort, Authon, Sermaise, Saint-Chéron, Garancières, Saint-Maurice et Angervilliers, de toutes tailles et crues ordinaires et extraordinaires, à la charge qu'ils paieront le taillon et solde du vice-bailli de Chartres. — *Archives de l'Empire*, E. 14.

brisé et muet de son horloge, remplacé par une belle cloche, recommença à sonner les heures aux quatre coins de la vallée. Ce nouveau timbre mérite une description toute spéciale, tant à cause de son élégante facture que pour la curieuse inscription qu'il porte.

La cloche de l'horloge de l'église de Saint-Germain (1), placée dans l'une des tours du portail principal, a environ un mètre de largeur à sa base, sur une hauteur à peu près égale. Dans sa partie supérieure, elle est ornée d'un cordon de fleurs de lys très-bien modelées, de quatre à cinq centimètres de hauteur, interrompu seulement par l'intercalation des trois lettres R. H. P. en majuscules romaines.

Au-dessous de ce cordon, règne une inscription composée de six vers français, de quatre noms, de la date à laquelle la cloche fut fondue et du nom de l'ouvrier qui l'a faite. Elle est écrite en minuscules romaines, en relief, et forme une spirale autour de la cloche. La division des vers n'est point indiquée, comme nous le faisons ici. Seulement les mots sont séparés les uns des autres par un petit signe en forme d'*s*. Voici cette inscription fidèlement transcrite :

> Av *s* venir *s* des *s* Bovrbons *s* av *s* finir *s* des *s* Valois *s*
> Grande *s* combvstion *s* enflamma *s* les *s* Françoys *s*
> Tant *s* ie *s* vovs *s* sonnay *s* lors *s* de *s* malhevrevses *s* hevres *s*
> La *s* ville *s* mise *s* à *s* sac *s* le *s* fev *s* en *s* ce *s* sainct *s* liev *s*
> Maint *s* bovrgeois *s* ransonné *s* o *s* Dovrdan *s* priez *s* Diev *s*
> Qva *s* vous *s* a *s* tovt *s* iamais *s* ie *s* les *s* sonne *s* meillevres *s*
> Mathvrin Provsteau *s* i *s* Ivard *s* e *s* Lasne *s* caigers *s* (2)
> — En *s* l'an *s* 1599 *s* Thomas *s* Movset *s* ma *s* faictt *s*

Au-dessus de cette inscription sont six figures de femmes, en relief, de quatre à cinq centimètres de hauteur. Quatre d'entre elles, exactement pareilles, sont debout, la tête couronnée, et tiennent un enfant dans leurs bras. Les deux autres, également debout et tenant un enfant, ont la tête environnée de trois fleurs de lys et sont montées sur une estrade de trois degrés fleurdelysés. Elles représentent sans doute la vierge Marie. L'ornementation de cette cloche est complétée par un double cordon de peu de saillie.

Cette cloche est encore celle de l'horloge et, à chaque heure, son tintement grave et puissant rappelle aux habitants de Dourdan les malheurs et les espérances de leurs pères.

Au mois de septembre 1609, une grande solennité et une procession autour de la ville, ordonnée par l'évêque de Chartres, était comme l'inauguration de la nouvelle ère de paix et un acte de réparation pour le

---

1. Nous ne pouvons mieux faire que d'emprunter, pour cette description, les termes dont s'est servi M. Auguste Moutié dans une courte notice lue à la Société archéologique de Rambouillet, le 3 août 1842, insérée dans la gazette de cette ville le 18 août, et reproduite alors par presque tous les journaux.

2. Il faut lire *gaigers*. — Ce sont les noms des trois marguilliers alors en charge : M. Prousteau, J. Ivard et E. Lasne.

passé. Les reliques vénérées de saint Étienne, conservées par la pieuse femme qui les avait recueillies en 1567 et déposées ensuite par elle entre les mains du prieur de Saint-Germain, frère Pierre Duchesne, étaient portées en grande pompe dans la nouvelle châsse due à la générosité des fidèles et au retour « mises et posées en la dicte église de Saint-Germain « bien décemment et en lieu honneste pour y estre enfermées et gardées, « afin d'y estre cy-après par le peuple révérées et honorées, pour, implo- « rant leur aide et secours, obtenir par leur intercession ce qui lui sera « nécessaire pour la direction et la conduite de la vie (1). »

Dourdan se réjouissait de retrouver, avec le culte de son saint patron, le gage d'un heureux avenir et comme le *palladium* de ses anciens jours.

Quant au château, le plan complet d'embellissement de Sancy n'était point exécuté, mais des améliorations intérieures y étaient faites. C'est Sully qui, jugeant sans doute l'ère des siéges finie pour Dourdan, ordonna, en 1608, de combler la partie du fossé qui séparait le donjon de l'intérieur de la forteresse, et condamnant la grosse tour à n'être plus qu'une habitation pacifique, la relia par un terre-plein au sol de la cour et permit ainsi d'entrer directement par la porte du premier étage qu'on n'abordait auparavant que par un pont-levis. Sully voulut peut-être, en faisant exécuter ce travail, utiliser les apports de terre du capitaine Jacques; nous croyons surtout qu'il trouva là l'occasion de donner une occupation lucrative à de pauvres habitants ruinés par la guerre. Ce genre de bienfaisance était dans les habitudes de Sully (2). C'était la duchesse qui, d'après les historiens, « s'occupait de surveiller ces travaux, de faire dresser les baux et recevoir les comptes des fermiers et des receveurs ; c'était elle qui faisait dans les terres de son mari presque tous les voyages nécessaires. » (*Mém.*, p. 403.)

---

1. Lettre de Philippe Hurault, évêque de Chartres, du 22 septembre 1609, à la requête du prieur, gagers, manans et habitans de la paroisse, et après enquête de M⁰ Hierosme le Beau, chancelier, chanoine et official de Chartres, « par laquelle appert « de la recognoissance faicte par un grand nombre de témoings de luy enquis ; « ensemble des graces faictes à une infinité des habitans de la ville qui auroient esté « guaris et receu allegement en des extresmes et désespérées maladies, mesme au mois « d'aoust dernier, leur estant ledict Reliquaire apporté par ledict Duchesne ou ses « vicaires ; ledict Duchesne ayant icelluy réservé le plus honnestement qui luy auroit « esté possible, attendant la commodité de le faire recognoistre. »

2. Dans le supplément à ses *Mémoires*, nous lisons qu'il fit faire ainsi dans sa terre de Villebon un étang de trois cent soixante toises de long. « On recevoit indiffé- « remment tous ceux qui s'offroient pour ce travail, et jusqu'aux plus petits enfants, « auxquels on ne donnoit quelquefois pas plus d'une demi-livre de terre à porter : « on avoit eu la précaution de faire faire pour cet effet un nombre infini de hottes de « toutes grandeurs. On distribuoit à tous ces pauvres, le matin un morceau de pain, « à dîner une grande écuellée de soupe, et le soir, outre un morceau de pain, un salaire « en argent proportionné à l'âge et au travail. Cet ouvrage, que le duc de Sully « n'auroit jamais entrepris pour le seul embellissement de sa maison, lui coûta « quatre-vingt mille livres. » *Mémoires*, Londres, 1778, t. VIII, p. 406.

CHAPITRE XI

DOURDAN SOUS LOUIS XIII ET ANNE D'AUTRICHE

1611-1672

Depuis soixante et un ans, le domaine de Dourdan, aliéné par Henri II, était séparé de la couronne. Avant d'en être définitivement détaché pour servir d'apanage à la branche cadette de France, il eut pendant vingt ans la bonne fortune de jouir encore une fois de la faveur royale, et reçut des premières années du XVIIe siècle une heureuse impulsion. Louis XIII avait dix ans et était à peine roi, quand il signait l'acte de rachat qui, moyennant 150,000 livres, faisait rentrer la terre de Dourdan des mains de Sully (1) dans le domaine du trône (1611). L'année suivante, par lettres patentes, il la donnait, comme partie de l'assignation de ses dot et douaire, à sa mère, la reine régente Marie de Médicis.

Si nous ne trouvions la chose extrêmement fastidieuse, nous pourrions transcrire ici des pages qui nous dispenseraient d'une partie du récit pour le règne où nous entrons. Nous n'aurions qu'à citer textuellement le chapitre tout lyrique que l'historien de Lescornay a écrit à la louange

---

1. « Sa Majesté, dit Sully dans ses *Mémoires*, me fit rembourser cent cinquante « mille livres pour la terre de Dourdan. Je destinois cette somme (avec les cent cin- « quante mille livres de la terre de Villebon) pour la dot de ma jeune fille, plus diffi- « cile à placer que son aînée, et qui avoit besoin d'un peu d'avantage pour trouver un « parti sortable, à cause de quelques incommodités. » *Mémoires*, t. VIII, p. 276. — Louise de Béthune épousa, 29 mai 1620, Alexandre de Lévis, marquis de Mirepoix, et paya bien mal la tendresse paternelle.

de son maître Louis XIII, et auquel il a consacré un bon tiers de son opuscule. Mais le lecteur, je crois, nous saura bon gré de lui faire grâce des plates et emphatiques tirades du trop flatteur écrivain. Certains extraits, pourtant, ne seront point inutiles pour faire connaître quelques-uns des faits noyés dans ces flots d'hyperboles.

Il est convenu que Louis XIII est le soleil de justice qui ne se montre pas de prime abord pour ne pas éblouir Dourdan. Toute une aurore avant-courrière le précède dans cette ville fortunée. Ceci admis, « toutes choses luy semblent venir à souhait. Le sieur du Marais luy est donné pour gouuerneur, mais plustost pour père et protecteur, car il s'intéresse dans sa fortune et s'y monstre si passionné, qu'en toutes occasions il contribuë de sa part à l'augmenter. Je ne rapporteray en particulier les tesmoignages qu'il en a rendus ; seulement diray-je que pendant les mouuements de l'année 1616, encore qu'il fist profession de la Religion prétenduë réformée, si est-ce qu'il ne voulut pas que le iour de Noël les chefs de la ville feussent diuertis des prières et de la messe de my-nuict pour faire leurs rondes ordinaires, luy-mesmes en prit le soin et quitta son chasteau pour passer toute la nuict dans les corps de gardes et le long des courtines de la ville : après quoy il ne faut plus demander de preuues de sa bonté et de son affection enuers ce peuple. Au milieu de ces rauissements, Dourdan ressentit vn grand reuers de fortune par la mort de ce bon gouuerneur, et luy eust esté ce mal beaucoup plus cuisant, s'il n'eust esté adoucy par le genre de ceste mort pleine de gloire et de trophées acquis par sa valeur, et bien-heureuse par l'abjuration qu'il feit de l'erreur de sa Religion, et incontinent après du tout osté par la venuë de Monsieur de Buy, son successeur, lequel d'autant plus affectionné à ceste ville, qu'il y avoit esté nourry jeune et que son père l'auoit aussi autresfois gouuernée (1), y apporta tout ce que sa qualité et sa naturelle bonté en pouuoient faire espérer. Mais la Royne, en voulant prendre vn soin plus particulier, elle le donna à gouuerner à Monsieur de Montbazon, son cheualier d'honneur, afin qu'estant tousiours près de sa personne, il descouurist plus aisément ses intentions, apprist les inclinations qu'elle auoit pour l'aduancement de ce lieu, et que de sa part il apportast tout ce qu'il jugeroit nécessaire pour l'accomplissement de ce dessein : c'est ce qu'il a fait depuis et auec tant de diligence, qu'il l'a rendu beaucoup plus heureux qu'il n'auoit esté longtemps auparauant (2). »

En 1621, Marie de Médicis, se rendant, vers la fin d'octobre, à Chartres pour faire ses dévotions le jour de la Toussaint, passa par Saint-Arnoult. Le corps de ville de Dourdan, prévenu d'avance, se porta à la rencontre et eut l'honneur de saluer sa dame et maîtresse, et de lui offrir

---

1. Pierre de Mornay, seigneur de Buhy, frère de Duplessis-Mornay.
2. De Lescornay, p. 179-181.

un présent de fruits. Dourdan vit dans l'accueil bienveillant de la reine-mère un bon présage pour son avenir, « et de là en auant, assure de Les-« cornay, il n'auoit plus de pensée ny d'entretien qui n'eust pour but « la venuë de son roy. »

En août 1623, Louis XIII, fuyant la peste qui désolait Paris, se retira au château de Saint-Germain, et, s'y ennuyant quelque peu, étendit ses promenades dans toutes la contrée voisine. Il vint jusqu'à Rochefort pour visiter les bâtiments récemment construits par le prince de Rohan-Montbazon, et jouir de la chasse du pays, qu'on lui avait beaucoup vantée. Le lendemain de son arrivée, les veneurs firent leur rapport d'un cerf qu'ils avaient détourné dans un petit bois situé en pleine Beauce, à une demi-lieue de la forêt de Dourdan. On projette de le chasser et d'aller dîner à l'abbaye de Louye, où l'on fixe le rendez-vous. Le bruit en parvient à Dourdan; la ville se met en fête et improvise une réception. Le roi, quittant Rochefort dès le matin, arrive à Dourdan, où les acclamations publiques et les harangues officielles lui témoignent combien sa venue est attendue et combien la ville est affectionnée au nom royal. Le jeune monarque écoute bénignement, admire la réjouissance commune, remarque la ville, passe outre, considère le pays et se rend à Louye, où il est reçu par le prieur commendataire, le sieur Jacques du Lac.

On fait au roi les honneurs du vieux monastère. Jacques du Lac (1), qui, depuis son entrée en jouissance, en 1608, s'est occupé d'améliorer son bénéfice avec un soin tout particulier, et a obtenu, dès 1609, du roi Henri IV des lettres patentes confirmant le prieuré de Louye dans tous ses droits, ne manque pas cette bonne occasion d'intéresser le roi à son prieuré. Fondé par Louis le Pieux, rétabli par Louis le Saint, il attend de Louis le Juste de nouveaux bienfaits. Le roi, touché par l'exemple de ses prédécesseurs, répond qu'il veut être le protecteur, et le bienfaiteur de Louye. Considérant les grandes réparations faites par le prieur, il lui accorde six mille livres à prendre sur les hauts bois qui dépendent du prieuré, pour être employées tant à l'achèvement d'un bâtiment déjà commencé qu'à la construction d'un étang destiné à retenir l'eau, qui manque absolument dans ce lieu (2).

Après le dîner, on lance le cerf. Au lieu de rentrer en forêt, l'animal

1. Vénérable et discrète personne messire *Jacques du Lac*, conseiller du roi, aumônier ordinaire de Sa Majesté, prieur du monastère de Notre-Dame de Louye, avait été, le 30 juillet 1614, député par le bailliage de Dourdan comme représentant ecclésiastique aux États généraux de Paris, avec le bailli Anne de l'Hospital Sainte-Mesme, député par la noblesse, et l'avocat Pierre Boudet, député par le tiers.

2. Depuis longtemps, et surtout depuis les troubles des calvinistes, il n'y avait point eu de religieux à Louye. En 1614 ou environ, dom Bigal de Lavaur, abbé de Grandmont et général de l'ordre, intenta un procès devant la cour des requêtes du palais à Jacques du Lac, pour le rétablissement de la régularité des religieux dans la maison de Louye. Ce procès venait d'être terminé en 1621 par une transaction, au moyen de la-

8

gagne la plaine et va se faire prendre dans un village. Le roi est charmé de cette chasse facile et qu'on ne perd jamais de vue ; il retourne à Rochefort, et déclare qu'il est si enchanté de sa journée qu'il reviendra le lendemain même coucher à Dourdan.

Louis fut fidèle à sa promesse, et, pendant trois jours, le château retrouva une joyeuse animation et des fêtes depuis longtemps oubliées. Le matin, le roi allait à la messe, de là il se rendait dans un champ aux portes de la ville et faisait faire l'exercice à ses mousquetaires, et chacun admirait la bonne grâce et la tenue martiale du jeune monarque de vingt-deux ans, qui avait déjà donné sur les champs de bataille plus d'une preuve de sa valeur. Après le dîner, c'est-à-dire après-midi, il se livrait à deux ou trois sortes de chasse, principalement à celle au faucon, où il excellait, et quand il rentrait d'assez bonne heure il employait la fin du jour à jouer à la longue paume. Il y jouait dans la rue de Chartres, vis-à-vis les fossés du château. Le propriétaire de la maison contiguë au puits de *la Souche*, en face la grosse tour, fut contraint de laisser mettre un toit pour recevoir les balles, et les habitants de la rue de Chartres durent treillager leurs fenêtres pour en préserver les vitres. Le soir, tout le voisinage retentissait des aboiements des meutes et des bruyantes fanfares des trompes, car, sous les yeux de la cour, on faisait faire aux chiens la curée de ce qui avait été pris pendant le jour.

Pour tous ces exercices, Louis XIII trouva le pays fort commode et parfaitement disposé ; il n'eut garde d'oublier le plaisir qu'il y avait goûté et revint à plusieurs reprises s'installer au château. Le nouveau et puissant ministre récemment fait cardinal, Richelieu, y poussait le jeune roi. Lui-même avait, pendant cette année 1623, acheté près de Dourdan la terre de Limours et se plaisait à l'embellir avec un luxe fastueux. La reine-mère, depuis peu réconciliée avec son fils, après les sanglantes brouilles de la régence, le voyait avec satisfaction s'amuser à Dourdan et oublier la politique. Dourdan était un des domaines de son douaire, elle y fit quelques dépenses qui plaisaient au jeune prince. C'est ainsi qu'elle contribua de ses deniers à la création d'un corps de garde (1), que Louis fit construire à la porte du château pour loger ses mousque-

quelle deux religieux avaient été envoyés à Louye pour y célébrer le service divin, avec une pension de 200 livres chacun.

En 1650, dom Georges Barny, abbé de Grandmont, obtint des lettres de rescision de cette transaction contre Jacques du Lac et Louis du Lac, son successeur, qui, depuis plus de quarante ans, touchaient tous les revenus et ne payaient qu'une rente de 400 livres. Il fut ordonné que le revenu de Louye serait divisé en trois lots : le premier affecté au prieur commendataire, le second aux religieux, et le troisième aux charges. Sur ce, intervint une longue procédure terminée par une transaction de 1657, portant partage des biens de Louye entre le prieur Gabriel Bailli et les religieux. — *Inventaire des titres de Louye en* 1696.

1. Ce corps-de-garde, bâtiment d'un seul étage adossé aux fossés, occupait sur la place, à main gauche en entrant au château, l'emplacement sur lequel s'élève aujour-

taires. C'est à cette époque aussi qu'il faut rapporter la restauration des deux tourelles qui flanquent l'entrée.

Le roi aimait beaucoup M. de Bautru, l'un de ses maîtres d'hôtel et meilleurs conseillers. Marie de Médicis, dès 1624, trouva bon que M. de Montbazon cédât à cet officier, en en réservant toutefois la survivance pour son fils, les fonctions et le titre de gouverneur et bailli de Dourdan.

Cette même année 1624 est la date que portent les *Mémoires de la ville de Dourdan*, par Jacques de Lescornay. Fils cadet de Jehan de Lescornay, que nos lecteurs connaissent bien, Jacques, sieur du Mont, était depuis 1612 en possession de la charge d'avocat du roi à Dourdan. Pour s'acquitter plus dignement de ses fonctions, comme il le dit dans sa préface au roi, il entreprit une exacte recherche de l'ancienne consistance du domaine et « mérita, prétend-il, l'agréable fécondité de laquelle Dieu « récompence le plus souuent ceux qui tendent à bonne fin, c'est-à-« dire une grande lumière dans l'antiquité du païs. » Cette première ouverture lui ayant donné l'envie et l'adresse de passer outre et lui ayant fait connaître que Dourdan pouvait entrer en parallèle avec les lieux les plus renommés de la France, comme ayant toujours été possédé, chéri et fréquenté des rois et princes du sang, « ceste cognoissance luy estoit un « thrésor caché qu'il n'osoit découvrir, craignant d'être accusé d'impos-« ture. » Mais la venue du jeune monarque en ces lieux, le désir surtout que paraît avoir eu la reine mère de l'y retenir ont fait prendre l'essor à l'historien ; « il a pensé devoir seconder ces pieuses intentions en mon-« trant à Sa Majesté, par les exemples de ses devanciers, que ce païs luy « estoit naturellement dédié, et qu'elle ne le pouuoit mespriser sans se « priuer d'une infinité de plaisirs et de très agréables passe-temps (1). »

Nous avons dit la valeur historique qu'il faut attacher aux Mémoires de de Lescornay ; nous ne nous occupons ici que de la partie consacrée à Louis XIII, et nous lui empruntons encore quelques détails, en laissant de côté les éloges, dans le goût du temps, donnés à chacune des vertus du prince, prises l'une après l'autre et mises en parallèle avec les vertus correspondantes de saint Louis ; les rapprochements avec l'ancien Testament et l'antiquité païenne ; les ingénieux pronostics que l'auteur tire du passé pour l'heureux avenir du souverain et de la ville, etc.

Louis trouva, à ce qu'il paraît, à Dourdan, plusieurs occasions de faire preuve du bon sens et de l'équité qui devaient lui mériter le surnom de

---

d'hui, par suite d'une malheureuse concession, une haute maison qui produit un déplorable effet.

1. On conserve à la réserve de la Bibliothèque Impériale l'exemplaire de dédicace du petit volume de de Lescornay, relié en maroquin rouge semé de fleurs de lys, et au chiffre de Louis XIII. — C'est par erreur que le P. Lelong, dans sa *Bibliothèque historique de la France*, cite deux éditions des *Mémoires* de de Lescornay, une de 1608, et une de 1624.

Juste. Un matin, une pauvre femme plus qu'octogénaire, accompagnée de six enfants, l'attendait, exténuée de fatigue, à l'issue de la messe et se jetait à ses pieds en lui remettant un placet. Elle était venue durant la nuit de Châtres (Arpajon), où sa malheureuse fille, Louise Crestot, veuve Cochet, venait d'être amenée pour être torturée et pendue le même jour. Son crime était d'avoir coupé les cordes et favorisé l'évasion de son neveu, Jacques Poirier, condamné à être étranglé à Châtres, par arrêt de la cour et déclaré innocent par le curé au moment de l'exécution. Louis XIII se fait lire par messire du Lac, le prieur de Louye, qui l'accompagne, le placet dont de Lescornay revendique la rédaction.

Tous les courtisans rassemblés accablent le roi de charitables sollicitations, et implorent l'envoi immédiat d'une lettre de grâce. Louis ne veut pas prendre sur lui de casser ainsi un arrêt de la cour et désire être dûment informé. Comme le temps presse, un exempt monte à cheval et le roi commande au prieur de Louye de l'accompagner. M. de Bautru, qui a très-bon cœur et craint qu'il ne soit pas fait suffisante diligence, prête un de ses meilleurs chevaux au président de l'élection, Jehan de Lescornay (1), et celui-ci, en personne, franchit « les quatre grandes lieues qui séparent Dourdan d'Arpajon. » Il trouve le gibet déjà planté et la pauvre femme entre les mains de l'exécuteur, au moment d'être mise à la question. Sur le commandement du roi, les officiers de la cour viennent à Dourdan ; le roi leur ordonne de ramener cette femme à la conciergerie et de dire à la cour de différer l'exécution, puis demande des informations pour pouvoir en délibérer dans son conseil. La cour ne tient pas grand compte du message royal, car on apprend deux jours après qu'elle veut faire procéder à l'exécution le lendemain matin. Le roi s'enquiert des moyens qu'il peut avoir de sauver la condamnée. Il est sept heures du soir, le temps est pluvieux, les chemins sont mauvais ; mais M. de Bautru s'entête dans sa bonne œuvre et après avoir soupé en toute hâte, monte à cheval et court de nuit jusqu'à Saint-Germain, où se trouve M. le chancelier, pour prendre de lui des lettres et les porter au matin à la cour qui sera bien forcée de différer. La pauvre misérable est ainsi sauvée, et, après plusieurs délibérations du conseil, obtient des lettres de grâce, depuis entérinées à la cour.

« Presque en mesme temps, le roy estant à la chasse, un pauure
« homme s'adresse à luy, se plaint de quelque mauuais traitement que
« luy auoit fait un sergent qui saisissoit ses biens, représente les ou-
« trages et violences et demande justice ; tout à l'heure, le roy enuoye
« quelques-uns de sa suite pour s'enquérir de la vérité de sa plainte,
« prendre le sergent et les records et les luy amener à Dourdan, pour
« les mettre entre les mains de la justice et les faire chastier selon leurs
« démérites. »

---

1. Frère aîné de l'historien ; il avait remplacé son père, le vieux royaliste.

Nous ne parlerons pas d'un intrigant qui cherche en vain à exploiter la débonnaireté du roi aux dépens de son créancier, ni de la cabale montée pour perdre un des principaux officiers de Dourdan, trop impartial au gré de certaines gens, et amené au souper du roi, par M. de Bautru, pour présenter lui-même sa justification.

L'enthousiasme de Lescornay ne trouve que dans la Bible des exemples capables de soutenir la comparaison avec ces actes de simple justice du bon roi Louis XIII. Un renseignement plus positif, et qui fait regretter tous ceux qu'aurait si bien pu donner le trop superficiel écrivain, nous intéresse davantage. « J'eus un iour l'honneur, dit-il, d'entretenir
« fort longtemps monsieur de Bautru de la trop véritable pauureté du
« païs et de la somme excessiue à laquelle la ville de Dourdan estoit
« taxée par le conseil pour la taille, à cause de quoy elle se dépeuploit
« de iour à autre et demeureroit en fin déserte. Et sur la difficulté qu'il
« faisoit de croire ce que ie luy disois, à cause du grand peuple qu'il y
« voyoit, ie luy monstrai par les roolles des tailles que de 800 qui y
« estoient compris, il y en avoit 450 si misérables, qu'ils n'estoient taxez
« chacun qu'à un double, un sol, deux sols, et ainsi en montant jusques
« à vingt sols, et que toutes leurs taxes ensemble ne reuenoient qu'à
« huict vingts liures, qui faisoit que la ville n'en estoit guères soulagée,
« et qu'en effect toute la taille n'estoit payée que par un petit nombre
« qui ne pouuoit plus subsister.... Il en parla le soir mesme au roy et
« receut commandement de me laisser 200 liures, tant pour déliurer au
« collecteur de la taille en l'acquit de ces pauures gens, que pour faire
« des aumosnes à ceux que ie trouuerois en auoir le plus de nécessité (1). »
Suit le panégyrique de M. de Bautru, l'éloge de son esprit enjoué, de sa pieuse déférence pour les gens d'Église, de sa bravoure admirée au siége de Montpellier, et surtout de son humeur charitable, qui lui a fait décerner par la ville de Dourdan le surnom d'*aduocat des pauures* (2).

Au milieu de ses joies et de ses espérances, Dourdan devait connaître encore de mauvais jours. La peste, que fuyait le roi en 1623, envahit la Beauce en 1626, et Dourdan fut tout d'abord une des villes les plus maltraitées, sans doute à cause de la misère qui y régnait après tant de malheurs. Dès le mois de juillet le fléau apparut, et au mois de septembre il était dans toute sa force, car nous trouvons dans les registres des échevins de Chartres défense aux hôteliers de Chartres, à cause de l'épidémie, de recevoir *les gens de Dourdan, sous peine de 20 livres d'amende* (3). La famine, une cruelle épizootie, des bandes de voleurs qui jetaient l'épouvante dans les campagnes, achevèrent de faire de cette année 1626 une année calamiteuse pour la contrée.

1. De Lescornay, p. 210.
2. Tué plus tard au passage du Rhin, Nicolas de Bautru, comte de Nogent, était un brave soldat, frère du joyeux compère devenu académicien pour ses bons mots.
3. Registres des échevins de Chartres, 5 septembre 1626.

Une des plus mémorables journées du règne de Louis XIII, ou si l'on veut de son illustre et puissant ministre, le cardinal de Richelieu, c'est la prise de la Rochelle, ce dernier retranchement des calvinistes en France (30 octobre 1628). Louis, après avoir fait son entrée triomphale dans la ville et reçu tous les honneurs de la victoire, résolut de rentrer à Paris, où l'appelait l'enthousiasme public. Il franchit rapidement l'ouest de la France, salué par les acclamations des populations, et l'histoire rapporte que Dourdan est la première ville où il s'arrêta (1). Le lundi 27 novembre, tous les habitants se portèrent au devant du monarque, et les modestes fêtes qu'ils lui offrirent furent les prémices des réjouissances splendides que préparait la capitale. Toute la noblesse de la contrée s'empressa de venir déposer aux pieds du prince ses félicitations et ses hommages, et l'église ouvrit ses portes à la royale assemblée pour le chant d'un *Te Deum* solennel. Louis XIII séjourna à Dourdan, s'y reposa des fatigues du siége au milieu des habitants qu'il aimait, et y attendit que les apprêts de la réception magnifique que Paris voulait lui faire fussent terminés. Ce n'est que le 15 décembre qu'il regagna sa capitale, par Versailles et Saint-Germain, laissant à Dourdan, comme souvenir de son passage, un nouveau bienfait : la remise générale de l'arriéré de l'impôt, en considération de la misère du temps.

Louis XIII ne manqua jamais de s'arrêter à Dourdan quand le cours de ses voyages le ramenait dans cette direction. C'était pour lui une étape favorite. C'est ainsi que, revenant de Montauban, en novembre 1632, il couche, le 19, à Dourdan, et arrive à Versailles le lendemain, à deux heures de l'après-midi ; qu'en 1633, venant exprès de Versailles et passant par Rochefort, il couche le 3 janvier à Dourdan, pour ne rentrer à Versailles que le 10 ; qu'en 1637, parti d'Orléans, il arrive à Dourdan le 9 février et y reste jusqu'au 13. Louis se rappela le bon air et le salubre climat de Dourdan ; il se souvint peut-être aussi de l'exemple de Marie d'Espagne, femme de Charles d'Étampes, que de Lescornay lui citait dans sa préface, quand il envoya sa femme, la reine Anne d'Autriche, se remettre à Dourdan, après la naissance de Philippe d'Orléans, frère unique de Louis XIV (1640). C'est à l'église Saint-Germain de Dourdan que la reine vint faire ses relevailles. Elle donna à cette occasion, à la fabrique, un très-bel ornement complet et une bannière de velours cramoisi brodé d'or. Louis XIII voulut être parrain d'une des cloches.

La vieille reine mère, Marie de Médicis, l'usufruitière de Dourdan, vivait encore et continuait à toucher les revenus des domaine et châtellenie. Sur ces revenus, dont elle ne bénéficiait guère, et qui étaient déjà presque tous consacrés à l'acquit des charges, elle avait constitué deux rentes pieuses. Elle avait donné aux doyen et chanoines de l'église Notre-

---

1. *Invent.* de Jean de Serres, t. II, p. 542, in-fol. — *Itinéraire des Rois de France*, à la suite des pièces justificatives pour servir à l'histoire de France, t. Ier.

Dame de Chartres 360 livres, à prendre chaque année sur Dourdan, pour « l'entretenement du luminaire nuict et jour dans une lampe d'or estant « dans le cœur de ladicte esglise (1). » Elle avait, en outre, concédé « aux « religieuses bénédictines du premier ordre du Calvaire, fondé au fau- « bourg Saint-Germain-dez-Prez-lez-Paris, la somme de 1,000 livres, « à prendre chacun an, pour partie de leur dotation, sur la recette de « Dourdan, suivant contracts de juin 1627 et janvier 1630, confirmés « par lettres patentes du roy. »

En 1642, Marie de Médicis meurt, et quelques mois après, en mai 1643, son fils, le roi Louis XIII, la suit dans le tombeau. Louis XIV, enfant, devenu roi, engage Dourdan à la nouvelle reine mère, Anne d'Autriche, par déclaration du 12 octobre 1643, pour assiette et assignat de ses deniers dotaux (2).

L'aurore du grand siècle fut pleine de troubles et d'orages, et les guerres de la *Fronde*, où des princes turbulents tentaient leur dernière lutte contre un pouvoir bientôt absolu, ramenèrent dans Dourdan les calamités et les misères qu'un demi-siècle de paix lui avait presque fait oublier. La campagne de 1652, en plaçant le siége des hostilités à la porte de Dourdan, entraîna pour toute la contrée de funestes et douloureuses conséquences. L'armée des Princes, comme on l'appelait, qui disputait au monarque mineur l'entrée de sa capitale, et que dans une aberration de génie commandait le grand Condé, vint, au mois d'avril, se jeter à demi morte de faim dans Étampes. Toute la région voisine fut infestée de ses fourrageurs et de ceux des bandes espagnoles qui l'accompagnaient, et le pays, déjà tant de fois ruiné en sa qualité de grenier d'abondance, fut durement mis à réquisition. Dourdan et son territoire se trouvèrent presque chaque jour visités et rançonnés par les pourvoyeurs de la garnison d'Étampes. « Le 25 avril, Corbreuse fut pillé, écrivait sur « un vieux registre Gilles Lenormand alors curé de cette paroisse, et « tout un chacun prit la fuite à Sainte-Mesme, où Monseigneur Anne-« Alexandre, comte dudit lieu, nous reçus deux mois durant. » Ce n'était encore que la moitié du mal. Une armée en appelle une autre, et

1. Cette magnifique lampe d'or *fin ciselé, pesant* 23 *marcs, avec dôme enrichi de peintures et de dorures,* offerte en 1620 par Marie de Médicis, et dont Dourdan payait l'huile, fut volée dans la nuit du 25 juillet 1690 par un mauvais sujet de Chartres, nommé Duhan, tenant à une famille de haute bourgeoisie. Ce vol, qui excita une profonde indignation dans la ville, donna lieu à un procès criminel dont tous les incidents ont été rapportés dans le *Magasin pittoresque,* année 1853, p. 142, 161, 170.

2. Quoique engagé à Anne d'Autriche, le domaine de Dourdan est néanmoins affermé, au compte du roi, à Denis Favier, pour six années consécutives, de la Saint-Jean 1646 à la Saint-Jean 1652, moyennant 5,600 livres par an.—Compte rendu par Jacques de La Loy, receveur du domaine pour le roy au bailliage de Dourdan, pour l'année courante, de la Saint-Martin d'hiver 1646 à celle de 1647.— *Archives de l'Empire,* Q. 1514. Nous empruntons à ce compte et nous donnons à la pièce justificative XV, la liste des noms et des gages des officiers royaux de Dourdan à cette époque.

les troupes royales, sous les ordres de Turenne et d'Hocquincourt, quittant subitement Châtres-sous-Montlhéry, investirent Étampes, et, pendant un long siége, durent à leur tour vivre sur le pays. Le printemps de cette année 1652 fut pour Dourdan plein d'angoisses et de pénibles charges : passages et logements de soldats, levées de vivres, alertes continuelles. Bien que l'armée du roi fût dès le principe victorieuse, les hasards d'une retraite, la possibilité d'un coup de main sur Dourdan, qui fournissait une grande partie des vivres, furent prévus par Turenne, qui fit envoyer de Corbeil au château de Dourdan une provision de poudre et de munitions, qu'on rangea dans les salles basses des tours.

Quand les deux armées rivales, rappelées ailleurs par leurs chefs, quittèrent presque ensemble la contrée, les traces laissées par leur passage étaient celles d'un orage dans un champ. Tous les titres du temps en font foi. Les comptes de la fabrique de Saint-Germain, pour l'année 1652, nous apprennent que l'adjudicataire du droit de mesurage des grains appartenant à l'Église obtint, par jugement du bailliage, diminution de son terme de juillet, « à cause de la guerre d'Estampes, » et de son terme d'octobre, « à cause de la stérilité. » Il y eut même un retard assez long dans la nouvelle adjudication, « à cause de l'incommodité laissée par les guerres, » et les marguilliers se plaignent que presque toutes les rentes de l'église sont réduites, celles de 90 livres à 30, celles de 67 à 22, etc., « à cause de la diminution faicte par estimation et rapport d'expers en justice pour les ruynes causées par la guerre d'Estampes. » Jusqu'à l'herbe du cimetière, dont le loyer tomba de 7 livres à 3, « à cause du dégast faict par les gens de guerre. » Les débiteurs échappaient aux poursuites, car la justice se rendait difficilement; d'ailleurs, il n'y avait rien à prendre, et, comme disaient les marguilliers, « c'eust « esté mauvais mesnage de faire des fraiz. » (*Archives de l'Église.*)

Les archives du Loiret ont conservé un procès-verbal par devant M⁰ Léonard Dentart, notaire royal au village voisin des Granges-le-Roy, en date du 20 juillet 1653, duquel il résulte que la plupart des terres des Granges-le-Roy et des environs n'ont été ni cultivées, ni ensemencées pendant les années 1652-1653, à cause de la guerre, du séjour et du passage des troupes sur ces terres, et des dégâts faits par la garnison d'Étampes. Plusieurs terres sont en friche, et il est décédé dans ladite année *plus de la moitié* des habitants de ladite paroisse des Granges (1). C'est que, comme une fatale conséquence de la misère, la peste avait envahi toute la région. L'histoire de la peste d'Étampes est une des tristes pages de ce siècle, et la contagion, gagnant de village en village, s'était étendue jusqu'à Dourdan et au delà.

1. *Archives départementales du Loiret.*— Comté de Dourdan — Invent. de Vassal, A. 1384.

Un homme existait alors, grâce au ciel, né pour être l'apôtre de la charité et de la paix dans ce siècle de grand éclat et de grande pauvreté, Vincent de Paul, ce saint des derniers jours qui eut la passion du bien et le génie de la pitié. Accourant à la nouvelle du désastre, il vint s'établir à Étampes, commença par faire enterrer les morts restés sans sépulture, puis s'attaquant à la racine du mal, organisa des secours, et avec son admirable expérience, prit d'efficaces mesures pour le soulagement des malades et l'alimentation des paysans ruinés. Versant d'une main les riches aumônes qu'il recueillait de l'autre, il s'attacha à relever tour à tour chaque village, à réveiller la charité chez les puissants et le courage chez le pauvre peuple abattu. On le vit d'Étampes passer à Dourdan, où, avec ses faibles ressources, l'Hôtel-Dieu se voyait débordé par la misère (1). Les trois sœurs de Saint-Lazare que, depuis quatre ans, la reine mère avait obtenues de *Monsieur Vincent* pour le service des pauvres malades, étaient impuissantes à recueillir tous ceux que le fléau atteignait, plus impuissantes encore à donner du pain aux malheureux habitants des campagnes qui mouraient de faim. Saint Vincent de Paul créa à Saint-Arnould, à Villeconin, ce qu'on appelait des *marmites*, pour des distributions de soupe et de vivres aux indigents, et la tradition d'un grand dévouement s'est perpétuée dans la contrée à côté du souvenir des grandes douleurs de la Fronde.

1. Voir, sur l'hospice de Dourdan, le chapitre que nous lui consacrons.

CHAPITRE XII

DOURDAN SOUS LES DUCS D'ORLÉANS

1672-1793

PAR édit du mois de mars 1661, Philippe de France, frère de Louis XIV, recevait en apanage, à l'occasion de son mariage avec Henriette d'Angleterre, les duchés d'Orléans, de Valois et de Chartres, avec la seigneurie de Montargis, jusqu'à concurrence de deux cent mille livres de revenu. Les estimations étaient sans doute défectueuses, car le revenu annoncé ne se trouva pas et, expertise faite, il resta à *parfournir* 53,974 livres. Une déclaration du roi, du 24 avril 1672, datée de Saint-Germain, ajoute, comme supplément d'apanage, *le comté de Dourdan*, avec celui de Romorantin, le duché de Nemours et les marquisats de Coucy et Folembray. Ces divers domaines sont, à cet effet, retirés des mains de leurs engagistes, et donnés au duc d'Orléans avec les coupes ordinaires des bois et forêts, droit de nomination aux offices, etc., à la charge de veiller à la conservation des droits seigneuriaux, de payer les fiefs et aumônes, gages et droits des officiers, et d'entretenir les maisons, chaussées, étangs, halles, moulins, édifices dépendant desdits domaines « mis en bon état à cet effet » (1).

Dourdan, soustrait ainsi à la possession directe et immédiate de la couronne, passait dans les mains du premier prince du sang. Sous cette administration nouvelle, la ville et le domaine de Dourdan devaient voir tour à tour s'évanouir les heures brillantes du grand règne, s'écouler les

---

1. Archives de l'Empire, XIA, 8670, f°s 38-40.

années laborieuses, agitées, bientôt troublées du xviiie siècle, poindre et luire les jours sinistres de l'orage révolutionnaire qui clôt notre histoire et ouvre l'avenir en brisant le passé.

La période à laquelle nous sommes arrivés peut, à un point de vue général, être envisagée comme la période normale de l'existence historique de Dourdan. Ce n'est pas que l'intérêt qui s'y attache soit plus puissant, ni que des faits nouveaux la remplissent. Tout au contraire, le silence, presque l'oubli, signalent seuls cette dernière ère de plus d'un siècle. Il n'y a plus de place pour un récit, et, faute d'événements à enregistrer, la tâche de l'historien peut paraître finie. Mais précisément, si ce n'est plus l'époque des luttes belliqueuses, c'est l'âge vraiment instructif d'une ville qui a le loisir de suivre régulièrement ses destinées. Dourdan, sous les ducs d'Orléans, peut donc nous offrir, non pas un émouvant chapitre, mais le tableau modeste d'une cité paisible et ordonnée, administrée suivant un régime qui n'est plus et pourtant nous touche de près, puisque le nôtre en est sorti.

C'est pourquoi nous avons réservé pour cette place l'étude des divers éléments qui constituaient la vie civile, religieuse, municipale de Dourdan, et nous présenterons successivement au lecteur, dans une suite de paragraphes spéciaux, les détails les plus intéressants que nous avons pu recueillir sur :

La seigneurie de Dourdan, la forêt, le domaine, sa consistance, ses mouvances et ses censives ;

Les juridictions diverses qui y étaient établies et les offices publics qui s'y exerçaient ;

La ville sous ses différents aspects ;

Les monuments affectés aux services généraux ;

Les églises ;

Le château ;

L'Hôtel-Dieu ;

La maison de la communauté ;

Les châteaux de Grillon et du Parterre ;

Les prisons ;

Le marché aux grains ;

L'industrie et le commerce.

Le plus souvent notre description se rapportera à un ordre de choses particulièrement en vigueur à l'époque à laquelle nous sommes parvenus, c'est-à-dire aux xviie et xviiie siècles ; néanmoins, beaucoup de traits nous reporteront à des périodes plus anciennes ; ce sera un complément de ce que nous avons déjà pu dire, un supplément à ce que nous avons négligé ou différé d'aborder jusqu'ici. Souvent aussi, l'enchaînement des faits nous amènera jusqu'aux temps actuels, et le tableau du présent se trouvera naturellement faire suite au tableau du passé.

Un mot d'abord sur l'ordre de succession des divers personnages qui, sous le nom de ducs d'Orléans, ont possédé Dourdan pendant cent vingt ans.

1672-1701. *Philippe Ier* d'Orléans, frère unique de Louis XIV, né en 1640, veuf de Henriette d'Angleterre, qui fut si inopinément enlevée, reçut Dourdan en apanage l'année même où il poursuivait sa brillante campagne de Hollande (1672), et donnait par sa valeur quelque ombrage au grand roi. Dourdan éprouva les effets de sa bienveillance et de sa charité. Le chapitre de l'Hôtel-Dieu rappelle les aumônes obtenues de lui et distribuées en son nom par sa cousine Marguerite-Louise d'Orléans, grande duchesse de Toscane, que les hasards d'une vie singulière ont conduite et régulièrement ramenée à Dourdan pendant de longues années.

1701-1723. *Philippe II,* dit le *Régent,* fils du précédent, né en 1674, célèbre par ses brillants talents et ses mœurs scandaleuses, maître de la France pendant toute la minorité de Louis XV, ne songea guère à Dourdan parmi les affaires et les plaisirs de sa vie agitée. Toutefois, le domaine fut géré avec soin, et le marquis d'Argenson, qui était à la tête de la maison du prince, eut plus d'une fois l'occasion de venir, au nom de son maître, dans un des chefs-lieux de l'apanage. Durant des années de crise pour le marché de Dourdan, la caisse du Régent dut s'ouvrir pour des subventions et des réparations urgentes.

1723-1752. Le duc *Louis,* né en 1703, si peu semblable à son père, adonné aux sciences et aux sérieuses études, désabusé du monde, dont il se retira complétement après la mort prématurée de sa jeune femme et la fin subite du Régent, ne quitta plus, à partir de 1742, l'abbaye de Sainte-Geneviève, où il mourut dans les sentiments de la plus austère dévotion. Les fermiers de son domaine voulurent parfois abuser de leur puissance, sous prétexte de défendre ses droits, mais les intéressés allèrent chercher et trouvèrent, auprès de lui, justice et réparation. L'église de Dourdan, pour l'importante question de son droit de mesurage, en fit l'expérience, comme on le verra.

1752-1785. *Louis-Philippe,* né en 1725, qui aimait le monde comme son père l'avait fui ; homme d'esprit qui avait laissé le métier des armes et les grandes charges de l'État pour la société des gens de lettres ; homme de cœur qui donnait, dit on, jusqu'à 240,000 fr. aux pauvres chaque année ; n'eut garde d'oublier les indigents de Dourdan. Il continua la rente charitable que son bisaïeul avait faite aux sœurs de l'Hôtel-Dieu, et qui avait toujours été fidèlement servie. Des sommes considérables furent dépensées pour le percement de routes dans la forêt, et la création de chemins de grande communication autour de Dourdan constitua un véritable bienfait.

1785-1793. *Louis-Philippe-Joseph,* né en 1747, ne posséda Dourdan que pendant peu d'années ; c'est lui qui en fut, à vrai dire, le dernier seigneur. Dourdan n'eut qu'à se louer, eut presque à se défendre des intentions libérales qu'il fit exprimer énergiquement aux électeurs du comté, lors des États de 1789; ce qui n'empêcha pas Philippe d'Orléans, devenu *Philippe-Égalité,* de perdre son domaine de Dourdan avec le reste de son apanage, et de porter sa tête sur l'échafaud, en dépit de ses efforts pour gagner et retenir une popularité qui lui échappait.

En un mot, cinq ducs d'Orléans possédèrent tour à tour Dourdan, mais Dourdan ne les posséda pas. L'administration, la justice fonctionnèrent en leur nom, le domaine s'exploita à leur profit, mais la petite ville, avec son château austère et sa population modeste, eut peu d'attraits pour des hommes de politique, de cour ou de plaisir. La chasse seule put les engager à venir passer quelques heures dans la contrée. Abandonné aux grands personnages qui furent tour à tour honorés du gouvernement de Dourdan, consacré aux différents services publics, attristé par la présence de nombreux prisonniers, le manoir que les rois avaient aimé ne connut guère ses nouveaux maîtres. La population ne les connut pas davantage. Elle se montra toutefois respectueusement dévouée pour ses seigneurs, dont les noms figuraient, avec celui du roi, dans tous les actes de sa vie municipale et civile, et n'oublia jamais de chanter des *Te Deum* ou de dresser des catafalques aux jours de naissance, de mariage et de décès des princes et princesses de la maison d'Orléans.

CHAPITRE XIII

LA SEIGNEURIE ET LES CENSIVES DE DOURDAN

§ I

DOMAINE DE DOURDAN.

OMME nos lecteurs ont déjà pu s'en apercevoir, le domaine de Dourdan n'était considérable ni par son étendue, ni par son produit. Ce qui donnait à la seigneurie (1) de Dourdan sa véritable importance, c'était la forêt, dont le rapport annuel montait à 25 ou 30,000 livres. Le domaine proprement dit consistait en une foule de petites propriétés et droits dont la gestion et la perception n'étaient pas toujours fort aisées, et donnèrent souvent quelques soucis à l'administration des ducs d'Orléans. Dans son état estimatif des dépendances du domaine, Mahy, directeur général des domaines du duché d'Orléans, estime, en 1733, celui de Dourdan à la somme totale de 1,875,319 livres (2).

La consistance du domaine de Dourdan, malgré la multiplicité et parfois la mince valeur des articles, offre pourtant une étude de quelque intérêt, parce que ses éléments divers sont les éléments mêmes de la vie locale et permettent de suivre certaines traditions, certains usages et priviléges soigneusement transmis pendant des siècles, et aujourd'hui doublement perdus : déjà comme réalité, bientôt comme souvenir.

---

1. On a vu que, comme titre, la *prévôté, terre* et *châtellenie* de Dourdan ne fut décorée du nom de *comté* qu'au XVIIe siècle.
2. Archives du Loiret.—*Inventaire* de Vassal, A. 1371.

CONSISTANCE ET CENSIVE DU DOMAINE DE DOURDAN (1). — *La Ville.* — Par suite de concessions ou d'usurpations successives, la ville était loin de dépendre directement, dans son ensemble, comme on pourrait le croire, des maîtres du domaine. Les droits, les cens y étaient partagés fort inégalement par plusieurs seigneurs des environs, par des personnages ecclésiastiques ou des maisons religieuses, et nous verrons les ducs d'Orléans, sentant la gêne de cette communauté, ou pour mieux dire de cette rivalité d'intérêts, faire tous leurs efforts pour se débarrasser, par des acquisitions et des échanges, de ce vieux réseau féodal qui les serrait de trop près. Quoi qu'il en soit, par titres bien établis et constatés par terriers, ils possédaient à Dourdan les droits domaniaux suivants :

Les cens payés à la Saint-Remy par douze maisons de la ville, sises en face l'Hôtel-Dieu, rue Neuve, rue Saint-Pierre près l'Écu-de-France, et par quatre jardins.

Les avoines, dues par les habitants de Dourdan qui ont usage de bois mort dans la forêt, par ceux qui s'abonnent pour y mettre pâturer leurs bêtes, et par une maison sise rue des Maillets, près le cimetière.

Les droits des halles : droit de Coutume. — Ferme du hallage à blé, qui se lève sur ceux qui ne paient pas de coutume. — Ferme du revendage. — Ferme du droit de minage. — Droit de plaçage d'un sol sur chaque septier de blé vendu dans le marché et dans la ville, et 6 deniers sur chaque septier de menus grains (2). — Droit du poids le roi et des petites mesures. — Droit d'étal sur 8 étaux de tannerie, 8 étaux de cordonnerie, 8 de bonneterie, 12 de draperie, 9 de mercerie, 26 de boucherie, 7 de poissonnerie, 13 de poterie d'étain, boulangerie et autres étalages des marchands forains. — Location des caves des halles. (*Comptes de* 1646.)

La ferme du Rouage de la ville et châtellenie, avec celui des Granges (3).

La ferme des exploits, amendes et défauts des bailliage et prévôté de Dourdan, jusqu'à 60 sols et au-dessous.

Le scel et escripture de la ville et châtellenie.

Le change de ladite prévôté.

Les conciergeries et geôles des prisons.

Les cens à prendre sur les fours à cuire pains et pots de terre.

---

1. Comptes du domaine. — Archives de l'Empire, Q. 1514. — Mémoire manuscrit ayant appartenu à M. de Fourqueux, procureur général de la chambre des Comptes. Bibl. de l'Arsenal. *Histoire de France*, 348. — Mémoires des Intendants, etc.

2. Le fermier du domaine, Pierre Félix, en 1731, eut à ce propos de violents débats avec la fabrique de l'église Saint-Germain qui, par don royal et possession immémoriale, jouissait du droit de *mesurage* des grains ; sous prétexte de réunir les droits de mesurage à ceux de plaçage, il assigna les marguilliers, usa de force et de ruse, et égara un instant la justice du duc d'Orléans.

3. Le *rouage* était un droit sur les charrois.

La ferme des mouches à miel de la ville de Dourdan.

Les champarts, cens et rentes dus pour concessions de terrains faites dans la ville, dans les fossés de la ville et du château, et les permissions d'avoir des ouvertures dans les murs de Dourdan (1).

Nous devons ajouter :

Le Moulin du Roi, sis au bas de la ville, sur la rivière d'Orge, et vers la fin la grange y attenant.

Le Château avec toutes ses dépendances.

Banlieue de la ville. — Parmi toutes les enclaves des propriétés et censives étrangères qui se divisaient le territoire autour de Dourdan, le domaine avait conservé un certain nombre de possessions et de droits qui avaient, la plupart, une date fort ancienne, et s'étaient toujours transmis avec la seigneurie.

Au premier rang était « la revenue de la terre des Murs et de Potelet. » —L'hostel ou terre des Murs, des Meurs ou des Mures, cette vieille ferme d'une soixantaine d'arpents, centre d'une antique exploitation rurale et peut-être d'une noble habitation, était situé à l'ouest du grand étang de Dourdan, entre le clos de Plaisance et Potelet, dans une pièce limitée au nord par la prairie, au midi par le chemin de Grillon, et entourée de canaux. Il avait été, on s'en souvient, baillé à cens et rente par le sieur de Gobaches aux héritiers de Jean Seigneur (1483) (2). Ce bail fut renouvelé au sieur Arnaud de Junquières (confirmation du 6 février 1683) et la rente en grains, portée par le terrier de 1538 à 15 septiers environ, finit par se payer en argent, sur le pied de 150 livres, en conséquence d'un abonnement verbal. Quant au fameux buisson ou « taloppée » réservé dans la terre des Murs pour l'ébat des lapins du roi, un jugement du 10 septembre 1680 le réunit au domaine de Dourdan (3).—Les terre et moulin de Potelet ou Poutelet avaient été démembrés au XVIe siècle. Trois frères, Annibal, Scipion et Alexandre de Ferrières, qui en étaient alors possesseurs, avaient été condamnés à mort par sentence du bailli de Dourdan du 4 octobre 1564, et la moitié de leur bien, confisquée au profit de la duchesse de Guise, dame de Dourdan, avait été donnée alors par elle à Guillaume de Neufchelles; l'autre moitié, confisquée au nom du roi, et consistant dans l'emplacement du moulin, avait été accensée, à la charge d'un denier parisis de cens, de 4 septiers de blé et 2 poules, envers le domaine. Le sieur Arnaud de Junquières, conseiller du roi, contrôleur général de la grande chancellerie, premier secrétaire de Louvois et de Le Tellier, en fit l'acquisition vers 1680 et fut confirmé (16 mars 1683) dans

---

1. Archives du Loiret, A. 1381.

2. Le duc d'Orléans, désirant établir d'une manière certaine ses droits domaniaux sur les Murs et Potelet, fit une requête à la cour des Comptes pour avoir des extraits des anciens titres du domaine, qui lui furent expédiés le 18 août 1679.

3. Sentence rendue par Lallemant de Lestrée, commissaire au terrier de 1676 de l'apanage du duc d'Orléans.—Archives du Loiret, A. 1380.

les droits et jouissance des tuileries, fours et poteries dépendant de Potelet, qui avaient alors une grande importance (1).

Aux terrains des Murs et de Potelet venaient s'ajouter les « étangs » et les « prés. »— Les trois étangs, le grand étang ou étang du Roi, situé entre Dourdan et Potelet, l'étang de Gaudrée, situé au levant de la ville, et celui de la Muette ou de la Meutte, à droite de la route des Granges, avant la montée, appartenaient tous au domaine, ainsi que le poisson qui en provenait.

L'étang du Roi d'abord, les deux autres par suite, furent desséchés et convertis en prés. On attribua aux brouillards qui s'élevaient de ces eaux dormantes des fièvres et des maladies auxquelles les riverains avaient été sujets, et le domaine qui trouvait de l'avantage à rendre cet emplacement à la culture, en opéra volontiers le dessèchement. Ceci porta à 29 arpents environ les prés et pâturages dont il recueillait les fruits (2). Il faut y joindre quelques petits marais et jardins, quelques vignes et quelques pièces de terre aux abords des étangs (3).

Villages voisins. — 1° Le village des Granges-le-Roy. Cette ancienne dépendance, cette sorte de grenier de Dourdan qui, à une époque reculée, donnait presque tous ses produits aux maîtres du domaine, avait graduellement échappé à leur censive par les acquisitions successives faites par la riche abbaye de Longchamp. Presque tout le domaine des Granges-le-Roy appartenait aux religieuses. Par la transaction et l'échange faits avec les ducs d'Orléans en 1756, elles se désistèrent de la plus grande partie de leurs droits. C'est ainsi que la ferme des Granges fut louée, en 1778, au compte du domaine. Certains revenus n'avaient jamais cessé d'appartenir, dans cette paroisse, aux seigneurs de Dourdan, et ils en conservèrent jusqu'au bout la jouissance : c'était d'abord la garenne des Granges, terrain planté de haies et de buissons entre les Granges et Dourdan.—C'étaient aussi plusieurs cens et rentes dus par les manants et habitants des Granges et de la Forêt-le-Roy, pour leur usage dans la forêt et autres redevances, entre autres les cens « Bourgongneux » dus à la Chandeleur par les hoirs de Jehan Bertrand.—C'étaient encore, si on avait voulu continuer à les réclamer, car l'article figure même dans le compte de 1646, « les gélines des Granges-le-Roy qui se lèvent et « paient par chacun an le jour de Noël ou le lendemain, quand le seigneur « vient à Dourdan ; et les pains et deniers que ledit seigneur prend par « chacun an audit lieu des Granges, le lendemain de Noël (4) ».

1. Archives du Loiret, A. 1373.
2. Le grand étang, à lui seul, en contenait 14 ; l'étang de Gaudrée et celui de la Muette, chacun 3 ; les prés Trembleur et de Potelet, 3 arpents 1/2 ; celui de Grillon, 1 arpent 1/2 ; celui de Roinville, 3, et le clos Sanguin, près de Sermaise, 1 arpent 1/4.
3. Une de ces pièces, près l'étang de Gaudrée, servait anciennement de pépinière.— Février 1683, réunion au domaine de trois pièces de terre situées hors les murs, entre l'étang et le moulin du Roi, usurpées par le concierge du château.
4. Les gélines et les pains étaient destinés aux oiseaux et aux chiens de chasse.

2º A Roinville, une maison, et au-dessous de Roinville, quatre arpents de terre au moulin de la Mercerie, devaient des rentes d'avoine, et au domaine appartenait la ferme de la mairie de la justice et seigneurie de Beauvais, près Roinville.

3º A Sainte-Mesme, le seigneur, pour certains cens, les habitants, pour leur usage dans la forêt, avaient aussi quelques droits à payer.

4º Corbreuse devait des avoines pour semblable usage dans la forêt, et le « verdage » y était levé sur les maisons qui ne payaient point d'avoines.

5º Sonchamp, bien qu'éloigné de Dourdan, était toujours, par suite de titres fort anciens, demeuré l'un des débiteurs du domaine. Ses habitants et ceux des hameaux voisins devaient des avoines; de plus, le « fouage » de la paroisse de Sonchamp rapportait 2 deniers par « chascun « mesnage de la paroisse qui ne doibvent aucune avoyne, » et des foins étaient levés sur 840 arpents « ès quels les habitants de Sonchamp sou- « loient prendre leur coustume et pasturages de leurs bestes, et dont, « par arrest, ils ont esté débouttez (1). »

6º La coutume de Launay et héritage de Grande était encore une de ces antiques redevances que les possesseurs du domaine s'étaient transmises et qu'il était devenu difficile de justifier.

7º Quelques terres avaient été aussi réunies au domaine par puissance de fief : c'est ainsi que s'expliquait la jouissance du revenu de la terre et seigneurie de « l'Eschanson » (2), et du fief appelé le fief de Sainte-Croix de la Bretonnerie.

Faisons mention, pour terminer, des profits de fiefs, des confiscations, aubaines et épaves excédant 10 livres parisis qui revenaient au seigneur; du bénéfice des domaines usurpés à recouvrer, et de la nomination et provision des offices de judicature et de finance, conciergeries et geôles des prisons, etc., etc., et nous aurons, ce nous semble, mis sous les yeux du lecteur une nomenclature suffisante des articles constituant la recette du domaine de Dourdan proprement dit.

Perception des revenus du domaine. — *Terriers*. — La première condition, pour les nouveaux possesseurs du domaine de Dourdan, était d'avoir un bon terrier afin d'établir clairement leurs droits. On peut dire que tout le xviiiᵉ siècle fut employé à le compléter, qu'il ne fut jamais terminé, et ne servit à rien, puisque la révolution vint l'annuler. Les terriers sont toujours chose difficile à faire, et il reste le plus souvent certains points en litige qui les rendent inexacts. Le domaine de Dourdan,

1. Ces 840 arpents, jadis appelés « les Coustumes de Sonchamp, » avaient été adjugés au roi par arrêt du parlement, de février 1534. 420 arpents avaient été alors engagés par lui, pour 1,100 livres, à Jean Beaulieu et autres, en mars 1543. 220 avaient servi à faire un échange en octobre 1540.—Archives du Loiret, A. 1382.

2. Vieux souvenir de l'échanson de Philippe-Auguste. La maison de la communauté à Dourdan était sous la censive du fief de l'Eschanson.

plus qu'aucun autre peut-être, à cause de ses passages irréguliers ou violents dans tant de mains diverses, offrait de ces matières à procès. On se souvient des véhémentes protestations faites par le procureur du roi, en 1556, lors de la rédaction des coutumes, contre les empiétements de toutes sortes des seigneurs voisins. Un terrier avait pourtant été rédigé en 1538 (1), mais il était depuis longtemps fautif. Anne d'Autriche, en 1658, fatiguée des conflits qui s'élevaient entre son domaine et les dames de Lonchamp, avait tenté de leur faire faire de leur côté un terrier exact, mais elle n'avait qu'imparfaitement réussi.

Une estimation du domaine, soigneusement rédigée en 1668, servit de base à la constitution de l'apanage des ducs d'Orléans, et le sieur Lallemant de Lestrée, vicomte de Villeneuve, commis au terrier de 1676, rechercha et fixa par de nombreuses sentences les droits et les devoirs des censitaires.

A la suite d'échanges et de transactions auxquelles leurs agents avaient longtemps travaillé, les ducs d'Orléans étaient arrivés, vers la dernière moitié du xviiie siècle, à rendre leur position beaucoup plus claire. En décembre 1757, les archives du comté de Dourdan furent transportées du Palais-Royal à Paris, où elles avaient été centralisées, dans la ville d'Orléans, pour être soigneusement classées au siège de la généralité, et l'année suivante tout ce qui était demeuré de vieux titres dans la chambre basse du château de Dourdan consacrée aux archives, et dans les layettes de l'auditoire royal, fut expédié dans le même dépôt (2). Par lettres de terrier, obtenues en la grande chancellerie le 17 août 1775, Antoine Le Camus, notaire royal au bailliage d'Orléans, fut commis à la rénovation du terrier du comté de Dourdan, et les censitaires du domaine vinrent faire leurs déclarations par-devant Me Héroux, notaire à Dourdan, qui en a conservé toutes les minutes, aujourd'hui déposées dans l'étude de Me Ortiguier.

Fermiers. — Les ducs d'Orléans, en même temps ducs de Chartres, de Nemours, etc., avaient pour gérer leurs nombreux domaines un fermier général, qui lui-même prenait des sous-locataires. C'est ainsi que le domaine de Dourdan fut le plus souvent affermé à des hommes du pays, plus capables que d'autres évidemment d'y trouver du bénéfice. Le fermier jouissait de tous les revenus et droits que nous avons énumérés; le duc se réservait seulement les profits des censives, les profits de fief et de roture, rachats, reliefs, etc., le château avec toutes ses

---

1. Messire Jean Pommereu, conseiller du roi, avait été commis pour informer des usurpations du domaine de Dourdan, dès mars 1518.

2. C'est ce qui explique la présence, aux archives départementales du Loiret, d'une partie des papiers concernant le comté de Dourdan. Un fonds spécial, portant le titre du comté, est classé sous la cote A. 1371 à 1397.—Une autre partie de ces papiers est déposée aux Archives de l'Empire, dans la section domaniale O. 20,248-20,250, et 20,436-20,451. Les n°s 20,438 et suivants sont ceux des anciens terriers.

dépendances, la nomination et provision de tous les offices de judicature et de finance sujets à la casualité, les conciergeries et geôles des prisons. Le fermier général retenait pour sa part les terres des Granges et les domaines usurpés à recouvrer. Il devait chaque année 50 livres au concierge des prisons de Dourdan. Comme exemples du taux de fermage, nous citerons le bail de Gabriel Rousseau, pour six années, à raison de 3,000 livres par an (5 février 1681);—celui de Jacques l'Enfant, à raison de 5,000 livres (5 juin 1720);—celui de la veuve Deslandres, moyennant 4,000 livres (18 février 1769);—celui des Micheau, père et fils, pour 5,300 livres (1790).

Charges du domaine. — On peut dire que la recette ne couvrait pas la dépense, car en dehors des gages des officiers, des frais de justice, d'entretien, etc., il y avait le chapitre des aumônes : 20 livres 15 sols à payer au chapelain du château; 360 livres au chapitre de Notre-Dame de Chartres, pour l'entretien de la lampe d'or de Marie de Médicis; la rente de 1,000 livres aux bénédictines du Calvaire de Paris, etc. Il y avait la contribution aux travaux d'intérêt général, voirie, pavage, ponts, etc. La taille du duc d'Orléans à Dourdan, avec ses accessoires, capitation, corvées, etc., monte, en 1790, à 3,720 livres, et les vingtièmes et droits seigneuriaux atteignent 2,574 livres, sans compter d'autres petites impositions à Richarville et aux Granges.

Comme nous le disions en commençant, le vrai, le seul revenu sérieux de Dourdan, c'était la forêt.

§ II

FORÊT DE DOURDAN

Quand le duc Philippe d'Orléans fut mis en possession des revenus de la forêt de Dourdan, il trouva en grand mouvement l'administration forestière et bénéficia tout d'abord des règlements et des réformes introduits par Louis XIV dans cette branche du domaine public.

En exécution de l'arrêt du Conseil d'État du 15 octobre 1661, pour la « clôture générale des forêts dépendant du domaine du roi, » Anne de l'Hôpital Sainte-Mesme, maître particulier ancien et alternatif de la maîtrise des eaux et forêts de Dourdan, venait d'être chargé de faire son rapport (1). Nous y lisons que la contenance de la forêt de Dourdan est estimée à 2,400 arpents, dont 200 vagues; que la forêt de Louye y entre environ pour 300 arpents, les bois de Sainte-Mesme pour 600 arpents.

---

1. Archives de l'Empire, O. 20,436.

Nous y apprenons encore que la forêt de Dourdan est plantée en taillis de chênes, sur lesquels il y a des baliveaux de dix à cent-vingt ans d'assez mauvaise essence et qualité; que le terrain n'y est point propre aux arbres de haute futaie; que les coupes ordinaires ne portent que sur les taillis; que, depuis 1635, 300 arpents de baliveaux ont été vendus et coupés extraordinairement; enfin que le débit des bois est limité aux riverains, à cause de la difficulté des transports et des communications; en somme, que la forêt de Dourdan est en fort mauvais état, par suite des dégâts qui s'y commettent impunément depuis longtemps.

Ceci n'était qu'un sommaire procès-verbal. L'arrêt du Conseil d'État de 1641 avait ordonné la « réformation générale des eaux et forêts, » et le tour de Dourdan était venu en l'année 1665. M. Barillon, ou plutôt M. Legrand, son subdélégué, vint s'établir dans la ville, et commença à parcourir en tous sens la forêt à réformer. Messire François Hautemps, contrôleur des eaux et forêts de Dourdan, tenait la plume, et M. Martin de Récard, sieur de Saint-Martin, gruyer garde-marteau, avec le substitut du procureur du roi, le greffier et quatre gardes, escortaient et dirigeaient l'enquêteur dans son information (1).

Les abus étaient nombreux, car le volumineux procès-verbal de cette visite n'est qu'une longue complainte. Règle générale, tout ce qui avoisine les villes ou les villages, Dourdan, Rochefort, Saint-Arnoult, Sainte-Mesme, est gâté et dévasté. Dans chaque vente, le taillis est « ra-« bougry et abrouty des bestiaux, le hault bois est esbranchez et eshoup-« pez. » De grands arbres étouffent le taillis, de vieilles souches, coupées à deux pieds de terre, pourrissent sur place. — Viennent les explications : les délits sont très-anciens; à la faveur des troubles du siècle précédent, de mauvaises habitudes se sont prises; la misère les a perpétuées. Les pauvres gens se chauffent, et leurs bêtes paissent aux dépens du roi : il n'y aurait pas là grand crime; mais les paysans se transportent la nuit, par bandes armées, dans les bois. Il en vient de fort loin; et comme dans les grandes plaines de Beauce les arbres sont rares, c'est à Dourdan que se donnent rendez-vous, pour faire leurs provisions, de hardis maraudeurs. Des conflits s'élèvent à toute heure entre les gardes et les délinquants : menaces, violences, meurtres, les braconniers osent tout, et des procès, des jugements sont là qui témoignent de leur incorrigible audace.

Arrivent ensuite les révélations : à la vente de Beauchesne, les arbres de futaie ont disparu. C'est M. de Sancy qui les a vendus, il y a quarante ans, pour en faire de l'argent. — A la Fresnaye, tous les grands arbres sont coupés. C'est M. de Bautru qui les a fait prendre, « pour le « feu des cheminées du chasteau, pour la conservation des meubles. » Or, personne n'ose ajouter que le brave gouverneur a commencé par faire disparaître lesdits meubles jusqu'au dernier. — A Louye, il a

---

1. Archives de l'Empire, O. 20,436.

été coupé une bonne partie du hault-bois. Les usufruitiers ont quelque peu agi en propriétaires, et sans vouloir faire tort au roi, les bons moines, pour leur usage et celui de leurs pauvres, ne se sont pas toujours contentés des taillis.

Bien des dégâts devaient s'expliquer aussi par les droits de paisson, glandée, pacage, etc., concédés de tout temps, et les priviléges accordés à certaines personnes. Le fermier du domaine pouvait faire pâturer cinquante bêtes, le maréchal de la vénerie et des petites écuries du roi avait droit pour six vaches. Le seigneur de Sainte-Mesme pouvait faire paître tous ses troupeaux, et, de plus, prendre du bois pour ardoir et édifier en son manoir de Rouillon. Sans compter l'usage des habitants de Sainte-Mesme, Rouillon, Denisy, etc.

Ce que nul n'objecta, c'était la quantité exorbitante de combustible octroyée à chacun des officiers de la maîtrise pour son usage particulier, et qui n'était pas pris, croyons-le, sur le plus mauvais. M. Philibert Michel, écuyer, sieur de Grinville, avait à lui seul 50 cordes par an, comme maître particulier ancien et alternatif. M. de Bautru, en sa qualité de maître particulier triennal, en prenait 25 cordes, et il en réclamait 30 autres comme gouverneur du château. Le sieur de Pinceloup, contrôleur ancien, et les deux autres contrôleurs ses collègues, étaient taxés chacun à 25 cordes. Le lieutenant en avait 15; le procureur du roi, le greffier, le garde-marteau, chacun 10; il en revenait 6 à chaque garde, et ils étaient quatre; et le sergent en prenait autant. C'étaient plus de 250 cordes de bois, sans compter les bourrées et les fagots.

Dès le mois de juin 1665, parut une sentence de bornage et d'arpentage qui fixait la contenance de toutes les parties de la forêt de Dourdan à 2,799 arpents 18 perch. (1429 h. 54 a. 12 c.), et par un arrêt du 21 juillet 1675 il fut ordonné qu'on y couperait chaque année, au profit de son altesse royale le duc d'Orléans, 20 arpents de baliveaux et 220 arpents de taillis. On ne pouvait retirer au duc la ferme des droits de paisson et glandée, mais l'enquête de réformation avait laissé un bon règlement; les taxations des officiers avaient été revisées, et un triage spécial de la forêt affecté à leurs concessions de bois; les deux garennes du gouverneur à Saint-Arnoult et aux Granges, causes incessantes de dégâts, avaient été supprimées et tous leurs terriers comblés. Enfin, en l'auditoire royal de Dourdan, l'audience forestière devait se tenir tous les jeudis à midi, et les assises ou « haults-jours » revenaient deux fois l'an dans ladite maîtrise, à Pâques et à la Saint-Remi. — Ce grand acte de réformation de 1665 est complété par d'autres actes, procès-verbaux et plans qui subsistent encore, datés des années 1673, 1691 et 1734.

Les ducs d'Orléans, pendant le cours du dix-huitième siècle, ne négligèrent rien pour améliorer les conditions de leur domaine. L'ouverture de cinq grandes routes, celles de la Fresnaye, de Denisy, de Saint-Arnoult, d'Auneau et de Garencières, donna une vie toute nouvelle aux environs de Dourdan. La forêt cessa d'être un obstacle aux communications. Les trois dernières routes coûtaient à elles seules 120,000 livres. Un arrêt du Conseil d'État, de février 1760, autorisa des coupes extraordinaires dans les forêts de Dourdan, pour subvenir aux frais de construction de ces voies d'utilité publique. A peine terminées, le commerce s'en empara, et la circulation s'y établit de telle sorte que les dépenses d'entretien et de réparation coûtèrent bientôt plus de 2,000 livres chaque année au domaine. Les ducs d'Orléans, trouvant la chose onéreuse, obtinrent, en décembre 1781, un arrêt du Conseil qui les déchargeait de l'entretien, en les obligeant à une redevance annuelle de 400 livres, représentant les dégâts causés par l'exploitation de leurs bois.

Les exigences de la chasse étaient presque aussi puissantes que celles du commerce. Le roi Louis XVI dressa, dit-on, de sa propre main, un plan où furent tracées les routes que son intention était de faire construire, « pour la plus grande commodité et sûreté de chasses de Sa Majesté « dans la forêt de Dourdan. »

Le devis en fut dressé en mars 1782, en conformité d'un arrêt du Conseil du 28 février, et ce devis monte à 116,055 livres (1).

Louis XV s'était déjà occupé des routes de chasse de Dourdan. Étant à Rambouillet, il était venu, le 2 juillet 1735, lancer un cerf dans les bois de Rochefort. Il le poursuivit à travers la vallée de Dourdan, et, passant par Grillon, le prit dans la cour même des religieux de Louye. Les pères offrirent au roi un rafraîchissement et prêtèrent leur voiture pour porter le cerf à Rambouillet. Louis XV reprit son chemin, passa tout le long des murs de Dourdan et donna des ordres pour faire percer des routes dans la forêt, à dessein d'y venir chasser.

La vieille forêt avait conservé son antique réputation d'être giboyeuse, et spécialement commode pour ce plaisir de roi. Le comte de Toulouse convoita toute sa vie la chasse de la forêt de Dourdan, et Louis XIV dut à plusieurs reprises éluder sur ce point, par un refus positif, les demandes les plus insinuantes et les offres d'échange les plus avantageuses. Le prince de Rohan-Gueménée, revêtu de la charge de grand-veneur, profitait souvent du voisinage de Rochefort pour venir chasser dans la forêt de Dourdan avec la meute royale. La plus haute société des environs se donnait là rendez-vous en grand attirail (2).

Le lecteur trouvera sans doute plaisante une anecdote arrivée aux environs de Dourdan à l'occasion d'une chasse de Louis XVI, et dont nous empruntons le récit à une lettre écrite à l'intendant d'Orléans, le 3 août 1775, par le subdélégué de Dourdan, auquel on demandait, par circulaire,

1. Archives de l'Empire, O 20,249.
2. Le spirituel et mordant marquis de Châtre raille le justaucorps chamarré d'or et le chapeau à plumes que portait à une de ces chasses de Dourdan M. Servin, seigneur de Bandeville, qui avait donné sa démission de maître des requêtes pour mieux chasser. — M. de Ch.—*Jeux d'esprit et de mémoire.* Cologne, 1694.

une petite nouvelle pour la gazette officielle : « Vous m'avez paru désirer que je vous fasse part de tout ce qui pourroit arriver à ma connoissance dans l'étendue de mon département. C'est pour me conformer à vos intentions que je crois devoir vous informer d'une anecdote particulière dont l'événement peut être heureux pour la veuve d'un de mes fermiers, chargée de quatre filles en âge d'être mariées. Vendredi, 28 juillet dernier (1775), le roy, Monsieur (Louis XVIII) et monsieur le comte d'Artois (Charles X), étant à chasser dans la paroisse de Sonchamp, survint un orage si considérable que le roy, les princes ses frères et leur suite furent mouillés jusqu'à la peau, et se réfugièrent dans une ferme nommée le Coin-du-Bois. Le roy ordonna qu'on fît bon feu dans toutes les chambres, ce qui fut exécuté avec tant de précipitation qu'on brûla jusqu'à quelques chevrons même que j'avais de réserve. Ensuite on demanda des serviettes à cette veuve, qu'elle présenta, comme on pense, avec joye. Le roy, les princes la firent retirer pour un instant, et après s'être changés, le roy, ainsi que monsieur le comte d'Artois, ayant mandé cette veuve, entrèrent avec bonté dans les plus grands détails sur sa situation, sur ce qu'elle payoit de taille et d'impositions, et, touchés du nombre des filles dont elle étoit chargée depuis treize ans que son mari étoit mort, ils lui dirent que s'il s'étoit présenté quelques partis pour elles ou s'en présentât, ils pourvoiroient volontiers à leur dot. M. le comte d'Artois demanda, entre autres, à l'une d'elles, avec gayeté (et ce n'est pas la plus désagréable des quatre), si elle avoit un amoureux, qu'elle eût à le lui déclarer avec franchise, que cette occasion en étoit une qui ne se trouveroit peut-être jamais ; et, l'ayant pressée de lui faire cette déclaration, cette fille, d'un air innocent et tremblant, lui répondit ingénuëment qu'il ne s'étoit présenté personne jusqu'à présent ; à quoi M. le comte d'Artois ayant répliqué qu'il falloit qu'elle fît en sorte d'en avoir sous peu de jours, elle répondit tout bonnement que *marchandise offerte a le pied coupé;* réponse qui fit beaucoup rire le roy, qui ne put s'empêcher de dire que l'on trouvoit toujours de l'honnêteté et de la sagesse dans les villages, et fit donner à cette veuve deux louis d'or. M. le comte d'Artois en fit autant, et douze livres en outre pour ses filles. M. le comte d'Artois raconta cette histoire à la reine, qui s'informa si ces filles étoient jolies, si elles étoient brunes, rouges ou blondes ; lui ayant répondu qu'elles étoient brunes, la reine dit : « C'est « de la bonne couleur : s'il n'étoit pas si tard, j'irois volontiers les voir, et « si le roy contribuë à leur dot, je pourvoirai à leur trousseau. » Le roy envoya dès le surlendemain le sieur Blanchet, concierge du château royal de Saint-Hubert, et une autre personne, avec ordre de recueillir tous les éclaircissemens nécessaires, qu'on a pris par écrit, et l'on a insisté beaucoup sur le désir qu'on avoit qu'il se présentât quelque parti pour les filles. On ignore quelle pourra être la suite de cet événement. Si vous le désirez, Monsieur, je me ferai un plaisir de vous en rendre compte. »

§ III

PRINCIPALES CENSIVES PARTICULIÈRES SUR LE TERRITOIRE DES PAROISSES DE DOURDAN.

LA SEIGNEURIE DE ROUILLON

FIEF DE ROUILLON. — Il est un de ceux qui intéressent le plus l'histoire topographique de Dourdan. Par sa censive et sa justice, il embrassait, en effet, la plus grande partie de la banlieue de notre ville, et pénétrait jusque dans ses murs.

Rouillon, aujourd'hui hameau de la commune de Dourdan, « sis en « la paroisse de Saint-Germain de ladite ville, » est situé dans un repli de terrain, derrière Semont, sur le plateau qui domine la ville au nord. Son nom, qui était autrefois *Roullon*, paraît avoir pour étymologie le nom propre *Rollo* (1). Très-anciennement possédée par un prêtre du nom de *Pierre Bourguignon*, qui la tenait lui-même de ses pères, cette terre fut donnée par lui, à la condition d'entretenir un religieux chargé de prier pour sa famille, aux chartreux de Paris, qui en jouissaient encore en 1287, et la vendirent à divers particuliers. Vers 1315, la plus grande partie du bois de Rouillon fut réunie à la forêt de Dourdan. Le plus ancien seigneur de Rouillon, connu par les titres, est *Jean Cinguot*, dont la veuve, *Jeanne La Girarde*, en rendit aveu au duc de Berry, seigneur de Dourdan, le 9 juin 1415, et le gendre *Guillaume Aymery*, avocat au Châtelet de Paris, en rendit aveu au roi le 29 avril 1467.

En 1473, *Aymard de Poisieu*, dit *Capdorat*, seigneur de Sainte-Mesme, acquit la terre de Rouillon de Guillaume Aymery, et sa petite-fille, Louise de Poisieu, l'apporta à la famille des l'*Hospital*, qui la conservèrent pendant deux siècles (aveu de 1539). Échangée un instant, en 1565, entre Henri de l'Hospital et *Saladin de Montmorillon*, écuyer (2), elle sortit de la maison de Sainte-Mesme en 1723, vendue par Élie-Guillaume de l'Hospital, comte de Sainte-Mesme, à *Jacques-Michel Lévy*, grand-bailli de Dourdan. Les enfants de celui-ci la cédè-

---

1. Rouillon ayant, au siècle dernier, appartenu en partie aux seigneurs de Bandeville, nous avons puisé sur ce fief des détails assez complets, en dépouillant d'anciens titres et surtout l'inventaire des titres du marquisat de Bandeville, dont les trois registres in-folio nous ont été confiés avec la plus grande bienveillance par M. le comte de Pourtalès, propriétaire actuel de Bandeville et de la ferme de Rouillon.

2. Hommage du 15 juillet 1582.—*Archives de l'Empire*, P. 8.98.

rent, en 1739, au président de Bandeville, qui la réunit à son marquisat jusqu'à la révolution.

Dès 1473, le fief de Rouillon, outre l'hôtel seigneurial, avec colombier, cour, mare et jardin, entouré de plus de cent arpents de terre, cinquante arpents de bois avec rentes foncières, droits de menus cens, coutumes et justice, pâture dans la forêt de Bonchamp, etc., s'étendait jusqu'à Roinville et Sermaise, sur une partie des terres et prés des chantiers de Grousteau, des Minières, de Montauban, de Blanchien, de l'Oiselet, de Gaudrée et du « Mardre, » sur plusieurs maisons de la rue Saint-Pierre et sur presque tout le quartier d'Étampes, entre la rue de ce nom et les remparts; mais ce qui triplait son importance et sa valeur, c'étaient ses arrière-fiefs, depuis longtemps inséparables, de *Liphard, Cens-Boursier, Pierre de Sonchamp, Semonds,* les *Jorias, La Leu,* le *Sault-de-l'Eau, Grillon,* le *Moulin-Grousteau, Vausoleil,* qui enveloppaient presque complétement la ville.

Fief de Liphard. — Anciennement *Luffehard, Luphard, Lyphard,* situé sur le plateau, au nord-est de Dourdan. Il n'était, à proprement parler, qu'un démembrement de Rouillon, et se composait d'un manoir avec *huit à neuf vingt* arpents de terre, en y comprenant celles de l'Hôtel-Dieu de Dourdan, baillés à cens et à rentes à plusieurs particuliers; soixante livres tournois environ de menus cens, droits de justice confondus avec ceux de Rouillon (aveux de 1415, 1467, 1539, 1602, 1685, etc.). Liphard, qui n'est aujourd'hui qu'une ferme, paraît avoir été autrefois un hameau composé d'habitations espacées et occupées par des vignerons, qui cultivaient en vignes tout le coteau qui regarde le midi, depuis Semont jusqu'à Châteaupers et au delà. On a retrouvé de vieilles caves, et la charrue a mis plusieurs fois à découvert des vestiges de constructions entre Liphard et Semont, au nord du bois des Brosses.

Fief de Cens-Boursier, ou *Chamboursier,* sis à Dourdan. — Ce fief, dont l'origine est fort ancienne, se composait de 40 sols parisis de menus cens, à prendre le jour de la Saint-Remy, sur plusieurs héritages de la ville et terroirs voisins de Dourdan, par le seigneur de Rouillon pour moitié, et ensuite pour le tout, en vertu de la cession que fit de sa part, en 1455, à Guillaume Aymery, *Jean Couturier,* héritier de messire Jean Boissy, son oncle, par-devant Dechénac, notaire à Dourdan.

Fief de Pierre de Sonchamp, sis à Dourdan. — Il se composait de cinq quartiers de prés assis à *Grésillon* (Grillon), et de huit à onze sols parisis de cens sur plusieurs héritages à Dourdan et ès environs, *naguère acquis de feu Pierre de Sonchamp* (1461), achetés par Guillaume Aymery, de Jean Vian de Dourdan, et vendus par lui au seigneur de Sainte-Mesme (1473). Aveux du 27 sept. 1463, etc.

Fief de Semonds, *Semons,* aujourd'hui *Semont.* — Situé entre Rouillon et la lisière de la forêt, au nord de Dourdan.

La terre et seigneurie de Semonds, d'après un aveu passé la veille de l'*Assension*, devant Chenetier, tabellion à Brethencourt, appartenait, en 1355, à *Adam de Moncelles*. Le 12 mars 1415, nous voyons le bailli de Dourdan, en conséquence des lettres patentes du duc de Berry, seigneur de Dourdan, donner main-levée de la saisie féodale faite du fief de Semonds sur noble homme *Charles de Fumechou*. Son petit-fils, *Louis*, en fait foi et hommage, le 7 décembre 1473 et le 15 juin 1476; le vend en 1477 à noble dame *Marguerite de Montorsier*, dame de Sainte-Mesme, qui possédait du même temps la terre de Rouillon, et depuis cette époque ces deux terres ont toujours été dans la même main.

La seigneurie de Semonds consistait anciennement, d'après l'aveu de 1476, en l'hôtel seigneurial de Semonds, bâtiments, maisons, cour, jardins, bois et terres labourables, le tout contenant 151 arpents 20 perches en domaine; plus en 3 arpents 25 perches de prés; 35 sols de cens, payables à la Saint-Remy; trois septiers de dîmes et champarts et cinq fiefs ci-dessous décrits. Elle relevait de l'église, chanoine et chapitre de Notre-Dame de Cléry, à cause de leur terre et seigneurie de *Dimancheville* (1).

Au-dessus de Semont, vers le nord, non loin du pavé de Rochefort, dans une petite plaine au milieu du bois, existait une ferme qui portait le nom de *Bonchamp*. Michel le Fébure, conseiller du roi, procureur en la maîtrise des eaux et forêts de Dourdan et procureur général de la confrérie de la charité des pauvres de la paroisse Saint-Germain, s'intitulait sieur de Bonchamp en 1690. Le fermier de Bonchamp faillit être, au xviiie siècle, l'une des victimes de la bande de Renard, qui infestait le pays (2).

Fief de Jorias ou *des Jourriatz* (1er relevant de Semont).—Acquis à ce titre, avec Rouillon, par le seigneur de Sainte-Mesme, en 1477, ce fief était assis à Dourdan, devant l'église Saint-Pierre (ou *Moustier de Saint-Père*, suivant l'aveu du 9 juin 1415). Il consistait en un manoir, hôtel et ses dépendances (cet hôtel n'était plus, en 1473, qu'une masure occupée par Guillaume Chereau et sa femme) (3); en deux arpents de vignes derrière ledit hôtel; une maison rue Saint-Pierre, appelée l'*hôtel de l'Écu de France* (1415); droits de cens sur 42 maisons de la ville, 37 jardins et 114 arpents de terre; dîmes de vignes, de vin et de terres, en commun avec le prieur de Saint-Pierre.—Aveux de 1473, 1672, etc.

Fief de La Leu ou Lalun pour moitié (2° relevant de Semont). —

---

1. Sur l'emplacement de cet ancien fief existent maintenant le petit Semont, la ferme de Semont et le château de Semont qui, après avoir passé dans les mains d'un grand nombre de propriétaires, appartient aujourd'hui à M. Allain, qui l'a réparé et agrandi.

2. La ferme de Bonchamp a fait place à la pittoresque et solitaire habitation de M. le baron Jubé de la Pérelle.

3. 24 juin 1476.—Saisie féodale du fief de Jorias, *qui est la maison du Cheval Blanc, rue Saint-Pierre, à Dourdan*.

Assis près et en la paroisse de Saint-Arnoult, et consistant en manoir, hébergement et divers menus cens.—Tenu en 1476 par Jean Ramelot.

Fief du Sault-de-l'Eau (3e relevant de Semont). — Joint à celui *de la place devant le moulin Pareau*, situé en la paroisse de Roinville-sous-Dourdan.—Tenu par les hoirs de Bernard Hubert, en 1476.

Fiefs de Grillon et du Moulin de Grillon (4e et 5e relevant de Semont). — D'après des aveux de Semont du 15 juin 1476 et de 1514, il y avait à Grillon ou au *Grésillon*, dans la prairie, au nord-ouest de Dourdan, une maison avec cens et rentes d'avoines, etc., *qui fut aux Robigues*, tenue par *Jean Macés*, écuyer, au lieu de *Philippe Massard*. *Jehan de Nasselles,* écuyer, était seigneur de Grillon, de la Fosse, du Jallier et des Loges, en 1499. Sa sœur, *Louise de Nasselles*, apporta en dot à noble homme *Jean Lesaine* le fief de Grillon, dont des aveux de 1514 et 1519 nous donnent la description : « Consistant en une masure
« qui fut aux Robigues, où de présent a une maison et grange couverte
« de thuilles, cour, lieu et accint, avec un colombier qui souloit estre
« sur le portail et entrée dudit hostel ; le tout fermé d'anciens fossés à
« eaux, contenant le tout environ un arpent, qui est le principal manoir
« dudit fief de Grillon, tenant d'une part aux prés du seigneur de Se-
« monds, d'autre part à la rivière d'Orge, — un jardin entre le manoir
« et le moulin de Grillon, — pièces de terre (1) allant jusqu'au Gravier
« ou fief du Jallier et au clos du Moine des Fourneaux,— au champtier
« du Champ-des-Prez ou du Mineray,—au Mesnil,—à Cochereau,— à la
« fontaine de la Thiboulde,—à la pointe de Potelet,— à la croix l'Eslu,
« —plus le Moulin de Grillon. »

La fille, *Françoise Lesaine*, femme de Denis Harmand, écuyer, céda Grillon en 1520 à *Jean Hurault*, conseiller et maître des requêtes, seigneur de Veuil, le Val Saint-Germain, etc.; et c'est ainsi que ce fief passa et demeura sous la censive des propriétaires du Marais (2). Jean Hurault, en se réservant tous ses droits seigneuriaux, qui furent souvent l'occasion de litiges, saisies, main-levées, etc., engagea Grillon, qui changea fréquemment de mains. Le moulin de Grillon, acquis en 1506 par *Jean Paroissien*, appartient, en 1534, avec Grillon, à *Guillaume du Roussel*, écuyer, sieur de la Mare. *Antoine Duferrier* est menacé de le perdre par saisie en 1558. *Guillaume du Gué*, valet de chambre et organiste du roi, en est propriétaire en 1563. *Jean Le Roux*, receveur des tailles à Dourdan, le vend à *Paul Pénot* en 1659, et *Denis Jonquet* l'achète en 1663. Denis Jonquet était un docteur en médecine qui fit de fort mauvaises affaires, et ceux qui achetèrent de lui Grillon eurent longtemps à souffrir des saisies, décrets, oppositions, etc., de ses créanciers.

1. Environ 30 arpents, avec 10 à 11 livres tournois de menus cens, demi-septier d'avoine et 10 à 15 poules.
2. Au sujet du fief de Grillon, nous avons trouvé des détails dans les archives du Marais, qui nous ont été ouvertes de la meilleure grâce par M. le marquis de la Ferté.

Jean du Cerceau, conseiller du roi et de son altesse royale, lieutenant en la maîtrise des eaux et forêts de Dourdan, ayant fait cette acquisition, vint s'établir à Grillon avec sa femme Antoinette des Érables. Bien que les biographies mentionnent Paris, on a souvent répété que le célèbre jésuite et poëte latin, le père du Cerceau, était né à Dourdan ; ses parents possédaient effectivement Grillon à l'époque de sa naissance (1670).

Etienne Le Large de Ruys acheta Grillon, le 23 septembre 1676, de Jean du Cerceau. Il était conseiller du roi, maître des requêtes du conseil du duc d'Orléans et contrôleur général de la maison de la duchesse ; il trouva quelque intérêt à s'établir sur le nouveau domaine de son maître. Il fit démolir l'ancien manoir de Grillon et construire un château qui, bien qu'il fût de proportions restreintes, contribua à l'endetter. A sa mort, Marguerite de Bonnière, sa veuve, vendit Grillon moyennant 18,000 livres, dont 8,000 comptant et 10,000 représentées par une rente de 500 livres, à un personnage célèbre dont le nom et le souvenir vivent encore dans notre vallée, à *Jean-François Regnard*, le poëte (22 juillet 1699).

C'est dans un chapitre spécial que nous parlerons du séjour de Regnard à Grillon. Il y passa les dernières années de sa vie en joyeuse et noble compagnie, y composa plusieurs de ses plus spirituelles comédies et la relation des pérégrinations de sa bizarre existence. Il y mourut non moins bizarrement, le 5 septembre 1709, et ses héritiers vendirent, le 7 mars 1710, la maison, le moulin et les terres de Grillon pour 21,000 livres, et le mobilier pour 2,000 livres, à Nicolas-Joseph Foucault, chevalier, marquis *de Magny*, lieutenant de la grande vénerie du roi, lieutenant général des armées du roi d'Espagne et fils de l'estimable administrateur et antiquaire Foucault. Regnard devait toujours 10,000 livres sur sa maison, et on racheta la rente de 500 livres.

M. de Magny possédait encore Grillon en 1771. Le chevalier *de Maupeou* le vendit le 15 novembre 1773 au sieur Duclos, moyennant 50,000 livres, qui ne lui furent sans doute pas payées, car nous trouvons une seconde vente du chevalier de Maupeou, le 4 novembre 1779, moyennant 40,000 livres, à *M. Lebrun*, alors attaché au chancelier de Maupeou, plus tard prince et architrésorier de l'empire. C'est la terre de Grillon qui a attiré M. Lebrun dans un pays dont il n'a pas cessé de faire sa résidence favorite, et où il s'est plu à exercer sa bienfaisance. Nous dirons ailleurs (1) les jours tour à tour paisibles et agités qu'il passa à Grillon, et le rôle joué par le modeste château de Regnard durant la période révolutionnaire de notre histoire.

Le fief de Grillon, comme on le remarquera en passant, avait vu, par suite de transmissions successives, se multiplier et se croiser ses liens

1. Voir le chapitre de *Dourdan en* 1789.

féodaux, et il est assez curieux de suivre dans les actes de foi et hommage reçus et rendus par ses seigneurs, les ricochets d'une vassalité compliquée. Un personnage comme Regnard, par exemple, après avoir reçu la foi du petit fermier qui exploitait un héritage sur la terre de Grillon, allait porter la sienne au seigneur du Marais ; le seigneur du Marais devait l'hommage au comte de Sainte-Mesme, à cause de Semont, dont relevait Grillon. Le comte de Sainte-Mesme devait, pour Semont, hommage au chapitre de Notre-Dame de Cléry, à cause de la seigneurie de Dimancheville, et le chapitre avait aussi ses devoirs. D'un autre côté, pour son comté de Sainte-Mesme, dont Semont dépendait, le comte devait foi et hommage au roi et au duc d'Orléans, à cause de la grosse tour de Dourdan ; nous ne suivons pas la filière dans tous ses détails (1).

FIEF DU MOULIN GROUSTEAU. — Donné à bail à rente par Guillaume Aymery, seigneur de Rouillon, le 27 avril 1458, à *Micheau Le Tessier*, dit de Beausse, avec prés, aulnoys, grange et clos, moyennant une rente seigneuriale de douze septiers de blé froment, mesure de Dourdan, *à douze deniers près du prix du meilleur*, le moulin de Grousteau demeura dans la main des Tessier pendant plus d'un siècle, et conserva toujours le nom de moulin *Micheau*, du nom de son premier fermier. Il appartenait, au XVIIIe siècle, aux religieuses cordelières de la rue de Grenelle, à Paris, réunies en 1749 à l'abbaye de Longchamp (2).

FIEF DE VAUSOLEIL. — Situé *sur la rue de la Forest de Dourdan*, consistant en masure et bois, tenus en roture par différents particuliers.

FIEF DU ROUAGE (3) DE DOURDAN ET DES GRANGES-LE-ROY (relevant du roi, à cause de son château de Dourdan). — Le 3 décembre 1352, *Charles de Rougemont*, par-devant deux notaires du Châtelet de Paris, vendait le « Rouage » de Dourdan et des Granges à *Robert de Boutarvillier*. Robert le transmettait à sa sœur Marie, des mains de laquelle il passait, de père en fils, à Jean de *Nasselles*, Pierre de Nasselles, Jean de Nasselles, seigneur des Loges et de la Chaise (4). C'est de ce dernier que *Claude de Poisieu*, seigneur de Sainte-Mesme, l'acheta le 25 octobre 1510, devant Soutif, tabellion à Dourdan, moyennant 100 livres tournois et *une robbe de chambre à l'épouse du vendeur*. Ce droit de rouage était de deux deniers parisis par charrette, et quatre deniers parisis par

---

1. La terre de Grillon, habitée par Lebrun, devint le centre d'une manufacture de filature et tissage de coton, créée par le consul, florissante sous l'Empire, plusieurs fois reprise et finalement abandonnée. Une sorte de cité ouvrière, dont il ne reste plus que le souvenir, s'élevait non loin du château. Il y a peu d'années, le château délabré a disparu comme le reste. Le moulin et la terre viennent d'être acquis par M. Charles Dujoncquoy, dont la belle propriété de la Garenne s'étend de l'autre côté de la route, en face Grillon.

2. Le moulin *Micheau* a été supprimé, il y a quelques années, pour augmenter la chute du moulin Prieur ou Choiselier, qui est un peu au-dessus.

3. Droit prélevé sur les charrois.

4. Sentences du Trésor, 12 avril 1507.—29 mai 1508.

charriot chargés de vin ou autre breuvage, et, à faute de le payer ou déprier, amende de 60 sols parisis.

Les profits du roi pour ce fief montaient à 23 livres 10 deniers. (Actes du bailliage de Dourdan, en 1512.) (1)

Justice de Rouillon. — La justice de Rouillon, qui était commune à Liphard, à Semont avec ses dépendances, et aux maisons de la rue d'Étampes à Dourdan, n'était que moyenne et basse avant 1651. C'était à Dourdan qu'elle s'exerçait le plus souvent. Nous lisons dans un aveu et dénombrement du 29 avril 1467 : « Item, toute la justice moyenne « et basse sur tous les manans et habitans de la ville de Rouillon, de « Luffehard et de Semons, aussi maisons et masures assises en ladite rue « d'Estampes, étant de la censive dudit Rouillon, en l'une desquelles « maisons sises en laditte ruë d'Estampes, il y a *prison*, et où l'on tient « les plaids et juridiction de la justice de Rouillon, pareillement et sem- « blablement comme audit lieu de Rouillon, quand bon semble audit « seigneur de Rouillon, et en icelle est encore la prison dudit seigneur de « Rouillon, *qui est toute ronde*. » Le siége de la justice de Rouillon paraît avoir été de tout temps une cause de jalousie et un sujet de contestations entre les propriétaires et les officiers du bailliage de Dourdan. Longtemps elle se rendit à l'entrée de l'*auditoire* de Dourdan, qui en garda le nom de *Barre de Rouillon*. A la suite d'un différend, on la transporta rue d'Étampes, et là, tout près de la prison en forme de puits qui s'y voyait encore, comblée de pierres, au XVIIe siècle, on charria de Rouillon un grosse pierre *en forme de meule de moulin*, devant laquelle furent cités les plaideurs. Au XVIIIe siècle, M. Lévy, propriétaire de Rouillon, s'avisa d'installer sa justice dans une des dépendances de sa nouvelle maison du Parterre, et de faire inscrire sur la porte, en face de la croix Rouge : « Justice de Rouillon, » en lettres d'or sur marbre noir, avec les armes royales; mais le procureur du roi s'en émut, et, par suite d'une transaction, la justice de Rouillon fut à toujours expulsée du territoire de la ville (2).

Moyens et bas justiciers jusqu'en 1651, les seigneurs de Rouillon acquirent le droit de haute justice lors de l'érection de la terre de Sainte-Mesme en comté. (Lettres patentes de septembre 1651.) Leur justice s'exerçait par un bailli, un procureur fiscal, un greffier, procureur postulant et sergent à la barre du bailliage de Dourdan. Les appellations ressortissaient audit bailliage, et les droits se reportaient en plein fief au roi, *à cause du comté de Dourdan*.

Au droit de justice s'ajoutaient ceux de *mesurage, arpentage, bor-*

---

1. Hommage (1510). *Arch. de l'Emp.*, P, 8, n° 5.—Lettres royaux, 20 déc. 1511.— Arrêts du parlement, 25 juin 1533,—3 janvier 1558.—Sentences du bailliage, etc.

2. Ce marbre avec son inscription vient d'être offert à la collection de la ville par Mme de Beaulieu, naguère propriétaire de la ferme de Rouillon.

nage et rouage. — La *coutume* de toutes les denrées vendues ou échangées dans les villages soumis à la censive et dans les maisons de la rue d'Étampes, savoir : pour un cheval, 1 denier parisis; pour charrette, 2 deniers parisis. — Puissance au seigneur de recevoir *gagement* en sa seigneurie et justice, avec l'office de *sergenterie fieffée* de la châtellenie de Dourdan.

Nous devons faire observer, pour terminer l'histoire des fiefs relevant de Rouillon, qu'ils subirent au dix-huitième siècle, dans leur assiette et dans leur censive, de grandes modifications.

Le duc d'Orléans, seigneur de Dourdan, fatigué, comme nous l'avons dit, par des conflits incessants de juridiction, et gêné, jusque dans le cœur de sa ville, par ces nombreuses enclaves, proposa et fit accepter au marquis de Bandeville, seigneur de Rouillon, un échange qui débarrassa Dourdan de toute censive étrangère et reporta plus loin dans la banlieue les droits des anciens possesseurs. C'est ainsi que, par contrat du 9 juin 1780, tous les droits du seigneur de Rouillon sur 85 maisons, granges ou jardins de la ville et faubourgs de Dourdan, et sur 95 arpents de terres situées au levant, midi et couchant de la ville et dépendant des fiefs de Rouillon, Cens-Boursier, Pierre de Sonchamp, et de Jorias, furent échangés contre pareils droits appartenant au duc d'Orléans sur 245 arpents de terres, bois et vignes de la partie nord ou nord-ouest du territoire de Dourdan. (Vallée Biron, etc.)

Une transaction semblable fut faite en même temps avec le seigneur du Marais à cause de ses droits sur Grillon, Grousteau, les Minières, et sa censive de Roinville qui s'étendait sur un bon nombre de maisons de la ville et notamment sur des maisons du quartier Saint-Pierre et de la rue Neuve, entre autres sur les terrains de l'Hôtel-Dieu, etc.

Cet arrangement, qui exigea tout un travail préparatoire et dont les archives de l'empire conservent un plan détaillé (1), devait avoir peu d'utilité. Dix ans après, Philippe d'Orléans, devenu *Philippe Égalité*, perdait, par la Révolution, ses terres et ses droits, et le territoire de Dourdan voyait pour jamais disparaître de sa surface ce dédale compliqué d'une féodalité surannée.

CENSIVE DU PRIEUR DE SAINT-PIERRE.

Le Prieur de Saint-Pierre avait hérité des anciens droits du *Moustier Saint-Père* lorsque les moines de Morigny avaient dû séculariser les fonctions curiales qu'ils y exerçaient (2) Il était à la fois seigneur spirituel et temporel de sa paroisse, et comme seigneur temporel il avait droit de justice moyenne et basse sur les vassaux et sujets du prieuré.

---

1. Plans Seine-et-Oise, 2ᵉ classe, nᵒˢ 68, 161. — La mairie de Dourdan en possède un calque.
2. Voir le chapitre consacré à l'église Saint-Pierre.

Sa censive se décomposait ainsi, suivant l'aveu et dénombrement rendu au xviii° siècle, lors de la rénovation du terrier de Dourdan :

La maison prieurale sise près l'église Saint-Pierre, et terrain y attenant planté en ormes,

Un arpent de pré, champtier de la Huanderie, prairie de Dourdan, près les Fontaines bouillantes.

Un arpent de marais, près le moulin Choisellier.

15 sous 2 deniers de cens sur des maisons et jardins de la rue Saint-Pierre.

11 s. 3 d. sur des maisons et jardins de la rue Grouteau.

9 s. 4 d. sur des prés et marais du champtier de la petite Soulaye.

8 s. 1/2 sur une maison de la rue d'Étampes.

11 s. 1 d. sur des maisons et jardins rue de la Chiennerie, vers la tête au Maur.

4 s. 7 d. sur des maisons et terres au-dessous de la butte de Normont, entre ladite butte et le chemin qui conduit de la chapelle Saint-Laurent au Puits-des-Champs.

5 s. 10 d. sur des maisons et jardins au faubourg du Puits-des-Champs (emplacement de l'ancien clos *Saint-Perre*).

55 s. 10 d. sur tout le champtier de la *Huanderie*, appelé autrefois *le bois Saint-Perre*, contenant actuellement environ 44 arpents.

17 s. 6 d. et 4 chapons sur le lieu et héritage appelés *le Gravier*, appartenant actuellement au sieur Le Brun.

41 s. 6 d., 3 chapons et 3/4 de chapons sur la basse-cour du sieur de Verteillac, et autres héritages hors de la ville et de la paroisse.

32 s. 10 d. de menus cens, 7 chapons et 12 minots 1/2 d'avoine sur les héritages situés à la Brière, paroisse de Roinville.

Les cens, à raison de 8 s. par arpent, sur les terres, vignes et bois assis au champtier dépendant de la Brière.

Les cens, à raison de 5 d. par arpent, avec le droit de champart de 12 gerbes une, à prendre sur tout le territoire dudit lieu.

20 s. 6 d. de cens sur plusieurs maisons et jardins aux Granges-le-Roi.

16 s. 3 d. sur une maison à Saint-Évroult, paroisse de Saint-Chéron (1).

Les Prieurs de Saint-Pierre avaient, comme les autres seigneurs, leur terrier. Il fut renouvelé à la fin du xviii° siècle, suivant des lettres obtenues à cet effet, le 31 août 1774 (2).

CENSIVE DU PRIEUR DE SAINT-GERMAIN.

Le fief du moulin Choiselier. — Le moulin Choiselier, encore connu sous le nom de *moulin Prieur*, situé sur la rivière d'Orge, au-dessous de Dourdan, à la sortie du faubourg du Madre, dépendait très-anciennement du Prieur de Saint-Germain, car nous avons cité un acte de 1281, revêtu du sceau de la prévôté de Dourdan, par lequel, en présence de Gille Cortoys

---

1. Voir d'autres aveux rendus le 16 novembre 1598 par M⁰ Pierre Chaillon, prêtre, chanoine et chantre de l'église Sainte-Croix d'Étampes, comme seigneur temporel de Saint-Pierre, au roi, et à M. de Sancy ; —le 1ᵉʳ novembre 1680, par Étienne Le Gou, prieur-curé, etc.—*Archives de l'Église*.

2. Les déclarations reçues par M⁰ Héroux sont aujourd'hui dans l'étude de M⁰ Ortiguier. —Le terrier de Saint-Pierre est aux archives de Seine-et-Oise.

et Nicholas Deville « prévoz de Dourdan » et de nobles témoins, la dame *Julianne de Choiseler* reconnaît « que religieus home le prieur de « Saint-Germain et si prédecesseur pour raison de leur meson et de leur « prieuré de Saint-Germain, ont esté tozjourz et sont en possession de « prandre et recevoir ou moulin de Choiseler un mui de blé de rante « chacun an, franc, quitte et délivre, » ce que le meunier Johannot « afferma estre vrae (1). »

En novembre 1340, Jean, sieur de Marchais, de qui relevait le moulin Choiselier, donnait des lettres d'amortissement.

En 1464, frère Cantien Favernay, prieur-curé de Saint-Germain, acquérait de Jean Brehier une maison attenant le moulin Choiselier, ladite maison chargée envers lui de 2 sols de cens (2).

Fief du Mesnil. — (Relevant de Marchais.) Situé dans la prairie de Dourdan, un peu au-dessus de Potelet, le fief du Mesnil appartenait par moitié aux marguilliers et au prieur de Saint-Germain. Suivant testament du 8 mai 1489, noble homme Jehan de la Barre, dit Germain, écuyer, leur laissait par moitié un arpent de pré au champtier du Mesnil, aboutissant d'un bout au Morsan, à la charge, pour le prieur, de dire une messe anniversaire, et, pour les marguilliers, « de lui *ramentevoir* (rappeler) *ce mestier.* »

Nous avons sous les yeux, aux dates de 1587, 1594, 1597, 1600, etc., des déclarations en faveur du prieur de Saint-Germain de plusieurs arpents de terre, manoir, etc., assis au Mesnil, tenus en censive dudit prieur.

Le 15 septembre 1489, le prieur et les marguilliers rendent foi et hommage à noble homme Jean des Mazis, seigneur de Bruières-les-Scellés et Marchais, pour le fief du Mesnil et avouent le tenir à 32 sols 10 deniers parisis, 2 deniers tournois de menus cens, en fief noble, à une seule foi et hommage, à rachat, quint-denier, et cheval de service, quand le cas y échet. — D'autres aveux sont datés du 1er octobre 1524 (à Guillaume des Mazis), 1604-1618-1780, etc. Les formalités d'usage sont soigneusement enregistrées : Le prieur et deux marguilliers se transportent, avec un notaire, devant la principale porte du lieu seigneurial de Marchais et demandent, par trois diverses fois, le seigneur ou son chargé de pouvoir ; puis, se mettant en devoir de vassal, c'est-à-dire sans épée ni éperons, tête nue et un genou en terre, disent et déclarent qu'ils font et portent la foi et hommage dont ils sont tenus envers ledit seigneur (3).

1. Archives d'Eure-et-Loir, *fonds de Saint-Chéron*.
2. Archives de l'hospice de Dourdan, B. 2, 1.
3. Archives de l'Église.—Le *Mesnil*, comme son nom l'indique (*mansio*), était primitivement une *habitation*, une demeure rurale, puis la réunion de plusieurs maisons, une sorte de petit hameau.—Sur l'emplacement du fief du Mesnil, s'élève aujourd'hui la propriété de Mme Cousineau.

CENSIVE DES DAMES DE LONGCHAMP.

Nous avons eu occasion de dire ailleurs comment les « sereurs me-« neurs du couvent de l'*Umilité Nostre-Dame*, encloses jouste Saint-« Cloust, » fondées par la sœur de saint Louis, et plus connues depuis sous le nom de dames de Lonchamp, avaient été, en 1266, mises en possession de droits de champart et autres sur le territoire de la ville de Dourdan et sur celui des Granges-le-Roy, en vertu d'une cession à elles faite par Jean Bourguignel pour lequel saint Louis avait racheté ces droits de Bertaut Cocalogon, ou *Gélapon*, seigneur de Favière au Perche, et de Jean Saillard. Nous avons trouvé qu'elles avaient affermé, dès le mois de juin 1267, ce droit de champart de Dourdan et des Granges, pour trois années, moyennant 80 livres et 100 sols parisis, et que, suivant leur déclaration de 1322 des terres tenues à champart, ledit champart montait, année courante, à 6 muids, 10 septiers, 1 mine (1). Il paraît, par des titres, qu'elles continuèrent leurs acquisitions à Dourdan et aux Granges en 1303, 1304, 1307, 1319, 1322, 1325. Elles rendirent des aveux en 1408, 1524, 1543, 1548, 1681, etc., et, en divers temps, firent faire des terriers (1517-1595, 1604-1698) (2). Quoi qu'il en soit la véritable consistance de leur censive était fort embrouillée. Négligés de la part du couvent pendant une série d'années calamiteuses au XVe siècle, revendiqués par les gens d'affaires de l'abbaye, et souvent au détriment du domaine, pendant des périodes où Dourdan était presque sans maître, les droits des dames de Lonchamp étaient une matière à procès (3). Les Granges surtout étaient sous leur dépendance, et dans la ville de Dourdan leur censive s'étendait sur plusieurs maisons de la place et spécialement sur la ville basse, l'île de l'Orge et ce qu'on appelait le quartier de la Tête aux Maures. En juin 1658, la reine-mère avait cherché à établir leurs droits pour sauvegarder les siens, et le 20 octobre 1680 les religieuses avaient dû faire une transaction avec le sieur de Passart, seigneur des terres de la Margaillerie et de la Villeneuve, au sujet du droit de champart qu'elles y prétendaient, à cause de leur fief et seigneurie des Granges-le-Roy. Après une longue contestation, elles consentirent à céder au duc d'Orléans à titre d'échange, moyennant une rente de 500 livres au principal de 22000 livres sur les aides et gabelles de France, toutes leurs possessions et leurs droits dans l'enclave du domaine. Le contrat de juin 1756 fut confirmé par lettres patentes.

Les déclarations, aveux, cueillerets, terriers des dames de Lonchamp forment aux archives de l'Empire et aux archives du Loiret (4) de volu-

1. Archives de l'Empire, O. 20,441.
2. *Idem*, O. 20,442-20,451.
3. *Idem*, P. 2277.
4. Série A, nos 1384 à 1397.

mineux dossiers. Ils contiennent sur les propriétaires de Dourdan, notamment aux xiii° et xiv° siècles, des renseignements locaux fort intéressants. Le lecteur trouvera à la fin du volume des extraits dont nous n'avons pas voulu surcharger ce chapitre (1).

CENSIVE DE L'ABBÉ DE CLAIREFONTAINE.

Elle était une conséquence de l'antique possession du fief et terre des *Jalots,* près Dourdan, par l'abbaye de Clairefontaine. On se souvient de la colonie agricole envoyée par le couvent, qui au xiii° siècle défrichait les pentes sablonneuses du coteau. Vers le xv° siècle, les moines paraissent avoir cessé d'exploiter directement les terres, et en les affermant ils se créèrent une censive bien établie par des terriers, déclarations, cueilloirs conservés dans le fonds de l'abbaye aux archives de Seine-et-Oise :

« D'un aveu rendu au roi en 1601, à cause de sa grosse tour de Dourdan, pour le fief des Jallots : le lieu et manoir appelé les Jallots : maison manable, grange, étables, volière, garenne et jardins, 200 arpents de terres environ, partie en labour, partie en friche sur la paroisse, justice et bailliage de Dourdan, tenant d'une part aux vignes de Beaumont et au chemin tendant de Marchais à Dourdan, lesquels lieux et terres auroient esté baillés à vies par lesdits déclarans dès l'an 1485, à la charge des droits seigneuriaux et de 24 sols 8 deniers parisis, 2 chapons de cens, payables par an audit abbé et couvent. — Droit de champart sur toutes les terres de 12 gerbes l'une par arpent. — 9 sols 7 deniers de cens sur un arpent et demi de vigne, appelé la vigne de Beaumont, paroisse de Dourdan.—3 sols 11 deniers obole parisis de cens sur 19 arpents de terres, paroisse de Dourdan, près l'étang de Gauldrée, tenant au chemin de Beaurepairé et aux terres du Madre.—12 sols parisis de cens sur 5 arpents de terres où sont plusieurs maisons appelées le *Lieu du Madre*, en la paroisse et justice de Dourdan, tenant d'une part au chemin du moulin Choiseler à Beaurepaire, d'autre aux terres dessus dites. — 6 sols parisis sur 6 aires contenant 3 quartiers de terre sis en la *Basse-Bretonnière,* tenant d'une part au moulin Choiseler et aux jarins, d'un bout à la rivière et d'autre à la Morteau. — 12 deniers parisis de cens sur une maison à Dourdan. — 12 sols 1 denier parisis de cens sur 9 arpents de terre au *Mesnil.*—19 sols 6 deniers parisis sur 9 arpents 1/2 de terre à Roinville.—28 deniers parisis sur une maison et jardin audit Roinville.

« De tous lesquels biens l'abbaye jouit de temps immémorial et ont été amortis en 1522 (2). »

Mentionnons en terminant la censive de *l'abbé de Morigny* à cause de quelques droits qu'il avait conservés comme collateur des bénéfices

---

1. Pièce justificative XVI.
2. Archives de Seine-et-Oise, *fonds de Clairefontaine,* cartons 3, 6, etc. — Voir déclarations et cueilloirs concernant les cens dus à l'abbaye à cause de son fief des Jallots, 1501 à 1601, etc.—Baux à ferme et emphytéotiques de la ferme des Jallots, procès-verbal de visite de cette ferme, baux et autres pièces concernant les champarts du fief des Jallots, 1546 à 1759, arpentage et plan de la ferme en 1785.—Bail du 18 juin 1649 pour 6 vingts livres par an et 4 setiers de blé aux héritiers Thibault, avant à Léger Lucas et à sa veuve dès 1485. — Sentences, saisie féodale (4 juin 1552), procès-verbal de compulsoire, contrats, etc., 1485 à 1576.

du prieuré et de la cure de Saint-Pierre, dans la paroisse proche « la garenne des Granges. »

Celle des doyen, chanoines et chapitre de *Sainte-Croix d'Étampes.*

Celle du *prieur de Saint-Arnoult* pour quelques redevances qu'il avait droit de percevoir dans la ville, etc., etc.

Sans oublier celle de *l'abbé de Saint-Chéron-lès-Chartres,* à cause de ses droits incontestables sur la paroisse Saint-Germain dont il était depuis le xiie siècle, comme on l'a vu ailleurs, le supérieur ecclésiastique et le gros décimateur.

CHAPITRE XIV

JURIDICTIONS. — ADMINISTRATION.

PRÉVÔTÉ. — BAILLIAGE. — C'est à dessein que nous rangeons sous un même titre ces deux juridictions, parce que, après avoir été séparées d'abord, elles ont été longtemps de fait, puis définitivement de droit, réunies à Dourdan dans la même main.
La *prévôté* y était fort ancienne. Les premiers Capétiens eurent à Dourdan un prévôt (*præpositus*), comme tout seigneur en avait alors un dans chacun de ses domaines. Ce *préposé* représentait le maître, rendait la justice ordinaire et levait les impôts. Il tenait sa charge à ferme; de là en général ses exigences et son impopularité (1). Nous avons vu une commission donnée, dès 1116, par Louis le Gros à son *prévôt royal de Dourdan*, et le lecteur se rappelle les comptes de la prévôté de Dourdan pour l'an 1202, que nous avons cités au règne de Philippe-Auguste. Comme intermédiaire entre le prévôt et « la cour royale » où le souverain, assisté de ses grands vassaux, jugeait les causes importantes, apparut un autre délégué, le *bailli*. Partant pour la Palestine en 1191, Philippe-Auguste, dans son règlement pour l'administration du royaume, déclare qu'il a, dans certaines provinces, établi des baillis qui devront tenir leurs assises un jour par mois, entendre tous les plaignants, juger sans délai, évoquer les affaires concernant le roi et sa justice et tenir un rôle spécial des profits du roi. Le nombre de ces baillis ne s'élevait guère

---

1. Comte Beugnot, préface des *Olim*.

alors qu'à quatre. Étampes en avait un et c'est du bailli d'Étampes, Hugues de Gravelle, que relève la prévôté de Dourdan dans le compte de 1202. C'est lui qui établit le compte de la recette et de la dépense pour cette ville du domaine royal qui devait avoir un jour elle-même son bailli.

Saint Louis multiplia les baillis dont le chiffre atteint 17 sous son règne. Dourdan n'eut pas encore le sien. C'est le bailli d'Orléans, Johannes Jaucus, qui inscrit dans le compte de 1234, dont nous avons parlé en son lieu, la recette des grains de Dourdan et la dépense de ses travaux. Au compte de 1285, pour la reine Marguerite, alors usufruitière de Dourdan, c'est toujours de prévôté qu'il s'agit. C'est la *préuosté* de Dourdan que donne en 1307 Philippe le Bel à son frère Louis d'Évreux. Il est bien constant que le bailliage ne remonte pas à Dourdan au delà du XIV° siècle, en dépit des auteurs complaisants qui en font honneur à Hugues-Capet sans se soucier de savoir s'il y avait alors ou non des baillis.

C'est Louis d'Évreux qui demanda, suivant toute apparence, l'érection de Dourdan en bailliage, vers 1310, à moins que ce ne soit son fils Charles qui l'ait obtenue en 1327, en même temps que l'érection de sa baronnie d'Étampes en comté, car dès l'année 1329 figure un bailli à Dourdan, et depuis cette époque la liste des baillis de Dourdan nous est fournie d'une manière assez complète par des actes publics ou des titres particuliers que de Lescornay a vus et dont beaucoup ont été dépouillés par nous. C'est déjà pour le bailliage de Dourdan un brevet d'ancienneté fort honorable, et quand on considère le peu d'étendue de son ressort et le grand nombre de villes plus considérables longtemps privées de bailliage, on a tout lieu de penser que l'ancien village du domaine royal fut en cela privilégié de ses maîtres. Ce qui ajoute de l'importance au bailliage de Dourdan, c'est la *coutume* spéciale qui le régit de tout temps, une de ces coutumes qu'on appelait *souchères* et que nous avons vu rédiger et confirmer solennellement au XVI° siècle.

Le *prévôt* n'en continua pas moins ses fonctions de juge ordinaire en matière civile, statuant en première instance ou souverainement sur les affaires entre roturiers, que le bailli n'attirait point à lui. La *prévôté* de Dourdan avait son sceau spécial. Ce sceau fait partie de la collection des archives de l'Empire, sous le n° 4796, pour l'année 1333. Il est accompagné de trois contre-sceaux (1). On se souvient que, dès 1190, un aveu

---

1. Description d'après l'inventaire de M. Douët-d'Arcq :
Sceau. — Écu chargé d'une fleur de lys brisée d'une bande componnée. — Rond, de 40 mill.
...OSITVRE...ORDA...
(*Sigillum prepositure de Dordano.*)
Appendu à un acte de « Gile de Braules, garde du scel de la prévosté de Dourdan, » du mardi avant la Trinité 1333. (Arch. de l'Emp., J. 166, n° 18.)

de Messire Berthault Cocalogon propriétaire de droits seigneuriaux à Dourdan, avait été passé *sous les sceaux* de la prévôté de Dourdan.

Le *bailli* eut d'abord dans son ressort toute l'intendance des armes, de la justice et des finances. C'est ainsi que nous voyons à Dourdan les sentences des baillis s'appliquer indifféremment à ces trois ordres d'administration. Personnage judiciaire, le bailli relevait du *parlement;* c'était là qu'on appelait de ses sentences. Personnage militaire, le bailli avait la convocation et la conduite de l'arrière-ban. Personnage financier, il devint quelquefois fermier. Le rôle militaire absorba le plus souvent les autres, et l'étude des lois se compliquant, le bailli, homme d'épée, devint juge médiocre. Charles VI, par une ordonnance du 27 mai 1413, lui permit de prendre des lieutenants; Charles VII en fixa le nombre à deux, l'un général, l'autre particulier. Louis XII, en 1498, voulut obliger les baillis à prendre leurs grades; c'est ainsi que les baillis de Dourdan Gervais Chalas, Simon le Doyen, Tristan et Girard le Charron, sont qualifiés en tête de leurs actes de *docteur* ou *licencié ès loix*. Enfin Charles IX, aux États de 1560, décida qu'à l'avenir tous les baillis seraient de *robe courte* et seraient dits d'*épée*. Le lieutenant-général devenait de fait le grand juge, et si le bailli conservait le privilége que la justice fût rendue et que les actes fussent intitulés en son nom, s'il gardait le droit de présider à son gré à tous les jugements, c'était à la condition de ne point opiner. Girard le Charron, mort en 1582, fut à Dourdan le dernier bailli de *robe longue*. Après lui, Pierre Boudon fut pourvu de l'office de lieutenant-général, tandis que Hurault, sieur de Vauluisant, devenait *bailli d'épée*.

Cette distinction s'est toujours conservée à Dourdan pendant les xviie et xviiie siècles; mais les deux charges étaient loin d'avoir en pratique la même valeur. Celle de *bailli d'épée,* qui ne pouvait être donnée qu'à un gentilhomme, fut le plus souvent un titre honorifique recherché par quelque personnage notable de la contrée et accordé sinon vendu comme

---

1er *contre-sceau*. — Écu chargé d'une aigle.
✠ S. BER.....ERMESANT
(*Seel Bertaut Ermesant*).
C'est le sceau du prévôt. — A une charte de 1327 (J. 166, n° 9).

2e *contre-sceau*. — Écu à une fasce.
SIGNVM ROLLON
(*Signum Rollon*).
C'est le sceau du prévôt. A une charte du jeudi après le Saint-Sacrement 1333. (J. 166, n° 17.)

3e *contre-sceau*. — Un pélican nourrissant ses enfants.
✠ S. IEHAN GARREFAVT
(*Seel Jehan Garrefaut*).
C'est le prévôt. A une charte de 1339 (J. 162, Montargis, n° 12).
Nous avons déposé au musée de Dourdan un moulage en soufre de ces sceaux.

M. A. Moutié, de Rambouillet, possède dans sa belle collection de sceaux un scel et contre-scel de la prévôté de Dourdan pour 1437.

une faveur. Trois des membres de l'illustre famille de l'Hopital Sainte-Mesme, dont la seigneurie était enclavée dans celle de Dourdan et en absorbait presque le territoire, furent tour à tour baillis de Dourdan au xviie siècle, et on ne peut guère ouvrir un acte civil ou judiciaire de cette époque sans trouver en tête leur nom. Nicolas de Bautru, l'ami de Louis XIII, avait aussi joui du même titre. Au commencement du xviiie siècle, le marquis d'Effiat, le poëte Regnard, seigneur de Grillon, et Michel Lévy, grand propriétaire du pays, se transmirent la charge. Mais depuis la mort de ce dernier, c'est-à-dire depuis 1738 jusqu'en 1787, pendant l'espace de cinquante ans, la place demeura vacante et le lieutenant-général s'intitula dans tous les actes *garde scel du bailliage attendu le décès de Monsieur le Bailli*. Dourdan reprit néanmoins son bailli d'épée aux dernières heures de l'ancien régime et envoya sous ce titre, comme représentant aux États Généraux de 1789, le prince de Broglie de Rével, beau-frère du marquis de Verteillac.

La charge de *lieutenant-général*, laborieuse mission qui avait été dévolue à Pierre Boudon, en 1585, pendant les années troublées et malheureuses de la Ligue, fut exercée par lui durant quarante-cinq ans, sous Henri IV et Louis XIII, et reprise par son gendre Julien Guyot. En 1639, elle fut confiée, pour n'en plus sortir pendant un siècle et demi, à une très-honorable et très-ancienne famille du pays dont cinq membres portèrent successivement sur ce premier siège de magistrature un dévouement héréditaire. Cette famille, alliée aux plus nobles et aux plus antiques maisons de Dourdan (aux Lucas, les bienfaiteurs de l'Église au xve siècle; aux Boutet, ces descendants du fameux privilégié de Chalo Saint-Mards, Eudes-le-maire; aux Gouin, aux Le Roux, aux Pelault, ces administrateurs de Dourdan au xvie siècle; aux de Lescornay que nos lecteurs connaissent bien; aux d'Hémery, aux Saint-Pol, etc.), n'est point oubliée de la génération actuelle, et Dourdan aime à enregistrer dans ses annales les bons et loyaux services de Richard le Boistel, lieutenant-général pendant plus de cinquante ans, des deux Pierre Vedye qui siégèrent l'un après l'autre durant soixante-deux années, des deux Messieurs Roger qui eurent à lutter dans de tristes jours contre tous les assauts précurseurs de la crise qui les renversa (1).

La *prévôté* avait toujours, jusqu'au xviie siècle, existé à Dourdan à côté du bailliage et formé un premier degré de juridiction, dont les appels se portaient devant le lieutenant-général. En pratique, il y avait eu parfois des lacunes dans l'ordre de succession des prévôts, et le bailli ou son lieutenant, cumulant deux charges, avaient été quelquefois dits gardes du scel de la prévôté. La chose se généralisa, se régularisa en quelque sorte en octobre 1661. Anne d'Autriche, ayant alors démembré du

---

1. Dourdan conservera, dans ses nouvelles archives, les brevets originaux des diverses charges exercées par cette famille.

comté de Dourdan la paroisse de Sermaise en faveur de Guillaume de Lamoignon, premier président en la cour du parlement, seigneur de Saint-Chéron, Bâville, etc., mit pour condition que les officiers du bailliage de Dourdan, qui perdaient quelque chose à cet amoindrissement du ressort, seraient dédommagés d'un autre côté. C'est alors que le premier président de Lamoignon donna, comme indemnité, à M. Vedye, lieutenant-général au bailliage, la charge et office de prévôt de Dourdan, et aux autres officiers du bailliage les diverses commissions de la prévôté. C'était en réalité une bonne mesure : supprimer un degré de juridiction, c'était supprimer pour les parties délais et dépens. Ce n'était toutefois pas l'affaire des procureurs et des gens de chicane, et les ducs d'Orléans durent à plusieurs reprises entendre des plaintes contre cette prétendue irrégularité. Ils finirent par désirer la sanction royale pour un état de choses qui présentait de véritables avantages et qu'ils avaient déjà établi dans d'autres villes de leur apanage, comme Romorantin et Beaugency. Louis XV, par un édit de février 1744, prononça la réunion définitive de la prévôté au bailliage dans la ville de Dourdan.

Le même édit unit les charges de lieutenant-général civil, de lieutenant criminel, de *lieutenant-général de police* (1) et de *commissaire enquêteur et examinateur* en un seul corps d'office et sous une seule et même lettre de provision; ainsi que celles de procureur du roi du bailliage et de la police, en sorte que, à l'époque où notre histoire est arrivée, c'est-à-dire sous l'administration des ducs d'Orléans, le bailliage de Dourdan se compose : d'un bailli d'épée, — d'un président (2), — d'un lieutenant-général civil, criminel et de police, commissaire enquêteur et examinateur, — d'un lieutenant-général d'épée, — d'un lieutenant particulier civil et assesseur criminel, — d'un avocat du roi, — d'un procureur du roi, — d'un substitut du procureur du roi, — d'un commissaire de police, — d'un greffier en chef, — de trois notaires royaux et d'un tabellion (3), — de six procureurs qui le sont aussi des autres juridictions, — de quatre huissiers audienciers, — de quatre sergents royaux.

Jouissant d'une *coutume* spéciale, le bailliage ressortit *nuement et sans moyen* au parlement de Paris, à l'exception des cas de l'édit dont les appels se portent au *Présidial* de Chartres.

Son ressort (4), primitivement beaucoup plus considérable, comme on a pu s'en convaincre par les prétentions élevées lors de la rédaction des coutumes, est singulièrement amoindri, car il est réduit, pour première

---

1. Office créé en 1700.
2. Charge dont est revêtu en pratique le lieutenant-général.
3. Voir, pièce justificative XVII, la liste de plusieurs de ces officiers royaux à diverses époques, dont nous avons eu occasion de relever les noms sur des actes publics ou particuliers.
4. Voir, pour l'étude de cet ancien ressort, la liste des fiefs et des personnages cités

instance des cas ordinaires, à la ville de Dourdan et à la paroisse voisine des Granges-le-Roi, et pour les appels sans contestation aux seules paroisses de Roinville, Sainte-Mesme et à cinq hameaux qui ont bailliage ou mairie. Il y a contestation pour les paroisses de Corbreuse, Chantignonville, Sainville, Richarville, le Val et les justices particulières du Plessis-Saint-Benoît qui relèvent leurs appels, suivant l'inclination des parties, soit au bailliage de Dourdan, soit à ceux d'Orléans, Étampes, Montfort, etc., sous prétexte qu'il n'y a pas eu de décisions prises à leur égard lors des réclamations produites devant les rédacteurs des coutumes (1). Cette réduction de ressort s'est peu à peu consommée, pour la première instance, par l'établissement des justices seigneuriales dans les paroisses et même dans de simples hameaux, et pour les appels par l'érection en pairie du marquisat de Bâville, par l'établissement du bailliage seigneurial du comté de Rochefort et par l'ambition envahissante des bailliages d'Orléans et de Montfort. Le bailliage de Dourdan a conservé toutefois la connaissance des *cas royaux* sur les marquisat de Bâville, comté de Launay-Courson, baronnie de Saint-Yon, pairies relevant nuement du parlement de Paris, et la justice de Corbreuse relevant de la barre du chapitre de Notre-Dame de Paris.

Il y a aussi en titre un lieutenant de messieurs les maréchaux de France, *juge du point d'honneur* dans l'étendue du bailliage de Dourdan (2).

BAILLIS DE DOURDAN :

1329 — *Nicolas le Camus* (exerçait en).
1363 — *Guillaume Langloys*.
1367 — *Jean Noël*.
1378 — *Jean Sainse*.
1395 — *Jean Davy* — qui fut aussi bailli d'Étampes et chancelier du duc d'Orléans.
1400 — *Martin Gouge*.
1402 — *Jumain le Febure*.
1430 — *Girard le Coq*.
1439 — *Jean Desmazis* — qui fut aussi bailli d'Étampes et gouverneur de toute la contrée.
1463 — *Philippe Guérin* — grand pannetier de France et seigneur du Bréau Sannapes.

dans le procès-verbal des Coutumes, *chap. VIII*, et la convocation du *ban* et de l'*arrière-ban*, faite par le bailli de Dourdan, le 24 avril 1697, à l'occasion de la guerre d'Espagne. *Pièce justificative XVIII*.

1. Mémoire envoyé le 16 février 1740 par le subdélégué à l'intendance.
2. Entre autres : Guillaume de l'Hôpital Sainte-Mesme (1699) ; — marquis de Chevrier (1741) ; — comte de l'Hôpital (1773) ; Cahouet de Neufvy (1783) ; etc.

1473 — *Jean le Moyne.*
1479 — *Jean Coignet.*
1480 — *Gervais Chalas.*
1498 — *Jean Belin.*
1502 — *Simon le Doyen.*
1535 — *Antoine Daubours.*
1537 — *Tristan le Charron.*
1577 — *Girard le Charron* — dernier bailli de robe longue.

BAILLIS D'ÉPÉE :
1589 — *Hurault* — seigneur de Vauluisant.
1604 — *Anne de l'Hopital Sainte-Mesme.*
1634 — *Nicolas de Bautru.*
1671 — *Anne de l'Hopital Sainte-Mesme.*
1688 — *Guillaume François de l'Hopital.*
1705 — *Antoine Ruzé, marquis d'Effiat.*
1708 — *Jean François Regnard* — le poëte.
1714 — *Michel Jacques Lévy.*
1736 — *Vacance* indiquée sur les titres par ces mots : *à cause du décès de M. le Bailli.*
1789 — *De Broglie de Revel* — prince du Saint-Empire.

LIEUTENANTS-GÉNÉRAUX AU BAILLIAGE :
1585 — *Pierre Boudon.*
1630 — *Julien Guyot*—son gendre.
1639 — *Richard le Boistel.*
1696 — *Pierre Vedye* — petit-neveu du précédent.
1733 — *Pierre Vedye* — officier au régiment de Provence, fils du précédent.
1758 — *François Henri Roger*—gendre du précédent.
1787 — *Pierre Vedye Roger* — fils du précédent.

GOUVERNEMENT DE LA VILLE ET DU CHATEAU. — A côté du bailli nous devons placer un autre personnage, uniquement militaire cette fois, qui tantôt ne fait qu'un avec le bailli, tantôt est distinct de lui. De tout temps, il y a eu quelqu'un chargé de la garde du château sous le nom de *capitaine,* et ce capitaine, étendant son titre, prit le plus souvent le nom de *gouverneur de la ville et du château.* Bien que ce titre ait toujours été conféré à des personnes de distinction, le bailli d'épée et le corps du bailliage ont toujours prétendu précéder, lors des cérémonies publiques, ces capitaines du château.

Nos lecteurs n'ont point oublié *Jean Desmazis,* le bailli vendu aux Anglais, qui prit en 1428 le titre de gouverneur et capitaine de Dourdan; — le malheureux capitaine *Jehan de Gapaume* livré aux Anglais par les siens en 1442 ; — *Louis de Vendôme*, prince de Chabanais, qui céda sa capitainerie, en 1522, au sieur *de Montgommery*, seigneur de Lorges ;— le comte de *Choisy* qui rendit la ville aux Huguenots en 1567 (1) ; — Louis *de l'Hopital Vitry* qui se retira en 1589 par scrupule de conscience devant Henri IV ; — le fameux *capitaine Jacques* nommé par la Ligue et héros malheureux du glorieux siége de 1591 ; — Monsieur *de Garantières* qui fut chargé de pacifier le pays ; — Monsieur *du Marais* le bon gouverneur de 1616 ; — Monsieur *de Buy* qui remplaçait son père ; — Monsieur *de Montbazon*, le chevalier d'honneur de Marie de Médicis ; — *Nicolas de Bautru*, comte de Nogent, l'ami de Louis XIII.

De Bautru avait obtenu du comte de Montbazon ce titre de gouverneur à la condition que la charge reviendrait après lui aux Montbazon. La condition fut remplie : par provision royale du 26 septembre 1661, Louis de Rohan, *prince de Guéménée*, duc de Montbazon, pair et grand veneur de France, fut nommé capitaine et gouverneur de Dourdan et prêta son serment ; mais satisfait du titre il « donna au sieur *Jean de Lescor-*
« *nay*, écuyer, seigneur de Fortin (2), conseiller, maistre d'hostel ordi-
« naire du Roy, commissaire ordinaire de ses guerres et capitaine de ses
« chasses et plaisirs dans l'étendue du présidial de Saint-Pierre-le-Mou-
« tier, à cause de sa fidélité et de ses services, la *lieutenance* ès dites capitai-
« nerie et gouvernement de la ville, chasteau et comté de Dourdan, pour
« l'y représenter et agir comme s'il était présent, vacquer à la garde, dé-
« fense et tuition desdits ville, chasteau et comté, et pour avoir plus de
« moyens de s'en bien acquitter, tous les fruits, profits, émoluments, ga-
« ges, droits, prérogatives, priviléges y attachés (3). »

Les comptes de l'ordinaire pour l'année 1646 nous apprennent qu'en fait de profits, Monsieur de Bautru avait, comme gouverneur, une gratification de 25 livres et 30 cordes de bois de la forêt. Le prince de Guéménée prend soin de se réserver le bois. Nous ignorons quel pouvait être le grand bénéfice du sieur de Lescornay. Le logement dans le château, presque abandonné alors, n'avait guère de quoi le séduire ; désirant toutefois en prendre possession, il eut soin de demander au bailli un procès-verbal de l'état des lieux, « pour ne répondre que de ce qui s'y sera trouvé. » L'état des meubles ne fut pas long à faire, Monsieur de Bautru avait emporté jusqu'au dernier.

Les baillis qui se succédèrent à Dourdan aux XVIIe et XVIIIe siècles revendiquèrent en général ce titre d'honneur. Les *l'Hopital Sainte-Mesme*, le marquis *d'Effiat*, s'intitulent gouverneur de la ville, château et comté de Dourdan ;—*Regnard*, le poëte, porte le nom de capitaine du château ; — *Michel Lévy*, fils de Jacques, le grand bailli, a celui de gouverneur

---

1. *Girard le Charron*, bailli de Dourdan, prend aussi le titre de *gouverneur* en 1579.
2. Le frère de l'historien.
3. Archives de la mairie. — Fonds Roger.

et capitaine du château ; — le *duc d'Orléans* prend lui-même le titre de seigneur et gouverneur de Dourdan ; — le comte de *Verteillac*, grand sénéchal et gouverneur du Périgord, est dit gouverneur de la ville et château de Dourdan ;—le duc *de Tresme* est désigné de la même façon et prime tous les officiers du bailliage sur les almanachs royaux (1773-1786); — le comte *de Verteillac*, le fils, se contente à la même époque d'être qualifié capitaine et *concierge* du château (1773). Ce n'était pas la première fois que de nobles personnages acceptaient cette fonction : « Soubs « chacun des capitaines, dit de Lescornay, il y auoit encore un concierge « qui auoit la charge de la porte et des prisons qui estoient dans le « chasteau, aucuns desquels se trouuent qualifiez gentils-hommes et « escuyers. » Le compte de 1646 nous apprend que Jacques de Lescornay était « propriétaire de l'office de concierge du château » et la somme de 100 livres lui est allouée à ce titre.

On peut voir à la bibliothèque de l'Arsenal, à Paris, sur une charmante aquarelle ou lavis qui fait partie du curieux album de paysages exécutés dans nos environs par le marquis d'Argenson, chancelier du duc d'Orléans, une fidèle représentation de la belle maison dite *du Parterre* construite à Dourdan par Michel Lévy, acquise et habitée depuis 1738 par la famille de MM. de Verteillac, gouverneurs de Dourdan.

Dans un coin du dessin, le marquis d'Argenson a écrit de sa main : *Gouvernement de Dourdan*, avec la date 1753.

Corps de ville. — L'*assemblée des habitans* réunie « au son de la cloche, en la manière accoutumée, » devant l'auditoire ou l'église, en présence d'un notaire; l'attroupement en plein air des notables, officiers, bourgeois, marchands, manants, composant comme on disait, « la partie la plus saine » des habitants et donnant leur avis pour les affaires d'intérêt commun, jouent plus d'une fois un rôle dans la suite de cette histoire, et le soin qu'on mettait à enregistrer les opinants nous a conservé les noms de nos pères à plus d'une époque, avec leurs délibérations pleines de patriotisme et de bon sens. Il y avait toutefois un homme, élu par l'ensemble des habitants, qui était comme le représentant, le chargé d'affaires de ses concitoyens; c'était le syndic. La moindre paroisse rurale qui avait d'ailleurs, elle aussi, son assemblée d'habitants, avait un syndic. Avec les progrès toujours croissants de la centralisation administrative, la position du syndic, au XVIIe et surtout au XVIIIe siècle, devint insensiblement fort dépendante. Il est alors beaucoup plus l'homme du gouvernement que celui de la ville, et, bien qu'élu pour la forme, il n'est plus guère que l'agent du subdélégué de l'intendant pour les opérations de la milice, les travaux de l'État ou l'exécution des lois générales. C'est que l'assemblée des habitants elle-même, bien que convoquée en fait comme autrefois, a déjà perdu au fond toute son initiative et sa valeur. Nous l'avons constaté une fois de plus en étudiant dans ses détails l'administration de Dourdan sous Louis XIV et ses successeurs.

Au lieu du simple syndic qui suffisait à la paroisse ordinaire, les traditions, les besoins du service, la dignité, parfois l'amour-propre entraînaient, dans les villes importantes, toute une hiérarchie de fonctionnaires municipaux chargés, sous les noms de maire, d'échevins, etc., de gérer les affaires de la communauté et de la représenter dans les occasions solennelles. Les rois avaient exploité la chose, et la vente, devenue forcée, des offices municipaux constituait un des profits de leur trésor. La ville de Dourdan, en général, se contenta modestement d'un syndic, excepté à quelques époques du XVI°, du XVII° et du commencement du XVIII° siècle, où, soit nécessité, soit convenance, elle fut décorée de ce qu'on appelait un *corps de ville* en règle.

C'est ainsi que nous avons rencontré sur notre route : Denis Boutet et Noël Boutet désignés dans un bail de la terre de Grillon, en 1565, *deux des échevins dudit Dourdan ;.* — Denis Chardon, conseiller du roi, garde-note héréditaire, *maire perpétuel de la ville et comté de Dourdan* (1711). — Avant lui, Louis Guyot, *maire perpétuel de ville et paroisse de Dourdan,* et Benoît Michau, son *lieutenant de maire* dataient leurs actes : *de notre chambre commune de l'hostel de ville* (1706). Au corps de ville se rattachait la *milice bourgeoise,* sorte de garde nationale que nous voyons figurer à Dourdan en cas d'alerte ou de cérémonie (*Te Deum* pour la paix, 1749 — révolte des prisons, 1764, etc). (1). Plus pratique que le reste du corps de ville, la milice bourgeoise dure plus longtemps et apparaît plus souvent à Dourdan que les maires et échevins. Claude Guerton, Léonard Dossonville sont désignés, l'un comme premier, l'autre comme second *capitaine de bourgeoisie de la ville de Dourdan* en 1697; — Jean Camus figure comme *l'un des lieutenants de ladite bourgeoisie* en 1710 et Paul Henry Flabbée en est le *commandant* en 1764. Aux solennités, la milice marche en quatre compagnies de 40 hommes chacune, ayant à leur tête leurs officiers et leurs drapeaux d'étoffe bleue et rouge avec croix blanche, portant aux coins les armes du duc d'Orléans et de la ville. Quatre tambours, deux hautbois et quatre violons les précèdent dans les grandes circonstances, et quatre hallebardiers aux livrées de la ville complètent l'escorte du maire ou du simple syndic.

Dourdan n'ayant ni octrois proprement dits, ni deniers patrimoniaux, une municipalité au grand complet était d'une médiocre utilité. Au commencement du XVIII° siècle, on vit s'éteindre celle qu'on avait essayé d'établir, mais sans remboursement de finances pour ceux qui étaient pourvus des anciens offices. Plus d'une famille en fut alors pour ses frais et garda un mauvais souvenir de la mairie et de l'échevinage. Aussi les

---

1. En cas d'incendie, c'était elle qui portait secours. Il fut question de frapper de 3 livres de rente *perpétuelle* toute maison où le feu prendrait, comme indemnité pour les *seaux de la ville.*

nouveaux offices créés par l'édit de novembre 1733 ne furent pas levés à Dourdan. La ville n'y gagna rien, bien au contraire. Pour tenir lieu de la finance de ces offices vis-à-vis du roi qui ne voulait rien perdre, il fut perçu à son profit, par arrêt du conseil du 20 décembre 1746, des droits d'octroi sous le nom de *droits municipaux,* à l'entrée des vins dans la ville. La perception de ces droits, au bout de trente ans, avait remboursé au quadruple le fonds des offices délaissés, et persistait toujours au détriment de la ville qui, privée de ce secours d'octroi, était entièrement dépavée et se voyait réduite à implorer la générosité du monarque pour obtenir une remise qu'elle sollicita vainement jusqu'à la veille de la révolution. On comprend que la question des offices municipaux fût peu populaire à Dourdan. C'est ainsi qu'en janvier 1750, à l'occasion de la réunion de ces offices, le subdélégué eut mille peines à décider la communauté des habitants de Dourdan à nommer, suivant l'usage, un *homme vivant et mourant* au roi. Peu s'en fallut que l'assemblée réunie à ce sujet ne se terminât par un acte de refus, c'est-à-dire de rébellion. Lorsqu'en 1772 le roi déclara par édit qu'il se réservait de pourvoir d'autorité aux offices négligés, le subdélégué, en indiquant à l'intendance les noms de quelques personnes en état d'être revêtues de ces charges forcées, ajoutait : « Le rétablissement des maires et éche-
« vins est fort peu du goût des Dourdanais. Les anciens se rappellent
« le peu d'utilité de ceux qui ont été jadis supprimés et de la perte des
« finances que leur famille a supportée. »

Toutefois les intendants ne comprenaient pas qu'une ville chef-lieu d'élection pût se contenter d'un syndic comme un simple village. Ils insistaient à chaque instant sur « l'indécence » de la chose et nous avons sous les yeux un long mémoire daté du 20 août 1762 (1), qui est un projet complet de corps de ville, fort honorable à la vérité pour Dourdan, mais demeuré sans exécution.

Lorsque, aux derniers jours de l'ancien régime, Dourdan eut une *municipalité,* elle se composait en 1789 d'un maire en titre d'office, reçu depuis peu au bailliage, d'un syndic, de neuf membres choisis parmi les citoyens, de deux curés, sans échevins (2).

Nous parlerons ici des *armoiries* de la ville de Dourdan. Si nous ouvrons de Lescornay, qui avait pu recueillir les anciennes traditions à ce sujet, nous lisons, sans plus de détails : « Les armoiries de Dourdan sont
« *trois pots* et n'ay autre raison pourquoy elles ont été prises telles, si-
« non qu'anciennement il s'y en faisoit grande quantité, comme j'ap-
« prends par les vieux comptes du Domaine dans lesquels il y a article
« de recepte du droict qui appartenoit au Roy sur chacun four à cuire
« pots, joinct que dans le pays la terre propre à tel ouurage se trouue en

---

1. Fonds Roger.
2. Arch. de l'Empire.

« abondance. » (1) Telle est, évidemment, l'origine de ces trois pots qui, en 1624, avaient une date immémoriale. Dans une petite note écrite sur Dourdan, au commencement du xviii° siècle, M. Vedye ajoute : « Les « armoiries de la ville sont *trois pots d'or en champ d'azur, deux et un.* « Quelques-uns ont joint *trois fleurs de lis d'or* et on les trouve des « deux façons sur des monuments fort anciens. On en ignore l'origine ; « il y a lieu de penser qu'elles sont venues du grand nombre de fours à « pots qui étoient à Dourdan et aux environs. Il y a en France un ancien « proverbe qui dit, en parlant d'un homme inepte : *il est neuf comme* « *les pots de Dourdan.* »

Nous avons cherché vainement un de ces monuments anciens portant des armoiries. Elles ont sans doute disparu à la révolution (2). D'après un croquis qui nous a été communiqué, l'ancienne forme adoptée pour la figure des pots de Dourdan aurait été celle d'une sorte de bouteille renflée, à goulot décoré d'une moulure et rappelant un peu les poteries romaines. Il est certain que la représentation ancienne des armoiries de Dourdan différait de celle usitée pendant le xviiie siècle, qui a fait des vieux pots de Dourdan trois élégants vases de fleurs à anses contournées. C'est de cette façon toute moderne que nous les voyons figurés sur le cartouche d'une carte manuscrite de l'élection de Dourdan, datée de 1743, et sur le sceau de la municipalité créée à Dourdan en 1789. Ce sceau, qu'il est rare de trouver intact, est ovale, de vingt-huit millimètres de hauteur : écu d'azur à trois vases de fleurs, à anses, deux et un, sous un chef de gueules à trois fleurs de lis en fasce ; timbré d'une couronne de perles et entouré de branches de laurier. Autour, ces mots : « *Municipalité de Dourdan* (3). »

Nous avons retrouvé un dessin colorié, daté de 1790, qui a dû servir de modèle pour l'exécution de ce sceau ou, tout au moins, pour la fixation à cette époque des armoiries de Dourdan. Écu d'azur, pots d'argent, fleurs de lis d'or sur chef de gueules, couronne de perles, tout y est indiqué de la même manière. Au lieu de branches de laurier, ce sont des branches de lis rattachées par un ruban qui porte ces mots : « *Liberté, loyauté, franchise.* » Au-dessus du ruban on a écrit : « *Néant pour le Ruban et la Devise.* » Au-dessus de la couronne, on a esquissé au crayon une lance qui paraît soutenir le tout, et porte un nœud sur lequel se lit cette autre devise : « *Ils sont de fer,* » fière allusion aux pots de la fable, qui brisaient ceux qui les heurtaient.

SUBDÉLÉGATION. — Nous avons dit que Dourdan était chef-lieu d'une

1. P. 12.

2. L'inscription commémorative de l'érection de la chapelle de la Vierge, à l'église, porte trois pots à anses de forme indécise. Un grès qu'on a enchassé à l'intérieur d'un jardin, à l'entrée de la rue Grouteau, offre trois pots grossièrement sculptés et sans caractère.

3. Arch. de l'Empire, F. 7. 4388.—Décrit dans l'*Inventaire,* n° 5576.—L'écusson de notre frontispice est la reproduction de ce sceau.

élection. L'élection était une circonscription administrative et fiscale qui correspondait à peu près à notre arrondissement moderne et formait une subdivision de la *généralité*. L'institution des généralités remonte à François Ier. La France était divisée en trente-deux généralités administrées par les *Intendants*.

L'élection de Dourdan, située, partie dans le Hurepoix, du gouvernement de l'Ile-de-France, partie dans la Beauce, du gouvernement de l'Orléanais, appartenait au diocèse de Chartres et à la généralité d'Orléans. Bornée par les élections de Paris, d'Étampes, de Pithiviers et de Chartres, elle avait, prétendaient nos pères, « la forme d'une raquette de paulme, » s'étendant vers Paris, se rétrécissant vers Orléans. Elle contenait soixante-sept paroisses, faisant ensemble environ six mille feux taillables, qu'on pouvait évaluer à 24,000 habitants (1753) (1).

Voici l'appréciation tout à la fois topographique et morale qui était faite de l'élection de Dourdan par un de ses administrateurs au milieu du XVIIIe siècle :

« La partie de cette élection qui est située dans le Hurepoix est coupée
« de montagnes et vallées qui renferment des terres à froments et seigles,
« plantées d'arbres fruitiers, de vignes et de bois. Les habitants de cette
« partie, à l'exception des laboureurs et artisans, sont, ou occupés aux
« travaux de la terre et vignes, ou bûcherons ; mais généralement, ils
« sont tous d'assez mauvais caractère, méchants, brouillons, braconniers
« et de mauvaise foi.

« La partie qui est dans la Beauce ne contient que des terres à grains
« de différentes qualités et quelque peu de bois, dont la plus grande par-
« tie est nouvellement plantée. Les habitants, en général, sont laborieux
« mais peu industrieux, étant naturellement attachés aux anciens usages
« qu'ils ont reçus de leurs pères pour la culture des terres, la nourriture
« des bestiaux et les autres ouvrages de la campagne. Les hommes sont
« occupés aux travaux de la terre et quelques-uns aux apprêts des ou-
« vrages de bonneterie de laine au tricot, qui fait l'occupation du plus
« grand nombre des femmes qui travaillent, partie pour les marchands
« de Dourdan, dans les paroisses qui en sont voisines, partie pour diffé-
« rents marchands de ce commerce qui y sont répandus. Ils sont géné-
« ralement doux, bons, paisibles et tranquilles.

« L'élection de Dourdan est une de celles du royaume qui, dans son
« peu d'étendue, renferme le plus de haute noblesse, et dans ses soixante-
« sept paroisses elle contient plus de trente châteaux possédés depuis le
« prince jusqu'au simple gentilhomme (2). »

1. D'après un mémoire manuscrit de la bibliothèque de l'Arsenal, l'élection de Dourdan ne se composait, en 1698, que de 65 paroisses et de 5,613 feux.—Voir pièce justificative XIX.
2. Nous avons constaté, pour l'élection de Dourdan, dans l'*Armorial* manuscrit (généralité d'Orléans), rédigé en janvier 1702, en exécution de l'édit de novembre 1696, les

L'intendant, sorte de préfet, avait dans chaque élection un *subdélégué* qui le représentait et faisait en quelque façon les fonctions du sous-préfet actuel. Le subdélégué, qui se choisissait une personne de confiance pour lui servir de greffier, avait un rôle important. Il appartenait au pays, il connaissait la population et ses besoins; il pouvait en être l'interprète auprès de l'intendant, haut personnage étranger à la contrée et trop souvent à ses intérêts. Dourdan eut heureusement pour subdélégués, pendant les difficiles années du XVIIIe siècle, des hommes consciencieux et dévoués. MM. Charles-Jouan, Boucher, Vedye, Henri Roger, cumulèrent la plupart du temps avec l'administration du bailliage cette mission délicate. Nous avons été à même de voir le zèle et l'ordre qu'apportaient ces deux derniers fonctionnaires dans leurs relations avec l'autorité supérieure. Leur famille a conservé d'énormes registres où, jour par jour, pendant cinquante ans, les laborieux subdélégués transcrivaient, en regard de leurs réponses, les nombreuses pièces de leur correspondance avec messieurs de Bouville (1723), de Baussan (1739), Pajot (1740), de Barantin (1747), de Cypierre (1760), intendants d'Orléans (1).

Dans le long dépouillement de cette correspondance, qui nous a fourni plus d'un renseignement local intéressant, nous avons touché du doigt et vu fonctionner en détail ce rouage si important de la subdélégation, rouage inventé par l'ancien régime quand il s'agit de créer la machine moderne de la centralisation administrative, rouage souvent décrit d'une manière générale, mais trop rarement étudié à fond.

Sans prétendre en aucune façon à cette étude, nous dirons que le subdélégué de Dourdan nous apparaît tout à la fois : comme agent actif et exécutif du gouvernement, donneur d'avis et commissaire enquêteur du contrôleur général, confident intime de l'intendant.

« Agent actif » de l'État : c'est lui qui, tenant sous sa main le syndic et le collecteur, veille à l'exécution de toutes les lois générales, édits journaliers, règlements spéciaux. L'*impôt* l'occupe chaque année pendant plusieurs mois. Il doit se trouver dans la paroisse de son élection que l'intendant a choisie pour y faire le «département.» Confection des rôles, choix et élection des collecteurs, plaintes des contribuables, réclamations des privilégiés, il fait, il entend, il transmet tout. A Dourdan c'est souvent l'occasion de luttes violentes, de cabales passionnées contre le subdélégué, en dépit du zèle avec lequel il prend les intérêts de la ville

---

noms de 40 familles déclarant des armoiries anciennes et de 61 familles en achetant de nouvelles, plus les communautés. C'était pour le fisc un produit de 1,570 livres. — *Bibl. impériale*, mss.

1. Ces registres, restés dans nos mains à la mort de M. Félix Roger, d'Étampes, qui nous les avait confiés, ont été, l'an dernier, à notre prière, offerts par sa veuve à la mairie de Dourdan où ils seront déposés.

quand il s'agit d'obtenir « modération » de la taille, et de l'influence efficace que lui donne alors son honorable caractère.

La levée de la *milice* est une opération délicate qui offre toujours au subdélégué plus ou moins de difficultés. A Dourdan il y a beaucoup de jeunes gens privilégiés, c'est-à-dire exempts. En vertu des ordonnances royales du 30 octobre et du 20 décembre 1742, tout le fardeau retombe sur les petits marchands, artisans, hommes de travail et leurs enfants. En 1743, Dourdan qui renferme 550 feux fait comparaître au tirage 33 jeunes gens et doit fournir 5 miliciens sur les 90 qu'on demande pour l'élection. En 1747, on compte 70 garçons au-dessus de 16 ans; 50 sont admis à tirer au sort et trois miliciens sont fournis. En 1762, le roi qui veut entretenir le pied de guerre complet, sans aggraver les charges de la milice, demande aux villes des recrues prises sur les mendiants et vagabonds. Il faut voir comme le sieur du Rocher, entrepreneur du recrutement, est secondé à Dourdan par les jeunes gens de la ville qui conduisent eux-mêmes à Orléans les pauvres diables engagés bon gré mal gré qu'il s'agit de faire agréer par l'intendant, sous peine de partir à leur place. Transport des miliciens, congé des miliciens, miliciens réfractaires ou déserteurs, circulaires, arrêts, ordonnances à ce sujet remplissent les cartons du subdélégué. Sans compter les transports d'effets militaires par corvée auxquels les habitants se prêtent toujours de très-mauvaise grâce, les passages de troupes ou de prisonniers de guerre très-fréquents alors et qui demandent beaucoup de précautions pour l'approvisionnement et la garde de l'étape; témoin le séjour de 2,400 Hollandais à Saint-Arnould, le 20 mars 1746 : au lieu de voler et de brûler comme ailleurs, ils sont enchantés de leur réception et du subdélégué de Dourdan et les officiers votent des remercîments pour n'avoir payé que deux livres 15 sols par repas.

Les *chemins* sont aussi une matière à mémoires et à déplacements. Études, plans, devis, passent sous les yeux du subdélégué; les ponts et chaussées sont un corps puissant qu'il faut ménager au moins autant que la gent corvéable qu'on ne ménage pas toujours et qui se plaint souvent et, vers la fin du siècle, s'insurge quelquefois. Griefs des conducteurs contre la corvée, de la corvée contre les conducteurs, de l'administration contre l'entrepreneur, de l'entrepreneur contre l'ingénieur, tout est transmis le plus souvent par les subdélégués. C'est une justice à rendre à ceux de Dourdan et principalement à M. Vedye, qu'ils ont beaucoup fait ou obtenu pour les routes qui environnent Dourdan et dont nous reparlerons ailleurs.

La *santé publique* tient une grande place dans les rapports de la subdélégation. Les maladies épidémiques, les soins donnés en ce cas aux malades, les honoraires des médecins, les médicaments et les bouillons fournis par l'État, tout est rigoureusement enregistré. C'est le subdélégué de Dourdan qui donne un certificat de 80 saignées et de 150 émétiques administrés pendant les épidémies de Sermaise et de Roinville en 1752 ; c'est lui qui fixe à 12 livres chacun des 67 voyages faits par les chirurgiens de Dourdan aux malades de Guillerval et de Monnerville en 1755, et à 5 livres les visites faites à Corbreuse pendant l'épidémie de 1756. Maintes questions lui sont adressées à ce propos, et l'État, qui commence à se mêler de tout, envoie au subdélégué, qui est obligé d'en accuser réception, des recettes médicales à l'usage de ses administrés : annonce d'un nouveau sel remplaçant avantageusement le sel de Glauber; — formule d'une poudre contre la rage, faite de racine d'églantier arrachée avant la Saint-Jean « du côté du soleil levant » et incorporée dans une omelette ; — méthode de secours aux noyés consistant à les rouler dans un tonneau percé par les deux bouts ; — boîtes « du docteur Helvetius » accordées comme une faveur chaque année et à tour de rôle aux paroisses de l'élection ; — ce n'est là qu'un échantillon de ce que nous avons sous les yeux. Les maladies des bêtes à corne dans la contrée, en 1746 et 1747, les prétendus empoisonnements de bestiaux, etc., remplissent des centaines de lettres, et l'exprès fait deux fois le chemin de Dourdan à Orléans pour un cheval morveux ou une vache mal enterrée.

Nous ne parlons pas ici des rapports détaillés et quotidiens sur les *subsistances*, les récoltes, les marchés, le prix du blé; nous aurons occasion, en traitant du marché aux grains, de voir à l'œuvre le subdélégué de Dourdan. — Nous omettons aussi ce qui a trait à la charité officielle, secours, envois de riz, etc. Le chapitre de l'hospice contient à ce sujet quelques renseignements. Disons seulement que la misère, affreuse à Dourdan vers la fin du xviiie siècle, trouva dans M. Roger un avocat plein de cœur et, comme on disait alors, de « vraie sensibilité. »

« Donneur d'avis, » commissaire enquêteur, le subdélégué répond aux incessantes questions qui lui sont posées par le ministère, et on ne se figure pas ce qui pouvait passer par la tête d'un contrôleur général, actif et universel comme l'était par exemple un M. Orry. Les papiers s'égarant facilement dans les bureaux, le même renseignement est souvent deux ou trois fois redemandé. Il faut dire, à toute heure, comment le blé est semé, comment il lève, comment il pousse; — si on fume, si on marne, si on défriche ; — si on plante des mûriers blancs ; — si on fait bien le miel, comment on tond la laine, comment on tanne les peaux ; — le procédé employé dans telle industrie, la méthode qu'on pourrait imaginer pour telle autre ; — la dette de tel corps d'État, quand on a vingt fois certifié qu'il n'y en a chez aucun ; — s'il y a des jeunes gens de bonne mine dans les familles nobles de campagne pour en faire des pages au roi ou à monseigneur ; — si les couvents ont de belles chartes pour les archives ; — si l'on a trouvé dans la monnaie de bonnes pièces pour la collection du roi ; — si on veut des billets de loterie, etc. Le tout accompagné de tableaux et d'états à remplir, avec instructions multipliées qui finissent par fatiguer la patiente administration de Dourdan et lui arrachent cette réponse de mauvaise humeur : que depuis le temps qu'on demande des tableaux, on commence à savoir les faire. Quand les gazettes deviennent à la mode et que le gouvernement veut y mettre la main et intéresser ses abonnés, c'est au subdélégué qu'on demande les faits divers et les petites nouvelles, et, comme il n'arrive en général à Dourdan rien de bien extraordinaire, le subdélégué a le regret de n'avoir rien à envoyer, et c'est avec plaisir qu'il saisit l'occasion d'une histoire de chasse ou d'une aventure de sa fermière, comme nos lecteurs ont pu en voir. Toutefois, à mesure que le siècle marche et que la fermentation s'opère, le langage des subdélégués change de ton. D'avertisseurs passifs et respectueux ils deviennent parfois des conseillers sévères ou même des censeurs indépendants. Ils ne dissimulent pas certains dangers, ils ne cachent pas certaines inquiétudes, ils ne reculent pas devant certains mots. Le terme de « Républicain » est déjà sous leur plume bien avant que le trône se croie menacé. Pour nous, la transformation est très-sensible.

« Confident de l'intendant, » le subdélégué est son correspondant intime et, en général, à Dourdan, son ami. A quelques rares exceptions près, le subdélégué de Dourdan supprime le *Monseigneur* quand il écrit. C'est chez lui que l'intendant descend et loge quand il vient, et cette modeste hospitalité est vingt fois par an l'occasion d'offres, d'excuses, de remercîments sans nombre. Il y a souvent échange de lettres confidentielles. Si la Dauphine passe par Étampes en 1745, le subdélégué a sa conduite diplomatique tracée ; si le prince Édouard Stuart vient coucher huit jours à Rochefort, chez le prince de Montauban, en octobre 1747, et revient souvent chasser incognito pendant l'hiver, l'intendant écrit au subdélégué qui lui demande ses instructions : « Allez faire votre cour et, sans le faire paraître, faites comprendre que je suis bien aise d'être agréable. » Le subdélégué ne se fait pas faute d'esquisser, au besoin, devant l'intendant, le portrait de ses collègues ou de ses concitoyens : « le curé est une tête, le lieutenant un ancien dissipateur ; » les bourgeois sont « un tas d'écrivailleurs, » toujours prêts à faire des mémoires contre l'administration ; la population elle-même est « très-ingrate, ce qui n'empêche pas d'avoir pour elle des entrailles de père. » L'intendant accueille avec bénignité les justifications que le subdélégué se croit obligé de rédiger en face de ses détracteurs, et lui offre des consolations philosophiques. Quand il y a moyen d'accorder quelque cent livres de gratification à son subdélégué, ou quelque modération de sa taxe, l'intendant ne le néglige pas. Aussi, il reçoit des épîtres de bonne année, ou, s'il perd sa femme, des lettres de condoléance fort touchantes, et le subdélégué a maintes complaisances que l'intendant accepte ou provoque volontiers. C'est au subdélégué qu'il s'adresse pour avoir un bon pâté ou de belles écrevisses pour la fête de sa fille, ou un panier de gibier pour un confrère ; à lui qu'il demande de la graine d'œillets, « pour lesquels le pays est, dit-on, fort bon. » C'est lui qu'il prie de chercher une maison de campagne pour un ami, ou de faire faire ses bas de soie au métier par les ouvriers de Dourdan. « Ils sont chers, mais ils sont si bons ; je vous en envoie six « paires au lieu de trois; madame l'intendante grondera. » — « Mille « grâces. Je vous ferai passer la somme par monsieur un tel, à moins « que vous n'aimiez mieux venir à Orléans, que je vous la gagne au pi- « quet. » Charmants rapports, comme l'on voit; curieuse étude de mœurs qui amusera peut être le lecteur, si elle ne l'instruit pas.

Élection. — C'était, à proprement parler, le tribunal où les *élus* rendaient leur justice et où se jugeaient en première instance les différends sur les tailles et les impôts, à l'exception des gabelles et des domaines du roi. Quand le roi avait, dans son conseil, arrêté le chiffre de la taille et de ses accessoires, réparti la somme totale entre les généralités, fixé le moins imposé, et fait connaître à chaque intendant la quote-part de sa province, l'intendant répartissait entre les élections, les élus entre les paroisses, et dans la paroisse, des collecteurs nommés à tour de rôle étaient tenus de percevoir, à leurs risques et périls, la somme portée au brevet.

En 1557, à la demande du duc de Guise, l'élection de Dourdan fut augmentée d'un bureau de recette et un office de receveur fut créé par lettres patentes. Jusque là les collecteurs des paroisses portaient leurs deniers au bureau de Chartres. L'élection de Dourdan ne dépendait pourtant aucunement de celle de Chartres, car elle recevait ses mandements particuliers pour les tailles, faisait ses départements et jugeait tout comme celle de Chartres. Son administration se composait d'un président, un lieutenant, deux élus, un procureur du roi, deux receveurs des tailles, un greffier en chef et deux huissiers audienciers (1).

N'oublions pas les « collecteurs. » Les collecteurs n'étaient pas des officiers, des fonctionnaires proprement dits, c'étaient des habitants, des citoyens comme les autres, choisis d'office et à tour de rôle, et qui étaient, à beaucoup d'égards, fort à plaindre. Pris parmi les individus honorables et solvables de la paroisse ou de la ville, ils avaient la mission délicate de la répartition et de la perception de la taille. On comprend, à première vue, le difficile, l'odieux même du rôle, les susceptibilités, les rancunes, les accusations de partialité, les ennuis sans nombre que suscitait au pauvre collecteur un mandat qui faisait de lui un homme puissant, il est vrai, mais presque toujours suspect et

---

1. Nous mentionnerons spécialement, parmi les fonctionnaires de cette juridiction : 1578. *Jehan de Lescornay*, président en l'élection de Dourdan. — 1588. *Denis Peschot*, contrôleur. — 1590. *Antoine de Chavannes*, président. — 1627. *Claude de Lescornay*, idem. — 1652. *Pierre Vedye*, lieutenant particulier. — 1670. *Claude Chauvreux*, président. — 1718. *Louis Guyot*, sieur des Pavillons et de Potelet, idem. — 1757. *François-Henri Roger*, idem. (Achète 4,000 livres sa charge des héritiers de Louis Guyot.) — 1772. *Antoine-David Aubry*, idem. — 1790. *Gabriel-Jacques Chardon*, idem.

fort souvent ruiné. Quand le tableau des collecteurs était fait par le syndic et les collecteurs en charge, il était affiché à la porte de l'église Saint-Germain et la cloche convoquait les habitants. « L'approbation ou l'acte de refus » étaient déposés au greffe de l'élection avant le 1er octobre de chaque année et, sur réquisitoire du procureur du roi, il était procédé à la « condamnation » des collecteurs.

La généralité d'Orléans était toujours plus chargée que les autres comme impôt; on savait que les laboureurs tiraient du numéraire de la vente de leurs grains pour Paris, et on s'arrangeait de façon à le leur faire rendre. La ville de Dourdan n'avait pas les ressources de la culture, tous les malheurs passés avaient appauvri ses habitants, et son commerce de bas, un instant très-florissant, tombait chaque jour en décadence; elle avait souvent bien de la peine à payer la taille et surtout ses accessoires et tous les impôts qui s'y ajoutaient. Nous avons vu, sous Louis XIII, de Lescornay apitoyer M. de Bautru sur « la somme exces-« sive à laquelle la ville de Dourdan était taxée par le conseil pour la « taille, à cause de quoy elle se dépeuploit de jour à autre, » et lui montrer « par les roolles des tailles que de huit cents qui y estoient compris « il y en avoit 450 si misérables qu'ils n'estoient taxez chacun qu'à un « double, un sol, deux sols, et ainsi en montant jusqu'à vingt sols, et que « toutes leurs taxes ensemble ne reuenoient qu'à huit vingts livres, qui « faisoient que la ville n'en estoit gueres soulagée et qu'en effect toute la « taille n'estoit payée que par un petit nombre qui ne pouuoit plus sub-« sister. » Le collecteur reçut 200 livres de la générosité du roi en l'acquit de ces pauvres gens.

Le règne de Louis XIV, avec son faste et ses guerres, fut loin d'alléger le fardeau, et Dourdan, qui avait peine à suffire à la taille, en maudissait les accessoires motivés par de coûteuses campagnes : « Ustensiles, sup-« plément de fourrage, habillement, état-major de milice, etc. » Cependant, le chiffre devait toujours grossir; en 1698, l'élection de Dourdan tout entière avait dû payer 82,802 livres de taille (1); juste cinquante ans après, en 1748, elle en payait 142,532. Ce qui rendait la taille plus odieuse et plus lourde, c'était l'inégalité, l'arbitraire complet de sa répartition. En 1732, le subdélégué de Dourdan recevait du contrôleur général et de l'intendant des lettres qui signalaient cet abus d'une manière sanglante et invitaient à y porter remède (2). M. Vedye, qui entrait alors

---

1. Mémoire pour l'Orléanais, à la bibliothèque de l'Arsenal.
2. En 1718, l'*élection* de Dourdan recevait cette mauvaise note dans le rapport de l'intendance : « On observe que les officiers n'y sont pas zélés pour le bien des recou-« vremens et n'ont pas assez de vigilance pour l'expédition des jugemens, ce qui « donne aux procureurs l'occasion de multiplier les frais. La noblesse ne paye, dans « cette élection, ni dixièmes, ni capitations, entre autres MM. de Gauville, de Dam-« pierre, Savary, etc., qui défendent même à leurs fermiers de payer. » — Arch. de l'Empire, H. 4793.

en charge à Dourdan, mit tout en œuvre pour donner une base rationnelle et équitable à une opération qui n'en avait pas d'autre que le caprice. Il eut à soutenir une véritable lutte contre une partie de la population, aux intérêts de laquelle il se dévouait en dépit d'elle, et les malveillances, les calomnies, les délations qu'il dut subir éclatent dans toutes les pièces que nous avons sous les yeux. Il s'agissait de donner à la terre, à ses produits, une évaluation raisonnée, de rechercher les rapports de la propriété et du revenu, d'adapter la charge aux ressources de l'industrie et du commerce, d'obtenir que la consommation et la valeur des fonds en général, discutées contradictoirement entre les maîtres dans le sein de chaque communauté, fussent révélées et utilisées pour la fixation de chaque état. Ce système de rôle proportionnel et tarifé, longtemps combattu, ne prévalut à Dourdan qu'en 1747. Nous en donnons à la fin de ce volume quelques extraits qui nous ont paru intéressants pour l'étude à la fois générale et locale (1).

MAITRISE DES EAUX ET FORÊTS. — Unie au bailliage jusqu'à Philippe de Valois, la justice des eaux et forêts eut son administration spéciale à dater de cette époque. Le maître particulier qui fut alors pourvu pour les pays de France, Brie et Champagne, établit un siége à Dourdan, comme il le fit dans chacun des bailliages de ces provinces, et il y commit un *lieutenant* pour connaître des différends qui naitraient en son absence. L'édit de 1554 crée des *maîtres* dans chacun des bailliages, Dourdan a le sien. Sa juridiction s'étend fort loin, elle est du département de l'Ile-de-France et du ressort du siége de la table de marbre de Paris. Elle se compose d'un maître particulier, d'un lieutenant, d'un garde-marteau, d'un procureur du roi, d'un greffier en chef, de deux huissiers audienciers, d'un receveur des amendes, de deux arpenteurs et quatre gardes. Nous les avons vus à l'œuvre dans le chapitre précédent.

Parmi les personnes de distinction qui furent revêtues, à Dourdan, de

---

1. Pièces justificatives XIX et XX.

Le roi voulait bien accorder, chaque année, dans chaque généralité, une remise sur le chiffre total de la taille, etc. L'intendant en faisait le partage entre ses élections et dans l'élection entre les paroisses. En voici un exemple : de 1732 jusqu'en 1738, la taille demeura fixée à Dourdan, par brevet du roi, à 7,500 livres.

En 1739, elle fut modérée à 7,000.
Portée en 1740 à 7,090,
Elle fut modérée, en 1745, à 7,020.
En 1746, à 6,990.
En 1747, à 6,290.
En 1748, elle fut réduite à 6,000.
La taille se doublait de l'impôt extraordinaire, qui atteignait :

   En 1745 . . . . 6,055 livres.
   En 1746 . . . . 6,042 —
   En 1747 . . . . 6,028 —

ces charges estimées comme très-honorables parce qu'elles touchaient au domaine royal, nous citerons comme maîtres particuliers : Anne de l'Hôpital Sainte-Mesme (1680), — Charles Jouan (1736), — Jacques Raymond, marquis de l'Hôpital, comte de Sainte-Mesme (1760), — Odile de Pommereuil (1761-1783), — Sénéchau (1783). — Comme lieutenants : André Le Roux (1612), — le poëte Regnard 1709, — Thomas de Lescornay, écuyer, sieur du Mont (1718), — Jean Raphaël Curé (1758), — Étienne Mathis (1777), — Carrey (1783), — Chavanne (1786), etc.

CAPITAINERIE DES CHASSES. — La chasse a de tout temps attiré les souverains à Dourdan; elle a fait souvent l'honneur ou la fortune de ce royal rendez-vous, elle a été parfois sa ruine. De tout temps on a gardé avec un soin jaloux le gibier du maître, et jadis les gardiens ont quelquefois été pour le pays presque aussi malfaisants que la bête fauve ou la garenne. Nous n'avons pas besoin de rappeler les doléances répétées et amères du pauvre paysan de Dourdan contre « la chasse de ladite forêt et la *gent* établie pour garder icelle. »

De toutes les servitudes de la terre au moyen âge, il n'y en avait peutêtre pas de plus dure que ce droit exclusif dont jouissait le seigneur et que le laboureur payait de son pain. Un capitaine et son lieutenant veillaient, à Dourdan, à l'intégrité de la chasse royale. Si tous les rois avaient ressemblé à Louis XIII, Dourdan ne s'en serait pas plaint. D'autres faveurs compensaient alors largement cet abus du bon plaisir. Mais le grand règne amena l'abandon de Dourdan, le souverain n'y vint pas chasser (1); la capitainerie sembla d'autant plus onéreuse qu'elle était inutile. Louis XIV la supprima.

La déclaration du 12 octobre 1699 qui réduit le nombre des capitaineries des chasses et restreint le pouvoir des gouverneurs sur les terrains fixés pour leurs plaisirs, la déclaration du 27 juillet 1701 qui en est le complément et concerne spécialement les capitaineries de l'apanage du duc d'Orléans, abolissent, en même temps que d'autres, la capitainerie de Dourdan, et le ton libéral de l'édit semble déjà une concession à l'esprit nouveau (2).

Il était impossible toutefois de laisser sans aucune protection une chasse princière; le duc d'Orléans créa un *conservateur particulier* dans l'étendue du comté de Dourdan. César-Pierre de La Brousse, comte de Verteillac, capitaine au régiment de Penthièvre cavalerie, fut pourvu de cet office. M. Odile de Pommereuil, cornette au régiment de La Ferronays-dragons, fut son lieutenant.

Si la capitainerie royale dans ce qu'elle avait de trop odieux disparais-

---

1. Ollivier Guerton s'intitule toutefois, en 1677, *garde des plaisirs du roy au comté de Dourdan.*

2. *Nouveau Code des Chasses,* t. II, p. 249. Paris, in-12, 1784.

sait à Dourdan, il restait malheureusement encore bien des abus particuliers. Chaque seigneur de fief avait en effet établi à son profit une sorte de capitainerie et changé un droit honorifique en commerce de gibier. Aussi les terres étaient-elles ruinées, et les encouragements donnés aux défrichements étaient-ils annulés par les dégâts de chasse. « Je me
« tairai, dit le subdélégué de Dourdan justement indigné, car toutes les
« observations que j'ai faites à ce sujet et tant d'autres que je pourrois
« faire deviendroient infructueuses dans un siècle où des protections par-
« ticulières heurtent de front le bien général. » (Lettre du 22 août 1773.)

Grenier a sel. — Dourdan fut privé jusque vers la moitié du XVIIIe siècle de cette branche d'administration. La ville et les paroisses de l'élection étaient tributaires sur ce point d'Étampes, Montfort l'Amaury, ou Chartres. Il y avait là une anomalie et une gêne qui préoccupaient vivement les hommes dévoués aux intérêts de Dourdan. M. Vedye fit un mémoire, M. de Verteillac usa de son crédit, M. d'Argenson, chancelier du duc d'Orléans, prêta son appui, M. Odile de Pommereuil sollicita à Paris pendant plus de dix-huit mois et, en dépit des oppositions rivales, la cause fut gagnée et un édit du roi Louis XV, daté de Versailles, 28 janvier 1743, créa dans la ville de Dourdan un grenier à sel avec une juridiction complète.

On est frappé en lisant cet édit, du contraste qui règne entre l'excellent exposé de ses motifs et l'esprit rigoureux et anti-économique de l'institution elle-même : « Les habitants des paroisses, dit l'édit, trouve-
« ront un avantage considérable dans ce nouvel établissement par les rela-
« tions continuelles de commerce qu'ils ont avec cette ville de Dourdan,
« à cause de sa manufacture de bas au métier et à l'aiguille, et par rap-
« port aux marchés qui se tiennent les samedis en cette ville.... Ces habi-
« tants après avoir, les uns vendu leurs grains et denrées dans ces mar-
« chés, les autres apporté les deniers de la taille ou délivré leur ouvrage
« aux fabriquants de la ville, auront la facilité d'y lever le sel nécessaire
« pour leur provision, sans frais ni perte de temps. » Cinquante-cinq paroisses composent ce nouveau ressort, dont trente-cinq distraites du grenier d'Étampes, douze de celui de Montfort et six de celui de Chartres. « Les habitants desdites paroisses seront tenus de prendre au gre-
« nier de Dourdan tout leur sel qui leur sera délivré au prix de quarante
« et une livres le minot (montant avec les 4 sols pour livre et les droits
« manuels à 51 livres, 6 sols, 6 deniers), leur défendant de le prendre
« ailleurs et de se servir d'autre sel que de celui qu'ils auront levé dans
« ledit grenier, sous les peines portées par l'ordonnance des gabelles. »

L'édit créait en même temps toute une série d'offices et d'officiers. En instituant un tribunal en règle, l'État travaillait pour son fisc et comptait avec raison sur des délits qui ne pouvaient manquer (1).

---

1. Les premiers officiers du grenier à sel de Dourdan furent : *Président :* Claude

C'est au château que fut établi le grenier à sel; c'est M. de Verteillac, gouverneur de la ville, qui se chargea de l'aménagement. Le 3 mai 1743, il obtint la permission de faire démolir, sur une longueur de trente-six toises, l'ancien corps de bâtiment du château qui regardait la rue de Chartres et contenait les écuries, et d'en employer les matériaux à une construction nouvelle sur l'emplacement de la grange qui faisait face à la place, à droite de l'entrée principale. Au bout de deux mois à peine, le sel était entassé dans deux beaux greniers, et la tour d'entrée attenante, avec la grande chambre voûtée du concierge, était convertie en dépôt ouvert à 2 heures les mercredi et samedi. M. de Verteillac, qui avait avancé l'argent, s'assurait le loyer de ces greniers, et au cas de changement, un remboursement de 3,000 livres (1).

AUDITOIRE ROYAL. — Lieu de réunion commun à toutes les juridictions, l'auditoire royal de Dourdan était, l'on s'en souvient, situé au premier étage, dans la vieille halle. On y montait par un escalier de grès; la chambre du *barreau* s'ouvrait la première, garnie de son bureau, de bancs, de chaises et des *perches d'appui* des procureurs. Derrière, était la chambre du *conseil*. Dans ce modeste et antique prétoire, s'agitèrent pendant des siècles tous les débats civils et judiciaires de nos pères. Audiences quotidiennes du lieutenant du bailliage, grandes assises du bailli, jugements sommaires du prévôt, sentences pour un denier de cens non payé et condamnations capitales, procès forestiers ou litiges féodaux, ventes publiques, adjudication des droits affermés, assemblées des habitants, élections, tout se passait dans l'auditoire. C'est à sa porte que le crieur proclamait les enchères, à sa porte que l'huissier à cheval, assisté de son trompette, lisait et affichait les annonces, avant de les attacher sur le poteau servant de *pillory*, à l'endroit de la *monstre* de Dourdan, sur le marché à l'avoine, où les malheureux condamnés demeuraient exposés avant les exécutions.

Les ducs d'Orléans trouvèrent un peu mesquin le siége de leur justice; au xviiie siècle ils le transportèrent au château. A gauche en entrant dans la cour, le rez-de-chaussée du bâtiment de Sancy fut disposé pour servir d'auditoire. Une salle d'audience, une salle du conseil, une chambre pour les archives furent installées à la suite l'une de l'autre. Tendu de tapisserie bleue à fleurs de lis jaunes, le nouvel auditoire de Dourdan appartenait à jour fixe et à tour de rôle à chacune des juridictions. Le château, devenu le siége pacifique des affaires, ouvrit dès lors à tous venants sa grande poterne jadis mystérieusement fermée, et juges, plaideurs,

---

Deslandre (remplacé par MM. Carrey et Decescaud). — *Grenetier :* Pierre Fougerange, lieutenant particulier du bailliage. — *Contrôleur :* Pascal Genest, lieutenant de l'élection. — *Procureur pour le roy :* Anselme Dramard, marchand drapier. — *Greffier :* Pierre Thibault, marchand. — *Receveur :* Odile de Pommereuil.

1. Archives de l'Empire, O. 20250.

marchands et acheteurs de sel passèrent et repassèrent à toute heure sur le nouveau pont de pierre qui avait remplacé le pont-levis.

Officialité. — A côté de la justice laïque, la justice ecclésiastique avait aussi à Dourdan ses représentants. Depuis longtemps il y existait une officialité du grand archidiacre de Chartres où se portaient toutes les causes de cette compétence du doyenné de Rochefort. A la vérité, l'évêque de Chartres et son official contestaient ce droit à l'archidiacre, « néan- « moins, disait-on alors, il en jugeait les appels en prononçant sans ap- « prouver la prétendue officialité. » Elle était composée d'un official, d'un vice-gérant, d'un promoteur, d'un greffier et d'un notaire apostolique. L'official, qui fut assez longtemps, vers la fin du siècle dernier, M. Legros, chanoine de Saint-André de Chartres, avait été choisi souvent parmi les curés des environs, parfois parmi ceux de Dourdan (Mre Antoine le Brun, 1687, etc.).

Services divers. — A ceux de nos lecteurs qui seraient curieux de connaître tous les rouages de l'ancien régime dans une ville d'élection, nous offrirons la liste des autres fonctionnaires chargés, à Dourdan, des *affaires du Roi*. A la suite du receveur des tailles et du receveur des gabelles, il y avait le contrôleur des vingtièmes ; — le contrôleur des actes des notaires et exploits, à la fois greffier des insinuations laïques, centième-denier, petit-scel, amortissements, nouveaux-acquêts et francs-fiefs ; — le conservateur des hypothèques ; — le directeur des aides qui était en même temps celui d'Étampes et qui avait choisi cette dernière ville pour résidence à cause des facilités de la grande route et de la poste ; — le receveur des aides qui demeurait à Dourdan, avec quatre employés ; — le receveur commis par les fermiers-généraux pour les droits de jauge et courtage, pour le transport des vins d'une généralité dans une autre ; — l'entreposeur des tabacs ; — le sous-ingénieur des ponts et chaussées (1) ; — l'expert juré à la voirie et principal conducteur des travaux du roi ; — le changeur du roi pour les monnaies.

N'oublions pas la directrice de la poste aux lettres : nos pères n'étaient pas si exigeants que nous. En plein dix-huitième siècle, ils ne recevaient leurs lettres que quatre fois la semaine, les dimanche, mardi, jeudi et samedi. Dans les dix dernières années de Louis XVI, l'*extraordinaire* en apportait les autres jours, mais de Paris seulement. — Pour aller à Paris, il fallait attendre le lundi ou le vendredi, jours de départ de la *messagerie*, à moins que l'on ne consentît à payer une *chaise publique* à quatre places qui allait et venait à volonté. Et quand nous parlons de messagerie et de chaise nous parlons de la période moderne du dernier siècle. Sous Louis XIV, il n'y avait pour tout service que la *patache* qui mettait une bonne journée à faire le chemin, et lorsque madame de Sévigné, venant de Paris, descendait à la grille du château de Bâville,

---

1. C'était, en 1783, M. de Prony, l'aimable savant.

chez monsieur de Lamoignon, elle avait besoin de se reposer et de maugréer contre la patache de Dourdan. Les hommes ne l'employaient guère, et c'est à cheval qu'ils allaient à Paris pour leurs affaires. Ceux qui n'avaient pas le moyen de louer un cheval se mettaient bravement en route à pied, et nos pères savent parfaitement les noms de tel ou tel qui, dans la même journée, faisait ainsi le voyage de Dourdan à Paris, aller et retour, c'est-à-dire, près de vingt-quatre lieues.

Nous allions omettre le service *militaire* de l'endroit. Il y avait autrefois à Dourdan un prévôt et une compagnie de maréchaussée; mais lorsque celle-ci fut mise sur le pied militaire, la prévôté de Dourdan fut supprimée et il ne resta qu'une brigade de la lieutenance de Chartres, de la prévôté générale de l'Orléanais, composée d'un sous-lieutenant, un brigadier ayant brevet d'exempt, et trois cavaliers (1). Six hommes constituent encore aujourd'hui la force armée de Dourdan. Si l'on excepte l'ancienne garde bourgeoise, la compagnie de *vétérans* chargée au commencement de ce siècle de la garde du château converti en prison centrale, les bataillons de la garde nationale de la République et de la Restauration et la compagnie des sapeurs-pompiers, la maréchaussée devenue gendarmerie a toujours paru suffisante aux habitants de Dourdan pour le maintien de l'ordre public. Dourdan a trop souffert, dans son passé, des garnisons et des hommes de guerre pour ne pas savoir se contenter et s'applaudir aujourd'hui du pied de paix.

1. En 1718, la *maréchaussée* de Dourdan, assez mal notée, se composait, suivant le rapport de l'intendance : d'un lieutenant criminel de robe courte, le sieur Nourry, habitant le plus souvent Paris et le reste du temps une petite maison à trois lieues de Dourdan ; — un exempt ; — un greffier ; — neuf archers. « Le lieutenant, qui n'a que « 235 liv. de gages, s'en fait davantage, parce qu'il ne donne que 30 liv. à l'exempt « au lieu de 150, et 20 liv. aux archers au lieu de 35, ce qui fait que le service ne se « fait pas, tous les hommes étant à pied. » — *Arch. de l'Empire*, H. 4793.

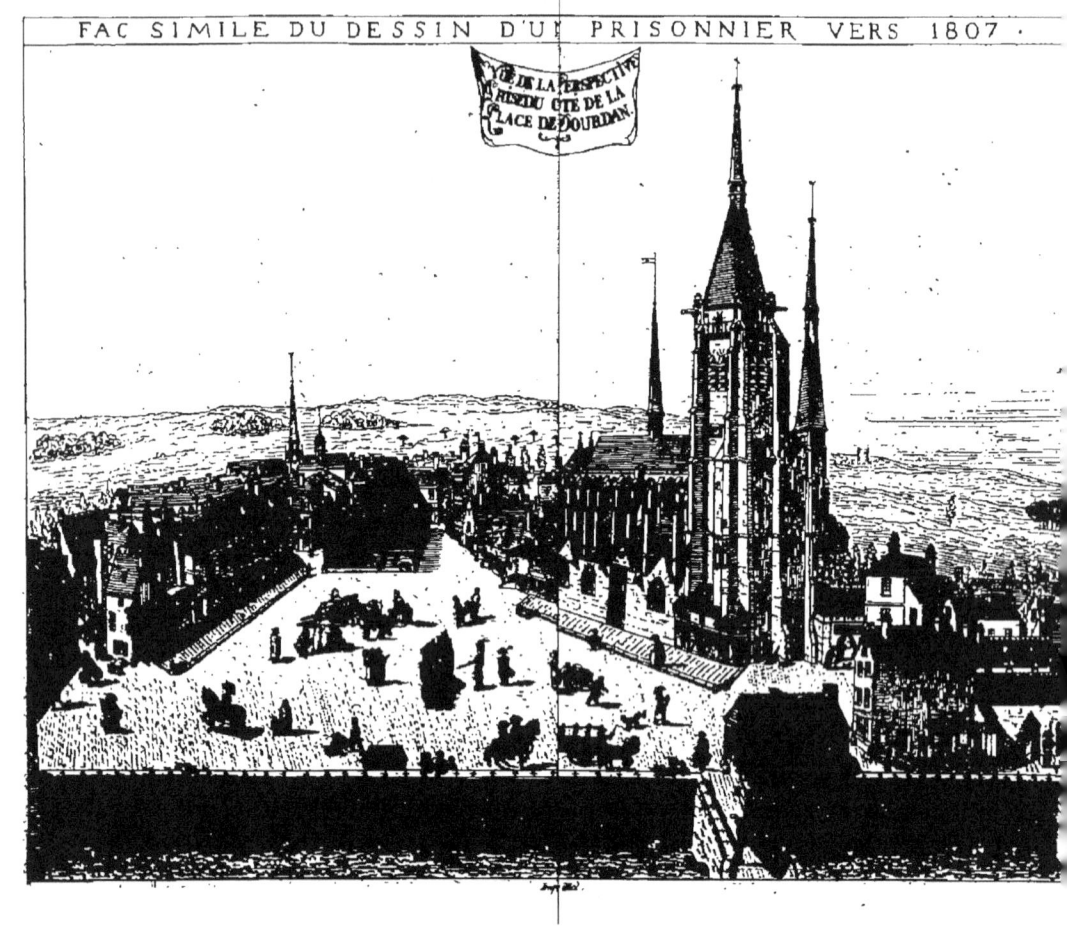

CHAPITRE XV

LA VILLE.

os lecteurs nous sauront peut-être gré de leur faire faire le tour de cette vieille ville de Dourdan dont nous les entretenons déjà depuis longtemps, et dont la physionomie est demeurée si curieuse pour qui sait l'observer. A l'époque où nous sommes arrivés, c'est-à-dire au xviii° siècle, nous ne sommes pas encore assez loin du passé pour n'en pas retrouver presque toutes les traces et nous nous rapprochons assez du présent pour le relier facilement au passé. C'est donc le moment de faire une promenade rétrospective : ceux qui connaissent la ville n'auront, pour nous suivre, qu'à faire un léger effort d'imagination; ceux qui ne la connaissent pas voudront bien ouvrir le plan qu'ils ont sous la main (1).

1. Le plan que nous offrons au lecteur à la fin du volume a été dressé d'après le cadastre, d'après le plan d'alignement qui sert journellement à l'administration municipale et d'après d'anciens plans manuscrits. Il donne à la fois l'état présent et les indications les plus importantes du passé. — La planche ci-jointe est le *fac-simile*, fidèlement exécuté par notre habile graveur, M. Léon Gaucherel, d'un dessin naïf mais exact, fait par un prisonnier du château, au commencement du siècle. — Nous aurions pu aussi reproduire, si nous ne l'avions jugée vraiment trop erronée et propre seulement à égarer le lecteur, une vue de Dourdan qui fait partie de « la Topographie de Claude Chastillon, » de la fin du xvi° siècle.

Pour nous orienter plus facilement, prenons pour point de départ et pour rendez-vous la place devant le château et au pied de l'église, et divisons en deux notre tournée. De la *porte de Chartres* à la *porte d'Étampes*, c'est-à-dire dans le sens de la longueur, la *rue de Chartres* puis la *rue d'Étampes* partagent à peu près la ville en deux parties égales, une partie méridionale ou partie basse; une partie septentrionale ou partie haute.

Commençons par la partie basse et n'oublions pas que nous sommes au siècle dernier.

Faisons d'abord le tour de l'église pour savoir ce qui l'environne. Hélas! comme toutes ses sœurs du moyen âge, elle a laissé des masures et des échoppes s'appuyer contre ses murailles et se loger entre ses contreforts. Messieurs les marguilliers, jaloux d'augmenter les revenus de l'église, et peu soucieux, paraît-il, de l'effet architectural, viennent en 1767 d'engager la dernière petite place vide entre les deux piliers de l'encoignure du grand clocher, à côté de la veuve Voisin, à Pierre Cheval, mégissier, qui a suspendu pour enseigne une grande culotte jaune, et cela pour la somme de trois livres de cens et rente foncière, « non rachetable (1). » Près du portail, au coin de la rue de la Haute-Foulerie, s'ouvre la grande porte en arcade de la cour du *Prieuré* dont les bâtiments ont été démolis et reconstruits en 1615. La maison des vicaires fait le coin du carrefour. Monsieur le prieur, abrité par l'église, a en plein midi un jardin à deux étages. Au bas est sa grange des dîmes, et pour cave, il a sous sa terrasse le vieux cellier en forme de crypte des chanoines du XIIe siècle.

Dans la *rue tendant sous Saint-Germain* qui borde le jardin du prieuré, la *fontaine Saint-Germain* (2) est le rendez-vous de tout le quartier. C'est une bonne source qui ne tarit jamais et l'eau est rare à Dourdan. La rue tourne et nous sommes dans la *rue d'Authon*, l'ancien chemin d'Authon, maintenant barré par les grands bâtiments des dames de l'*Instruction chrétienne* dont le terrain descend vers les remparts. En face de leur portail, la rue d'Authon monte à pic jusqu'aux halles. Le chevet de l'église domine cette voie resserrée et la chapelle de la Vierge, le nouveau bâtiment de 1689, disparaît presque au milieu des constructions qui s'élèvent sur les terrains achetés et revendus par la fabrique. Accolée contre l'église, faisant hache dans le jardin du prieur, est la demeure de l'ancien lieutenant du bailliage, Richard le Boistel, qui en échange de l'emplacement de sa cuisine a obtenu durant sa vie une entrée dans l'église. C'est maintenant une petite ferme et une auberge tenue par Yvon à l'enseigne de *la Fleur de lys* (3).

1. Tout le monde déplore aujourd'hui ces malheureuses masures. Elles sont frappées de reculement par l'administration, et on attend impatiemment leur chute.
2. Maintenant enclavée dans une propriété particulière.
3. On voit encore le puits, avec son toit et sa fleur de lys.

La *halle* est devant nous, et en descendant par la *rue des Halles*, nous trouvons sur notre chemin, au coin de la rue d'Authon, l'auberge des *Trois Roys* (1), dont le terrain rejoint celui de la communauté; deux portes plus loin, la maison des Fougerange où pendait jadis *l'Image Sainte-Catherine*, et sa voisine au coin de la rue des Boucheries qu'habitait en 1537 Claude Boudet.

La *rue d'Étampes* s'ouvre en pente à l'angle du carrefour. Au coin de gauche, était jadis la taverne de *l'Ange*; à droite, la *rue des Boucheries*, tortueuse et sale, descend jusqu'aux remparts. C'est le quartier des tueries dont le passant évite les flaques d'eau et de sang. Un peu plus loin, sur la gauche, monte vers la rue Saint-Pierre la *rue du Petit-Croissant*, à l'angle de laquelle pendait, au xve siècle, *l'Image saint Claude* (2); en face redescend en tournant vers la rue des Boucheries, la *rue de la Poterie*, dont le nom rappelle d'anciennes fabriques, et qui se prolongeait autrefois jusqu'au dessous de l'église, en traversant la rue d'Authon, par la *rue des Pressoirs*. Au coin de la rue de la Poterie et de la rue d'Étampes est, d'un côté, la grande habitation à avenue et à fronton de M. Poussepin (3), et de l'autre, la maison de *l'Autruche*. Toutes les maisons de ce quartier sont sous la censive et la justice des seigneurs de Rouillon, et l'on peut voir en cet endroit, près d'un cachot en forme de puits, une grosse pierre ronde comme une meule qui servait de siége à cette justice avant que M. Lévy l'eût transportée au faubourg Saint-Pierre. En descendant un peu la rue d'Étampes, voici, à gauche, la *rue du Troux-Punais*, devenue la *rue du Trou-le-plus-net*, en considération de M. le procureur du roi en la maîtrise des eaux et forêts, M. Crochart de Frémont, qui y habite dans son hôtel (4). En face, la vraie, l'ancienne *Fleur de Lys* avait encore son enseigne en 1687 (5). Toutes ces maisons du côté droit de la rue d'Étampes ont de grands jardins maraîchers qui rejoignent la ruelle des remparts. Il y avait là une courtille où nos pères ont mené joyeuse vie, et on parle encore dans ces parages du *Tripot*, de la *ruelle du Tripot* et de ses *jeux de Boules*.

Laissant de côté la rue des Vergers-Saint-Pierre, nous sommes arrivés à la *porte d'Étampes*, derrière laquelle s'abritait, au xvie siècle, l'auberge du *Dauphin* (6). La rue se resserre, deux tourelles reliées aux murailles de la ville en défendent l'entrée, et des gonds, encore scellés aux piles

---

1. Achetée par M. Demetz, ancien maire de Dourdan, et occupée aujourd'hui par son fils, M. Demetz, conseiller général du département, le fondateur de la colonie de Mettray.
2. Maison de la pharmacie.
3. Maison de M. le docteur Diard.
4. Maison de M. Boivin, maire. — Aujourd'hui *rue Traversière*.
5. Maison de la pension.
6. Maison de la poste aux lettres.

de ces tourelles, annoncent que la ville a été bien réellement fermée de portes (1). La rivière qui baigne le pied des murailles de Dourdan, derrière lesquelles court la *ruelle des Cordiers*, sert de fossé à la porte d'Étampes et on la traverse sur un pont de pierre qui a remplacé, en 1732, le vieux pont de bois, grâce aux deniers de la fabrique Saint-Germain (2) et à un don de 500 livres de monseigneur le duc d'Orléans. Le *carrefour de la porte d'Étampes* s'ouvre après le pont.

A gauche, commence la *route d'Étampes*, ou plutôt la *rue du faubourg d'Étampes* qui coupe le vieux *clos Saint-Mathurin*. — L'auberge du *Chariot d'Or* était, de ce côté, la première halte que rencontrait le voiturier de la Beauce qui venait d'être embourbé avec son attelage dans *la Testée des Granges*, avant la réparation du chemin. Le long de la rivière, qu'on traverse au *pont Bertin*, c'est le quartier des déshérités et des suspects : *le Madre*, l'ancienne *terre Saint-Ladre*, terrain de *la Maladrerie*, refuge des lépreux dont la *chapelle Saint-Laurent* s'élève solitaire, comme une pestiférée, dans le *berceau Saint-Laurent*, au pied de Normont ; —la *haute* et la *basse Bretonnerie* ou *Bretonnière*, où des traînards Bretons, se fixant dans le pays, se sont cantonnés lors des guerres du xve siècle.

Faisant face à la porte d'Étampes, baignée par le second bras de la rivière et séparée du carrefour par un pont de pierre, apparaît, comme une sorte de petit château, avec ses trois corps de logis et sa haute toiture de tuiles, la *maison d'Orgemont*. L'empreinte du grand siècle se reconnaît à première vue. Là, en effet, l'historiographe de Louis XIII, notre ami Jacques de Lescornay, s'est fait sur la fin de ses jours une noble demeure, digne de son rang et de la haute position de sa famille (3). Derrière la maison s'étendent un parterre, un verger et un beau parc correctement tracé suivant le goût du temps, et percé en éventail d'allées bordées de charmilles.

Appuyons sur la droite pour faire extérieurement le tour de la ville.

---

1. Ces tourelles n'ont disparu qu'en 1817.

2. A cause de son droit de mesurage des grains, qui l'obligeait à l'entretien des abords de la ville.

3. Sur l'emplacement de la maison que Guillaume Thibault déclarait au terrier de 1537 pour 12 sols parisis de cens, et qu'occupèrent Denis Jonquet et le sieur Abraham-Joseph de Cassenave.—Jacques de Lescornay s'en fait acquéreur par contrat passé devant Claude Michau, 3 février 1680.—Écuyer, sieur du Mont, ancien avocat, conseiller du roi et commissaire directeur général des hôpitaux de l'armée du roi en Allemagne, premier marguillier de la paroisse Saint-Germain (1678), bourgeois de Paris, y demeurant en l'île Notre-Dame, rue et paroisse Saint-Louis (1668), de Lescornay, octogénaire, veut mourir à Dourdan. Son fils, Thomas de Lescornay, son petit-neveu, messire François de Saint-Pol, habitent tour à tour la maison d'Orgemont. Acquise en 1758 par M. Poussepin, elle passe par héritage à M. Lefort et à ses enfants, M. et Mme Collin, les propriétaires actuels. — *Déclarations censuelles* devant Me Héroux.

Sans nous engager dans le chemin qui mène à *la Croix Saint-Jacques* et à Grillon, suivons la rue des *Vergers Saint-Jacques*, qu'on nomme aussi la *rue de la Chiennerie*, et qu'on appelait, aux xve et xvie siècles, la *rue aux Oies* ou le *chemin des Mores*. Des jardins maraîchers couvrent l'île formée par les deux bras de l'Orge, et par dessus les murs on voit la ville s'élever en amphithéâtre et le vaisseau de l'église Saint-Germain se dresser fièrement de toute sa hauteur. Ce lieu est sous la censive des dames de Lonchamp, on lui donne les noms de l'*Hermitage*, la *Tête aux Mores*, la *Chiennerie*, sans doute en souvenir des chenils de la meute royale (1).

La rue des Vergers aboutit à celle du *faubourg du Puits-des-Champs*, ainsi nommé à cause du puits placé au bas de la rue, au milieu du carrefour des chemins de Grillon et de Corbreuse (2). C'est par ce faubourg que nous rentrerons dans Dourdan. Une rangée de maisons basses borde la rue. A gauche, derrière ces maisons, coupés par une autre *ruelle de la Poterie*, des enclos vont rejoindre les prés et l'étang du Roi : c'est *le clos Saint-Père*, la plus vieille des propriétés de l'église Saint-Pierre, exploité dès le xiie siècle par les moines de Morigny; *le Bourgneuf*, autrefois appelé *le Bourguerin;* la petite ferme achetée pour les dames de l'Instruction chrétienne par leur pieuse fondatrice, etc. La rivière barre la rue du Puits-des-Champs à la porte de la ville (3); chevaux et voitures la traversent à gué entre deux tourelles (4). A l'intérieur des murs, la rue change de nom; quartier des foulours de laine et des tanneurs, elle devient *rue de la Basse-Foulerie*, et remonte vers *les Quatre-Coins*, dominée par la grande silhouette du donjon du château.

Avant d'arriver aux Quatre-Coins, enfonçons-nous sur la gauche, dans une vieille rue à l'angle de laquelle surplombe un escalier en poivrière (5). C'est un recoin très-fréquenté, car c'est la *rue du Moulin-du-Roy*. Le vieux moulin, qui ressemble assez à une masure, appartient au domaine, avec la grange sa voisine que le duc d'Orléans tient des dames de Lonchamp. Tout à côté est *la cour du Loup*, une espèce de cour des miracles assez mal famée. *Le Loup* est une très-ancienne auberge fréquentée jadis par les garnisaires qui, en temps de guerre, occupaient Dourdan. Sous la Ligue, maint chef de soudards s'est installé là pour faire bonne chère, et, après le siège de 1591, la ville a dû faire plus d'un sacri-

---

1. Terrains du gazomètre, etc.
2. Ce puits, fort gênant pour la circulation, a été comblé, et M. Lebrun, l'architrésorier, en a fait ouvrir un autre à quelques mètres de distance, à l'angle de la rue qui porte son nom, autrefois la *rue du Bourgneuf*.
3. Autrefois *porte du Puits-des-Champs*, aujourd'hui *porte de Châteaudun*.
4. Le pont actuel date de prairial an IX. Une médaille commémorative a été déposée sous la première pierre par le consul Lebrun. Les deux tourelles ont été détruites.
5. Cette maison a disparu il y a deux ans.

fice pour payer au propriétaire du Loup la dépense des brocs de vin bus à la santé du bon Henri IV.

Le Loup est flanqué du *Petit-Loup,* sa succursale. — Au bout de la rue du Moulin-du-Roi est l'abreuvoir ou *la Fosse aux Chevaux,* les *Lavoirs* où, du lever au coucher du soleil, on entend les battoirs et les langues des commères. La rivière vient de Potelet et passe sous les murs de la ville, et par l'ouverture du *Petit Huis* flanqué de sa tourelle, notre œil plonge sur les prés de l'*Étang du Roy*, la *Pépinière Royale* (1), la terre des *Murs, Potelet* et les pentes de *Bonniveau.*

Au-dessus de l'abreuvoir monte à pic la *rue des Belles-Femmes.* Le nom laisse deviner la chose. Dans presque toutes les villes à vieux château et à garnison, on retrouve derrière les fossés de la forteresse une rue des Belles-Femmes, où écuyers, lansquenets et archers venaient oublier la ronde ou le guet.

La *rue de la Vieille-Geôle* (2) nous ramène aux *Quatre-Coins.* Près des anciens cachots où gémissaient les pauvres diables, est le carrefour des buveurs et des routiers. A gauche, la rue de la Geôle, d'où nous sortons ; à droite, la *rue Haute-Foulerie,* qui remonte vers l'église ; derrière nous, la *rue de la Basse-Foulerie;* devant, la *rue Motte-Gagnée* qui rampe, parallèlement à la rue des Belles-Femmes, sur la pente rapide de la *Motte* au sommet de laquelle le château est assis, et la *rue des Fossés* où l'on monte comme à l'escalade par de grands degrés disjoints. Les Quatre-Coins ont tout naturellement leurs auberges. Elles se regardent face à face aux deux encoignures de la rue de la Geôle : d'un côté *le Cheval Blanc,* de l'autre *le Duc d'Orléans*, qui couvre l'emplacement de trois maisons et sort sur la rue Motte-Gagnée. On ne parle plus de l'ancienne auberge des *Quatre Vents.*

Terminons notre tournée dans la ville basse et rejoignons l'église, notre rendez-vous, par la *rue Haute-Foulerie.* Les apprêteurs de bas ont là des magasins et des métiers et font le samedi leurs affaires au *Lion d'Or*, dont l'enseigne pend à côté d'une antique maison de sévère apparence

---

1. En 1723, par ordre de M. de Bouville, intendant, M. Boucher, subdélégué de Dourdan, choisit pour l'emplacement d'une pépinière royale un terrain sablonneux, à l'est de la ville, appartenant à l'hospice. On y planta des ormes, tilleuls, hêtres, pommiers, poiriers, noyers et amandiers, au nombre de 15,000. En 1728, plus de la moitié des arbres avaient péri. En 1735, la pépinière fut transportée entre Dourdan et Potelet, dans un terrain dépendant du domaine. L'orme seul y réussit réellement ; on en comptait 23,400 pieds en 1746. Mais, en dépit du but de la création, qui était de garnir d'arbres les grands chemins, la plus grande partie du plant était livrée aux riches particuliers des environs, prince de Montauban, marquis de Magny, baron de Gauville, comte de Verteillac, etc. — L'administration supérieure s'entêta à faire à Dourdan d'infructueux essais de mûriers blancs. Le jardinier recevait 240 livres. Le terrain de 2 arpents était loué 30 livres au domaine.

2. Rue *de la Geôle* (1640), *de la Vieille-Geôle* (1690), aujourd'hui *de l'Abreuvoir.*

aux assises de grès et au portail cintré (1). Le jardin va jusqu'aux remparts, coupé par une ruelle qui permet aux habitants de la rue Basse-Foulerie de venir puiser de l'eau à la fontaine Saint-Germain. La rue se resserre en arrivant à l'église, la taverne de *la Pomme de Pin* s'ouvre en face du portail et les chantres s'y rafraîchissent en passant. Nous sommes revenus au point de départ, devant la porte du château ; c'est maintenant le tour de la ville haute.

La *rue de Chartres* commence aux halles et mène à la *porte de Chartres*. C'est, avec la *rue Saint-Pierre* dont elle est le prolongement, la grande rue de Dourdan, celle des magasins achalandés et des étalages du samedi. La proximité du marché a engagé les hôteliers à s'établir sur son parcours. Que nos lecteurs ne se scandalisent pas d'entendre toujours parler d'auberges. L'auberge est un centre de vie, de mouvement, d'activité commerciale ou politique. Il s'y échange des nouvelles et des produits. Si les braves cultivateurs et artisans y boivent un peu trop du vin des *vignobles* de Dourdan, ils y font en revanche beaucoup d'affaires, et d'ailleurs les chemins de Beauce sont si mauvais qu'il est souvent impossible de repartir le soir et qu'il faut nécessairement coucher à la ville, bêtes et gens (2). Près de l'hospice, en face des halles, *la Fille qui perd son temps* a, depuis un siècle déjà, retiré son enseigne, mais tout à côté la maison de *la Grille*, où pendait, au xve siècle, l'*Image sainte Barbe*, continue à recevoir sa bruyante clientèle. Là, de tout temps, ont logé les Limousins, les bateleurs, meneurs d'ours et marchands de chansons, et la Grille, avec ses charpentes apparentes décorées de moulures, son portail cintré, ses quatre corps de logis ayant sortie sur la *rue Trifouillet* et la *ruelle du Saint-Esprit,* est une sorte de caravansérail où la maréchaussée a eu quelquefois affaire (3). Peu après, l'*Écu* et *la Pie* dont la cour seule subsiste, forment un dédale de ruelles et d'allées courantes qui rejoignent la *rue Neuve.*

Au coin de la *rue du Bon-Saint-Germain* et de la rue de Chartres, en face du *boulevard du Château* à l'angle duquel voltige *le Pot d'Étain* au-dessus d'une treille bien palissée, *le Croissant* ouvre sa grande porte et sa cour étroite aux voyageurs bourgeois. La salle basse est assez

---

1. Maison de la pension.— Très-anciennement auberge *des Trois Maures*; déclarée au terrier de 1537 par la famille Sédillon, elle a appartenu à messire Pelault, à Jean-Raphaël Curé, lieutenant des eaux et forêts ; à Jean-Louis Pommier, ingénieur du roi. Elle était occupée, à la fin du xviiie siècle, par M. Sébillon, maître de pension. C'est aujourd'hui un pensionnat de demoiselles.

2. Nous n'avons pas besoin d'ajouter qu'évoquant ici les souvenirs du passé, nous n'entendons pas dire que toutes ces maisons aient existé *à la fois.*

3. Tenue à rente au xviie siècle par la famille Houssu de noble homme Nicolas Boitet, la maison de la Grille fut donnée en 1741, par les dames Bigé, à l'hospice, qui l'engagea peu après par bail emphytéotique. C'est aujourd'hui un beau magasin de nouveautés, tenu par M. Hattier.

sombre. Une porte voûtée comme celle d'une crypte donne entrée dans de vieilles caves ; on parle de souterrains qui rejoignent le château. Messieurs les prédicateurs, quand ils ne logeaient pas au presbytère, aimaient assez cet asile austère et c'est au maître du *Croissant* que les marguilliers payaient la dépense faite par les bons pères Cordeliers, venus pour prêcher l'Avent et le Carême de 1595 dans l'église nouvellement réparée (1).

Vis-à-vis des fossés du château que borde la rue de Chartres, *les Trois Maures* (2) attirent les yeux par leur enseigne voyante et leurs trois nègres aux turbans fantastiques, et on se souvient à peine des *Papegaux* (ou perroquets) qui, eux aussi, une ou deux portes plus loin, avaient une belle image au xiv° siècle. La *rue Tirard* ou *à Tirard* nous remet en mémoire le receveur du domaine de Dourdan, qui a lui donné son nom sous François Ier. Juste en face de la grosse tour, la maison de *la Souche* (3) avait d'immenses dépendances, et *le puits de la Souche*, sur le bord de la rue, alimente encore d'eau ce quartier qui sans lui en manquerait. La rue tourne, comme le fossé, autour du donjon, et sur la gauche, la *rue des Fossés*, la *rue Motte-Gagnée* et la *rue des Belles-Femmes*, dont nous retrouvons l'autre bout, descendent dans la ville basse. L'hôtel de messieurs Roger, lieutenants-généraux du bailliage, fait à la fois le coin de la rue Motte-Gagnée et celui de la rue des Belles-Femmes (4). Leur tranquille demeure, à grande porte cochère toujours fermée, a remplacé l'ancienne hôtellerie du *Cygne*, et maître René Buffy remplace, lui aussi, tout près de là, à la porte de Chartres, la taverne du *Héron*, ce rendez-vous des pages et des fauconniers, quand ils rentraient de la chasse des étangs du roi. Des maisons de bonne apparence bordent le côté droit ; et cette partie haute de la rue de Chartres est généralement habitée par la bourgeoisie.

Immédiatement avant la *porte de Chartres*, à l'endroit du *marché aux Cochons*, la *rue Neuve*, ainsi appelée depuis plusieurs siècles, nous ramènerait, en tournant, dans la direction d'où nous venons ; car, parallèle à la rue de Chartres, elle sert de débouché aux rues Tirard, du Bon-Saint-Germain, *du Trou-Salé* et au jardin de l'hospice. Ne nous y engageons donc pas, car nous voulons sortir par la porte de Chartres. Au surplus, nous aurions peu de chose à voir dans la rue Neuve. A l'exception

---

1. Déclarée au terrier de 1537 par Robert de Fortmanoir, tenue en 1781 par Jeanne Yvon, la maison du *Croissant* est peut-être la seule qui ait conservé son nom et sa destination. Récemment reconstruite, c'est aujourd'hui un fort bel hôtel.

2. Propriété d'Ollivier Guerton en 1668 et des Decescaud au xviii° siècle.—Antoine Roussin, hôtelier en 1687.

3. Aujourd'hui hôtel de Lyon.— Le puits a conservé son nom.

4. Occupé sous l'empire par les messageries et la poste aux chevaux, devenu pensionnat de mademoiselle Lequeux, aujourd'hui habitation et étude de M. Curot, notaire.

de l'*hôtel de Groslieu* avec son escalier en tourelle que possède l'hospice, et la grande habitation avec jardin du seigneur de Grateloup, au commencement du xvııᵉ siècle, ce sont des maisons sans histoire, de petites fermes, dont les propriétaires ont obtenu, pour quelques deniers de cens, une sortie sur les remparts.

En dehors de la porte de Chartres s'ouvre le quartier *des Maillets* et la route de Saint-Arnoult, qui se confond d'abord avec la *rue du Faubourg-de-Chartres*. Une croix se dresse au milieu du chemin. Construit dans un terrain triangulaire, à la sortie de la ville, le *cimetière Saint-Germain* a remplacé depuis trois siècles l'ancien cimetière qui existait jadis sur la place de l'Église. Il est devenu lui-même trop restreint pour la population (1). Des deux côtés de la porte de Chartres, les murailles de la ville, régulièrement flanquées de tourelles et naguère bordées de fossés, forment autour de Dourdan une imposante ceinture. A gauche, les remparts s'inclinent avec le terrain jusqu'à la rivière. A droite, ils se prolongent sur un sol nivelé et sans autre interruption, de la porte de Chartres à la porte Saint-Pierre, qu'une ouverture dans l'axe de la *rue Croix-Ferras* ou *Ferraize*, à l'endroit de la *Tourelle carrée*.

La croix *Ferraize* ou de fer (*crux ferrata*) s'élevait jadis au milieu de la rue dans une sorte de carrefour, et une rue *tendant derrière les remparts* longeait au dedans de l'enceinte le chemin de ronde.

C'est à l'occasion de messieurs les joueurs de paume que la ville a commencé à combler ses fossés et à les convertir en promenades. La longue paume a été de temps immémorial le jeu favori des Dourdanais. Un grand nombre de parties de paume s'organisaient tous les dimanches. Chaque quartier, presque chaque rue avait la sienne. Les passants se plaignaient ; atteints par les balles, plusieurs d'entre eux avaient été blessés, sans compter les accidents aux vitres des voisins que tout le monde n'a pas le droit de casser ou de faire treillager comme Louis XIII. Monseigneur le duc d'Orléans, prié à cet effet, a octroyé aux joueurs, en 1742, une portion des fossés de la ville, depuis la porte Saint-Pierre jusqu'à la tourelle carrée, avec la permission de les combler et d'y installer leur jeu. M. de Verteillac, gouverneur de la ville, a donné avec une grande bienveillance un morceau de terre qui lui appartenait pour élargir l'espace. Un nouvel élan s'est emparé des joueurs ; de savantes parties, des défis entre les jeunes gens de Dourdan et ceux des villes voisines attirent très-souvent après vêpres une foule de spectateurs, et les anciens du pays ne manquent pas de venir juger et applaudir les coups.

Une rangée d'arbres plantée au nord du jeu de paume en dessine l'enceinte et les habitants charmés de cette promenade ont imaginé de l'étendre. Les plus riches bourgeois se sont cotisés, et avec, l'autorisa-

---

1. Le *cimetière actuel*, transporté à mi-côte de la butte de Liphard, beaucoup plus loin de la ville, date de 1792. D'abord enclos de fossés, il a été muré en 1812.

tion de Son Altesse Sérénissime, ont fait combler à leurs frais tout le fossé de la ville, depuis la tourelle carrée jusqu'à la porte de Chartres, et planter sur ce nouveau boulevard une double rangée d'ormes. C'est à M. Fougerange, conseiller du roi, grenetier de la gabelle et lieutenant particulier du bailliage, que l'on doit ce précieux embellissement. C'est lui qui a été le dépositaire et le dispensateur des fonds et qui s'est donné une peine infinie pour faire achever le travail dans l'année 1747.

Au midi du jeu de paume, à l'intérieur des murailles, est l'emplacement du *champ de foire de Saint-Félicien*, où se presse au mois de septembre un immense concours d'étrangers. En face, dans le *Champtier de la Tourelle Carrée*, on a transporté le *cimetière de Saint-Pierre*. En échange de l'ancien, M. de Verteillac a donné et fait enclore de murs ce nouveau terrain (1).— Non loin de là, au milieu du chemin qui mène à Roinville, est la *Croix-Rouge*, ombragée d'arbres, et, en remontant au nord, dans les champs, la *ruelle aux Moines* et le *Champtier de la Justice*, lieu maudit où se dressaient les fourches patibulaires et s'exécutaient les sentences de la prévôté.

Les dépendances du *Parterre*, la belle propriété de M. Lévy acquise par M. de Verteillac, ont pris la place de la *rue des Bordes*, qui menait à la Croix-Rouge, et dont les bordes ou petites maisons couvertes de roseaux s'étaient échelonnées à la sortie de la ville et étaient devenues des lieux mal famés. La grille du parc touche à la *porte Saint-Pierre* ou de *Paris*. Deux tourelles (2) défendent cette entrée de la ville dont les remparts, enclavés dans la terrasse du parterre, ne reparaissent plus qu'au faubourg Grousteau, qui a perdu sa communication avec la rue des Bordes. La *rue Haute-Saint-Pierre* longe la maison de M. Lévy, où nous ramènerons plus tard nos lecteurs, et aboutit devant *Saint-Pierre*. La vieille église est en assez mauvais état. Son unique clocher, bâti au-dessus du chœur, souvent ébranlé par la foudre, inspire au quartier quelques inquiétudes. Son chevet est engagé dans les bâtiments de M. de Verteillac et sa sacristie est une matière à procès. La pointe de terrain qui formait l'antique cimetière a été débarrassée d'une partie de ses tombes et plantée d'ormes. Le sol, lentement exhaussé par les débris des générations humaines, avait monté plus haut que les murs qui le soutenaient, et sa ceinture trop étroite menaçait de se rompre sous la pression des terres amoncelées. M. de Verteillac en a profité pour éloigner de ses fenêtres ce voisinage qui l'attristait.

Attenant à l'église et debout sur un terre-plein qui domine la rue adjacente s'élève le *Prieuré*. C'est une demeure modeste avec petit jardin; mais comme le prieur de Saint-Pierre est à la fois seigneur temporel et

---

1. De 120 pieds de long sur 24 de large.—Contrat du 3 mai 1764.— Le cimetière Saint-Pierre a disparu avec la paroisse et fait aujourd'hui partie du parc de M. Mothu.
2. Aujourd'hui démolies.

spirituel, on la qualifie dans les actes de maison *seigneuriale*. Elle jouit d'une vue superbe et plane sur la *rue de la Fontaine-Saint-Pierre*, la source où s'abreuve le quartier, la *rue des Vergers-Saint-Pierre* ou *Saint-Laurent* qui rejoint la rue d'Étampes, la *fausse porte Grousteau*, la *fontaine Grousteau* ou *des Remparts*, la *rue Grousteau* à droite de laquelle sont de grands maraîchers et les potagers de M. de Verteillac ou *jardins de La Brousse* entourés de canaux, et la masure qu'on nomme le *vieil Presbitaire*. Plus loin sont l'étang ou les prés de *Gaudrée*, et sur la rivière le vieux *moulin Grousteau* ou *Micheau* avec son voisin le *moulin Prieur* ou *Choiselier*.

Le carrefour Saint-Pierre n'a pas manqué d'avoir ses hôtelleries et on y a vu pendre tour à tour les enseignes de *Saint-Gilles*, de *l'Ouye*, du *Dauphin*, du *Cheval Blanc* et de la *Chasse Royale*. — La *rue Saint-Pierre*, la plus centrale de Dourdan, relie en quelque sorte les deux paroisses, et les clochers de Saint-Germain répondant à la flèche de Saint-Pierre, se dressent au-dessus des halles et forment le fond de la perspective. A gauche, les rues du *Trou-le-plus-net* et du *Petit-Croissant* descendent vers la rue d'Étampes. A droite, la *rue Geoffroy* qui porte le nom du dernier prieur de Saint-Germain, prolonge la *rue Croix-Ferras* qui commence à la rue Neuve et mène à la Tourelle carrée. La rue Saint-Pierre a vu tomber l'une après l'autre ses vieilles maisons. On y remarque pourtant encore la plus ancienne des façades de Dourdan, aux sombres assises de grès et au portail voûté : *l'Écu de France* y pendait au xv siècle et se retrouve sculpté en pierre sous le porche, au-dessus de la petite porte d'entrée. Les murs de la cour ont conservé les traces des galeries et des passerelles qui reliaient entre eux les différents corps de logis. C'était, au xvii siècle, la demeure de Pierre Boudet et de M. Louis Guyot, président en l'élection. Thomas de Lescornay l'a reçue de lui en héritage et M. Decescaud, président du grenier à sel, l'habite au xviii siècle (1).

Tout à côté s'élevaient la *maison de la Grande-Fontaine* et celle *de la Petite-Fontaine* à l'encoignure de la *ruelle des Hues* qui borde l'hospice et a conservé le nom des anciens propriétaires du jardin de l'*Hôtel-Dieu*.

Saluons en passant ce consolant asile de la charité, relevé par des mains princières et dont la haute et large porte, nuit et jour ouverte à la souffrance, a été reconstruite en 1767.

Nous sommes au *marché aux Herbes*, et nous voici revenus à notre point de départ. Les vieilles halles aux massives charpentes occupent

---

1. Déclaration de Pierre Boudet, 17 juillet 1607, devant Berthier, notaire à Dourdan; — de Louis Guyot, 7 juillet 1669, devant Boucher. — Vente, par Thomas de Lescornay, à Jacques Deshayes, devant Mathieu Buffy, 26 janvier 1755. — Jean Decescaud, 1782. — C'est aujourd'hui une boucherie menacée de reculement.

la moitié de la place. L'autre partie, devant l'église, où s'élevait encore en 1680 une grande croix de pierre, est le siége du marché aux grains. Enfin, derrière les hauts parapets de ses fossés, le château avec ses lourdes tourelles donne au tableau un fond sévère et la sombre couleur des cités féodales.

Nous connaissons à peu près maintenant la ville de Dourdan. « Elle « peut passer pour jolie, dans l'esprit des gens qui sont sans préventions, « écrit un de ses habitants vers 1740; les rues en sont grandes, bien pa- « vées et toujours propres à cause de la pente naturelle qui donne l'écou- « lement aux eaux, et les maisons assez bien bâties et entretenues. L'air, « qui n'est ni trop vif ni trop épais, y est bon. »

Ce n'est plus tout à fait la même chose à la fin du XVIIIe siècle, car le subdélégué de Dourdan écrit à l'intendant en 1777 : « La ville de Dour- « dan, privée du secours d'octroi, est presque entièrement dépavée, et si « le roi n'a la bonté de venir à son secours en accordant à son profit la « perception des droits *municipaux* (1) et de ceux du *don gratuit* (2) « connus sous le nom de *droits réservés*, pendant quelques années, « cette ville deviendra inhabitable. Les citadins et les étrangers risquent « de s'y casser le col et le roulage devient impraticable, au détriment du « commerce et de la sûreté publique. Vous serez en état d'en juger vous- « même, Monsieur, lors de votre passage à Dourdan pour Bandeville, « Dieu veuille qu'il ne vous y arrive aucun accident et que votre voiture « ne s'y brise point, surtout dans la rue d'Étampes qui est remplie de « cavités! » (3).

Les choses n'ont point changé à la dernière heure de l'ancien régime, car les habitants rassemblés le 27 mars 1787 signent une requête tout empreinte de découragement et de tristesse : la santé publique souffre des exhalaisons de flaques nombreuses et profondes. Dans les années 1783 et 1785, *le chiffre des morts a excédé de près de moitié celui des naissances*. Le roi est supplié d'accorder l'autorisation d'un *octroi* momentané sur les vins et eaux-de-vie (4). Dourdan fait encore un effort, mais c'est le dernier.

---

1. On se rappelle qu'ils étaient la conséquence du défaut de corps de ville.

2. « Ce don, *gratuit* dans l'origine, cessa de l'être. Dourdan jouit longtemps de « *l'abonnement* que le roi lui avoit accordé, et de la faculté de le faire lever sur les « objets de consommation qui lui en paraîtraient susceptibles et qui gêneraient le « moins les habitants. Le don gratuit, devenu forcé sous le titre de *droits réservés*, « se perçoit à la rigueur à Dourdan, avec les 2 sols par livre en outre, par les agents « de la régie de ces droits, même sur le bois à brûler et foins qui entrent dans la ville, « ainsi que sur les vins et autres boissons. Dourdan, accablé, se dépeuple de jour en « jour. » — *Correspondance de l'Intendance*, 1773.

3. Lettre du subdélégué du 24 octobre 1777.

4. A raison de 6 livres par poinçon de 30 veltes 3/4, « jauge du pays » (velte = 6 pintes), avec affranchissement des 10 sols par livre auxquels cet établissement peut donner lieu.—La consommation annuelle de la ville est évaluée à 1,100 poinçons.

Après avoir parlé des rues et des maisons, il faudrait pouvoir faire connaissance avec les habitants qui y vivent. La population de la ville proprement dite atteint en 1726 le chiffre de 2,025 habitants. Il n'y a pas de grandes fortunes à Dourdan au XVIIIe siècle. Nous n'avons rencontré dans la ville aucune habitation fastueuse qui révèle la demeure d'un personnage opulent. Quelques familles toutefois appartiennent à la noblesse qui a dans l'élection de nombreux représentants, mais elles ne sont pas très-riches. C'est au Parterre que se voit le plus grand luxe ; une société choisie s'y réunit souvent, et Madame de Verteillac, femme de lettres et femme d'esprit, y attire d'aimables visiteurs. Le château de Grillon est aussi un noble rendez-vous. Le château de Sainte-Mesme, qui n'est pas loin, reçoit quelquefois les hôtes de Bâville et les seigneurs voisins dont les équipages de chasse traversent les rues paisibles de Dourdan. Une bonne bourgeoisie, presque exclusivement occupée des charges judiciaires, forestières ou autres, possède les offices, et beaucoup de ces officiers se plaignent que leurs fonctions ne suffisent pas à leur activité, souvent même aux besoins de leur famille.

Les plus riches, ce sont peut-être quelques manufacturiers ou commerçants qui font fabriquer et vendent à Paris les bas au métier ou les ouvrages au tricot, industrie spéciale de Dourdan. Au XVII_e siècle il y a eu en ce genre de véritables fortunes. Une grande partie de la population trouve dans cette fabrication un moyen d'existence. Les hommes travaillent au métier à domicile, dans des demeures basses et souvent malsaines, les femmes font du tricot de soie, de laine ou de fil. Mais l'état se perd ; la division du travail, qui a changé les conditions du traitement de la matière première, a tué à Dourdan les laveurs, les fouleurs et les cardeurs de laine. La concurrence des manufactures de Picardie, la réunion à Paris de la fabrication et de la bonneterie diminuent tous les jours la clientèle et le salaire des ouvriers de Dourdan. Ils entrevoient déjà une misère dont tout le monde s'épouvante et qu'une charité intelligente et dévouée est impuissante à prévenir. Les autres commerces ou industries qui, dès le XVIe ou le XVIIe siècle, se sont formés en corps de communauté et possèdent des jurandes, sur lesquelles nous aurons occasion de revenir, ont limité leur extension en se monopolisant, et en dépit de leur titre de *maîtres*, bon nombre d'artisans ou de marchands sont fort peu aisés.

Les hommes qui ne travaillent pas à la manufacture ou qui n'appartiennent pas aux différentes communautés sont laboureurs, bûcherons ou journaliers, et la forêt est de quelque ressource pour les plus pauvres.

Au sujet du caractère de la société de Dourdan et de la valeur morale de ses anciens habitants, si nous voulions en croire une piquante boutade manuscrite, laissée il y a plus de cent ans, par un officier de Dourdan qui avait eu des démêlés avec la population et lui en gardait une amère rancune, nous pourrions citer un portrait fort sévère des Dourdanais et une longue tirade sur leurs défauts. L'auteur les résume en disant qu'ils ont fourni « l'original de la ville que La Bruyère, qui pouvait connaître « Dourdan, a peinte dans *le chapitre 5 de la société, de ses caractères,* « Ier volume, page 294 de l'édition de Paris de 1740 ; » ajoutant toutefois qu'il y a « des personnes très-sensées qui prétendent au contraire que les « naturels du pays n'ont pas foncièrement le caractère mauvais, mais « qu'ils doivent leurs mauvaises qualités à une troupe d'étrangers qu'on « a souffert s'établir à Dourdan. »

Nous nous défions singulièrement de la partialité d'un fonctionnaire blessé, et à voir le ton passionné et l'universalité de sa censure, qui porte moins sur des vices que sur des vertus prétendues hypocrites, nous serions disposé à prendre le contre-pied et à défendre, comme de bon aloi, l'hospitalité, la religion, l'honnêteté des Dourdanais. Ouvrant La Bruyère à notre tour, nous dirions que, si Dourdan a fourni à l'illustre peintre une page d'après nature, c'est celle où il parle de la *petite ville exceptionnelle.*

CHAPITRE XVI

L'ÉGLISE SAINT-GERMAIN (1).

§ I.

VAISSEAU DE L'ÉGLISE (2).

Bien qu'endommagé par les siècles et les assauts qu'il a subis, ce vaisseau, par sa date, son aspect, ses proportions, l'intérêt architectural ou historique de plusieurs de ses parties, l'intérêt actuel de sa restauration, mérite une description spéciale et méthodique qui ne paraîtra, nous l'espérons, ni trop longue ni trop aride au lecteur.

DISPOSITIONS GÉNÉRALES. — Le plan de l'église Saint-Germain a la forme d'un parallélogramme. Deux tours, terminées par des flèches en charpente recouverte d'ardoise, s'élèvent sur sa façade occidentale. Une troisième flèche se dresse sur le milieu du comble, au-dessus de la grande croisée. La porte principale s'ouvre dans la façade entre les deux tours. Une autre porte donne accès sur le côté que borde la place. Contre la face qui regarde le midi, s'appuient le presbytère et la sacristie. Une chapelle de la Vierge, ajoutée au XVIIᵉ siècle à l'extrémité orientale,

---

1. Le classement des archives de l'église, que nous avons entrepris, n'étant pas achevé, nous regrettons de ne pouvoir, pour les détails contenus dans ce chapitre, renvoyer aux pièces par les numéros d'ordre d'un inventaire régulier.
2. Nous devons toute la partie technique de ce paragraphe à l'obligeance de M. Queyron, inspecteur général des travaux de Notre-Dame de Paris, l'habile restaurateur de notre église, qui a bien voulu nous donner, sur le vaisseau de Saint-Germain, des notes et des explications savantes et détaillées.

forme le chevet. La longueur intérieure entre murs, qui n'était primitivement que de 36 mètres environ, a été portée par l'addition d'une travée et de la chapelle du fond à 50^m. dans œuvre; la largeur est de 17^{m}70; la hauteur totale, du sol de l'église au-dessus du faîtage, est de 24^{m}55; la hauteur sous clef de 18^{m}70.

Composée de trois nefs, une nef principale et deux autres nefs plus petites, l'église Saint-Germain se terminait autrefois par un pignon percé d'une grande fenêtre et était dépourvue de chapelles latérales. Commencée vers la fin du xiie siècle, sans doute à l'époque où l'abbaye de Saint-Chéron en prit possession, continuée pendant le xiiie siècle, elle fut détruite en partie vers les premières années du xve par Salisbury (1428), à la suite du siège terrible que connaissent nos lecteurs. Reconstruite vers la fin du même siècle; décorée, sans doute par l'amiral de Graville, au commencement du xvie siècle; mutilée encore et de nouveau réparée vers 1591, à la suite des désordres de la Ligue, elle a perdu son premier aspect. Les parties basses du côté de l'entrée, les bas-côtés en partie, la travée de la grande croisée et les deux travées à la suite, sont tout ce qui reste de la construction primitive. Les deux tours à clocher, toute la partie haute auprès de ces tours, voûtes et croisées, datent du xve siècle, époque de la construction des chapelles.

Façade occidentale. — Elle peut se diviser en trois parties : le pignon central et les deux tours qui l'accompagnent. Cette façade a un développement de 22 mètres.

La tour du nord, dont les angles sont dissimulés par des contreforts se retraitant en montant à l'aide d'un glacis à larmier, est construite sur les assises de l'ancienne. Sa base est percée d'une fenêtre ogivale éclairant la première travée de la nef. Au-dessus se voient les restes d'une niche dont le soubassement portait un écusson accosté d'ornements, accompagnée de trois autres niches avec colonnettes, pignons à crochets et pyramidions. Cette tour contenait à chacun de ses deux étages une salle dont les voûtes en ogive ont été remplacées par des planchers. Le deuxième étage, qui renferme la curieuse sonnerie de l'horloge (1) et les cloches, est percé sur les quatres faces d'une fenêtre géminée en ogive garnie d'abat-sons. La tour se termine, entre les contreforts, par une corniche moulurée, dont la balustrade de pierre à jour est aujourd'hui détruite. Aux quatre angles s'élèvent des pyramidions en encorbellement traversés au milieu par une gargouille horizontale, ornés de moulures et bêtes sculptées à la base et de feuillages sur les arêtes hautes. Au-dessus de cette plate-forme s'élève un socle carré sur lequel repose la base de la flèche également carrée, surmontée d'une lanterne octogonale ajourée sur chacune de ses faces et terminée par une aiguille à épi. La charpente de cette flèche, quoique remaniée, est belle à cause de la dis-

---

1. Voir chap. X.

position de son enrayure supérieure. Dans une tourelle placée derrière le dernier contrefort nord, est un escalier en pierre, à vis, fort étroit, qui dessert les deux premiers étages de la tour. Un autre escalier à vis, contenu dans une tourelle pentagonale en encorbellement sur la façade centrale, donne accès sur la plate-forme. La base de cette tourelle est un des détails les plus délicats du monument. Elle est décorée de deux niches qui sont séparées et terminées par des colonnes torses à pyramidion orné et sont couronnées par un pignon en coquille, avec choux et fleurons. Le soubassement, garni d'une frise sculptée, porte un écusson effacé, accosté de feuillages et de salamandres et soutenu par des anges aux ailes déployées (1).

La tour du sud, également carrée, mais plus petite que celle du nord, est semblable dans la disposition de ses contreforts. Des bandeaux indiquent la hauteur des étages. Le deuxième était éclairé par une fenêtre ogivale garnie de redents, aujourd'hui bouchée. Sur la partie supérieure de cette tour, couronnée sans doute autrefois par un entablement dont on voit les assises, une flèche, carrée à sa base, est surmontée comme l'autre d'une aiguille octogonale.—Dans la partie centrale exhaussée de trois marches formant perron extérieur, la grande porte se termine en ogive à moulures toriques et concaves, portant sur des colonnettes engagées avec chapiteau à feuillage et soubassement à base allongée. Un pilier trumeau divise l'entrée en deux ouvertures égales; pentagonal à sa base, il supportait une niche ogivale couronnée par un dais, où devait se voir jadis la statue du patron, saint Germain d'Auxerre. Au-dessus, dans le tympan, un bas-relief représentait sans doute quelque acte de la vie du saint. Sur les deux linteaux, soulagés par deux arcs de décharge partant du trumeau du milieu, des traces d'inscription sont encore visibles. Une autre inscription curieuse de 1591, dont nous avons déjà parlé, est gravée au burin sur une penture de droite. Au-dessus de cette porte, existait autrefois une grande fenêtre à trois ogives. Un pignon sans aucun caractère termine la façade.

ÉLÉVATIONS LATÉRALES. — Les deux côtés de l'église étaient primitivement pareils au nord et au midi. Les différences actuelles tiennent à l'addition au côté septentrional de chapelles qui sont venues remplir le vide laissé entre les contreforts (2). Sept travées, autrefois éclairées par de petites fenêtres ogivales, sont séparées par sept contreforts, très-simples, à pile rectangulaire terminée par un petit pignon, se retraitant sur un glacis à larmier et contrebutant les arcs de la grande nef, au moyen d'un arc-boutant qui passe par-dessus le comble du bas-côté (3). Ce comble,

1. Cette tour ne mesure pas moins de 90 pieds de haut; elle en a plus de 150, si on compte du sommet de la flèche.
2. La sacristie et la chapelle de la Conception, dont nous parlerons plus bas, également construites entre les contreforts, font plus ou moins saillie sur la face méridionale.
3. Un pilastre, carré à son point de contact avec la nef, vient au-dessous de chaque

autrefois à une seule pente, a été converti en une série de petits combles à deux pentes prenant la forme des pignons des quatre chapelles et séparés par des chénaux, cause de fuites et de dégradations continuelles des voûtes de la petite nef. Trois des chapelles sont éclairées par de grandes fenêtres ogivales dont les meneaux forment, en se ramifiant, des portions de trèfles, des lobes et courbes diverses.

Entre les contreforts, au-dessus des chapelles, six grandes baies également garnies de meneaux laissent pénétrer le jour dans la nef. Sur la crête du mur court dans toute la longueur une corniche à moulures toriques et sculptées de feuillages, remaniée au xve siècle dans les trois premières travées près de la tour. Au-dessus, se dresse le grand comble couvert d'ardoises, avec sa flèche en charpente de forme octogonale, percée à sa base de huit baies en ogive et terminée par une pyramide aiguë (1).

Dans une des chapelles est l'entrée latérale de l'église dont le petit portail ne manque pas d'originalité et de finesse. A l'intérieur d'une sorte de cadre rectangulaire formé par des colonnettes et une corniche ouvragée, un tympan de courbe assez bizarre composé de portions d'arcs convexes et concaves et se détachant sur deux fenêtres qui épousent sa forme, se trouve inscrit au-dessus de la baie de la porte arquée en anse de panier. Dans ce tympan, au-dessus de l'archivolte de la porte décorée d'un rinceau de feuillages, un bouquet avec bague et choux supporte une niche étroite et longue, aujourd'hui vide, accompagnée de deux autres fort petites. La travée se termine, comme les autres, par un pignon à la base duquel deux bêtes sont accroupies.

Reliée par une dernière travée, la chapelle de la Vierge, qui fait maintenant le fond de l'église, est également garnie sur ses angles de contreforts saillants entre lesquels sont percées des fenêtres avec arc plein-cintre. Au-dessus du couronnement qui s'élève à deux mètres environ de la terrasse de la nef, un comble en charpente, pentagonal à sa base, se termine en pyramide, mais reste de beaucoup au-dessous du grand comble de l'église.

---

arc soutenir son extrémité. Les deux derniers contreforts, du côté du chevet, qui datent du xiiie siècle, diffèrent des autres. Ils n'ont qu'un petit pilastre au devant duquel une colonne cylindrique isolée, ornée de base et chapiteau à feuillages d'un joli style, soutient l'extrémité de l'arc. Il est à remarquer que ces deux derniers contreforts ne sont pas dans le prolongement des arcs-doubleaux de la nef. Les premiers constructeurs ayant sans doute à respecter quelque bâtiment, comme cela arrivait souvent à cette époque, ont dû placer ces contreforts en biais, ce qui fait que, loin de soutenir les voûtes, ils ont été repoussés par elles et ont perdu leur aplomb.

1. Ce grand comble, refait au xve siècle, devait être bien compris et d'une belle exécution ; plusieurs fois remanié, il se compose aujourd'hui de huit fermes en chêne. Des entraits décorés de moulures et terminés à leur extrémité par des têtes de monstres, quelques poinçons, aiguilles, etc., ornés de sculptures, donnent l'idée de sa facture.

Des maisons, des échoppes logées entre les contreforts défigurent cette façade qui est celle de la place. Servitudes léguées par les siècles passés, ces constructions sont destinées à tomber tôt ou tard et il est bien à souhaiter que l'église parvienne à se dégager de ces appentis parasites qui sont pour elle, non-seulement au point de vue de l'aspect, mais encore au point de vue de la conservation, un fâcheux et très-dangereux voisinage.

Intérieur.—Ce qui frappe tout d'abord, quand on pénètre dans l'église, c'est sa hardiesse, c'est sa forme élancée, c'est la hauteur de ses voûtes qui font paraître sa nef un peu étroite; ce sont aussi les remaniements et les consolidations plus ou moins apparentes nécessités par la vétusté et les souffrances de l'édifice. Sans nous attacher aux détails, indiquons au lecteur les principales lignes. Du seuil de la grande porte à la chapelle de la Vierge qui sert de perspective et dont l'ornementation assez riche du xviie siècle tranche un peu sur le style de l'église, on compte neuf travées. Huit seulement appartiennent à l'ancienne église. Une grande croisée forme une travée plus large que les autres à la hauteur du chœur. Du bas de l'église jusqu'à cette croisée, cinq travées se succèdent, supportées en général par des piliers (1) ou colonnes monostyles, aux chapiteaux ornés de larges feuilles, cantonnés sur leur face d'une colonne formant, avec deux autres implantées au-dessus du chapiteau, un faisceau de trois colonnes couronnées par des chapiteaux à crochets et feuillages, recevant la retombée des arcs doubleaux et diagonaux de la nef. Les voûtes sont partagées en travées par des arcs doubleaux croisés de nervures se réunissant à des centres ornés de rosaces ou d'écussons effacés.

Au-dessus des arcs latéraux en ogive aiguë, et au-dessous des fenêtres, un double bandeau se profile dans toute la longueur de l'église, interrompu seulement par les faisceaux de colonnes. Entre ces deux bandeaux règne une galerie étroite dont le plafond de pierre sert de terrasse extérieure. Cette galerie, qui est un des plus beaux ornements de l'église, s'éclaire sur la nef, dans chaque travée, par trois arcatures en ogive avec redents, portées tantôt par des colonnettes cylindriques ou par des colonnes torses, tantôt par des piliers carrés ou des pilastres engagés, avec bases et chapiteaux à crochets et feuillages, suivant le goût de l'époque à laquelle remonte la construction ou la réparation.

Chaque travée est percée d'une fenêtre ogivale divisée en trois parties par deux meneaux en pierre aux moulures prismatiques se réunissant à la naissance de l'ogive et se terminant par des trilobes aigus ou des quatre-feuilles. Toutes ces parties hautes, refaites plusieurs fois au xve et au xvie siècle, ont perdu la pureté de leur caractère primitif, et des morceaux

---

1. Plusieurs de ces piliers, du côté du nord, ont été remplacés, lors de travaux de consolidation, par de grosses colonnes flanquées de piliers carrés qui viennent pénétrer dans les voûtes des bas-côtés.

conservés des anciennes constructions ont été placés partout sans beaucoup d'art.

La travée de la grande croisée, au devant de laquelle on monte une marche, est supportée par quatre gros piliers formés de faisceaux de colonnettes s'élevant avec hardiesse jusqu'à la naissance des arcs de la voûte. Entre ces piliers, au nord et au sud, l'arc latéral est ogival, mais construit sur un triangle si petit qu'il paraît être plein-cintre. Ici, la travée étant plus large, la galerie comporte cinq arcatures en ogive à colonnes cylindriques. Au-dessus, une grande fenêtre est partagée par un meneau en deux baies ogivales. Chacune d'elles en comprend deux autres séparées par une colonne à chapiteau avec œil de bœuf, le tout surmonté d'une grande rose et encadré dans une ogive.

Les deux travées suivantes, où nous laisserons les hommes spéciaux étudier en détail les restes de l'ancienne église, sont supportées par des piliers rectangulaires à très-petite base et à chapiteau feuillagé, cantonnés d'une colonnette aux angles et d'une colonne sur les deux faces latérales. Dans les bas-côtés, une colonne engagée dans le mur extérieur, au droit de chaque pilier, reçoit la retombée des arcs, souvent déformés, et dont plusieurs portent encore des bâtons en zig-zag qui accusent leur date ancienne.

Le mur du fond de l'église a été ouvert pour la construction de la chapelle de la Vierge, et une dernière travée a été ajoutée pour relier ce bâtiment. La travée médiane, reposant sur des piliers carrés flanqués de pilastres fort peu en harmonie avec le style de l'église, a son grand arc complètement déformé, et au-dessus, à la place de la croisée qui jadis terminait l'église, une grande page blanche attend un ornement (1).

CHAPELLE DE LA CONCEPTION. — La chapelle que l'on voit dans le bas-côté sud, avant la sacristie, et qui est aujourd'hui dédiée au Sacré-Cœur, remonte au XVe siècle. C'est la fondation et le caveau mortuaire d'une ancienne famille de Dourdan. En 1484, par testament, *Léger Lucas,* seigneur de Douaville, et sa femme « fondent une messe par semaine le mercredi », ordonnent « deux tombes être mises devant le crucifix » et donnent une rente de quatorze setiers de blé à prendre sur le moulin de Malassis, savoir 2 à la fabrique et 12 au sieur prieur ; plus 10 sols aux marguilliers le jour saint Étienne, à prendre sur terres et maisons des Maillets.

Suivant titres, leur fils, *Guillaume Lucas,* procureur du roi à Dourdan, élu de Rochefort, et Marie Hardy, sa femme, ont *fait bâtir la chapelle de la Conception* où ils ont fait inhumer leurs père et mère fondateurs de ladite messe. Ils y sont inhumés eux-mêmes sous *la grande tombe* où sont écrits leurs noms et qualités, avec leurs armes, conformes à celles de la voûte, de 3 *roses sans queue.*

1. Toutes ces choses se réparent tandis que nous écrivons ces lignes.

Le fils, Pierre Lucas, qui acquiert par son mariage avec Périne Boutet le privilége de Châlo-Saint-Mard, a sa sépulture sous la lampe du chœur de Saint-Pierre; mais la fille *Marie-Anne Lucas*, épouse de *Balthazar Gouin*, prévôt de Corbreuse, vient avec toute sa descendance peupler de cercueils le caveau de la nouvelle chapelle de Saint-Germain.

Marie Lucas, femme de *Louis David*, premier receveur des tailles de Dourdan, y est enterrée en 1570. Après elle y descendent :

Geneviève, épouse d'*André Le Roux*, receveur des tailles à Dourdan, mort à Potelet « pendant les grandes maladies; »

David Le Roux, conseiller du roi et receveur, avec son fils *Jean Le Roux*;

André Le Roux, lieutenant des eaux et forêts avec sa femme, *quatorze enfants* et d'innombrables petits enfants;

Charlotte Le Roux, femme de *Pierre Pélault*, conseiller du roi;

Ses deux filles, l'une femme de *Jean Védye*, le lieutenant de l'élection; l'autre femme de *Richard le Boistel*, le président, lieutenant-général à Dourdan; etc., etc.

La chapelle se remplit, les dalles ne peuvent plus suffire à contenir les noms et les titres, et le passage du bas-côté reçoit les pierres des derniers venus (1).

CHAPELLE DE LA VIERGE. — L'Église ancienne, c'est-à-dire se terminant au maître-autel, était, au XVIIe siècle, très-insuffisante pour la population de la paroisse. Les habitants, par acte d'assemblée du 19 juin 1689, résolurent, d'une commune voix, la construction d'un nouveau bâtiment derrière le chœur. Les marguilliers, autorisés à cet effet, firent toutes les diligences nécessaires pour acheter, au chevet de l'église, dans la rue d'Authon, les maisons des sieurs Besnard et Lasne, à titre de rente de bail d'héritage rachetable (2), et le lieutenant-général au bailliage, Richard le Boistel, donna, pour compléter le terrain, l'emplacement de sa cuisine, et obtint en retour, pour toute sa vie, une porte ouvrant de sa maison dans l'église. Le plan, levé par le sieur Charpentier, inspecteur du roi aux travaux de Maintenon, et communiqué au P. de Creil, chanoine régulier à Sainte-Geneviève, fut confié au sieur du Val, architecte, pour faire le dessin (3). Les publications d'adjudication aux enchères répétées au prône de toutes les villes de la contrée et même de plusieurs paroisses de Paris (4), les permissions de l'évêché retardées par la mort de l'évêque, causèrent des longueurs. Les marguilliers, trouvant les soumissionnaires trop exigeants, résolurent de faire construire eux-mêmes et commandèrent des sondages autour de la ville pour

---

1. Papiers de famille de M. Roger.
2. Une liasse de procédures et d'actes à ce sujet subsiste aux archives de l'église.
3. 40 livres pour ses honoraires et voyages. — 15 livres pour le devis général.
4. Étampes, — Chartres, — Auneau, etc.; — Saint-Jacques-du-Haut-Pas, — Saint-Laurent et Saint-Nicolas-des-Champs, à Paris.

découvrir du moellon. La rue de Chartres, le boulevard du Château devinrent un chantier, et depuis le cimetière jusqu'à l'église, on se mit en devoir de piquer du grès. Le samedi 16 mars 1690, après messe du Saint-Esprit et procession, la première pierre fut posée par le lieutenant-général et bénite par messire Antoine Lebrun, curé et official. Ce n'est pas sans peine que les marguilliers conduisirent à bonne fin leur entreprise : difficultés avec les entrepreneurs au sujet des prix (1), procédures, sentences du bailliage, rigueurs de l'hiver 1690, retardèrent souvent les travaux qu'inspectait le sieur Faisant.

Enfin le nouveau bâtiment s'acheva. Construit presque entièrement en grès, il formait extérieurement une sorte d'annexe. Intérieurement, il offrait une belle chapelle polygonale bien éclairée par quatre longues baies et dont la voûte rappelait le style réticulé du xvie siècle. Le bas-côté, prolongé entre la chapelle et le maître-autel, dégageait le chœur et il était enfin permis de faire le tour de l'église. Les deux autels latéraux qui s'élevaient en face des bas-côtés furent légèrement reculés et continuèrent à se faire pendant, de chaque côté de l'entrée de la nouvelle chapelle. L'un d'eux, celui de gauche, cessa dès lors d'être consacré à la Vierge, et sa décoration, très-mesquine pour l'emplacement, fut provisoirement transportée dans le bâtiment neuf. Une table de marbre noir, au-dessus de l'entrée, porta gravée en lettres d'or l'inscription : « *D. O. M. Virginique matri* » et une autre pierre, ornée des armes de la ville, du roi et de Monsieur, dressée contre le mur, non loin de la sacristie, rappela la date de cet agrandissement de l'édifice (2).

1. Cette question des anciens prix intéressant aujourd'hui certains érudits, nous en relevons ici quelques-uns :

339 liv. pour 108 toises de pierre de moellon à 55 s. et 3 liv. la toise.

209 liv. à Vernet, voiturier, pour les arrivages de la pierre à 100 s. la toise, du grès à 10 s. — Ce prix, à ce qu'il paraît, était si modique, que Vernet ne put gagner sa vie et abandonna le travail, dont aucun laboureur ni voiturier du pays ne voulut se charger à moins de 6 à 7 liv. pour la toise de moellon et 20 s. pour la toise de grès.

3,111 liv. données aux maçons ; — 891 liv. aux fendeurs de grès de Sainte-Mesme ; 2,204 liv. aux piqueurs de grès ; — 2,082 liv. pour le transport du grès de Lyphard, et des pierres et sables de la Fresnaye, la Brière, Rochefort ; — 423 liv. pour 156 poinçons de chaux vive ; plus, 942 liv. d'autre part ; — 500 livr. pour charpentes ; plus, les bois de la forêt ; — 4,800 liv. payées au sieur de la Rousse, entrepreneur du dit bâtiment, en 1695. — *Archives de l'Église*.

2. La pierre subsiste avec les armes, et porte ces mots :
CE BASTIMENT
A ESTE FAICT DES DENIERS
DE CETTE EGLISE A LA DI
LIGENCE DE Me CLAVDE MICHAV
CLAVDE HOVSSV ET FRANCOIS DVCHON
MARGVILLIERS ES ANNEES 1689 ET
1690 SOVBZ LE REGNE DE LOVIS LE
GRAND XIV DV NOM ROY DE FRANCE
ET DE NAVARRE.

La Sacristie. — L'ancienne sacristie, ruinée lors du pillage de l'église, fut remplacée, sous Louis XIII, par un bâtiment carré à la suite de la chapelle de la Conception, contre le flanc méridional de l'église. Les marguilliers en achetèrent l'emplacement, du prieur auquel il appartenait, moyennant une rente annuelle de dix sous parisis, le 17 août 1618. Au premier étage, une belle pièce boisée, éclairée par deux larges fenêtres ouvrant sur le jardin du prieuré et en vue de la vallée, servit de salle capitulaire et de lieu d'assemblée; au rez-de-chaussée, fut établie la sacristie. Des armoires qui appartenaient à la reine Anne d'Autriche, dans le château, furent, à sa mort, acquises par les marguilliers et installées dans cette sacristie. Elles étaient fort bien garnies, au dire des contemporains, d'ornements et de vases sacrés. L'une d'elles, fermant à trois clefs prohibitives, dont l'une était entre les mains du prieur, l'autre entre les mains du procureur du roi et la troisième chez le premier des marguilliers, contenait tous les titres de la fabrique et ce que les pillages avaient épargné des antiques archives de Saint-Germain, « le tout rangé en si bon ordre, écrivait un vieux marguillier, que du premier coup d'œil on trouve ce que l'on cherche. » De grandes portes de chêne sculptées donnent accès dans l'église en face le chœur.

§ II.

ANCIENNES DISPOSITIONS ET DÉCORATIONS INTÉRIEURES.

Quand on entrait jadis dans l'église Saint-Germain par la porte principale, on trouvait, sous l'arc latéral de la seconde travée à gauche, les *fonts baptismaux* dont l'aspect bizarre accusait une antique origine; c'était « une grosse masse de maçonnerie, ayant à peu près la forme d'un puits. » Le xviiie siècle les fit disparaître (1709). Les nouveaux fonts furent placés dans la première chapelle du bas-côté nord, qui appartenait alors à messire Julien Boitet, sieur de Richeville, ancien capitaine au régiment de Navarre, et qui était dédiée à *saint Blaise*. La seconde chapelle, où se voit un pendentif sculpté du xvie siècle, avait pour patrons *saint Éloi* et *sainte Julienne*, la sainte vénérée du Val Saint-Germain et l'objet du pèlerinage de toute la contrée. Plus loin était la chapelle de *sainte Marguerite*, dont le culte remonte sans doute, dans la paroisse, à la femme de saint Louis, Marguerite de Provence, l'usufruitière de Dourdan, ou à Marguerite d'Artois, la femme de Louis d'Évreux.

Au haut de la nef principale, de chaque côté de la porte du chœur, et faisant face aux fidèles, deux autels, élevés d'une marche et entourés d'une grille, s'appuyaient contre les faisceaux de colonnettes qui soutiennent l'arc du chœur. Celui de droite était consacré à *saint Michel* archange, celui de gauche à *saint Étienne*, premier martyr, le second patron de la paroisse. Saint Étienne a été vénéré à Dourdan de temps immémorial. On a même prétendu qu'il y avait eu primitivement une paroisse sous son vocable. Saint-Germain possédait de ce saint une relique insigne, une portion du crâne enfermée dans un chef de vermeil. C'était le plus précieux trésor de l'église et l'autel du pilier de Saint-Étienne était l'autel privilégié de la paroisse. On avait pratiqué dans le faisceau de colonnettes une sorte de niche de deux pieds et demi carrés, garnie d'une forte grille de fer fermant à deux clefs, avec une petite porte au milieu également munie de serrures, pour passer la main afin de toucher à la relique, le tout recouvert d'une massive porte de chêne doublée de fer. Nous avons raconté le vol du reliquaire et la profanation de la relique par les huguenots, lors du siége de 1567; comment elle avait été jetée dans les fossés du château, recueillie par une pieuse femme et solennellement restituée à Saint-Germain en 1609. Le *parement* de l'autel de Saint-Étienne portait encore du temps de de Lescornay, c'est-à-dire en 1624, la représentation de l'église Saint-Germain telle qu'elle était avant les désastres et les ravages du xvie siècle. C'est dans une autre partie de l'église qu'un nouveau sanctuaire fut depuis consacré à saint-Étienne. L'ancien autel fut dédié à *Notre-Dame-de-Pitié* dont l'image remplaça la niche du pilier. Cette dévotion était aussi en grand honneur à Dourdan. Les plus pauvres habitants se cotisaient pour faire célébrer presque tous les jours à cet autel une messe pour les âmes des trépassés, et un tronc à cet usage était fixé contre le pilier d'en face (1).

La grille et la porte du chœur, si l'on en croit la tradition, étaient un chef-d'œuvre de boiserie du moyen âge. Elles étaient surmontées d'un crucifix, d'une statue de la Vierge et d'une statue de saint Jean (2). Comme les portes étaient vermoulues, M. Fougerange, le zélé marguillier qui prit au xviiie siècle l'initiative de toutes les réformes dans la paroisse, les fit démolir (1738), et plaça le crucifix avec les statues contre l'ancien pignon, au-dessus du maître-autel. Une nouvelle grille, de nouvelles portes en bois et fer furent fabriquées à Paris avec couronnement à palmettes, pilastres, corniches, cintres, rouleaux, groupe d'enfants

---

1. Une image sculptée de Notre-Dame-de-Pitié, déposée depuis assez longtemps, d'une manière provisoire, dans le bas de l'église, attire toujours la vénération et les offrandes des fidèles. On lui destine un sanctuaire plus convenable.

Les autels et la niche des piliers ont disparu.

2. « Tous les ouvriers qui viennent à Dourdan et qui se piquent de se connoître par« faitement en beauté d'ouvrages tombent en admiration en voyant dans une petite « ville trois pièces qui, sans contredit, passent pour les plus belles de France, » écrivait, au siècle dernier, un bon habitant de Dourdan.

supportant le blason de la maison d'Orléans surmonté d'une couronne princière et entouré des cordons des ordres du Saint-Esprit et de Saint-Michel, le tout rehaussé d'or et dominé par une croix fleurdelisée (1).

Le *maître-autel*, plusieurs fois ruiné dans les divers pillages, fut reconstruit en 1648, sous l'inspiration d'Anne d'Autriche, alors dame de Dourdan, et coûta 3,500 livres. C'était tout un monument, dans le style du temps, mais nullement dans celui de l'église, avec quatre grandes et belles colonnes de marbre noir à chapiteaux dorés, corniches, architraves, etc. Deux des colonnes étaient surmontées d'anges adorateurs, deux autres de vases d'où sortaient des fleurs. Entre les colonnes se dressaient deux statues : celle de saint Germain et celle de saint Étienne ; au-dessus de l'autel, dans un riche cadre de pierre dorée, un tableau de Jouvenet représentait l'Ascension, et dans un cartouche ovale, par-dessus le tout, dominait l'image du Père Éternel. On voit aujourd'hui cet autel, moins les tableaux, dans la chapelle de la Vierge où il a été transporté en 1768, alors que les marguilliers, curé, habitants, furent possédés de l'idée fixe d'un autel « à la romaine (2). »

De chaque côté du maître-autel, au fond des bas-côtés, deux autels ont de tout temps existé. A gauche, quand l'église se terminait là, se trouvait la chapelle de la Vierge, à droite celle de *sainte Barbe*. C'est cette dernière qui paraît avoir été la chapelle du seigneur de Dourdan. De Lescornay raconte que de son temps il y avait derrière l'autel de Sainte-Barbe une espèce de tombeau qui portait les armes de la maison des comtes d'Étampes, apanagistes de Dourdan au xive siècle, avec une saillie de pierres de taille, à cinq ou six pieds contre la muraille, « et sur « icelles un empatement de croix, » reste d'un fort beau crucifix ruiné pendant les guerres de 1567. On sait d'ailleurs qu'il y avait à Saint-Germain un *oratoire du crucifix*, par une charte du xiiie siècle, qui a été citée en son lieu (3). L'autel de *sainte Anne* remplaça, au xviie siècle, l'autel de sainte Barbe, et cet autel de sainte Anne, transporté à son tour du côté gauche où était jadis celui de la Vierge, fit place à l'autel de *saint Étienne*. Non loin de ce dernier autel, au-dessous d'une croisée, furent déposées les précieuses reliques dans une sorte d'armoire surmontée d'une corniche, d'un fronton et de guirlandes en plâtre, et fermée par une porte de chêne et une grille de fer (4).

1. Cette grille, payée 2,000 livres à Pichet, fameux serrurier de Paris, a disparu à la révolution.
2. La statue actuelle de la Vierge est un don de M. Roussineau, curé, en 1806. — On s'occupe actuellement de l'érection d'un maître-autel de pierre, dans le style de l'édifice.
3. Voir pièce justificative XI.
4. Les reliques de saint Étienne ont disparu à la révolution. L'autel du martyr est actuellement dédié à *saint Pierre*, en souvenir de la seconde paroisse de Dourdan, dont les biens ont été réunis à ceux de Saint-Germain. — L'autel de *sainte Anne* continue à lui servir de pendant. Ces deux autels vont être totalement renouvelés.

N'oublions pas la *chaire*, faite par un habile menuisier de Dourdan, sous Louis XIV, et revêtue aux jours de fête de ses riches parements ; — le *banc de l'œuvre*, recouvert de son tapis de trois aunes de drap vert, garni de balustres et augmenté, devant le pilier, d'une place réclamée par le curé pour entendre le sermon (1699); — la statue de pierre de l'*Ecce homo* qui se voyait au-dessus du second pilier de gauche en entrant dans la nef et passait pour un morceau de prix;— les *orgues*, dont les huguenots avaient emporté les riches étoffes en 1567, et qui, ruinées dans le siége de 1591, rétablies sous Louis XIII, réparées et augmentées en 1730 moyennant 2,000 livres, pour être rendues plus harmonieuses « et plus sonnantes, » touchées durant de longues années par le sieur Thévard, furent entièrement refaites en 1770 ; — l'*horloge* dont le timbre historique de 1599 rappelle les malheurs et les espérances de la ville; dont le cadran, du côté des halles, fut inauguré en 1665, et le mécanisme renouvelé en 1764 (1).

Les *cloches*, cette voix de l'église éminemment populaire qui convoquait nos pères à la prière ou aux assemblées publiques, ont eu aussi leur histoire, leurs jours d'éclat et leurs tristes heures de silence. Leur riche métal fut l'objet de la convoitise des pillards dans plus d'un siége, et, suivant une loi de la guerre, le profit de l'artillerie royale après la capitulation de 1591. C'est en vain que les marguilliers firent le voyage de Chartres pour essayer de les racheter, il fallut fournir une nouvelle matière, et nous avons dit ailleurs (2) les quêtes faites dans les maisons, les dons de ferrailles et quincailleries par les habitants, le marché passé avec Thomas Mousset et ses opérations en plein air, pendant le rude hiver de 1596.

Trois cloches sortirent des moules dressés au pied du clocher. Louis XIII en ajouta plus tard une autre dont il fut le parrain, et à la même époque, en 1624, Guillaume Védye, fils de Pierre Védye, à l'occasion de l'inhumation de sa mère au pied de l'autel Sainte-Barbe, en donna une petite qui portait ces mots : « En fin de l'année 1624 j'ai « esté fourny poisant quatre-vingt quatre livres, par M. Guillaume Ve- « dye ; greffier en l'élection de Dourdan. » Elle fut suspendue dans le petit clocher où elle servit à sonner les messes basses, et de commande pour les grosses cloches. Tout le monde la connaissait sous le nom de *Guillemette*; mais une fêlure lui fit perdre son timbre argentin et en 1767, Henriette Védye, femme du lieutenant-général Roger, fut marraine de sa remplaçante (3).

Les quatre grosses cloches, dont l'une pesait six mille livres, formaient un superbe carillon. C'était l'honneur de la fabrique. En 1700, les mar-

1. Tout ce qui précède, sauf le timbre de l'horloge, a été détruit et remplacé.
2. Chapitre de *Dourdan sous Henri IV*.
3. Aujourd'hui Guillemette a fait place à *Anaïs-Célestine*, dont madame Boivin fut la marraine en 1852 et M. De Metz le parrain.

guilliers, pour mieux faire encore, désirèrent qu'elles fussent refondues mais ils eurent à s'en repentir. Le fondeur Leguay recommença trois ou quatre fois sans pouvoir obtenir l'accord parfait et on lui intenta un procès. En mai 1778, les habitants décrétèrent une refonte générale et votèrent un crédit de 4,600 livres. Le représentant Couturier, envoyé à Dourdan en mai 1793 pour faire fermer les églises et envoyer à l'hôtel des Monnaies l'or et l'argent des vases sacrés, dirigea sur Paris, à la fonderie de canons, trois des cloches de Saint-Germain. La sonnerie de Dourdan est encore fort belle, mais nous sommes loin des splendeurs de nos pères.

Ajoutons que l'on vit des temps où Saint-Germain se signala par un vrai luxe de propreté et d'entretien; il y eut en ce genre des époques bien caractérisées de mouvement et d'élan. Tout le XVIIe siècle fut employé à réparer les tristes dégâts causés par le XVIe. Les contributions des habitants, les largesses de Louis XIII, les dons d'Anne d'Autriche, les sacrifices de la fabrique de 1660 à 1672 effacèrent peu à peu les anciens désastres. Un grand zèle de nettoyage et d'ornementation s'empara des marguilliers et habitants vers 1735, à l'imitation de Saint-Arnoult et d'autres églises, et, dans tous les comptes de cette époque, le panier à *houssoir* l'église joue un grand rôle. Une foule d'achats viennent embellir autels et chapelles, et, au dire des contemporains fiers et émerveillés, « Saint-Germain sent sa cathédrale plutôt que toute autre chose. »

§ III

SERVICE RELIGIEUX.

Le Clergé. — L'administration, de séculière qu'elle était avant le XIIe siècle, étant devenue régulière, l'abbé de Saint-Chéron-lès-Chartres désignait plusieurs frères de son ordre pour desservir la paroisse; l'un d'eux, comme il a été dit, sous le tire de « frère prieur-curé » jouissait du bénéfice de la cure et de la suprématie pastorale. « Ils vivoient en-
« semble honnêtement, disait un ancien marguillier dans un mémoire
« devant l'officialité de Chartres. L'un desquels faisoit les fonctions de
« curé et étoit supérieur des autres, ce qui l'engageoit de donner
« l'exemple à ses confrères soit par l'assiduité aux heures canoniales, la
« régularité aux exercices de la religion, la retenue de ses mœurs, et son
« zèle pour les fonctions curiales. Les religieux menoient une vie irré-
« prochable qui tenoit au bon ordre qui s'observe en communauté. »

Plusieurs prieurs de Saint-Germain avaient su se concilier les bonnes grâces et la confiance des princes seigneurs de Dourdan. On se souvient de messire Robert Joudouin qui avait obtenu de grands avantages pour son prieuré par son intimité avec Louis d'Étampes et qui, élevé à la dignité d'abbé de Saint-Chéron, figure comme exécuteur du testament du prince en 1399. Le duc de Berry, en 1412, confirmait les priviléges accordés et donnait au prieur un jardin (1).

Les bâtiments du prieuré étaient, à ce qu'il paraît, fort modestes; le prieur y entretenait ses vicaires. Avec le temps, il se relâcha un peu, et à la suite des désastres de la Ligue et de l'appauvrissement de la cure, il voulut faire quelques économies qui ne furent pas du goût de la population. Frère Pierre Duchesne, curé en 1605, fut condamné, par sentence du bailliage, à entretenir à ses dépens quatre vicaires, et la vieille lettre latine de *Goslenus* fut invoquée comme pièce judiciaire. Par transaction faite avec les habitants, par devant Richer notaire royal, le 25 juillet 1612, le nombre de quatre fut réduit à trois. Le bâtiment du prieuré fut entièrement démoli et reconstruit en 1615. Le litige recommença en 1691 ; la population accusa de négligence messire Antoine Lebrun, son curé, qui avait pourtant le titre d'official. Les paroissiens rassemblés remontrèrent qu'ils manquaient de confesseurs et que mainte personne était forcée « de monter aux Granges la veille des grandes « fêtes, quand de temps immémorial, il y a toujours eu dix prêtres et au « moins sept ou huit confesseurs *pour la liberté des consciences* dans la- « dite église. » L'affaire alla devant l'officialité de Chartres, et par transaction frère Antoine Lebrun fut tenu d'entretenir deux vicaires et les marguilliers furent contraints de se charger d'un troisième prêtre faisant à la fois fonctions de chantre, de chapier et de sacristain. En 1704, nouveau procès ; les paroissiens tenaient absolument à avoir quatre vicaires et messire Claude Titon ne le voulait pas. Les marguilliers étaient mécontents parce que le curé avait entrepris d'agrandir le prieuré, demandait de l'argent à la fabrique, et s'était séparé de ses vicaires pour vivre seul et « voir le grand monde. » La fabrique donnait alors à chaque vicaire, outre une chambre toute garnie, 40 livres ; — au curé, dont le revenu total montait environ à 3,000 l., 224 l. pour ses honoraires et assistances de messes ; — à chaque prêtre chantre 200 l. — au maître des enfants de chœur prêtre 70 l. — aux enfants de chœur porte-croix 30 l.—au chantre laïque 36 l.—au maître laïque 70 l. — à l'organiste 300 l.—à chacun des deux bedeaux 75 l. — au suisse 15 l. — aux sonneurs 115 l. — au serrurier-horloger 50 l.—à la communauté pour le blanchissage du linge 58 l. — au cirier pour le luminaire 418 l.— aux porte-bannières une gratification annuelle de 3 l. — aux distributeurs du pain bénit une paire de souliers à Pâques, etc.

1. Les prieurs de Saint-Germain avaient leur sceau. Un fragment du sceau du prieur de Dourdan, qui devait être rond et représentait un agneau pascal, mais dont la légende a entièrement disparu, existe aux archives d'Eure-et-Loir (*Fonds de Saint-Chéron*) attaché à une pièce de 1444.

La perte des anciens titres de l'église ne permet pas de donner une liste complète des curés de Saint-Germain avant les deux derniers siècles. Voici les noms que nous avons relevés sur des pièces faisant partie des archives de la paroisse :

1381. Frère *Robert Joudouin.* — Chan. rég , prieur-curé.	1727. *Antoine Oudard Daquin.*— Maître ès arts.
1464. *Cantien Favernay.*	1741. *Armand Couturier de Fononoüe.*
1493. *Jacques Ricoul.*	
1524-56. *Pierre Prieur.*	1747. *Jean-François Verné.*
1605. *Pierre Duchesne.*	1754. *Jean-Guy Desouches.*
1617. *Guillaume Belin.*	1780 *Louis-Thomas Geoffroy* (1).
1652. *François Delorme.*	1800. MM.*Roussineau.*—Curé (2).
1689. *Antoine Le Brun.*—Official.	1827. *Rivet* (3).
1697. *Louis Forbet.*	1833. *Kollmann.*
1700. *Roch Claude Titon.*—Docteur en théologie.	1843. *Gautier.*
	1867. *Gérard* (4).

Les offices. — Saint-Germain étant desservi par des religieux, *l'office canonial* complet s'y faisait tous les jours. Les besoins des fidèles et les occupations du clergé firent abréger le service, et dès 1691, il ne subsistait plus que la messe de chœur et les vêpres, excepté pendant les dimanches de l'Avent et du Carême où l'office canonial se récitait dans son entier. Depuis les fondations faites, au xive siècle, par les comtes d'Évreux, la première messe, appelée messe matutinale ou *messe des comtes d'Évreux,* se sonnait l'été à 4 h. 1/4 et

---

1. Une rue de Dourdan porte son nom. C'est sous lui que s'est opérée la réunion de la paroisse Saint-Pierre à celle de Saint-Germain. Il dut se retirer devant la révolution.

2. Le vénérable abbé Roussineau, qui a administré la paroisse pendant vingt-sept ans, et dont le portrait est conservé dans la salle du Conseil de l'Hôtel-Dieu, a rendu à Dourdan de grands services dans des jours difficiles. Curé de la Sainte-Chapelle de Paris avant la révolution, il a sauvé de la profanation la relique de la vraie croix, conservée dans le sanctuaire de saint Louis sous le nom de *Croix Palatine.* Nommé curé de Dourdan aux premiers jours de la réouverture des églises, c'est à Dourdan qu'il a transporté et gardé plusieurs années son précieux dépôt, jusqu'à l'heure où il fut réintégré à Notre-Dame. Dourdan reçut alors, en reconnaissance, une parcelle notable de la relique.

M. Roussineau a eu pour collaborateur et vicaire l'excellent abbé Charpentier, qui, déjà vicaire de Dourdan et chapelain de l'hospice avant la révolution, a repris son ministère en 1800 et l'a exercé jusqu'en 1836.

3. Antérieurement vicaire de Dourdan en 1819 et 1820, devenu curé de Versailles, et actuellement évêque de Dijon.

4. Demeuré pendant vingt-deux années (1845) chapelain de l'Hôtel-Dieu avec le plus modeste dévouement, et récemment appelé à la cure de Dourdan par la confiance et la sympathie générales.

l'hiver à 4 h. 3/4, et était dite tous les jours par un vicaire à 4 h. 1/2 ou à 5h., suivant la saison, précédée de la récitation de la Passion(1). Quand on a dans les mains les actes où se traduit la vie paroissiale d'autrefois, on est profondément frappé de la foi et du zèle religieux de nos pères. C'est la population elle-même qui réclame et au besoin exige la célébration de certains offices, l'observation de certains usages. Les Dourdanais tenaient beaucoup à leurs *processions*. En 1691, le curé, ayant annoncé au prône qu'on n'irait pas comme de coutume pour les Rogations à Sainte-Mesme et aux Granges, fut interrompu par les murmures de l'assistance et les marguilliers portèrent plainte à l'officialité. Il y avait aussi procession au cimetière aux Quatre-Temps, procession à Louye « à Notre-Dame en mars », procession à Sainte-Julienne le lundi d'après Quasimodo. Cette dernière était en grande faveur, mais comme la distance à parcourir était considérable, il y avait une allocation de 2 sols pour chaque vicaire et une gratification pour les porte-bannières et porte-torches. Le retour s'effectuait souvent assez tard et l'on devait prendre un repas en route. C'était une dépense d'environ 30 livres par an pour la fabrique. Dans les grandes occasions, comme les jubilés, on promenait la châsse de saint Étienne. Sous Louis XIII, en 1623, le tabellion Thomas Richer fonde par testament une grande procession du Saint-Sacrement dans l'église aux cinq fêtes de la Vierge et donne un dais ou ciel en velours cramoisi, avec des figures, des armes et des initiales en broderie. Les confrères du Saint-Sacrement, pendant l'octave de leur fête, marchaient en grande pompe avec leurs insignes. Chaque soir, durant huit jours, assistait, avec sa bannière armoriée, une corporation différente représentée par les maîtres du métier, charpentiers, jardiniers, cordonniers, etc.

Nos pères étaient avides de la parole de Dieu, et en outre de leurs prêtres, il leur fallait souvent des *prédicateurs* étrangers; on s'adressait à l'évêque qui envoyait des religieux. C'étaient les fidèles eux-mêmes qui souvent pourvoyaient spontanément par une quête aux honoraires. En 1595, c'est au *Croissant* que la fabrique défrayait le prédicateur. Au XVIIe siècle, elle leur fournissait une chambre dans le nouveau prieuré, les nourrissait avec un frère assistant, payait leur voyage et ajoutait une petite aumône pour le couvent (2). Parfois il y avait station extraordinaire

---

1. Une fondation de 218 livres était affectée à cette messe. Une ordonnance de l'évêque, du 15 mai 1668, alloue 2 sols au vicaire qui dira la Passion avant la messe matinale.

2. Au P. Jean-Marie de Vernon, récollet, pour le carême de 1645 et l'octave du Saint-Sacrement, à raison de 40 sols par jour pour sa nourriture, 130 liv. — Pour ramener le P. Bareau à Chartres, à cheval, après ses stations de 1646, 12 liv. — Au P. capucin, pour l'Avent 1646, 64 liv. — Au P. cordelier, pour les sermons de Pentecôte, 12 liv. — Au R. P. Damasine, gardien de Limours, pour trois sermons, en 1698, 6 liv. — Au R. P. Fabien, pour le carême 1699, 136 liv. — Au R. P. Dumoullin, pour l'Avent, 96 liv. — Au R. P. Bernard, pour les deux sermons d'Assomption et de Tous-

et lors de la mission donnée par le fameux abbé d'Olonne, en novembre 1752, une croix qui porta le nom de « croix d'Olonne » fut élevée sur la route de Saint-Arnoult à la pointe du chemin menant à Sainte-Mesme.

Non contents d'avoir pour église un bel édifice, les paroissiens voulaient qu'il fût orné, habillé aux jours de fête. Le chœur était tendu d'une *tapisserie de Flandres*, de vingt-cinq aunes de tour, représentant l'histoire d'Esther (1) et sur de longues tringles de fer d'un pilier à l'autre, on accrochait tout autour de la nef sept grandes pièces de tapisseries où se voyaient les actes des apôtres (2). L'autel était recouvert de beaux *parements* de dentelle choisis par mademoiselle de Lescornay (3), et un grand dais violet, suspendu à la voûte, lui servait de baldaquin. La chaire avait des housses variées suivant les jours; la plus belle était celle de velours de Gênes cramoisi, avec galons et franges d'or fin (1691). Les célébrants, prêtres et chantres, avaient des ornements à l'avenant. Ceux de velours cramoisi donnés par Anne d'Autriche avaient été complétés par deux *chapelles* neuves commandées en 1669, l'une blanche, garnie de dentelles d'or de Milan, l'autre verte, frangée or et argent (4). La même année on avait fait emplette d'un dais de velours *à la turque*, à fond d'argent « garny de gallon, dentelle et franges d'or, bastons d'argent et « égrettes de plumes rouges et blanches. »

Les vases sacrés et l'orfévrerie étaient fort riches et provenaient de dons princiers ou de cadeaux des confréries. Croix, ostensoir, chandeliers, lampes, couverture du livre des Évangiles, etc., étaient en argent massif. Aux grandes fêtes, on se servait d'un calice tout en or, d'une « hauteur extraordinaire, très-bien travaillé et relevé en figures. » Il y en avait un en vermeil pour les dimanches et trois autres en argent pour les vicaires.

Que de solennités historiques, que d'offices de circonstance, que de joyeux ou douloureux anniversaires, si l'on pouvait interroger la vieille église, depuis les obits des premiers Capétiens jusqu'au service du père de Philippe-Égalité;. depuis la messe matinale de saint Louis ou des comtes d'Évreux jusqu'aux trois messes de minuit du duc de Guise; de-

---

saint, 4 liv.—Au R. P. Amiens, jacobin, pour l'Avent 1700, 84 liv. 15 sols. En 1749, la fabrique, étant dans une grande pénurie, demanda à l'évêché de ne plus envoyer de prédicateurs qui reviendraient à plus de 500 livres par an.

1. Achetée à Paris, en 1646, pour 830 livres.
2. Achetées à Paris, en 1675, chez Adrien le Vasseur, par M. Guyot, premier marguillier, qui a fait plusieurs fois le voyage et a dû passer neuf ou dix jours. — Ont coûté 1,900 liv. — Payé 253 liv. à Jean Hué, tapissier à Paris, « pour avoir nettoié, « rantray et remis en coulleur les vielles tapisseries de l'église, garny de bande de « thoille les tapisseries nouvellement acheptées. » — Payé 21 liv. 10 s. pour le port de Paris à Dourdan de toutes ces tapisseries, pesant 860 livres.
3. Fille du premier marguillier en 1677.
4. Payée 1,509 livres.

puis le baptême de Louis d'Étampes jusqu'aux relevailles d'Anne d'Autriche; depuis le chant du *Parce* par la foule en alarme à l'approche de Salisbury ou sous l'étreinte de la peste, jusqu'au chant du *Te Deum* pour une victoire de Louis XIV! L'église que nous voyons a tout entendu et demeure comme un muet témoin des scènes oubliées dont les acteurs ont vécu sous ses voûtes ou dorment sous ses dalles.

Dourdan, ville royale, liée par conséquent à toutes les fortunes du trône, a dû par convenance, par devoir de position, pour ainsi dire, s'associer en fidèle serviteur à tous les succès, à tous les deuils de la royauté et l'église Saint-Germain en a toujours répété les échos glorieux ou funèbres. Pour ne parler que des derniers siècles, c'est à chaque instant que reviennent, dans les comptes de paroisse, les services de *Requiem* pour les rois, les reines ou les princes défunts. Les ducs d'Orléans, seigneurs de Dourdan, meurent à tour de rôle ou perdent leurs femmes; ce sont autant de catafalques à dresser. Quand Henriette d'Angleterre expire subitement, le cri : « Madame se meurt, Madame est morte ! » retentit jusqu'à Dourdan, répété dans la chaire par un modeste vicaire. Lorsque la reine meurt en 1683, c'est une grande dépense pour la fabrique qui fait dignement les choses (1). Les *Te Deum* sont aussi d'une fréquence inouïe, et au xviiie siècle, sous le règne de Louis XV, ils se succèdent certaines années presque chaque mois. *Te Deum* pour le rétablissement de la santé de Louis *le bien-aimé*, le 24 septembre 1744, accompagné au dehors d'un enhousiasme indicible et de fontaines de vin coulant dans les rues. *Te Deum* à l'occasion de l'attentat de Damiens contre le roi, le 5 janvier 1757, et prières des quarante heures requises à Dourdan, dès le 8, par jugement du bailliage. *Te Deum* pour l'accouchement de madame la Dauphine, 27 septembre 1750, à l'occasion duquel tous les habitants se brouillent les uns contre les autres au sujet des invitations. Mais l'inépuisable matière à *Te Deum* ce sont les victoires : victoires de la Ligue, de Louis XIII, de Louis XIV, de Louis XV. Les lettres de l'intendance parviennent coup sur coup au subdélégué et au curé avec la formule accoutumée. Nous en avons sous les yeux plus de trente qui se ressemblent. On en compte neuf de juillet en octobre 1745 et jusqu'à trois dans une semaine; l'année 1746 est aussi féconde à cause de la guerre de

---

1. « Pour le service de la feue reine, en octobre, payé 445 liv. 10 s., scavoir :
« 262 liv. 8 s. pour 200 livres de cire blanche.—A Raingard, peintre, 111 liv. pour
« deux grandes armoiries et huict douzaines de petites, et avoir doré deux couronnes
« et deux bastons royaux. — 53 s. pour les cartes employez aux dites couronnes.—
« 30 liv. payez à Rolland Vian pour le mausolée. — 24 liv. payez aux sonneurs. —
« 11 liv. payez à M. Raibaut, vicaire, pour rétribution de l'*oraison funèbre* par lui
« prononcée. — 40 s. payez à Salé, menuisier, pour avoir travaillé au dit mausolée
« et gardé une porte du cœur de la dite église pendant le service, etc. — Plus un drap
« mortuaire, des crespes et la tanture de deûil, fourny par Noël Dossonville. » —
Archives de l'église.

Hollande. Comme il faut célébrer, non-seulement les avantages des Français, mais encore les avantages des alliés des Français, les Dourdanais finissent par se fatiguer un peu de ces réjouissances, et se montrent moins ardents pour les feux de joie à la porte de l'église, si bien qu'après en avoir commandé un pour la prise des forts de Mahon, le 25 juillet 1756, l'intendant écrit au bailliage : « J'en passerai la dépense, que vous « aurez soin de ménager le plus qu'il sera possible. »

Pourtant Dourdan faisait de son mieux et la pompe ne laissait rien à désirer. Ceux qui voudront en juger pourront lire à la fin de ce livre la description du *Te Deum* de Dourdan à la paix d'Aix-la-Chapelle, en 1748 (1).

§ IV.

RESSOURCES DE L'ÉGLISE.

Les paroissiens.—La paroisse Saint-Germain était de beaucoup la plus importante et la plus peuplée des deux paroisses de Dourdan. Il serait assez difficile de préciser sa circonscription et surtout de l'expliquer, car elle présente les plus étranges anomalies, ne paraît suivre aucun ordre régulier et ne répond à aucune convenance de proximité ou de situation. Une tradition rapporte que, pendant une terrible peste, les religieux qui desservaient la paroisse Saint-Pierre s'étant refusés ou n'ayant pas suffi à assister tous leurs paroissiens, les prêtres de Saint-Germain administrèrent les malades et acquirent à leur paroisse toutes les maisons où ils avaient exercé leur ministère. Quoi qu'il en soit, le pouillé du diocèse de Chartres, rédigé dans la seconde moitié du XIIIe siècle et publié par Guérard (2), donne déjà à l'église Saint-Germain 220 paroissiens quand il n'en donne que 36 à Saint-Pierre et fixe *l'estimation* de l'une à 80 livres quand il n'estime l'autre qu'à 10. Au XVIIIe siècle Saint-Germain était arrivé au chiffre réel de 2,500 paroissiens, et Saint-Pierre ne dépassait pas celui de 500. Les deux circonscriptions, résultats primitifs de vieilles donations, d'anciens droits, d'antiques censives, étaient tellement enchevêtrées qu'on voyait des maisons situées derrière Saint-Germain, rue

---

1. Pièce justificative XXI.
2. Cartul. de Saint-Père de Chartres, t. Ier. — Tiré du *Livre blanc* de la bibl. de Chartres.—On se rappelle comment il faut multiplier ces chiffres de paroissiens et de revenus pour avoir les nombres véritables. — Voir *chapitre IV*.

d'Authon, appartenir à la paroisse Saint-Pierre et des maisons voisines de Saint-Pierre, dans la rue Saint-Pierre, la rue Neuve, le bas de la rue d'Étampes, etc., dépendre de la paroisse Saint-Germain ; ou, comme dans la rue du Puits-des-Champs, le côté droit relever d'une église et le côté gauche d'une autre. Même anomalie souvent pour la banlieue de Dourdan, dont la plus grande partie néanmoins, comme Grillon, Semont, Rouillon, etc., appartenait à la paroisse Saint-Germain.

L'administration séculière de la paroisse était, dans le principe, comme celle de la ville, éminemment démocratique et elle conserva cette forme jusqu'à la fin, alors même que l'influence de la centralisation en eut atténué les effets. C'étaient les habitants rassemblés qui nommaient plusieurs d'entre eux pour être les *gagers, proviseurs* ou marguilliers de l'église, et c'étaient encore les habitants rassemblés qui délibéraient et statuaient en commun sur toutes les questions qui intéressaient la fortune ou l'entretien de l'église. L'église était la chose commune, tous s'en préoccupaient, tous avaient le droit de s'en occuper et l'acte d'assemblée ou le *résultat* était l'expression d'un suffrage universel authentiquement formulé d'après une teneur juridique : « Aujourd'hui dimanche .... par-
« devant N., notaire royal à Dourdan, sont comparus au banc de l'œuvre
« de l'église Saint-Germain, issue de la grand'messe de paroisse, dite,
« chantée et célébrée en ladite église, après que la cloche a sonné en la
« manière ordinaire et accoutumée pour la convocation des habitants de
« ladite paroisse, en conséquence des publications faites aux prônes des
« messes de paroisse du dimanche présent et du précédent, à la requête
« des marguilliers ou proviseurs ...... etc. » Suivent les noms des habitants, souvent en très-grand nombre : d'abord les autorités, officiers royaux, puis les bourgeois et marchands « composant la plus saine et nota-
« ble partie des habitants. » On retrouve là toutes nos familles locales, et quand le document est ancien, comme plusieurs de ceux que nous avons eu l'occasion de voir et de citer, il devient un titre précieux pour les individus et pour le pays. Devant la *tablette* de Saint-Germain s'agitèrent bien souvent d'autres questions que celles de l'église et les plus graves affaires de la ville s'y décidèrent. En bons citoyens, les marguilliers ouvrirent leur caisse et prêtèrent leurs épargnes dans des heures de détresse et de pénurie du trésor municipal. On se souvient de l'emprunt fait à la fabrique, au lendemain du siége de 1591, par le bailliage. C'était à charge de revanche : la ville, plus d'une fois, se saigna pour son église.

Les marguilliers en charge, plus nombreux au xve siècle, sont en général réduits à trois, outre les marguilliers d'*honneur,* titre accordé à quelque notable personnage. Les marguilliers sont nommés pour deux années. Le premier est comptable et responsable, et son compte est soigneusement apuré devant tout le conseil des habitants et vérifié par l'évêque au cours de ses visites. S'il vient à mourir pendant sa gestion, sa veuve, ses héritiers paraissent à sa place et un ordre admirable règne dans les comptes de Saint-Germain. Ses archives en possèdent la collection qui embrasse plus de deux siècles.

Les paroissiens de Saint-Germain n'étaient pas bien riches en général. A certaines époques, ils étaient même fort gênés et les recettes de l'église s'en ressentaient. Les *quêtes* se faisaient dans trois *bassins*. Il y avait celui de l'Œuvre, celui de Notre-Dame et celui des Trépassés, plus tard celui de sainte Julienne. Le bassin de l'Œuvre avait des charges qui montaient environ à 45 livres par an au xviie siècle; c'était lui qui payait l'office et la procession de saint Sébastien, certaines processions du Saint-Sacrement, les saluts depuis Pâques jusqu'à la Pentecôte. Il récolta pendant les années 1645 et 1646, prises ensemble, 97 livres, 16 sous, toutes charges payées; en 1730, il lui revint à peine 6 livres. — Le bassin de Notre-Dame était plus riche. Le compte « d'honneste personne Léo-
« nard Pélault, marchant, gager du bassin Notre-Dame pour 1591 et
« 1592, » nous a fourni ci-dessus quelques détails curieux sur l'époque du siège du capitaine Jacques. Le journal de l'honnête marguillier s'arrête « aux unze sols neuf deniers tornois reçeus le jour de Kasimodo, » et reprend « aux trente-cinq sols cinq deniers reçeus pendant les féries de la Pente-
« coste. » Entre les deux, il y a le siége, la guerre, la ruine : « *nota* que
« le dict rendant n'auroit rien reçeu à cause que l'armée de M. le ma-
« reschal de Biron estoit en cette ville de Dourdan. » C'est cette année-là que la ville emprunte au bassin de la Vierge 20 écus pour payer un messager dont elle a besoin dans un cas urgent. Toutes charges de messes payées, la recette des deux années s'élève à 95 livres (1). Elle est tombée à 19 livres en 1730. — Le bassin des Trépassés était le mieux garni en général; il payait un grand nombre de messes pour les défunts, et cette même année 1730, il lui restait 77 livres. Le revenu de l'herbe du cimetière lui appartenait. — Aux quatre grandes fêtes solennelles, on quêtait à Saint-Germain au profit de l'église Saint-Pierre. C'était un ancien usage. On prétend que le grand clocher de Saint-Germain étant tombé, la paroisse, n'ayant pas le moyen de le relever, emprunta à la fabrique Saint-Pierre une somme de deniers et lui accorda ce privilége en reconnaissance du service.

Les *bancs* dans l'église étaient encore un revenu de la fabrique, revenu bien minime d'abord, car la redevance exigée des familles ne s'élevait anciennement qu'à quelques livres ou même à quelques sols (2). Les paroissiens attachaient pourtant une grande importance à leurs bancs et

1. La recette totale des quêtes, pour ces deux années, est de 59 écus.
2. Les bancs étaient loin d'être uniformes et de présenter un coup d'œil gracieux. Beaucoup tombaient de vétusté au commencement du xviiie siècle. En 1751, M. Védye, voyant l'église peu en fonds, obtint des habitants la reconstruction uniforme et une nouvelle location des bancs. Vingt-trois de ces bancs, qui coûtaient 17 liv. 5 s. la toise, produisaient, dès 1752, 253 liv. Le revenu annuel des bancs est estimé à 843 liv. dans l'inventaire révolutionnaire de 1790.

la possession leur en était assurée par concession ou bail authentique, par devant notaire. La collection de ces actes forme, dans les archives de la paroisse, un dossier respectable à l'aide duquel il serait assez facile de retrouver la place exacte de nos pères pendant un office de Saint-Germain, à certaine année du règne de Louis XIV. Les places se transmettaient d'ordinaire de père en fils, car l'usage était d'avoir son banc au-dessus de la fosse de sa famille. Pieuse coutume, austère leçon qui ne répugnaient pas aux simples et fortes âmes de nos ancêtres, et rattachaient les vivants aux morts par la religion des souvenirs et des espérances!

L'*inhumation* dans l'église était un droit qui se concédait suivant un certain tarif ou par suite de donations, testaments, etc. Les fondations du vieux temple étaient devenues un vaste ossuaire où allaient dormir ceux qui ne priaient plus. Les Védye reposaient au pied de l'autel sainte Barbe; les Guyot au haut de la nef, à gauche, devant l'ancien sanctuaire de saint Etienne et de Notre-Dame de Pitié; les Le Camus au haut de la nef à droite, sous le marchepied de l'autel de saint Michel; les Thibault près de la chaire; les Biron sous la chaire; les Gourby près le second pilier de la nef, etc. En 1663, l'abbé de Grillan fut inhumé dans le chœur à gauche, à l'entrée de la porte Notre-Dame. En 1684, à cause de la rigueur de l'hiver, on ne put enterrer dans le cimetière, et on enterra gratuitement dans l'église.

Les droits d'*argenterie*, de *tenture*, étaient bien modiques, et ils étaient absorbés presque complétement par ceux qu'il fallait payer à l'administration pour les percevoir. La chose est si vraie que l'église Saint-Pierre, n'ayant pas le moyen de payer la somme exigée par l'édit de Louis XIV pour la perception des nouveaux droits de tenture, abandonna son privilége à la fabrique Saint-Germain qui, plus riche, acquitta l'impôt et toucha le revenu dans toute l'étendue de la ville.

LE DROIT DE MESURAGE. — Parmi les revenus de la paroisse figure en première ligne le produit du droit de mesurage de tous les grains ou farines vendus, soit au marché, soit dans les greniers de Dourdan. De temps immémorial, la fabrique percevait *un sol par septier*. La tradition fait remonter ce droit à Philippe-Auguste. L'importance du marché aux grains de Dourdan lui donnait une grande valeur.

L'édit de 1569 ayant créé un office de mesureur, rendu héréditaire par arrêt de 1620, cet office fut adjugé à Dourdan, en février 1633, à Daniel Debats, moyennant 682 livres, avec droit d'un autre sol par septier. Redoutant quelque ennui, la fabrique acquit ce nouveau droit et désintéressa moyennant 1,000 livres l'adjudicataire. Des lettres patentes de Louis XIII, datées de Fontainebleau, mai 1634, unissaient et incorporaient, l'année suivante, le nouveau droit à l'ancien « pour continuer « à faire le service divin dans ladite église avec honneur et décence, et « obliger les paroissiens de prier Dieu pour le roi et la prospérité de l'É-

« tat. » Un arrêt du conseil du 23 mai 1642 déchargeait l'église d'une taxe de 500 livres que le fisc voulait exiger pour ce droit. C'étaient deux sols par septier qui revenaient à la caisse de la paroisse et formaient le plus net de ses revenus, bien insuffisants d'ailleurs.

La perception de ce droit s'adjugeait tous les deux ans au plus offrant à l'issue de l'audience du bailliage, après publications solennelles. Les charges imposées à l'adjudicataire étaient nombreuses (1) et on exigeait de lui bonne caution. Les mesureurs, dont le nombre fut porté à treize en 1687 et plus tard à quatorze, se servaient de *minots* exactement jaugés sur deux étalons en cuivre rouge qui étaient religieusement conservés sous clé dans une des armoires de la sacristie, avec les objets précieux.

Les baux des adjudications du mesurage ont été gardés par la fabrique depuis 1595. Dépouillés soigneusement, ils nous ont servi à constater le produit variable de cette propriété importante de l'église. On verra plus loin, au chapitre consacré au commerce de grains de Dourdan, le parti que nous avons cru pouvoir en tirer pour l'histoire des mouvements de notre marché. Qu'il nous suffise de donner ici quelques chiffres propres à faire connaître cette branche des revenus de la paroisse :

De 612 livres tournois, prix annuel de la ferme des minots en 1610, ou, si l'on veut, de 1,363 livres, prix atteint en 1645, par la réunion du nouveau droit à l'ancien, le taux s'était élevé, pendant le règne de Louis XIV, par une progression constante, à 2,000 livres en 1665; à 3,548 en 1687; à 4,680 en 1695; à 5,268 en 1699. Au commencement du xviiie siècle, pour des raisons que nous développons ailleurs, cette magnifique recette baisse rapidement. Elle n'est plus que de 4,000 livres en 1705; elle est tombée à 2,600 en 1713. On juge de l'anxiété croissante de la fabrique qui se voyait appauvrie de moitié en treize ans. La dépréciation de la ferme du mesurage tenait à la dépréciation du marché lui-même, laquelle dépendait de plusieurs causes à la fois géné-

---

1. Il devait payer comptant le prix et les frais d'adjudication.
Entretenir les *chemins* et *avenues* de la ville et du marché, ainsi que le pavage devant l'église.
Faire allumer, fêtes et dimanches, les lampes et cierges sur les autels et aux piliers.
Couper et distribuer le pain bénit.
Faire porter aux processions les bannières et les torches.
Faire nettoyer tous les autels.
Fournir le pain et le vin d'autel, et le pain de la communion pascale.
Faire bien et dûment nettoyer le tour de l'église et de la place, depuis la rue de Chartres jusqu'à la rue d'Authon, ainsi que le cimetière.
Faire entretenir les minots, au nombre de quatorze, et choisir des personnes recommandables pour mesureurs, dont quatre imposées par la fabrique.
Faire dresser le tombeau le Jeudi-Saint.
Descendre, nettoyer et remonter le dais qui est au-dessus du maître-autel.
Nettoyer, tendre et détendre toutes les tapisseries.
Faire nettoyer quatre fois l'an, aux fêtes solennelles, les murs et voûtes.
Payer comptant 40 liv. à l'Hôtel-Dieu.

rales et locales. Comme une des plus graves était l'abandon du marché par les cultivateurs à cause du déplorable état des chemins mal entretenus par les fermiers du mesurage, c'est de ce côté qu'on essaya de porter remède. Dès 1708, les fermiers durent s'obliger à verser chaque année 150 livres aux marguilliers qui se chargèrent directement des réparations; 200 livres par an furent plus tard exigées pour le pavage de la place, etc.

Mais qu'étaient ces faibles subsides en présence des travaux à faire? L'église, la ville, le duc d'Orléans, réunirent leurs efforts. On regagna, en 1725, le chiffre de 4,000 livres, mais pour la dernière fois; la grande crise commerciale et sociale qui se préparait le fit redescendre, en 1750, à 2,125. Sauf quelques oscillations favorables de 1765 à 1775, il ne se releva plus.

Ce droit, si essentiel pour la fabrique, fut souvent pour elle la cause de graves inquiétudes, de longs et coûteux procès quand il se trouva menacé. Dans les dernières années du xviie siècle, les marguilliers, M. Deverly, greffier en chef de l'élection, avec M. Lefébure procureur du roi, et M. Le Camus, montèrent à cheval, à la prière des habitants, pour aller trouver la grande duchesse de Toscane qui s'intéressait à Dourdan, afin de la supplier « de parler à S. A. R. Monsieur, » au sujet du droit de mesurage compromis. Ils durent prendre un carrosse de louage pour aller à Saint-Mandé chez la princesse, et leur voyage dura quatre jours. Un volumineux dossier témoigne des ennuis suscités aux marguilliers par un fermier du domaine du duc d'Orléans, le sieur Pierre Félix, qui, prétextant sa mission de rentrer dans les anciens domaines aliénés de Dourdan, intime à la fabrique, en novembre 1731, d'avoir à lui céder son droit. Grand émoi des paroissiens, assemblée des habitants, nouveau voyage des marguilliers, placet présenté par le sieur de Barateau au duc d'Orléans qui promet justice. Sur cette promesse, adjudication poursuivie comme de coutume et entravée par les manœuvres frauduleuses du sieur Félix; assemblée du 16 décembre où les habitants, désolés et inquiets, réduisent les officiers de l'église et leurs gages, de peur de s'endetter, et se décident à faire exercer le droit de mesurage par *régie*. En mai 1732, l'orage s'apaise et la fabrique gagne son procès devant le conseil.

Dîmes de la paroisse. — On peut dire que ce n'était point là, à proprement parler, un des revenus de la fabrique, puisque ce n'est pas elle qui le percevait; mais la possession des dîmes imposait aux décimateurs quelques obligations qui allégeaient certaines charges paroissiales. Ces dîmes portaient spécialement sur deux produits locaux : les grains et les vins.

Pour les *grains*, après que le prieur de Saint-Germain en avait prélevé trois muids pour son « gros, » le prieuré de Louye percevait le huitième des grosses dîmes de tous les grains de la paroisse. Les dames de

Villiers (ordre de Cîteaux,) près la Ferté-Alais, en percevaient un quart, et l'abbaye de Saint-Chéron-lès-Chartres prenait le surplus. Ces dîmes étaient affermées moyennant sept muids de grains, à la mesure de Dourdan, divisés en trois portions égales de froment, d'avoine et de seigle.

« Les charges ordinaires de cette dîme, dit dom Nicod, administrateur
« du prieuré de Louye et vicaire général de l'ordre en 1770, sont d'en-
« tretenir le chœur et chancel de l'église Saint-Germain ; la fabrique
« étant riche n'est pas dans le cas de réclamer les ornements ; mais aussi
« l'entretien et les réparations du chœur sont très-dispendieux. Il y a
« sept à huit ans il me coûta plus de 3,000 livres en réparation. On vient
« de reconstruire à neuf un pilier buttant qui a coûté 1,324 livres. Ce
« pilier a, par sa chute, occasionné une contestation entre les marguil-
« liers, les habitants de la paroisse et les décimateurs, à cause des dégâts
« qu'il a faits aux couvertures de l'église et des petites maisons qui y
« sont adossées. Cette contestation ne devoit pas avoir de suite, le pilier
« étant tombé par force majeure pendant l'ouragan du mois de fé-
« vrier 1770 (1). »

Le prieuré de Louye prenait aussi la huitième partie de la dîme du *vin* « excepté que l'abbé et couvent de Saint-Chéron prendront vingt « muids de vin commun à la mesure de Dourdan. (Invent. de Louye « 1696.) » Cette dîme s'amoindrit et disparut complétement à Dourdan avec la culture de la vigne. On se souvient des contestations que soulevèrent certaines prétentions à la dîme des vignes au XIIIe siècle et des pièces de procédures, des transactions, des sentences d'officialité tour à tour provoquées par le prieur, (2) les chanoines de Saint-Chéron, les religieux de Louye et les lépreux de Dourdan. La fabrique, qui ne devait gagner à tout cela que des réparations au vaisseau de son église, fut souvent assez mal servie, obligée d'attendre fort longtemps et de dépenser beaucoup d'argent en plaidoiries. Témoin le fait suivant : des réparations aux voûtes du chœur, évaluées à peine à 1,000 livres, sont déclarées urgentes en 1683 ; il s'agit de la vie des prêtres et des fidèles. Les décimateurs, le couvent de Saint-Chéron-lès-Chartres, le couvent de Louye,

---

1. Journal de D. Nicod. — *Arch. départ. d'Eure-et-Loir*.
2. Un beau cellier, destiné très-vraisemblablement à resserrer les vins de la dîme, existe encore sous le prieuré, aujourd'hui presbytère, et, à ce titre, doit trouver sa place ici. Ouvrant sur le versant méridional, au-dessous de l'église, et construit dans un plan carré, il se compose de deux rangs de travées d'environ 4 mètres chacune, formant quatre voûtes d'arête plein-cintre, supportées dans les angles par huit colonnes de 1 mèt. 50 de hauteur, légèrement engagées dans les murs, et au milieu par une colonne isolée ; le socle carré qui dépasse la base se trouve enterré aujourd'hui, et le chapiteau, aux moulures très-petites, rappelle, bien que postérieur, le style du XIIe siècle. Ces voûtes sont contrebutées du côté sud par trois contreforts à glacis avec un petit larmier. Une porte à arc surbaissé donne accès dans ce cellier. De la dernière travée du fond, on entre dans une autre cave en berceau sous la cour du presbytère.

les religieuses de Villiers, mettent à tour de rôle toute la mauvaise volonté possible, et les poursuites contre eux entraînent des frais considérables. La fabrique entame un procès devant la Chambre des requêtes à Paris et devant le Parlement contre l'abbé Testu, de l'Académie française, abbé de Saint-Chéron. L'abbé Testu meurt. Le procès continue contre sa nièce, la comtesse de la Bretèche, son héritière sous bénéfice d'inventaire. Vingt-deux ans se sont écoulés, les réparations ne sont pas faites. Vers 1705, le fermier des dîmes se décide à les commencer. En 1708, le procès n'est pas fini.

Rentes et loyers. — Par des donations princières, par la générosité, par la piété des fidèles, l'église de Dourdan s'est trouvée à diverses époques propriétaire de plusieurs terres et immeubles, le plus souvent de simples droits et redevances sur des héritages de la ville et de la banlieue. Par les vicissitudes de la guerre et les malheurs des temps, elle s'est vue plus d'une fois dépouillée; l'avant-dernier siècle l'a quelque peu enrichie; le dernier lui a tout pris. Nous pourrions, à l'aide des documents que nous avons entre les mains, refaire le bilan de cette modeste fortune, mais les détails en seraient aussi fastidieux qu'inutiles, et quelques mots avec quelques chiffres suffiront à faire connaître la situation (1).

Le plus ancien compte complet de la fabrique remonte au lendemain du dernier siége et donne, pour les années 1595 et 1596 *prises ensemble* :

Rentes dues à l'église sur des maisons: près des fossés du château (anciennement appelée le *Siége aux Prêtres*), — rue de la Geôle, — faubourg de Chartres, — rue Saint-Pierre, — fausse porte du Puits-des-Champs, — à la Tête aux Maures. — Appentis contre l'église. — Moulin de Grillon. — Terres à la ruelle aux Moines, — au pont d'Allainville, à Liphard, — prés des Oysons, etc. . . . .   20 écus.
Loyer d'une maison devant le Châtel.   2
Loyer des prés. . . . .   62 .
Recette à cause des moissons des terres appartenant à l'église, et droits sur le moulin de Malassis   111
Recette à cause des cens, rentes et droits seigneuriaux dus à l'église sur des terres du Mesnil, — ferme de Beaurepaire, — appentis de l'église.   7
        Total (*pour 2 ans*). . . . .   202 écus.

Cinquante ans après, en 1645 et 1646, la recette s'élevait :
Pour les loyers des prés et maisons, à. . . . .   549 liv.
Pour les rentes dues à l'église, à.   225
        Total (*pour 2 ans*). . . . .   774 liv.

---

1. Voir, pour d'anciennes donations, dîmes, le *chapitre IV*.

En 1699 et 1700 :
Les loyers à . . . . 800 liv.
Les rentes à. 828
      Total (*pour 2 ans*). . . . . 1628 liv.
En 1737 et 1738 :
Les loyers à. . . . . 1185 liv.
Les rentes à. 1967
      Total (*pour 2 ans*). . . . . 3152 liv.

Lors de l'inventaire des biens de Saint-Germain par le directoire du district de Dourdan, en 1790, le revenu *annuel* était estimé :

Rentes sur les aides et gabelles. . . . . 857 liv.
Rentes sur divers particuliers. 501
Locations de terres et prés. . . . . 1831 liv.
      Total (*pour une année*). . . . . 3189 l. (1)

Les *titres* constatant ces différentes possessions de la fabrique ont donné lieu à plusieurs inventaires authentiques. En 1650, beaucoup de rentes n'étaient pas perçues parce que les titres de la fabrique étaient égarés ou perdus et il y eut alors un long procès intenté par les marguilliers pour les recouvrer. Le 6 mars 1693, un inventaire en règle fut dressé par devant Claude Michau. On en conserve un autre du 23 septembre 1790 et jours suivants par le sieur Pillaut, procureur syndic du *district* de Dourdan, assisté de trois membres de son directoire, suivant décret de l'assemblée nationale. Celui-ci établissait le revenu et les charges annuelles de la fabrique et devait servir, non pas de base pour gérer les biens de l'église, mais de memento pour les prendre tous.

Les charges de la fabrique. — Voici le tableau annuel qu'en dressait ledit inventaire de 1790 :

Honoraires du clergé et des officiers de l'église, — frais
du culte (2) . . . . 2783 liv.
  Contributions des décimes (3). 559
  Acquit annuel des fondations résultant des donations. . . 600
  Rente due à la charité de la ville. 75
  A la charité de la paroisse Saint-Pierre. 107
  Aux pauvres de la paroisse Saint-Germain. 95
  A l'Hôtel-Dieu. . . . . 72 l. 10 s
  A la communauté. . . . . 12 l. 10 s
      Total. . . . . 4304 liv.

1. Trois ans après tout était perdu. En fait de rentes restituées en vertu de l'arrêt du 7 thermidor an XI, on ne voit que 181 liv. de rente annuelle sur la maison du Parterre et ses dépendances.
2. Environ 180 écus au compte de 1595 ; — 600 livres à celui de 1645 ; — 2,500 en 1699 ; — 3,500 en 1737.
3. La fabrique de Saint-Germain est taxée à 286 livres par an, pour sa part du *don gratuit* accordé au roi par assemblée générale du clergé de France. (1752.)

On oubliait ce que coûtaient chaque année, depuis des siècles, à la paroisse, l'entretien d'un édifice ébranlé par tant de secousses, les réparations urgentes nécessitées à chaque instant par quelque nouvel accident, sans compter les procès et les frais qu'il fallait faire pour obtenir celles qui n'étaient pas à la charge de la fabrique.

Si nous rapprochons ce chiffre de 4,304 livres, total fort incomplet de la dépense annuelle, de celui de la recette estimée seulement par l'inventaire 4,033 liv. 16 sols, par suite de la suppression du droit de mesurage, nous conclurons que, sans ce droit, la fabrique eût été en déficit et que toute sa richesse consistait à équilibrer chaque année son budget.

Avant de terminer ce chapitre consacré à la paroisse de Dourdan, qu'il nous soit permis de dire un mot du grand travail qui s'opère en ce moment pour consolider son antique vaisseau et le sauver d'une ruine trop imminente. Quand nous parlons de ruine nous n'exagérons rien. On se familiarise, par l'habitude, avec les infirmités des individus et la décrépitude des édifices; mais le temps n'en continue pas moins son œuvre rapide de destruction, et à Saint-Germain le mal est plus grand qu'on ne le suppose. Un écartement des parties hautes de la nef, un défaut d'équilibre entre la résistance des murailles latérales et la poussée des voûtes; une tension anormale et une perte d'aplomb accusées par la déformation des arcs, l'écrasement des pierres et la rupture de tous les meneaux : telle est la plaie profonde et inquiétante qui mine, dans ses œuvres vives, la vieille et belle église de Dourdan. De nombreuses et anciennes blessures, l'action du feu, l'ébranlement du canon, les remèdes différés ou insuffisants ont amené ce résultat dont la gravité s'accroît tous les jours. Nos pères, au siècle dernier, plusieurs fois pris d'épouvante, ont fait ce qu'ils ont pu : des tirants, des chaînes, des liens de toutes sortes en sont les témoins. Ce siècle-ci a déjà tenté plusieurs restaurations sérieuses. Il y a quelques années, une somme importante, une subvention du gouvernement ont été affectées à ce qui paraissait alors le plus urgent. Jamais peut-être, le vice fondamental n'a pu être atteint.

A l'heure qu'il est, un puissant effort s'attaque au point décisif et tout le monde assiste avec impatience et sympathie au difficile travail qui se poursuit. Dirigé par l'habile architecte qui a joué sa santé et sa vie dans l'inspection générale des admirables restaurations de la cathédrale de Paris, et exécuté par un entrepreneur spécial et expérimenté, ce travail consiste à refaire à fond les voûtes. Derrière le faux plancher qui les masque, les ouvriers détruisent avec précaution et remplacent, l'un après l'autre, ces nervures, ces arêtes, ces arcs, rompus et broyés; ils déchargent la tête de l'édifice du poids énorme de voûtes massives qu'elle ne peut plus porter et changent, pour une pierre résistante quoique légère, les lourds matériaux, les silex et les cailloux jadis employés faute de mieux. L'équilibre étant peu à peu rétabli au faîte, la poussée infiniment diminuée, la portée des contreforts soigneusement étudiée, l'harmonie de toutes les forces bien connue et bien assurée, l'édifice se sentira inévitablement soulagé et raffermi, et comme sa membrure peut résister longtemps encore, sa vie se trouvera de nouveau garantie.

Toutefois, on nous pardonnera de le rappeler ici, ces réparations profondes et essentielles qui se poursuivent presque dans l'ombre, et qui ne frappent pas les yeux comme pourraient le faire des travaux secondaires d'embellissement ou d'ornementation, entraînent des frais considérables et exigent de grandes ressources. Formée, à l'origine, du legs pieux d'un généreux donateur, grandie par la coopération de la ville, accrue du subside de l'État, la somme dont Dourdan disposait était malheureusement de beaucoup insuffisante encore ; mais nous sommes heureux de le proclamer, l'excellente population de Dourdan a su faire un vrai sacrifice pour sa vieille église, et, dans ce siècle où tout se renouvelle par l'initiative individuelle, elle a tenu à honneur d'assurer, par de larges offrandes, l'existence d'un beau, d'un vénérable monument qui est la gloire de la ville que nos pères, plus pauvres que nous, ont bâti et rebâti pour y prier pendant des siècles, et qu'il faut à tout prix conserver à ceux qui viendront après nous !

CHAPITRE XVII

L'ÉGLISE SAINT-PIERRE (1).

VAISSEAU. — L'église Saint-Pierre, la seconde paroisse de Dourdan, dont il ne reste aujourd'hui aucun vestige, occupait, au haut et en face de la rue Saint-Pierre, l'emplacement de l'allée terminée par une grille qui donne maintenant accès dans le parterre. Cette grille est à peu près à la place du sanctuaire, et les dimensions de l'édifice sont assez bien représentées par les dimensions de l'allée. La limite inférieure est facile à reconnaître par la disposition même du terrain. La nef était étroite et de même largeur que le sanctuaire ; la forme de l'édifice était celle d'une croix latine. Au centre, sous le clocher, était le chœur (2). Dans le haut, deux chapelles ou « cancelles » se terminaient par des autels placés dans le même sens que le maître-autel, dans les enfoncements demi-circulaires qui faisaient saillie de chaque côté du chevet. L'emplacement arrondi de l'abside est encore visible entre la grille du parterre et la maison voisine. Cette maison et le terrain élevé en terrasse qui en dépend, formaient l'ancien prieuré. A gauche, dans le talus triangulaire planté d'arbres et bordé par la rue Haute-Saint-Pierre, était le petit cimetière de la paroisse. Le sol de ce cimetière affecté pendant de longs siècles au même usage, puisqu'on y a trouvé des cercueils de l'époque mérovingienne, s'était graduellement

---

1. D'après les anciennes archives que nous avons trouvées mêlées avec celles de Saint-Germain.
2. On peut voir ce clocher sur le *fac-simile* qui est en tête du chapitre XV.

élevé. Au xviii° siècle, comme nous l'avons déjà dit, il menaçait de rompre ses murs de soutènement et de s'effondrer dans la rue. On le transporta près du jeu de paume (13 mai 1764), par suite d'un échange avec M. de Verteillac dont la propriété s'appuyait contre le chevet de l'église et en enclavait une partie.

Il est probable que l'existence d'une église à cette place remonte à une haute antiquité. Lorsque l'abbaye de Morigny, par la munificence de Louis le-Gros, ou tout au moins avec sa protection, acquit, vers 1112, l'église Saint-Pierre « *Ecclesiam B. Petri, apud Dordinchum,* » (1) c'était déjà une paroisse sous le vocable du prince des apôtres. On a même prétendu que c'était la plus ancienne de la ville. Quoi qu'il en soit, les moines de Morigny ayant été envoyés pour la desservir, l'église fut reconstituée et un nouvel édifice s'éleva suivant le style et le plan des églises monacales. La paroisse était pauvre, très-limitée ; l'église reçut des proportions restreintes. Elle dut subir, par suite des injures du temps et des dévastations de la guerre, plusieurs modifications et réparations, dont la flèche du clocher, cette partie vulnérable et fragile de l'édifice, paraît avoir été un des principaux objets. La date d'une de ces restaurations semble indiquée par le millésime de 1535 sculpté sur une pierre autrefois placée dans l'église, aujourd'hui enchâssée dans le mur méridional de la maison du parterre, à gauche de l'entrée. Le lambris de la nef fut fait en 1607 ; il paraît qu'auparavant « cette nef était comme une grange. »

Le 4 août 1637, à quatre heures du matin, le tonnerre tomba sur le clocher, le dépouilla complétement de ses ardoises, rompit un des arêtiers, cassa une cloche, descendit dans l'église où il fit un fracas épouvantable et laissa des « impressions de griffes » sur les bancs et sur les murailles. Le clocher était près de tomber. Les habitants montèrent sur les combles et arrêtèrent les bois avec des cordes. L'année suivante on le répara, et deux ans après on établit une nouvelle cloche (2).

En 1690, autre accident. Le jour de Noël, immédiatement après le premier carillon de la messe du point du jour, un coup de vent terrible, qui fit des dégâts dans toute la France, coupa net le clocher. Le pied seul resta pendant trois ans. On confia la réédification d'une nouvelle flèche, suivant le plan de l'ancienne, à Jacques Monclain, charpentier à Dourdan, et Jacques Liger, le couvreur de Sainte-Mesme (3). Cette flèche avait quarante pieds, et était surmontée d'une croix de fer de onze pieds « avec le coq. » A peine fait, ledit clocher reçut un nouvel assaut. Le 29 juillet

---

1. Voir chapitre IV.
2. Bénite par messire Girard Thierry, et nommée *Jeanne-Françoise* par Jean Joyer, marchand fort riche, qui mit l'enchère pour avoir cet honneur.
3. Dépense de 1,200 liv. pour la flèche, 50 liv. pour le rétablissement du *tambour* qui est sous la flèche. M. Guyot, directeur des hôpitaux du Roi, et paroissien de Saint Pierre, fit don de 950 liv., qui permirent à la fabrique très-pauvre d'entreprendre le travail.

1702, il s'abattit sur Dourdan et les environs une telle nuée de grêle, qu'on « croyait être au dernier moment de sa vie, dit un contemporain. Plusieurs « habitants eurent la tête cassée par des grêlons qui pesaient deux livres « moins un quart;» le clocher fut encore dépouillé de ses ardoises. La couverture et les vitres de l'église éprouvèrent de grandes avaries. En 1712, les trois cloches furent refondues pour en faire trois nouvelles « rendues « sonnantes et accordantes en plein ton de *mi-ré-ut*. »

Il y avait une fatalité marquée pour le clocher de Saint-Pierre : le 16 juillet 1735, le tonnerre le perça de part en part, le brisa en partie, cassa les gargouilles de pierre qui crevèrent la voûte, descendit dans l'église, démolit la porte du chœur et pulvérisa le crucifix.

L'église, ébranlée par tant de secousses et en fort mauvais état, cessa de servir au culte en 1791. Le 10 novembre, la paroisse Saint-Pierre fut réunie à celle de Saint-Germain; une partie de son mobilier y fut transportée, (1) et le 13, les paroissiens assistèrent pour la première fois, à Saint-Germain, au service divin célébré par l'abbé Geoffroy. Le vaisseau devenu propriété nationale, administré comme les autres domaines de l'État, fut momentanément mis à la disposition du ministre de la guerre et servit de prison pour des soldats vendéens et de magasin de grains et de fourrages. Par une décision du ministre des finances du 5 juin 1812, la fabrique de Saint-Germain fut remise en possession du bâtiment, mais comme il tombait de vétusté et que le clocher menaçait d'écraser le quartier, la fabrique obtint du roi Louis XVIII une ordonnance de septembre 1816, autorisant à démolir, vendre les matériaux et céder le terrain à la commune suivant estimation d'experts. Les matériaux, adjugés pour 2,670 fr., le 17 novembre 1816, furent enlevés l'année suivante, et les pierres de l'antique église, complétement dispersées, entrèrent dans plusieurs constructions de l'époque. A peine si l'on peut en retrouver quelques traces dans deux ou trois bases de colonnes converties en bornes près du parterre, un vieux chapiteau servant de banc dans la rue Neuve, etc.

DISPOSITION ET ORNEMENTATION INTÉRIEURES. — Les murailles de Saint-Pierre étaient autrefois peintes de vieilles détrempes représentant des épisodes de la Passion, de la vie de sainte Marguerite et autres. Elles furent blanchies en 1646, et on voyait encore, au siècle dernier, des traces de fresque sous les enduits. L'ancien autel était massif et bas. Le tabernacle avait la forme d'une tour. On y montait par un escalier de pierre derrière l'autel. Une « grosse image de la chaire de saint Pierre en pierre » se voyait au côté droit de l'autel; à gauche, une figure de saint Paul. En 1660, le curé, Me Etienne Le Gou, fit remplacer cet autel par un autel moderne, avec quatre colonnes de bois doré, un

---

1. Le reste fut vendu aux enchères, le 12 août 1792, pour 677 liv., à la requête du procureur syndic du district de Dourdan.

tableau représentant la Nativité d'après Lebrun, et deux niches pour les deux patrons de la paroisse : saint Pierre et saint Gilles, dont il commanda les statues de bois peint et doré à un « très-habile sculpteur de « chez le Roy. » La vénérable chaire de Saint-Pierre fut placée au-dessus de la porte principale. A côté du maître-autel, se voyait encore un grand tableau de saint Dominique. Devant le sanctuaire, des dalles avec noms et figures recouvraient des tombes, et sous la lampe étaient enterrés Pierre Lucas, mort en 1540, et son épouse Perrine Boutet, descendante du fameux privilégié de Chalo-Saint-Mard, demeurant de leur vivant « dans leur maison des Châteaupers, paroisse Saint-Pierre. »

De chaque côté du chœur, où étaient rangées dix-huit stalles, s'enfonçaient les deux *cancelles* : à droite, celle de la Vierge, avec son autel du même style et de la même époque que le maître-autel (1664), trois tableaux et un grand crucifix. A gauche, celle de saint Phallier, le bon moine d'Aquitaine qui rendait la santé aux petits enfants. Cette dernière chapelle, dans laquelle on remarquait une statue de bois du saint, et un petit tableau fort ancien représentant le mariage de Jésus-Christ avec son Église, fut restaurée en 1750 par M. Bajou, lieutenant particulier au bailliage. Il la dédia à sainte Geneviève et commanda à Paris un tableau « copié sur celui du Saint-Esprit, à Paris, » avec une image de saint Charles et une de saint Jacques.

Dans la nef étroite et longue qui contenait vingt-trois bancs, on avait encore placé deux chapelles dont les tableaux étaient des originaux de maître « ôtés, dit un contemporain, par la lâcheté des habitants qui l'ont « souffert » et remplacés par des copies : l'une dédiée à saint Roch avec l'image de saint Pierre-ès-liens et les statues de saint Roch et saint Sébastien sur deux colonnes ; l'autre dédiée à saint Vincent, avec un tableau de la conversion de saint Paul et deux colonnes portant saint Vincent et saint Marcoul. La chaire, le banc d'œuvre avec un grand soleil de bois doré sur son haut dossier, les fonts baptismaux,(1) près desquels se voyait une magnifique bannière des Gobelins, garnissaient les parois de la nef, et entre les fonts et le banc des marguilliers était la tombe de M. Lévy, le riche habitant de Saint-Pierre et le créateur du Parterre.

La petite sacristie, enclavée dans les bâtiments voisins et dont l'emplacement fut l'objet de procès sans fin, était bien loin d'être garnie comme celle de Saint-Germain. Les vases sacrés étaient fort modestes ; on n'y voyait pas de riches tentures, mais un grand nombre de vieux ornements, qui auraient sans doute pour nous leur valeur archéologique, comme ceux de damas rouge donnés au XVIe siècle par Balthazar Gouin, avec son portrait à genoux et son nom brodé. On conservait soigneusement trois grands bâtons rouges, dont deux se terminaient par des cou-

---

1. Ces fonts, en marbre, viennent d'être rachetés à un particulier par la fabrique de Saint-Germain. Ils pourront servir de bénitier dans l'église.

ronnes de fer et un par la figure du Père Éternel; ils servaient aux confréries de Saint-Gilles et de « Saint-Marcou, » ces deux antiques patrons des corporations. A la porte était affichée la bulle du pape Alexandre VIII accordant *indulgence plénière* à ceux qui, s'étant confessés et ayant communié, visiteraient l'église paroissiale de Saint-Pierre de Dourdan au jour et fête de saint Pierre et saint Paul (24 déc. 1689).

PRIEURÉ ET CURE DE SAINT-PIERRE. — Lorsque l'église Saint-Pierre fut acquise, vers 1112, à l'abbaye de Morigny, des religieux furent détachés de la maison abbatiale et vinrent former une sorte de colonie ou *obédience* qui exploita les biens et les terres appartenant à l'église de Dourdan et vécut de leurs produits. Ces religieux, chargés d'abord en commun, *in solidum,* de l'administration spirituelle de la paroisse, eurent un prieur, *prior,* le premier d'entre eux. Le vieux *prieuré* ou *moûtier Saint-Père* était si pauvre, comme nous l'avons vu ailleurs, et ses paroissiens étaient si peu nombreux qu'en 1257 l'évêque de Chartres, Mathieu, lui accorda le privilége de ne payer que trente sols parisis pour la *procuration* de l'évêque qui viendrait faire sa visite. Le prieur, auquel fut spécialement confiée la charge des âmes, *prior curatus,* est le *curé* primitif de Saint-Pierre de Dourdan. Plus tard, peut-être au commencement du xv⁰ siècle, pendant les grandes guerres qui désolèrent la France et dépouillèrent les couvents, les religieux de Morigny abandonnèrent leur monastère de Dourdan. Le prieuré-cure se scinda en deux *bénéfices* qui demeurèrent toutefois l'un et l'autre à la collation de l'abbé de Morigny : un *prieuré* simple qui pouvait être mis en commende et dont le titulaire jouissait des revenus subsistants, — une *cure* qui se sécularisa et dont le titulaire jouissait d'un « gros ou portion congrue » en argent.

La situation relative des deux bénéficiaires était complexe. Assez mal vue par les canons et résultant de circonstances et de nécessités à la fois générales et locales, elle donna lieu, pendant les trois derniers siècles, à de fréquents conflits dont les archives de Saint-Pierre offrent de nombreuses traces. Le *curé,* prêtre responsable des fidèles confiés à sa garde, était le vrai pasteur de la paroisse. D'un autre côté, il n'était que le « vicaire perpétuel » du prieur, ce « curé primitif » de l'endroit. Il avait tout le fardeau du ministère et ne touchait qu'un revenu modique et limité. Le *prieur,* non obligé à la résidence, et qui pouvait être un simple clerc tonsuré de quatorze ans, était à la fois seigneur spirituel et temporel de la paroisse, en recueillait les fruits sans avoir autre chose à faire que de payer les décimes, pourvoir à la réparation de certaines parties de l'église et assister ou coopérer aux offices de certains jours de l'année.

Voici, en résumé, quels étaient les droits du *prieur* de Saint-Pierre :

Il était dit seigneur spirituel et temporel du prieuré avec droit de mairie et de justice censuelle. A ce titre, il avait son terrier.

De la seigneurie dudit prieuré dépendaient la majeure partie du territoire de la paroisse Saint-Pierre, une certaine portion de celui de la paroisse Saint-Germain (faubourg du Puits-des-Champs, clos Saint-Père, etc.), du village des Granges, du hameau de Saint-Evroult, etc., — la plus grande partie du hameau de la Brière, paroisse de Roinville, — le fief des Bordes, et celui de la Tête-aux-Maures, situés à Dourdan, avec droits de cens, lods et ventes (ces deux derniers montaient à 600 l. l'an 1773).

Au prieuré appartenaient encore : la maison prieurale avec le terrain y attenant, — un arpent de pré au champtier de la Huanderie, près les Fontaines-Bouillantes, — un droit de champart, à raison de douze gerbes l'une, sur toutes les terres de la Brière, — un arpent de terre en marais, ci-devant en pré, prairie de Dourdan, près le moulin Choiselier, — une rente sur l'Hôtel de Ville de Paris (1).

Tout cela ne constituait pas, du reste, un revenu considérable. Les biens fonds du prieuré étaient affermés 712 livres au XVIIIe siècle. Tous les biens et droits furent adjugés, en 1791, par le directoire de Dourdan, à M. de Verteillac pour 17,700 livres.

Des aveux et dénombrements des XVIe et XVIIe siècles, mentionnant ces droits du prieuré de Saint-Pierre dont le bénéfice, disent-ils, est « de fondation royale, » en reconnaissent les charges, à savoir : que le prieur est obligé de faire le service dans l'église aux quatre fêtes annuelles et le jour de saint Pierre ; de dire ou faire dire une messe basse chaque dimanche, d'aider à faire le service les dimanches et fêtes ; de payer les décimes ; de pourvoir aux réparations du chœur, du clocher et des deux chapelles, d'après ancienne sentence du bailliage, testament du sieur Ragot, prieur (déc. 1693), et décision des habitants (août 1697). Ce sont ces charges dont les prieurs veulent trop souvent se dispenser et qui sont l'occasion de procès avec la fabrique et les paroissiens, de contestations ou de transactions avec les curés.

Quant au *curé*, voici la déclaration qu'il fait de son revenu en 1692 :

Il jouit de son presbytère, maison d'une chambre à chaque étage, avec petit jardin clos de murs, près de l'église, contenant environ 5 perches de terre.

9 livres de rente sur le *vieil presbytaire*, situé faubourg Grousteau, consistant en une petite maison et jardin avec trois aires de terre au bout, baillés anciennement à rente à Claude Degas pour 3 écus sol.

6 livres sur une maison rue Saint-Pierre.

12 livres 9 sols, montant du bail de 2 arpents et demi, 12 perches, de morceaux de terre autour de Dourdan.

80 livres que lui sert le fermier des dîmes, abandonnées au curé par le prieur gros décimateur.

---

1. Voir, au chapitre V, l'amortissement général, par Louis d'Évreux, au XIVe siècle, de tous les biens du prieur de Saint-Pierre, qui prétendait quelque droit sur la terre des Murs, l'étang et quatre étaux de la halle.

Il paie de décimes ordinaires et extraordinaires, 16 livres 14 sols 6 deniers.

Et reçoit de la fabrique 160 livres pour acquitter toutes les fondations annuelles.

Au XVIIIe siècle le « gros » du curé de Saint-Pierre est estimé 500 livres. D'ailleurs sa position varie suivant les arrangements qu'il fait avec le prieur. Il arrive même plusieurs fois que le curé, cumulant les deux bénéfices, est pourvu par l'abbé de Morigny du prieuré et de la cure.

Les noms des prieurs et des curés de Saint-Pierre nous sont inconnus avant le XVIe siècle, par suite de la perte de tous les titres. En 1556, à la séance de rédaction des coutumes, nous apparaissent comme *curé* un religieux, frère Jacques Audren, et pour *prieur* Me Jacques Soullay.

1594. — Martin Couldroy, *curé*. — M_e Pierre Blanchard, prêtre habitué, dessert le *prieuré* et laisse une rente par testament.

1597. — Simon Barbier, *curé*.

1598. — Pierre Chaillon, prêtre, chanoine et chantre de l'église Sainte-Croix d'Étampes, rend, comme *prieur* et seigneur temporel de Saint-Pierre, aveu et dénombrement au roi et à M. de Sancy. De 1590 à 1613, l'abbé Boujon dessert le *prieuré* et en remplit les charges au nom du prieur.

1631. — Girard Le Thierry, *curé*.

1635. — Jacques Vris, *curé*.

1649. — Jacques Barbault, *curé*.

1654. — Étienne Le Gou, *prieur* et *curé* tout à la fois pendant trente années, se montre très-charitable et fait beaucoup pour l'église. On a de lui un aveu du 1er nov. 1680.

1685. — Étienne Tronson, *curé*. — Paul Ragot, *prieur commendataire*, curé de Saint-Martin de Bretencourt, prend soin des réparations de l'église et les assure par son testament.

1705. — Nicolas Membray, *curé*. — Bouchard, *prieur* (1701). — Me Louis d'Othis, *prieur* (1720).

1723. — Léonard Le Boistel de Chatignonville, *curé*. — Vautier, *prieur titulaire*. — L'un et l'autre exercent pendant plus de trente années. Le sieur Vautier, qui ne veut faire aucune réparation, entre en procès avec M. Le Boistel. Par suite d'une transaction, ce dernier accepte les charges en même temps que les bénéfices du prieuré. Il appartient à une ancienne et riche famille des environs.

1763. — Louis Delafoy, *curé*. — Louis Dubois, sieur du Tilleul, *prieur*. — Ils font ensemble le même arrangement que les précédents, et la paroisse, bien desservie, continue à jouir des premières messes et de tous les secours spirituels. Mais, en 1770, le sieur de Neufville, nouveau *prieur*, se comporte différemment, ne paraît pas à son bénéfice, n'en acquitte et n'en fait acquitter aucune des charges; de telle sorte que les habitants, privés de messes, sont obligés de présenter une requête au bailliage de Dourdan, le 20 juillet 1772. Une sentence du 27 mars 1773 condamne le prieur qui en appelle à la cour, et sur ces entrefaites résigne son *prieuré* entre les mains de P. L. Benjamin Lambert. Celui-ci soutient le procès devant la cour, élève des prétentions sur le terrain de la sacristie et de la maison prieurale, et entraîne la paroisse et la ville dans de coûteuses et pénibles procédures.

1779. — M. Millet, le dernier *curé* de Saint-Pierre, est député par le bailliage comme représentant du clergé aux États-Généraux de 1789.

1780. — L'abbé de Montagnac, chapelain du roi, est le dernier *prieur*. Les deux bénéfices qui, par leur séparation, étaient une cause de difficultés et qui, réunis, n'eussent pas formé plus de 14 ou 1,500 livres, au dire des contemporains, demeurent jusqu'à la fin à la nomination de l'abbé de Morigny.

La *cure* est fondue avec celle de Saint-Germain en 1791, et la propriété du temporel du *prieuré*, mise en adjudication par l'administration du directoire du district de Dourdan, comme bien national à aliéner, est acquise le 4 avril 1791 par M. de Verteillac qui s'engage à payer à la fabrique de Saint-Pierre, réunie à celle de Saint-Germain, une rente de 230 livres. La *maison prieurale* est achetée au département, suivant acte du 15 fructidor an IV, par le sieur Lambert, qui appuie un bâtiment contre le mur de l'église devenue propriété nationale, et plus tard il en résulte une question de mitoyenneté et un interminable procès.

REVENUS DE LA FABRIQUE. — Les recettes de la fabrique de Saint-Pierre se composaient:

De rentes diverses à Dourdan, sur des maisons de la rue Saint-Pierre, de la rue Neuve, de la rue Grousteau, (1) de la rue des Bordes, sur le *clos Saint-Père* au Puits-des-Champs (2).

De rentes, hors Dourdan, sur des terres et prés à Saint-Martin, à Liphard, à Roinville, au Bréau, au vignoble de Dourdan; plus 200 livres sur l'Hôtel de Ville de Paris.

Du loyer de quelques maisons à Dourdan et de terres et prés à Saint-Martin, la Brosse, Sermaise, Cottereau.

Le tout ne rapportait que 932 livres vers 1700, et, en 1745, on comptait:

---
1. Rachetées par M. Lévy, lors de la création du Parterre.
2. Maison et clos Saint-Père: Rente de 20 sols parisis. 1427.

```
Pour les rentes à Dourdan. . . . . . . . . . . . . . . . . .   346 liv.
    Hors Dourdan . . . . . . . . . . . . . . . . . . . . .   378
Pour les loyers à Dourdan. . . . . . . . . . . . . . . . . .   260
    Hors Dourdan. . . . . . . . . . . . . . . . . . . . . .   142
            Total . . . . . . . . . . . . . . . . 1126 liv.
```

Il y avait en plus les quêtes qui rapportaient fort peu, car sur les cinq cents paroissiens, chiffre que Saint-Pierre ne dépassa point, plus de la moitié se composait de pauvres artisans et d'indigents nourris par la charité. Les meilleures recettes étaient peut-être celles des quatre quêtes que la paroisse avait droit de faire à Saint-Germain aux quatre fêtes solennelles.— Les bancs ne donnaient que quelques livres, car l'ancien taux des locations n'avait pas changé. Le droit de fosses fut longtemps très-minime : on ne payait que 3 livres pour enterrer une grande personne dans l'église, et 30 sols pour les enfants. La fabrique, très-pauvre, obtint, le 22 décembre 1691, une sentence de l'official de Dourdan qui portait ce droit à 18 livres pour une grande personne et à 6 ou 9 livres pour les enfants.

Les *dépenses* montaient à 665 livres vers 1700, et à 900 livres en 1749. Les honoraires du curé étaient de 318 livres. Le traitement du vicaire revenait à 200 livres; celui des deux chantres était de 40 liv.; celui des deux bedeaux de 64 livres. Il y avait 30 livres par an attribuées au vicaire, par fondation des Yvon, au XVIIe siècle, « pour faire les petites « écolles » aux pauvres de la charité de Saint-Pierre (1). Ce soin ayant été négligé, une sentence du bailliage de Dourdan, du 11 mai 1737, diminua de 35 livres les appointements du vicaire pour former ceux d'un maître d'école, portés à 60 livres en 1764. Le vicaire lui même finit par être supprimé par manque de prêtres et insuffisance de ressources.

1. Voir, sur la *Charité* de Saint-Pierre, le chapitre de l'Hôtel-Dieu.

LE CHATEAU DE DOURDAN VU DE L'ANGLE EST.

CHAPITRE XVIII

LE CHATEAU

ue le lecteur ne cherche pas, dans ce chapitre, l'histoire du château de Dourdan ; elle est partout dans ce livre : car cette histoire est celle de la ville elle-même. La ville et le château ne font qu'un ; et nous avons esquissé le récit de leurs communes destinées. Faits l'un pour l'autre, le village et le château primitif sont solidaires dès le principe. C'est parce qu'il s'est groupé quelques familles dans notre fertile vallon, au centre d'une clairière des grands bois d'autrefois, sur le cours d'une rivière et sur le bord d'un étang, qu'un point s'est fortifié pour servir de védette, et de refuge en cas d'incursion. C'est parce que ce lieu fortifié s'est offert comme une sauvegarde, une garantie, un point de ralliement, que les habitations se sont multipliées tout à l'entour, se sont serrées jusqu'à former une cité. Devenu, avec le temps, centre à la fois militaire et politique pour les maîtres de la contrée, le château s'est agrandi et le seigneur en a fait au besoin sa retraite.

Telle est, en deux mots, l'histoire de l'*oppidum* gaulois qui occupe Dourdan à l'origine, du poste romain qui reprend la place, du château mérovingien et carlovingien qui succèdent. Le premier de ces établissements fortifiés n'est qu'un enclos de palissades et de fossés qui protègent un fort central de pierre ou de bois, assis sur la *motte* naturelle qui domine la vallée et peut renfermer au besoin, dans son enceinte, un village de cábanes groupées autour de la grande salle du chef. Adoptée et consolidée par les Romains trop bons observateurs pour ne pas utiliser les données locales, l'enceinte est régularisée et *flanquée*, et le fort se change en une citadelle organisée pour une résistance sérieuse. Conservée ou renouvelée à peu près dans les mêmes conditions, la station romaine devient la station germaine et continue pendant plusieurs siècles à assurer la défense du territoire. Peu confortable, le château n'est guère qu'un camp, *castrum*. Pourtant de puissants personnages s'en contentent et nous savons que le père de la dynastie capétienne, le grand duc de France, vient se reposer à Dourdan pour mourir, *apud castrum, apud villam Dordingum*. Château et village, c'est tout un pour l'histoire : quand la royauté hérite de l'un et de l'autre comme de son domaine, c'est le titre de *municipe*, de lieu fortifié, qui subsiste pour désigner Dourdan, *Dordinchum quod regium municipium est,* et les bourgeois, *burgentes,* qui y vivent continuent d'emprunter leur nom à la tour ou *burgus* qui les a ralliés.

Forteresse royale, le château de Dourdan est aux xe, xie et xiie siècles, une des sentinelles avancées du souverain obligé de disputer sa couronne contre les grands vassaux insoumis. Il se dresse sur une des frontières du domaine de la couronne, pour en couvrir le territoire, en face des tours menaçantes des seigneurs rivaux, et tandis que les cimes imprenables de Montlhéry et de Rochefort servent de repaires à d'illustres bandits, la citadelle du roi rassure contre un audacieux coup de main les paisibles habitants de la vallée. Quand le monarque cherche un lieu sûr et écarté pour abriter les préparatifs d'un hasardeux dessein et les mystères d'une politique qui a encore besoin de surprises, il donne là ses rendez-vous à d'officieux personnages. Quand la puissante maison de Chartres-Champagne tient la couronne en échec, c'est au château de Dourdan, sur la limite du pays chartrain, que Louis le Gros le Batailleur vient se retirer par intervalle, et c'est autour de ce centre monarchique que se serrent et s'abritent les paysans des campagnes dévastées.

Le trône s'affermit, mais il garde ses postes militaires, les agrandit, les fortifie suivant un plan à la fois préventif et répressif. En même temps, la forteresse devient palais, et le château, aménagé pour le combat, l'est aussi pour le séjour pacifique et la vie privée du maître. C'est, à Dourdan, l'œuvre de Philippe-Auguste. Son père, aux mœurs monacales, s'est contenté du vieux château ; lui-même y est venu souvent en chasseur. Pour y venir en prince, il le fait reconstruire. Un *nouveau* château est terminé en 1222 ; c'est celui dont Dourdan possède encore aujourd'hui les restes.

A supposer, ce qui est extrêmement probable, que le nouveau château ait été construit exactement sur l'emplacement de l'ancien, l'appropriation du terrain qui lui fut consacré, la construction des fossés, la création, devant l'entrée, d'une place vide utile à la perspective et au service de la citadelle, donnèrent lieu à un déblaiement, à des démolitions dont les traces ont été plusieurs fois retrouvées. De Lescornay dit que : « lors « du siége de 1591, le capitaine Jacques ayant fait oster de la place « quantité de terre pour fortifier le chasteau dans lequel il commandoit; « et estant paruenu jusques à l'ancien solage, on y a trouué des foyers et « autres choses qui font cognoistre qu'auparauant y auoit eu des basti-« ments qui auoient (peut estre) esté ruinez pour y pratiquer la com-« modité de ce jardin (1). » En juin 1751, « quand on a voulu aplainir « un costé de la grande place d'armes vulgairement appelée le Martroy « ou le boulevard, du costé et contiguë les maisons faisant face à l'égli-« se de Saint-Germain, pour y faire le marché neuf, l'on y a découvert « plusieurs vestiges et fondements de murs qui estoient très-bien basty « en chaux et sable, et qui font connoistre qu'il y a eu anciennement des « bâtiments dans cette place avant qu'elle ait esté destinée pour une place « d'armes. Entre autres monuments d'antiquité, on a découvert un bas-« sin de massonnerie de neuf pieds de diamètre bien crépy en ciment, « lequel bassin paroist avoir esté fait pour l'usage de quelque tanneur « ou corroyeur, et proche ce bassin s'est découvert une entrée de cave « avec son escalier qui par la structure de sa voûte montre qu'elle est bas-« tie d'une antiquité la plus reculée, et on peut assurer que ces anciens « bastiments que l'on trouve dans cette place y estoient devant que le « chasteau fut basty (2). » Ces vestiges ont été, plusieurs fois depuis, remis au jour à l'occasion de pavages ou de travaux particuliers. L'entrée de cave, le bassin de trois à quatre mètres de diamètre et de soixante dix centimètres environ de rebord (3), ont été revus plusieurs fois, et existent encore, nous dit-on. Au reste, ce ne sont pas là les seules substructions qui se rencontrent aux abords du château. Des voûtes, de longues caves paraissant se diriger vers lui ont été maintes fois constatées lors de constructions et de fondations, à l'hôtel du Croissant, sur l'emplacement de l'ancien corps de garde et des maisons qui lui font suite, etc.

Le grand apport de terres recouvrant l'ancien solage de la place, qui fut utilisé en partie par le capitaine Jacques pour la défense intérieure du château, et peu à peu aplani comme le témoignent encore les arrachements du parapet des fossés, provenait sans doute de l'immense terrassement qu'on avait dû faire pour creuser ces fossés profonds. Une sorte de jardin avait été ainsi disposé devant la façade ; c'est ce jardin qui fut donné par Jean duc de Berry, en 1408, au prieur de Saint-Germain et qui a servi de cimetière, car on retrouve des ossements devant

---

1. Page 8.

2. Note laissée par Gaumer, commissaire de police à Dourdan au XVIIIe siècle.

3. Ce bassin, qui était plutôt à l'usage des potiers, dont on a trouvé un four sous le pilier de la halle, existe sur la place devant la seconde maison de la rue de Chartres, faisant face à l'église, à partir du bout le plus rapproché du château.

l'église. Au bout, était la halle sur laquelle les droits du prieur de Saint-Pierre étaient établis dès 1315. Halle, place et église étaient peut-être, suivant l'usage le plus fréquent, contenues dans la *baille* du château, sorte d'enceinte extérieure où le seigneur aimait à réunir sous sa main le centre religieux et le centre commercial de la ville, et surveillait à la fois le mouvement de la population et la perception des droits domaniaux. En tout cas, l'entrée du château n'était pas immédiate comme aujourd'hui, et, en avant du fossé, une place entourée de barrières servait à l'évolution et au groupement des hommes d'armes qui sortaient les uns après les autres par l'étroite passerelle du pont levis.

La formation de l'enceinte des fossés dut être l'objet d'un grand travail. Cette enceinte mesure 178 toises de pourtour; elle forme un carré à peu près parfait d'environ 90 mètres de côté. Le fossé, construit à fond de cuve et entièrement revêtu de parois de grès, a 12 mètres de largeur et plus de 6 mètres de profondeur à partir du sol de la ville (1). Le développement de la surface occupée par le fossé est de 34 ares, 40 centiares. L'enceinte intérieure contient 53 ares, 60 centiares. C'est un total de 88 ares pour l'ensemble du terrain consacré par Philippe-Auguste, au milieu de la ville, à sa nouvelle citadelle. L'orientation, parfaitement choisie, est du nord-ouest au sud-est. (Voir le plan, fig. 1.)

Une muraille très-élevée ou courtine forme la paroi intérieure du fossé. Cette muraille, bâtie en grès à peu près jusqu'au niveau du parapet de la paroi extérieure, et continuée en moëllons et cailloux cimentés par un indestructible mortier, a une épaisseur de plus de 2 mètres. Elle est flanquée de neuf tours circulaires en saillie. Deux de ces tours, rapprochées l'une de l'autre, défendent l'entrée principale située sur la place et protégent la porte ogivale à laquelle un pont-levis donnait accès. Quatre tours s'élèvent aux quatre angles, et trois autres à la moitié de chacun des trois côtés de l'enceinte. La tour de l'angle nord, qui surpasse de beaucoup les autres en diamètre et en hauteur, a une position tout exceptionnelle. Complétement détachée de l'enceinte intérieure, elle se dresse isolée au milieu du fossé (2). Le fossé l'enveloppe, échancre sur ce point l'angle du carré, et se renfle du côté de la ville pour conserver sa largeur et décrire une circonférence à peu près concentrique à celle de la tour. C'est le *donjon*, auquel nous reviendrons tout particulièrement.

Ces tours, dont la base, jusqu'à affleurement du sol de la rue, est en

---

1. Cette profondeur, qui varie de quelques décimètres, suivant le niveau des rues adjacentes et les apports de terre végétale qui ont été faits en divers temps pour la culture des fossés, est celle que l'on peut constater au-dessous du parapet de la rue de Chartres.

2. Ou plutôt se dressait, car aujourd'hui le fossé est comblé du côté de la cour, et ce que nous appellerons le premier étage du donjon est devenu en réalité le rez-de-chaussée.

grès et s'assied solidement dans le fond du fossé, ont des murs dont la maçonnerie atteint ou dépasse deux mètres d'épaisseur. Elles contenaient au moins deux étages soutenus par des voûtes à nervures et des planchers, et éclairés par d'étroites baies ou de simples meurtrières. Un escalier, pris en général dans l'épaisseur du mur, servait pour la communication intérieure. Ces tours, dont cinq sont aujourd'hui rasées au niveau de la courtine qui les relie, c'est-à-dire au niveau du premier étage, n'avaient point l'aspect massif et surbaissé qu'on leur voit actuellement, mais s'élevaient minces et élancées, et devaient être surmontées d'un chemin de ronde avec machicoulis et d'un haut toit pointu revêtu d'une couverture de tuiles (1). Des souterrains voûtés « et blancs comme neige » mettaient en communication ces tours et servaient de magasins pour les vivres et les munitions. Une autre communication aérienne les reliait toutes à l'extérieur. Une sorte de galerie couverte en bois, avec toit incliné et paroi antérieure percée d'ouvertures pour lancer des projectiles, était accrochée ou fixée aux murailles et permettait de circuler de tour en tour.

Intérieurement, le quadrilatère était occupé par une grande cour qui servait de place d'armes et se garnissait au besoin de baraques pour le logement de la garnison. Sur les quatre côtés de cette place s'étendaient des corps de bâtiments qui s'appuyaient à la courtine et s'enclavaient dans les tours. Ces bâtiments avaient, eux aussi, de hauts toits aux pentes rapides, et prenaient en grande partie leur jour sur l'intérieur. Le principal corps de logis était celui qui garnissait le côté que longe la rue de Chartres et s'ouvrait au midi sur la cour. Au rez-de-chaussée, dans des salles basses, étaient le puits au large diamètre avec des pierres saillantes comme des degrés le long de ses parois, les cuisines, l'entrée des escaliers et *vis* montant aux deux étages supérieurs. Dans la tour enclavée au milieu de ce bâtiment, une porte donnait accès à l'escalier des fossés et, presque au pied de cet escalier, une profonde citerne à laquelle on descendait par des marches de pierre, offrait une provision d'eau fournie par l'égout des larges toits.

A l'extrémité de la cour, non loin de la grosse tour, et presque en face de l'entrée principale du château, s'élevait la chapelle de *Monsieur Saint-Jehan*, dont Philippe-Auguste avait assuré le service quotidien par un des chanoines de Saint-Germain. A gauche, en entrant, une grande salle voûtée (qui supporte aujourd'hui la terrasse) s'adossait à la muraille qui regarde le portail de l'église.

Nous avons hâte de revenir au donjon, car c'est en lui que se résumait la défense extrême de la place; c'est lui qui commandait et couvrait le pays, et c'est à lui que se rattachait, comme au centre de la suzeraineté,

1. Cette couverture de tuiles (ou plutôt son renouvellement sans doute) date, suivant de Lescornay, de 1450, et a été en partie ruinée au siége de 1591.

le réseau féodal de la contrée. Tous les vassaux et arrière-vassaux de la seigneurie de Dourdan étaient dits relever du roi *à cause de sa grosse tour* dudit lieu. (Voir fig. 2, 3, et 4).

Le *donjon*, cylindrique, intact encore aujourd'hui dans toutes ses parties essentielles et décrit par nous d'après son état actuel, mesure du bas des fossés jusqu'à la plate-forme qui repose sur la voûte du second étage par laquelle il se termine maintenant, 25 m. 80 c. de hauteur, ou 18 m. du sol de la cour. Le diamètre, hors d'œuvre, est de 13 m. 50. La base qui repose au fond du fossé va en s'élargissant à sa partie inférieure, et son diamètre, comparé à celui de la tour, donne environ 0,60 c. de fruit. Cette base est construite en grès taillés et appareillés et s'élève à peu près au niveau du sol de la rue. A partir de ce niveau, la tour est formée d'assises de pierres soigneusement taillées et jointoyées, montées avec un aplomb qui fait encore aujourd'hui l'admiration des hommes spéciaux. Le calcaire de Beauce fin et dur qui a servi à cette construction ne se rencontre pas sur les lieux et a dû être transporté de loin, peut-être des carrières qui ont pu exister à l'origine de la vallée, au dessus de Saint-Martin, à en juger par la grande analogie de ces matériaux avec ceux de la tour de Saint-Martin de Bretencourt. La pierre est demeurée intacte surtout du côté du nord et du levant.

La base du donjon n'a pas encore été explorée. Nous avons tout lieu de penser qu'elle n'est pas pleine. Une salle ou cave, voûtée en calotte de four, dans laquelle on ne pénétrait que par une sorte de regard au milieu de la salle du premier étage, existe vraisemblablement et servait de silo pour les provisions et de magasin pour les munitions. (Fig. 2. A.) La salle du premier étage était la grande salle, la salle commune. (Fig. 2, B et fig. 3). Tout ce qui est nécessaire à la vie, en temps de siége, s'y trouvait réuni. La voûte de cette salle est portée sur six fortes nervures terminées par des culs de lampe représentant des feuillages finement sculptés. La hauteur du plancher à la clef est de 8 m. 45. Bien que le diamètre de la tour soit de 13 m. 50 hors d'œuvre, le diamètre ou vide intérieur de cette salle n'est que de 6 m., les murs ayant une épaisseur de 3 m. 75, c'est à dire de plus du quart du diamètre (1). Trois larges embrasures ou berceaux en ogive forment dans l'épaisseur du mur trois passages ou réduits qui agrandissent singulièrement la salle et se terminent par trois ouvertures sur l'extérieur. Deux de ces ouvertures se regardent. L'une (fig. 2 et 3, C) est une porte ogivale qui donne du côté du château et communiquait par une passerelle avec la cour quand le

---

1. Cette proportion de l'épaisseur du mur au diamètre total indique bien la fin du règne de Philippe-Auguste. On sait que l'épaisseur des murs des donjons est en raison inverse de leur ancienneté. Les moyens de destruction se perfectionnant, les murs furent de plus en plus renforcés. La proportion, qui est souvent de moins de un huitième dans les donjons du XIe ou du XIIe siècle, atteint un quart pendant presque tout le règne de Philippe-Auguste, et le dépasse, souvent de beaucoup, après lui.

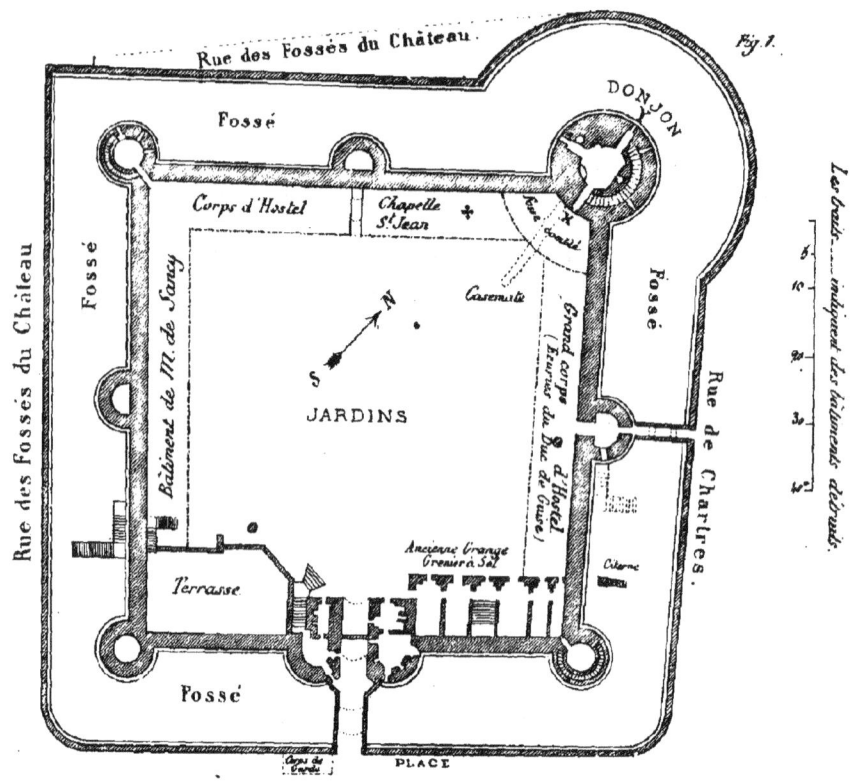

PLAN DU CHÂTEAU DE DOURDAN.
(1869)

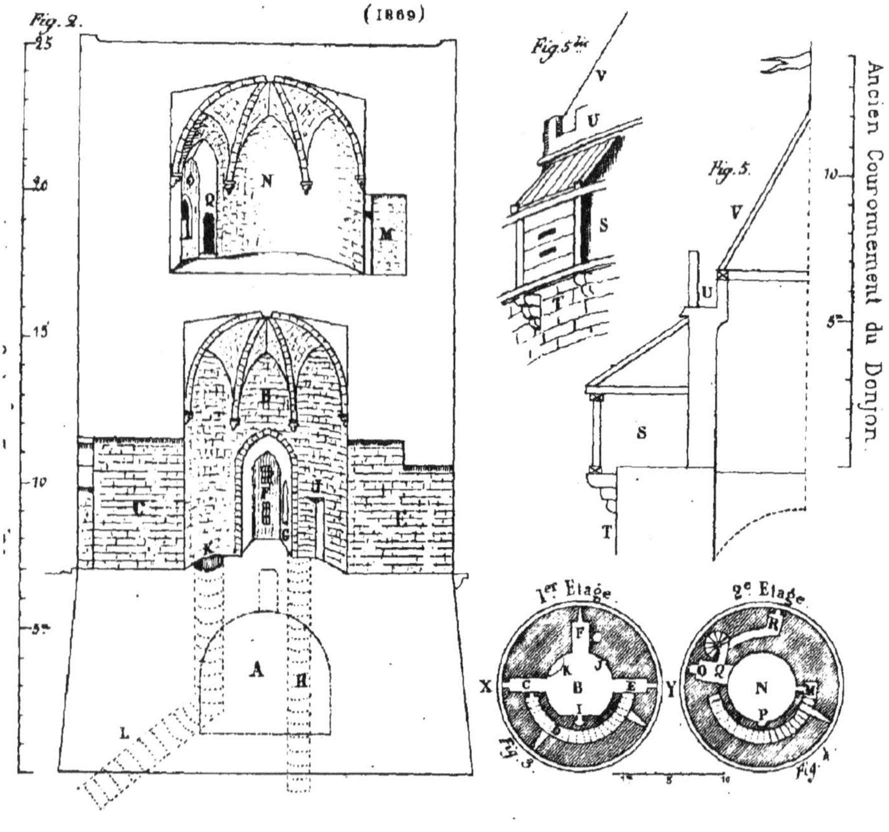

fossé entourait de toutes parts le donjon. Au dessus du linteau de grès de cette porte, se voit une baie qui a été agrandie. C'est dans cette embrasure que s'ouvre la porte de l'escalier montant aux étages supérieurs, dans l'épaisseur du mur (D). L'ouverture qui fait face à cette porte est une autre porte ogivale qui regarde la rue de Chartres et servait de communication avec l'extérieur au moyen d'un pont levis dont les corbeaux sont encore visibles au dessous de la porte (E). La troisième embrasure est éclairée vers le couchant par deux étroites fenêtres rectangulaires superposées (F). Sur une des parois, dans un enfoncement ogival (G), se voit le puits de 0,80 c. de diamètre, cylindrique, monté en pierres admirablement taillées et dressées en même temps que la maçonnerie du mur (H). De l'autre côté de la salle, une grande cheminée (I), dont l'intérieur a plus de deux mètres de large, se terminait par un manteau pyramidal de près de quatre mètres de haut dont l'arrachement se voit encore, et dont les deux pilastres subsistent. Au fond de cette cheminée, un four permettait de cuire le pain en temps de siége. Le long des parois de la salle, un enfoncement qui correspond à une fosse servait de latrines (J). Dans le plancher un large trou (K), qui était sans doute recouvert d'une dalle, est la bouche du souterrain ou casemate qui mettait le donjon en communication avec l'intérieur de la place et très-probablement aussi avec l'extérieur. En effet, ce souterrain que nous avons exploré passe sous le fossé de 7 m. qui séparait le donjon de la cour.

On y descend d'abord, à l'aide d'une échelle, par une sorte de puits perpendiculaire d'environ 4 m. 60 de profondeur. Un escalier voûté forme ensuite un chemin en pente de 6 m. de long sur 1 m. 10 de large et 2 m. 10 de haut (L). Le chemin, devenu horizontal, s'élargit un peu et mesure 1 m. 60 sur 7 m. de longueur. On se trouve alors sous le fossé. Une nouvelle pente avec degrés, d'environ 8 m. de longueur, remonte jusqu'à une sorte de plate-forme de 2 m., au-dessus de laquelle se trouve l'ouverture, aujourd'hui fermée de dalles et recouverte de terre, qui ressort dans l'intérieur de la cour. Par cette casemate, la garnison, une fois forcée dans le château, se retirait dans le donjon, et des portes et herses de fer empêchaient l'ennemi d'y pénétrer. Mais pour donner aux assiégés, cernés de toutes parts, un moyen de communiquer avec le dehors, un autre souterrain devait, suivant l'usage, s'ouvrir dans la casemate et se diriger en sens opposé, en passant sous le fossé extérieur, pour sortir à quelque distance. Une tradition, commune à tous les vieux châteaux, donne à ce souterrain une immense étendue et le fait aboutir à Sainte-Mesme, c'est-à-dire à une lieue de là. Ce qu'il y a de certain, c'est qu'au bas de la descente de la casemate, à l'intérieur de la tour, une ouverture, assez grossièrement bouchée et près de laquelle se voient quelques suintements d'eau, correspond à l'axe du puits du donjon, et comme, en comparant les niveaux, ce puits, qui ne contient plus que quelques centimètres d'eau provenant de l'égoût des terres, est précisément comblé à cette hauteur, il est présumable qu'on a fait disparaître une issue qui s'ouvrait sur le puits, et qui, franchie à l'aide d'une planche facilement retirée, permettait de s'engager dans un passage extérieur que nous avons l'intention de rechercher, et qui est très-vraisemblablement effondré.

La salle qui nous occupe, pourvue, comme on le voit, de tout ce qui pouvait permettre de vivre en temps de siége : cheminée, four, puits, moulin à bras, suivant la tradition, paraît n'avoir jamais eu d'autre décoration qu'un enduit avec joints de pierre figurés par des filets rouges dont on retrouve quelques traces (1).

L'escalier (D), pris dans l'épaisseur du mur, et faiblement éclairé par deux meurtrières, ne mesure pas moins de 1 m. 24 de large. Il conduit, par quarante-et-un degrés, à un petit pallier dans lequel un trou carré sert d'orifice à un conduit acoustique qui permet de communiquer avec l'étage inférieur (fig. 2 et 4, M). La salle qui ouvre sur ce pallier (N), est à peu près semblable à celle d'en bas. Elle est, toutefois, plus régulière et son diamètre atteint 7 mètres. On n'y voit qu'une embrasure ogivale terminée par une fenêtre rectangulaire qui éclaire d'une manière un peu incomplète cette pièce à l'aspect austère (O). La voûte est également portée par six nervures, mais n'a pas la hauteur de la voûte inférieure et ne mesure que 6 m. 55 du sol à la clef. Cette clef porte un ornement central et des feuillages décorent les pendentifs des nervures. L'un d'eux figure un homme accroupi et grotesque. Des feuilles trilobées sont sculptées sur les corbeaux des portes. Cette salle était la chambre du commandant. Une ouverture qui a été murée correspond à la cheminée dont le corps passe dans l'épaisseur du mur (P).

Dans l'embrasure de la fenêtre se trouve la porte de l'escalier ou *vis* (Q), qui monte à l'étage supérieur et au bas duquel s'ouvre un couloir aboutissant par quelques degrés aux latrines et à un réduit largement éclairé par une grande porte (R). Cette porte, qui n'est pas très-loin du niveau des ouvrages de défense, servait probablement pour amener au haut du donjon des engins qu'il eût été difficile d'engager dans la vis étroite du dernier étage. Quoi qu'il en soit, à moins qu'un autre escalier, dont l'existence n'est nullement probable, ait échappé jusqu'ici à toutes nos investigations, le service de la plate-forme ne pouvait se faire qu'en passant par la chambre du commandant. C'est du reste une mesure de

---

1. Cette salle était naguère encore défigurée et coupée en deux, dans le sens de sa hauteur, par un faux plancher en charpente solidement appuyé sur un arrachement circulaire pratiqué dans les parois. Une porte, ouverte dans l'escalier, y donnait accès, et des latrines existaient aussi à cet étage. Ce faux plancher, que nous avons fait disparaître en 1864, avait une date relativement récente. Il existait, d'après des titres, en 1710, lors de l'aménagement de la tour comme prison sous les ducs d'Orléans, et avait été créé sans doute pour augmenter la surface habitable du donjon, peut-être à l'époque des derniers siéges.

prudence tout-à-fait conforme aux usages du temps et aux précautions défiantes qu'on prenait contre la garnison au moins autant que contre l'ennemi.

L'étroit escalier voûté qui s'élève en tournant jusqu'à l'étage supérieur amenait au couronnement. Ce couronnement, qui n'existe plus, puisque le donjon finit maintenant au-dessus de la voûte du second étage, était fort compliqué, et c'est après avoir étudié les règles presque invariables de l'époque et avoir reçu personnellement du maître en cette science, M. Viollet-Leduc, les indications les plus précises, que nous nous hasardons à donner au lecteur un aperçu de ce que devait être le faîte du donjon de Dourdan (fig. 5 et 5 *bis*). La première zone était celle des *machicoulis* : des poutres posées en travers sur des corbeaux ou pierres saillantes fixées en encorbellement tout autour du sommet, soutenaient la charpente antérieure d'un chemin couvert ou couloir circulaire qui régnait autour du donjon sur une partie de l'épaisseur de la muraille (S). Ce chemin couvert était protégé par un toit incliné à 45°, et fermé en avant par une cloison percée d'ouvertures pour lancer des projectiles. Entre cette cloison et la paroi de la tour, dans le vide donné par la saillie des corbeaux, une sorte de fente permettait de laisser tomber des pierres sur les assaillants (T). La muraille contre laquelle s'adossait ce chemin couvert portait elle-même, sur son épaisseur (U), des *créneaux* derrière lesquels circulait un étroit chemin de ronde qui formait une dernière couronne de défense. Au-dessus se dressait, à 60 degrés, un haut comble pointu surmonté par une girouette (V). Sur la voûte qui termine aujourd'hui le donjon, s'élevait donc une salle haute, plus un grenier.

Ce système stratégique, combiné pour les engins en usage au moyen âge et principalement pour les armes à trait, devait devenir insignifiant et même gênant après la découverte de l'artillerie. Aussi fut-il supprimé sur les anciens donjons. C'est ainsi que celui de Dourdan perdit, au moins en partie, au commencement du xve siècle, ses ouvrages supérieurs, qui furent remplacés par des clayonnages et des gabions derrière lesquels furent installés les canons et les couleuvrines. Les grands sièges qui eurent lieu à cette époque achevèrent de défigurer ce couronnement.

Aujourd'hui, il ne reste plus rien sur la plate-forme du donjon privé de ses machicoulis, qu'une épaisse couche de terre et de détritus devenue le sol artificiel d'un véritable jardin. Des lilas et des églantiers couronnent d'un panache de verdure la cime légèrement écorchée de la vieille tour. Cette végétation parasite ajoute beaucoup à l'effet pittoresque du monument, mais, hélas ! compromet sérieusement son existence. L'eau, en s'infiltrant dans les terres, disjoint les pierres, décompose les mortiers et pourrit les voûtes. Déjà plusieurs claveaux s'effritent et exigent un prompt remplacement. Sur le point de faire exécuter des réparations déclarées urgentes par les hommes de l'art, nous avouons que c'est avec regret que nous nous déciderons à supprimer ce couronnement naturel donné par les siècles, et que nous le remplacerons par un enduit imperméable aux pluies et par un ouvrage destiné à protéger l'escalier. Mais, avant tout, il faut assurer la conservation de l'édifice et prévenir à temps sa décrépitude.

Tel était, dans ses parties essentielles, le château de Philippe-Auguste. Nous l'avons suivi ailleurs dans toutes les phases de son histoire, et nos lecteurs l'ont vu tour à tour servant de résidence à saint Louis, de douaire aux reines Blanche de Castille et Marguerite de Provence, de rendez-vous de chasse à Philippe le Bel, d'apanage aux comtes d'Évreux, de prison à Jeanne de Bourgogne — disputé par les factions des Bourguignons et des Armagnacs — pris par les Anglais — ébranlé par de terribles assauts — séquestré pendant trente ans — successivement engagé et retiré par la couronne à des serviteurs du trône, à une belle dame, à de grands capitaines — occupé par les Guise — pris pour un des quartiers généraux de la Ligue — démantelé et meurtri par le canon de Henri IV.

Ici, nous nous arrêterons et, complétant notre récit, nous ramènerons le lecteur dans le château de Dourdan, au lendemain de ce siège terrible de 1591. A cette époque, les traces violemment effacées du passé sont encore lisibles, et l'on peut en ressaisir les contours, comme après un incendie on retrouve des silhouettes sous la cendre, avant que la main de l'homme ait balayé les débris. Un document, entièrement inédit, permet de le faire avec un certain intérêt.

Nos lecteurs se rappellent sans doute que de Harlay de Sancy, s'étant rendu acquéreur de Dourdan, fit faire, en 1597, un procès-verbal de visitation ou état de lieux du château. Suivant ce procès-verbal, le lieutenant général du bailliage, Pierre Boudon, accompagné du procureur du roi et de celui de monsieur de Sancy, avec quatre experts maîtres maçons et charpentiers, se présente le 13 mars devant le château. Il trouve d'abord, au devant du pont dormant, la *barrière* du chastel « faicte de limandes » fermant à clef, avec le *moullinet* à trois pieds de hauteur ; puis le *pont dormant* formé de solives couchées, ayant des parapets de bois de sept pieds de haut ; enfin le *pont-levis* avec sa planchette garnie de serrures, donnant accès à l'entrée flanquée de deux tours. Contre ces deux tours sont accolées deux petites tourelles de maçonnerie « là où se met-« toient les gens de guerre du temps que le pont s'abattoit, pour les def-« fences dudict pont ; » et entre le pont-levis et la porte est suspendue la *herse* qu'on n'abaisse qu'en « poinct de deffence. » Derrière la porte « bien tournante et fermante » se montre le concierge Jacques Louis. A droite et à gauche, servant de corps de garde, sont les deux salles basses des tours voûtées et fermées. Au premier étage, entre ces deux tours, existent deux chambres surmontées d'un toit à haute charpente dont les bois ont résisté, mais dont la couverture a été percée par les boulets.

A main droite, en pénétrant dans la cour, le grand bâtiment de la

« Grange » s'étend en façade sur la place. Converti en bastion par le capitaine Jacques, il a beaucoup souffert, et, comblé, à la hauteur de douze pieds, de terre et d'immondices, il est criblé par le canon et mis hors d'usage.

De la tour d'angle, jusqu'à la grosse tour, dominant la rue de Chartres, se dresse, avec ses deux étages et ses combles, le principal corps de logis « long de dix espasses. » Le rez-de-chaussée est occupé par les écuries du duc de Guise plus ou moins endommagées et dépouillées de leurs accessoires, par le puits entouré de ses garde-fous, par un escalier à vis desservant les étages supérieurs et par une cuisine basse, du côté de la grosse tour, dans laquelle ouvre un autre escalier.

Revenant à la porte d'entrée et tournant à gauche, on trouve la plate-forme ou terrasse qui regarde le portail de l'église. Au bout de cette terrasse, s'appuie à la tour d'angle devant Saint-Germain, et court jusqu'à l'autre tour d'angle au couchant « un grand corps d'hostel « contenant neuf espasses, » dont les planchers sont ruinés de fond en comble et dont les chevrons pendants, les cheminées rompues attestent une attaque à outrance. Un appenti de 14 pieds de long, à toit de tuiles, couvre l'entrée des caves ; un *poulaslier* est au-dessus de l'une des entrées des *foulleries* et contre un des murs s'adosse le *fourny* qui a trois toises de longueur.

La tour d'angle du couchant, fendue par la mine, est béante d'un côté (1). Contre elle s'adosse, à angle droit, le dernier « grand corps d'hos- « tel, contenant sept espasses » qui se prolonge presque jusqu'à la grosse tour et ferme ainsi le circuit formé par les constructions disposées en carré sur les quatre côtés de la cour. Ce corps d'hôtel, comme l'autre, a sa toiture arrachée, son plancher inférieur couvert de terre, ses planchers supérieurs presque tous rompus. A son extrémité, près de la grosse tour, se dresse debout un grand pan de muraille de dix-huit pieds de haut et de vingt pieds de large : c'est là que « soulloit estre ung des bouts de la « chappelle Monsieur Saint Jehan, qui est à présent ruisnée et plaine de « terre et immondices. »

Les sept tours qui, avec les deux tours d'entrée, forment la défense de l'enceinte, ont leurs planchers brisés et leurs salles à demi comblées de terre. Les « garde-fous planchéiés pour aller de tour en tour » sont encore accrochés sur les murailles.

La grosse tour, solitaire au milieu de ses fossés, se relie à la cour par sa casemate, cette fameuse casemate qui a perdu le capitaine Jacques. Dans la cour, cette casemate est fermée par « ung huis faict de barres « de fer » cadenassé et verrouillé. Derrière est une descente de vingt-

---

1. Cette tour, privée de sa toiture, est telle que l'a laissée le canon de Henri IV, et dépasse la courtine. On peut voir encore, au-dessous d'une ouverture qui regarde l'extérieur, la trace de poutres et de corbeaux qui soutenaient un ouvrage de défense.

quatre marches. Un long corridor chemine sous le fossé et aboutit à un autre « huis de fer » qui donne accès à l'aide d'une échelle dans le premier étage du donjon. Là sont « les escalliers et vis pour monter au hault « d'icelle tour, ung puits et ung four. » Sur le faite, « les murailles de « pierres de taille sont escorchées de quinze thoises ou environ à cause « du canon, » et il est resté « des courtines d'oziers plaines de terraces « qui journellement, par la pourriture d'icelles, tombent tant en fossez « que au dedans d'icelle tour. »

Sur le mur de clôture est plantée « une garitte faicte de charpenterie « et couverte en thuille où se met ordinairement une sentinelle regar- « dant à la porte de Chartres. » Les parapets, ou bordages des fossés sont en plusieurs endroits rasés jusqu'au sol de la rue et des pierres de taille « picquez » gisent dans le fossé au-dessous de la grosse tour (1).

Il est difficile de trouver, dans le style d'un acte et dans l'expertise d'un maçon, une description plus complète et plus saisissante. Nous l'avons dégagée de quelques surcharges fastidieuses et inutiles, mais nous l'avons citée textuellement, en lui conservant toute son exactitude et sa couleur.

Si l'entreprenant de Harlay de Sancy avait été longtemps maître de Dourdan, il aurait restauré et renouvelé le château. Il en refit le principal corps de logis. Trouvant inhabitable celui qui donnait sur la rue de Chartres, il fit construire un bâtiment entièrement neuf sur l'emplacement du « corps d'hostel » presque ruiné qui s'étendait en face, de l'autre côté de la cour, et s'ouvrait sur la vallée. Appuyée d'un côté à la terrasse qui regarde l'église et de l'autre à la tour d'angle du couchant, l'aile nouvelle enclavait et avait pour centre la tour qui s'élève au milieu de ce côté de l'enceinte. Surmontée d'un haut toit d'ardoise pointu et circulaire, à girouette élancée, cette tour se relia par des noues aux combles de tuile à pentes rapides des deux corps contigus. Deux ou trois grandes salles au rez-de-chaussée, une série de chambres au premier étage regardaient, les unes l'intérieur de la cour, les autres le point de vue de la campagne. Des fenêtres principales, exposées en plein midi, l'œil embrassait, dans un charmant panorama, tout le cours de la vallée et la ligne harmonieuse des collines qui la bordent : à gauche, au seuil du haut plateau de Beauce, la tour carrée de l'église des Granges, la butte de Normont couronnée d'arbres et environnée d'une ceinture de vignes — en face, les champs de blé au milieu desquels serpentent les chemins d'Authon, de Corbreuse et d'Auneau ; plus loin les cimes de la forêt de Louye et, dans un repli des bois, le vieux monastère — à droite, Potelet et Grillon dans les prés, et au fond, derrière le rideau de peupliers qui laisse deviner le cours de l'Orge, la vallée de Sainte-Mesme et de lointains coteaux baignés le soir dans la lumière du soleil couchant.

1. Archives de l'Empire. Q. 1514.

Du bord de la rivière qui baignait ses murailles, la ville montait en amphithéâtre jusqu'aux fossés du château, et, de sa tourelle, le châtelain élevé au-dessus des toitures des rues basses, avait pour premier plan un pêle-mêle étrange de combles aigus et de pignons inégaux déchirant bizarrement l'horizon.

Sully, qui, après de Sancy, posséda Dourdan, rendit, comme on sait, le donjon inutile au point de vue de la défense en le rattachant par une terrasse au sol de la cour : travail qui employa à la fois la terre des retranchements du capitaine Jacques et les bras d'une population mourant de faim.

Le hasard amena Louis XIII à Dourdan : l'agrément du lieu l'y retint, et pendant plusieurs années le château retrouva, par intervalle, une animation et une faveur qu'il ne connaissait plus. Piqueurs, meutes, pages et mousquetaires revenaient, chaque fois, avec le jeune monarque, qui se plaisait aux chasses, aux curées le soir dans la cour, aux parades, aux parties de paume. Le bâtiment de M. de Sancy offrit une hospitalité modeste à une cour tant soit peu enfantine et aux commensaux du roi qu'égayait le brave gouverneur du château de Dourdan, M. de Bautru, ou que distrayaient les audiences improvisées par Louis le Juste en faveur de quelques pauvres diables. Marie de Médicis, dame de Dourdan, y attirait volontiers son fils et faisait à ses frais réparer et recouvrir les deux tours qui flanquent l'entrée, et construire, sur la place, pour les mousquetaires, un petit corps de garde adossé au fossé, à gauche du pont.

Le XVIIe siècle n'était encore qu'à moitié, et les séjours de Louis XIII, et le souvenir des relevailles d'Anne d'Autriche, et tout ce passager éclat étaient déjà bien loin. Les troubles de la Fronde, la guerre de 1652, avaient fait de nouveau armer les forteresses, et le château de Dourdan, comme un de ces invalides qui redeviennent soldats à l'heure du péril, menacé un instant par les combattants d'Étampes, recevait de Corbeil de la poudre et des munitions qu'on enfermait dans ses tours. Le bruit de la guerre s'éloigna. Le silence se fit pour le château de Dourdan, silence de tristesse et d'oubli. Dédaigné du grand roi, dépouillé par ses propres gouverneurs, il cessa d'être entretenu, et ses bâtiments demeurèrent à l'abandon. On n'y voyait pas d'autres êtres vivants que le concierge et les deux vieilles demoiselles filles du sieur Récard de Saint-Martin, ancien gruyer ou garde-marteau de la forêt, auxquelles on avait accordé un petit logement où elles se trouvaient près de l'église qu'elles ne quittaient guère. Du reste, c'est encore à un « état de lieux », découvert par nous dans de vieux papiers, que nous empruntons le tableau exact de cette décadence.

Le prince de Rohan-Guéménée ayant été pourvu du gouvernement du château et déléguant la lieutenance à Jean de Lescornay, sieur de Fortin, celui-ci vint prendre possession, le lundi 10 novembre 1664, et voici l'acte qu'il fit dresser :

« ...Voullant entrer au chasteau, le sieur de Fortin a trouvé le corps de garde, lequel est entièrement ruyné par le deffault de la couverture qui a causé la pourriture tant de la charpente et sollives que des murs et tout le reste, et de là pour entrer dans ledit chasteau, les barrières du pont rompues, le pont dormant tout pourry en ruyne et prest à tomber et sans pont-levis, estant le plancher d'icelluy tombé dans le fossé, ny ayant que deux aiz avec deux autres pièces et la planchette, sans que charrettes ni chevaux y puissent passer. Les flèches rompues et pourries qui sont estayées et soustenues de quelques pièces de bois; la herse ancienement ruynée.

« Et estant entré dans le chasteau, la porte s'est trouvée assez forte, mais en plusieurs endroits de pièces pourries à cause de sa vieillesse, où est apparu Pierre Perche, portier dudit lieu, auquel le sieur de Fortin a demandé où sont les armes et les meubles du Roy et luy faire démonstration et ouverture des lieux ; lequel Perche lui a faict responce qu'il n'a cognoissance d'aucuns meubles ny armes et qu'on peult s'addresser aux enffans du feu sieur de Saint-Martin logez ès aistrises du dit chasteau, où se seroit à l'instant ledit sieur de Fortin transporté et y ayant trouvé ces damoiselles leur aurait demandé lesdits meubles et armes et autres choses, lesquelles damoiselles ont dit qu'il n'y avoit aucuns meubles ny armes et que ceux qui y avoient esté ont esté enlevez par ordre de feu monsieur le comte de Nogent lors gouverneur du chasteau, dont elles ont bonne descharge par escript, sinon un grand viel coffre magazin sans fonds ruyné et rompu et trois planches de bois servant de tables de cuysine sans tretteaux de nulle valleur; comme de faict en touttes les chambres, magazins et autres lieux ne s'est rien trouvé, ains seullement les ratelliers desnuez de leurs armes et dans le fond d'une tour dont on n'a pu trouver la clef, quelque petit reste de poudre et plomb dans un poinson, de celle qui avoit esté amenée de Corbeil pendant le siége d'Estampes en 1652, et quant aux chambres, greniers et aistrises du château, se sont tous trouvez inhabitables, par le deffault des couvertures toutes ruynées, planchers pourris, lucarnes tombées, croisées pourries sans fermetures ne vittres et les planchers descarlés et ruynés, ce que ne menace pas moins que de tomber en une entière ruyne s'il n'y est promptement pourveu. »

Il y fut pourvu, avec économie, lorsque, huit ans après, le château de Dourdan, donné en apanage au duc d'Orléans, fut préalablement « mis en état. » Mais comme le seigneur n'y résidait pas, on se contenta des grosses réparations indispensables, et les appartements demeurèrent inutiles et fermés. Veut-on savoir quels étaient alors les hôtes de ces vieilles murailles solitaires? — Des tableaux de maîtres italiens, de lumineuses toiles vénitiennes ou florentines enfermées sous clef dans l'obscurité, avec les valeurs mises en dépôt par messire Alexandre de Passart, un des bienfaiteurs de l'hospice de Dourdan, dont nos lecteurs feront la connaissance dans le chapitre suivant. — Par son testament, daté du 30 août 1696, il nous apprend en effet qu'outre sa maison de la rue *des Marets*, faubourg Saint-Germain, à Paris, sa maison de la Villeneuve et son château de Saint-Escobille, près Dourdan, où sont contenus ses meubles et objets d'art, on devra mettre les scellés « *aux chambres du « château de Dourdan où sont ses coffres-forts, meubles et tableaux.* » Ces tableaux qu'il paraît affectionner d'une façon toute spéciale, et qui sont « la plus considérable partie de son bien, » il les lègue pour les convertir en argent aux Pères de l'oratoire de Saint-Magloire, faubourg Saint-Jacques, à Paris. « Ils sont de grand prix, dit-il, et des plus grands « peintres tant anciens que modernes : de Raphaël Urbin, du Poussin, « de Paul Veronèse, du Guide, des Carrache, du Parmezan, de l'Alban, « et généralement des plus grands maîtres; la plupart desquels ont de « riches bordures dorées. »

Mû par un pieux scrupule de chrétien et d'artiste, il ajoute plus bas : « Si parmy mes tableaux on juge qu'il y ait quelques nudités « criminelles, je prie Monsieur mon Exécuteur d'y faire remédier au « plustôt en faisant voiller ou drapper les choses déshonnestes, mais « comme la plus part sont tableaux de prix, je le prie de choisir un « peintre habile à cet effet, affin que leur valeur en souffre moins de di- « minution, et ne pas se servir de peintres communs qui les gasteroient « immanquablement » (1).

Le 22 octobre 1710, par ordre de l'administration des domaines du duc d'Orléans, adjudication au rabais fut faite des réparations à exécuter au château de Dourdan. Entre autres choses il s'agissait :

De faire descendre la charpente de la grange (bâtiment de droite en entrant, donnant sur la place), sauf un espace qui restera pour faire la croupe tenant au corps de logis (sur la rue de Chartres) qu'il faudra faire à neuf.

Faire descendre à la chapelle (une nouvelle chapelle qui avait été sans doute, sous Louis XIII, construite sur la terrasse), la couverture de cinq espaces de bâtiments et la charpente et se servir des matériaux qui seront plus que suffisants pour la réparation des autres bâtiments.

Réparer le pavillon au-dessus de la porte du château.

Boucher les vides entre la chapelle et le corps de logis (de Sancy) et réparer tout celui-ci, ainsi que son pavillon d'ardoise.

A la grosse tour, faire un escalier des grès provenant des démolitions pour descendre au cachot de la casemate, et boucher l'entrée de devant de cette casemate avec pierre, chaux et sable.

Mettre une grille à la fenêtre et une porte neuve; raccommoder la che-

1. Archives de l'Hospice. B. 32. 5.

minée et à la chambre du premier étage (le faux plancher qui, on le voit, existait déjà).

A la chambre du deuxième étage (chambre du commandant), sceller deux portes de chêne, des barreaux à la croisée, deux barreaux de fer dans le conduit de la cheminée et boucher la porte qui monte au haut de la tour.

A la chambre basse (rez-de-chaussée), faire à neuf le lambris et une porte en iceluy en forme de guichet, garnie de ses ferrures, serrures et verrouils.

Garnir la porte qui donne sur le pont (en face de la porte de Chartres), de deux longs verrouils et une serrure forte ouvrant en dehors et en dedans; plus, faire une porte à guichet pour fermer toute l'embrasure.

Rétablir le pont ou passerelle; refaire un massif de maçonnerie sur l'ancienne fondation (de quatre pieds d'épaisseur sur sept pieds de large au bas); poser dessus quatre poutres prises dans la chapelle, portant sur l'appui du fossé et sur les corbeaux de la porte-fenêtre de la grosse tour, avec plancher et garde-fous (1).

Pourquoi tout ce déploiement de force, ce luxe de portes, de guichets, de barreaux et de verrous, et cet aménagement qui sent le cachot? C'est qu'en effet le donjon de Dourdan allait être converti en prison, comme on voit de braves vétérans devenir porte-clefs sur leurs vieux jours. — Nous consacrons plus loin un chapitre spécial aux prisons de Dourdan, et, comme nous ne voulons pas nous répéter, nous ne dirons rien ici des hôtes misérables ou terribles qui vinrent gémir ou comploter sous les voûtes de la grosse tour.

Nous ne reviendrons pas davantage sur les *gouverneurs*, *capitaines*, *concierges* du château de Dourdan, importants et riches personnages, pourvus d'un titre purement honorifique, et dont nous avons, au sujet des juridictions, suffisamment entretenu nos lecteurs. Nous ajouterons seulement que, bien qu'il n'y eût plus trace de chapelle, le titre et le bénéfice du chapelain ne s'en était pas moins conservé jusqu'à la fin du xviiie siècle. Le collateur était le duc d'Orléans, et le revenu était de 20 livres. M. Nicolas-Charles Carrey, clerc tonsuré du diocèse de Chartres, s'intitulait « chapelain de la chapelle Saint-Jean du château royal de Dourdan, » en l'année 1775.

Il paraît que le château continua à être régulièrement entretenu, pendant le cours du xviiie siècle, car le duc d'Orléans se plaint qu'il lui a coûté 6,000 livres de réparations en six ans, de 1741 à 1747.

En 1743, permission fut donnée au comte de Verteillac, gouverneur, de « faire démolir différents bâtiments dépendants du château de Dourdan, « sur la longueur de 35 toises quatre pieds, et d'en employer les maté- « riaux à la construction d'un bâtiment pour l'emplacement et le dépôt

---

1. Archives de l'Empire. O. 20436.

« des sels destinés pour l'aprovisionnement de Dourdan, à la condition de
« jouir des loyers dudit grenier et de pouvoir être remboursé de 3,000
« livres pour les sommes avancées par lui (1). » Nous avons vu en effet
qu'à cette époque un grenier à sel fut créé à Dourdan et installé au château, à droite, sur la place, dans l'aile de la grange, dont la vieille et
épaisse muraille extérieure subsiste seule, percée d'une unique fenêtre.

Vers la même époque (mai 1742), le pont-levis, dont l'entretien était
trop coûteux, fut remplacé par un pont de pierre à une seule arche en
plein cintre, sur les fossés, garni de parapets et terminé par deux enfoncements ou quarts de rond, servant de retraite aux piétons lors du passage des voitures, sur l'emplacement des deux guérites autrefois accolées
aux tours de l'entrée pour la défense du pont-levis. Ce pont de pierre
fut en grande partie édifié avec les matériaux de la tour d'angle, en
face du portail de l'église, qui fut alors baissée de plus de dix pieds.

Le château perdait sa solitude et s'ouvrait à la foule comme le lieu des
services publics. L'auditoire royal, commun à toutes les juridictions,
s'installait alors, on le sait, dans les salles du rez-de-chaussée du bâtiment de Sancy, et les audiences, les ventes, les séances de toutes sortes
attiraient chaque jour les juges, les plaideurs, les administrés ou les curieux (2). Les dernières grandes assemblées qui se tinrent là au nom du
roi, furent les réunions des trois ordres du bailliage séparément enfermés
pour élaborer leurs élections et leurs cahiers, à la veille des États-Généraux de 1789 (3).

Un peu plus tard, le château, devenu propriété nationale, était converti

1. Archives de l'Empire. O. 20250.— C'est alors que disparut le corps de logis donnant sur la rue de Chartres, dont le puits seul fut conservé.
2. Voici quelle était, en l'année 1787, la disposition du bâtiment de Sancy, d'après
un état des réparations à faire par P. Daubroche, maître maçon à Dourdan, sur l'ordre
de M. Aubereau, inspecteur général des domaines de S. A. R. :
Au rez-de-chaussée, une antichambre, la grande salle de l'auditoire, la chambre du
conseil, la petite chambre des archives, une chambre de domestique, deux « étrises » noires et une cave. Au bout, à droite, les écuries et remises, avec les cuisines
au-dessus, le tout formant appentis sur une basse-cour.
Un grand escalier, où s'ouvrait, à l'entresol, la porte des cuisines, conduisait à un
grand palier qui donnait accès dans un vestibule, ou directement dans une salle à
manger. A la suite de cette salle à manger et ayant, comme elle, vue au midi, sur la
campagne, se succédaient le salon circulaire de la tour centrale, qui avait usurpé le
nom de *donjon*, puis une grande chambre à coucher, et au bout une salle des gardes
ouvrant sur la terrasse par une porte vitrée.
Sorti sur la terrasse, on rentrait dans une suite de cabinets et de chambres éclairés
sur la cour, qui desservaient les pièces principales et se reliaient par le vestibule au
palier. L'escalier se continuait et conduisait à un second étage égal au premier en
superficie, et de grands greniers recouvraient le tout.
Le dessus du portail de l'entrée, avec ses deux tours, fournissait encore cinq chambres au premier étage. — *Archives de l'Empire*. O. 20436.
3. Voir le chapitre : *Dourdan en 1789*.

en prison centrale, et nous dirons ailleurs comment ses bâtiments remplis de détenus, ses cours divisées et couvertes d'ateliers, furent aménagés pour la triste destination à laquelle la vieille forteresse se prêtait trop bien par les sûretés de son enceinte, dont la force, devenue inutile pour une résistance extérieure, fut tournée tout entière contre ceux qui étaient dedans.

En 1818, la maison centrale de Dourdan fut transportée à Poissy, et le château, dont la tour continua plusieurs années à servir de prison communale, fut mis à la disposition de la famille d'Orléans, à laquelle la forêt de Dourdan avait été de nouveau affectée comme partie d'apanage. La liste civile y installa l'inspecteur des forêts. Messieurs Houssaye, de Violaine, de Lagrave, s'y succédèrent en cette qualité. C'est M. Houssaye qui obtint de faire démolir le bâtiment de M. de Sancy. Il était dans un déplorable état depuis que les prisonniers y avaient passé, et messieurs les inspecteurs n'étaient pas fâchés de supprimer la possibilité d'un retour. A la place, des arbres furent plantés, et les deux tours, celle d'angle et celle du milieu, furent rasées, comme le mur, à la hauteur de la terrasse, et comblées de terre. Le château était devenu un pêle-mêle assez confus. L'administration forestière occupait, en même temps qu'une partie du bâtiment du grenier à sel, les deux tours de l'entrée et le dessus du portail, dont les combles et les charpentes renouvelés avaient été baissés de plusieurs pieds. La grande porte avait reçu une ornementation de circonstance et était décorée des têtes grimaçantes de loups tués dans la forêt. La cour, divisée en deux par un mur, servait d'un côté de jardin à l'inspecteur, de l'autre de récréation à l'école communale. On avait, en effet, affecté aux classes de cette école une portion du bâtiment du grenier à sel, et pour donner aux enfants une entrée spéciale, on avait fait une ouverture dans la tour du milieu, du côté de la rue de Chartres, et construit un pont de pierre donnant accès sur cette rue. Le maître d'école avait une petite maison, non loin de la grosse tour, en face de l'entrée de la casemate convertie en lieux d'aisance, et derrière un autre mur était le préau de la prison. Les fossés, loués à des particuliers des rues voisines qui avaient ouvert une entrée souterraine, ou transformés en terriers, servaient à la culture des légumes ou aux pacifiques ébats des lapins, et de la tour d'angle, disposée en un vaste colombier, en face de l'hôtel du Croissant, s'échappaient des volées de pigeons qui se répandaient sur tous les toits des environs.

L'inspection des forêts ayant été transférée de Dourdan à Rambouillet, le château, devenu inutile à la liste civile, fut par elle mis en vente et adjugé le 24 mars 1852. La bande noire, quelques spéculateurs avaient déjà calculé les profits possibles d'une démolition qui, vu la nature et la résistance de la construction, les eût à coup sûr ruinés. Un bon citoyen de Dourdan, homme modeste et dévoué, ne recula pas devant la tâche difficile et coûteuse qui s'imposait à l'acquéreur d'une propriété si étrangement défigurée et si incommode pour la vie privée. Il l'acheta, sachant à peine d'abord ce qu'il pourrait en faire, mais voulant à tout prix la sauver de la ruine et la conserver au pays dont elle est le principal honneur. M. Amédée Guenée employa, pendant onze années, avec une patiente intelligence, son temps et sa fortune à faire déblayer, consolider, réparer tout ce qui subsistait d'intéressant du vieux monument et de son enceinte. Il supprima ces divisions factices et ces appentis parasites réclamés par des services transférés ailleurs. Il débarrassa et nivela complétement l'aire de la cour, et, faisant rapporter de la terre végétale, y dessina une grande pelouse et des massifs. Les mouvements de terrain attestant et recouvrant d'anciennes substructions furent scrupuleusement conservés. Des fleurs vinrent égayer l'austère paysage. Les festons des lierres, la verdure des arbres, les cimes des grands platanes et des vieux noyers des fossés encadrèrent, sans les dissimuler, la ligne des sombres murailles et le profil des tours. La promenade pittoresque et curieuse sur l'épaisseur des murs d'enceinte fut rendue sans danger. La casemate, entièrement débarrassée, put être explorée. Le pont de l'entrée sur la place, nivelé et baissé, fut consolidé. Les fossés, appropriés, reçurent une culture régulière, leurs parois furent reprises avec soin, et leurs assises solidement jointoyées; un grand escalier permit d'y descendre du côté du midi. La partie habitable, intérieurement remaniée, constitua une demeure modeste mais convenable, où tous ceux qui l'ont connue espéraient voir vivre de longues années l'aimable et généreux propriétaire. Il voulait achever son œuvre et en étudiait la partie la plus difficile, la consolidation du donjon. La mort le surprit, jeune encore, le 30 janvier 1863.

Les archéologues, pour lesquels le service rendu par M. Guenée a un prix réel, nos lecteurs en général, les habitants de Dourdan en particulier, nous permettront, malgré le lien qui nous unit à lui, de donner un public et dernier hommage à un homme de bien qui aimait tant sa ville natale et lui en a laissé tant de preuves(1). Parmi les souvenirs locaux et les souvenirs de famille, il en est un qu'on doit pardonner aux cités comme aux individus de publier sans scrupule, c'est celui de la reconnaissance.

M. Amédée Guenée, par son testament, laissa en mourant le château à son cousin et ami M. Ludovic Guyot, enfant d'Étampes et de Dourdan. Notre excellent père, après une vie consacrée aux grandes études et aux affaires publiques, ne put jouir, hélas! que quelques mois de cette paisible retraite. Sa veuve demeure, avec ses enfants, héritière et gardienne de ces lieux qu'elle vénère et qu'elle aime.

Que les fervents admirateurs des vieux monuments de notre histoire,

---

1. M. Amédée Guenée a laissé, par son testament, près de cent mille francs pour des œuvres charitables ou utiles dans la commune de Dourdan : restauration de l'église, secours aux malades, livrets d'encouragement aux écoles, entretien des chemins communaux et ruraux, création de lavoir, etc.

que les savants amis du passé, que nos chers concitoyens veuillent bien en recevoir ici l'assurance: tant que nous vivrons, s'il plaît à Dieu, ce sera notre joie et notre honneur de conserver et d'entretenir dans toute son intégrité l'antique demeure sur laquelle près de sept siècles déjà ont passé et sur laquelle des siècles peuvent passer encore.

CHAPITRE XIX

L'HOTEL-DIEU

Le bien, en ce monde, est ce qui fait le moins de bruit. La charité n'a pas d'histoire. L'Hôtel-Dieu de Dourdan, dont l'étranger admire la grande et belle tenue, dont le Dourdanais sait et apprécie les touchants services, remonte à une époque lointaine, et personne n'a songé, dans les siècles passés, à enregistrer ses annales. On sait, parce qu'il en subsiste de vivants témoignages, qu'il y a environ deux siècles, des mains princières jetèrent les fondements de sa prospérité actuelle. Pour beaucoup, c'est là l'origine de l'hospice de Dourdan; on ignore que peut-être quatre cents ans auparavant il vivait déjà. Fouillant dans les vieux parchemins à demi effacés que le temps a épargnés et que des mains sages et bienfaisantes conservent soigneusement comme les titres de la famille qu'elles administrent, nous avons cherché, avec un intérêt tout particulier, à retrouver quelques jalons bien épars et bien rares de cette longue carrière inconnue. Arrivé à l'époque où les faits se précisent, nous n'avons pas dédaigné de modestes détails, car nous avons pensé que nul ne saurait être indifférent aux destinées des deux classes les plus intéressantes d'ici-bas : ceux qui souffrent et ceux qui se dévouent.

Une tradition, transcrite au commencement du siècle dernier, faisait remonter à quatre siècles en arrière l'origine de l'Hôtel-Dieu de Dourdan (1). C'était lui assigner pour date l'an 1300 environ, c'est-à-dire une

1. Mention portée sur un registre de l'hospice de 1705 environ, et signalée dans

des dernières années pendant lesquelles la royauté posséda directement et fréquenta Dourdan ville de son domaine ; Philippe le Bel, dès 1307, l'ayant engagé comme apanage. Le souvenir, au moins oral, d'un établissement dû à un fils de saint Louis, s'était sans doute conservé du temps de Louis XIII, car des lettres patentes de ce monarque, du 8 mars 1618, déclarent que l'Hôtel-Dieu de Dourdan *est de fondation royale*. Ce qu'il y a de certain, c'est que, dès 1340, dans le rôle des cens dus à l'abbaye de Longchamp, nous trouvons cette mention : « l'*Oustel-Dieu*, « pour sayre (sa aire) de la Saucoye et pour sa noue, 14 deniers ; « item, pour sa vigne des Baleiz, 5 d. obole » (1). En 1415, nous rencontrons, dans un titre de propriété, une autre preuve que l'Hôtel-Dieu de Dourdan avait déjà des immeubles et possédait sept arpents de terre à *Luffehard* (Liphard) (2).

En 1446, la vie civile et municipale de cet Hôtel-Dieu nous est révélée en même temps que le mode de son administration. D'après un acte public du 2 novembre, Jehan Gouffier et Jehan Jonnart « sont commis par jus-« tice, du consentement des bourgoys de Dourdan, à la *curacion, proui-*« *sion* et *gouuernement* de l'Hostel-Dieu dudict lieu, duquel Hostel-Dieu « la disposition, prouision, administration et gouuernement *appartient à* « *pouruoir aux bourgoys, manans et habitans dudict Dourdan* (3). » C'est la ville elle-même qui a la tutelle de son Hôtel-Dieu, et ce sont les citoyens assemblés, dont nous avons donné ailleurs les noms, qui avisent à son administration. Ils ont choisi deux des leurs pour cette charge que la piété de nos pères tenait en honneur et que la misère des temps, une longue anarchie, les guerres bourguignonnes et anglaises à peine finies rendaient à Dourdan délicate et difficile. Le patrimoine des pauvres n'avait point été complétement perdu durant les mauvais jours qui venaient de s'écouler, et il s'accrut sans doute des dons des fidèles disposés à la bienfaisance par l'épreuve, car il est question, en 1461, d'un contrat au sujet d'une maison sise à Dourdan avec Jehan de la Barre, seigneur « de « Groslu » (4) ; en 1471, de terres de l'Hôtel-Dieu sises à Roinville et d'un pré au pont d'Allainville ; en 1473, de terres « au champtier des « Minières et à l'*orme aux saignées* » (5).

Ce n'est pas toujours à des commissaires laïques que la direction de l'Hôtel-Dieu est confiée par les habitants, c'est souvent aussi à un prêtre

une note de M. Dauvigny, ancien maire de Dourdan. — *Archives de l'Empire*, O. 20250.

1. Archives du Loiret. — *Fonds du comté de Dourdan*.
2. Titres particuliers de la terre de Rouillon. — *Inventaire des archives du marquisat de Bandeville*.
3. Archives de l'hospice. B. 1. 1. — Nous sommes heureux de pouvoir renvoyer aux pièces, grâce à un classement méthodique qui est dû au président actuel de la commission administrative.
4. Archives de l'hospice. B. 1. 2.
5. Titres de Rouillon.

qui prend alors le titre de « maistre et administrateur dudict Hostel. » C'est en cette qualité que nous apparaît « vénérable et discrète personne « Jehan le Huvé, prestre » dans un double contrat, l'un du 1er février 1492, l'autre du 6 janvier 1495 (1), par lequel « pour le bien, proffit et « augmentacion d'icelle *Maison-Dieu,* » il baille, moyennant six livres tournois de rente annuelle et viagère, pendant 59 ans, « à Jacques de la « Barre, seigneur de Grosleu et de Vaubesnart, à sa femme et à ses hoirs, « une maison couverte de thuilles, court, jardin et appartenances, sise « rue Neufve (2), » et 11 arpents de terre en une pièce sis entre Luffehart et Vaubesnart; le tout du consentement de ce qui composait alors « la « grigneure partie de tous les aultres bourgeois, manans et habitans de « Dourdan » (3).

En 1499, c'est Jehan Aubry, seigneur du Gravier, qui porte le titre de maître et administrateur de l'Hôtel-Dieu.

En 1523, Nicolle Guymart, prêtre (4).

En 1535, François Le Roux, prêtre. — Une sentence du bailliage l'oblige à rendre compte de sa gestion, et, en 1551, il passe un bail par lequel il afferme, moyennant 80 livres parisis par an, *tout le reuenu* de l'Hôtel-Dieu à Florent Gouyn, le greffier des insinuations, *à la charge de nourrir les pauvres* (5).

A la séance de rédaction des Coutumes, en 1556, comparaît dans l'état d'église, après les curés, avec son titre de maître et administrateur de l'Hôtel-Dieu, maître Jean le Meignan, en même temps que son confrère maître François Buron, « maistre et administrateur de la maladrerie Saint-

---

1. Archives de l'hospice. B. 1. 3. — B. 1. 4.

2. « Tenant d'une part à Denys Marteau et aux hoirs de feu Jehan Foucquet, d'autre « part à Jehan Thibault l'aîné, aboutissant par devant à la rue qui tend de la croix « Ferrais au cimetière de Dourdan, ou aux murailles, le chemin entre deux. Laquelle « maison, qui fut à feu Germain de la Barre, appelée *l'hostel de Groslieu.* »

L'hôtel de Groslieu, qui était sans doute une donation dont la famille du donateur louait la jouissance, fut engagé en 1553, au bout des 59 ans, par un nouveau contrat. Elle fut tenue ensuite à bail emphytéotique par le sieur de Grainville, par Noël Boutet au XVIIe siècle, et Jacques Vallée au XVIIIe.

3. Frère Jacques Ricoul, prieur curé; Anthoine Hervé et Gilles Yvon, prestres; « noble homme Loys Besnard, honorables hommes Geruais Challas, bailli, Liger « Lucas, Robert le Charron, Pierre Le Conte l'aisné, Pierre Le Conte le jeune, Re- « gnault Champeau, Jehan Harvet, Blaise Tardif, Jehan Challas, Phillippes Soutif, « *gaigers et prouiseurs* de ladicte église Saint-Germain; Gilles Boudet, Jacques « Charles, Guillaume Duformanoir, Lyphard Champeau, Jehan Thibault l'aisné, « Germain Thibault, Jehan Thibault le jeune, Regnault Gommore, Estienne du Ban, « Robert du Perray, Lyphard le Conte, Pierre Allain, Robert Brochebourds, Anthoine « Thirard, Ollivier Mauclerc, Jehan Fortesépaules, Pierre Champeau, Léonard Bou- « det; — tous bourgeois de Dourdan. »

4. B. 3. 1. — Bail de trois pièces de terre près Saint-Laurent.

5. En 1537, lors de la confection du terrier, l'Hôtel-Dieu de Dourdan possède sous la censive du *domaine,* suivant déclaration de maître François Leroux :

« Laurent de Dourdan. » Les deux établissements sont visités le 10 octobre 1560, en vertu d'un édit du roi sur les maisons hospitalières (1).

En 1564, dans des jours mauvais, c'est à la main ferme d'un laïque que les intérêts de l'Hôtel-Dieu sont confiés par les habitants assemblés. Noël Boutet, seigneur de Bois-Poignant, homme influent et qui appartient à l'ancienne noblesse comme héritier du fameux privilégié de Châlo-Saint-Mard, est *commis au régime* et gouvernement de la maison (2).

C'est encore un prêtre, Cristophle-le-Prince, que nous retrouvons en 1576 avec le titre de maistre et administrateur.

Mais en 1577, comme les affaires des pauvres sont aussi compromises que celles des habitants en général par les désastreuses années qui viennent de s'écouler, des *commissaires par justice*, Denis Fanon et Jean Montqueron, sont chargés du gouvernement. Les ravages de la guerre, le pillage des Huguenots, le massacre ou la fuite des habitants, après le siége de 1567, ont annulé tous les revenus. L'Hôtel-Dieu possède aux environs de Liphard et de Vaubesnard plusieurs pièces de terre formant plus de 68 arpents tenus à bail emphytéotique à la charge de deux muids de grains par an. Mais, depuis vingt-neuf ans, il n'a été rien payé, et c'est tout un procès à suivre : il faut obtenir des sentences du bailliage, un arrêt de la cour, et faire faire par experts une appréciation de la valeur moyenne du grain pendant les vingt-neuf années, d'après les registres recherchés et rapportés par les appréciateurs jurés. Un nouveau bail du revenu de l'Hôtel-Dieu est passé le 16 mars (3).

Deux hommes d'affaires, le procureur Guillaume Deschamps et le marchand André Pelault, continuent, en 1585, à administrer comme commissaires. La fatale campagne de 1591 remet tout en question à Dourdan et ruine en partie l'hospice.

Quand la paix se rétablit, un prêtre, messire François Landuyer, obtient la gestion de l'Hôtel-Dieu. Mais la charge matérielle lui paraît trop lourde, et, le 23 janvier 1604, il se démet du temporel, laissant aux habitants le soin de le faire régir « par main de commissaire, ainsi qu'auparavant on avoit *de bonne coustume faire*. » Il se réserve le spirituel, moyennant une pension de 75 livres et le logement (4).

1° Un grand jardin à la Croix Saint-Jacques, — chargé de 14 deniers parisis de cens.

2° Six arpents de terre au champtier vers Louye, — de 16 deniers tournois;

3° Dix arpents de terre en quatre pièces, au champtier de Chastillon, — de 31 deniers parisis ;

4° Quatre arpents en trois pièces, au champtier de Normont. — *Déclarations censuelles*.

1. B. 3. 6.
2. B. 3. 7.
3. B. 3. 11.
4. A. 1. 4.

Ici, sans doute sous l'influence de la reine-mère Marie de Médicis, qui devient dame de Dourdan en 1612, le régime de l'Hôtel-Dieu change complétement, et les habitants, dépossédés de leur initiative, voient leur hospice confié à la direction d'une femme et converti en un *bénéfice* à la nomination du grand aumônier de France. Dès le 12 mai 1614, sœur Estiennette Matharel, religieuse de l'ordre de Cîteaux, est commise par le cardinal du Perron « au régime et gouuernement de l'Hostel-Dieu et à la charge de *Mère et Maîtresse* » avec son logis et la pension nécessaire (1).

Il ne faut pas que nos lecteurs aient une fausse idée de ce que pouvait être alors l'Hôtel-Dieu de Dourdan et se figurent un établissement régulier offrant de grandes ressources. Ils se méprendraient. Comme son nom l'indique, un hospice n'était alors qu'un refuge, un asile, un gîte où les pauvres passants, les voyageurs malades, les mendiants tombés sur la route trouvaient une paillasse et un morceau de pain. Il était rare que les malades de la ville y fussent transportés, car la piété et la charité des voisins pourvoyaient aux besoins des plus pauvres. L'Hôtel-Dieu de Dourdan paraît avoir été très-anciennement installé sur l'emplacement de l'antique paroisse *Saint-Jean*, rue Saint-Pierre, presque en face des halles (2). Un corps de logis sur la rue, une chapelle où « l'eau tomboit sur « l'autel » en 1618, une cour, un vieux bâtiment derrière et un petit terrain en formaient toute la contenance. De pieuses femmes s'y dévouaient au service des malheureux, elles y couchaient les passants sur de la paille, leur donnaient à manger et, avec les très-modiques revenus de la maison, avec les aumônes qu'elles recueillaient à domicile, elles préparaient des soupes et des bouillons qu'elles portaient « dans leurs pots » aux plus indigents de la ville. Dans des temps d'épidémie et de guerre, où de nombreux malades, des soldats blessés ou traînards, des paysans errants et ruinés encombraient Dourdan, on avait vu les pauvres gardes-malades obtenir l'entrée du château et convertir en ambulances les salles délabrées ou abandonnées.

La charge de mère et maîtresse de l'Hôtel-Dieu de Dourdan n'avait rien de bien avantageux ; aussi voyons-nous la sœur Matharel s'en démettre dès 1618, et la sœur Marie du Moulin, religieuse professe de Saint-Augustin, recevoir à sa place un bénéfice qui, tout modeste qu'il est, est confirmé par lettres-patentes du souverain. C'est à cette occasion que Louis XIII déclare la royale origine de l'Hôtel-Dieu de Dourdan, et, dans son conseil privé, donne gain de cause au chapelain qui réclame ses 75 livres de traitement.

Après la sœur du Moulin et la sœur Élisabeth de Montorné, de l'ordre de Cîteaux, Jeanne de Buade de Frontenac, personne de qualité, est

1. A. I. 5.
2. On n'a aucune donnée sur cette paroisse.

pourvue du bénéfice par lettres-patentes du 30 juillet 1635 et le possède pendant trente-huit années. Toutefois, un grand changement se prépare et s'opère. Saint Vincent de Paul, en 1633, a fondé son admirable institut des servantes des pauvres. Dourdan sera une des premières villes à jouir du bienfait. Mademoiselle de Marillac, veuve de M. Legras, secrétaire de la reine Marie de Médicis, est la collaboratrice de saint Vincent de Paul et la première supérieure des filles de la Charité; elle connaît Dourdan, où elle a sans doute accompagné sa royale maîtresse, et lorsque la reine Anne d'Autriche, devenue à son tour, en 1643, dame de Dourdan, sollicite pour l'Hôtel-Dieu de cette ville trois sœurs de *monsieur Vincent*, elle les obtient sans difficulté, et, dans la liste des fondations de l'ordre, Dourdan figure dès l'année 1648 (1). L'occasion de déployer leur dévouement ne se fait pas attendre pour les sœurs de Dourdan. Quatre ans après, éclate la guerre de 1652. Le siége d'Étampes, le pillage du territoire de Dourdan, la famine suivie d'une épouvantable peste, en réduisant la population à la dernière misère, encombrent l'hospice de malades et de mourants. Nous avons dit ailleurs le triste état de notre contrée à cette époque, la présence de saint Vincent de Paul, accouru pour organiser des secours, et conjurer à la fois deux fléaux, la mort et la faim. C'est sans doute à l'Hôtel-Dieu de Dourdan qu'il séjourna, tandis qu'il disposait dans les environs ses charitables batteries, les *marmites* de Saint-Arnoult, de Villeconin, etc.

La reine Anne d'Autriche fut plus d'une fois témoin des vertus et des peines des pieuses filles de Dourdan. Elle leur donnait chaque année, sur sa cassette, 300 livres. Les revenus de l'Hôtel-Dieu, encore réduits par la misère des temps, étaient insuffisants et se trouvaient absorbés, en grande partie, par le bénéfice de sœur de Frontenac, qui n'avait pas cessé d'en jouir. Cette sœur mourut en 1678, et les collateurs eurent le bon esprit, sinon de supprimer le bénéfice, du moins de l'accorder à une sœur de la communauté des filles de la Charité. Sœur Louise Texier, pourvue en 1678, entra immédiatement en jouissance et fit faire un procès-verbal de l'état des lieux et des réparations nécessaires au grand corps de logis, à la chapelle « étayée et menaçant ruine, » à la maison de la rue Neuve, etc. Comme elle ne résidait pas à Dourdan, elle envoya une procuration à un honorable et charitable bourgeois de la ville, M. André Le Camus, « conseiller du roi, substitut du procureur du roi « au bailliage du Louvre et arsenal de Paris, pouldres et salpestres par « tout le royaume, » qui fut, vers ce temps, prié de s'occuper de la

---

1. *Vie de madame Legras*, par M. Gobillon, curé de Saint-Laurent. — Paris, Dehansy, 1759.

L'hospice de Dourdan garde, comme une sorte de relique, une belle lettre autographe de M. Vincent *Depaul* à la sœur Legras, datée de 1640, où il lui lui parle d'affaires de communauté, et surtout l'engage à soigner sa santé, avec une bienveillance et une simplicité charmantes. — Une lettre de madame Legras lui sert de pendant.

gestion matérielle de l'Hôtel-Dieu. Durant quinze années ce zélé et intelligent administrateur, intitulé modestement « directeur de l'ancien domaine de l'Hôtel-Dieu et fondé de procuration de sœur, etc., » fut exclusivement chargé de tous les comptes, de toutes les affaires de la maison, et eut le bonheur d'assister et de travailler à sa transformation. — La sœur bénéficiaire, avec son titre « d'administratrice du revenu temporel », était un rouage au moins inutile. Sa pension diminuait singulièrement les modiques revenus, et, en fait, celle des trois sœurs de Charité desservant la maison, qui avait le titre de supérieure des deux autres, s'occupait seule de la direction quotidienne et rendait chaque mois ses comptes à M. Le Camus.

Une heureuse circonstance fit la fortune de l'Hôtel-Dieu de Dourdan. Marguerite-Louise d'Orléans, fille de Gaston, frère de Louis XIII, et par conséquent cousine germaine du roi Louis XIV et de Philippe d'Orléans, le nouveau seigneur apanagiste de Dourdan, était devenue grande duchesse de Toscane par son mariage avec Côme de Médicis (1661). Femme aux sentiments généreux, aussi jolie que spirituelle, mais fantasque et emportée comme son père, cette princesse menait une vie singulière. Quittant son mari et l'Italie, qu'elle détestait également, elle était revenue en France (1675), et, logée au couvent de Montmartre, n'en fréquentait pas moins la cour avec la grande mademoiselle de Montpensier, sa sœur, bizarre et riche comme elle. La grande duchesse de Toscane venait, chaque année, passer trois ou quatre mois à Sainte-Mesme, chez son amie la comtesse de l'Hôpital. C'était en général d'août en novembre. Vers 1682, les officiers de Dourdan, apprenant son séjour, allèrent au château de Sainte-Mesme lui rendre leurs devoirs et lui faire leur cour. Elle s'informa avec bienveillance auprès d'eux des pauvres de Dourdan, de leurs ressources, et demanda s'il y avait un hôpital. On lui parla de l'Hôtel-Dieu, destiné à loger les pauvres malades et les passants, de ses modiques revenus et de ses bonnes sœurs. Elle promit d'aller les visiter et tint parole. Il y avait alors pour supérieure une digne fille qu'on nommait Catherine Chevreau. La duchesse en fit son amie, et l'Hôtel-Dieu de Dourdan devint le but de toutes ses promenades et le théâtre de toutes ses bonnes œuvres. Avec le caractère enthousiaste et ardent que l'histoire donne à Louise d'Orléans, la chose s'explique sans peine.

La villégiature à Sainte Mesme, pendant l'automne de 1683, fut tout entière employée à relever, soutenir, enrichir l'hospice, et il ne fut plus question que de cela dans l'entourage de la duchesse et dans tous les cercles des environs. C'est la duchesse qui décida M. Le Camus à devenir le comptable de la maison, et c'est aux détails des comptes annuels de M. Le Camus, lus et dépouillés attentivement, que nous empruntons ces curieux renseignements sur une princesse dont la vie est peu connue.

Le 1er octobre, la grande société paraît s'être donné rendez-vous dans la pauvre chapelle de Dourdan, car la sœur Chevreau reçoit ce jour-là, de la main de la duchesse, 30 livres, 12 livres de madame de Châtignonville, 6 livres du duc de Montausier, 114 sols du révérend père *Bourdaloue*. L'illustre prédicateur est venu de Bâville, où il demeure chez mademoiselle de Lamoignon, la providence du pays, qui l'a invité à faire, dans l'église de Saint-Chéron, le catéchisme aux petits enfants au milieu desquels elle s'assied. Le P. Bourdaloue a sans doute, avant de déposer son offrande, adressé une allocution dans la chapelle de l'Hôtel-Dieu, pour stimuler la charité des nobles visiteurs. Mademoiselle de Lamoignon est là aussi, et elle revient souvent pour porter les aumônes de la grande duchesse. Chaque semaine, des sommes sont remises ou envoyées à sœur Chevreau. Les dames travaillent à l'ornementation de la chapelle, Louise d'Orléans brode de sa main un voile d'autel (1), et le 22 décembre on baptise une cloche. Mademoiselle Lefébure, fille du procureur du roi, est la marraine et donne, avec son nom de Geneviève-Thérèse, 114 sols d'aumône. Le parrain est Me Le Boistel, commissaire des guerres, qui fait un don de 16 livres 1 sol (2). Les demoiselles riches de la ville quêtent elles-mêmes, aux fêtes, dans l'église Saint-Germain, où les marguilliers ont bien voulu faire mettre un tronc pour l'Hôtel-Dieu.

Ce qui est aussi édifiant que la charité de la grande duchesse, c'est sa persévérance dans l'œuvre qu'elle a entreprise. Pendant plus de vingt années, quand elle est à Sainte-Mesme, elle donne des aumônes de sa main à la supérieure, et toujours pour une destination spéciale : tantôt c'est 200 livres pour les pauvres honteux, tantôt 100 livres pour du pain, du bois pour faire les soupes, de l'argent pour payer le loyer des « filles de la communauté » dans une maison appartenant à l'Hôtel-Dieu, ou des aumônes pour les petites orphelines « de la Providence. » Quand elle n'est pas à Dourdan, des sommes sont remises de sa part, presque chaque mois, par le comte de l'Hôpital, mademoiselle de Lamoignon, mademoiselle de Mainville, M. de Prée, M. de la Martinière, M. Deslandres, receveur de Sainte-Mesme, ou par Michel Morin, messager de Dourdan, qui va les chercher à Montmartre ou à Picpus. Ces sommes montent, en général, à 1,200 livres par an, quelquefois davantage ; dans la seule année 1696, elles atteignent 3,472 livres. Ce n'est pas tout : Louise d'Orléans s'est faite solliciteuse auprès du duc d'Orléans, son cousin, seigneur de Dourdan, et elle a obtenu de lui d'abord 34 livres, puis 100 livres par mois, qui sont inscrites avec cette mention : « Données par la grande duchesse, provenant des charités de Monsieur pendant ce mois. »

1. Ce voile en satin blanc brodé de rinceaux de fil d'or, de fleurs en soie et d'une tête de la Vierge, est encore conservé à l'hospice de Dourdan.

2. Les paillasses avaient été, à ce qu'il paraît, remplacées par des lits, car M. Le Boistel exprime le vœu que son offrande serve à l'achat de *tours de lit en moquette* pour la salle des hommes.

Aussi la Grande-duchesse est-elle regardée comme la directrice de la maison. Les comptes de M. Le Camus sont, chaque année, à l'automne, rendus devant elle au château de Sainte-Mesme, et tous revêtus de son approbation et de sa signature. M. le comte de Sainte-Mesme y appose aussi la sienne (1). C'est à Montmartre que M. Le Camus se transporte pour faire approuver l'année 1691, et en juillet 1692 on va prendre les ordres de la princesse à Saint-Mandé. C'est d'elle qu'émanent les règlements : le commandement de recevoir à l'Hôtel-Dieu tous les malades de la ville, soignés par les charités des paroisses, moyennant 5 sols par jour, de visiter les femmes en couches et les malades incurables à domicile, et de leur porter leur portion moyennant 4 sols (1686)(2) ; l'instruction pour l'agrandissement de la chapelle, datée de Picpus, de la main du comte de Sainte-Mesme; la fondation à perpétuité d'un chapelain (1707) et les ordres donnés à ce sujet dans une lettre, quelque peu impérative, écrite de Picpus par Philbert, une des femmes d'honneur de la princesse, etc. (11 juin 1709) (3).

Vraiment dévouée à son œuvre, la Grande-duchesse ne manque pas de faire les affaires de l'hospice auprès des ministres ou des personnes influentes qu'elle rencontre à Saint-Cloud ou ailleurs; elle sait même y intéresser son royal cousin, et Louis XIV figure parmi les donateurs de l'Hôtel-Dieu de Dourdan. La révocation de l'édit de Nantes (1685) mettait aux mains du roi les biens des protestants fugitifs. Non loin de Dourdan s'élevait le temple du Plessis-Marly, où Philippe de Mornay avait érigé et doté un consistoire. Par brevet du 4 novembre 1685, daté de Fontainebleau, Louis XIV accorde à l'hospice de Dourdan les matériaux de ce temple (4), et par brevet du 18 décembre de l'année suivante, les biens et revenus du consistoire (5).

En 1696, un nouvel arrêt du conseil (30 août) et de nouvelles lettres patentes royales accroissent l'Hôtel-Dieu de Dourdan; cette fois, il s'agit de l'annexion d'un établissement local, la *maladrerie Saint-Laurent*, et

---

1. Voici quelques chiffres résultant de ces comptes :

	Recettes.	Dépenses.
1683	4,813 livres.	3,200 livres.
1688	5,607 —	5,239 —
1693	7,842 —	7,551 —

2. A. 5. 2.—Voir les détails, *pièce justificative XXII*.
3. C. 4.
4. B. 27. 2.
5. Confirmé par nouveau brevet du 26 avril et lettres patentes de juillet 1688, sauf une rente de 100 livres distraite en faveur du curé de Longvilliers.—Ces biens et revenus ne paraissent guère consister que dans 98 liv. 7 sols 6 den. de rente, dont 50 dues par le prince de Guéménée.—B. 25. 9.
Déjà, en vertu des déclarations du roi des 16 janvier 1683 et 20 août 1684, cette rente avait été délaissée à l'hospice, en présence du bailli de Dourdan, le 27 décembre 1684, par Joseph Hammer, ministre de l'église du Plessis-Marly, Jean de Heslin, écuyer, sieur de Villeneuve, et Jacques Tabourdeux, *anciens* de ladite église.—B. 25. 3.

le lecteur nous permettra de donner à ce sujet quelques détails qui ne seront pas une digression, puisqu'il est question de la fusion des deux maisons hospitalières de Dourdan.

La maladrerie Saint-Laurent (1), située à la porte de Dourdan, était, comme la plupart des établissements de ce genre, devenue depuis longtemps inutile. La lèpre était une maladie qui avait presque entièrement disparu du royaume, grâce aux soins donnés aux malades et à une réglementation sévère. Les biens et revenus des maladreries, restés presque sans objet, avaient été l'occasion de déprédations de la part de ceux qui étaient chargés de les administrer, de déclarations et d'édits de la part du trône. L'ordre de N.-D. du Mont-Carmel, incorporé en 1607, par Henri IV, à celui de Saint-Lazare qui avait de temps immémorial desservi les maladreries, pensa un instant absorber les biens restés aux léproseries, mais on songea avec raison qu'il valait mieux employer sur les lieux, pour d'autres malades, les biens fondés pour des malades qui n'existaient plus. L'édit du 24 août 1693 appliqua ces biens aux besoins locaux. En vertu de cet édit, le samedi 9 octobre 1694, l'évêque étant à Dourdan dans le cours de ses visites, messire Louis Broussard, chanoine de Chartres, est chargé d'une enquête sur Saint-Laurent et sur l'Hôtel-Dieu. S'étant transporté à la grande porte de l'église et ayant fait sonner la cloche, il réunit autour de lui « le général et commun des habi-« tants » et, le questionnaire de M. le chancelier à la main, il interroge les assistants sur leur antique léproserie. Les anciens, ceux qui se souviennent des vieux dires, élèvent la voix et un notaire écrit. Voici ce qu'on apprend :

1º Nul n'a connaissance de l'origine de Saint-Laurent. Tous ses titres ont été perdus dans les guerres civiles.

2º De ses possesseurs, on ne connaît que le sieur de Neuville, commandant de l'ordre de Saint-Lazare, qui en jouit depuis vingt ans, et le sieur Devienne qui en jouissait auparavant, on ne sait en quelle qualité. Il y a plus de cent ans que la maladrerie est régie par les commissaires et administrateurs de l'Hôtel-Dieu.

3º L'*hospitalité* a été autrefois gardée dans ladite maladrerie et on y renfermait les lépreux et pestiférés.

4º De mémoire d'homme, on n'a vu de lépreux à Dourdan.

5º Les biens et revenus sont environ 60 arpents de terre autour de Dourdan, les droits de plaçage et de mesurage à la foire Saint-Laurent, le tout affermé 230 livres par an (2).

1. Voir chapitre IV.
2. 31 arpents en plusieurs pièces aux environs de la chapelle, 8 arpents du côté de Louye, 11 près l'étang de Gaudrée, etc. — Bail du 10 avril 1687, pour neuf ans, à Isaac Rousseau, notaire à Dourdan, par le procureur de messire Henry Barrière de Vollejar de Neuville, « commandeur de la commanderie de la ville de Dourdan et des « malladreries en dépendans. » — Julien Joseph avait été, pendant trente ans, fermier à 200 livres.

6º Lesdits biens *ne relèvent d'aucun seigneur* et ne sont chargés d'aucune dîme ou champart.

7º Il y a vingt ans (1674), le sieur de Neuville a fait démolir un vieux bâtiment contenant deux petites chambres et un vestibule.

L'enquête finie, on se transporte sur les lieux. La chapelle, de 50 p. de long sur 20 p. de large, est en bon état. Des trois portes qui y sont pratiquées, une est fermée ; c'est celle de l'ancien jardin attenant au bâtiment des lépreux, par laquelle ils entraient dans leur place réservée. Au-dessus de l'autel, monsieur le chanoine avise un tableau représentant un enfant Jésus, qu'il condamne à être voilé. Dans cette chapelle, on célèbre annuellement le service de saint Laurent la veille et le jour de la fête, et le prieur de Saint-Germain y vient processionnellement et y fait l'office. On y célébrait naguère la messe au moins tous les mois.

Sur la dernière question, à savoir s'il serait utile de rétablir l'hospitalité dans cette maladrerie pour les pauvres de Dourdan, il est répondu d'une commune voix qu'il vaut mieux l'unir à l'Hôtel-Dieu avec celles de Sainville, Auneau, Ablis, Saint-Fiacre près Saint-Arnoult, Gallardon, la Madeleine de Rochefort (1).

Deux ans après, comme nous l'avons dit, cette réunion s'opérait et ordre était donné de déposer à l'Hôtel-Dieu tous les titres et archives de Saint-Laurent. Malheureusement, ils n'existaient plus.

Revenons à l'Hôtel-Dieu et rentrons-y à la suite de messire le chanoine Broussard qui y continue sa visite et son enquête ; nous profiterons des renseignements qu'il recueille et nous saurons exactement l'état des choses en l'an 1694 (2).

L'hiver a été très-rigoureux et l'on compte dans la ville 800 pauvres mendiants et plus de 40 malades, tant à l'Hôtel-Dieu que dans les maisons particulières. L'année est exceptionnelle, car en général le chiffre est d'environ 100 pauvres mendiants et 20 malades, partie desquels sont entretenus « tant bien que mal » aux dépens de l'Hôtel-Dieu ; les autres aux dépens de la charité dudit lieu et des quêtes faites journellement par les dames de Dourdan. C'est le seul hôpital, paraît-il, entre Paris et Chartres ; de là son encombrement. On y reçoit les compagnons de métier, les serviteurs et servantes de la ville, les gens qui viennent pour faire la moisson ou façonner les bois, les hommes et les femmes des villages de la dépendance du comté de Dourdan, et surtout les soldats qui logent en garnison ou demeurent malades sur les routes (3).

1. B. 31. 3.
2. Idem.
3. De novembre 1685 à avril 1686, le premier bataillon du régiment de Navarre tient garnison à Dourdan et fournit à l'Hôtel-Dieu 721 journées de malades, pour chacune desquelles l'aide-major paie 4 sols et le trésorier de l'extraordinaire des guerres 3 sols 6 deniers. La même année, année des terribles dragonnades, des dragons en passage restent malades à l'hospice.
Du 6 au 24 août 1687, le régiment de Soissons a 150 journées à payer, etc.

Il y a dix lits pour les hommes, dix pour les femmes et six pour six petites orphelines. « On a soin de faire confesser et communier les « malades aussitôt arrivés, et prier Dieu soir et matin, et faire quelques « lectures spirituelles. » Quant aux petites orphelines, elles ont la prière, la messe, le catéchisme, le chapelet sur les cinq heures et le travail de bas de soie.

Les trois sœurs de la charité de Saint-Lazare, dont une est supérieure, sont sous l'administration temporelle de sœur Louise Texier, représentée par M. Le Camus, et sous la direction spirituelle du prieur de Saint-Germain.

Le revenu fixe ne monte guère qu'à 1400 livres de rente, en 53 parties. Le peu de biens qu'il y a à l'Hôtel-Dieu n'ont été aumônés que depuis cinq à six ans, grâce aux soins et à la charité du duc d'Orléans et de Mme la Grande-Duchesse. Les dépenses montent ordinairement à 4 ou 5,000 livres.

Les bâtiments ont leur principale façade sur la rue; au-dessus de la porte sont les armes de Son Altesse le duc d'Orléans (1). Le grand corps de logis, couvert de tuiles, a neuf toises de toutes faces. En bas, sont la chapelle, la sacristie, l'oratoire, la salle des femmes, la cuisine, le réfectoire et trois réduits occupés par des particuliers; au-dessus, la salle des hommes, l'*apoticquairie*, un galetas et des greniers. Un passage mène, à travers ce logis, de la rue à la cour. La cour est de même largeur avec un puits et un petit parterre. Un corps de logis peu confortable où habitent les sœurs en fait le fond. Un petit salon forme appentis d'un côté; de l'autre, une masure sert d'étable aux vaches. Derrière est le jardin, de même largeur, agrandi de quelques récentes acquisitions, où s'élève un vieux bâtiment. On n'a pas oublié les armes de la Grande-Duchesse, bienfaitrice de la maison; elles sont dans la cour, sous un cintre soutenu par deux pilastres.

La chapelle, modeste mais parée, reçoit de la Grande-Duchesse, en 1695, son plus précieux ornement : la châsse de *saint Félicien*, martyr. Ces reliques, qui ont appartenu au cardinal Piccolomini et ont été en grande vénération à Florence, sont envoyées de Toscane et solennellement reconnues par le curé de Saint-Chéron, official. Une fête le troisième dimanche de septembre, une octave, une exposition publique, les processions des paroisses voisines sont autorisées par l'évêque, et saint Félicien devient un des patrons les plus vénérés de Dourdan (2). L'année suivante, l'exemple de la princesse est suivi par le sieur Besnard,

---

1. Dépense de 1685 : « 52 liv. 6 sols 6 den. pour les armes de S. A. R. Monsieur, qu'on a fait placer au-dessus de la grande porte, pour marquer à la postérité la reconnoissance des charités qu'il a plu à Son Altesse Royale faire pour le rétablissement et entretien de cette sainte maison.»

2. C. I. — A la demande des habitants, une *confrérie* est érigée sous le nom de

qui offre à son tour une châsse contenant des reliques de sainte Victoire, saint Prosper, sainte Émérite et Émérentienne, saint Denis et Constant martyrs. La Grande-Duchesse, par des démarches fort habiles auprès du roi et de Monsieur, obtient pour Dourdan une foire franche annuelle, en septembre, connue sous le nom de Saint-Félicien (1). Les lettres patentes en sont soigneusement enfermées dans la châsse.

On comprendra sans peine, après tout ce que l'on vient de lire, le dévouement des habitants de Dourdan pour la puissante protectrice de leur Hôtel-Dieu. Assemblés le 17 avril 1695, ils veulent lui en offrir un témoignage public. Cherchant à lui être agréables, ils s'engagent à l'entretien perpétuel de six orphelines, et expriment leur gratitude dans un acte de délibération qu'on trouvera à la fin de ce livre (2).

Vers le même temps, un nom vint s'ajouter, dans la reconnaissance des Dourdanais, au nom de la Grande-Duchesse, ce fut celui du chevalier Alexandre de Passart, seigneur de la Margaillerie, Saint-Escobille, Paponville et autres lieux, lieutenant de la grande vénerie du roi. Ce noble et riche vieillard, qui possédait de belles terres, plusieurs maisons à Paris, une remarquable collection de tableaux, et n'avait pour héritière que sa nièce la marquise de Lambert, et son neveu le maître des comptes, habitait fort souffrant dans sa terre de la Ville-Neuve, paroisse des Granges-le-Roi. La Grande-Duchesse, qui le connaissait, engagea les administrateurs de l'Hôtel-Dieu à ne pas négliger l'occasion de se concilier ses bonnes grâces. La digne supérieure Marie Boulard (3), ayant singulièrement

---

Saint-Félicien. Enrichie d'indulgences par bref de Clément XI du 22 septembre 1702, approuvée par l'évêque le 13 septembre 1706, cette confrérie, tout à la fois de dévotion et d'assistance mutuelle, avait pour premier directeur le prieur de Saint-Germain; pour deuxième directeur le chapelain, avec un sacristain et un trésorier. Sa principale fête était le troisième dimanche de septembre. Tous les confrères et sœurs payaient, au jour de leur réception, 5 sols, et tous les ans 2 sols 6 den., à l'exception des pauvres. Les recettes étaient employées en offices, ornements, et le reste à l'hospice, « sans qu'on puisse rien employer en repas ou collations, sous quelque prétexte « que ce soit, même au jour de la reddition des comptes. » — Cette confrérie a disparu. Les reliques de saint Félicien, déposées en 1730 au-dessus d'un autel dédié au saint et derrière un tableau représentant son martyre, sont encore aujourd'hui l'objet d'un culte spécial. La fête, l'octave, l'exposition subsistent toujours, ainsi que la foire annuelle.

1. Voir le chapitre *Industrie et commerce*.
2. Pièce justificative XXIII.
3. Sœur Marie Boulard, qui avait remplacé sœur Catherine Chevreau, et qui mourut à quatre-vingts ans (22 mars 1717), supérieure de l'hospice de Dourdan, n'a pas cessé d'être en vénération dans la famille de saint Vincent de Paul. Son éloge, fait publiquement l'année de sa mort dans une conférence de M. Mourguet, directeur des sœurs de la Charité, est encore une des lectures édifiantes de la communauté. Chargée d'abord d'une difficile mission en Pologne, de Versailles elle vint à Dourdan. Ses vertus furent révélées après sa mort par ses sœurs. Son influence dans l'organisation de l'Hôtel-Dieu et auprès des grands personnages qui s'en occupaient, fut immense. «Vous

consolé et assisté le vieillard dans sa maladie, fut la confidente de ses généreuses intentions pour les pauvres. Par acte du 13 juin 1693, M. de Passart donna à l'Hôtel-Dieu le sixième de la valeur de sa charge de contrôleur des décimes de l'archevêché de Bordeaux, deux lots de terre à Ognes et à Roissy et sa terre de la Ville-Neuve (1).

Ce ne fut pas tout : pensant ne pouvoir bien mourir qu'à l'hospice de Dourdan, il s'y fit préparer une chambre et transporter au milieu des pauvres malades qu'il protégeait. Là, durant les dernières années de sa vie, il se plut à étudier tous les besoins de l'établissement. Des maisons enclavées dans les bâtiments de droite en gênaient le développement, il les acheta et les réunit à l'Hôtel-Dieu. Une foule d'objets manquaient pour le service, il les procura de ses deniers. Enfin, par acte du 7 mars 1696, il créa dix nouveaux lits pour les malades (2). Ces bienfaits donnaient assurément quelque droit à M. de Passart de dicter des conditions et de s'inquiéter de l'administration de l'Hôtel-Dieu ; il le fit avec une grande modestie et une grande sagesse, sous forme de vœu, dans le testament qu'il déposa entre les mains de Dom François Thomas, le prieur de Louye. Le 28 août 1696, ce riche et bienfaisant seigneur s'éteignit sous le toit des pauvres et fut inhumé dans la chapelle (3).

Les instructions de M. de Passart servirent de point de départ aux réformes administratives de l'Hôtel-Dieu. Le plus grand abus était l'existence d'une sœur bénéficiaire qui absorbait sans fruit une partie des revenus. Un concordat, conclu, sous l'influence de M. de Lamoignon, entre Monseigneur de la Tour d'Auvergne, cardinal de Bouillon, grand aumônier de France, et Monseigneur Paul de Godet des Marais, évêque de Chartres, supprima à toujours le titre d'administratrice dont se démit, le 18 août 1698, sœur Michelle Duchange, alors titulaire (4).

Les biens et revenus, définitivement joints et incorporés à l'Hôtel-Dieu, furent dès lors régis par sept administrateurs, savoir : les deux curés, le lieutenant-général du bailliage et le procureur du roi, de droit ; plus trois bourgeois de la ville, dont un économe, élus par les habitants tous les

---

avez un trésor dans cette bonne fille, disait M. de Passart aux administrateurs, qui venaient le remercier de sa riche dotation ; c'est à elle que vous devez tout ce que j'ai fait. »

1. Un retrait, prévu par son testament, fut malheureusement exercé à l'égard de cette dernière terre, moyennant une rente de 800 livres. Il n'en faut pas moins reconnaître que la valeur des dons de M. de Passart, à cette époque, s'élevait à plus de 40,000 livres.

2. A la charge de recevoir et soigner, outre les malades curables de Dourdan, ceux des paroisses de Saint-Escobille, des Granges et de Sainte-Mesme.

3. Une pierre élevée en son honneur par les administrateurs se voit encore dans la chapelle d'aujourd'hui.

4. Confirmé le 30 août 1699, à Saint-Cloud, par le duc d'Orléans, comte de Dourdan, ce concordat fut approuvé en 1700 par le roi, suivant lettres patentes enregistrées au parlement le 31 juillet.

trois ans. L'hôpital restait sous la direction de l'évêque de Chartres, et les sœurs de charité, chargées du service des malades et des pauvres, ne devaient plus en rien s'immiscer dans le temporel (1).

M. Le Camus, âgé de soixante-douze ans, mourut, comme M. de Passart, au service des pauvres, le 15 août 1699, et fut aussi inhumé dans la chapelle où ses enfants lui firent dresser un monument qui existe encore. Après lui, les comptes de l'Hôtel-Dieu sont rendus à l'évêque dans la forme prescrite pour les comptes de fabriques et la Grande-Duchesse ne les signe plus. Peu à peu, on sent son influence moins présente. La lettre écrite en son nom, de Picpus, par Philbert, en 1707, porte quelques traces d'exigence et de bizarrerie. Le 11 juin 1709, le bureau des administrateurs

---

1. Quelques détails de ce régime nous paraissent devoir être conservés au point de vue de l'histoire administrative :

Les administrateurs se réunissent tous les vendredis, à deux heures. La présidence de ces séances est l'objet d'un conflit et d'un long procès. Réclamée par les curés, elle est attribuée, par arrêt du parlement du 22 août 1750, au lieutenant-général. Les délibérations, enregistrées, portent sur les affaires du dedans et du dehors, et la supérieure apporte ses livres, dont le compte se règle sur le bureau.

Les comptes de l'économe se rendent également au bureau, après les trois ans d'exercice.

Lorsqu'il y a des difficultés sur ces comptes, elles sont jugées par le lieutenant-général, sur les conclusions du procureur du roi.

Dans les assemblées où il s'agit de proposer des procès ou autres affaires judiciaires, ces deux officiers n'opinent pas.

Outre l'économe, un des administrateurs est chargé à tour de rôle, chaque semaine, de visiter les malades et de recevoir les plaintes contre l'administration des sœurs.

Il ne se fait dans le bureau « aucun repas ny aucune dépense aux dépens des pau-« vres, et l'économe n'a pour toutes les peines qu'il s'est données pendant ses trois « années que six livres de bougie. »

On reçoit trois sortes de malades : ceux des dix lits de M. de Passart, les pauvres passants jusqu'à un certain nombre, les pauvres des charités des deux paroisses qui paient pour eux 6 sols par jour. On ne met, en général, pas plus de deux malades dans chaque lit.

On ne reçoit ni femmes grosses, ni incurables, ni maladies contagieuses.

Le chirurgien fait trois visites par jour, et, outre ses appointements, il est exempté de toute imposition. Les sieurs Petit et Boudet le jeune réclament une augmentation en 1697, à cause du nouveau service Passart. On leur alloue 30 livres par an (E. 4). — 30 décembre 1762, les appointements du sieur Richard sont portés à 120 livres, à cause du grand nombre de malades occasionnés par les fréquents passages de troupes à Saint-Arnoult, pour la guerre, et eu égard à la misère des temps.

Le chapelain, qui a le titre de vicaire de Saint-Germain, assiste et enterre les malades, mais les droits et privilèges du curé sont soigneusement sauvegardés par des lettres de l'évêque de Chartres des 30 novembre 1703 et 20 décembre 1708.

Les sœurs, d'abord réduites à trois, sont portées à quatre ; dès 1759 on en compte cinq, plus une servante et un valet. Avant 1696, sous M. Antoine Lebrun, curé, les marguilliers de Saint-Germain, par acte authentique, leur avaient accordé un banc gratuit « dans la nef, entre la grande arcade, à main droite en entrant, » en considération de leurs bons services, « et pour le bon exemple et instructions qu'elles donnent « par leur modestie, piété et dévotions. »

affirme encore par un acte de délibération la reconnaissance des Dourdanais. Un service solennel en est le dernier hommage lorsque la princesse meurt. Par son testament, elle avait légué une somme de 3,000 livres à l'Hôtel-Dieu, mais ce testament, annulé par le parlement, n'est pas exécuté. C'est sans doute pour remplir les intentions méconnues de la mère, que le fils, Gaston de Médicis, grand duc de Toscane, fait don à l'hospice, en 1724, de pareille somme de 3,000 livres (1). Du reste la maison d'Orléans demeure fidèle à l'œuvre qu'elle protége et les ducs d'Orléans paient chaque année, sur leur cassette, jusqu'en 1793, une « gratification » de 500 livres à l'Hôtel-Dieu de Dourdan.

Le XVIIIe siècle suivit l'exemple du XVIIe, et une foule de donateurs, de leur vivant ou après leur mort, laissèrent des biens ou des rentes à l'hospice régénéré. Une grande table de marbre, récemment inaugurée dans la chapelle actuelle par les soins des administrateurs, rappelle les noms et les bienfaits qui, pour la plupart, n'imposaient d'autres charges que des messes et des prières. Nous y renvoyons ceux qui aiment à s'inspirer des souvenirs du bien et nous nous contenterons, après avoir cité quelques noms, comme ceux des époux Thévard, familles de Lescornay, Duchesne, Guerton, Guyot, Grugeon, Lenoir, Le Camus, veuves Hervé, Delbée, Juffraut, demoiselles Bigé, etc., de donner une mention spéciale à un généreux testateur, Jean-Louis Poussepin, ancien officier de la reine, lieutenant de l'élection de Dourdan. Par une disposition du 18 novembre 1786, il légua à l'Hôtel-Dieu tous ses biens dont la valeur peut être estimée à 80,000 livres, et c'est à peine si les formalités nécessaires pour la régularisation de ce legs important étaient terminées quand éclata la révolution (2).

C'est l'administration du XVIIIe siècle qui a doté la ville de Dourdan de l'édifice hospitalier que nous possédons et admirons aujourd'hui.

Vers 1760, préoccupés du mauvais état des anciennes constructions et de leur insuffisance pour les nouveaux services, encouragés par l'état prospère des finances de l'établissement, les habitants furent d'avis d'en réédifier au moins une partie. L'étude fut confiée à des hommes habiles ; plusieurs projets et devis furent présentés et la reconstruction totale fut résolue. L'architecte Petit, chargé de l'exécution, sut concilier l'économie

---

1. On lit dans un ancien inventaire : « S. A. R. Mgr Jean Gaston de Médicis, grand « duc de Toscane, a donné à l'Hôtel-Dieu de Dourdan, par les mains de Mre Jacques- « Antoine Penneti, son secrétaire substitué en France, la somme de 3,000 livres, « pour être employée en fonds d'héritage ou rente, pour l'exécution et entretien de « la fondation faite par ledit seigneur grand-duc de Toscane par reconnaissance à la « mémoire de S. A. R. madame Marguerite-Louise d'Orléans sa mère, par acte « du 7 novembre 1724. » — *Archives de l'Empire*, O. 20250.

2. Dans les neuf années, de 1754 à 1762, les revenus de l'hospice sont, en moyenne, de 6,500 livres et les dépenses de 6,000 livres. De 1786 à 1792, c'est-à-dire après le legs de M. Poussepin, ils s'élèvent à 14,000 livres environ, qui représentent peut-être 25,000 francs d'aujourd'hui.

et les convenances spéciales avec l'harmonie de l'ensemble et la dignité de l'aspect. Les façades simples mais correctes, les larges escaliers intérieurs, le portail solide et sévère de l'entrée, la décoration du fond de la chapelle et de l'autel, semblent plutôt inspirés de l'époque de Louis XIV que de celle de Louis XV, et bien des villes de dix mille âmes envieraient à Dourdan la grande et belle tournure de son Hôtel-Dieu (1).

A peine inauguré, le nouvel hospice vit affluer dans ses murs la population souffrante pour laquelle il était fait, car jamais peut-être la misère ne fut plus grande à Dourdan que dans les dernières années de l'ancien régime. Tout ce qui concerne le paupérisme et la charité trouve naturellement sa place dans ce chapitre : nous n'oublierons pas de mentionner, à côté de l'Hôtel-Dieu de Dourdan, les confréries charitables de ses paroisses et l'organisation des secours au profit des indigents.

Les confréries de charité, les *Charités*, comme on les appelait, instituées vers 1618 par saint Vincent de Paul, se répandirent rapidement dans le diocèse de Chartres. Le 29 juin 1663, maître Louis Rivet, prêtre de la Mission, en vertu de pouvoirs conférés par Mgr de Neuville, et du consentement des habitants, fonda une charité dans chacune des deux paroisses Saint-Germain et Saint-Pierre de Dourdan « pour honorer le « Seigneur Jésus-Christ et sa sainte Mère et pour assister les pauvres « corporellement et spirituellement. » Les règlements de ces charités, qui sont le point de départ de notre bureau de bienfaisance, se résument ainsi : La compagnie se compose de femmes et filles autorisées par leurs maris ou leurs parents. Elle a pour supérieur perpétuel le curé, et se nomme tous les deux ans, le lundi de la Pentecôte, une dame présidente, et deux assistantes dont l'une tient les comptes et l'autre le garde-

---

1. Posée en mai 1767, la première pierre reçut cette inscription : « Du règne de « Louis XV le bien-aimé, l'an 1767, cet hôpital a été reconstruit sous l'administra- « tion de MM. Roger, président et lieutenant général du bailliage ;—Crochart, avocat « et procureur du roy ; — Desouches, prieur-curé de Saint-Germain ; — Delafoy, « curé de Saint-Pierre, administrateurs-nés ; — Curé, lieutenant des eaux et forêts ; « Sénéchau, écuyer, contrôleur des guerres, administrateurs électifs : —et sous l'éco- « nomat du sieur Méhudin, et la direction et inspection du sieur Petit. »
Un nouvel alignement avait été donné. Isolé de trois côtés, l'hospice s'ouvrit comme jadis au midi, presque en face des halles ; mais le grand corps de logis, au lieu de s'élever sur la rue, fut reporté sur perron au fond de la cour et distribué en vestibule, escalier, cuisine, parloir, réfectoire, pharmacie, salle de conseil, avec infirmerie, dortoir et lingerie au premier étage. A main droite, une grande aile contenant, au rez-de-chaussée et au premier, deux salles de malades avec dépendances, se termina par la chapelle, dont la sacristie forme, avec un pavillon parallèle, l'entrée de la cour. L'aile de gauche, sur l'emplacement de laquelle s'élevaient une grange et des habitations enclavées, fut ajournée. Derrière, au nord du corps principal, le jardin demeura bordé au levant par des bâtiments de service, et sur la rue Neuve par l'ancienne maison et le petit jardin du chapelain.
La dépense, retrouvée sur un compte, monte, pour ce qui concerne le grand bâtiment, du 1er mai 1767 au 1er février 1769, à 29,122 livres. (E. 7. 2.)

meuble et le linge qu'elle lave et raccommode ; elle se choisit en outre « un « homme plein d'esprit et de prudence et d'une piété reconnue » pour être le *procureur* de la charité. Les associées servent chacune à leur tour les pauvres malades reçus par la présidente, leur portent chez eux leur boire et manger tout apprêté, quêtent à tour de rôle dans l'église ou par les maisons les dimanches et fêtes. Chaque pauvre malade reçoit, pour chaque repas, « autant de pain qu'il pourra suffisamment manger, cinq « onces de veau ou de mouton, un potage, et demi-septier de vin mesure « de Paris ; aux jours maigres, au lieu de viande, une couple d'œufs et un « peu de beurre ; aux plus malades, des bouillons et des œufs frais et une « garde à ceux qui seront en extrémité. » La compagnie assiste en corps à l'enterrement de ses pauvres et fait dire une messe pour leur âme. La confrérie a son autel, et, le troisième dimanche de chaque mois, sa messe et sa procession.

Les commencements des charités de Dourdan furent bien modestes. Celle de Saint-Pierre, par exemple, qui se choisit pour premier procureur Jacques Deslandres, pour première présidente Mme Jacques Deslandres, et pour trésorière Mme Claude Poussepin, recueillit dans sa première quête générale 33 livres 12 sols. Me Rivet donna un fonds de 150 livres, et en six années la dépense monta à 692 livres 10 sols 6 deniers, mais la recette n'avait atteint que 478 liv. 4 sols (1). Peu à peu des donations vinrent enrichir la caisse des pauvres. Celle de Saint-Germain demeura toujours la mieux garnie. Les revenus d'une ferme, don d'un pieux ecclésiastique, les rentes sur divers particuliers, 600 livres environ du produit des quêtes, lui composèrent un fonds annuel d'environ 2,000 livres. Avec ces modiques ressources, les dames de Dourdan s'évertuaient à faire le plus de bien possible aux pauvres malades en les soignant à domicile, ou en payant pour eux des journées à l'Hôtel-Dieu.

A côté des malades, il y avait les valides pauvres dont le nombre écrasait la ville de Dourdan durant certaines années de disette ou de cherté si fréquentes au xviiie siècle. La population se saignait alors pour soutenir ses indigents. Pendant l'hiver de 1741, à l'aide d'un prélèvement volontaire fait par les commerçants sur leurs gains, et par plusieurs particuliers sur leurs revenus, et d'une taxe sur les propriétaires à raison de 4 deniers par mois des deux tiers de leur revenu, on obtient une somme mensuelle de 900 livres, y compris la part du duc d'Orléans pour 350 livres. On achète avec cela du blé de méteil dont on ne tire qu'un minot de son au septier, et dont on fait un pain nourrissant qui se cuit au four de l'Hôtel-Dieu, et se distribue le dimanche par deux personnes des charités. A la fin de l'hiver, 236 personnes et 177 enfants, dans les deux paroisses, re-

---

1. L'hospice conserve un journal des actes de la charité de Saint-Pierre qui embrasse plus d'un siècle.

çoivent par mois jusqu'à 5,727 livres de pain. Il y a aussi, dans les grandes misères, des distributions de riz de la part du roi. En 1739, l'élection de Dourdan en reçoit 4,000 livres que l'évêque est chargé de distribuer aux paroisses. Saint-Germain en obtient 250, et Saint-Pierre 150. En 1752, sur 6,000 pour l'élection, 250 paroissiens de Saint-Germain et 40 paroissiens de Saint-Pierre se partagent 435 livres de riz, soit une livre et demie par personne. C'était un faible secours dont les intendances faisaient pourtant assez d'étalage dans des circulaires sur le mode de distribution, de conservation, de cuisson, etc.

Quand le travail manque complétement et que l'agitation est à craindre, des *ateliers de charité* s'ouvrent pour les malheureux ouvriers dont la corvée devient au moins un gagne-pain. En février 1773, les journaliers de Dourdan et des environs sont épuisés de misère, et le subdélégué se fait leur chaleureux avocat auprès de l'autorité supérieure:
« J'insiste de nouveau, vous suppliant d'accorder au moins un millier
« d'écus pour soutenir les bras chancelants de ces malheureux corvéa-
« bles, réduits dans la plus cruelle indigence; ce secours alimentaire
« devient indispensable et un atelier de charité ranimera leur courage
« abattu, car la misère des temps les réduit aujourd'hui dans l'impuis-
« sance absolue de travailler gratuitement. Que votre cœur compatissant
« ne laisse pas dessécher ces herbes précieuses de l'État, puisque leur suc
« nourrissant, économisé avec sagesse, en alimente le corps! » Le subdélégué, malgré sa bonne volonté, n'obtient pas grand'chose, et on ne lira peut-être pas sans intérêt la lettre qu'il écrivait, avec une certaine hardiesse, le 5 mai suivant. C'est un vivant tableau de Dourdan à cette époque :

« Je ne puis fermer plus longtemps les oreilles au cri général des personnes charitables de Dourdan, qui, depuis quelques mois, se sont épuisées pour secourir quantité de chefs de ménage et pauvres veuves affligées d'une maladie qui paroit se déclarer épidémique. Aujourd'hui que les secours sont épuisés, que la misère est presque à son comble, qu'il est mort depuis trois mois ou environ, 34 grands corps dans la seule paroisse de Saint-Germain, qu'il y a encore jusqu'à trois et quatre malades dans plusieurs ménages sans ressource, je ne puis qu'intéresser la bonté de votre cœur, pour du moins leur faire procurer les remèdes et assistance de chirurgiens, étant dans l'impuissance de frayer à toutes ces dépenses.

« Cette petite ville en général est médiocrement aisée : les charges de toutes espèces que les besoins de l'État font supporter à ses habitants, et qu'ils sont obligés d'acquitter, diminuent d'autant les petites ressources économiques qu'ils employoient avec zèle au soulagement des malheureux. L'imposition arbitraire des *vingtièmes*, sans égard à des réparations accablantes; les reconstructions des presbytères, nefs d'églises, entretien du pavé, défaut intermédiaire de locations, pertes de loyers, diminuent de plus d'un cinquième les revenus des propriétaires des maisons (ce point de fait peut être prouvé année commune). Les charges extraordinaires, non-valeurs, etc., découragent le plus grand nombre. La continuation des dons gratuits, huit sols pour livre sur les droits d'entrée et autres qui y sont assujétis leur laissent à peine le nécessaire pour subvenir à leurs besoins les plus privilégiés et ceux de leur famille. Ces charges multipliées et aggravantes ne leur permettent plus de suivre les impressions de la charité qui les anime, et le menu peuple affligé de maladies ne peut plus subsister sans les secours du gouvernement. J'attends vos ordres pour les leur faire procurer, et cette vertu d'humanité qui vous caractérise est le seul espoir qui leur reste dans l'état actuel des choses (1). »

A cette déchirante supplique, l'intendant répliquait, cinq jours après, par un message de deux lignes, où il autorisait la distribution de secours et de remèdes aux malades, en recommandant « l'économie, » et communiquait, pour toute réponse de l'autorité supérieure, un ordre du contrôleur général aux habitants de Dourdan, d'avoir à solder la somme de 4,195 livres, reliquat sur leurs anciens dons gratuits. Ce qui était triste, ce n'était pas de voir le pays manquer du secours de l'État, mais c'était de songer qu'on avait tout fait pour le mettre dans la nécessité et l'habitude d'y compter.

Nous ne quitterons pas l'Hôtel-Dieu de Dourdan sans dire un mot de ses destinées actuelles (2). La révolution ne sut pas l'épargner. La chapelle, qui avait déjà servi de salle d'assemblée le 16 mars 1789, pour la séance générale des trois ordres du bailliage, à la veille des États, fut convertie, l'an II de la république, en lieu ordinaire des séances de la « Société populaire de Dourdan. » La tribune qui communiquait avec la salle des malades fut murée. Le nom de « Maison d'humanité » remplaça, au-dessus de la porte d'entrée, le titre d'Hôtel-Dieu, et, par une mesure de haute convenance, la maison du chapelain, d'où avaient été expulsés tour à tour le digne abbé Charpentier et son remplaçant assermenté, servit de logement aux filles du district qui venaient faire leurs couches et à la sage-femme qui les gardait.

Le patrimoine de la maison, fruit des bienfaits de plusieurs siècles, ne fut pas respecté : 2,358 francs de rente sur le grand-livre, déjà réduits à 786 fr. comme tiers-consolidé, 814 francs de rentes et de redevances sur des princes, des seigneurs ou des particuliers émigrés ou condamnés, furent confisqués et anéantis; des rentes sur l'Hôtel de Ville de Paris, des actions de la compagnie des Indes furent supprimées et perdues; 34 arpents 90 perches de terre, rapportant 814 francs en 1790, furent sé-

1. Correspondance avec l'intendance. — *Fonds Roger*.
2. Nous ne saurions mieux faire que de renvoyer le lecteur, pour les détails de la période moderne de l'hospice de Dourdan, à l'intéressante notice publiée en 1854 par M. Boivin, alors membre, aujourd'hui président du conseil d'administration.

questrés et vendus en vertu de la loi du 23 messidor an II. En vain, le Consulat et l'Empire cherchèrent-ils à indemniser les hospices, le trésor public était vide, Dourdan reçut une somme insignifiante.

En août 1806, le jour où il passa par Dourdan avec Joséphine, l'empereur donna à l'Hôtel-Dieu le beau linge qu'on y conserve encore. De la Hollande, où il gouvernait au nom du maître, le prince Lebrun n'oubliait pas le pays qu'il aimait, et, en 1812, il écrivait à son notaire de Dourdan de verser chaque mois 300 francs dans la caisse de l'hospice. La fourniture des aliments de la maison de détention, confiée à l'Hôtel-Dieu jusqu'en 1818, procura à l'établissement un surcroît de ressources. Ajoutons qu'il se trouva encore, comme jadis, de généreux donateurs qui se plurent à doter les pauvres, et les noms de Ferry, Thirouin de Saint-Martin, Boivin, Bouteroy, Guenée, etc., sont venus prendre place, à la suite des noms de leurs aïeux, sur la liste des bienfaiteurs de l'Hôtel-Dieu. L'administration, qui avait, elle aussi, subi les modifications des législations nouvelles, géra avec soin le patrimoine qui lui était confié et se trouva secondée par des sœurs dont l'expérience égalait le dévouement (1).

En 1853, les ressources parurent suffisantes pour songer à l'achèvement des bâtiments, et l'aile de gauche fut édifiée sur le modèle de celle de droite, dans l'emplacement de constructions achetées à cet effet. Deux larges salles pouvant contenir chacune douze vieillards infirmes, deux autres plus petites de six lits chacune pour des enfants pauvres et orphelins, y furent installées et soigneusement aménagées, avec un soubassement destiné aux bains, aux distributions de secours, etc. La maison du chapelain reconstruite, les dépendances, buanderie, étable, cellules pour les aliénés, circulation d'eau et de chaleur, etc., achevèrent de compléter un établissement dont la ville est fière à juste titre (2).

Les revenus de la maison sont dans un état prospère, bien que notablement amoindris. La recette ordinaire, constatée par le compte du dernier exercice, est de 18,798 fr. 95 c.

Quarante-huit lits sont offerts aux vieillards infirmes de la commune et aux malades de la ville et des paroisses de Saint-Escobille, Sainte-Mesme, Saint-Arnoult, Saint-Martin et les Granges.

Une commission de cinq membres, présidée par le maire et secondée par le receveur, cinq sœurs de Saint-Vincent de Paul pour le service des malades, un chapelain qui est en même temps vicaire de la paroisse, un

---

1. On nous permettra de donner ici un souvenir à la vénérable sœur Espirac, qui mourut à son poste, le 24 octobre 1850, à l'âge de 88 ans, après avoir été 48 ans supérieure.

2. Dépense évaluée à 65,000 fr. — Première pierre, posée le 18 avril 1853, en présence de MM. Diard, maire; Boivin, Baulot, Guenée, Pyot, Curot, administrateurs. — Sœur Sophie Gigault, supérieure; — Gérard, chapelain. — Architectes: MM. Magne et Bourienne.

médecin expérimenté : voilà l'état actuel de l'Hôtel-Dieu de Dourdan. Dire que chacun remplit et au delà sa mission, c'est chose inutile ; tous le voient, tous le savent, tous l'admirent.

Le *bureau de bienfaisance* fonctionne à côté de l'hospice et complète son œuvre. Il a des ressources qui lui sont propres, et ses revenus s'élèvent actuellement à 11,817 fr.

On peut dire que l'indigence reçoit à Dourdan, plus qu'ailleurs, des secours efficaces et que les grandes misères y sont rares et promptement soulagées. Si nous avons le regret d'avoir encore des pauvres parmi nous, nous avons au moins la consolation de leur offrir quelque assistance, et l'espoir autant que le désir de pouvoir faire pour eux un jour davantage.

CHAPITRE XX

LA MAISON DE LA COMMUNAUTÉ (1).

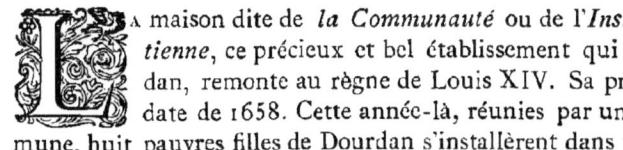

La maison dite de *la Communauté* ou de *l'Instruction chrétienne*, ce précieux et bel établissement qui honore Dourdan, remonte au règne de Louis XIV. Sa première origine date de 1658. Cette année-là, réunies par une pensée commune, huit pauvres filles de Dourdan s'installèrent dans une maison située près de l'église Saint-Germain, rue de la Haute-Foulerie, et ouvrirent pour les petites filles indigentes de la ville une école gratuite. C'était une belle œuvre, car c'était une grande tâche. Agitée par les troubles de la Fronde, ruinée par la guerre de 1652, décimée par la peste, la ville de Dourdan sortait d'une crise terrible; l'éducation de la jeunesse avait été fort négligée, et les bonnes mœurs, dit la tradition, s'en ressentaient.

C'était l'heure de la charité : saint Vincent de Paul venait de traverser la ville; la souffrance avait trouvé des sœurs dans l'hospice régénéré, l'enfance allait avoir les siennes.

Les petites filles de Dourdan vinrent en foule auprès des huit pauvres maîtresses, apprendre à lire, à coudre et à prier Dieu. Le ciel bénit le modeste institut; les leçons de vertu et de travail portèrent leurs fruits, et l'estime publique fut bientôt acquise aux humbles institutrices de la

---

1. Tous les détails de ce chapitre sont tirés des pièces et titres déposés aux archives de Seine-et-Oise, et des papiers conservés par la maison.

rue de la Haute-Foulerie. Elles étaient très-pauvres, encore plus simples, vivant du modique produit du travail de leurs mains et d'un *pensionnat* qui ne pouvait être bien étendu vu l'exiguïté de leur demeure. Pourtant elles faisaient encore l'aumône, et quand leur tâche du jour était finie, elles allaient secrètement visiter et consoler les pauvres malades et leur porter leurs épargnes. Pendant vingt ans, elles accomplirent cette mission avec le même dévouement et la même pauvreté, formant sans bruit une génération nouvelle par leur enseignement et leur exemple (1).

Vers 1678, venait quelquefois à Dourdan ou plutôt à Sainte-Mesme, à la suite de la princesse Marguerite-Louise d'Orléans, grande duchesse de Toscane, une jeune, belle et vertueuse dame nommée Claude Bourion, veuve, avant trente ans, de sieur François Servin, premier chirurgien de feu Gaston, duc d'Orléans. Profondément touchée des mérites et du dévouement des pauvres filles, elle se sentit irrésistiblement attirée vers elles et leur offrit de partager leur œuvre et de leur donner une règle. On sait qu'il n'était pas rare alors de voir des femmes de qualité renoncer au monde et se faire fondatrices de maisons religieuses. Pour ne citer qu'un seul nom, nous rappellerons celui de Madame de Miramion. Madame Servin, devenue supérieure des sœurs de la rue Haute-Foulerie, ne songea plus qu'à étendre l'humble maison près de l'église, évidemment trop restreinte. Elle se rendit à Blois, vendit le riche mobilier et tous les biens qu'elle tenait de la libéralité de la maison d'Orléans, et, de retour à Dourdan, acheta, par contrat passé devant Isaac Rousseau, le 20 juillet 1693, de Paul de la Barre, seigneur de Groslieu, un grand corps de bâtiment avec plusieurs dépendances et un jardin, situé au bas de la rue d'Authon. Dès le mois d'octobre de la même année, la communauté s'y installa et son établissement fut entouré de toutes les formes civiles et religieuses requises pour la création d'un ordre nouveau. Approuvée solennellement par l'évêque de Chartres, le pieux et savant Godet des Marais (1er déc. 1696), par le duc d'Orléans (20 nov. 1697), la maison des *Sœurs de l'Instruction chrétienne* obtint du roi Louis XIV, par lettres patentes datées de Versailles, juillet 1697 (2), tous droits de

1. Les noms de ces dignes filles ont été conservés à la reconnaissance des Dourdanais par les lettres patentes de Louis XIV ; nous ne les omettrons point ici : Perine Rousseau, Claude Le Longe, Marguerite Bédier, Elisabeth Loreille, Marie Pinguenet, Anne Rossignol, Catherine Duperray.

2. Enregistrées au parlement, le 24 janv. 1699.—Par arrêt du 2 septembre 1698, il avait été préalablement fait une enquête auprès des officiers et habitants de Dourdan pour avoir leur consentement, et il est assez curieux de lire leur avis. Tous sont d'accord sur la grande utilité de l'institution, mais onze notables sur vingt voudraient limiter le droit d'acquisition des nouvelles sœurs au quadrilatère qu'elles occupent, « attendu le peu d'étendue de la ville et le grand nombre d'habitants qui y résident. » Ils réclament l'immixtion administrative des autorités locales, et surtout veulent être assurés contre le monopole de l'enseignement. Le parlement, par une clause addi-

posséder et d'acquérir, amortissement général, protection et sauvegarde.

D'après le règlement rédigé par madame Servin, il y avait dans la nouvelle maison deux classes bien distinctes qui subsistent encore : l'une pour les pensionnaires que la réputation de l'établissement avait attirées de fort loin et en grand nombre; l'autre, non moins bien tenue, pour l'instruction gratuite de toutes les petites filles pauvres de la ville, auxquelles des maîtresses choisies apprenaient, comme aux pensionnaires, à lire, écrire, calculer, prier Dieu et travailler. Ce travail consistait à coudre, filer, broder, faire de la dentelle et surtout des bas, des gants, des mitaines et des bourses à l'aiguille, en laine, fil, coton ou soie (1).

La charitable supérieure consacra toute sa fortune et les dernières années de sa vie à étendre, à doter largement la maison de la rue d'Authon. Elle y fit faire une chapelle sous l'invocation de saint Joseph. Par contrats de 1697, 1701, 1702, 1709, elle acheta, par petits lots, de plusieurs particuliers, des terrains qui agrandissaient son jardin et le prolongeaient jusqu'au delà des remparts de la ville, au lieu dit *la Teste aux Maures*. Monsieur André Le Camus étant venu à mourir, elle acquit de ses héritiers (14 juin 1719) une petite ferme et un grand clos au faubourg du Puits-des-Champs, avec une foule de parcelles de terre aux champtiers du Madre, d'Oiselet, de Châtillon, de Normont, de Louye, etc. (2), dont le revenu assurait l'entretien et l'indépendance de la fondation. Par consentement des habitants du 12 juillet 1706 et lettres patentes du 19 juin 1707, elle avait obtenu la suppression et la clôture de la rue ou *chemin d'Authon* qui coupait en deux le terrain de la communauté. Non contente d'avoir donné à son ordre, par contrat du 8 septembre 1696 devant Claude Michau, la grande maison de la rue d'Authon, elle fit, par acte de donation entre-vifs (8 janvier 1706), abandon de tous ses biens à ses compagnes (3), réservant seulement une pension viagère de 50 livres pour son fils François Servin, religieux du prieuré de Louye, qui, non loin de sa mère, s'était consacré à Dieu.

<small>tionnelle, fait droit à ce dernier vœu, mais enregistre purement et simplement pour le reste les lettres du roi.

1. Quant aux sœurs, leur vœu était simple et annuel. La supérieure était nommée à l'élection tous les trois ans, et ne pouvait être réélue plus de deux fois. Un supérieur ecclésiastique, choisi par l'évêque, administrait le temporel. La règle était, d'ailleurs, celle de saint Augustin.

2. Déclaration censuelle faite le 18 juillet 1781 au comté de Dourdan par Marie-Angélique Gaudry, sœur de la Passion, *supérieure;* Catherine Chantaloue, *assistante;* sœur Sainte-Claire, *dépositaire;* Marie-Anne Boivin, sœur Sainte-Rosalie, *économe;* par-devant Mᵉ Héroux, notaire à Dourdan. — Conservée aujourd'hui en l'étude de Mᵉ Ortiguier.

3. Aux sœurs primitives étaient venues s'adjoindre de nouvelles recrues dont les noms sont connus dans le pays : Anne Racineau, Louise Ravineau, Marie-Thérèse Pavart, Marie-Louise Yvon, Françoise Bajou, etc.</small>

Vieille et honorée, la respectable dame Servin achevait sa vie au milieu de ses bonnes sœurs et de ses chères élèves; les habitants de Dourdan aimaient à la voir avec ses religieuses assister dévotement à tous les offices de la paroisse Saint-Germain, dans son banc modestement placé au bas de la nef, devant la première arcade à gauche, tout auprès des anciens fonts baptismaux (1). Elle portait, comme ses sœurs, le costume entièrement noir choisi par elle et en tout conforme à celui qu'avait adopté la reine mère Anne d'Autriche : robe d'étamine ou de voile, bonnet de gaze noire, fichu et grande coiffe de taffetas noir, avec une petite croix d'or (2). Elle s'éteignit en odeur de sainteté, le 25 septembre 1723, à l'âge de soixante-quatorze ans, consolée par le vieil abbé Mayol, vénérable prêtre qui était attaché comme chapelain à la maison (3).

Pendant un siècle, les filles de l'Instruction chrétienne continuèrent tranquillement leur tâche (4). Fondée en octobre 1693, la maison de la rue d'Authon était bouleversée en octobre 1792. Par ordre émané du comité révolutionnaire établi à Dourdan, Mme Gaudry et ses sœurs durent précipitamment quitter leur asile, dont l'oratoire avait déjà été dépouillé de ses ornements et de ses vases sacrés. Sauvant à grand'peine quelques lits, quelques meubles et un peu de linge, obligées de quitter leur habit religieux, les pauvres filles se cachèrent. Quelques-unes essayèrent d'ouvrir de petites écoles particulières, mais, visitées et suspectées comme mauvaises institutrices « républicaines, » elles durent se disperser.

Leurs biens, séquestrés d'abord, furent vendus. Deux pièces de bois (environ 6 hectares) qui leur appartenaient furent réunies aux forêts de

1. Concessions de banc, d'octobre 1703.—*Archives de l'Église.*
2. On conserve à la communauté un pastel où Mme Servin est représentée sous ce costume qui encadre fort bien sa noble et intelligente figure.
3. A la mort de l'abbé Mayol, la supérieure, dame Marie-Thérèse Caron, sœur Saint-Bernard, avec dix autres sœurs, tiennent chapitre pour accepter comme chapelain le cinquième vicaire que la paroisse offre de prendre pour faire les petites écoles, à la charge que ces dames lui donneront par an 161 livres 16 sols.—*Archives de l'Église.*
4. On vit tour à tour se succéder, comme supérieures, de modestes femmes dont les noms ont été honorés par plusieurs générations : Anne Rémi, *sœur de la Passion.* Madeleine Bouvin, *sœur Saint-Claude.*— Thérèse Caron, *sœur Saint-Bernard.*—Anne Bosseau, *sœur du Calvaire.*—Marguerite Marville, *sœur Sainte-Cécile.*—Marie Raoul, *sœur Saint-Joseph.* — Angélique Gaudry, *sœur de la Passion.* Des jeunes filles de la meilleure bourgeoisie de la ville, Mlles Lequeux, Le Camus, etc., furent sœurs de l'Instruction chrétienne. De nobles dames, reçues à titre de pensionnaires, finirent leurs jours dans la maison, et des donations, qui d'ailleurs ne furent jamais bien considérables, aidèrent la communauté à fournir sa tâche. Dès 1697, l'évêque de Chartres avait attribué aux sœurs de Dourdan un legs qui lui avait été fait par Mlle Marie de Mainville, d'une petite rente et d'une maison dite *l'Hermitage*, à Saint-Martin-de-Bretencourt, destinées à l'entretien d'une institutrice, et deux sœurs avaient été détachées à cet effet. — Les ducs d'Orléans voulurent faire quelque chose pour les pieuses filles de la rue d'Authon, et leur concédèrent six cordes de bois à prendre chaque année dans la forêt (17 mai 1743).

l'État, et leur maison conventuelle, transformée en bureaux par l'administration du directoire du district de Dourdan, servit peu après de caserne à la compagnie de vétérans détachée pour la garde de la maison de force.

Quand l'orage fut passé et qu'on sentit le besoin de reconstituer l'enseignement de la jeunesse, le souvenir des anciennes institutrices se raviva dans le cœur des mères de famille, et c'est vers elles qu'on se tourna. Grâce à l'initiative de M. Dauvigny, maire de la ville, et à la protection dévouée du consul Lebrun, l'ancien représentant, l'habitant et l'ami fidèle de Dourdan, les sœurs de l'Instruction chrétienne, réduites de vingt-quatre à dix, furent installées, aux frais de la ville, dans une maison de la rue Traversière (1). Dès le 8 août 1803 (an XI) l'ancienne supérieure, Mme Gaudry, sœur de la Passion, assistée de la vieille sœur Sainte-Avoye, avait la joie de reprendre elle-même son œuvre interrompue. L'architrésorier, infatigable et puissant avocat des bonnes sœurs, obtenait de l'empereur un décret d'autorisation provisoire (5 septembre 1806); — un second décret, daté du camp de Varsovie, qui leur rendait leur maison de la rue d'Authon (25 janvier 1807); — un troisième décret, signé au camp de Schœnbrunn, qui leur restituait leurs deux pièces de bois (6 août 1809). — Le 16 mai 1808, la communauté rentrait dans la maison de Mme Servin, singulièrement délabrée depuis quinze années.

Les jeunes élèves revinrent à l'école où leurs mères avaient été élevées, et pendant l'empire et la restauration la prospérité morale de l'établissement n'eût rien laissé à désirer, si des embarras matériels ne fussent venus compromettre son existence. Avec les vieilles sœurs, les anciennes traditions d'ordre et d'économie s'étaient perdues. La maison, obérée de près de quatorze mille francs de dettes, ne put se soutenir, les sœurs de l'Instruction chrétienne se dispersèrent, et l'ordre fondé par Mme Servin s'éteignit. C'est alors que les *sœurs de Saint-Paul*, dites sœurs de Saint-Maurice de Chartres (2), reprirent à la fois, en 1835, le pensionnat et l'école gratuite, auxquels vint s'adjoindre, à la sollicitation des dames de Dourdan, une *salle d'asile* dont les frais d'appropriation furent sup-

---

1. Qu'avait habitée le docteur Talibon. La ville payait un loyer de 300 fr., auquel M. Lebrun ajoutait 400 fr.—Les habitants exprimèrent leur reconnaissance au maire et au consul, par délibération du conseil municipal du 26 pluviôse an XII (1804).

2. L'institution des *sœurs de Saint-Paul* de Chartres remonte précisément aussi au xviie siècle, et au pieux évêque Godet des Marais. Primitivement dotées par le célèbre Nicole et réunies par Mlle Tilly d'Allaines, elles s'établirent à Chartres dans le faubourg Saint-Maurice, dont elles prirent d'abord le nom, et, joignant à l'enseignement le service des hôpitaux, elles prospérèrent rapidement. « Elles occupent maintenant « l'ancien monastère des Jacobins, dont les bâtiments ont été relevés et agrandis. C'est « de cette maison mère que les héroïques filles de Saint-Paul vont porter jusqu'aux « extrémités du monde les trésors de leur charité. »—De Lépinois, *Histoire de Chartres*, t. II, p. 540.

portés par la ville et par de charitables donateurs au nombre desquels figurent les membres de la famille royale. Les bois servirent à solder les dettes de l'établissement. Le domaine consentit à vendre à prix d'estimation la maison de la communauté à la ville de Dourdan, autorisée pour cet achat par une ordonnance du 12 octobre 1845, et la ville de Dourdan à son tour, par suite d'un nouveau décret d'autorisation du 26 janvier 1854, céda cette maison aux sœurs de Saint-Paul, qui en sont aujourd'hui propriétaires et ont pu, grâce au riche legs fait à leur ordre par M. de Talaru, affecter une somme importante à des réparations et à des agrandissements considérables.

La communauté de Dourdan, avec ses trois institutions distinctes et réunies, pensionnat, école communale, salle d'asile, est un établissement de premier ordre dont une grande ville pourrait s'enorgueillir. La salle d'asile ouvre chaque jour à cent vingt petits enfants un maternel abri et le touchant enseignement d'une sœur qui, depuis de longues années, est pour eux prodigue de dévouement. L'école communale compte cinquante jeunes filles et le pensionnat atteint le chiffre de cent-vingt élèves, tant internes qu'externes. Les sœurs de Saint-Paul, dignes héritières des anciennes sœurs de Mme Servin, ont mérité de la ville de Dourdan un double tribut de confiance et de gratitude, car leur œuvre est féconde, et dans la contrée on aime à citer, à divers degrés de la fortune, toute une génération de vertueuses femmes et de bonnes mères, instruites par leurs leçons et formées par leurs exemples.

CHAPITRE XXI

LE CHATEAU DE REGNARD A GRILLON
ET LA MAISON DU PARTERRE A DOURDAN.

I.

RILLON, nous l'avons dit, est à la porte de la ville. C'est encore Dourdan. Nous avons esquissé l'histoire de cet ancien fief(1), mais nous avons promis à nos lecteurs de les y ramener pour y faire une visite au célèbre personnage qui en était propriétaire durant les dix premières années du dernier siècle.

Il y avait, à cette époque extrême du siècle de Louis XIV, période pleine de convention, de lassitude et de contrainte, un homme qui savait égayer ses contemporains. Il les scandalisait bien un peu par la peinture de mœurs fort équivoques, mais ces mœurs avaient déjà cours à huis clos, et n'attendaient que la Régence pour s'étaler au grand jour. Facile dans ses écrits, il l'était lui-même dans sa vie. Il avait ri avant de faire rire. On riait, on rit encore avec lui. Né dans le même quartier que Molière, sous les piliers des halles, le 7 février 1655 (2), d'un père bon bourgeois, riche marchand de salines, *Jean-François Regnard*, indépendant de position et de caractère, avait promené par le monde sa jeunesse aventureuse, dont le récit est un mystérieux roman. Intrigue galante, voyage sur mer, corsaire, esclavage en Turquie, liberté reconquise par des talents culinaires et des tours à la Gil-Blas, escapade

---

1. Voir chapitre XIII, § 3, p. 141.
2. Voir, sur l'époque controversée de la naissance de Regnard, la lettre du sagace commissaire de police Beffara.—*Œuvres de Regnard*, édit de Crapelet, 1822, in-8.

au pôle à travers la Hollande, la Suède et la Laponie : c'était assez, si l'on ajoute quelques bouffonnes parades italiennes, quelques gais proverbes en prose et une risible escarmouche avec le vieux Boileau, pour être à quarante ans l'homme curieux et connu dont plus d'un prince allait savourer, rue de Richelieu, l'intarissable esprit et la bonne table. Avec le *Joueur* (1696) et le *Distrait* (1697), la grande comédie en vers avait commencé, et Regnard avait pris place à la suite de Molière.

Dans une partie de chasse faite en compagnie de ses nobles amis pendant un séjour à Bâville chez le président de Lamoignon, ou à l'occasion d'une visite à la famille de l'acteur et auteur Poisson, qui habitait Roinville (1), Regnard rencontra Dourdan. Un jour, durant un orage, sur un rocher de la Baltique, le jeune voyageur, un instant philosophe, « avait jeté la vue sur les agitations de *sa* vie passée... et conçu que tout « cela était directement opposé à la société de la vie qui consiste unique- « ment dans le repos, et que cette tranquillité d'âme si heureuse se trouve « dans une douce profession qui nous arrête, comme l'ancre fait un vais- « seau retenu au milieu de la tempête (2). » Dourdan, sa paisible vallée, apparurent-ils au poëte comme le port qu'il avait rêvé? La charge de lieutenant des eaux et forêts et des chasses de Dourdan était à vendre, il l'acheta, et le 22 juillet 1699 il acquit la terre de Grillon de la veuve de maître Estienne le Large, contrôleur général de la maison de S. A. R. la duchesse d'Orléans.

Regnard acheta Grillon 18,000 livres. Il paya comptant 8,000 livres et, pour le reste, fit à la veuve une rente de 500 livres.

Gâcon, *le poëte sans fard*, a fait du château de Grillon une description que la magie des vers ne rend pas suspecte. Le lecteur en jugera :

> Après avoir dormi la grasse matinée,
> On y vient de Paris dans la même journée,
> Et le soleil couchant, un galant pavillon
> Annonce au voyageur la terre de Grillon.
> Le bâtiment, construit d'une légère brique,
> Se trouve en même temps commode et magnifique ;
> Un salon le partage, et de chaque côté
> Laisse voir un pays dont l'œil est enchanté :
> Ici c'est un lointain où la simple nature,
> Dans sa diversité se montrant toute pure,
> Présente aux spectateurs des vallons, des coteaux
> Et des bergers paissant d'innombrables troupeaux.
> Sur la droite un parterre, au château faisant face,
> Orne de maint arbuste une longue terrasse.

1. Raymond Poisson, mort à Paris en 1690, et après lui son fils et ses petits-fils, à la fois auteurs et acteurs, divertirent le siècle par leur verve comique et leurs rôles de *Crispins*, où ils excellaient. François-Arnoul, petit-fils de Raymond, s'appelait *Poisson de Roinville*.

2. *Voyage en Laponie*.

> La rivière au-dessus, d'un cours toujours égal,
> Remplit jusqu'au gazon les bords de son canal,
> Et ses eaux, retombant au bout d'une esplanade,
> Au-devant du perron forment une cascade....
> Une haute futaie, une longue avenue
> Augmentent les appas de cette aimable vue,
> Dont le riant aspect et l'agréable plan
> Se terminent enfin aux clochers de Dourdan (1).

Prose pour prose, l'acte de vente que nous avons découvert est au moins aussi instructif. On y voit : La *maison* de Grillon, bâtie nouvellement en 1676, consistant en un pavillon de briques, couvert d'ardoises, avec un perron à deux rampes; une grande cour avec un autre petit pavillon couvert de tuiles servant de fournil. Jardin devant et derrière la maison, jardins de buis plantés en parterre, arbres fruitiers, arbrisseaux, carrés en potager. Vivier derrière et à côté du plus petit desdits jardins. Basse-cour, avec écurie, vacherie, bergeries, grande grange avec colombier; le tout situé sur la rivière d'Orge. Des deux côtés de la maison, deux avenues plantées l'une de charmes, l'autre de saules. — Le *moulin* de Grillon situé sur la rivière au bout des aunaies de Grillon; les terres, prés, bois et pâturages qui en dépendent : petite garenne de bois taillis, aunaies, chenevière; pièce de 86 arpents devant la porte de la maison;— le tout faisant environ 124 arpents (2).

Quant au paysage, on ne saurait en rêver en effet de plus calme : une longue vallée, un modeste cours d'eau, des moissons, des prés, des pentes cultivées, des coteaux couronnés d'un côté par la forêt de Dourdan, de l'autre par les bois de Louye. Au couchant, le détour de la vallée de Sainte-Mesme; au levant, la ville de Dourdan, ses maisons étagées, sa vieille tour et ses grands clochers.

Regnard, seigneur féodal, avait des vassaux. Quelques braves paysans étaient ses censitaires; mais lui-même relevait du seigneur du Marais, et dès le 1er décembre 1699 il rendit foi et hommage à Me Charles Hurault pour la seigneurie et le moulin de Grillon (3). Pour une autre portion, il était sous la censive du prieur de la paroisse Saint-Pierre. Il y avait encore un demi-quartier de pré pour lequel revenaient à la fabrique Saint-Germain 9 sols parisis de rente foncière, le jour de la Saint-Remy ; et Regnard en passa solennellement une reconnaissance le 6 juillet 1700 (4).

1. Gacon, *le poëte sans fard*, épître xviii, à MM. de Clerville et Rongeault. 1701, p. 176.
2. Archives du château du Marais.
3. Archives du Marais.
4. *Archives de l'église Saint-Germain.* — « Fut présent, par-devant François-Guillaume de l'Hospital, marquis de Sainte-Mesme, bailli des ville, bailliage et comté de Dourdan : Jean-François Regnard, ancien trésorier de France, conseiller du roy et de S. A. R. Monsieur, lieutenant en la maîtrise des eaux et forêts de Dourdan,

En règle avec ses voisins, Regnard s'occupa de conduire gaiement sa vie. Il avait quarante-quatre ans, plus de fortune que n'en ont d'ordinaire les poëtes, une philosophie de *cynique mitigé* qui lui permettait d'aimer à la fois le plaisir, l'étude, les copieux soupers, les délicats festins de l'esprit, les gaillards compagnons et la bonne société. Grillon devint, en peu de temps, le rendez-vous de la jeunesse spirituelle et élégante des environs. M. de Lamoignon y venait familièrement et amenait avec lui la foule toujours renouvelée des aimables et nobles invités de Bâville. Regnard avait plus d'un agrément à offrir à ses hôtes : comme lieutenant des eaux et forêts, il était le maître et le guide des belles chasses des environs. Le marquis d'Effiat, gouverneur de la ville et château de Dourdan, séjournait quelquefois jusqu'à quinze jours de suite à Grillon pour courre le cerf. En passant le soir sur le chemin de Sainte-Mesme on pouvait entendre, derrière les murs des communs, les aboiements des meutes se mêler aux joyeux rires et aux accords des violons. Car on faisait de la musique chez le poëte, et de la musique exquise. Deux demoiselles de ses amies, des plus belles, dit un contemporain, et des plus spirituelles, « qui ont fait « longtemps l'ornement des spectacles et des promenades de Paris, » Mlles Loyson, musiciennes excellentes, passaient là les beaux jours et faisaient les honneurs du lieu. Regnard a peint la vie de Grillon dans *Le Mariage de la Folie*, où, sous le nom de Clitandre, il reçoit les compliments de son ami Éraste :

> De tous les environs la brillante jeunesse
> A te faire la cour donne tous ses loisirs :
> Tu la reçois avec noblesse,
> Grand'chère, vins délicieux,
> Belle maison, liberté tout entière,
> Bals, concerts, enfin tout ce qui peut satisfaire

demeurant à Paris, proche et hors la porte de Richelieu, estant de présent en son chasteau de Grillon, paroisse de S. Germain de Dourdan, lequel a reconnu et confessé estre tenant, détempteur, propriétaire et pocesseur d'un demy quartier de pré scize proche le moullin de Grillon, tenant des deux costez et des deux bouts à luy à cause dudict moullin de Grillon, comme ayant acquis ledict moullin avec le chasteau dudict lieu et deppendances, de damoiselle Marguerite de Bonnière, veuve de deffunt messire Estienne Lelarge de Rays, vivant conseiller du roy et de S. A. R., maistre des requestes du conseil de sadicte Altesse royale, et sçayt de vray que l'œuvre de la fabrique de S. Germain dudict Dourdan a droict de prendre et percevoir, par chacun an, le jour de S. Remy, 9 sols parisis de rente fontière, qui font unze sols 3 deniers, au moyen du bail et adjudication dudict demy quartier de pré qui a esté faict en ce bailliage par les marguilliers de ladicte fabrique, en présence et du consentement des maire et échevins de la ville de Dourdan, et de M. le procureur du roy audict bailliage, à messire Guillaume Dugué, cy-devant propriétaire dudict moullin de Grillon, en date du 8 may 1565. Il s'oblige à payer la rente, dont la première année écherra la S. Rémy prochain 1700. — Faict au chasteau de Grillon, après midi, le 6 juillet 1700, en présence de maistre Denis Mallard, pratitien, et Fr. Roger, tailleur d'habits, demeurant à Dourdan, et ont signé avec eux Regnard et Rousseau, notaire. »

> Le goût, les oreilles, les yeux ;
> Ici le moindre domestique
> A du talent pour la musique.
> ....Les hôtes même, en entrant au château,
> Semblent du maître épouser le génie.
> Toujours société choisie ;
> Et ce qui me paraît surprenant et nouveau,
> Grand monde et bonne compagnie (1).

Si Regnard s'amusait à Grillon, il y travaillait beaucoup. Jetant, de sa retraite, un coup d'œil railleur sur le monde plus ou moins corrompu de son siècle, il continuait à en peindre les mœurs dans une suite d'œuvres comiques. Trop peu moral pour être moraliste, il ne s'avisait pas de donner des leçons, il ne flétrissait aucun travers. En ce sens, il restait bien au-dessous de Molière, son maître, dont le masque a un côté sérieux, tandis que celui de Regnard rit toujours et ne sait réellement faire que cela — si franchement, à la vérité, et de si bon cœur, qu'on a quelque peine à s'en formaliser. Du cabinet de Grillon, dont on cherche vainement la place aujourd'hui dans l'herbe des prés, et où Regnard avait pendu, dit-on, ses chaînes de captif qui lui rappelaient peut-être celles de la belle Elvire, sont sorties successivement les pièces que tout Paris applaudissait :

Démocrite — cinq actes, en vers, joué pour la première fois le 12 janvier 1700.

Le Retour imprévu — un acte, en prose — 11 février 1700.

Les Folies amoureuses — trois actes, en vers, précédés d'un prologue en vers libres et suivis d'un divertissement intitulé *le Mariage de la Folie* — 15 janv. 1704. — Le plus gai des morceaux du répertoire, celui qu'on reprend le plus volontiers encore aujourd'hui.

Les Ménechmes ou les Jumeaux — cinq actes, en vers, avec prologue en vers libres — 4 déc. 1705.

Le Légataire universel — cinq actes, en vers — 9 janvier 1708. — Chef-d'œuvre d'entrain et d'esprit, mais d'une morale aussi peu scrupuleuse que possible.

La Critique du légataire — un acte, en prose — 19 fév. 1708. — Justification que l'auteur crut devoir faire de son œuvre auprès d'un public qui éprouvait quelques scrupules à goûter des personnages aussi effrontés.

C'est encore là que Regnard composa le récit des curieux voyages qu'il avait faits à l'âge de vingt-six ans, en compagnie de ses deux jeunes

---

1. Dufresny, le spirituel auteur, venait, dit-on, quelquefois. M. Febvé a fait jouer au Vaudeville, 13 février 1808, et imprimer la même année : *Regnard et Dufresny à Grillon, ou la Satire contre les maris*, vaudeville en un acte qualifié *fait historique*, mais plein d'anachronismes.

amis, MM. de Corberon et de Fercourt, en Hollande, en Suède et en Laponie. L'auteur, comme il le dit, « s'était frotté à l'essieu du pôle, » y laissant une inscription latine restée célèbre; il était revenu par la Pologne et par l'Allemagne et, tout en badinant, avait fort bien vu, fort bien retenu toutes choses et mêlé à de sceptiques railleries des observations justes et souvent scientifiques.

Dix années s'écoulèrent ainsi. Regnard avait pris pied dans le pays. Il était devenu « capitaine » du château de Dourdan et le roi venait de le pourvoir de la charge de « bailli d'épée » au siège royal de Dourdan, en remplacement du comte de l'Hospital. Regnard avait dépassé la cinquantaine : si son esprit ne s'alourdissait pas, sa corpulence augmentait, et quand on le voyait sortir dans sa voiture, par une des belles avenues de Grillon, on se rappelait le valet du *Joueur*, disant dans son rêve de fortune :

> J'aurais un bon carrosse à ressorts bien liants ;
> De ma rotondité j'emplirais le dedans....

Il est vrai que Regnard aimait passionnément la chasse et prenait souvent un violent exercice en courant la forêt. Mais, non moins violemment altéré, il criait au retour comme Crispin :

> Bonne chère, grand feu ! que la cave enfoncée
> Me fournisse, à pleins brocs, une liqueur aisée !

Si la philosophie est une science hygiénique, ce n'est pas positivement celle de la secte d'Épicure. Regnard a beau vanter son régime :

> Je me suis fait une façon de vie
> A qui les souverains pourraient porter envie ;
> Faire tout ce qu'on veut, vivre exempt de chagrin,
> Ne se rien refuser, voilà tout mon système,
> Et de mes jours ainsi j'attraperai la fin.

Ce fut la mort qui l'attrapa. Il finit subitement le 4 septembre 1709. Voltaire prétend qu'il mourut de chagrin : il paraît que ce fut d'une indigestion. En digne héritier de Molière, il croyait peu aux médecins. Un jour, vers la fin de la belle saison, se sentant incommodé après un copieux repas, il demanda, dit-on, à un de ses paysans quelles drogues il employait pour purger ses chevaux, et les envoyant chercher à Dourdan, il les avala. Saisi de douleurs aiguës, il serait mort suffoqué dans les bras de ses valets. Suivant une version réputée plus croyable, il prit une médecine après laquelle il eut l'imprudence d'aller à la chasse, et de boire au retour, tout en sueur, un grand verre d'eau à la glace. Nous sommes témoin que, dans le pays, la tradition de la médecine de cheval a persisté. Ce serait, il faut en convenir, une dernière bouffonnerie.

Le jeudi 5 septembre eurent lieu à Dourdan les obsèques de Regnard, qui fut enterré au milieu de la chapelle de la Vierge de l'église Saint-Germain sa paroisse, en présence du curé, l'abbé Titon, qu'on avait envoyé chercher en toute hâte. Voici son acte d'inhumation tel qu'il a été conservé sur le registre des sépultures de Saint-Germain (1) :

« L'an de grâce mil sept cent neuf, le cinq septembre, a été inhumé, au milieu de la chapelle de la Vierge de cette église, le corps de maître Jean-François Regnard, après avoir reçu le dernier sacrement de l'Église : cy devant conseiller du roy, trésorier de France à Paris ; et depuis lieutenant des eaux et forêts en la maîtrise de Dourdan, capitaine du château dudit lieu et pourvu par le roy de la charge de bailli au siége roïal de Dourdan ; âgé de soixante et deux ans, — en présence de monsieur maître Charles Marcadé, conseiller du roy, maître ordinaire en sa chambre des comptes à Paris, neveu du défunt ; de monsieur Pierre Vedye, conseiller du roy, son lieutenant général civil, criminel et de police au siége roïal de Dourdan, et de monsieur Michau, conseiller du roy, lieutenant de la maîtrise au dit Dourdan, qui ont signé avec nous prieur-curé de Saint-Germain du dit Dourdan.

(*Et ont signé* :)
« VEDYE, MARCADÉ, MICHAU, TITON. »

En marge du registre est écrit :
« Enterrement de M. Regnard, né à Paris en 1647. »
A la table on lit :
« Jean-François Regnard, *garçon, fameux poëte.* »

Voilà tout l'éloge biographique — il est assez piquant d'ailleurs — que Regnard a reçu jusqu'ici dans la localité. On chercherait en vain dans la chapelle de la Vierge de Saint-Germain une pierre ou un mausolée. Bien que Regnard ait été un très-médiocre paroissien, nous comptons réclamer et pensons obtenir, puisqu'on restaure l'église, une petite inscription reproduisant au moins l'acte de décès qu'on vient de lire.

Le château de Grillon fut vendu, et c'est encore à un acte de notaire que nous empruntons un dernier détail qui intéressera peut-être ceux qui se donnent tant de peine pour arriver à connaître la famille de Regnard.

Les héritiers, qui avaient accepté la succession « sous bénéfice d'inventaire, » se hâtèrent de céder (le 13 mars 1710) la maison, le moulin et les terres de Grillon pour 21,000 livres et le mobilier pour 2,000. Nous voyons figurer dans le contrat de vente :

La sœur de Regnard : dame *Jeanne Regnard*, veuve de Pierre Marcadé, conseiller, secrétaire du roi.

Ses neveux et nièces : *Pierre Bellavoine*, et *Marthe Bellavoine*, femme de Sr Clapisson d'Ullin, seigneur de Chartrettes, fils et fille d'*Anne*

---

1. Une copie de cet acte fut envoyée le 1er juin 1821, par M. Moulin, maire de Dourdan, à Beffara, qui l'avait demandée. Le patient investigateur a prouvé que Regnard était né non pas en 1647, mais le 8 février 1655, et que, par conséquent, il était mort non pas à 62 ans, mais à 54 ans 6 mois 27 jours.

Regnard, femme de Pierre Bellavoine, juge des consuls de la ville de Paris. — *Louis Marcadé*, avocat au parlement, fils de *Marthe Regnard*, femme de Siméon Marcadé, bourgeois de Paris (1).

C'est le marquis de Magny, fils du célèbre antiquaire et administrateur M. Foucault, qui acheta Grillon. Si le lecteur veut tourner quelques feuillets de ce livre, il verra comment, par une bizarre destinée, la maison du poëte tomba entre les mains d'un autre personnage, poëte aussi à ses heures, et comment l'architrésorier, prince Lebrun, duc de Plaisance, traduisit l'*Iliade* et la *Jérusalem délivrée* dans le cabinet du comique Regnard.

II.

Vers 1725, Michel-Jacques Lévy, conseiller du roi, trésorier-payeur de la Chambre des Comptes, bailli des bailliage et comté de Dourdan, entreprit de se créer dans la ville une habitation digne de sa grande fortune. Il venait d'acheter en 1723, de messire Élie-Guillaume de l'Hospital, comte de Sainte-Mesme, la terre de *Rouillon* avec ses arrière-fiefs de Semont, Liphard, le Moulin-Grousteau, Cens-Boursier, les Jorias, etc., qui enveloppaient dans leur censive une grande partie de la ville, et principalement les quartiers de Saint-Pierre et d'Étampes et les champtiers situés au levant de Dourdan. M. Lévy était devenu, en fait, le véritable seigneur de Dourdan. Comme étendue et importance, sa censive et sa justice ne le cédaient en rien à celles du duc d'Orléans. Il tenait de sa famille des maisons et des terrains derrière l'église et la porte Saint-Pierre (2). On ne pouvait souhaiter une plus agréable situation ni un plus bel horizon ; c'est là qu'il fit élever sa demeure.

La principale façade, tournée au levant et s'appuyant d'un bout à la sacristie de l'église Saint-Pierre, se composait, suivant le goût du temps, d'un pavillon central couvert d'ardoises et de deux avant-corps surmontés d'une terrasse à l'italienne, avec balustres de pierre. De beaux vases sculptés et garnis de fleurs décoraient ces balcons ; un grand salon à deux cheminées occupait le centre au rez-de-chaussée. Une aile en retour, faisant face au midi, se terminait par une des tourelles de la porte Saint-Pierre, dont le toit pointu et élevé faisait pendant au clocher de l'église qui semblait être la chapelle du château (3). Une esplanade en ter-

---

1. Archives du Marais.
2. Déclarations de Jean-Baptiste Lévy du 31 octobre 1684, et de Jacques Chevallier et Mathurin Cordille du 16 octobre 1683.
3. La façade du levant mesure 18 toises 2 pieds, celle du midi 13 toises.

rasse régnait devant les bâtiments, soutenue par le mur de la ville, qui d'un bout à l'autre coupait la propriété et séparait l'habitation des jardins. C'était pour M. Lévy une très-fâcheuse servitude ; il sut trouver le moyen de s'en affranchir. Le siége de la justice de Rouillon, installé dans l'intérieur de la ville, offusquait le duc d'Orléans. Ce fut l'occasion d'un échange de bons procédés. M. Lévy transporta sa justice hors des murs, et le duc d'Orléans lui concéda, moyennant un sol de rente par toise, les cinquante-sept toises de mur qui le gênaient, avec le droit de faire un parapet à hauteur d'appui. En dehors du mur, régnait le fossé de la ville, de trois toises de large, dans lequel passait le chemin montant de la rue Grousteau à la porte Saint-Pierre. Concession en fut également faite à M. Lévy, et, comme c'était barrer le chemin qui menait aux fontaines Saint-Pierre et Grousteau, il s'engagea à donner au faubourg Saint-Pierre la jouissance du puits de sa basse-cour. Quant au rempart de neuf pieds de large qui courait à l'intérieur du mur, le duc d'Orléans le concédait avec le reste, à la condition de livrer passage au besoin pour faire la ronde. M. Lévy devenait ainsi seul maître sur son terrain, en enclavant une portion du périmètre de la ville et en interceptant la communication de deux quartiers.

Des héritages appartenant à la fabrique Saint-Pierre occupaient une partie de l'emplacement dont M. Lévy voulait faire son parc ; il les acheta (1). La *rue des Bordes*, qui de la porte Saint-Pierre gagnait le carrefour de la Croix-Rouge, était un voisinage incommode ; elle fut acquise maison par maison, supprimée et remplacée par une belle avenue d'ormes. Exécuté, dit-on, d'après un dessin laissé par Lenôtre, le parc s'encadra tout naturellement dans le vaste et charmant paysage qui le domine de toutes parts. Au premier plan, de hauts pilastres de grès partageaient l'horizon. Un grand parterre formé de gazons bordés de plates-bandes de fleurs s'étendait au-dessous de la terrasse. Des ifs bizarrement taillés, comme on le faisait alors, s'échelonnaient symétriquement jusqu'au rond-point central d'où partaient, en éventail, de nombreuses allées bordées de charmilles qui divisaient les taillis en une foule de compartiments. Au fond, était ce qu'on appelait le *labyrinthe*, entre-croisement d'allées ingénieusement tracées pour amuser en les égarant les pas du promeneur (2). Une grande allée d'ormes, terminée par une salle de danse et une échappée sur la campagne, servait de perspective aux fenêtres du corps principal. A côté de la grille qui s'ou-

---

1. Moyennant 210 livres de rente annuelle et perpétuelle de bail d'héritage. 23 février 1729. *Archives de l'église.*

2. Il existe à la Bibliothèque impériale une gravure qui représente un véritable dédale et qui porte cette légende : « 4º volume des Jardins. Labyrinthe exécuté à Dourdan, chez M. de Verteillac. »—*Collection topographique : Seine-et-Oise, Rambouillet,* IV, 5.—M. de Verteillac remplaça M. Lévy.

vrait près de la porte Saint-Pierre, une fausse façade à l'italienne avec grande porte et murs de briques donnait accès dans la basse-cour et dans les bâtiments élevés sur l'emplacement de dix maisons de la rue des Bordes, pour servir d'orangerie, de ménagerie, etc. A la suite, sur le chemin de Roinville, un taillis clos de treillages était peuplé de daims et de chevreuils. Au midi, séparé par la rue Grousteau, un vaste terrain, circonscrit par des canaux, servait d'annexe au parterre comme fleuriste et comme potager.

Cette belle résidence, où l'on reconnaît tout d'abord les goûts et la mode du temps, fut, à la mort de M. Lévy (1), vendue par sentence de licitation du Châtelet de Paris (3 décembre 1738), et acquise des héritiers par Mme Madeleine-Angélique de la Brousse, femme de M. Thibault de la Brousse, comte de Verteillac. M. de Verteillac, né en 1684, gouverneur et grand sénéchal du Périgord, pourvu du gouvernement de la ville et château de Dourdan, avait épousé en 1727 sa cousine germaine. Mme de Verteillac, plus jeune que son mari de trois ans, était une femme d'un esprit charmant. Un grand nombre de gens de lettres recherchaient sa société (2).

Une compagnie intelligente et distinguée se donna souvent rendez-vous au château du Parterre, devenu *château de la Brousse*, et de belles fêtes y furent offertes. Le 27 septembre 1744, jour du *Te Deum* à Dourdan pour le rétablissement de la santé du roi Louis XV, des illuminations, un grand souper et un bal de nuit réunirent au Parterre l'élite de la ville et des environs. Mme de Verteillac mourut à Dourdan le 21 octobre 1751, et, dans le *Mercure* de janvier 1752, une lettre de Lévesque de Burigny, de l'Académie des inscriptions et belles-lettres, lui rendit un dernier et touchant hommage (3).

Le comte de Verteillac survécut à sa femme jusqu'en 1778 et mourut à Dourdan au mois de juillet.

Leur fils, César-Pierre de la Brousse, marquis de Verteillac, né en 1729, succéda à son père dans ses charges de Dourdan, comme dans celles du Périgord ; il avait passé par les divers grades de l'armée et était devenu maréchal des camps et armées du roi. En 1772, il avait acheté, avec son père, la terre de Sainte-Mesme de Gallucey de l'Hospital. Sa fille, mariée au prince de Broglie de Rével, le dernier des grands baillis d'épée de Dourdan, rappelait, par l'esprit et le bon sens, la comtesse sa grand'mère, et c'est dans son salon et sous son influence qu'eurent lieu,

---

1. M. Lévy fut enterré dans l'église Saint-Pierre.

2. Mademoiselle L'Héritier lui avait dédié, en 1718, son ouvrage des *Caprices du destin*, et en 1732 sa traduction en vers des Épîtres héroïques d'Ovide.

3. Mme de Verteillac écrivait avec autant de solidité que d'agrément, mais on n'a conservé de ses opuscules qu'une lettre « sur les beautés et les défauts du style, » adressée à Rémond de Saint-Mard, dans les œuvres duquel elle a été insérée en tête du tome III de l'édition de 1750.

aux dernières heures de l'ancien régime, les conférences de plusieurs des représentants de la noblesse de Dourdan.

Le Parterre, bien qu'habité, s'ouvrait souvent aux Dourdanais à l'occasion de fêtes publiques, et toute la population s'y pressait. Nos grand' mères se souvenaient encore de s'y être promenées le soir, au milieu d'une foule nombreuse, et d'avoir vu la femme du lieutenant général au bailliage passer et repasser dans la grande allée, la queue de sa robe portée par des laquais. Les jardins étaient alors admirablement entretenus, à en juger par le dessin du marquis d'Argenson dont nous avons parlé (1). L'aile du Parterre faisant face au midi avait été prolongée en 1768, sur l'emplacement d'une des tourelles de la porte Saint-Pierre, et les grands potagers qui s'étendaient de l'autre côté de la rue Grouteau avaient reçu et portaient naguère encore le nom de jardins de la Brousse.

Par suite de l'émigration du marquis de Verteillac, ses biens furent séquestrés en 1791. Le Parterre fut livré au public, les bâtiments furent convertis en caserne pour loger les réquisitionnaires, et, au milieu de l'aristocratique jardin, s'éleva pendant quelques années une éminence en terre et gazon servant aux fêtes de l'Être suprême et aux cérémonies patriotiques. Peu d'années après, le fils du marquis de Verteillac, qui n'avait pas quitté la France, rentrait en possession du Parterre, et le vieux marquis y mourait en 1805.

François-Gabriel-Thibault de Verteillac, par contrat dressé devant M⁰ Ganzère, le 27 janvier 1809, céda à la ville la propriété du Parterre moyennant 41,300 francs. La somme fut divisée en 45 actions, acquises par divers particuliers, et une société, dite du Parterre, fut chargée de gérer l'immeuble. La mairie et les services publics y furent installés, mais l'ancien propriétaire se réserva la jouissance d'une partie de l'habitation, et nous verrons M. de Verteillac, maire de Dourdan pendant les difficiles années de l'invasion étrangère, mériter la reconnaissance des Dourdanais par son énergique attitude (2).

Le Parterre était devenu le rendez-vous favori des habitants : sous l'Empire et la Restauration, il fut en grande vogue. Les jours de fête, à la foire Saint-Félicien, pendant les beaux dimanches de l'été, des danses en plein air s'organisaient sous les grands ombrages, et la bourgeoisie ne dédaignait pas d'en prendre sa part. Quand la garde nationale fonctionna avec un entrain dont on se souvient encore, c'est au Parterre qu'eurent lieu les parades et les exercices, et le centre du jardin nivelé et ga-

---

1. Conservé à la bibliothèque de l'Arsenal.
2. Une heureuse circonstance a permis, l'an dernier, à la population de Dourdan, de fêter Melle la duchesse de La Rochefoucauld-Doudeauville, fille du marquis de Verteillac, le maire de Dourdan. Elle a bien voulu couronner la rosière. Accompagnée de son excellent frère, M. le marquis de Verteillac, elle a reçu dans le Parterre qui fut son berceau l'accueil le plus sympathique et le plus empressé.

zonné devint le *champ de Mars* de Dourdan. C'est aujourd'hui le champ de foire. Au Parterre ont lieu toutes les réjouissances publiques. On y célèbre la Saint-Félicien, on y proclame la rosière, on y tire les feux d'artifice, et les vieillards viennent s'y promener avec les enfants.

Il y a six ans, la ville désira avoir la pleine propriété du Parterre. De généreux citoyens abandonnèrent alors gratuitement leurs actions, et la ville, autorisée par décret du 10 janvier 1863, ouvrit un emprunt, immédiatement couvert, de 16,000 fr. en 160 obligations 5 pour 100, remboursables en treize années, à partir du 1ᵉʳ avril 1863. Dourdan est assuré ainsi de conserver toujours, avec un large emplacement pour ses services publics, un parc magnifique ouvert à toute heure à ses habitants (1).

1. Outre les bâtiments où sont installés la mairie, la justice de paix, la caisse d'épargne et plusieurs fonctionnaires de la commune, un bel appartement est occupé par un locataire de la ville. Le nom de M. Pellenc, ancien préfet, est entouré à Dourdan de trop d'estime, et il y rappelle trop de bonnes œuvres pour que nous l'omettions ici.

CHAPITRE XXII

LES PRISONS

Les monuments ont, comme les hommes, des revers de fortune et de mobiles destinées; les vieilles forteresses éprouvent surtout d'étranges décadences. Solidement édifiées pour la défense, dans des siècles de lutte, elles cessent d'être utiles à l'âge du pouvoir absolu. On les détruit; ou, si on les laisse debout, la justice répressive s'en empare et le château-fort devient prison. C'est le sort du château de Dourdan à partir de la fin du XVIIe siècle (1).

Les anciennes prisons de Dourdan étaient jadis dans la *rue de l'Abreuvoir*, appelée alors *rue de la Geôle* (2). Les ducs d'Orléans, qui n'habitaient pas le château, trouvant que le donjon était la plus sûre des prisons et la plus facile à garder, le firent aménager en conséquence. La rue qu'on désignait encore, vers 1640, sous le nom de rue de la Geôle, ne fut donc plus vers 1690 que la *rue de la Vieille-Geôle*. La nouvelle geôle, c'était la grosse tour.

Isolé par les fossés, relié à l'extérieur par une simple passerelle du côté de la porte de Chartres, séparé de la cour du château par un mur et une barrière qui formaient une sorte de préau où s'élevait la demeure du geô-

---

1. Nous ne parlons pas ici des illustres captifs politiques, comme la reine Jeanne ou le sire de La Hire, qui furent détenus au château, et dont nous avons entretenu nos lecteurs.
2. La *rue de la Geôle* actuelle, ainsi désignée depuis moins d'un siècle, en souvenir de sa voisine, qui avait perdu son nom, était la *rue de la Motte-Gagnée*.

lier, le donjon, avec ses deux étages et son faux plancher, offrait trois pièces superposées. Puissants barreaux de fer aux moindres ouvertures, épaisses et doubles portes de chêne avec guichets et formidables verrous, toutes les sûretés furent prises. L'escalier qui de la salle haute conduit à la plate-forme, le puits, construit avec la tour dans l'épaisseur du mur, furent soigneusement bouchés et murés. Le grand corps de cheminée qui règne du haut en bas, d'abord intercepté par deux gros barreaux, parut une communication dangereuse entre les divers étages et finit par être condamné. La terrible casemate munie d'un escalier de grès fut elle-même convertie en obscur cachot (1).

Voilà l'imposante et solide prison qu'avait en perspective le malfaiteur qui tombait sous la juridiction de Monsieur le lieutenant criminel au bailliage de Dourdan. L'auditoire royal où se prononçait la sentence avait été transporté dans le château même; le trajet n'était pas long. Nous n'entretiendrons pas le lecteur d'une foule de pauvres diables qui firent connaissance avec le donjon de Dourdan, mais nous croirions omettre une page curieuse d'histoire locale, si nous ne rapportions pas, avec quelques détails, deux ou trois drames judiciaires qui eurent là leur dénouement et ont laissé dans le souvenir de la population des traces déjà légendaires : causes vraiment célèbres dans la contrée, qui surexcitèrent au dernier point l'intérêt de nos pères et dont les pièces originales ont été presque toutes entre nos mains.

Les sorciers de Dourdan (2). — Vers 1740, il courait par la Beauce d'étranges bruits. Dans les marchés, dans les cabarets, on se répétait à l'oreille qu'il y avait à Dourdan des sorciers qui étaient en communication avec le diable et avaient le secret de lui faire donner ou découvrir des trésors.

Plus d'un paysan hochait la tête d'un air incrédule, mais rentrait chez lui fort préoccupé, et sans en rien dire à ses voisins, se décidait à faire le voyage de Dourdan, pour consulter *Monsieur* Jean-Baptiste Potin et ses deux ou trois acolytes. Ce n'était pas chose aisée d'obtenir de ces puissants personnages qu'ils se déterminassent à faire une évocation ou *appel*, et une femme de Chartres leur avait vainement offert 2,500 livres pour venir chez elle. Le rendez-vous était souvent fort loin : un nommé Henri Moutier, de Saint-Arnoult, avait dû aller jusque dans le parc de Versailles, conduisant sa charrette attelée de cinq chevaux et chargée de six poinçons vides destinés à rapporter le trésor. En général les appels se faisaient aux environs de Dourdan, à minuit, dans quelque lieu écarté. C'était dans un champ de fèves, derrière la chapelle Saint-

---

1. Voir le devis d'adjudication au rabais de réparations à faire aux prisons de Dourdan. 22 octobre 1710.— *Archives de l'Empire.* O. 20436.

2. D'après la correspondance manuscrite de la Subdélégation de Dourdan avec l'Intendance d'Orléans et de l'Intendance avec le Ministère.

Laurent; c'était encore dans la « cave de Bistelle » ou bien dans une cave de Rochefort ou de Bullion, ou dans un cabinet de l'auberge du sieur Masseau, à Rambouillet, chez qui le diable avait élu domicile. Il ne fallait pas un mince courage pour assister aux évocations, car il s'y passait des choses effrayantes. A la clarté de six chandelles, et après avoir brûlé des parfums dont on était presque asphyxié, Potin faisait des cercles avec une baguette, puis il s'écriait par trois fois d'un ton de maître : « Astaroth, je te fais commandement de la part du grand Dieu vivant et « de la main de gloire que tu aies à paraître devant moi! » Et alors le diable se montrait sous la figure d'un ours, ou bien sous celle d'un homme vêtu de noir ou de blanc avec une mitre d'or, d'argent et de pierreries sur la tête, quelquefois seul, quelquefois accompagné d'une cinquantaine de diablotins. Astaroth était exigeant : il fallait faire un pacte de renonciation au baptême, se piquer le doigt avec une épingle et signer avec son sang. Le diable signait de son côté avec de l'encre sur un tapis brillant comme du feu. Alors il indiquait un jour pour livrer le trésor, se faisait payer son voyage, faisait sonner son argent dans des barils à harengs et disparaissait. Quelquefois Astaroth était méchant, mordait, égratignait et battait les assistants.

Il fallait aussi une patience éprouvée et une bourse déjà bien garnie pour tenter pareille aventure. Il était indispensable de se procurer un exemplaire du livre « des Quatre Princes, » paraphé du diable ; il fallait payer en attendant minuit le souper de la compagnie, payer les chandelles et les parfums, payer après minuit les quittances et les engagements, de Dourdan aller à Rochefort, de Rochefort à Rambouillet ou à Chartres, ou ailleurs, suivant le lieu indiqué pour la livraison du trésor. Le diable apportait une statue d'or, les assistants, ne pouvant la partager, demandaient de l'argent monnayé, et c'était à recommencer. Le plus difficile, dans certaines occasions, c'était de trouver un prêtre en habits sacerdotaux, qui voulût bien se charger des péchés de trente ans et saisir le diable avec une étole ou un cordon bénit pour lui faire rendre des engagements ou des papiers de succession perdus. On n'avait pas d'autre ressource alors que d'aller chez le curé de Bullion, le sieur d'Enfert, qui ne refusait pas son service, mais qui le faisait singulièrement attendre.

Or il arriva qu'au commencement de juin 1744, Martin Lorry, meunier à Sonchamp, fut un peu moins patient que les autres. Il s'agissait pour lui d'un trésor de vingt millions, caché dans un vieux château ; Astaroth le traînait de rendez-vous en rendez-vous, et l'appel définitif n'arrivait pas. Lorry en était déjà pour plus de mille livres de voyages du diable, de parfums, de régals à Potin et consorts chez Trouvé, Barré, Guérot, cabaretiers de Dourdan, et chez tous les aubergistes de la contrée. Il causa un peu et reçut des confidences inquiétantes : Moutier de Saint-Arnoult avait aussi déboursé mille livres ; son voisin Louis Coudron, le vigneron, avait payé tant de voyages qu'il en était réduit à coucher sur la paille, et Masseau l'aubergiste à se faire homme de peine; Jaudon, l'arpenteur de Rambouillet, avait donné douze cents livres et de plus sa fille en mariage à un des sorciers pour le mettre dans ses intérêts; Laroche, de Saint-Arnoult, avouait cent cinquante livres; Lair, de Bullion, en avait déboursé six cents. — Personne n'avait rien reçu.

L'abbé Buchère, curé de Sonchamp, reçut quelques doléances de son paroissien, il écrivit à M. Védye, lieutenant général de Dourdan, et l'affaire prit une autre tournure. Les lieutenants généraux ne croient pas aux sorciers. Une enquête fut faite, Lorry servit d'espion, et la cabale fut découverte. Les sorciers de Dourdan n'étaient que des escrocs ou des fous. Potin avait passé sa vie à jeter des sorts et à prétendre guérir de la colique hommes et bêtes avec des herbes; il avait déjà fait un bon séjour à Bicêtre. Clespe, jardinier, lui servait de compère; plusieurs autres Dourdanais partageaient la recette comme complices. D'autres, d'abord dupes, étaient entrés dans la compagnie, et l'un d'eux s'était chargé de faire Astaroth. Un père Antonin, sous-prieur de l'abbaye de Clairefontaine, pauvre tête séduite par l'espérance du cardinalat, avait sacrifié pour cela son pécule de 700 livres et était devenu séducteur pour le regagner. Quant au sieur d'Enfert, c'était un vieux fou qui recevait chez lui une foule de bergers et de vauriens et était le scandale de sa paroisse et la désolation de ses supérieurs. — Les prétendus livres mystérieux montrés aux braves gens n'étaient simplement que des almanachs, et un grimoire à demi brûlé fut repêché dans la rivière par des laveuses. Quand la chose fut ébruitée, il se trouva dans la contrée plus de trois cents témoins à charge. Les sommes reçues par les sorciers atteignaient un chiffre considérable et l'on murmurait les noms de plus de vingt bourgeois des meilleures familles de Chartres qui attendaient encore des trésors.

Grande fut l'émotion de la population de Dourdan quand, sur un mandat d'amener de M. le lieutenant général, les sorciers, escortés par la maréchaussée, firent leur entrée dans la grosse tour, et quand on vit pendant de longues journées à la barre de l'auditoire, ces personnages redoutés répondre de leurs méfaits, tout comme des voleurs. C'est par des huées que Potin, Clespe et compagnie furent salués le 22 août 1744 quand ils montèrent en charrette, pour faire le voyage de Bicêtre, avec le brigadier Carpentier, porteur des lettres de cachet paraphées du roi. —Ce qui n'empêcha pas plus d'une bonne âme de se signer en les voyant partir, et de saluer bien bas quand vint à passer nombre d'années après quelqu'un d'entre eux, sorti, à la prière d'une grande dame, de « l'hospital général de la bonne ville de Paris. »

Brunet le parricide. — Les monstres sont souvent célèbres comme les grands hommes. On parla pendant plus de cinquante ans à Dourdan de Brunet, le plus féroce des prisonniers de la grosse tour, qui avait assassiné à la fois, le 30 sept. 1755, sa mère, servante du prieur des Granges-le-Roy et le prieur lui même, chez qui il avait été élevé. En exécution de la sentence du lieutenant criminel de Dourdan, le misérable fut, le samedi 17 janvier 1756, jour de marché, au milieu d'une foule énorme, conduit avec un écriteau devant le portail de Saint-Germain pour y faire amende honorable et y avoir le poing droit coupé. Torturé sur la place, et prenant plaisir, dit-on, à son propre supplice, rompu vif, il expira sur la roue et ses cendres furent jetées au vent (1).

La bande de Renard (2). — Vers 1760, une terreur indicible régnait dans Dourdan et dans tous les environs au sujet d'une bande de voleurs et d'assassins qui désolait le pays. Ils commettaient des crimes jusqu'aux portes de la ville ; presque en même temps on entendait parler de leurs méfaits aux extrémités de la Beauce ou du pays chartrain ; on les croyait loin, ils reparaissaient à l'improviste pour disparaître encore. Leur chef s'appelait Renard. On racontait des choses étranges de son audace et de son adresse à se déguiser. Véritable cauchemar des cavaliers de la maréchaussée de Dourdan, il leur avait joué des tours qui tenaient du prodige. A la porte du château, au cabaret devant l'église, il avait eu le front de venir boire avec eux, d'exciter leurs imprécations contre Renard, puis de se démasquer tout à coup, de sortir en les défiant, et de s'enfuir comme le vent sur son petit cheval volé au facteur de Vitry, tandis que les gendarmes culbutaient l'un après l'autre sur la selle de leurs chevaux dont Renard avait coupé les sangles avant d'entrer. Capitaine d'une véritable armée, Renard jouissait en souverain de son impunité, décidait à sa fantaisie les expéditions et donnait des saufs-conduits. Sa tête fut mise à prix, et il fallut les justices combinées de toute la contrée pour le saisir lui et sa troupe (19 janvier 1764).

Ils étaient trente-six, qui défilèrent chargés de chaînes dans la cour du château de Dourdan pour être incarcérés dans la grosse tour. De toutes parts on vint voir passer, comme des animaux malfaisants, ces êtres redoutés, aux sobriquets mystérieux et bizarres : Renard, encore terrible sous les fers, Tournetalon, le Lapin, le Parisien-Bancal, Soubriat, le Soldat, le Bâtard, Va-de-bon-Cœur, le Petit-Étienne, Dur-à-Cuire, etc. Il y avait aussi des femmes : la petite Chartraine, Suzanne, Marie-Anne, etc. Tous furent écroués dans les trois étages de la tour. Au rez-de chaussée, deux cachots séparés avaient été organisés pour les séquestres. Dans la salle haute, rangés en cercle le long des parois, attachés à d'énormes anneaux, Renard, Soubriat et les plus terribles vivaient côte à côte, enchaînés comme des bêtes, à peine éclairés par l'unique fenêtre trois fois grillée. Durant de longs mois, l'instruction se poursuivit,

---

1. Son supplice est rapporté par Denisart, comme exemple de la peine des parricides.
2. D'après deux in-folio manuscrits contenant toutes les pièces du procès de Renard, que nous avons retrouvés dans les greniers de M. Roger, et qui seront déposés à la mairie.

scrupuleusement conduite par M. Roger, le nouveau lieutenant général de Dourdan, assisté de M. Bajou, lieutenant particulier et assesseur criminel, et de M. Odile de Pommereuil, avocat et procureur du roi au bailliage. Chaque jour, à plusieurs reprises, dans la salle basse de l'auditoire, quelqu'un des prisonniers était amené chargé de fers devant ses juges. Audition de témoins, confrontations, interrogatoires, tout se passait avec la solennité impitoyable de l'ancienne justice. La question arrachait aux accusés des cris ou des blasphèmes, quelquefois des révélations; les réponses sur la sellette, au premier, au second, au troisième coin ou sur le terrible matelas, étaient enregistrées par le greffier, et quand le prévenu, épuisé par des heures de torture chaque jour répétée, était réintégré dans sa prison, l'interrogatoire « derrière le barreau » ne lui permettait pas d'échapper au juge. L'ennui gagna Renard, la vermine le rongeait; on le trouva nu et libre dans son cachot : il avait brisé ses fers, il dit que ses chaînes le gênaient. On riva plus solidement; il se fit un jeu de rompre son attache : un petit caillou, un éclat de brique lui suffisaient pour commencer une entaille, et sa force herculéenne faisait le reste. Cela se sut dans Dourdan et les habitants eurent peur. Le donjon était redouté comme la cage d'un dompteur de monstres. Des sentinelles veillaient et la garde bourgeoise faisait ronde la nuit sous les ordres du sieur Flabbée.

Le 6 juillet 1764, vers minuit, la patrouille cria à l'alerte. En passant devant la porte du château, elle avait vu courir dans l'ombre cinq prisonniers qui s'enfuyaient et gagnaient les rues tortueuses du bas de la ville. La grande porte du château était entr'ouverte; le geôlier dormait. En un instant, les voisins furent debout. Les cinq accusés avaient forcé cadenas et barrières; l'un d'eux, qui était parvenu à se cacher dans un tas de paille du préau à l'heure de la promenade, avait du dehors aidé les autres.

Le 21 du même mois, dans la nuit, le tocsin sonnait à la fois aux deux paroisses de la ville, et quand M. le lieutenant Roger parut sur la place, il trouva les habitants en armes qui cernaient le château et faisaient serment de ne laisser sortir personne. Il y avait révolte générale des prisonniers de la tour; il ne restait plus qu'une seule porte à forcer. La foule envahit la cour et s'arrêta pleine de stupeur. Les trois étages du donjon ne faisaient plus qu'un; toutes les chaînes, toutes les fermetures avaient été rompues, et les rebelles réunis montaient et descendaient du haut en bas. M. Roger fit enfoncer la porte que les assiégés avaient barricadée avec les portes dégondées des cachots, et il y eut dans l'escalier un vrai combat. Des pierres, arrachées aux murs et roulées d'un étage à l'autre, descendaient avec fracas sur les marches étroites et brisaient les pieds des intrépides gendarmes. Le maçon Pierre Daubroche, l'exempt et quatre cavaliers de Dourdan, le brigadier de Chartres, Paul-Henry Flabbée, commandant de la garde bourgeoise, plusieurs citoyens de la ville avaient dû se retirer l'un après l'autre, tout sanglants et les jambes blessées. De deux heures du matin jusqu'à neuf heures, la lutte dura. Tout à coup, l'on vit paraître sur la plateforme de la tour, dont ils avaient trouvé l'escalier en perçant le mur, plusieurs prisonniers qui brandissaient et montraient une barre de fer qui leur avait servi à tout briser. Attaquant alors les puissantes assises du couronnement, ils firent tomber sur la foule d'énormes blocs et en lancèrent jusque sur les maisons de la rue de Chartres. Les habitants furieux montèrent dans le chocher de l'église et tirèrent de là des coups de fusil sur les rebelles qu'on parvint à dompter ainsi, à saisir, à faire sortir dans le préau où la population les garda jusqu'à la réparation des cachots.

Huit jours après, une idée vint à Renard : mettre le feu aux portes. Une lame de couteau cachée dans un livre de prières, un caillou, de la paille, et le feu prit ; mais la fumée donna l'éveil. Les habitants revinrent en masse ; tout fut étouffé. Une semaine plus tard, le 10 août, second incendie, seconde alerte. Renard, derrière ses murailles, savait encore troubler la ville.

Toute l'année 1764, l'hiver, le printemps 1765 se passèrent ainsi. Un conflit s'était élevé entre les juridictions de Dourdan, de Bâville, d'Orléans, à cause des territoires sur lesquels les crimes avaient été commis. Le roi, par lettres patentes du 13 oct. 1764, avait évoqué à son conseil les procédures commencées et les avait toutes renvoyées au bailliage de Dourdan, seul chargé de l'instruction et du jugement sauf appel. L'heure de la justice arriva. Le jour s'était fait en partie sur la mystérieuse vie des accusés, et une série de crimes avérés se déroulait devant le public : assassinat de cinq personnes dans la nuit du 26 au 27 septembre 1763, au hameau de la Villeneuve, paroisse de Sermaise sous Dourdan ; — assassinat de Pierre Meunier dit Pilon, à Corbreuse ; — meurtre à coups de coutre de charrue de plusieurs personnes au Plessis-Saint-Benoît, près d'Authon, — à Jouy, — à Cély, — près de la Ferté-Aleps, avec des détails dont nous dispenserons nos lecteurs ; — dix vols à coups de pistolets et de bâtons sur les grands chemins, — dix vols par effraction, — trente-deux vols de grains et de bestiaux dans des fermes, — tout autour de Dourdan, à Liphard, à Marchais, Corbreuse, Groslieu, Saint-Martin de Brétencourt, Houdebout, Ablis, Boinville, etc., — presque en même temps, dans des régions toutes différentes, aux environs de Rambouillet, de Houdan, de Pithiviers, de Jouy, de Gonnesse, de Meaux, etc.

Les trente-six accusés des prisons de Dourdan étaient tous plus ou moins coupables et ils n'étaient pas les seuls. Vingt-deux contumaces avaient échappé aux poursuites et leurs signalements étaient dans toutes les bouches, car parmi ces fugitifs il y avait encore d'illustres bandits comme la Blette, le Blond-Comtois, Sans-Regret, le Petit-Lorrain, le Gros-Auvergnat, le hideux Prince-de-Beauce, etc.

Le 22 août 1765 M. Roger rendit la première sentence contre les chefs. On comptait sur leurs derniers aveux. L'appel à la cour éloigna de Dourdan pour plusieurs mois les hôtes de la grosse tour, devenus ceux de la Conciergerie.

En mars 1766, l'odieuse cohorte était ramenée au complet. La sentence avait été de tout point confirmée par arrêt de la cour du 26 février. L'exécution appartenait à Dourdan. Dourdan vit un horrible spectacle. Un échafaud se dressa sur la place du Marché, et, pendant six jours, les 10, 11, 13, 14, 17 et 18 mars, au milieu des malédictions de la foule toujours renouvelée, sept hommes y montèrent l'un après l'autre : Renard, Soubriat, le Lapin, le Soldat, Tournetalon, le Breton et le Petit-Parisien. Chaque matin, durant une semaine, la cruelle opération se répéta. Torturé pendant de longues heures, le patient se laissait arracher quelques lambeaux de révélations que le greffier écrivait sous le nom de testament de mort. Puis, à coups de barres de fer, on lui rompait reins, cuisses, bras et jambes, et on l'étendait la face en l'air sur une roue pour y vivre « tant qu'il plairait à Dieu (1). » Sur le soir, quand le dernier soupir était rendu, la populace ivre de vengeance et de sang suivait l'exécuteur des hautes œuvres qui, d'après la sentence, portait jusqu'à plusieurs lieues le corps mort, sur les grands chemins, là où le crime avait été commis (2).

En juillet, sur la même place, le Bâtard fut pendu.

En septembre, le hideux spectacle du mois de mars recommença pendant trois jours, pour le Petit-Étienne, Va-de-bon-Cœur et Dur-à-Cuire, et cette fois la foule que la vue des tortures rendait cruelle, chantait pendant les heures du supplice une atroce complainte imprimée à Chartres et distribuée par un marchand de chansons, ignoble dialogue des trois malheureux avec leurs camarades morts, et avec Mandrin et Cartouche dans les enfers. Une immense risée se mêla à toutes ces horreurs quand le bourreau, en vertu de la sentence, attacha seize tableaux représentant seize prévenus absents, rompus et roués en effigie, sur seize potences plantées autour de la place.

Nouvelle instruction pendant l'hiver, nouvelles sentences, nouveaux voyages à Paris et retour à Dourdan du reste de la troupe, pour les procédures et les appels de la cour. En février 1768, Linas et le Parisien-Bancal, condamnés aux galères à perpétuité, faisaient le tour de la ville une corde au cou, fustigés nus à tous les carrefours et marqués d'un fer chaud sur les deux épaules. C'était le dernier acte de ce drame sanglant de trois années.

1. Un *retentum* accordait, comme une grâce, à quatre des malheureux d'être secrètement étranglés s'ils vivaient plus de six heures sur la roue.

2. Les corps des cinq premiers furent portés sur le chemin de Sermaise, en face le hameau de la Villeneuve,—celui du Breton au-dessus du village des Granges,—celui du Petit Parisien au-delà de la forêt, sur la route de Saint-Arnoult, près d'un bois qui s'appelle encore le *Bois Parisien*.

Les autres accusés, condamnés à diverses peines, furent dispersés. Confiscation avait été prononcée contre les victimes en faveur du duc d'Orléans « seigneur apanagiste de ladite ville de Dourdan. » La justice croyait avoir consciencieusement rempli sa tâche. M. Roger, épuisé de fatigue, était prié de donner sa note des frais de procédure, de voyages, d'instruction, etc. Son addition de trois pages se terminait par ce modeste total : « des lettres de noblesse. » La cour le remplaça par des chiffres et envoya de l'argent.

Si, malgré notre répugnance, nous avons insisté sur ce triste sujet, c'est que, possédant des détails authentiques, nous avons vu quelque intérêt à faire connaître un des derniers procès de l'ancienne justice, une des dernières applications d'un système pénal depuis longtemps odieux à la société française et peu de temps après modifié par l'abolition de la torture.

La bande d'Orgères. — C'est pour mémoire seulement que nous rappelons ici cette illustre société de bandits, qui n'est pas autre chose que celle de Renard continuée et reformée par ses successeurs, mais dont le rendez-vous n'est plus précisément Dourdan. Après le supplice de Renard, la bande émigra dans la forêt de Montargis en chantant : « *Dedans* « *Dourdan ils sont méchants...* » Les crimes atroces recommencèrent, et le fameux Robillard, le nouveau chef, pris et condamné par jugement prévôtal de Montargis, paya sa dette envers la justice le 13 septembre 1783 avec soixante-dix de ses compagnons qui se partagèrent la roue, le gibet et les galères. La bande n'était pas détruite ; Fleur-d'Épine, issu de Renard, la reconstitua plus terrible que jamais. Ces parias du crime, avec leurs mœurs étranges, leur code barbare, leurs mariages sommaires, leurs rites immondes et leurs parodies sociales, s'étaient cantonnés dans les bois de Saint-Escobille et exploitaient les vastes espaces et les hameaux écartés de la Beauce. Connus et redoutés sous le nom de « chauffeurs, » parce qu'ils brûlaient lentement les pieds de leurs victimes pour obtenir des révélations de trésors, ils ne s'inquiétaient pas si la révolution avait changé les bases de la société, et, terroristes indépendants, ils suivaient la fortune du Rouge d'Auneau et de ses satellites. Le siècle, en commençant, finit leur histoire, et le 12 vendémiaire an IX (30 octobre 1800) la guillotine de Chartres dévora coup sur coup les vingt et une têtes des derniers chefs. Ces brigands du siècle passé sont déjà légendaires, et le roman s'est emparé de cette chronique sinistre dont Dourdan peut fournir le premier et le plus émouvant chapitre (1).

Prison départementale (1791). — Converti en maison de détention, le château de Dourdan garda cette triste destination pendant près de trente

---

1. *Hist. des brigands d'Orgères*, par Leclair. Chartres, in-12, brumaire an VIII. — *Hist. de la bande d'Orgères*, par Coudray-Maunier. Chartres, 1858, in-16. — Roman d'Élie Berthet, etc.

ans. La Révolution y envoya autant de suspects que de coupables. Le Directoire, l'Empire y firent enfermer les malfaiteurs du département. Cinq à six cents prisonniers occupaient à la fois les bâtiments conservés. A gauche, toute l'aile de M. de Sancy appartenait aux femmes dont l'infirmerie sortait sur la terrasse. A droite, l'ancien grenier à sel et la grosse tour étaient réservés aux hommes. Dans la cour, en face de la porte principale, une haute muraille séparait les deux quartiers. Adossés de chaque côté à cette muraille, de grands ateliers avaient été construits, et d'autres hangars, faisant face à l'entrée, régnaient de la tour du couchant à la grosse tour, pour le travail des prisonniers. Ce travail consistait à filer de la laine, à éplucher du coton, à tisser des toiles et des étoffes, à fabriquer des bas au métier. Un atelier spécial et important était destiné à la confection des bijoux de nacre, dont le produit atteignait chaque année un chiffre assez considérable.

Une compagnie de vétérans, casernée à la communauté, veillait au maintien de l'ordre et à la sûreté des prisons. Chaque matin, ils faisaient sur la place une petite parade, tandis qu'une bonne sœur de l'hospice, suivie d'une voiture à bras, apportait la soupe, que le père Léger, le géôlier, distribuait aux prisonniers. C'est le tableau que se sont amusés, de leurs fenêtres, à reproduire à la plume ou à l'aquarelle, avec des effets de perspective plus ou moins burlesques, plusieurs des pauvres captifs (1).

La Restauration amena quelques détenus politiques. Les dames de la ville se souviennent d'avoir vu avec compassion, à la fenêtre d'une tourelle, les fils de l'amiral Bruix, qui se distrayaient en regardant les fidèles se rendre à l'église.

Quand il s'agit, en 1818, de transporter à Poissy la prison de Dourdan, des réclamations s'élevèrent dans la ville. C'est qu'avec la prison, des fonctionnaires s'éloignaient, et c'est que les prisonniers eux-mêmes étaient un produit. Une prison même peut laisser des regrets. Nous croyons Dourdan aujourd'hui consolé ; mais, à cette heure encore, sur les lèvres de beaucoup de gens, l'ancien nom revient souvent, et le château, c'est *la prison* (2).

1. Quelques personnes à Dourdan possèdent de ces lavis qui se vendaient au profit des artistes. Le moins mauvais, signé d'un nommé Batton, au commencement du siècle, appartient à M. Michaut, qui l'a mis à notre disposition avec une grande obligeance. C'est ce dessin dont notre habile graveur, M. Gaucherel, a exécuté le *fac-simile* scrupuleusement exact que nous offrons au lecteur.

2. La grosse tour a servi de prison *communale*; elle a aussi servi de prison *de passage* jusqu'en 1852. La salle basse garde provisoirement sur son enduit une foule de noms, de croquis, de devises, de tirades en vers et en prose, et le fidèle signalement de soldats de toutes armes envoyés aux compagnies de discipline, toujours « bien à tort. »

CHAPITRE XXIII

LE MARCHÉ AUX GRAINS

u jour où un centre de population se forma à la place qu'occupe Dourdan, c'est-à-dire au seuil d'un immense territoire spécialement préparé par la nature pour la culture des céréales, à proximité de la capitale, et comme sur les confins de la production et de la consommation, cette ville dut être évidemment un des rendez-vous des laboureurs, un des entrepôts de leurs produits. La première vallée qui se creusait au-dessous de la vaste plaine était un silo tout ouvert aux flots de grains qui s'amassaient sur les plateaux. De là, le moindre chemin le long du moindre cours d'eau les conduisait de vallée en vallée jusqu'à Paris, la grande ville toujours affamée. C'est ce qui devait arriver pour la vallée de l'Orge, et pour Dourdan qui la commande, assis sur le mince ruisseau dont le nom est emprunté au grain même qu'on lui fait moudre.

Ce rôle de magasin à blé et de grenier d'abondance que Dourdan partageait avec Étampes et Chartres revient souvent, comme on a pu le voir, dans la suite de cette histoire. C'est le secret de l'importance qui s'attache à Dourdan à presque toutes les époques, c'est aussi celui de presque tous ses malheurs. Chaque fois que des factions rivales se disputèrent la possession de la capitale ou de ses abords, leur premier intérêt, comme leur premier soin, fut d'assurer ou d'enlever à Paris le pain qui le faisait vivre, aux troupes en campagne la ration qui leur permettait de combattre. Que ce soient Bourguignons ou Armagnacs, Anglais ou Français, royalistes ou ligueurs, armées du roi ou de la Fronde, Dourdan ne manque jamais d'être pris et repris comme entrepôt agricole, comme « pierre au laict de la capitale, » comme centre d'approvisionnement « d'où les Parisiens ont de tout temps soulé tirer une partie de « leur nourriture. »

A l'époque où nous sommes parvenus, c'est-à-dire à celle qui prépare le régime moderne et qu'il est intéressant d'étudier dans ses détails, le marché de Dourdan nous apparaît plein de mouvement et de vie, mais sous le coup de terribles menaces de perturbation et de décadence. Des vices locaux dans l'entretien des communications, des concurrences occasionnées par de nouveaux marchés, une suite de disettes dues aux rigueurs du ciel ou aux fautes des hommes, des troubles apportés par l'esprit nouveau et de nouvelles lois dans les antiques traditions de la routine et du monopole, des orages nés des premiers souffles d'une envahissante liberté, donnent une physionomie agitée, souvent douloureuse, à des transactions qui, malgré leur caractère pacifique, ont, de tout temps, emprunté quelque chose d'inquiet aux exigences de l'appétit humain et aux impatiences de la faim.

Si nous consultons les documents laissés par l'intendance, cette administration tout à la fois centrale et locale, et nous ne parlons pas seulement ici des mémoires généraux des intendants, mais de la correspondance quotidienne et permanente de la subdélégation de Dourdan avec les intendants d'Orléans, nous voyons que le marché de Dourdan est toujours, à la fin du xviie siècle, avec Saint-Arnoult et Rochefort, le seul marché d'une élection qui embrassait soixante-sept paroisses presque toutes uniquement agricoles. Bien qu'il faille tenir compte de l'intérêt qu'un certain nombre de ces paroisses situées aux limites de la circonscription avaient à fréquenter les marchés d'Étampes et de Janville pour des raisons de voisinage, ou même celui d'Orléans pour quelques avantages de circonstance et de spéculation, c'est à Dourdan, chef-lieu de l'élection, centre fiscal et judiciaire, siège de l'administration et de la police, plus tard de la gabelle, que les cultivateurs et laboureurs, en même temps que les marchands et commissionnaires, trouvaient à la fois le plus d'avantage, d'occasion, de garantie et de commodité à se rendre. C'est donc à Dourdan que la plus grande partie des grains produits par l'élection aboutissait pour se répartir suivant les besoins de la région ou trouver un débouché extérieur.

Nous avons recherché quelle pouvait être durant la période que nous étudions la moyenne de la production, de la consommation et de l'exportation de cette élection, et voici les renseignements que nous avons trouvés à ce sujet:

Blé. — L'élection contient environ 100,000 arpents de terres labourables, dont un tiers chaque année se repose, un tiers est ensemencé en grains mars et un tiers en blé, soit, pour le blé 33,333 arpents qui produisent, année commune, chacun 5 septiers mesure de Dourdan (ou 7 hectol. 5o, pesant environ 1,150 livres), ce qui fait 166,665 septiers (249,998 hectol.).

Il faut prélever sur ces 166,665 septiers :

1° La *semence* : 3 minots par arpent; soit, à 4 minots par septier, 25,000 septiers (37,500 hectol.).

2° La *nourriture* de 24,000 personnes environ. Cette nourriture peut être évaluée pour une année à 3 septiers par individu, donnant, à raison de 180 livres de pain par septier, 540 livres, ou une livre et demie par jour. Mais ces 3 septiers par individu ne doivent être portés qu'à 2 1/2 en blé, l'orge entrant en général pour 1 1/2 dans la fabrication du pain. Soit, pour 24,000 personnes, 60,000 septiers (90,000 hectol.).

Si nous réunissons à ces 60,000 septiers les 25,000 septiers de semence, nous obtenons une consommation de 85,000 septiers (127,500 hect.) à prélever sur la production totale de 166,665. Le reste, c'est-à-dire 81,665 septiers (122,497 hect.), forme l'excédant qui doit trouver sur les marchés un débouché extérieur.

Comme nous venons de le dire, une bonne partie de ce blé passe par le marché de Dourdan.

Avoine. — Ce qu'on appelle dans le pays la « charrue » équivaut à 90 arpents; pour faire valoir une charrue, on compte en moyenne 3 chevaux, soit pour les 1,111 charrues que contient l'élection 3,333 chevaux. Les 180 minots (67 hectol. 1/2) auxquels d'ordinaire on évalue la nourriture annuelle de chaque cheval donnent un total de 599,940 minots ou 149,985 septiers (224,977 hect. 1/2). Chaque année, 30,000 arpents environ sont ensemencés en avoine, et comme le produit de chaque arpent est en moyenne de 20 minots (5 septiers ou 7 hectol. 1/2), la production totale ne dépasse pas 600,000 minots (150,000 septiers ou 225,000 hect.), c'est-à-dire, équivaut juste à la consommation. Il n'y a donc pas lieu d'exporter de l'avoine en dehors de l'élection, et s'il s'en trouve sur les marchés, elle provient des petits cultivateurs ou des personnes ecclésiastiques qui perçoivent en grains les dîmes ou champarts tant du pays que des environs.

Fixé de temps immémorial au *samedi*, le marché aux grains de Dourdan se tenait chaque semaine entre la halle et le château, devant l'église, exactement comme aujourd'hui.

La mesure employée sur ce marché, connue sous le nom de *mesure de Dourdan*, différait plus ou moins de la mesure adoptée soit à Paris, soit aux environs.

C'était d'abord le *muids*, composé de 12 septiers.

Le *septier* (1 hectol. 1/2), composé de 2 *mines* ou de 4 *minots* et pesant environ 230 livres en bon froment.

Le *minot*, mesure usuelle, formé de 3 *boisseaux*.

Le *boisseau,* qui se trouvait être 1/12 du septier (1).

Les 100 minots qui formaient le muids de Paris faisaient 2 muids 4 minots de Dourdan.

La même mesure était usitée pour le blé et pour l'avoine.

Tous les blés se mesuraient à Dourdan au minot, *coupé au rouleau grain sur bords.* Le septier ou 12 boisseaux de Dourdan ne remplissait que 11 boisseaux 1/2 de Paris. Le septier d'avoine de Paris était le double de celui de Dourdan.

La mesure de Saint-Arnoult et de Rochefort, comparée à celle de Dourdan, était moindre de 1/24 pour le blé et l'avoine.

Celle d'Étampes, pour le blé seulement, était de 1/8 plus forte; on y nommait le septier *sac.*

A Janville tous les grains se vendaient par sac, mines et minots. Le sac faisait 3 mines; les 12 sacs un muids de Dourdan, plus un minot ou 1/48 (2).

La question du *mesurage* a toujours joué sur les marchés un rôle important. A Dourdan, plus que partout ailleurs peut-être, elle a eu ses péripéties et son histoire, et elle peut, si on l'étudie dans ses détails, fournir des documents intéressants pour la connaissance du mouvement général du marché de notre ville.

L'antique et proverbiale bonne foi de nos pères n'empêchait pas, paraît-il, dès les xv*e* et xvi*e* siècles, des abus de confiance très-graves dans la vente des grains. Ajoutons que la royauté à court d'argent, voyant un moyen de battre monnaie, saisit l'occasion de créer les *offices de mesureurs,* dans un édit daté de janvier 1569.

Charles IX rappelle que, par différentes ordonnances, l'intégrité du mesurage des grains a été quelque temps sauvegardée, mais il ajoute :
« Depuis que les troubles et guerres civiles qui ont eu cours et pullullé
« en ce dit royaume et qui n'ont apporté avec soi que tous changemens,
« la justice étant anéantie et méprisée entre les marchands tant forains
« qu'étrangers, fréquentans les foires et marchés de notre dit royaume
« et au lieu de ce beau titre et honneur de fidélité qui reluisoit entre
« eux, étant possédez d'une avarice et ambition, ne tâchant qu'à trom-
« per et decevoir notre pauvre peuple, vendant leur bled à fausses me-
« sures contre et au préjudice desdites ordonnances, pour à quoi pour-
« voir et couper chemin auxdits abus et malversations, sçavoir faisons...,
« avons créé et créons... (3). »

Un nouvel arrêt fiscal de 1620, portant *attribution d'hérédité* de l'office de mesureur, vint en compléter le monopole. L'office de mesureur

---

1. Il y avait une espèce de boisseau de convention à 15 au septier, employé par les aubergistes pour faire des bénéfices sur la pratique.

2. Ajoutons que la *livre* était de 16 onces comme à Paris, et que le *poinçon,* mesure des liquides, qui contenait à Paris 240 *pintes,* n'en contenait que 160 à Dourdan.

3. Archives de l'Église.

héréditaire fut adjugé à Dourdan, par les commissaires généraux, à Daniel Debats, moyennant 682 livres, avec droit de percevoir 2 sols par septier de froment et 1 sol par septier d'autres grains. Mais ici un conflit s'éleva. La fabrique de l'église Saint-Germain possédait déjà de temps immémorial, comme on sait, un droit d'un sol par septier. C'était son revenu le plus net; les marguilliers s'émurent, et finalement rachetèrent pour 1000 livres, du sieur Debats, son office et ses droits. Louis XIII, par lettres patentes datées de Fontainebleau, mai 1634, confirma l'ancien droit de l'église et y unit et incorpora le nouveau. C'était donc 2 sols par septier de froment, méteil et seigle, 1 sol par septier d'orge et d'avoine que le vendeur devait payer pour le mesurage. Ajoutons-y 1 sol par septier pour le *plaçage* qui revenait au duc d'Orléans, seigneur de Dourdan, et qui se percevait en général par la même personne.

Les *minots*, ou mesures, dont le nombre primitif de 4 fut porté à 13 en 1687, et plus tard à 14, étaient soigneusement jaugés et on se rappelle que l'étalon en cuivre rouge était déposé sous clef, dans l'armoire de la sacristie, avec les objets précieux.

La possession du droit de mesurage fut plus d'une fois pour l'église la cause de contestations et de procédures. Nous avons vu ailleurs l'effroi causé aux fabriciens par les prétentions du sieur Félix, fermier du domaine en 1731, la panique des habitants assemblés, les sentences du bailliage, les adjudications entravées, les requêtes au duc d'Orléans, voyages à Paris, arrêts contradictoires du conseil, et finalement la justice rendue à la paroisse (1).

La perception de ce droit s'adjugeait aux enchères pour deux années, et pour six à partir de 1764. Après sentence d'autorisation, rendue au bailliage, la publication se faisait le jour du marché par un huissier à cheval, assisté du trompette, dans toutes les rues et carrefours, puis était affichée à la porte de l'auditoire et au poteau servant de pilori sur le marché à l'avoine. Huit jours d'avance, les curés des paroisses Saint-Germain et Saint-Pierre, et des paroisses voisines, la lisaient au prône de la messe paroissiale. L'adjudication se faisait le samedi, à l'issue de l'audience du bailliage, en l'auditoire royal, après lecture et affichage du cahier des charges en dedans et au dehors, au plus offrant et dernier enchérisseur, à l'extinction de trois feux. Moyennant ce bail, l'adjudicataire avait, de par le roi, le droit, qui nous semble aujourd'hui exorbitant et antiéconomique, de percevoir la taxe du mesurage « sur tous « les grains et farines vendus soit au marché, soit sur montrés, dans les « rues ou maisons de la ville, faubourg et banlieue, sans que sous au- « cun prétexte les marchands, laboureurs et fermiers, puissent se refuser « à l'acquit desdits droits. »

1. Chapitre XVI.

Les charges imposées à l'adjudicataire étaient nombreuses, beaucoup avaient trait à l'entretien du culte, de l'église et de ses abords, et nous en avons parlé ailleurs. Il devait, en outre, tenir décemment le cimetière, payer comptant, avec le prix de son bail, 40 livres à l'Hôtel-Dieu et 200 livres par an pour le pavage devant l'église ou dans le marché (convention de nov. 1748). Une obligation qui, de tout temps, lui avait été imposée et qui avait été, de tout temps aussi, une source de procès avec les marguilliers, était l'entretien « des chemins et avenues de la ville et marché de Dourdan. » Si le lecteur, que ce genre d'études intéresserait, voulait se donner la peine de jeter un coup d'œil sur le tableau suivant des principaux prix d'adjudication du droit de mesurage que nous avons patiemment extrait d'une liasse de baux, faits pendant deux siècles par l'église, il aurait une assez juste idée du mouvement de notre marché :

Années		Années	
1595. (1 sol par septier)	181 écus.	1709	2,500 liv. t.
1600	56 écus, 30 sols tournois.	1713	2,600
		1715	3,604
1610	612 liv. t.	1717	3,756
1620	650	1721	3,840
1645. (2 s. par septier)	1,363	1723	4,012
1655	1,512	1727	3,568
1660	1,925	1729	2,780
1662	1,513	1732	2,820
1665	2,000	1734	3,570
1671	2,290	1736	3,350
1685	2,940	1738	2,800
1689	3,566	1741	2,400
1695	4,680	1750	2,125
1699	5,268	1764	3,520
1701	5,120	1770	3,750
1705	4,000	1776	3,560
1707	3,154	1782	2,620

A première vue, on est frappé de la progression continue et de l'immense développement qui s'opère pendant tout le xvii° siècle et s'arrête juste au xviii°. Très-faible au commencement du règne de Henri IV, après tous les malheurs de la Ligue, presque stationnaire sous Louis XIII, le mouvement s'est décuplé à la fin de la première partie du règne de Louis XIV. C'est l'apogée du marché de Dourdan.

En prenant pour base seulement le nombre de septiers représenté par le prix payé par l'adjudicataire, évidemment beaucoup trop bas puisqu'il faudrait pouvoir tenir compte de son bénéfice, de l'exemption pour les grains des privilégiés, de la différence de taxe pour les menus grains, etc., c'est une somme tout à fait *minima* de 52,680 septiers (ou 79,025 hectol.) qui, à raison de la taxe *maximum* de deux sols le septier, passait par les minots des mesureurs de Dourdan dans une seule année, en 1699. On sent là le résultat des réformes commerciales de Colbert, de la création des routes, et surtout de l'accroissement effrayant de la consommation de Paris dont Dourdan n'est pas loin.

Peu à peu Dourdan perd son avantage. La facilité des communications tourne à son détriment. Les grains affluent de toutes parts et de très-loin vers la capitale, et Dourdan commence à s'apercevoir pour la première fois qu'il n'est pas sur une grande route, quand les cultivateurs, las de ses mauvais chemins, se détournent et vont ailleurs. Pour la fabrique de Saint-Germain qui s'endormait dans la quiétude d'un revenu toujours croissant, pour la ville tout entière qui se laissait bercer par le rêve d'une prospérité indéfiniment progressive, le réveil fut terrible ; de grands sacrifices furent tentés ; mais il était trop tard. Toute la France demandait à partager le bénéfice. Les beaux jours de privilège et comme de monopole des marchés voisins du centre étaient passés. Les efforts que fit alors Dourdan n'en sont pas moins intéressants à étudier, car ils sont une preuve de plus qu'à l'initiative née d'un intérêt particulier sont dus presque tous les perfectionnements et les progrès.

Dès 1705, voyant tomber de 1,200 livres le bail du mesurage, l'église réclame de son fermier l'entretien du chemin des Granges et des issues de la ville. En 1708, les habitants assemblés, consternés de voir le chiffre baisser de 2,300 livres, s'interrogent l'un l'autre et s'avouent que le mauvais état de leurs chemins engage chaque jour les cultivateurs à prendre la direction d'Étampes, de Rambouillet et de Montlhéry. D'une commune voix ils votent l'entreprise directe par la fabrique de la réparation des routes, avec une taxe sur le fermier, et décident immédiatement de paver en picrrotis les chemins, avenues et entrées de la ville les plus mauvais, notamment le chemin qui vient de Beauce en passant par la Villeneuve (1). Aussi, de 1713 à 1723, le taux du fermage remonte et le

1. Déjà, en janvier 1694, il avait été procédé devant le bailli de Dourdan à l'adjudication de la réfection du chemin de Beauce vers la Villeneuve, sur 524 toises carrées, à la charge d'ôter les boues, remplir les trous, faire un lit de pierres et *caillotage* d'une épaisseur d'un pied et demi, entre deux bordures, formant une chaussée élevée de 6 pouces, recouverte d'une tomberée de sable par toise. La route avait 2 toises de large, et le travail revenait à 37 sols la toise carrée.—*Archives de l'église.*

Bien que les droits de *péage* ne fussent pas très-multipliés dans les environs, il y en avait encore plusieurs à la fin du xviie siècle, pour arriver à Dourdan du côté de Chartres et de la haute Beauce : péage aux ponts de bois de Saint-Martin et de Sainte-Mesme, dû au comte de Sainte-Mesme ; — passage à Ablis, dû à Mme Poncet (4 den. par cheval chargé de marchandises, et 10 den. par charge de grains et de vin); — à Boinville, au sieur de Villeneuve ;—à Attainville, au sieur Le Boistel ; — à Authon, au duc de Vendôme ; — à Garantières, au comte de Sainte-Mesme. — *Mémoires de l'Intendance,* 1698.

marché de Dourdan retrouve, bien qu'incomplètement, son ancienne vogue.

La vigilance se ralentit en raison de la prospérité, et en 1729 un déficit égal au premier reparaît. Cette fois le duc d'Orléans, seigneur de Dourdan, propriétaire du droit de plaçage et d'une foule de redevances du commerce, s'en inquiète pour son compte et contribue, en 1732, d'une somme de 500 livres, à l'édification d'un pont de pierre à la porte d'Étampes, au nivellement et au repavage du faubourg. — C'est d'après son désir qu'on entreprit, en avril 1734, la construction du grand chemin réunissant Dourdan à Saint-Chéron, dans la direction de Paris. Ce travail se faisait par corvée. Les habitants de Dourdan et des environs donnaient deux jours par semaine. Les laboureurs et ceux qui avaient des chevaux étaient chargés des arrivages de sable, de pavés et de terre. Vers 1739, le roi libéra les habitants de leurs corvées à cause de la misère des temps, et l'entrepreneur fut obligé de prendre des gens de journée, pour achever le chemin, qui s'arrêta à Roinville en 1741. Ce ne fut qu'en 1755 qu'on le termina jusqu'à Dourdan, encore n'était-ce qu'en pierrotis et non en pavé.

De septembre 1750 à 1753, toute la corvée se porta sur le chemin des Granges. C'était le point décisif. Du village des Granges, où se croisaient le chemin d'Étampes et celui de la Beauce, le trajet jusqu'à Dourdan était devenu littéralement impraticable. Au sortir de Dourdan, la route, passant au pied de la chapelle Saint-Laurent, suivait le long des bois une pente abrupte, vulgairement appelée la *Testée des Granges*, et rejoignait le haut du village. Profondément raviné par les eaux qui descendaient de la plaine et charriaient les sables, le chemin était devenu comme le lit d'un torrent et des précipices s'y étaient creusés au point d'engloutir hommes et chevaux, comme le malheureux Jérémie Michau, dont on parlait alors avec pitié, qui, en revenant de Dourdan à la brune, avait été brisé avec tout son attelage. La direction de la route fut totalement changée; côtoyant le bas de la butte des Jalots, elle s'éleva doucement à mi-côte et atteignit les Granges à l'autre extrémité, c'est-à-dire à la sortie du village, au point de jonction de la route d'Étampes (1). Comme précisément, à la même époque, celle-ci avait été améliorée et raccourcie par les soins du seigneur de la Forêt, qui avait fait adoucir la montagne de la Forêt-le-Roy, et comme en même temps la route d'Authon au-dessus des Granges avait été refaite par corvée, les abords de Dourdan se trouvaient libres dans toutes les directions et les arrivages parfaitement facilités. C'est à M. Védye, lieutenant général et subdélégué, à son intelligent et actif dévouement, à son influence auprès de l'intendance, que la ville dut ces importantes améliorations.

La place même du marché fut aussi l'objet d'une restauration com-

---

1. C'est ce qu'on appelle aujourd'hui l'ancien chemin des Granges, encore usité pour le service des terres et passant au-dessus du cimetière des Granges.

plète, car on ne voulait rien négliger pour attirer les chalands. Cette place n'avait jamais été pavée et son nivellement laissait beaucoup à désirer. En juin 1747, on entreprit, en face du portail de l'église et le long des fossés du château, des terrassements qui baissèrent le sol et amenèrent la découverte d'un cimetière et d'anciennes substructions. Par ordonnance du 12 avril, l'intendant avait commandé à tous les habitants et journaliers sujets à corvée de voiturer les grès et le sable nécessaires pour établir une bande pavée de la rue de Chartres au portail de l'église. C'est devant ce portail qu'on fit descendre le marché à l'avoine, tenu jusque-là au coin des halles et embarrassant pour la circulation. Arrêtés faute d'argent, les travaux continuèrent en 1751, et la place, qu'on appelait la place d'Armes ou le *Martroy*, fut pavée dans toute son étendue.

Nous le répétons, il était trop tard. En dépit des efforts tentés, le marché de Dourdan ne put regagner alors ce qu'il avait perdu. En 1750, il était tombé plus bas que jamais. Par suite d'oscillations, il remonta un peu vers l'année 1770, mais pour peu de temps. Il dut se contenter d'une moyenne qui lui assurait encore une place importante parmi les marchés de la Beauce, mais qui valait à peine la moitié de celle qu'il avait connue. Aux causes locales étaient venues se joindre des causes générales de perturbation. Parmi celles-ci, nous signalerons le manque de sécurité pour le commerce pendant une série d'années calamiteuses, et surtout la transition douloureuse et violente qui s'opérait entre des siècles de privilège et de protection et l'ère nouvelle de la liberté des échanges.

Les paniques, les craintes d'accaparement, de spéculations, et, comme on disait alors, de « manœuvres, » remplissent toute la première moitié d'un siècle où des guerres malheureuses, une politique coupable et des années rigoureuses font de la famine comme un vivant et menaçant fantôme. Les populations sont disposées à croire volontiers à des menées occultes. Dès 1709, année de stérilité complète (1), et 1710, année d'affreuse cherté, des plaintes s'élèvent à Dourdan sur ce que les officiers, ecclésiastiques, nobles, exempts du droit de mesurage, se partagent presque tous les grains des environs et les vendent à leur fantaisie, soit en plein marché, soit sur montre simple.

En 1739 et 1740, la disette sévit et la mortalité double à Dourdan. Les murmures et les défiances grandissent de toutes parts et l'administration supérieure s'en montre extrêmement préoccupée. Le subdélégué de Dourdan est obligé d'adresser tous les quinze jours un état au contrôleur général. Il reçoit de l'intendance lettres sur lettres. Le blé est à

---

1. Cette année-là la foire Saint-Laurent fut nulle à Dourdan. L'hospice ne put adjuger ses droits sur le plaçage, essayage, etc., des grains et bestiaux. Un honnête ménage fut chargé de faire la perception. L'homme et la femme, à eux deux, rapportèrent 6 livres.—*Archives de l'hospice.*

peine levé qu'il doit fournir un mémoire détaillé sur l'apparence des récoltes. Les prix viennent-ils à hausser un samedi, un long questionnaire lui est envoyé sur les pratiques illicites des marchands de l'endroit. « Il y a quelques marchands de blé dans l'élection, répond-il, mais « trop peu riches pour faire des magasins importants. Leur talent est « d'acheter dans des marchés pour revendre dans de plus prochains « de Paris (1). » — « Et les *enarrhements* faits par les marchands « chez les laboureurs de la campagne ? » demande l'intendance en septembre 1751. Sur quoi le subdélégué affirme que cela se pratique très-peu par les marchands de Dourdan, mais en même temps il signale l'abus des commissionnaires d'Orléans qui courent la province et prêtent à gros intérêts des semences et de l'argent aux cultivateurs.

En 1752, des esprits inquiets crient au scandale contre certaines facilités données par le marché d'Auneau qui, se tenant le vendredi, fausse, dit-on, tous les cours de celui de Dourdan. Des achats un peu plus considérables par des laboureurs « sans commission déterminée, » des ventes sur montre dans quelques auberges causent l'indignation et l'effroi ; ce qui n'empêche pas le marché de Dourdan de faire cette année-là une année passable à cause du concours de différents marchands et fariniers de Paris, Versailles, Saint-Germain, mis en campagne par suite de la cherté, et de l'apport inaccoutumé de grains par des laboureurs qui ne venaient pas d'ordinaire.

Ce ne sont là que les préludes d'une crise terrible. Les principes de liberté, essayés par des esprits convaincus mais des mains incertaines, sont sur ces entrefaites à la fois inaugurés et contredits; et durant ce passage indécis et laborieux de l'ancien système au système nouveau, le malaise est à son comble dans les centres commerciaux. Il faut voir à Dourdan l'opposition que trouve la réforme non-seulement auprès de la population, mais chez les magistrats éclairés. L'homme le plus intelligent en même temps que le plus gouvernemental de la ville ne craint pas de déplorer amèrement chacune des lois favorables à la liberté. Il s'élève avec énergie, même en haut lieu, contre « leur multiplicité versatile. » La déclaration du roi du 25 mai 1763, l'édit de juillet 1764 sont autant de mesures qui bouleversent l'âme « sensible » du subdélégué et lieutenant général de police de Dourdan, et lui arrachent des plaintes « de ce que son ministère passif le réduit à gémir dans le secret de son « cœur sur les inconvénients qui résultent d'une liberté trop effrénée « dans la vente et achat d'une denrée de première nécessité. » La « sagesse « du ministère, » qui obtient du roi, en septembre 1770, un arrêt du conseil proscrivant les abus de la libre circulation des grains, donne quelque consolation au représentant de Dourdan, mais il ne tarde pas à gémir encore sur ce que l'exécution de l'arrêt n'est pas générale. On le

---

1. Mémoire à l'Intendance, du 24 septembre 1740.

suit à Dourdan, on le méconnaît à Auneau. Il y a d'ailleurs, dans la loi, des contradictions et des lacunes qui achèvent de bouleverser l'entendement du plus dévoué des administrateurs. En vertu de l'article 6, les grains et farines ne doivent être vendus que sur les halles et marchés, mais on a oublié la sanction; en vertu de l'article 9, le roi défend à tout officier de justice de mettre opposition à la libre circulation des grains sous quelque prétexte que ce soit. A côté de cela, il y a encore des règles spéciales pour l'approvisionnement de la capitale. Ce sont, conclut le subdélégué, « autant d'obstacles que notre faible intelligence ne nous « permet pas de surmonter. »

Viennent l'arrêt du conseil du 13 septembre et les lettres patentes du 2 novembre 1774, proclamant et encourageant le libre commerce des grains : la crise éclate. Au lieu d'user de la liberté, tout le monde en a peur, si bien que le samedi 6 mai 1775, le marché de Dourdan est presque vide. Midi est sonné, et il n'y a sur la place que 144 septiers de grains. Le peuple des campagnes, auquel il faut du pain pour la semaine, mécontent d'un si faible approvisionnement, se jette avec violence sur les sacs et les emporte malgré la maréchaussée. La mutinerie croît avec le désordre; les paysans se portent dans plusieurs maisons de la ville servant de serres à grains à quelques propriétaires et laboureurs, et pillent sans payer ou en ne payant que 15 livres le sac.

Jusqu'à neuf heures du soir, l'émeute se prolonge.

Les principaux habitants, réunis au château, se consultent avec anxiété. On a vu, tout le jour, un petit homme habillé de rouge, que nul ne connaît, allant et venant, soufflant la discorde, se disant porteur d'ordres du roi, proclamant le pain à bon marché et menaçant d'arrêter les sergents. Il a disparu sur le soir. Toute la nuit on demeure sur pied, et, faute de mieux, les gardes de la forêt sont astreints à relever, pour les patrouilles, les gendarmes harassés.

Le lendemain, les esprits sont calmés, mais abattus. Les boulangers viennent en corps au bailliage déclarer qu'ils ne peuvent pas cuire faute de farine. Les marguilliers de Saint-Germain sont consternés : le marché est perdu; la confiance manquant, les laboureurs n'y viendront plus. Courriers sur courriers sont expédiés à Orléans, au siége de la généralité; on réclame des troupes permanentes, on demande de taxer le prix du grain, de faire approvisionner de force le marché, etc. M. de Cypierre, l'intendant, arrive. On apprend de sa bouche qu'il a sur les bras tous les marchés de son département. Les troupes sont occupées aux émeutes d'Arpajon et de Malesherbes. Il promet néanmoins des soldats, fait une enquête rapide et court ailleurs.

Le 11, on reçoit l'avis que deux compagnies de carabiniers, l'une d'Arpajon, l'autre d'Étampes, feront jonction à Dourdan le samedi suivant, mais ne pourront rester.

Le 13 mai, jour du marché, au matin, quarante-huit carabiniers se rencontrent sur la place. On tremble pour la journée; mais la tranquillité règne, bien qu'il y ait en vente moitié moins de grains que l'année précédente à pareille époque. Trente carabiniers couchent cette nuit-là dans la ville. Des troupes permanentes, c'est le rêve et l'espoir des habitants de Dourdan, et l'autorité supérieure est sollicitée pour cela à grands cris. Le samedi 20 mai, la place est calme. Il y a 526 septiers sur le marché. Néanmoins, le blé renchérit de 30 à 40 sols. Le 29, dans la matinée, arrive enfin la garnison permanente, composée de six officiers, gentilshommes du plus haut rang, de deux fourriers, deux maréchaux des logis et trente et un dragons du régiment de Lorraine, détachés pour surveiller les marchés de Dourdan et de Saint-Arnoult, et les moulins de la vallée. On les caserne dans deux maisons vides, les officiers s'installent chez les principaux habitants, et Dourdan s'aperçoit que la sécurité s'achète par des dépenses et des ennuis.

Nous nous sommes un peu étendu sur ce récit parce qu'il nous semble bien caractériser une période dont l'étude offre un réel intérêt. Le marché de Dourdan ne connut plus, Dieu merci, d'aussi mauvais jours jusqu'en avril 1789, époque où la rébellion trouva dans la misère et dans la fermentation générale une nouvelle occasion de se produire (1). Quoi qu'il en soit, une révolution immense était commencée. Pratiquement, il faut le dire, le gouvernement était encore effrayé de sa propre audace et vacillait dans l'application de ses principes, en face des malaises bien réels nés d'une transition évidemment douloureuse. C'est ainsi que les mutins et les pillards de Dourdan, sauf quelques condamnations de la cour prévôtale, furent peu inquiétés ou facilement admis à l'amnistie. C'est ainsi encore que des fermiers et des laboureurs ayant refusé au nom des édits de payer les droits de mesurage dans les greniers particuliers, se virent poursuivis à la requête du duc d'Orléans et condamnés, après un

---

1. Nous citons la lettre que l'intendant écrivait alors au subdélégué de Dourdan, d'Orléans le 20 avril 1789 :

« Je viens d'être informé, Monsieur, des mouvemens qu'il y a eu à Dourdan au
« marché de samedy dernier, et des inquiétudes très-graves que donnoient pour le
« marché de samedy prochain la pénurie de la denrée, la disposition des esprits et
« l'exemple de ce qui s'est passé à Montlhéry. Je viens d'écrire à Angerville, pour
« savoir s'il ne seroit pas possible de faire passer des grains à votre marché; si les
« ressources manquent, je vous ferai expédier des farines d'Orléans. Le prévôt général
« se rendra samedy à Dourdan avec 24 hommes de sa troupe, et comme cette main-
« forte pourroit n'être pas suffisante et être exposée, comme à Montlhéry, à des dan-
« gers et même à des accidents, elle sera protégée par 50 hommes du régiment Colonel-
« Général-Dragons, qui arriveront à Dourdan vendredy. Ce qui s'est passé en 1775
« doit nous rendre attentifs et précautionneux. Je suis avec attachement, Monsieur,
« votre très-humble et très-obéissant serviteur. DE CHEVILLY. »

Nous croyons savoir que les dragons, campés à Liphard, n'eurent pas besoin de descendre dans la ville.

On voit combien, même alors, en dépit de Turgot et de Louis XVI, la liberté était mal assise et avait besoin d'auxiliaires factices.

long procès, par un arrêt du conseil d'État du 17 juin 1781 ordonnant la perception des droits à Dourdan tout comme avant les lettres patentes de 1774.

Pour les contemporains, la révolution était complète parce qu'ils en avaient subi le choc. Les conséquences se traduisaient pour eux par cette conclusion assez triste que notre subdélégué adressait avec une certaine hardiesse au gouvernement : « La liberté indéfinie du com- « merce des grains et l'exportation étrangère illimitée ont tellement « rompu l'équilibre, qu'à production égale le prix a augmenté d'abord « de plus d'un tiers et par suite plus que doublé » (1).

Cette question des prix, soulevée ici par le représentant de Dourdan, nous a semblé intéressante à plus d'un titre, et nous avons cherché à la préciser à l'aide de documents locaux. Cette étude était aussi longue que fastidieuse. Nous ne regretterons pas de l'avoir faite si le résultat peut paraître instructif à quelqu'un de nos lecteurs.

Jusque vers la moitié du xvie siècle, c'étaient les boulangers qui, d'après les cours des marchés, établissaient eux-mêmes les mercuriales et la taxe du pain. L'ordonnance du roi de 1539, article 102, leur enleva ce droit et commanda qu'un rapport officiel du prix des grains fût fait chaque semaine au greffe du bailliage pour servir de base à la taxe. Depuis cette époque, à Dourdan, tous les samedis, à l'issue du marché, l'estimation du prix des grains se faisait chez le lieutenant général de police par le fermier du mesurage et deux appréciateurs, l'un marchand, l'autre laboureur, renouvelés tous les deux ans et assermentés. Un registre paraphé était tenu par le greffier. L'estimation portait sur deux qualités de froment, trois qualités de méteil, le seigle, l'orge et l'avoine. Voici un tableau qui embrasse plus de deux siècles et donne, pour les périodes caractéristiques de hausse ou de baisse, le prix moyen du moyen froment par septier ou sac d'un hectolitre et demi :

ANNÉES.		ANNÉES.	
1542,	2 livres tournois.	1668,	6 livres tournois.
1551,	4 l. 10 sols.	1671,	8.
1558,	2 l. 12 s.	1673,	6.
1566,	5.	1675,	11.
1567,	7.	1676,	7.
1568,	3.	1679,	14.
1571,	5 l. 10 s.	1688,	6.
1573,	11 l. 10 s.	1693,	15—36.
1575-6	4 l. à 6 l.	1694,	46—14.
1666, (2)	8—15.	1696,	6—13.

1. Lettre du 15 juin 1778.
2. N'ayant trouvé dans les archives de la mairie aucun registre d'appréciation anté-

ANNÉES.		ANNÉES.	
1698,	22 livres.	1755,	10 livres.
1707,	5.	1757,	21.
1709 (1),	stérilité complète.	1763,	11.
1716,	6.	1768,	31.
1725,	28.	1772,	22.
1728,	9.	1774,	24.
1731,	18.	1775,	26—33—25.
1732,	7.	1779,	17.
1739,	21.	1784,	23.
1740,	34.	1786,	17.
1744,	7.	1788,	27.
1751,	25.	1789,	35—50—25.

Nous pourrions assurément trouver matière à des réflexions économiques en face de ce tableau, dans cette succession presque périodique des années de rareté et d'abondance, dans ces écarts violents des prix, cause de trouble et de perplexité pour l'ancienne culture, dans cette moyenne plus élevée mais plus stable qui apparaît vers la moitié du xviii° siècle avec le système nouveau ; mais ce serait sortir de notre sujet, et nous tenons essentiellement à y rester. Nous avons seulement voulu offrir à ceux qui généralisent un élément de comparaison de plus.

Maintenant, si le lecteur veut le permettre, nous jetterons un rapide coup d'œil sur les conditions actuelles du marché de Dourdan. L'étude du passé, quand on la sépare complétement de celle du présent, risque trop, suivant nous, de demeurer théorique, c'est-à-dire stérile et oiseuse.

Le marché aux grains de Dourdan se tient aujourd'hui, comme jadis, entre la halle et le château, chaque samedi de l'année, et, à dire vrai, les choses n'ont guère changé. On ne compte plus par mesure de Dourdan : l'hectolitre et toutes ses fractions ont uniformément remplacé mines et minots ; mais, en somme, le sac d'un hectolitre et demi ou de trois mesures de 50 litres équivaut à l'ancien septier, et permet, entre les opérations d'aujourd'hui et celles d'autrefois, une comparaison facile (2). Le pesage facultatif des grains est toutefois un élément nouveau.

Ce n'est plus au profit de l'église ni du duc d'Orléans que se prélèvent actuellement les droits de plaçage et de mesurage. Ils n'en existent pas

---

rieur à 1666, nous avons tiré les chiffres qui précèdent de documents faisant partie des archives de l'hospice, pièces d'un procès intenté au xvi° siècle pour une redevance en avoine.—B. 1.

1. Il y a, dans les documents conservés, une lacune précisément pour cette année et les trois suivantes.

2. Le sac d'*avoine* contient 2 hectolitres.

moins sous une autre forme, et c'est la ville qui y trouve la recette la plus nette de son budget.

Le *plaçage* d'un sac de grains est toujours d'un sol, ou.. 0,05 c.
Le *pesage*, jusqu'à 100 kil., vaut. 0,15
Le *mesurage*. . . . . 0,07 c. 5
Le *survidage* (1). . . . . 0,05 c.

Ajoutons un ancien droit que l'usage perpétue presque en dépit de la loi, celui de 0,07 c. 5 pour le déchargement, et 0,05 c. pour le chargement des sacs par les *portefaix*. — Dernier vestige des corporations d'autrefois, l'office des portefaix est encore une de ces charges privilégiées, une de ces industries fermées que nos enfants ne connaîtront pas sans doute, et qui disparaîtront tôt ou tard comme une entrave aux libres allures du commerce moderne. Quoi qu'il en soit, routine ou intérêt ont jusqu'à présent maintenu le monopole, et, bien que l'État ne reconnaisse plus de privilége, on a vu à Dourdan, il y a quatre ans, alors qu'il était bien convenu que chacun pouvait se passer de portefaix, quelques rares individus seulement faire un court essai de leur faculté, et le public profiter de l'occasion pour consacrer, par une convention devant l'autorité locale, l'accord tacite qui règne entre le vendeur et l'acheteur (2).

C'est encore à des chiffres que nous demanderons la notion du mouvement de notre marché moderne :

Le droit de plaçage des grains sur la place, ajouté en 1819 (3) aux droits de place sous la halle, de pesage, mesurage, etc., fut alors adjugé pour la somme de. . . . . 2,405 fr.
produisant, avec les autres, un total de. 4,305
  Une nouvelle adjudication, en 1822, donnait. 4,525
  En 1829 (premier cahier des charges en trois lots). . . . 5,960
  En 1849 8,260
  En 1854 7,630
  En 1859 7,460

---

1. Tarifs arrêtés par le conseil municipal dans ses séances des 11 novembre 1852, 4 janvier et 17 février 1853, et approuvés par la préfecture de Seine-et-Oise le 14 mars.
2. Le nombre des portefaix, qui était autrefois de douze, est aujourd'hui de quinze à Dourdan. — Un syndicat a été créé le 20 avril 1856. — La valeur d'une charge de portefaix est d'environ 200 fr., après avoir atteint jusqu'à 500 fr. Un usage, aboli aujourd'hui, rappelait naguère encore les statuts des anciennes corporations : le nouveau récipiendaire devait payer à ses confrères un repas taxé à 90 fr., plus 15 litres de vin.
3. On ne perçut d'abord, après la Révolution, que les droits de place sous la halle, qui produisirent :

    De l'an V à l'an IX. . . . . 750 fr. »
    En l'an IX. 998 25
    De l'an X à 1807 1,738
    De 1807 à 1813 1,505
    De 1813 à 1818 (pesage et mesurage compris). . . . 1,900

En 1863. . . . . 5,860 fr.
En 1868. . . . . 6,310 (1)

D'autre part, le nombre de sacs de tous grains annuellement apportés sur le marché est tombé, pendant les dix dernières années, de 42,000 à environ 25,000.

A considérer ces chiffres, on est tenté, au premier abord, de proclamer la tendance décroissante du marché de Dourdan, mais un examen réfléchi permet de mieux juger le présent et de mieux augurer de l'avenir. Il fait reconnaître, dans une apparente diminution, une perturbation née d'une cause locale et une transformation due à une cause générale.

La cause locale, c'est l'ouverture, en 1865, du chemin de fer de Paris à Tours par Vendôme, passant à Dourdan. La crainte d'une autre direction donnée aux grains par cette voie a pesé comme une menace sur le marché de Dourdan depuis plusieurs années. Cette appréhension a causé la baisse si sensible du taux d'adjudication du plaçage en 1863, et une hésitation transitoire de la culture a pu contribuer à la décroissance notable de l'apport en 1866.

La cause générale, c'est le développement du procédé de vente *sur montre* qui devait nécessairement s'opérer dans le commerce des grains, par suite de l'accroissement de la consommation et de la facilité des communications et des échanges. Sans doute, dans cette transaction invisible et rapide pour laquelle suffisent une poignée de grains dans une bourse, la feuille déchirée d'un carnet ou la parole d'un homme, la tenue d'un marché perd quelque chose de sa richesse extérieure et de cette prospérité qui se traduit par de luxuriants amas de grains ; sans doute, il y a quelques profits matériels de moins auxquels les particuliers, voire même les administrations municipales, sont très-sensibles ; mais est-ce à dire pour cela qu'un marché est déchu ? Tout compte fait, n'est-il pas évident, au contraire, que celui de Dourdan n'a jamais servi de centre à autant d'opérations ?

Nous en appelons à cette foule compacte et affairée de producteurs, de courtiers, de meuniers venus des abords mêmes de la capitale, qui se presse pendant plusieurs heures, au point d'interrompre la circulation, au dedans et au dehors de plusieurs de nos cafés, devenus comme des bourses improvisées. Nous en appelons à ces immenses convois de farine, sortis des usines perfectionnées de la vallée de l'Orge, broyant, sous leurs meules mues par la vapeur, d'énormes quantités de grains qui la plupart se sont vendus au marché de Dourdan, et qui moralement, commercialement, y ont passé (2). Cette vente insaisissable ne nous effraie

---

1. Se décomposant ainsi :

    Places et marché. . . . . 6,000 fr.
    Mesurage et pesage. . . . 310

2. Une appréciation en chiffres de la vente *sur montre* est, on le conçoit, très-diffi-

plus comme elle effrayait nos pères. Ce n'est plus pour nous une manœuvre séditieuse, c'est la marche pacifique d'un rouage nouveau, et ce changement de forme dans le mouvement ne saurait compromettre ni l'influence, ni la renommée d'un marché.

Dourdan, plus qu'aucune autre ville, par sa position relativement à la capitale et aux centres de culture, a et aura toujours une place marquée et privilégiée. Sans cesser d'y vendre en nature, on y vendra de plus en plus sur montre, parce que l'on veut vivre vite, parce ce que l'on produit, parce que l'on négocie, parce que l'on consomme chaque jour davantage. Si nous avons la prétention d'être bon prophète, c'est que la foi que nous avons dans l'avenir de notre pays égale l'amour que nous lui portons.

cile à faire, et supposerait la connaissance exacte de toutes les transactions des meuniers, grainetiers, etc. Toutefois, si nous nous en rapportons aux renseignements que nous avons recueillis, elle pourrait être évaluée à une moyenne de plus de 6,000 sacs de tous grains par marché. Que l'on multiplie ce chiffre par celui des 52 marchés de l'année.

CHAPITRE XXIV

INDUSTRIE ET COMMERCE.

Le point de départ de toute industrie de l'homme, c'est un besoin de la vie; son premier élément, c'est un produit naturel et local. L'importance du besoin, la proportion et la qualité du produit déterminent la valeur de cette industrie, et en même temps la valeur du commerce qui n'est que la répartition, par l'échange, du produit selon le besoin. A ce double point de vue, la première industrie, le vrai commerce de la contrée qui nous occupe, c'est le grain avec lequel on fait le pain. Dourdan, comme entrepôt, comme marché de grains, vient de nous fournir un chapitre; nous ne reviendrons plus sur ce sujet.

Parmi les autres industries vraiment locales qui nous apparaissent à Dourdan dès le principe, il en est quelques-unes que nous avons eu occasion de citer, mais qui, malheureusement, n'ont pas d'histoire. Les *potiers* sont ceux de ces anciens artisans dont les produits se sont le mieux conservés, et se retrouvent à l'état de débris dans la terre d'où ils sont sortis. Nous avons dit ailleurs (1) le grand nombre de fours qui, à l'époque romaine, existaient à Dourdan, et nous avons décrit quelques-unes des poteries découvertes au milieu ou aux environs de ces fours. L'argile « plastique, » cette première couche du terrain tertiaire, ce sédiment qui s'est déposé et moulé dans les ondulations de la vaste assise

---

1. Voir chapitre Ier.

de la craie, se trouve à Dourdan sur une assez grande échelle. Les relèvements considérables de la craie autour de la ville ont fait à ce dépôt un lit qui atteint jusqu'à quinze mètres de profondeur, et, en certains endroits, offre une exploitation assez facile. La matière, comme toujours, a provoqué la fabrication. Cette fabrication paraît avoir eu plusieurs degrés de perfection, à en juger par les fragments qu'on peut étudier. On n'a pas, il est vrai, de preuves suffisantes pour attribuer à coup sûr aux fabriques de Dourdan ces poteries élégantes et brillantes dites « samiennes, » dont quelques restes sont mêlés à ceux de vases plus communs ; mais des débris de poteries rouges, au grain fin et solide, de poteries noires minces et dures, de poteries grises plus grossières, de grandes tuiles rougeâtres dont le poids et la dimension donnent lieu de penser qu'elles ont été faites sur les lieux, indiquent l'emploi de plusieurs espèces de terre et de plusieurs manières de traiter l'argile. Dans les diverses couches de glaise qu'on rencontre, dominent en effet plusieurs éléments, pyrite de fer, gypse en petits cristaux, sables plus ou moins siliceux. En général, c'est la dureté qui caractérise les fragments qu'on possède, et ils paraissent n'avoir nullement souffert de leur long séjour dans le sol. La variété, la simplicité et en même temps la netteté des moulures, dénotent une fabrication intelligente et soignée.

Pendant des siècles, cette industrie constitua, au profit du domaine, une sorte de monopole qui pourrait bien être le secret de sa décadence. On se souvient que « les fours aux pottiers » sont au nombre des accessoires et « appartenances de la prévosté de Dourdan, » donnés par Philippe le Bel à Louis d'Évreux. De Lescornay a vu aux comptes du domaine les droits du roi sur « chacun des fours à cuire pots, » et nous avons cité le compte de 1646 par Jacques de la Loy, où la « tuillerie de Dourdan » figure comme un des articles de recette. Potelet ou « le Potelet, » comme on l'appelait, à la porte de Dourdan, était une des terres souvent revendiquées par le domaine, et c'est là que paraît avoir été au moyen âge le centre de la fabrication. Lorsque Dourdan fut donné par Louis XIV au duc d'Orléans, le commissaire au terrier de 1676, Pierre Lallemant de Lestrée, rendit une sentence qui en fournit la preuve. Rappelant l'ordonnance par laquelle il avait enjoint « à toutes
« personnes qui prétendoient jouir des droits de fours à chaux, tuillerie,
« briqueterie et poterie, tant au voisinage des forêts que dans toute
« l'estendüe du comté de Dourdan » de rapporter leurs titres, « avec
« défenses de bastir et establir de nouveaux fours et de continuer l'usage
« de ceux qui y estoient jusqu'à ce qu'autrement il en soit ordonné, à
« peine de cinq cens livres d'amande, » Lallemant de Lestrée confirme dans ses droits, par jugement du 16 mars 1683, Pierre Arnaud de Junquières, seigneur de la terre « de Pottelet », qui justifie « de la possession
« immémoriale en laquelle ont esté ses autheurs d'avoir en ladite terre
« une tuillerie et four bastis et establis de tout temps, qui se trouvent

« d'une commodité très-notable non-seulement aux habitants de Dourdan,
« mais à toute la province, suivant déclaration de l'année 1599, etc. » (1).
Défense est faite en même temps à toute personne de bâtir aucun four à
demi-lieue de la forêt.

Nous n'avons pas connaissance que des fours appartenant au moyen-
âge aient été trouvés sur le territoire de la ville. Tous ceux qu'on y a
rencontrés, du moins récemment, datent de l'époque romaine. Aucun
débris vraiment intéressant de l'époque barbare ou des époques posté-
rieures n'a été conservé, et, à en juger par l'abandon complet de cette
industrie qui n'a plus un seul four à Dourdan, la décadence du métier
remonte loin. C'était déjà un souvenir presque légendaire qui expliquait, il y a plus de deux siècles, les *trois pots d'or sur champ d'azur*
des armoiries de la ville de Dourdan.

C'est un souvenir plus légendaire encore qui s'attache aux *mines de
fer* de Dourdan. Un fait incontestable, c'est que le minerai de fer a été
exploité dans la localité. Des lits épais de scories se retrouvent sur plusieurs points de la ville et aux abords de la forêt. Nous en avons trouvé
un échantillon à deux mètres de profondeur dans la terre de l'ancien
étang. Le *Minerai*, le chantier des *Minières*, le clos du moine des *Fourneaux*, attestent par leurs noms, autour de la ville, cette ancienne fabrication. Le terrain d'argile plastique offre, en effet, le minerai de fer sous
forme de rognons assez riches, et il n'est pas rare d'en rencontrer dans le
pays, à la surface du sol. Toutefois, il est à croire qu'à un instant donné
les résultats obtenus n'ont pas paru suffisants et que les forgerons primitifs de Dourdan ont peu à peu disparu lorsque les communications plus
faciles ont permis aux habitants de la vallée de se procurer ailleurs avec
avantage le fer dont ils avaient besoin. Il n'existe à Dourdan aucun
titre constatant cette exploitation, comme il en existe pour les forges
ou « moulins à fer, » relativement récents, des territoires voisins de
Longvilliers, Bandeville, Forges, etc.

Nous ne voudrions pas ranger dans la même catégorie les *vignerons*
de Dourdan ; et pourtant il faut aussi évoquer le passé pour les retrouver : à la vérité ce passé est plus voisin de nous. On a quelque peine à
se figurer aujourd'hui, en faisant le tour de la ville, qu'on est dans un
pays de vignes, et l'on cherche ce *vignoble de Dourdan* dont les vieux
titres parlent bien souvent. Il est constant cependant qu'une ceinture de
vignes commençait aux faubourgs, s'étageait sur les versants de la vallée, à la place des champs et des prairies artificielles qui les recouvrent
maintenant, et couronnait les côtes sablonneuses de Liphard, des Jalots,
de Normont, etc. Au siècle dernier, ces vignes existaient encore en partie, et la carte manuscrite de 1743, dont nous donnons le *fac-simile*,
indique parfaitement, par le trait convenu, cette culture tout autour de

---

1. La minute de ce jugement est aux archives du Loiret. A. 1373.

Dourdan. Il paraît que le meilleur cru était celui qui s'étendait sur le versant septentrional et courait depuis la forêt jusqu'à Roinville. « Les « deux costeaux, dit de Lescornay, sont garnis de vignes qui produisent de « très-bon vin, celles principalement du territoire de Chasteau-Pers (qui « estoit anciennement nommé Cremaux), pource que le soleil de midy les « regarde directemente et à plomb. » Nous n'avons pas besoin de revenir sur les contestations nées, dès la fin du XII° siècle, entre les chanoines de la paroisse Saint-Germain, les paroissiens et les abbayes voisines, au sujet des dîmes de vin, qui étaient le plus riche revenu de l'église (1). On connaît le beau cellier construit alors sous le prieuré pour loger les tonnes de vin de cuve, *pede pressi,* que les bourgeois de la ville devaient chaque année, à raison de quatre septiers par arpent. Les moines de Clairefontaine cultivaient leurs vignes sur la pente des Jalots, dépouillée par eux de ses bois; les lépreux de Dourdan soignaient les leurs au berceau Saint-Laurent. Les moines de Morigny en avaient pour leur usage au clos Saint-Père et dans leur jardin de Grousteau. Jusque sur la lisière des bois, les vignerons disputaient leur récolte au gibier de la forêt et obtenaient du duc d'Évreux la permission de veiller la nuit avec des bâtons. Aussi venait-on des environs faire à Dourdan sa provision de vin, et le *rouage* et *criage* des vins de Dourdan et des Granges-le-Roy figuraient-ils au nombre des droits seigneuriaux que nous avons vu céder, affermer ou revendiquer par le domaine. Le vin du territoire de Dourdan se vendait sur la route d'Étampes à Paris, et les marchands de la capitale eux-mêmes s'en faisaient les débitants. Comment cette faveur s'est-elle perdue? Comment cette culture est-elle tombée au point qu'au siècle dernier, en taxant les vignes de l'élection à 30 ou 20 sols de taille l'arpent, comme « très-fautives » et fournissant à grand'peine 5 poinçons, jauge d'Orléans, par arpent, le cadastre ne daignait pas taxer celles de Dourdan, « comme étant plus à charge qu'à profit aux vignerons qui « les tenoient à très-fortes rentes? » — Le sol avait-il été épuisé par cette culture séculaire? Les bonnes traditions d'exploitation avaient-elles disparu avec les bons moines qui se les transmettaient jadis? La terre des pentes, par le lavage incessant des eaux, avait-elle perdu quelques-uns de ses principes, et le déboisement des côtes avait-il amené le dessèchement du sol? Quand les rapports officiels qualifiaient de « mauvaise, » au XVIII° siècle, la qualité des vins de Dourdan, on ne pouvait pas dire que ce fût pure calomnie; par conséquent, ou cette qualité avait singulièrement dégénéré, ou les vins que savouraient nos vieux aïeux paraissaient moins bons à leurs descendants, depuis que la facilité des communications et l'échange des produits leur en avaient fait connaître de meilleurs.

Ce n'était pas seulement au sol que l'industrie locale empruntait ses éléments. Les dépouilles des troupeaux défrayaient le métier des *tan-*

1. Voir chapitre IV.

neurs et *mégissiers* qui avaient leurs établissements sur la rivière et dans la ville basse. Une tradition anciennement constatée rapporte qu'il en existait autrefois un grand nombre à Dourdan. A la fin du règne de Louis XIII, on comptait encore sous la halle « huit étaux de tannerie » qui payaient des droits au domaine (1). Lorsque l'administration tracassière du XVIIIe siècle envoya au subdélégué de Dourdan ses règlements sur les tanneurs (1752), il fut prouvé qu'il n'en existait plus un seul dans la ville, et qu'on n'en avait pas vu de mémoire d'homme, bien que le souvenir de cette industrie fût très-vivant dans la localité. On ajoutait qu'à Saint-Arnoult, le métier s'était conservé plus longtemps; qu'en 1720, il y vivait huit tanneurs, et qu'il en restait encore un qui avait eu la malheureuse idée de prendre à ferme, pour peu de chose à la vérité, un droit perceptible sur les tanneries de Dourdan et de Saint-Arnoult, appartenant à la fabrique de Saint-Sauveur, de Paris. Comme il était le seul du métier, il payait et ne touchait rien (2). Ce qui tuait cette industrie dans la contrée, c'était le terrible impôt sur les cuirs. Aussi le cahier des doléances du tiers état de Dourdan n'oublie-t-il pas d'en demander la suppression en 1789. — Les mégissiers avaient persisté plus longtemps; on en comptait deux à Dourdan en 1745, et quatre en 1768, qui payaient, comme artisans, un sol par livre de taille du produit de leur travail sur les peaux, et, comme commerçants, deux sols par livre du produit de leur vente de laine.

Les *ouvrages en laine* ont été, pendant des siècles, le métier du pays; aussi les fouleurs, teinturiers, apprêteurs, étaient-ils autrefois en grand nombre à Dourdan. Les rues « Haute et Basse-Foulerie » ont perpétué ce souvenir. On comptait encore en 1745 huit fouleurs et six teinturiers, et on se plaignait de la décadence. C'est que, depuis longtemps, les ouvrages en laine avaient fait place à une industrie plus relevée, celle des *ouvrages en soie*. Vers 1560, raconte de Lescornay, dont nous citerons textuellement ici le naïf récit « un officier de L'Escurie, que Monsieur de Guyse, seigneur usufruictier auoit estably au chasteau, voyant un jeune garçon trauailler habilement à faire des bonnets de laine et jugeant son esprit assez éueillé pour comprendre chose nouuelle, il luy fit naistre l'enuie de faire un bas (duquel les points n'estoient autres que ceux du bonnet), et pour luy ouurir le chemin luy en donna un vieil de soy sur lequel il pourroit s'instruire et prendre patron. Ceste entreprise réussit si heureusement que ce nouuel apprenty rendit un bas d'estame fait en perfection, et fut capable d'en enseigner la méthode à ses compagnons bonnetiers (desquels y auoit grand nombre en ceste ville, pource que lors on n'usoit point encores de chapeaux, ains seulement de bonnets). A leur exemple tous ceux de la ville s'y appliquèrent, et enfin furent imi-

---

1. Compte de Jacques de la Loy, 1646. — *Arch. de l'Emp.* Q. 1514.
2. Rapports à l'intendance.

tez par les villages circonuoisins, voire par tous ceux de la Beaulce, jusques à huict ou neuf lieuës loing. Quelques années après, les ouuriers de la ville, plus subtils que les autres, s'adonnèrent aux bas de soye (en la façon desquels ils ne cèdent en rien à Milan) et laissèrent la laine aux Beaulcerons, les ouurages desquels toutesfois les marchands de Dourdan vont acheter sur les lieux pour (après les auoir apprestez) les vendre à ceux de Paris (1). » On comptait alors sous la halle sept « étaux de bonneterie » qui servaient à la vente des bonnets, bas, mitons en tricot de laine.

La fabrication des bas de soie et de laine à l'aiguille subit, vers le milieu du xviie siècle, une révolution complète par l'introduction des métiers en France. Les ouvriers de Dourdan furent des premiers à s'en procurer, et Dourdan devint une véritable ville de manufacture. Le tricot à la main, beaucoup plus long à faire, fut dès lors laissé aux femmes et aux vieillards. Louis XIV ayant, par lettres patentes de février 1672, érigé en « maîtrise » la manufacture des bas de soie et autres ouvrages au métier, les fabricants de Dourdan se conformèrent aux statuts attachés sous le contre-scel desdites lettres et se réduisirent en corps de communauté (2). L'arrêt du conseil du 30 mars 1700, où la ville de Dourdan est nommée « immédiatement après celle de Paris, » donna une nouvelle force à la manufacture de Dourdan, à laquelle la bonté renommée de ses produits assurait une vogue toujours croissante. Les « maîtres, » au nombre de trente, faisaient vivre tout le pays, suivant les rapports du temps, et cette communauté, dans ses jours de splendeur, tenait le premier rang parmi les corporations de Dourdan. Elle avait sa fête solennelle à la Saint-Louis et elle faisait faire à ses frais des services « lors des principaux événements qui intéressent le Roy et la famille royale. » Jamais elle ne se trouvait en déficit lors de la reddition de ses comptes devant le lieutenant général de police, et elle payait fidèlement tous les droits de confirmation, réunion d'offices, etc., inventés par le fisc. Les charges d'inspecteurs, contrôleurs, etc., y étaient exercées gratuitement par les gardes-jurés de la communauté. Les fils de maîtres n'avaient rien à payer pour leur réception, si ce n'est une cinquantaine de livres pour un repas offert aux gardes-jurés et 11 livres environ de droits accessoires. Quant aux étrangers, il leur fallait, pour être admis, acheter des lettres de maîtrise qui n'étaient plus taxées vers la fin qu'à 250 livres. Les brevets d'apprentissage valaient environ 125 livres.

Malheureusement, cette prospérité ne devait être que passagère, et moins d'un demi-siècle plus tard, la concurrence des puissantes manufactures de Picardie, les troubles apportés par la guerre avaient singu-

---

1. De Lescornay, page 10.
2. États fournis à l'intendance. — *Archives du Loiret.* C 72.

lièrement diminué les profits des fabricants de Dourdan. L'arrêt du conseil du 25 mars 1754, autorisant indistinctement le transport des métiers dans toutes les villes du royaume, précipita la décadence. Dès 1745, sur les 30 maîtres il n'y avait plus que 12 marchands dont 4 seulement faisaient un commerce étendu. Les autres n'avaient que deux ou quatre métiers à laine, et plusieurs, quoique maîtres, se faisaient simples ouvriers et travaillaient pour les marchands. La soie se mit à renchérir d'une manière prodigieuse. En 1752, le subdélégué de Dourdan envoyait à l'intendant, qui l'en avait prié, trois paires de bas admirablement réussis, mais coûtant ensemble 52 livres 10 s. Les marchands diminuaient le nombre de leurs métiers et le salaire des artisans, car « au bureau de Paris » on n'augmentait pas les prix. Le pauvre peuple luttait avec désespoir et cherchait à soutenir la concurrence par le tricot à l'aiguille, dont le commerce était libre, si bien que la communauté jalouse s'en émut et demanda la réunion des deux commerces, comme à Orléans et à Paris. Le nombre des métiers, qui était encore de 100 en 1758, était tombé à 20 en 1772 (1). On n'entretenait plus alors cette fabrique expirante qu'en faveur de quelques anciens ouvriers chargés de famille qui, sans ce genre de travail, eussent été forcés de s'expatrier, comme le plus grand nombre l'avait fait. L'ancienne industrie finit par subsister à peu près seule et le travail à la main conserva quelque temps encore la vogue attachée au nom de Dourdan (2).

La révolution fit disparaître jusqu'aux traces de la « communauté » des fabricants de bas de Dourdan. Une heureuse circonstance s'est ren-

1. Il était de 47 métiers à laine en 1768, et voici comment le *rôle tarifé* calculait alors leur mince produit : « Chaque métier peut faire par semaine 5 paires de bas de laine, soit par an 24 douzaines. Chaque douzaine revient à 30 l. et se vend 33 l. à Paris au bureau des bonnetiers. Le profit net n'est guère que de 50 sols, soit un produit annuel de 60 l. par métier. Chaque métier porte en conséquence 1 l. 10 s. de taille.

A l'égard des ouvriers, la taille est proportionnée à leurs forces depuis 3 paires de bas jusqu'à 8 par semaine, dont ils ont 10 s. de façon l'un dans l'autre. On les a distingués en trois classes : de 50 l. de gain et 1 l. de taille; 100 l. de gain et 1 l. 10 s. de taille; 150 l. de gain et 2 l. 10 s. de taille. Même règle pour les métiers à soie, pour les foulurs, teinturiers, etc. — Quant au tricot à la main, il est d'un objet plus important dans la contrée que le travail au métier. »

2. La réclame de l'almanach d'Orléans pour 1783 est assez instructive : « Dourdan « est, dit-on, le seul endroit du royaume où tous les ouvrages qui le concernent sont « traités à l'aiguille. Ils sont exécutés soit en laine, en fil et en soie, dans toutes « grandeurs, façons et tous degrés de finesse désirables. On y fabrique aussi au « métier. — On y fait à l'aiguille des bas de laine et de fil unis et à côtes, ordinaires, « fins, et très-fins; bas de soie ordinaires, fins et très-fins, unis, à côtes, à quadrille « et à côtes guillochées; gants, mitaines de soie unies et à jour; grands et petits mi- « tons.—On y fait aussi des bas de soie au métier ainsi que des bas de laine de toutes « qualités, plus estimés et moins chers que les bas de Paris. — Les principaux mar- « chands en gros pour cette fabrique, dont le commerce s'étend jusqu'aux provinces « les plus éloignées, sont : MM. Lefort-Adam, Lefort-Latour, Lambert-Lonchamp. »

contrée qui a ramené en quelque sorte à Dourdan, sous une autre forme, une industrie analogue à la vieille industrie perdue. L'importante et honorable manufacture de MM. Dujoncquoy, installée à Ville-Lebrun, en 1835, à la porte de Dourdan, au bord de la rivière d'Orge, et complétée par la vaste maison de Pussay, fabrique aujourd'hui et exporte sur une grande échelle d'excellents ouvrages de laine spécialement destinés à la classe ouvrière et agricole, chaussons, bas drapés. Le lavage des laines, la filature, le tissage, le foulage, la teinture et l'apprêt, auxquels sont appliqués tous les progrès de l'industrie moderne, occupent un nombre considérable d'ouvriers du pays. Le cousage, détail très-important de la fabrication, est le travail journalier d'une grande partie des femmes de Dourdan, Sainte-Mesme, Saint-Martin, Corbreuse, Saint-Arnoult, Rochefort, les Granges, etc. Le tricotage est plus particulièrement réservé aux villages de Beauce. A voir, au seuil de leur demeure, travailler, comme jadis, les femmes de la contrée, on pourrait se croire encore aux jours de la vieille bonneterie dourdanaise. Les conditions seules ont bien changé : la concentration des forces, l'immense développement de la consommation ont centuplé le mouvement industriel et commercial, et les métiers de Ville-Lebrun produisent à eux seuls, chaque année, incomparablement plus que toute la communauté réunie des anciens fabricants de Dourdan.

A côté de la corporation des Bonnetiers était celle des *Merciers, Toiliers, Drapiers, Épiciers, Chandeliers et Quincailliers* réunis. Elle avait jurande, offices héréditaires, etc., et se gouvernait par les statuts de Chartres, homologués au bailliage de Dourdan en 1598. Ces statuts remontaient, à Chartres, à la seconde moitié du xiiie siècle. Renouvelés en 1358 par le roi Jean, confirmés par ses successeurs, ils avaient été révisés lors de la réorganisation des métiers par Colbert, en 1669. Chaque année, un service solennel le jour de Saint-Nicolas et une messe de *requiem* pour les défunts étaient payés par les derniers membres reçus en la communauté; les jurés en charge étaient dépositaires d'une figure en bois doré et de deux bâtons servant le jour de Saint-Nicolas, déposés dans la chapelle Saint-Étienne. On comptait du temps de Louis XIII une quinzaine d'étaux de Merciers et autant de Drapiers sous la halle (1). Il faut songer qu'alors Dourdan était un véritable centre où s'approvisionnaient, le samedi, presque tous les villages de l'élection. On comptait, en 1745, 18 maîtres merciers dont un tiers étaient pauvres; en 1768, 17 épi-

1. « 12 étaux servant au mestier de drapier dans l'allée du milieu de ladite halle, 6 de chaque côté, commençant vers la boucherie de ladite halle, tirant vers le marché au bled — autres étaux de drapier, et 8 servant au mestier de mercier, commençant près le pied de la descente de l'auditoire, montant devers le marché au bled. — Autres commençant près la monstre de Dourdan, dévalant vers le pillory droict en ladite halle. Du cotté de ladite monstre, il y a 4 étaux un compris en la croupe de l'allée du milieu, etc. » — *Comptes de J. de la Loy*.

ciers, 12 drapiers, 6 fripiers. En 1776, le nombre des maîtres était de 22. La corporation eut plus d'un procès avec la communauté des fabricants de bas et fut déboutée, par arrêt, de sa prétention de vendre des bas « au métier; » il est vrai que les fabricants furent mis eux-mêmes en contravention pour vendre du fil et coton au détail. D'autres difficultés s'élevaient à chaque instant avec les chaudronniers, et l'état du 4 septembre 1776 proposait la réunion de ceux-ci aux merciers, à cause des conflits au sujet de la quincaillerie (1).

Les *Boulangers et Pâtissiers* formaient un corps ayant jurande, par statuts semblables à ceux de Chartres et anciennement homologués au bailliage. Chaque année, le jour de la Saint-Honoré, ils assistaient à un service religieux, payé par le dernier membre reçu, et exhibaient leur bannière sur laquelle étaient des armoiries qu'ils avaient achetées moyennant 25 livres : *tiercé en bandes de vair, de sable et d'or* (2). Il n'en coûtait aux fils de maîtres pour être reçus dans la communauté qu'un repas de 30 livres ou environ, et les frais de la prestation de serment. A l'égard des « apprentifs, » outre le serment, ils devaient 30 livres qui servaient à un repas et autrefois se partageaient entre les membres. Les étrangers devaient acheter des lettres de maîtrise. On comptait à Dourdan, en 1745, 15 maîtres qui se nuisaient par leur trop grand nombre et dont pas un n'avait le moyen d'avoir « un grenier à bled. » En 1768, 14 boulangers employaient environ 1800 septiers de blé et étaient taxés tous ensemble à 90 livres de taille, à raison de 2 sols par livre du profit avoué. En 1776, sur 13 maîtres, 5 n'exerçaient plus. Les boulangers avaient eu bien de la peine à lutter contre les crises terribles du dernier siècle et les défiances de la multitude. Autrefois, c'étaient eux qui établissaient les mercuriales et fixaient le prix du pain. L'ordonnance royale de 1539 leur avait enlevé ce droit et avait ordonné les rapports hebdomadaires au greffe du bailliage et des tarifs invariables (3). Quand les boulangers se plaignaient, l'administration faisait faire des essais de cuisson pour se rendre compte du profit.

La corporation des *Bouchers* avait reçu sa constitution à Dourdan, par lettres patentes de novembre 1595, et ses statuts étaient moins exclu-

---

1. Archives du Loiret. C. 72.
2. Bibliothèque Impériale. *Armorial général* mss. Orléans.
3. Par règlement du bailliage de Dourdan du 23 décembre 1617, le pain blanc de fleur de farine de 12 onces cuit et rassis valait :

    1 sol quand le septier de bon froment valait.............. 7 l. 10 s.
    2 sols... 15 l.
    3 sols... 22 l. 10 s.
et le pain bis blanc de méteil pesant 9 livres valait :
    10 sols quand le septier de méteil valait................ 9 l. 16 s.
    20 sols 3 deniers.. 18 l. 18 s.
    30 sols.. 28 l.

— Voir le Chapitre précédent.

sifs que ceux des autres communautés. Il n'y avait ni droit de réception autre que le repas volontaire de 30 livres, ni offices, ni gages, ni comptes, ni brevets d'apprentissage. Aussi les bouchers s'étaient-ils multipliés à Dourdan d'une manière exagérée. On voyait, à la fin du règne de Louis XIII, 26 étaux de bouchers sous la halle, sans compter 8 étaux à bouchers francs pour lesquels on avait dû prendre une partie des « petites halles. » Aucun village n'avait de boucherie et on ne trouvait de viande qu'à Dourdan. La réglementation sévère de l'administration supérieure ruina le métier. Plusieurs maîtres moururent insolvables. En 1745, on n'en comptait plus que 4; il y en avait 10 en 1768; 7 exerçaient en 1776. Les innombrables offices de surveillance et les droits créés par le fisc absorbaient la plus grande partie du bénéfice. Les bouchers prenaient des abonnements pour les droits d'inspecteurs, les quatre anciens et quatre nouveaux sols pour livre d'iceux, les droits de don gratuit, les deux sols pour livre sur tous les bestiaux débités, etc. Un seul boucher de Dourdan portait 957 livres, ce qui était énorme pour le temps (1). Il y avait aussi les droits de l'église. La « dîme des agneaux » provoqua plusieurs sentences du bailliage de 1695 à 1700. Le privilége de vendre « la viande de carême » s'adjugeait chaque année au profit des pauvres moyennant une somme qui se partageait par tiers entre l'hospice et les charités des deux paroisses (2).

Bien qu'assez gênés pour la plupart, les bouchers de Dourdan, au dernier siècle, étaient très-fiers de leur corporation, et ils n'avaient pas négligé, sous Louis XIV, d'acheter des armoiries à la suite de l'édit de 1696. On n'avait pas manqué d'y mettre du rouge et ils portaient : *tiercé en bande de vair, de sable et de gueules.*

Les *Chaircutiers* avaient leur communauté et leur jurande spéciale par statuts de Chartres, homologués au bailliage en 1690. Ils avaient leurs offices d'inspecteurs, contrôleurs, leurs lettres de maîtrise, etc., mais point de service ni de repas. Au nombre de 8 maîtres en 1745, de 7 en 1768, de 6 actifs en 1776, ils avaient tous quelque autre profession, comme cabaretiers, laboureurs, jardiniers, et ne tuaient en réalité du porc que six à sept mois de l'année. Ils n'avaient pas de gros profits (3), et on proposa souvent de les réunir aux bouchers, mais l'esprit de corps s'y opposa.

1. La taille était fixée à 2 s. par livre du profit et le profit évalué à 4 l. par bœuf, 1 l. par veau et 10 s. par mouton. Sur 8 bêtes, le boucher était réputé tuer 1 bœuf, 3 veaux et 4 moutons. — *Cadastre de* 1768.

2. Le bail qui était de 48 l. en 1683 s'élevait à 400 l. le 22 février 1786. Le preneur s'engageait dans le dernier cas à vendre seul, pendant le carême, à toute personne présentant un billet de permission du curé, de la viande de bœuf, veau et mouton à 8 s. la livre l'une dans l'autre, à peine de confiscation pour la viande de vache ou de taureau. — *Archives de l'hospice.* E. 8.

3. Pour la taille, le profit était estimé à 1 livre par porc et la taille assise à raison de 2 s. par livre du profit. La consommation annuelle était évaluée à 300 porcs.

La communauté des marchands *cordonniers-savetiers* avait adopté et fait homologuer au bailliage de Dourdan, le 4 octobre 1598, les statuts en usage à Chartres pour le métier des *Sueurs* (sutores), datant de 1484, et révisés en 1507 (1). Elle conservait une « représentation » de saint Crespin et saint Crespinien, qui servait le jour du service annuel dont la dépense montait à environ 24 livres. Le jour de leur réception, les fils de maîtres devaient 6 livres pour les deux jurés, une livre de cire, un repas de 24 livres, la prestation de serment avec ses honoraires, etc. Les étrangers jouissaient des mêmes prérogatives, s'ils épousaient une fille de maître et avaient travaillé dans la communauté. Sinon, les lettres de maîtrise s'achetaient 120 livres en 1767. Tous les trois mois, un droit de visite de 2 sols 6 deniers se percevait sur chaque maître au profit des jurés. Sous Louis XIII, il y avait dans la halle « 8 estaux servant au mestier « de cordonnier, commençant près la montée de l'Auditoire. » Cent ans après, il y avait 10 maîtres réduits à la fourniture de la ville, car il existait des concurrents dans les environs. Cinq d'entre eux avaient deux ou trois garçons et gagnaient bien leur vie; les cinq autres étaient souvent obligés de travailler pour leurs confrères. Une bonne aubaine, que ne négligeaient pas les cordonniers de Dourdan, était le passage des troupes ou des prisonniers de guerre à Saint-Arnoult. C'était souvent une occasion de débiter plusieurs centaines de paires de souliers.

Les *Maréchaux-ferrants* suivaient les statuts d'Étampes et les avaient fait reconnaître le 1er août 1665. On ne faisait pas grands frais dans la communauté, et, bien qu'elle eût payé des armoiries (2), elle se contentait d'une messe basse le jour de la Saint-Éloi. La réception ne coûtait pas cher, et celui qui reprenait le fond était dispensé de lettres de maîtrise moyennant une cinquantaine de livres que se partageaient les confrères. Les brevets d'apprentissage valaient 200 livres et se faisaient pour trois ans. Le métier n'était pas excellent à Dourdan; aucune grande route ne traversait la ville; on y voyait fort peu de chevaux, et le marché du samedi devait défrayer en grande partie les quatre ou cinq maîtres de la corporation. L'administration proposait de leur adjoindre les serruriers-taillandiers, avec l'horloger.

Les *Chirurgiens* et *Barbiers* n'étaient pas en jurande, mais se gouvernaient « par les statuts généraux de la Chirurgie et Barberie du « Royaume. » Les deux professions étaient dans le principe exercées simultanément, mais « l'art » s'était séparé du « mestier » et les chirurgiens de Dourdan étaient devenus très-fiers (3). Taxés à 88 livres, en exécution de l'arrêt de février 1745, ils n'avaient rien payé, se prétendant exempts. On citait à Dourdan, sous Louis XIII, Claude Mayol, docteur

---

1. Ordonnances des rois de France. XIX, 332.
2. *Tiercé en bande de vair, sinople et hermine.*
3. Leurs armes étaient : *Tiercé en bande de vair, sinople et sable.*

en faculté de médecine; sous Louis XIV, Jacques Boudet, maître chirurgien, commis du premier médecin de sa majesté pour les rapports; Jean de Cescaud, honoré du même titre; Bernard de Laval, beau-frère de Pierre Le Camus, etc. Au siècle dernier, MM. Richard et Talibon se partageaient la clientèle avec un troisième confrère. Il s'était établi des concurrents dans plusieurs paroisses. Les visites au dehors étaient fort pénibles, à cause du mauvais état des chemins. Les plus pauvres personnes, « outre le gîte et la nourriture, » donnaient 12 livres. C'est ce minimum qui fut payé par l'intendance pour chacun des soixante-sept voyages faits en 1755, lors de l'épidémie de Guillerval et de Monnerville. Les médecins l'avaient bien gagné : ils avaient dû faire nombre d'états et de rapports sur la contagion, sur les médicaments et les bouillons qu'ils avaient distribués au nom de l'État. L'Hôtel-Dieu et les « charités » les occupaient beaucoup. Les règlements étaient sévères et les bénéfices assez restreints (1).

Les *Barbiers-Perruquiers* végétaient et se nuisaient les uns aux autres. En 1700, on comptait un seul perruquier à Dourdan ; il y en avait cinq en 1745 et sept en 1768. Deux d'entre eux, toutefois, avaient un garçon.

A côté de ces corporations régulières, enchaînées par des statuts et garanties par le privilége, s'exerçaient à Dourdan les autres commerces demeurés libres et les autres industries de première nécessité. Les *Hôteliers-marchands de vin* tenaient le premier rang. Nous avons, au chapitre de la « Ville, » lu en passant leurs nombreuses et antiques enseignes. Le métier, paraît-il, n'était pas mauvais, et les maisons se multipliaient rapidement au siècle dernier. « Il y a vingt cabaretiers-« aubergistes, disait le rapport à l'intendance en 1745, mais il n'y a que « cinq auberges en règle; les autres sont des *bouchons*. Ils achètent leur « vin aux vignerons du pays. » En 1768, le nombre des hôteliers était de dix et celui des cabaretiers de trente et un (2). Bien que n'ayant pas jurande, ils étaient astreints à des droits pour les offices de contrôleurs, inspecteurs, etc., et ils avaient voulu des armoiries. Leur bannière, toujours bien suivie, portait : *tiercé de vair, de sinople et d'azur.*

Les *Poissonniers* (qui le croirait aujourd'hui ?) étaient nombreux jadis à Dourdan. Sous Louis XIII, la halle avait « huit estaux de poissonnerie. » Ce n'était pas la rivière d'Orge qui les défrayait, mais bien les « étangs du roy, » et le domaine percevait des droits sur la vente de ce poisson.—Les « *Poulasliers* » réunissaient le commerce de « saline et marée » à celui des œufs et du beurre. — Les *Jardiniers*, au nombre d'une trentaine, et les *Fruitiers*, exploitaient le terrain autour de la ville, et comme le peuple vivait surtout de légumes, les jardins étaient d'un assez bon produit ; chaque arpent était taxé à 4 livres de taille,

---

1. Voir le Chapitre de *l'Hôtel-Dieu.*
2. Rôle des tailles de la ville.

outre la taxe personnelle, qui variait de 2 livres à 2 livres 10 sols, suivant les forces.

Il y avait, dans l'élection, 4 à 500 arpents de terre propres à la culture du *chanvre*. Tous les ans, 200 arpents environ étaient ensemencés en filasse, et, en dépit des encouragements et des sollicitations de l'État, ce chiffre ne varia jamais beaucoup. Les cultivateurs vendaient une partie de la récolte à Chartres, Dourdan et Étampes, et, avec le reste, faisaient fabriquer de la toile pour leur usage chez les « *tixerands* » de Dourdan, qui étaient au nombre de treize il y a juste cent ans. Les *Cordiers* travaillaient comme aujourd'hui derrière le mur de la ville. Le chanvre était soumis à la dîme, et une sentence d'août 1505 maintenait le prieuré de Saint-Germain en possession de ladite dîme contre le curé de Saint-Pierre (1).

Une bannière à triple bande de *vair, sinople et gueules,* ralliait, lors des cérémonies religieuses, les *Marchands de bois* qui exploitaient la forêt, et sous les couleurs de *vair, sable et argent,* se groupaient à la fois les *Charpentiers,* les *Menuisiers, Maçons, Bourreliers,* etc., qui ne faisaient pas fortune et se nuisaient par la concurrence.

Tels étaient les principaux corps d'état qui, dans une petite ville comme Dourdan, faisaient vivre plus ou moins aisément une population laborieuse. Ainsi qu'on a pu le voir, la « corporation » ne paraît pas remonter, à Dourdan, à une époque bien reculée. Cette association des ouvriers faisant du travail un privilége et du principe de la libre élection un contre-poids aux droits du seigneur, était une des forces, une des garanties réclamées par « la commune. » Or, Dourdan, en échappant au régime communal, en conservant vis-à-vis de la royauté sa subordination et le rôle modeste que lui imposait d'ailleurs son importance secondaire, semble avoir échappé en même temps au régime industriel de la corporation et de la confrérie, du moins à l'époque où ce régime florissait dans ses indépendantes et égoïstes allures. C'est seulement au xvie siècle, lorsque la royauté elle-même prend l'initiative des corporations et des jurandes et en fait une question administrative et fiscale, que les métiers de Dourdan reçoivent des statuts (édits de 1581, 1597). L'industrie locale se façonne à cette réglementation exagérée qui impose des gênes, mais donne des garanties. Elle s'en plaint parfois et pourtant s'émeut quand Turgot veut y toucher; et lorsque, à la veille de disparaître, les *nouvelles communautés* s'organisent à grands frais, le subdélégué de Dourdan chargé de l'enquête de 1776 termine son rapport à l'intendance par ces lignes instructives : « Ces corps subsistans, monseigneur, sont des éponges qu'on a seu presser au besoin ; les différentes finances qu'ils ont versées en différens temps en sont la preuve. Un ancien ministre avoit pour maxime qu'il falloit conserver les poules dont au besoin on mangeoit les œufs.

---

1. Archives d'Eure-et-Loir. — *Fonds de Saint-Chéron.*

Ce ministre connoissoit l'esprit nationnal : le François aime la gloriole; le moindre privilége et la plus petite distinction lui font donner sans répugnance jusqu'au dernier écu de sa poche: *qui vult decipi decipiatur*. Je suis avec respect, Monseigneur, » etc. (1). — La révolution n'hésita pas un instant à dévorer la prétendue poule aux œufs d'or, et l'un de ses premiers actes fut l'abolition complète des communautés.

La vieille *halle* à deux étages, sous laquelle et autour de laquelle s'abritèrent pendant des siècles les étaux du commerce de Dourdan, occupait la place de celle que nous voyons aujourd'hui, et son aspect antique, ses curieuses charpentes attestaient une origine reculée. Bâtie, dit-on, en 1228, sous la régence de la reine Blanche de Castille, mère de saint Louis, agrandie en 1450 et 1486, elle fut réparée en 1591, après le siége qui l'avait endommagée. Nos lecteurs peuvent s'en faire une idée en jetant les yeux sur le *fac-simile* de la vue de Dourdan, et pour les détails de construction nous renvoyons aux plans et coupes conservés à la mairie et soigneusement exécutés par M. Vanclemputte, architecte de la nouvelle halle en 1836.

Outre les marchés du samedi, deux *foires* annuelles attiraient à Dourdan un grand concours de vendeurs et d'acheteurs. La foire *Saint-Laurent* avait été très-anciennement érigée en faveur de la maladrerie, et c'est au « berceau *Saint-Laurent* » qu'elle se tenait, le 10 août, pour la vente des chevaux, des bestiaux et des grains. L'hospice, en héritant au XVIIe siècle des biens de la maladrerie, hérita en même temps des droits à percevoir à la foire Saint-Laurent. C'est ainsi qu'il était touché au profit des pauvres : pour le plaçage de chaque septier de grains, 1 sol — de chaque cheval, 15 deniers — d'une vache, 1 sol — d'un cent de bêtes à laine, 8 sols — d'un porc, 6 deniers — pour le langueyage d'un porc, 3 sols — pour l'essayage d'un cheval, 5 sols — pour chaque étal, 6 deniers, etc. Ces droits étaient affermés à bail au plus offrant. Des prétentions soutenues à la fois par l'hospice et la fabrique, au sujet du droit de mesurage, donnèrent lieu, en juillet 1698, à une transaction par devant l'évêque et le président de Lamoignon (2).

La foire *Saint-Félicien*, d'origine plus récente, est due à la grande duchesse de Toscane. Cette princesse ayant fait don en 1695, à l'Hôtel-Dieu de Dourdan, dont elle était la bienfaitrice, des reliques de saint Félicien, martyr, une fête annuelle fut instituée en l'honneur de la translation de ces reliques, le lundi qui suit le troisième dimanche de septembre. Les habitants de Dourdan voyant dans le grand concours de population attiré par cette solennité une occasion d'établir une foire nouvelle, en firent la demande par délibération du 21 septembre 1695, appuyée le 31 octobre suivant du consentement des officiers de la ville.

1. Archives du Loiret. C. 72
2. Archives de l'Hôtel-Dieu. B. 31. 12, 14.

L'administration de l'hospice, désireuse de tirer de là quelques profits pour ses pauvres, proposa un tarif de droits à percevoir par l'Hôtel-Dieu, et la grande duchesse soumit elle-même le tout à l'approbation du duc d'Orléans, seigneur de Dourdan. Un acte du conseil du prince du 9 août 1696, en autorisant la foire, renvoyait par devant le roi pour l'obtention définitive, et c'est à son cousin Louis XIV que la duchesse de Toscane alla porter en personne la requête des Dourdanais. « Il ne falloit pas moins que l'autorité de cette grande princesse, écrivait un contemporain, pour obtenir du roy l'établissement de cette foire, car quoyque le roy Louis XIV, naturellement bon et remply d'attentions aux besoins de ses sujets, fût très-porté d'inclination à répandre ses libéralités royales, il aimoit néantmoins qu'on le sollicitât et qu'on luy fist connoistre l'utilité de la chose pour laquelle on lui faisoit sa requeste, et comme cette princesse étoit fort estimée du roy, il luy accorda tout ce qu'elle luy demanda, mais franche de tous droits, avec le privilége que quiconque viendrait de fort loing pour la foire de Saint-Félicien, ne pourroit estre arresté ny inquiété pour raison de ce qu'il pouvoit devoir jusqu'à ce qu'il fût rendu chez luy en prenant un temps suffisant pour faire son voyage et conduire les marchandises qu'il amenoit et ramenoit de la foire en toute surreté, sans aucune crainte qu'elles fussent saisies. »—Les lettres patentes signées du roi furent religieusement enfermées dans la châsse avec les reliques.

Pendant les trois jours que durait cette foire, il se faisait à Dourdan, dans « le *champ de foire Saint-Félicien,* » en face du jeu de paume, un grand commerce de chevaux et de bestiaux, et il venait de très-loin des marchands de toute espèce : fripiers, toiliers, bijoutiers et quincailliers, qui disputaient aux bateleurs et baladins l'argent et la curiosité des paysans. Nos pères, plus naïfs que nous, saisissaient avec empressement cette occasion d'innocents spectacles, de réunions de famille et de simples réjouissances qui avaient bien leurs charmes. Ce qui attirait aussi un nombre considérable de cultivateurs, c'était l'achat des blés de semence qui avaient eu de tout temps une grande réputation à Dourdan, au dire de de Lescornay.

La foire Saint-Félicien et la foire Saint-Laurent subsistent toujours; mais, ainsi que toutes les foires d'aujourd'hui, elles ont perdu, comme fêtes, une partie de leur vogue et de leur éclat.

Comme foire de bestiaux, la plus importante maintenant à Dourdan est la *foire Ventôse,* foire nouvelle qui date du commencement du siècle et se tient tous les ans le 23 février. On peut voir ce jour-là environ vingt mille moutons parqués audessus de la ville, des troupeaux de vaches au Jeu de paume, plusieurs centaines de chevaux attachés aux parapets des fossés, et dans toute la ville un mouvement d'affaires considérable (1).

---

1. Cette foire portait aussi le nom de *Foire-Lambert,* du nom du sieur Lambert, qui avait été un des promoteurs de son institution.

Nous avons peu de chose à dire de l'industrie et du commerce actuels de Dourdan. En dehors de l'important marché de grains dont nous avons apprécié les tendances modernes, on peut avancer que Dourdan n'est et ne sera jamais sans doute une ville « industrielle » : nous nous permettons d'ajouter qu'on ne saurait le regretter. Les vastes aménagements et les chantiers envahissants des grandes fabriques, leur mouvement inquiet, leur agglomération d'ouvriers conviennent peu à l'assiette resserrée de la vallée et de la ville, à l'esprit paisible d'une population dont les intérêts sont essentiellement agricoles. L'expérience le prouve d'ailleurs : Grillon, après un demi-siècle de coûteuses tentatives, d'éphémères réussites et de mécomptes nombreux, ne voit subsister que son moulin, et Potelet, las des essais d'usine, est redevenu une ferme. Si l'établissement d'un ingénieux et actif industriel de la localité paraît jouir d'une prospérité croissante, c'est parce qu'il répond aux besoins de la culture en lui fournissant des machines propres à aider le travail de l'homme (1). Les vraies usines de la contrée, ce sont les moulins qui adoptent les uns après les autres tous les perfectionnements de la science moderne et doublent leur puissance pour doubler leur produit.

Le chiffre élevé et progressif des patentes, un coup d'œil jeté sur la ville prouvent suffisamment que toutes les industries et tous les commerces usuels sont aussi florissants à Dourdan que peut le souhaiter une cité de trois mille âmes. Le développement de la richesse et de la consommation, le régime de la liberté et de la concurrence ont singulièrement accru, depuis un siècle, la valeur des fonds et leur chiffre d'affaires. Communautés, corporations, priviléges, qu'on les regarde comme des lisières ou comme des entraves dans la marche sociale, sont, en tout cas, bien loin de nous. Pour Dourdan, c'est déjà de l'ancienne histoire et un souvenir plus qu'à demi effacé.

1. La grande fabrique de machines à battre, brevetées, de M. Gautreau, occupe, au-dessus de Dourdan, de vastes ateliers. — Non loin de là est la scierie mécanique de MM. Adenis.

CHAPITRE XXV

DOURDAN EN 1789.

omme les situations, les personnages et les rôles changent; le dénouement amène sur la scène de nouveaux acteurs. — Né en 1739, d'une bonne famille bretonne, *Charles-François Lebrun* avait fait de solides études. « L'esprit des lois » lui ayant révélé la science sociale, il avait voyagé en Hollande et en Angleterre (1762). Devenu secrétaire de M. de Maupeou, il se trouvait mêlé tout jeune aux plus grandes affaires de ces temps orageux et apprenait à y connaître les hommes et les choses. Marié en 1773 à mademoiselle de Lagoutte, rendu indépendant par la fortune et libre par la disgrâce du chancelier, il avait acquis, moyennant 40,000 livres, du chevalier de Maupeou, la petite terre de Grillon, à la porte de Dourdan, et c'est dans ce modeste et paisible asile, où était mort Regnard, auprès de sa femme et de sa belle-mère qui l'adoraient, au milieu d'une population dont il sut gagner la confiance, que s'écoulèrent les quinze années les plus heureuses et les plus calmes de sa longue carrière. « Je cultivais, dit-il, mon jardin « et quelques champs. Je méditais des projets d'écrits. Je relisais toujours « mon Montesquieu, quelquefois Aristote; je revenais souvent à la litté- « rature grecque, latine, anglaise et italienne. Une fois par an je relisais « mon Tacite tout entier » (1).

1. Documents pour l'histoire de la Révolution : *Opinions de M. Lebrun.* — Paris, Bossange, 1829.

Dans ce petit cabinet de Grillon, où Regnard avait travaillé, en face des vieilles tours de Dourdan et des harmonieux horizons de notre vallée, il termina ses traductions de la *Jérusalem* du Tasse, de l'*Iliade* et de l'*Odyssée*. De loin, il correspondait avec Necker, suivait les réformes financières et applaudissait à la création des assemblées provinciales. C'est auprès du jeune et déjà austère publiciste, qui était venu demander à ses silencieuses prairies le repos de l'étude, que Dourdan allait trouver un représentant de talent aux assemblées du pays. C'est à Dourdan, où il cherchait l'oubli, que le futur homme d'État recevait le mandat politique qui le jetait sur un théâtre d'où il ne devait plus descendre.

A la veille de l'orage où tout allait être emporté, le bien comme le mal, un indicible élan de bonne volonté sincère de la part des gouvernants, et une coopération zélée de la part d'une foule d'hommes d'élite, purent faire croire, pendant quelques mois, à une révolution régulière et à l'avénement pacifique de la liberté. Les beaux édits de Louis XVI, qui avaient ramené une prospérité depuis longtemps inconnue, en favorisant l'agriculture, venaient d'être couronnés par celui de 1787, créant les assemblées *provinciales*, c'est-à-dire appelant toutes les intelligences du pays au travail de la réforme, au perfectionnement des institutions, à la représentation des intérêts et des besoins locaux. L'Orléanais, dont Dourdan faisait partie, eut son assemblée. Les douze élections de la généralité, groupées deux à deux, composèrent six districts. L'élection de Dourdan, unie à celle de Chartres, forma le second. Dans cette assemblée que présidait l'évêque de Chartres, M. de Lubersac, où siégeaient le duc de Luxembourg, le fameux chimiste Lavoisier, l'abbé Sieyès et l'abbé Louis, de belles mesures furent discutées et préparées : création d'une caisse d'épargne pour le peuple, abolition de tous les règlements qui gênaient encore la liberté du travail, projet d'une caisse d'assurances mutuelles pour les récoltes, etc. Une commission *intermédiaire* siégeait presque en permanence, et, du 23 décembre 1787 au 13 septembre 1790, tint jusqu'à trois cent trente-trois séances (1).

Sous l'assemblée provinciale, il y eut des assemblées *de district*. M. Lebrun fut appelé à celle de Chartres-Dourdan. « Je trouvai là, « dit-il, l'abbé Sieyès, grand vicaire politique de l'évêque de Chartres ; je « ne le connaissais pas, son nom même n'était pas parvenu jusque dans « ma solitude. L'évêque me vanta son esprit et ses talents. Il m'arriva « de le contredire, je ne sais sur quoi, il m'en parut affligé et je crois que « depuis ce moment il conçut une assez mauvaise opinion de moi et de « mes principes. » Cette entrevue à l'assemblée de Dourdan des deux futurs consuls est assez curieuse.

Il y avait là, du moins on le croyait, toute une révolution heureuse :

---

1. *Les Assemblées provinciales sous Louis XVI*, par M. Léonce de Lavergne.

la nation s'administrant elle-même. Mais les classes inférieures, sourdement minées, ne s'y trompaient pas. « Encore des mangeries, » avait dit un de nos laboureurs en entendant parler des assemblées provinciales. Le mot malheureux : « il est trop tard » allait venir à toutes les bouches. Les *États généraux* étaient à la veille de s'ouvrir. Lebrun, plein d'inquiétudes pour l'avenir, se retira dans sa solitude de Dourdan. Là, il composa, sous le titre de *la Voix du Citoyen*, un écrit adressé au roi. Dans des pages pleines de conviction et de sagesse, il esquissait un plan de réforme et préludait aux remontrances du *Tiers*, dont il allait être un des organes.

En exécution de la lettre du roi du 24 janvier 1789 et de l'ordonnance du grand bailli, du 14 février, l'assemblée générale des trois ordres du bailliage de Dourdan, pour la nomination des députés aux États généraux, eut lieu le lundi 16 mars 1789 (1). A onze heures du matin, après une messe du Saint-Esprit entendue à Saint-Pierre par les trois ordres, la réunion se fit dans la chapelle de l'Hôtel-Dieu, sous la présidence d'Auguste-Joseph de Broglie de Révcl, prince du Saint-Empire romain, colonel attaché au régiment de la Couronne-infanterie, conseiller du roi, grand bailli d'épée de Dourdan. Une harangue de M. Crochart, procureur du roi, annonça à l'assemblée l'accomplissement de toutes les formalités préalables, et lecture fut faite des édits et règlements. On procéda à l'appel des députés des deux premiers ordres, et on remit l'appel du tiers au lendemain. La séance du mardi fut consacrée à la vérification des pouvoirs, à la prestation du serment et à des harangues de plusieurs nobles députés. Un esprit de conciliation et une bonne volonté générale se résumaient dans ces paroles du baron de Gauville : « Soyons citoyens avant tout ; c'est le but de notre convocation. Que les trois ordres réunissent tous leurs efforts pour sauver le roi et le royaume ! » (2).

Le comte de Lally-Tollendal (3) fit une motion très-étendue concluant à la confection d'un cahier unique pour les trois ordres. Le vicomte de Prunelé soumit un projet de ce cahier commun. Le marquis d'Apchon sollicita l'assemblée de s'occuper des intérêts de l'agriculture, du commerce, de la restauration des mœurs. Pajot de Juvisy lut un mémoire sur l'é-

1. Archives de l'Empire. B. III, 63.
2. *Journal du baron de Gauville*, publié par M. Éd. de Barthélemy. Paris, 1864. — Louis-Henri-Charles, comte de Gauville, chevalier, seigneur et baron de la Forest-le-Roy, né à Orléans le 14 juillet 1750, page du prince de Condé, devenu sous-lieutenant aux gardes du corps et chevalier de Saint-Louis, avait été convoqué à la fois aux assemblées d'Étampes et de Dourdan. Ayant étudié consciencieusement les questions et trouvant un peu vague le cahier d'Étampes, il s'était décidé pour Dourdan, dont les assemblées avaient été retardées.
3. Lally-Tollendal, fils du célèbre condamné, homme sensible, éloquent, novateur, à peine remis des émotions du procès de son père, était grand bailli d'Étampes et avait été appelé assez irrégulièrement à Dourdan.

ducation et sur les entraves de l'agriculture. Les trois ordres furent invités à se rendre au château. Deux salles du premier étage, dans le bâtiment de Sancy, avaient été disposées pour le clergé et la noblesse; l'auditoire du rez-de-chaussée était réservé au Tiers. C'était comme un symbole de l'échelle sociale. Immédiatement, les corps traversèrent la ville et entrèrent en séance.

Le *Tiers,* après un discours du lieutenant général Roger, son président, délibéra sur l'unité du cahier et se décida pour les cahiers séparés. On annonça, sur ces entrefaites, « Messieurs du Clergé. » Quatre membres ecclésiastiques descendaient en effet de l'étage supérieur et venaient « complimenter le Tiers. » Le Tiers désigna quatre de ses membres qui allèrent au-devant des visiteurs. Le curé de Saint-Germain et M. Roger échangèrent les paroles les plus flatteuses et la députation fut reconduite par les quatre commissaires. Quelques instants après, MM. Odile, Savouré, de Saint-Michel, Sénéchau, allèrent, au nom du tiers, rendre au clergé sa politesse et faire la même démarche auprès de la noblesse, à laquelle on témoigna le plus grand désir de l'union et de la concorde. La noblesse, d'abord assez longue à s'entendre, descend, à son tour, de ses hauteurs, et MM. d'Apchon, de Gauville, de Cherville, et de Lally-Tollendal viennent, avec le même cérémonial, assurer le tiers des bonnes intentions de leur ordre. Lally-Tollendal porte la parole : il annonce que les nobles de Dourdan ont acclamé le vœu de supporter l'impôt. Le tiers remercie. M. Pajot fils entre et déclare que la noblesse accepterait un cahier unique. Le tiers remercie encore, mais ne s'engage à rien et, après avoir nommé sept commissaires (1) pour fondre en un seul tous les cahiers des communes, s'ajourne au mercredi 25 mars.

La séance, remise au dimanche 29, s'ouvre par le rapport des sept commissaires qui présentent le cahier et déclarent qu'ils n'ont pu s'entendre avec les commissaires des deux autres ordres (2). On procède à l'élection de trois scrutateurs, et, au moment où l'on proclame MM. Odile, Petit et Courtois, un messager apporte sur le bureau une adresse de Lally-Tolendal « à Messieurs de la Commune du Bailliage de Dourdan. » M. Roger lit : « Le comte de Lally-Tollendal, fondé de procuration de « Son Altesse sérénissime Mgr le duc d'Orléans, demande à être admis « en présence de la Commune du Bailliage de Dourdan pour notifier les « intentions bienfaisantes et patriotiques de son noble commettant. Signé

---

1. MM. Roger, lieutenant général, et Odile, ancien procureur au bailliage (pour Dourdan) de Saint-Michel, garde-marteau (Briis), Héroux, avocat (Authon), Savouré, notaire royal (Richarville), Mathieu (Breux), Pillaut, procureur à Rochefort (Ponthévrard).

2. M. de Gauville, dans son journal, leur rend pourtant cet hommage : « J'aime à affirmer ici que ceux du Tiers État ne nous témoignèrent pas cet esprit d'indépendance, ces plaintes, ces vexations qu'on leur a supposés partout, et qu'ils ne demandèrent en général que la réforme des abus que les autres ordres connaissent. »

« Lally-Tollendal. » Cette fois, le tiers remercie d'un air de mauvaise humeur, et, à cette offre démocratique du seigneur de Dourdan, bientôt Philippe-*Égalité*, il répond verbalement et avec un certain dédain qu'il est bien obligé mais trop occupé en ce moment de ses affaires pour rien entendre. En effet le vote commence. On s'assure que les portes sont bien fermées; quarante-trois votants déposent l'un après l'autre leur bulletin dans un vase sur le bureau. Au troisième tour de scrutin, Lebrun est proclamé premier député du tiers à l'assemblée des États. Plusieurs membres quittent la salle et vont lui annoncer son élection. Il entre bientôt et notifie son acceptation. Mêmes formalités pour M. Buffy, nommé second député.

Nouvel incident : Lally-Tollendal, un peu froissé et désireux de rappeler son nom au tiers dont il accepterait volontiers, dit-on, les suffrages, fait remettre un paquet cacheté. Il demande, pour sa décharge, acte de la déclaration qu'il fait, au nom du duc d'Orléans, que « le prince ne veut « pas que ses droits portent aucun obstacle aux demandes du tiers-état, « à ses réclamations contre le droit de chasse, etc. » Le tiers donne acte. Le cahier, rédigé avec soin et conçu avec une modération et une clarté qui furent depuis remarquées, est distribué dans l'assemblée et plus tard imprimé avec les autres.

Le vendredi 27 mars, le *clergé*, sous la présidence de MM. Métivet, curé de Roinville, et Gagé, curé de Sainte-Mesme, avait tenu son assemblée particulière et élu, à la majorité de 18 voix contre 15, M. l'abbé Millet, curé de Saint-Pierre, pour son député aux États. Le cahier de l'ordre s'étendait sur les réformes religieuses, s'élevait contre les mauvais livres de philosophie et de morale alors en vogue et les lacunes de l'éducation, recommandait spécialement les intérêts de la communauté des sœurs de Dourdan, et, émettant quelques sages avis sur la constitution du royaume, l'administration ecclésiastique et civile, signifiait l'intention libérale du clergé de se soumettre à l'impôt comme le tiers.

Le dimanche 29, à la même heure que le tiers, la *noblesse* avait élu pour député M. de Gauville, baron de la Forêt-le-Roy, et pour suppléant M. le prince de Broglie de Rével. Le cahier de l'ordre avait été arrêté et rédigé en commun par M. de Gauville au caractère modéré et conciliant, par M. de Rével, jeune homme d'un esprit vif, tempéré par la douce persuasion de sa charmante femme, Mlle de Verteillac, et par le marquis d'Apchon, homme vertueux et scrupuleux. Soumis à l'assemblée, il fut malheureusement modifié sur quelques points, et Lally-Tollendal chercha trop à remplacer, au gré de certaines personnes, « le gros bon sens « par des phrases éloquentes. »

Les membres présents signèrent : marquis de Saint-Germain d'Apchon, Pécou marquis de Cherville, comte de Tilly, baron de Gauville, Liénard du Colombier, Desroys du Roure, Pajot de Juvisy, secrétaire de la noblesse, Pajot fils, secrétaire-adjoint, de Broglie prince de Rével, président l'ordre de la noblesse (1).

Le lundi 30 mars, à quatre heures, une dernière séance générale se tint dans la chapelle de l'Hôtel-Dieu. Après trois discours du prince de Broglie, de M. Millet et de M. de Gauville, les députés élus prêtèrent leur serment.

Nous ne suivrons pas dans le cours de leur mission les délégués de Dourdan. Figurant à Versailles, à la procession du 4 mai, avec son costume à la Henri IV, qui, bien que des plus simples, lui coûtait 1,300 l., M. de Gauville se vit tout d'abord les mains liées par le mandat impératif qu'il avait reçu de ne point voter par tête et dut s'abstenir. Le 25 juillet, après le triste départ du roi, une lettre de convocation de l'ordre de la noblesse le rappelait à Dourdan pour trancher cette grave question.

« Le 27, lisons-nous dans le journal du sage député, je me rendis à ma terre de la Forest-le-Roy. J'appris en arrivant que j'étais dénoncé; que les paysans de mon village, persuadés que ma tête était à prix pour une somme d'argent, disaient hautement qu'ils n'étaient retenus que parce qu'ils croyaient que j'avais amené une compagnie de dragons pour me fortifier dans mon château. Cependant les membres de la noblesse s'assemblèrent. Malgré les instances de mes parents, et bien convaincu que le plus souvent les bruits populaires ne sont rien quand l'homme innocent paraît, je montai à cheval et je me rendis seul et sans armes sur la place de la ville de Dourdan : là, je trouvai le peuple assemblé : on me reconnut, on me nomma; la milice bourgeoise m'arrêta un moment et me fit entrer au château où était convoquée la noblesse et je ne reçus aucune insulte. L'assemblée était peu nombreuse. Je rendis compte de ma conduite et j'engageai mes commettants ou à prendre ma démission ou à me délier absolument de tout ce que mon mandat avait d'impératif, les circonstances étant telles qu'on n'avait pu les prévoir. Ils m'accordèrent tout ce que je demandais, approuvèrent ma conduite, et celui qui présidait l'assemblée, M. Roger fils, auquel je me plais à rendre ici la justice que mérite son esprit de conciliation, fit afficher dans la ville que l'ordre de la noblesse, par mon organe, était plus occupé du bien général que de son intérêt particulier. L'assemblée prit ensuite un arrêté que je devais porter à l'Assemblée nationale. Je remontai à cheval par une pluie affreuse qui contribua à dissiper la multitude et je me rendis le jour même à Versailles (2). »

---

1. On remarquait l'absence de Lally-Tollendal, du vicomte de Prunelé, du vicomte de Selve, du marquis de Gouvernet, etc.

2. M. de Gauville siégea avec la droite jusqu'au 1ᵉʳ juillet 1790. Sa santé et sa conscience lui firent donner alors sa démission. Émigrant en 1791, il servit dans l'armée de Condé. Rentré en 1814, il mourut en 1827 dans sa retraite de Châlons-sur-Marne. Il a laissé des petits-enfants ; son petit-neveu, M. le vicomte de Gauville, est aujourd'hui préfet du Gers.

Dourdan trouva également dans son député du tiers un représentant toujours digne, laborieux et modéré. Laissant à de plus ardents les discussions politiques qui s'agitaient dans les États-généraux devenus Assemblée Constituante, Lebrun ne parla que sur la question des biens du clergé et des assignats contre la majorité. Membre du comité des finances, il en fut souvent le rapporteur.

Une nouvelle division territoriale de la France venait de détruire toutes les anciennes circonscriptions administratives (1790). Les généralités, les élections avaient fait place aux départements et aux districts : ce fut pour Dourdan le moment d'une grande et légitime inquiétude. Chef-lieu d'élection, désigné comme tel à devenir chef-lieu de district, Dourdan se voyait trompé dans son espérance et sacrifié à des intérêts rivaux. Un mémoire éloquent et énergique en faveur de la ville menacée fut présenté à l'Assemblée et nous en extrayons ce qui suit :

« La ville de Dourdan et soixante paroisses qui l'avoisinent viennent offrir à l'Assemblée Nationale l'hommage de leur soumission et le tableau des malheurs qui les menacent... C'étoit à Chartres que l'ancien ordre de choses sembloit devoir les rattacher, et, dans le département de Chartres, Dourdan devoit avoir, par nécessité autant que par convenance, un district et un tribunal de justice. Il en a été arraché pour être jeté dans le département que des convenances, non pas de situation, non pas de commerce, mais de malheur et de calamité, ont destiné à Versailles..... »

Dans ce déplacement, Dourdan conservait l'espérance d'avoir son district et sa justice. Mais Rambouillet, un simple bourg à 4 lieues de Dourdan, séparé de lui par des bois, des vallées et des déserts, prétend avoir un district et le vœu du roi le favorise. Or, que l'on rattache Dourdan à Rambouillet avec lequel il n'a aucun lien de commerce ni d'intérêts, ou qu'on le rattache à Étampes, il est également détruit. « Sans doute, l'anéantissement d'une ville, la dépopulation de son territoire ne seront rien pour ces politiques géomètres qui ne voyent dans un royaume que des lignes et des surfaces, qui, avec un quart de cercle inexorable, distribuent la misère et les prospérités... Un seul moyen peut tout sauver : que Rambouillet ait son district et que Dourdan ait le sien. Ce district conservera les paroisses qui lui étoient attachées par leurs habitudes et par leurs intérêts, et une population de plus de trente mille citoyens, qui payent plus de 400,000 livres de contributions directes, une manufacture précieuse et qui doit le devenir davantage, ne seront pas sacrifiées! (1) »

Dourdan obtient son district avec un *directoire* chargé de l'administrer. La *municipalité* s'organise pendant l'automne de 1790. *M. Roger*, un instant *maire*, cède sa place à *M. Peschard* qui figure sous ce titre

---

1. *Mémoire pour Dourdan et 60 paroisses qui l'environnent* — sans nom ni date. Bibliothèque Impériale. LK7, 2529.

dès le mois d'août. En octobre, « le conseil général de la commune » assemblé à « l'hôtel-de-ville, » sous la présidence du maire, prend l'administration de l'Hôtel-Dieu. Le sieur Geoffroy siège comme « procureur de la commune. » Les anciens services désorganisés se reconstituent sous une autre forme. Tout se fait encore au nom du roi uni à celui de la nation; mais, d'heure en heure, le prestige royal s'amoindrit et s'éteint (1).

Après la Constituante, nommé administrateur du département de Seine-et-Oise, Lebrun en présida le directoire. C'était une préfecture, et dans les plus difficiles circonstances. Le mouvement révolutionnaire gagnait de semaine en semaine. La disette de grains provoquait dans notre contrée les plus graves désordres. Le maire d'Étampes, M. Simonneau, victime de son dévouement à la loi, était assassiné sur la place publique. Tous les marchés voisins, celui de Dourdan en particulier, étaient en proie au trouble et à l'inquiétude. Il fallut recourir à des mesures sévères, que Lebrun réclama en termes énergiques à la barre de l'Assemblée Législative. Des troupes furent appelées et l'ordre fut maintenu.

L'orage qui renversait le trône entraînait ceux qui cherchaient à le soutenir. Dénoncé au club de Versailles, suspecté par ses collègues eux-mêmes, demeurant toutefois à son poste, Lebrun ne se démit de ses fonctions qu'après la journée du 10 août 1792. Il fut reçu à Dourdan avec une confiance sympathique. Il avait rendu des services à la ville, y faisait travailler beaucoup d'ouvriers, et trouva encore dans Grillon quelques jours de sécurité. Les habitants de Dourdan étaient bons, l'architrésorier leur en a rendu bien souvent depuis le témoignage. Il y avait toutefois au milieu d'eux un certain nombre d'hommes exaltés. Tout en reprochant à Lebrun de ne pas être un patriote assez ardent, ils ne le regardaient nullement comme un ennemi, et, le prenant sous leur protection, ils le défendaient contre les dénonciations qui ne cessaient de venir de Versailles (2).

Les élections des députés à la Convention occupaient alors tous les esprits. Les assemblées primaires furent convoquées pour choisir des électeurs qui, eux-mêmes, devaient nommer les députés. Sous la direction de MM. *Lefort*, maire, et Rouchon, procureur de la commune, Dourdan fit ses élections. Lebrun fut nommé. Il sentait tout le danger de ce mandat, mais c'était un service à rendre, il accepta. A peine arrivé à Saint-Germain, où se tenait le collége électoral du département, il fut

---

1. Le sceau de la nouvelle municipalité de Dourdan, qu'on retrouve encore attaché à des pièces de 1792, offre les armes de la ville unies à celles du trône.

2. La *Société populaire* de Dourdan, qui avait sa *commission des rapports*, tenait ses séances dans la chapelle de l'Hôtel-Dieu. M. Moutié possède la planche qui servait à imprimer les billets d'entrée à ces séances.

dénoncé et le juge de paix du lieu lança contre lui un mandat d'amener. Prévenu à temps, il revint dans sa terre de Grillon. C'est là qu'il fut arraché à sa famille, le 1er septembre 1793, pour être conduit aux Récollets à Versailles. Sous le coup d'une visite domiciliaire, sa femme, sa belle-mère brûlèrent tous ses papiers et l'on regrette une histoire comparée des finances et un commentaire sur l'*Esprit des lois* dont les manuscrits furent anéantis ce jour-là.

Le citoyen Couturier, député à la Convention, chargé du département, vint à Dourdan. Le maire, M. Lefort, convaincu devant lui de ne pas jouir « de la plénitude de la confiance des patriotes, » fut remplacé (7 octobre 1793) par *M. Codechèvre*. Crassous, un nouveau représentant, commença sa tournée par Dourdan, et remplaça à son tour le citoyen Codechèvre par le citoyen *Guignard*, (27 pluviose an II, 15 février 1794) (1). Les habitants de Dourdan, même les plus ardents, profitèrent de l'occasion pour parler en faveur de Lebrun. Crassous fut touché de la situation de sa famille et de l'intérêt que lui portaient ses concitoyens; il permit au prisonnier de rentrer dans ses foyers escorté d'un sans-culotte. Quatre ou cinq mois se passèrent ainsi, pour Lebrun, à suivre des travaux d'agriculture, à faire bâtir afin d'occuper les ouvriers dont la journée, payée en assignats, était bien modique.

Arrêté une seconde fois, l'inoffensif citoyen de Dourdan fut réintégré dans son cachot et ne dut la vie qu'au revirement du 9 thermidor qui l'appela à la tête du directoire de Seine-et-Oise, et plus tard dans le conseil des Anciens.

Nous détournerons les yeux des scènes de désordre et de violence qui purent à Dourdan, comme partout ailleurs, attrister les bons citoyens et compromettre, dans des heures d'anarchie, la cause même de la liberté : pillage de l'église, dispersion des sœurs de la communauté, expulsion des religieuses de Louye (2).

1. Lambert, *agent national*. — Délivré, Deghend, Thirouin, Garié, *officiers municipaux*.
2. L'abbaye de Louye où nous n'avons pas ramené nos lecteurs depuis le XVIIe siècle, était devenue en effet, au XVIIIe, un couvent de femmes. L'ordre antique et vénérable de Grandmont était peu à peu tombé en décadence. Par suite du désaccord qui régnait entre les frères de l'ancienne observance et ceux de la réforme, et surtout sous l'influence des évêques qui voyaient avec peine subsister cet ordre en dehors de leur juridiction, la mense prieurale de Louye avait été réunie à celle de Thiers en Auvergne par bulle du pape du 6 juillet 1731. La mense conventuelle avait été éteinte à son tour en 1770. Les religieux, libres de s'incorporer à d'autres congrégations régulières, s'étaient dispersés avec promesse d'une pension viagère, et la maison, abandonnée à l'évêque de Chartres, avait vu ses biens divisés entre l'hospice de Dourdan, le petit séminaire de Chartres et l'abbaye de Bénédictines de Saint-Rémi des Landes. Ces dernières, en 1774, avaient été transférées dans les bâtiments conventuels de l'ancien prieuré, entièrement restaurés, et avaient fait revivre le titre d'abbaye de Louye. Une grande dame des environs, femme assez tristement célèbre, la princesse de Rohan, y trouva quelque temps une retraite ou une prison. Deux vues de Louye,

Aussi bien, nous devons nous arrêter, car nous sommes au bout de notre histoire. Le dernier seigneur de Dourdan a péri avec l'ancienne royauté. La nation a mis la main sur l'apanage. Dourdan appartient désormais à la France et à ses nouvelles destinées.

brodées par elle sur de la soie, ont été conservées. Quand la révolution éclata, l'abbesse, madame du Portal, se réfugia à Dourdan, dans une maison devant la grosse tour, avant de porter sa tête sur l'échafaud.

CHAPITRE XXVI

DOURDAN AU XIXe SIÈCLE.

IEN que la chronique d'une ville royale finisse tout naturellement à l'heure où cesse l'ancien régime de la France, et que nous sentions tout ce qu'a de délicat l'appréciation des personnes et des choses actuelles, nous croirions avoir quitté trop tôt Dourdan et paraître oublier son présent et son avenir si nous ne résumions, dans quelques dernières pages, le siècle nouveau, dont les deux tiers appartiennent dès à présent à l'histoire ; dont la marche, les événements, les progrès ne sont qu'une suite de l'ancienne période, et dont beaucoup de faits ont déjà la valeur de souvenirs.

Dourdan, au lendemain de la république, à l'aurore de l'empire, c'est-à-dire au moment décisif de sa vie moderne, eut le bonheur de n'avoir pas à chercher le représentant de ses intérêts et de ses besoins. L'homme qui avait naguère sa confiance mérita alors toute sa gratitude. Le consul Lebrun paya largement aux Dourdanais le mandat du député au tiers-état.

Triumvir, architrésorier, collègue, puis ministre du maître, Lebrun, duc de Plaisance, demeura toujours fidèle à Dourdan et n'omit jamais une occasion de servir sa cause avec un dévouement et un empressement affectueux. Réouverture de l'église dès 1798; — choix de l'intelligent et bon curé M. Roussineau qui pendant de si longues années administra Saint-Germain, et laissa un souvenir vénéré; — création de deux justices de paix pour les deux sections nord et sud de Dourdan (arrêté du 25 octobre 1801); — restitution aux sœurs de la communauté de leur maison et d'une partie de leurs biens; — conservation à Dourdan du tribunal de commerce créé par la république, lors de la réorganisation générale de 1807; — amélioration des routes qui desservent la ville et de la ville elle-même; — élan donné à l'industrie locale; — importation de manufactures nouvelles; — création de Ville-Lebrun et des fabriques de Grillon : le nom, l'initiative ou la protection de M. Lebrun se retrouvent partout.

Dourdan avait à la tête de son administration un homme laborieux, qui cherchait dans le travail de son cabinet et dans l'exercice consciencieux des devoirs publics de sa charge, l'oubli d'un passé troublé et des tristes irrésolutions de sa jeunesse (1). *M. Dauvigny*, après avoir administré la ville en qualité d'agent municipal et de maire provisoire, avait été définitivement nommé maire en 1800, et remplit cette fonction jusqu'en 1808. Il lui fut donné d'assister et de participer au mouvement de renaissance et de réorganisation qui répara à Dourdan, comme partout, bien des désordres, et de présider au fonctionnement de la nouvelle administration *cantonale* La ville lui doit plus d'une mesure d'embellissement ou d'utilité. Une belle avenue d'arbres, qui mène de la porte de Paris au Jeu de Paume, a conservé son nom et perpétue son souvenir.

M. Dauvigny eut l'honneur de recevoir à Dourdan le héros du siècle, Napoléon Ier, qui, lui aussi, parut un jour dans nos murs pour qu'il ne manquât aucun nom à la liste des illustres hôtes d'une ville qui, à l'exception de Louis XIV, a vu passer presque toutes les figures historiques de la France. Le 24 août 1806, l'empereur, accompagné de l'impératrice Joséphine, venant de Rambouillet et se rendant à la chasse aux loups dans la plaine du Plessis-Authon, traversa deux fois Dourdan dans la même journée. Les enfants d'alors se rappellent aujourd'hui les brillants équipages de la chasse impériale, les fanfares des trompes, les quatre loups pendant aux selles des piqueurs, les troupes de l'escorte et surtout le fameux mameluck galopant en avant de l'empereur (2). Le maire, en offrant les hommages des habitants, n'oublia pas leurs besoins. L'empereur laissa une somme de 6,000 francs, moitié pour l'hospice,

---

1. M. Dauvigny avait appartenu à l'ancien clergé. Instruit et aimant l'étude, il laissa une quantité innombrable de manuscrits de toutes sortes, compilations, analyses d'ouvrages, etc. Il avait rédigé plusieurs petits cahiers qui devaient composer une *Nouvelle histoire* de Dourdan. Ces notes ont été dispersées et détruites ; à en juger par quelques feuillets conservés, ce travail n'avait peut-être qu'une médiocre valeur critique.

2. Deux tombes pareilles, d'une forme à demi-orientale, s'élèvent dans un coin du cimetière de Dourdan. Sur une d'elles on lit les noms de *Roustam Raʒa*, né à Tiflis (Georgie).—C'est là que repose le célèbre mameluck qui est venu se retirer et mourir à Dourdan, enterré près de sa femme, Mlle Douville, dont la famille habitait le pays.

moitié pour les réparations de l'église. La reconnaissance des Dourdanais pensa quelques instants se traduire par un monument commémoratif de ce passage, mais le projet demeura sans exécution (1).—C'est vers cette époque que le mouvement industriel dû à l'initiative de M. Lebrun atteignit son apogée.

De 1808 à 1813, maire une première fois, M. *Demetz*, avocat, enfant de Dourdan, fut témoin des brillantes années de l'empire, des journées de réjouissances et de victoire, mais aussi des hécatombes sanglantes et des dures levées d'hommes qui coûtèrent à Dourdan plus d'un sacrifice.

Un ancien nom, au service du pouvoir nouveau, fit revivre pour Dourdan les souvenirs du siècle passé. Le marquis *de la Brousse de Verteillac*, officier de la Légion d'honneur, chambellan de l'empereur, fut nommé maire en 1813. La mémoire de sa famille était toute vivante encore. Le Parterre, qu'il avait dû vendre par actions en 1809, était toujours sa demeure. Dourdan, durant de tristes jours, lui dut peut-être son salut. En effet, le territoire était envahi deux fois en quinze mois par l'étranger. Plus d'un demi-siècle a passé sur ce souvenir et n'a pas suffi pour l'effacer. Paris avait capitulé le 31 mars 1814. Le 2 avril, à la chute du jour, trois hussards prussiens traversèrent Dourdan au galop, de la porte de Paris à la porte de Chartres. Une impression de douloureuse terreur s'empara des habitants, et plus d'un homme mûr d'aujourd'hui se souvient d'avoir vu son père enfouir alors, dans quelque coin de la cave ou du jardin, l'argent de la famille. Le lendemain soir, dimanche 3 avril, une troupe de Cosaques parut à son tour. Des tentes se dressèrent autour de la ville et l'on vit successivement quatre à cinq cents Russes de la garde impériale campés près de Saint-Laurent; l'artillerie prussienne stationnant avec ses pièces au Jeu de Paume, des bivouacs organisés en face du Parterre, sur la route et sur la plaine de Liphard; six mille cavaliers anglais passant à la fin de juin, et la cavalerie russe défilant au son d'une musique sauvage. On jugera de la fermeté et de la prudence que dut déployer l'autorité locale, quand on saura que, durant tout ce temps, la ville était pleine de soldats français logés dans toutes les maisons et dont la moindre susceptibilité eût pu amener une collision terrible.

Partie d'Orléans pour se rendre à Rambouillet et de là en exil, l'impératrice Marie-Louise, accompagnée du roi de Rome, traversa Dourdan. Son équipage, entouré de cinquante cosaques couverts de haillons, s'arrêta sur la place devant le château et à la poste aux chevaux, rue de Chartres. La foule se pressa, respectueuse et émue, autour de la voiture. Le roi de Rome, debout à la portière, embrassa quelques enfants de son

---

1. Il était question d'élever une pyramide sur la place du marché. La dépense était estimée 3,000 fr. Un modèle en charpente demeura longtemps sur la place, et un commencement de souscription monta à 593 fr. 16 c. — *Archives de la mairie*.

âge présentés par leurs mères, et apercevant dans l'assistance un dragon impérial s'écria vivement : « Oh! maman, un soldat de papa! » Des larmes mouillèrent les yeux de Marie-Louise et le triste cortége repartit au grand trot.

Dourdan retrouvait en quelque sorte, avec l'ancienne dynastie, ses anciens maîtres. Le 9 octobre 1814, MM. de Verteillac, Boivin, Dauvigny et Roussineau présentaient, aux Tuileries, au roi Louis XVIII, les hommages de la ville de Dourdan, et se rendaient le même jour au Palais-Royal, chez le duc d'Orléans, dans l'apanage duquel la forêt de Dourdan rentrait dès le 21 octobre.

L'année suivante reparut l'étranger. Cette fois on avait tout à redouter de sa présence. M. de Verteillac, colonel de la garde nationale de Seine-et-Oise, sut encore par son influence et sa ferme attitude prévenir tout excès de l'ennemi et tout conflit avec la population. La ville de Dourdan n'eut réellement pas à souffrir, comme elle pouvait le craindre, de cette dangereuse invasion. Elle en a gardé un reconnaissant souvenir à son maire d'alors, l'aimable marquis, ancien militaire aux allures de vrai gentilhomme, aussi peu ménager de sa fortune que de ses bons offices.

Secondé dans son administration par MM. Thirouin et Genêt, adjoints, il conserva la mairie jusqu'en 1817, et fut remplacé par M. *Demetz*, élu pour la seconde fois. C'est grâce à l'initiative de MM. Demetz, Lebrun et Boivin, que la souscription ouverte pour l'achat du Parterre par les habitants avait été couverte. M. Demetz s'était engagé par avance à garder pour son compte deux fois le nombre des actions prises par le plus fort souscripteur. Préoccupé du projet de retrait de la maison de détention à laquelle la ville paraissait tenir, il fit faire à ses frais un plan général de réorganisation des bâtiments, mais ne put réussir à le faire accepter de l'administration supérieure. M. Demetz a eu le bonheur de laisser, pour perpétuer son nom, un fils que Dourdan revendique comme un de ses plus chers citoyens. La France entière connaît le vénérable magistrat qui a fondé l'admirable colonie pénitentiaire de Mettray ; la ville de Dourdan aime à posséder, trop rarement, hélas! dans ses murs, l'homme infatigable et dévoué toujours fidèle à l'amour du toit paternel et du pays natal, dont il représente depuis de si longues années un des cantons au conseil général de Seine-et-Oise.

M. *Moulin*, baron de *Menainville*, fut maire de Dourdan de septembre 1821 à février 1826. Des réparations importantes à l'église et au presbytère datent de son passage. Un souvenir précieux aux Dourdanais se rattache à son administration : l'institution de la *Rosière*.

Un homme généreux, né à Dourdan, M. Michel, doyen des avoués de la Cour d'appel de Paris, eut l'heureuse et féconde pensée de laisser un legs de douze mille francs, dont l'intérêt permettrait d'offrir, chaque année, une dot de six cents francs à la jeune fille de Dourdan réputée la plus vertueuse, « dans la vue de ramener la jeunesse à de bonnes mœurs,

« à la saine morale et aux pratiques de la religion chrétienne. » Le premier couronnement d'une rosière eut lieu en juin 1823. Une jeune ouvrière de la filature de Grillon, mademoiselle Cocheteau, recueillit tous les suffrages. Solennellement conduite, en grand cortége, le dimanche de la Trinité, elle fut reçue au Parterre par le sous-préfet et les autorités de la ville. Le maire, après un discours, la mena en procession à l'église. Une foule immense se pressait au dedans et au dehors; deux cents jeunes filles en blanc escortaient leur compagne. En face la chaire, où un sermon fut prêché, une estrade était dressée pour madame la baronne Auguste Lebrun. C'est elle qui déposa sur la tête de la rosière la couronne de roses blanches bénite à l'autel. Vis-à-vis, le vieux duc de Plaisance, octogénaire, assis, aimable et souriant, près d'une charmante quêteuse, mademoiselle Guenée-Guerrier, donnait, avant de mourir, à la population de Dourdan, le dernier témoignage d'une fidèle sympathie. L'après-midi, deux cents ouvriers de la filature, avec musique et bannières, vinrent offrir à la rosière une chaîne d'or; des jeux, des illuminations, des bals au Parterre retinrent la foule jusqu'à la nuit.

Tel est encore aujourd'hui le programme de la fête qui, chaque année, le dimanche de la Trinité, attire à Dourdan un grand concours. C'est maintenant la première des fêtes de Dourdan, et, depuis bientôt un demi-siècle, modestes et sages rosières, riches et nobles couronnantes, joyeux et brillants cortéges n'ont jamais manqué à cet anniversaire de la vertu. La mémoire de M. Michel est en grand honneur à Dourdan, et quand on sait la salutaire émulation des futures rosières et les mérites persévérants des rosières passées, on ne peut s'empêcher de bénir l'homme dont une bonne pensée encourage tant de bonnes actions (1).

Le 26 février 1826, M. *Denis-Aubin Boivin*, qui avait puisé dans le notariat une connaissance approfondie des affaires, et dont l'expérience et l'éminent bon sens avaient déjà rendu à Dourdan plus d'un service, fut installé comme maire, et depuis, plusieurs fois réélu. Conseil et ami du duc de Plaisance, il fut honoré de la part de ses concitoyens d'une confiance qui fit sa force dans les années difficiles qu'il dut traverser. La révolution de 1830, avec les malaises et les agitations qui en furent les symptômes et les conséquences, l'invasion du terrible choléra de 1832, qui fit à Dourdan un grand nombre de victimes et eût pu faire des séditieux, s'opérèrent sans fâcheuse secousse. A cette période se rattachent : la délimitation des territoires de Dourdan et de Saint-Arnoult, — l'annexion de la forêt au territoire de la commune de Dourdan, — la reconstruction complète de la halle (1836) (2).

1. On trouvera à la fin de ce livre la liste des quarante-sept rosières qui se sont déjà succédé à Dourdan. Nous avons voulu leur rendre cet hommage et conserver des noms modestes mais estimés de tous, qui sont aujourd'hui, pour la plupart, ceux de vertueuses filles ou de dignes mères de famille.—*Pièce justificative XXIV*.
2. La nouvelle halle de Dourdan fut adjugée pour 27,963 fr. à M. Pommier, entre-

M. *Émile Boivin* remplaça son père le 9 juillet 1843. Il avait appris à bonne école la science administrative, et son passage fut tout d'abord signalé par une grande impulsion donnée à l'instruction primaire, à la vicinalité, à la police urbaine. La révolution de 1848, précédée de la disette de 1847, vint à la traverse, mais le bon esprit de la population sut prévenir et empêcher tout sérieux désordre.

M. le docteur *Diard*, médecin de la ville et adjoint, fut élu maire au mois de novembre, et pendant dix-sept ans a mené de front cette lourde tâche avec les devoirs de son art. Sous son administration, la ville de Dourdan a été tenue constamment au courant de tous les progrès utiles : réédification des clochers de l'église, — construction d'une école de garçons, — addition d'une aile aux bâtiments de l'hospice (avril 1853), — acquisition et réunion au domaine communal de la belle et précieuse propriété du Parterre, — édification d'une prison municipale, — création d'une société de secours mutuels et de prévoyance (2 mars 1851), et d'une caisse de retraite pour les vieillards, — établissement d'une caisse d'épargne (décret du 27 nov. 1859). Nous ne faisons qu'indiquer en passant ces différents résultats d'un développement matériel et moral. La confection et l'ouverture du chemin de fer de Paris à Tours, par Vendôme (automne 1865), avec station à Dourdan, ne sauraient être oubliées, car c'est là un de ces faits à portée immense qui eussent tant étonné nos pères et qui modifient profondément toutes les relations économiques de la contrée.

Par décret du 23 septembre 1865, M. *Émile Boivin* a repris une seconde fois la charge de la mairie. Représentant d'un des cantons de Dourdan, depuis près de quarante années, au conseil général de Seine-et-Oise, qui lui a confié à chaque session la délicate et laborieuse rédaction du budget, ce n'est pas seulement à la ville de Dourdan, c'est au département tout entier que l'habile administrateur a dévoué son infatigable activité. Jaloux de la fortune, du bien-être et de l'honneur de sa ville natale, il voudrait la voir à la fois s'enrichir de toutes les ressources et de tous les progrès. Dourdan, disons-le, paraît devoir rapidement marcher dans la carrière qui lui est ouverte. Un conseil municipal, intelligent et uni, ne néglige et ne diffère aucune bonne mesure. Depuis peu de temps, il a été beaucoup fait : développement de l'instruction primaire, classes d'adultes, études et exécutions instrumentales et chorales, — amélioration de la voirie urbaine et progrès de la petite vicinalité, — fixation des plans d'alignement des rues de la ville, — création d'un octroi municipal sur les boissons (1), — construction d'une spacieuse caserne de gendarmerie, — établissement d'une usine

preneur, et exécutée sur les plans de M. Vanclemputte. La première pierre fut posée par M. Boivin, le 31 mars 1836.

1. Droit de 0,01 c. par litre.

à gaz et éclairage de toutes les parties de la ville, — restauration complète du vaisseau de l'église, — institution de sœurs pour garder les malades, etc., — voilà le dernier mot d'un récent passé, ce n'est certes pas celui de l'avenir.

Quelles sont les futures destinées de Dourdan? La Providence seule le sait. Dès à présent, l'extension régulière de la ville, le chiffre toujours croissant des habitations qui s'y élèvent et de la population qui y demeure, l'attrait de son charmant et paisible site qui retient ou appelle de bonnes et honorables familles, l'excellente tenue de ses établissements publics, l'importance bien connue de son marché de grains et sa position privilégiée par rapport à Paris et aux régions agricoles, tout fait croire que Dourdan ne s'arrêtera point dans la voie prospère où il est entré. Certaines éventualités peuvent l'y pousser. L'augmentation prévue du réseau ferré, ouvrant un second débouché sur Paris, viendrait accroître, à un instant donné, le mouvement commercial de la localité, en y plaçant le point de jonction de deux lignes. Qui sait encore si, dans le remaniement probable de la circonscription départementale des environs de Paris et la nouvelle délimitation des arrondissements, Dourdan, déjà siége de deux cantons, ne retrouverait pas la place que lui promettait son ancienne élection?—Quoi qu'il arrive, ce que nous souhaitons à notre chère ville, c'est la paix, plus encore que l'éclat; c'est le bien-être, récompense du labeur de ses citoyens; c'est une puissante vie morale avec de fécondes libertés; c'est d'ignorer les secousses violentes, les sanglants sacrifices au prix desquels les cités achètent une gloire douteuse, et—ce qui est, dit-on, le partage des peuples heureux—c'est de ne plus avoir d'histoire!

APPENDICE I

STATISTIQUE SOMMAIRE DE LA VILLE ET DES CANTONS

OURDAN est le chef-lieu de deux cantons du département de Seine-et-Oise :
Le *canton de Dourdan nord*,
Le *canton de Dourdan sud.*

Ces deux cantons réunis comprennent :
40 communes,
23,384 habitants,
53,421 hectares de superficie, dont 22,679 sont livrés à la culture, évaluation faite en 1867.

Ils faisaient d'abord partie de l'arrondissement d'Étampes ; ils ont été compris dans l'arrondissement de Rambouillet lors de la création de celui-ci. (Loi du 17 juillet 1811.)

Trois routes départementales traversent Dourdan : celle d'Arpajon à Rambouillet (n° 6), — celle de Limours à Angerville (n° 14), — celle de Dourdan à Auneau (n° 60).

CANTON NORD.

Communes : 18. — Population : 11,044 habitants (1). — Superficie : 21,883 hectares. — Contributions : 311,473 fr. 30 c.

---

1. En 1802, la population des 18 communes du canton nord était de 10,100 individus, et les contributions s'élevaient à 169,425 fr. 42 c. (Plus les patentes.)

Communes.	Population.		Distance du ch.-l. de canton.
Dourdan	2,914	de Rambouillet,	22 k.
		de Versailles,	37
Angervilliers	354		9
Boissy-sous-Saint-Yon	747		16
Bonnelles	531		12
Breuillet	641		13
Breux	391		14
Bullion	830		12
La Celle-les-Bordes	691		15
Longvilliers	349		6
Rochefort	543		8
Roinville	572		2
Saint-Chéron	1,096		9
Saint-Cyr-sous-Dourdan	683		5
Saint-Maurice	342		12
Saint-Sulpice de Favières	245		15
Saint-Yon	229		15
Sermaise	549		6
Le Val Saint-Germain	564		7

CANTON SUD.

Communes : 22. — Population : 12,340 habitants (1). — superficie : 31,538 hectares. — Contributions : 315,362 fr. 71 c.

Communes	Population.	Distance du ch.-l. de canton.
Ablis	1,001	14 k.
Allainville	334	12
Authon-la-Plaine	685	12
Boinville-le-Gaillard	346	13
Chatignonville	157	9
Clairefontaine	570	15
Corbreuse	561	7
Craches	145	18
La Forêt-le-Roi	320	7
Les Granges-le-Roi	426	3

1. En 1802, pour les 22 communes du canton sud, le chiffre de la population était de 12,873 habitants; celui des contributions, de 192,444 fr. 86 c. (Plus les patentes.)

Communes.	Population.	Distance du ch.-l. de canton.
Mérobert	433	15 kil.
Orphin	491	22
Orsonville	263	15
Paray-Douaville	262	15
Ponthévrard	187	10
Prunay-sous-Ablis	659	17
Richarville	264	7
Saint-Arnoult	1,261	8
Saint-Escobille	367	13
Saint-Martin de Brethencourt	640	8
Sainte-Mesme	649	5
Sonchamp	1,068	13

COMMUNE DE DOURDAN.

Le territoire communal est de 3,064 hectares 25 ares 65 centiares. Suivant le cadastre, qui remonte au commencement du siècle et dont plus d'un chiffre, aujourd'hui inexact, aurait besoin d'être révisé, on compte :

PROPRIÉTÉS NON BATIES IMPOSABLES :

Terres labourables	1,299 hect.	61 ares	15 cent.
Vignes	3	89	90
Jardins	28	6	15
Marais	15	37	5
Prés	51	57	60
Oseraies	»	35	45
Bois	1,504	70	25
Terrains d'agrément	»	55	5
Pièces d'eau	»	49	30
Pépinières	1	6	35
Mares	3	52	15
Friches et pâtures	55	18	10
Meurgers	»	4	75
Sol des propriétés bâties (1)	14	71	75
Total	2,979 hect.	15 ares	00 cent.

OBJETS NON IMPOSABLES.

Hospice, église, cimetière, chemins, places, rivières, etc.	85	10	65
Total	3,064 hect.	25 ares	65 cent.

1. Le total des propriétés bâties est de 570.

POPULATION DE DOURDAN.

D'après les recensements officiels, on compte :

Années.	Habitants.			Dans la ville.	Dans les hameaux.
En 1726	2,025			»	»
1816	2,592			»	»
1821	2,620			»	»
1831	2,555			2,393	162
1836	2,546			2,258	288
1841	2,635			2,383	252
1846	2,583			2,323	260
1851	2,430			2,197	233
1856	2,539			2,324	215
1861	2,676	hommes, 1,224	femmes, 1,452	2,460	216
1866	2,914	hommes, 1,390	femmes, 1,524	2,697	217
1869, plus de	3,000			»	»

Le chiffre des *naissances* varie de 60 à 65 ; celui des *décès* de 75 à 80 (1).

DÉTAIL DU RÔLE DES CONTRIBUTIONS DE DOURDAN (1869).

Nombre des *contribuables*, 1,206.
Montant des contributions *foncières* . . . . 26,193 fr. 54 c.
Plus, pour la part de la liste civile (forêt). 3,730   92
       —   *personnelles-mobilières*. 12,228   90
       —   *portes et fenêtres* 6,477   34
Frais de confection du rôle   60   30
                                                                                             48,691   00

PATENTES.

Nombre des *patentés*, 243.
Montant des patentes. 15,925   38

BUDGET DE LA VILLE DE DOURDAN.

Voici, par comparaison, les *recettes ordinaires* de la ville de Dourdan, depuis le commencement du siècle :

---

1. L'excédant du chiffre des décès tient au nombre assez considérable 1° d'enfants étrangers à la localité qui sont amenés en nourrice, et dont plusieurs meurent en bas âge ; 2° de personnes âgées qui quittent la campagne pour se retirer à Dourdan ; 3° de malades étrangers à la commune qui meurent à l'hospice.

STATISTIQUE SOMMAIRE DE LA VILLE ET DES CANTONS.

1800	4,176 fr.	39 c.
1810	3,917	28
1820	5,534	58
1830	7,542	98
1840	8,687	50
1850	14,698	67
1860	21,501	»
1870	36,765	91

Depuis 1860 :

Création de l'octroi, dont le produit *net* s'élève à	5,000	»
Augmentation des droits de permis de chasse (1)	300	»
Revenus du Parterre, acquis en 1863	3,500	»
Loyer de la gendarmerie	3,000	»
Impôt sur les chiens	1,300	»
Augmentation sur divers produits (2)	1,400	»

Les principales *dépenses ordinaires* portées au budget de 1869 sont :

Entretien des rues, etc.	5,000 fr.
Éclairage	3,400
Chemins vicinaux	6,000
Cantonniers	1,380
Instituteurs, frais d'école	8,130
Presbytère, cimetière, etc.	1,300
Fêtes publiques	800
Etc., etc.	

Les dépenses, qui croissent, comme toujours, beaucoup plus rapidement que les recettes, forcent en général la ville de Dourdan à recourir à une imposition extraordinaire pour insuffisance de revenus. Le chiffre porté au budget de 1869 est de 4,728 fr. 31 c.

VALEUR VÉNALE ET PRIX DE FERMAGE PAR AN ET PAR HECTARE DES DIVERSES NATURES DE PROPRIÉTÉS.

		Valeur vénale.	Taux moyen du fermage.
Terre labourable,	1re classe	4,000 fr.	100 fr.
—	2e classe	3,000	80
—	3e classe	1,200	45
Pré naturel,	1re classe	2,500	80
—	2e classe	1,800	55
—	3e classe	1,000	40

1. Ils donnent 830 fr. au compte de 1868.
2. La rétribution scolaire des garçons est de 2,945 fr. 75 c., au compte de 1868, et celle des filles, de 797 fr. 25 c. — Évaluation des prestations, 4,400 fr. — Places et marché, 6,000 fr. — Stationnement des voitures, 600 fr. — Attribution sur les patentes, 683 fr. 43 c. — Location des boucs, 751 fr. — Concessions au cimetière, 1,500 fr., etc.

	Valeur vénale.	Taux moyen du fermage.
Bois taillis sous futaie, 1ʳᵉ classe.	1,800	»
— 2ᵉ classe.	1,400	»
— 3ᵉ classe.	1,000	»

SALAIRE MOYEN D'UN BON JOURNALIER AGRICOLE.

Pendant la récolte : nourri. . . 3 fr. ; — non nourri. . . 4 fr. 50 c.
En temps ordinaire. — . . . 2   —   3   »

ADMINISTRATION. — SERVICES PUBLICS.

La ville est administrée par un maire, deux adjoints, un conseil municipal composé de vingt-un membres, élus tous les cinq ans.

Il n'y a plus qu'une seule paroisse, celle de Saint-Germain, desservie par un curé doyen et un vicaire en même temps chapelain de l'hospice.

Deux juges de paix, l'un pour le canton nord, l'autre pour le canton sud, résident et siégent à Dourdan avec leurs greffiers. — Arrêté du 3 brumaire an X (25 octobre 1801) (1).

Deux notaires ont à Dourdan leur étude et instrumentent chacun dans l'étendue d'un canton.

Il y a aussi deux huissiers.

Le service financier s'opère par :

Un Percepteur,

Un Receveur de l'Enregistrement,

Un Receveur à cheval des Contributions indirectes.

Un Octroi municipal sur les boissons, à raison de 0 fr. 01 centime par litre, a été créé en 1865 et s'administre par un traité avec la régie; son produit brut en 1868 a été de 5,981 fr. 14 c.

Il y a à Dourdan :

Une Recette de Poste,

Un Garde-général des Forêts,

Deux Conducteurs des Ponts et Chaussées,

Deux agents voyers,

Un Maréchal des logis de gendarmerie et 5 hommes.

L'Instruction primaire est confiée :

Pour les Garçons, à un Instituteur,

Pour les Filles, à des Sœurs de Saint-Paul de Chartres qui sont aussi chargées de la Salle d'Asile.

---

1. Dourdan a perdu son tribunal de commerce, par décret impérial du 9 décembre 1854, et relève aujourd'hui du tribunal civil de Rambouillet, jugeant commercialement. Le tribunal de commerce de Dourdan paraissait pourtant avoir une utilité réelle : pendant les dix dernières années de son existence, le chiffre des numéros du répertoire avait atteint 4206, ce qui donnait une moyenne annuelle de 421 affaires.

Il existe en outre des Pensionnats et Externats :

1 pour les garçons,

3 pour les filles, dont un, dit Maison de la Communauté, est dirigé par les Sœurs de Saint-Paul et les deux autres ont des maîtresses laïques.

Des délégués cantonaux et communaux ont la surveillance des établissements scolaires.

Un *hôpital-hospice* possède 60 lits, dont 24 pour les vieillards infirmes de la commune; 24 pour les malades de Dourdan et des paroisses de Saint-Escobille, Sainte-Mesme, Saint-Arnoult, Saint-Martin, et les Granges ; — 12 pour des enfants orphelins. Ses recettes ordinaires s'élèvent en 1869, à 18,798 fr. 95 c.

Le *bureau de bienfaisance* a un revenu de 11,817 francs.

Une *Société de Secours mutuels et de Prévoyance,* créée le 2 mars 1851, comptait, au 1er janvier 1869, 87 membres honoraires et 160 membres participants, et un avoir disponible de 4,605 fr. 91 c. Le total des recettes pour l'année 1868 était de 3,584 fr. 84 c.; celui des dépenses de 2,451 fr. 55. Le fonds de retraite montait à 11,289 fr. 57 c.

Une *Caisse d'Épargne,* autorisée par décret impérial du 27 novembre 1859 et ouverte le 29 décembre 1860, a 16 directeurs dont 5 au moins membres du Conseil municipal. Le nombre des livrets au 1er janvier 1869 montait à 1,348 et le total des versements effectués en 1868 s'élevait à 152,734 fr. 03 c., y compris 11 transferts (2,916 fr. 03 c).

APPENDICE II

PROMENADE DANS LES DEUX CANTONS DE DOURDAN.

Notre intention n'est pas de faire, dans ce livre, une histoire, même abrégée, des quarante communes qui composent aujourd'hui les deux cantons de Dourdan. C'est sur la ville de Dourdan, et sur elle seule, que nous voulons, du moins quant à présent, appeler l'attention, l'intérêt et l'étude du lecteur. Toutefois, ne serait-ce que pour compléter le tableau par son cadre, faire juger de la position relative de cette ville comme centre territorial et administratif, et donner à ceux qui ont bien voulu nous lire quelque désir de connaître un pays voisin de Paris et pourtant peu exploré, il nous semble utile de leur faire parcourir ici cette région, dans une très-rapide excursion, à la fois topographique et historique. Les lieux ne seront souvent qu'indiqués et les principaux souvenirs rappelés en passant.

Les uns et les autres sont loin d'être étrangers à l'histoire de Dourdan, car les communes dont cette ville est aujourd'hui le chef-lieu ont été autrefois comprises dans son bailliage ou dans son élection, et, suivant leur proximité, ont été plus ou moins directement intéressées à ses destinées ou soumises à son influence.

I

Bien que la division en deux cantons soit purement factice, nous l'observerons pour plus de clarté, et, commençant par le *canton nord,* nous ferons le tour de son territoire en appuyant d'abord sur la droite, c'est-à-dire au levant, pour remonter et revenir par le nord.

Si l'on sort de Dourdan par l'ancienne porte Saint-Pierre, aujourd'hui porte de Paris, et le carrefour de la Croix-Rouge, on voit bientôt la vallée se rétrécir. Quand on a laissé à droite les dernières prairies de Dourdan et les dernières pentes des Jalots, qui forment promontoire en face de Dourdan et semblent vouloir fermer la vallée de ce côté, on retrouve le cours de l'Orge qui serpente entre deux versants presque parallèles et descend lentement, côtoyée par la route départementale et par le chemin de fer. La première commune qu'on traverse, à 2 kilomètres de Dourdan, c'est Roinville, qui doit à sa position le nom de Roinville-*sous-Dourdan*. Roinville, désigné sous le nom de *Roinviletta* dans un pouillé du diocèse de Chartres de la seconde moitié du xiiie siècle (1), ne comptait, suivant ce pouillé, que cinquante-sept feux. Son église, dont la nef surbaissée a été augmentée d'un chœur élevé, à voûte réticulée, avait dès lors pour patron saint Denis dont la fête d'automne amenait, suivant un ancien usage, les paroissiens de Dourdan qui venaient chercher ce jour-là à Roinville l'office du soir et les premières châtaignes de l'année. Roinville était une seigneurie et sa censive s'étendait jusque sur une partie de la ville de Dourdan. Les seigneurs du Marais étaient seigneurs de Roinville et en prenaient le titre. L'un d'eux, Philippe Hurault, fit bâtir en 1613 le petit château de briques qu'on voit encore près de l'église, désigné alors dans les aveux par ces mots : Pavillon couvert d'ardoise, cour avec fontaine au milieu, cour, basse-cour, avec quatre tourelles aux coins, jardin, parterre, basse-cour et jardin joints à la consistance de la ferme de Châteaupers. On lit encore l'inscription suivante sur la façade de ce pavillon qui servait de rendez-vous de chasse au Marais :

> Si ceste maison ne te plaist,
> Sans m'en désigner de nouvelle,
> Laisse-la moy telle qu'elle est,
> Et fais la tienne plus belle.

Roinville fut ravagé par la peste en 1632. Quarante personnes environ périrent presque en même temps de la contagion dans le village. Un incendie violent y éclata le 11 août 1719.

Plusieurs fiefs fort anciens dépendaient de la paroisse de Roinville et existent encore aujourd'hui, à l'état de fermes ou de hameaux, sur les deux plateaux qui dominent la vallée au-dessus du village. Sur le plateau de gauche, la ferme de *Châteaupers* rappelle un lieu seigneurial. Le haut bâtiment à pignon aigu qui lui sert de grange et se voit de loin à l'horizon est un reste de l'ancien manoir. Le fief de Châteaupers, autrefois appelé « les Cremaux » et dépendant de la paroisse Saint-Pierre de

---

1. Cartulaire de *Saint-Père de Chartres*, Guérard, 1840, in-4°, t. I.

Dourdan, était une des plus belles propriétés de plaisance et de rapport des environs. D'un côté, des terres labourables, de l'autre un versant exposé en plein midi et couvert de vignes. Le vignoble de Châteaupers était le plus estimé de la contrée et de Lescornay en vante les vins. Pierre de Gobache, l'écuyer de Louis XI, était seigneur de Châteaupers en 1496. Pierre Lucas et son épouse Perrine Boutet demeuraient, vers 1510, dans leur maison « des Châteaupers. » Jean Hurault, seigneur du Marais, acheta cette terre en 1520, et quand Rachel de Cochefilet, veuve de François Hurault (1590), épousa Sully, elle s'appelait, du nom de son mari, madame de Châteaupers. — Tout près et non moins bien exposée, est la ferme, ou ancienne seigneurie de *Beauvais* ou *Beauvoir* (1) et, un peu plus loin, celle des *Hautes-Minières* (2), dont le nom rappelle une des exploitations métallurgiques jadis tentées dans le pays.

Sur le plateau de droite, *Marchais* (3) regarde Châteaupers. Derrière, est *Plateau* (4) dont les terres rejoignent la route d'Étampes. Le hameau de *la Brière* ou la Bruyère fait suite à Marchais; son nom est mentionné dans une charte du VIIe siècle (5). C'était, de ce côté, la limite du « Pagus Stampensis » ou de l'Étampais. Le prieur de Saint-Pierre était seigneur de la Brière et sa censive était établie par terrier (6). Longtemps on a cru et écrit que La Bruyère était né à la Brière, mais il est bien prouvé qu'il était Parisien.

Plus bas, sur le bord de la route, est *Ménilgrand,* dont le peu d'étendue fait mentir aujourd'hui le nom et dont l'aspect délabré semble attester une décadence (7).

La commune de Sermaise occupe, comme celle de Roinville dont elle est le prolongement, le fond et les versants de la vallée. De Roinville à

1. Messire Jehan Le Clerc, seigneur de *Beauvais.—Procès-verbal des Coutumes,* 1556.
Le Marais acquit Beauvais ainsi que la plus grande partie des petits fiefs dépendants de Roinville : *le Coulombier, Pougnain* ou *Poignant, Flamant, Cristal, Richeville,* etc.—*Archives du Marais, Archives de l'Empire,* O. 20,436. — La justice se rendait au Marais, mais des murs de prison subsistent encore à Beauvais, dit-on.
2. Maître Jacques Bougon, seigneur de *Hautes-Mignères*, 1556.
3. Hugues de Marchais, *Hugo de Marchesio*, seigneur en 1213. — Main-levée en faveur des frères de Louye.—*Archives d'Eure-et-Loir, fonds de Saint-Chéron.*
De Marchais relevait le fief du Mesnil près Dourdan, et pour cette cause le curé et les marguilliers de Saint-Germain de Dourdan devaient cens, foi et hommage au seigneur de Marchais.—Hommage en cette qualité à Jean des Mazis (1489),—Guillaume des Mazis (1524), etc.—*Archives de l'Église.*
Au XVIIIe siècle, M. de Péricard, et plus tard son gendre, marquis de Saint-Germain-d'Apchon, seigneur de Marchais, Crémeaux, etc.
4. Jean de Boulhard, seigneur du *Grand-Platel* et Grateloup.—*Coutumes*, 1556.
Nicolas de Sève, chevalier, seigneur de *Platteau* et des fiefs du *Petit-Platteau*, Grateloup et *Marchais.—Arch. de l'Emp.*, O. 20,436.—Vestiges de château et de chapelle.
5. « *Brocaria* propè de fluviolo Urbia. » — *Charta Chlotild. circa an.* 670, dans Bréquigny, *Diplom.*, p. 257. — Guérard, *Polypt. d'Irminon.* 64.
6. Archives de Seine-et-Oise et de l'Église.
7. On peut constater en effet que *Ménilgrand* a été autrefois un village très-peuplé,

Sermaise et au delà, la route est bordée sur la droite de frais ombrages suivant le cours de l'Orge, de bois marécageux, de prés humides ou tourbeux. Sermaise, un peu caché quoique tout près de la route, est un village aux maisons peu nombreuses groupées autour d'une église qu'entoure un cimetière dont le terrain mal nivelé accuse un bouleversement du sol. En effet Sermaise a failli être détruit plusieurs fois par les inondations. On a de la peine à croire aux colères de la paisible et modeste rivière d'Orge, et pourtant, sans parler de débordements anciens dont des alluvions témoignent, le village a été submergé le 4 juin 1780. A six heures du soir, après un violent orage, l'Orge subitement gonflé a ruiné une partie des maisons et englouti plusieurs personnes. De braves gens, dont on a conservé les noms et qui furent en ce temps-là récompensés, Blot et Beaumont, sauvèrent à eux deux dix-sept personnes. La vallée se trouva comblée de 1 mètre 40, l'église enterrée et le sol végétal recouvert de bancs de ravine qui sont encore sur plusieurs points un obstacle à la culture. Une seconde inondation a eu lieu en 1829.

La seigneurie de Sermaise s'est transmise pendant plusieurs siècles dans la famille d'Hémery (1). Au XVIIe siècle, elle passa dans les mains des Lamoignon et entra dans la composition de leur marquisat de Bâville qui absorba tout le territoire circonvoisin. Anne d'Autriche démembra en faveur de Guillaume de Lamoignon la paroisse de Sermaise du bailliage de Dourdan.

Ce qui donnait à la seigneurie de Sermaise son importance, c'étaient les fiefs qui en dépendaient ou qui l'avoisinaient, réunis, pour la plupart, dans la même main, aujourd'hui fermes ou écarts qui constituent la commune de Sermaise:

Mondétour ou plutôt Maudétour, mauvais détour, à cause de sa situation escarpée et de ses mauvais chemins (2).

par la présence de fondations nombreuses et de pierres qui se rencontrent dans les prés plus bas que le hameau actuel.

Fief du *Bouchet*, fief de *la Chaise*, assis *en la paroisse de Roinville*, etc. — Ban de 1697.

1. Aveu de Gilles d'Hémery, seigneur de *Sermaise*, 1402.—Autres aveux de 1487-1497, etc., etc.—*Fonds Roger*.

Il y a, dans l'église de Sermaise, les pierres tumulaires de trois personnages dont un portait le nom de baron de *Sergmès*, fondateur ou au moins restaurateur de l'église. Cette pierre, qui était placée au pied de l'autel de Sainte-Anne, s'était assez bien conservée. Mais, il y a environ quinze ans, on a imaginé de l'enlever, de la couper et de la placer dans un endroit de passage, où elle s'est en partie effacée. La date, au dire des habitants, était celle de 1522.

Les d'Hémery, au XVIe siècle, donnèrent dans la Réforme. Louis d'Hémery, seigneur de Sermaise, abjura le 16 juin 1587. Nous avons retrouvé l'attestation de Louis Hurault, seigneur de Villeluysant, bailli et gouverneur de Dourdan, et le certificat du curé et du vicaire de Sermaise.

2. Antoine de Lucault, Jacques d'Averton, Adrian Berthelot, pour le fief de *Maudestour*. — *Coutumes* (1556).

La Villeneuve, théâtre de meurtres atroces commis au siècle dernier par la bande de Renard.

Le Moulin de la Mercerie, — *le Tertre,* — *la Borde,* — *la Bretonnière*, etc., etc. (1).

Mais principalement :

Blancheface ou *Blanchefouasse* et le *Mesnil* (2), seigneuries longtemps héréditaires achetées au xviie siècle par de Lamoignon et revendues par lui à l'Hôtel-Dieu de Paris.

La Râchée (3), dont le moulin à farine était autrefois un moulin à

Mesdemoiselles de Heslin pour les fiefs de *Mondétour*, la Guernadière, Maugrenoutte, Bellanger, Villeneuve, etc., assis dans ladite paroisse.—Ban de 1697.—*Arch. de l'Empire*, O. 20,436.

Famille *Brière de Mondétour*. Nicolas, lieutenant-général du bailliage de Basville, 1788.

1. Vente de la *Mercerie* par Charles de Pavyot, 1585, — Acquisition par Jacques d'Hémery pour 800 liv. en 1662, etc. — Voir : *Coutumes de Dourdan*, 1556.—*Ban de 1697.*—*Archives de l'Hôtel-Dieu de Paris*, etc.

2. Actes de foi et hommage, aveux et dénombrements (1455-1734) fournis par :
Jean des Mazis, bailli et gouverneur de Dourdan ;
Pierre des Crosnes, seigneur de Blancheface ;
Gilles de Hémery, seigneur de Sargines ;
Catherine des Crosnes, dame de Blancheface, sa veuve ;
François et David de Hémery, écuyer, seigneur de la Râchée, du Mesnil et du fief des Crosnes, *vulgairement appelé Blancheface*, et Suzanne des Mazis, sa femme, etc. ;
A Louis de Maintenon, écuyer, — Antoine de Vignay,—Jacques Hurault, — Louis Hurault,—Pierre-Henry le Maistre, tous seigneurs du Marais, à cause de la mouvance dudit fief.

1662. — Des biens saisis sur Jacques de Cisternay, chevalier, seigneur, baron de Blancheface, du Mesnil, etc., la terre et seigneurie de *Blancheface* achetée, tant en fief qu'en roture, par Guillaume de Lamoignon, pour 52,800 livres.—Revendue par lui l'année suivante avec le Mesnil (391 arpents) pour 45,800 l. et 100 s. de cens annuel à l'Hôtel-Dieu de Paris,—1670. Bail des terres et moulin de Blancheface, le Mesnil et la Râchée, pour 2,100 l. annuel.— Les *Graviers*, au terroir de Blancheface, etc., etc.
— *Archives de l'Hôtel-Dieu de Paris*, layettes 89-90.

3. La *Râchée* relevait du fief de Graville ou Gravelle, assis à Authon-en-Beauce. Nous avons trouvé des hommages de noble homme Gilles d'Hémery, seigneur de Blanchefouasse, pour le fief du *moulin de la Râchée*, à Nicolas Vigneron, grenetier de Paris, seigneur de Launay et Saint-Michel-sur-Orge, à cause de sa terre et seigneurie de Gravelle — 1497.

De son fils aîné, François de Hémery, à Anne Lucas, dame de Sainte-Mesme et de Gravelle. — 1520.

Acquisition d'un *moulin à fouler le drap et terres à la Râchée*, par le même (1564-1571) — de l'emplacement du moulin de la Râchée et autres terres par sa veuve Barbe de Vielchâtel (1575), de plusieurs personnes et notamment de Jean Guegnées (ancienne forme du nom local de Guenée).

Autres actes de la même famille, 1586 à 1667. — *Fonds Roger*.

Des biens saisis sur Jacques de Cisternay (1662), achat, par l'Hôtel-Dieu de Paris, du moulin de *la Râchée* et de ses dépendances pour 11,000 l. et des bois dépendants de la seigneurie du Marais pour 4,400 l. — Remise par le comte de l'Hospital Ste-Mesme des droits seigneuriaux pour la Râchée mouvant du fief de Gravelle pour 2,200 l.— *Arch. de l'Hôtel-Dieu de Paris. Layettes* 89-90, *liasses* 488-494 *bis.*

fouler le drap et dont la fontaine est célèbre par la constance de sa source qui fait tourner jour et nuit une des meules du moulin, par la limpidité de ses eaux qui passent pour minérales, par la fraîcheur et le pittoresque de son site que les lavoirs modernes ont, hélas! bien dépoétisé, par le souvenir de Lamoignon qui en faisait une de ses excursions favorites, par les vers de Boileau qui l'a chantée sous le nom de « Polycrène » et par l'ambitieuse inscription :

> LAMONIANA FORTVNA HUNC
> FONTEM INVENIT QUI PERENNEM
> AQVAM PERENNITATI
> DEDIT DAT DABIT.

Ici, nous nous éloignons un peu du cours de l'Orge, et, laissant le chemin de fer s'arrêter au bas du versant et continuer à mi-côte sa route vers Paris, nous nous élevons sur la gauche pour gagner Saint-Chéron. Toutefois, avant de quitter le fond de la vallée, signalons le hameau de *Saint-Evroult* qui mérite l'attention de l'antiquaire par sa station romaine et son ancien prieuré (1), et les fiefs de la *Petite-Beauce, Mirgaudon*, etc.

La montée de Saint-Chéron est rapide. A mesure qu'on s'élève, la vue embrasse un panorama justement renommé. La vallée s'est élargie, le paysage a pris un aspect grandiose. Des pentes sauvages, des crêtes élevées se dressent en face, au-dessus du vallon verdoyant, et, au bout d'un immense défilé, l'horizon s'ouvre et l'œil se perd dans d'harmonieux lointains. Dominant Saint-Chéron de leur double sommet, les buttes Saint-Nicolas avec leur sombre panache d'arbres verts, sont les géants de la contrée. Leur vigoureuse silhouette se découvre de fort loin et, dans tous les points de vue des environs, tranche sur les lignes indécises et les molles ondulations des coteaux voisins. Aussi Saint-Chéron s'appelle-t-il *Saint-Chéron-Montcouronne* ou mont-couronné et se distingue-t-il ainsi de ses homonymes de la Beauce, Saint-Chéron-lès-Chartres, Saint-Chéron-du-Chemin, en revendiquant un privilège presque unique dans la région, celui de posséder une montagne.

Donnons-nous le plaisir d'admirer ici une de ces échappées de grande et belle nature que nous retrouverons rarement dans notre pérégrination à travers les fertiles vallons du Hurepoix ou les plaines sans limites de la Beauce. Sans doute la nature est belle partout : ceux qui l'aiment le savent bien ; les pittoresques horizons ne sauraient faire mépriser les charmes des horizons prochains ni même ceux des horizons déserts : mais on est toujours heureux de rencontrer ces tableaux complets où détails, plans et perspectives ont été, pour ainsi dire, savamment ménagés. Ainsi pensent les touristes et les peintres qui viennent exprès de Paris

---

(1) Voir archives de Seine-et-Oise, *Clairefontaine* et *St-Rémy des Landes*.

visiter la vallée de Saint-Chéron. Un grand connaisseur, le fameux Cicéri, qui avait vu et créé tant de beaux paysages, avait fixé là sa tente et, pendant de longues années, habita une demeure qu'il décora de ses propres mains. A son exemple, des artistes, des littérateurs ont tour à tour échelonné leurs ermitages sur le versant. Oublions donc, pour son site, les souvenirs historiques ou archéologiques de Saint-Chéron. Aussi bien, nos lecteurs sont peut-être déjà fatigués de mouvances seigneuriales et de cadastres féodaux, et Bâville les attire, car l'ombre des Lamoignon, comme celle des buttes de Montcouronne, plane encore sur toute la vallée.

De l'église de Saint-Chéron, où Bourdaloue a prêché et fait le catéchisme aux enfants du village que mademoiselle de Lamoignon trouvait bien ignorants et faisait asseoir à ses côtés, il faut encore monter pour redescendre ensuite, avant d'arriver à Bâville qui est situé entre deux vallées, et dont la principale entrée regarde Saint-Maurice. Au milieu d'un parc immense aux ombrages séculaires, le grand château de grès et de brique du temps de Louis XIII, subsiste comme un royal monument de l'antique magistrature française, avec son corps principal flanqué de deux ailes en retour dont l'une est détruite, sa chapelle, ses vastes communs, ses larges et solitaires allées qui ont gardé les noms d'hôtes illustres, ses longues charmilles, ses hautes futaies et cet aspect austère et un peu triste que donne toujours aux lieux le souvenir des grandes familles éteintes et des gloires disparues.

C'était en effet une belle famille que cette maison des Lamoignon aux mœurs simples et dignes, où les vertus filiales se transmettaient avec les talents et les charges, où la charité s'exerçait aussi noblement que l'hospitalité. Il n'y avait point de château à Bâville du temps où Charles de Lamoignon y mourait en laissant vingt enfants à Charlotte de Besançon (1572). Là, grandissaient les vingt enfants, avec ceux que la fille aînée avait eus de Jean de Bullion. Devenu surintendant des finances et président à mortier, Claude de Bullion se rappelait gaiement qu'on le promenait à Bâville sur un âne avec son jeune oncle, Chrétien de Lamoignon, et qu'en les mettant chacun dans un panier, on plaçait un pain du côté de Lamoignon parce qu'il était plus léger. Ce n'était pas dans un château que Chrétien recevait sous Henri IV et sous Louis XIII tous ses illustres amis : « Bâville n'était qu'une petite chaumière, nous
« apprend son fils Guillaume. On n'y venait pas pour voir une belle
« maison ni un beau parc, car il n'y avait rien de plus petit ni de plus
« simple que l'un et l'autre. On n'avait que deux ou trois chambres à
« donner aux étrangers. Dans la plus grande on mettait quatre lits qui
« servaient à autant de personnes en ce temps-là que quatre grands ap-
« partements pourraient le faire présentement. Quelquefois les invités
« couchaient en carrosse; tous se trouvaient bien reçus et partaient avec
« regrets. »

Et quand, après avoir recueilli la riche succession de M. des Landes, son beau-père, Chrétien voulut laisser à son fils un état de maison digne de la haute position de la famille, il commença par doubler ses aumônes avant d'augmenter son luxe. Une sage entente et une prudente économie présidèrent à la construction du beau château de Bâville. Son fils nous assure qu'il ne coûta que 45,000 livres et il ajoute : « On n'en ferait pas tant aujourd'hui pour le double. » Il s'agirait maintenant de millions. On aime à se figurer le premier président Guillaume parlant avec attendrissement du temps où il vivait à Bâville avec ses sœurs, près de son père, « ne se souvenant pas de lui avoir jamais désobéi ou déplu, « ou même d'avoir manqué de lui plaire, en ce qui pouvait dépendre de « lui. » On aime à se représenter cette grande école de respect et ce séjour d'élite où, après avoir vu recevoir avec vénération le vertueux Jérôme Bignon, Guillaume accueillait à son tour Boileau, Racine, Regnard, et son savant maître le P. Rapin, qui se plaisaient tous à chanter dans leur immortel langage les charmes de Bâville.

Les Lamoignon du xviiie siècle remplacèrent ceux du xviie. Le nom de Malesherbes est inséparable de celui de ses pères. Bâville connut des heures de tristesse. Aujourd'hui, tout son riche et vaste domaine repose sur la tête de deux orphelins (1).

S'orientant du haut des buttes de Bâville, le lecteur voudra bien traverser à vol d'oiseau la vallée de Saint-Chéron et nous suivre de l'autre côté du versant, à Saint-Sulpice-de-Favières. Nous sommes ici sur l'ancien territoire du « diocèse de Paris, » dans une vallée étroite où court le ruisseau de Souzi, sur un pauvre sol de grès et de sable aux roches immenses qui font suite à celles de Fontainebleau, et s'exploitent de la même manière; à la porte de cette contrée de Torfou, célèbre par ses dangereux défilés et ses brigands armés. Favières, *Fabaria*, *Faveriæ* (des fèves qu'on y cultivait, dit-on), se résume dans son église qui est un chef-d'œuvre et a mérité d'être appelée « la plus belle église de village de tout le royaume. » Bâtie dans un fond assez resserré, sur l'emplacement d'un ancien pèlerinage, au lieu où saint Sulpice guérissait des malades vers le vi[e] siècle, elle est éclose au xiiie, comme la Sainte-Chapelle de Paris, d'une pensée de foi hardie et gracieuse. Sa forme étroite et élancée rappelle l'époque fleurie du style ogival, et son vaisseau percé à l'abside de trois rangs superposés de baies à double ogive trilobée, serait complet, sans ses verrières murées en partie, sa voûte écroulée au xviiie siècle et refaite en bardeaux, sa tour aux contreforts fleuronnés privée de clocher. Au pied de cette tour, s'avance l'ancienne chapelle des miracles, d'un style ogival primitif, que l'abbé Lebœuf voyait pleine de béquilles au xviiie siècle. A l'occident, la façade de l'édifice, datant de la moitié du xive siècle, s'offre avec ses trois portes aux fines sculptures, son tympan

(1) Enfants de M. de Saulty.

feuillagé, son grand pignon à jour malheureusement détruit vers le haut. A l'intérieur, règnent une nef principale et deux nefs latérales se terminant carrément à la hauteur du sanctuaire et comptant six travées. Les cinq travées de l'abside percées de leurs grandes verrières illuminent le chœur. De sveltes piliers s'élancent en faisceaux de douze colonnes. Vingt-deux stalles de bois sculpté du xive et xve siècle portent des sujets variés et des figures en prière. Une porte architecturale, d'admirables vitraux presque détruits, quelques épitaphes des seigneurs de Saint-Pol, un charmant sonnet de Gilles du Couldrier à sa fille de dix-neuf ans (1604), attirent et captivent l'œil de l'antiquaire. L'édifice est classé parmi les monuments historiques et il ne manque que de l'argent pour le réparer comme il le mérite (1).

Avant le xiie siècle, Favières dépendait de la châtellenie de Montlhéry et passa, par usurpation, sous la prévôté d'Étampes. Arraud du Chesnay en était seigneur au xiiie siècle, Antoine du Bourg sous François Ier, Claude Daubray au xviie siècle. Englobé dans le marquisat de Bâville, Saint-Sulpice releva des Lamoignon, avec les fiefs de *Harville, Mauprofit*, etc. Signalons, dans la paroisse, les fiefs des *Jurodières, d'Escury*, de *Taillegrain*, (2) de *Guillerville*, appartenant aux de Saint-Pol, et particulièrement la belle terre de *Segrez* avec son parc renommé, ses belles eaux, ses grottes, ses cascades du siècle dernier, et sa magnifique collection botanique d'aujourd'hui (3).

Saint-Yon et sa *montagne* offrent un poste célèbre et le plus bel observatoire des environs. Sur le haut d'une butte sablonneuse et escarpée, les possesseurs de la contrée ont eu de tout temps leur forteresse. Quelques vestiges de fossés, les ruines de trois portes connues encore au siècle dernier sous le nom de portes de Paris, de la Folie et de Bourdeaux, la disposition du sol, tout annonce l'emplacement d'un ancien *oppidum* devenu plus tard celui d'un château féodal. D'obscures légendes enveloppent les origines du village. L'apôtre martyr Œonius aurait donné son nom à la montagne qui lui sert de tombeau, désignée aussi par le nom problématique d'*Hautefeuille*. Sur l'oratoire du saint, le prieuré aurait été bâti au xie siècle, desservi par des religieux de la Charité-sur-Loire, de l'ordre de Cluny. Une église du xviie siècle a remplacé l'ancienne. On peut lire dans l'abbé Lebœuf la description de quelques pierres tombales et la liste, depuis le xiie siècle, des seigneurs de Saint-Yon, hommes-liges du roi, relevant de Montlhéry. C'est aux Saint-Yon, ces terribles bouchers bourguignons, possesseurs du lieu, qu'on

---

(1) Voir la notice de M. Patrice-Salin. — Paris, Adrien Le Clere 1865 in-folio. — M. le baron de Guilhermy a consacré à ce monument ses patientes et savantes études.

(2) Archives de Seine-et-Oise. E. 8.

(3) Consulter les charmants dessins du marquis d'Argenson à la bibliothèque de l'Arsenal.

attribue la démolition de la forteresse. Au xvie siècle, l'amiral de Graville est seigneur de Saint-Yon ; au xvii_e, la baronnie de Saint-Yon s'unit au marquisat de Bâville et Guillaume de Lamoignon y joint des droits seigneuriaux, de justice et autres, avec les fiefs de Moret, de la Madeleine, etc. (1). L'antique léproserie de la *Madeleine* était au bas de la côte avec son cimetière.

Situé au pied de la montagne de Saint-Yon qui l'abrite du sud-ouest, et au bout de la plaine qui commence à Arpajon, Boissy-sous-Saint-Yon s'élève sur un terrain uni entouré jadis de quelques vignes. Connu, dès la fin du xie siècle, par les titres de Longpont, sous le nom de *Buxiacum* (de *Buxus*, buis, ou *Boscus*, bois), le pays appartenait alors aux chevaliers de Vaugrigneuse; divers seigneurs y eurent des droits aux siècles suivants. Aux xve et xvie, les de Montagu, les Graville, les Balsac d'Entragues rattachèrent cette terre à Marcoussis, et, en 1635, haute et puissante dame Marie-Charlotte de Balsac, maîtresse et *se disant dame* de Bassompierre et maréchalle de France, se disait aussi « dame dudit Boissy. » Peu après, Guillaume de Lamoignon enclavait Boissy avec Saint-Yon dans son grand marquisat et obtenait par lettres patentes des foires et marchés. Ancien oratoire du titre de Saint-Thomas de Cantorbéry, l'église, bâtie vers le commencement du xvie siècle, reçut au xviiie divers embellissements de l'abbé Penneti, secrétaire du grand duc de Toscane en France. Nous sommes toujours en plein diocèse de Paris, dans le doyenné de Montlhéry, et assez loin de Dourdan. *Églies*, village voisin, généralement nommé en même temps que Boissy, appartient aujourd'hui à un autre canton.

Nous retrouvons la vallée de l'Orge et le chemin de fer. Deux villages se regardent : à droite, Breux ; à gauche, Breuillet. Breux était encore une seigneurie dépendant du marquisat de Bâville avec les fiefs des *Granges*, du moulin et du grand *étang de Breux*, et le fief de *Rimoron*, appartenant aux dames de Saint-Cyr. Breuillet, seigneurie unie au même marquisat et mouvant du roi à cause du Châtelet de Paris, comprenait les fiefs du *Colombier*, de *Guisseray*, des *Hautes* (relevant de Bruyères-le-Châtel), des *soixante-dix arpents* (relevant de Marcoussis) (1), de *la Boissière* et de *Guillot-Belloche*, (relevant des dames de Saint-Cyr à cause de Chevreuse). Le chemin de fer s'arrête au *Bout-du-Monde*. De la côte qui le domine, une vue superbe complète celle de Saint-Chéron. Derrière cette côte, qui s'avance comme un promontoire à la jonction de deux vallées, court une autre rivière, la *Rémarde*.

Remontons cet affluent de l'Orge, qui serpente au milieu des plus vertes prairies et des plus frais bocages, et fait tourner de nombreux moulins. Voici le *Colombier*, ancien lieu seigneurial, la *Folleville*, Ar-

(1) Archives de Seine-et-Oise. E. 3, 5.

denelle, et sur le versant, en face de Bâville que nous laissons sur la gauche :

SAINT-MAURICE dont le château est démoli. Au xve siècle, Jean de Saint-Germain possédait la seigneurie de Saint-Maurice; au xvie, c'était la famille de Bastemont ; au xviie et au xviiie celle du président Pecquot. Aujourd'hui un noviciat de religieux s'est installé dans ce paisible séjour.

Une route charmante nous amène sur le territoire du VAL-SAINT-GERMAIN, et les grands arbres qui s'offrent à nous révèlent tout d'abord une propriété princière : c'est le *Marais*. Si l'on veut bien jouir du coup-d'œil d'ensemble, il faut tourner autour du parc et entrer par le bas. Une pièce d'eau immense, canal digne de Versailles, reflète la ligne de grands arbres, le rideau de peupliers et les haies taillées qui la bordent. Encadré dans le fond, le château au blanc péristyle, aux ailes symétriques, mire dans l'eau, d'où il paraît sortir, ses colonnes, ses balcons et son profil horizontal, que la renaissance Louis XVI emprunta aux villas italiennes.

Avançons, car outre les magnifiques appartements de l'intérieur, le visiteur a un parc splendide à admirer. Entre le château et le canal, à la place de la route qui naguère encore les séparait, un étincelant tapis de fleurs s'étend devant la cour d'honneur aux fossés remplis d'eau. A gauche, le colombier féodal s'élève à l'entrée d'une avenue d'arbres séculaires. A droite, un immense parterre dominé par les futaies du parc et des gazons sans limites éblouit et charme le regard par les lignes régulières et harmonieuses de mille plantes aux vives couleurs. Lorsque, en août et septembre, toutes ces fleurs s'épanouissent à la fois et embaument le parc, et qu'à travers les nombreuses serres entr'ouvertes les plantes rares des tropiques rivalisent avec elles de vie et de parfum, nous ne savons rien de plus luxueux, de plus gracieux en même temps.

M. le marquis de la Ferté, qui possède ce beau domaine, aime l'horticulture et la pratique en vrai grand seigneur.

Le Marais est une dot transmise par les femmes dans de nobles maisons. Madame la marquise de la Ferté est la fille de M. Molé. L'éminent ministre venait se reposer de ses fatigues d'homme d'État au château du Marais, qu'il tenait de sa femme, mademoiselle de la Briche ; et madame de la Briche, l'aimable châtelaine qui donna, au commencement du siècle, de si belles fêtes au Marais, appartenait à cette famille Le Maître du Marais qui fit démolir l'ancien château et construire à frais immenses l'édifice actuel, par l'architecte Neveu, de Versailles, vers 1770.

Un plan en relief, conservé dans les archives du Marais, nous a fait voir ce qu'était l'ancien château. La disposition était la même : pièces d'eau, canal, douves, grande cour d'honneur, parc ombragé, entouraient un manoir seigneurial, mais les sombres assises de grès, les hauts toits d'ardoise, les ponts-levis de l'entrée (1) rappelaient un autre âge et l'habitation féodale et sévère d'une importante famille qui, pendant plus de deux siècles, joua un des premiers rôles dans la contrée, la famille Hurault (2). Fils de Jacques, trésorier des guerres, vieux Breton très en faveur auprès des rois Louis XI et Louis XII, Jean Hurault était, sous François Ier, seigneur de Vueil et du Marais ; ses sœurs avaient épousé les seigneurs de Rochefort et de Limours ; son neveu était ce fameux chancelier et gouverneur Hurault de Cheverny, qui recherchait tant la faveur des rois et des belles dames ; son petit-fils, tué sous la Ligue, laissait une jeune veuve qui devait épouser Sully et lui faire acheter Dourdan, et sa petite fille Jacqueline devenait la femme d'Anne de l'Hospital Sainte-Mesme, le bailli et gouverneur de Dourdan. Intrigues politiques, cours galantes, visites, noces et fêtes princières, on peut deviner ce que dut voir le Marais sous Henri IV, sous Louis XIII, sous la Fronde. Quand la grande demoiselle de Montpensier venait, tout près de là, prendre « ses eaux de Forges, » elle ne manquait pas de descendre au Marais et de le consigner dans ses Mémoires : « J'allai coucher au

1. «Hôtel seigneurial du Marais consistant en un gros corps de logis flanqué de deux pavillons ; une grande cour, dans laquelle on entre par un pont-levis, à l'entrée de laquelle sont deux gros pavillons isolés, dans l'un desquels est la chapelle, le tout bâti en graisserie piquée, et couvert d'ardoises, entouré de fossés à fond de cuve remplis d'eau vive avec murs et parapets ; — la basse-cour à côté, séparée de la grande cour par les fossés qui entourent le château, mais communiquant à la cour haute par un pont de grès de quatre arches fermé d'une grille de fer, — colombier, etc. ; grand portail avec deux ponts-levis qui se lèvent tous les soirs.

« Derrière le château, fossé avec pont-levis menant au parterre, lequel est clos au midi et au septentrion par un canal revêtu de murailles. — Au bout du parterre, pièce d'eau carrée communiquant audit canal.

« A droite et au midi du parterre, parc planté en taillis avec plusieurs allées sablées pour la promenade, avec plusieurs grilles de fer et sauts de loup. — Au-dessus du parc, jardin fruitier ; — à l'occident, potager ; le tout contenant 30 arpens.

« En face le château, grande pièce d'eau, revêtue de murs tout à l'entour, de 275 toises de long, 34 toises de large par le bas et 26 par le haut, bordée de deux allées de charmille. » — *Archives du Marais. Terrier de 1718.*

2. On jugera de l'étendue de la censive du Marais par la simple énumération des fiefs qui en relevaient : fiefs du Marais et Val-Saint-Germain, comprenant toute la paroisse dudit lieu ; de la cave de Montlhéry et de la Laurière ; Bouville, Sainte-Catherine ; Roinville avec les fiefs de la Bruyère, Cristal, Poignant, Flamant, Malassis, Nilvoisin, Orgesin, Richeville, Châteaupers, Beauvais ; les Loges, Levainpont, la Chambre-mal-garnie, sis en la paroisse de Saint-Cyr ; Berchevilliers, le Buisson, Ardenelle sis en la paroisse de Saint-Maurice ; le Tertre paroisse de Sermaise ; la Fontaine-aux-Cossons paroisse de Vaugrigneuse ; Babylone sis en la paroisse d'Angervilliers ; Grouteau, Grillon, sis à Dourdan ; la Motte-Beauroux ; la Barocherie ou Chambardon ; Gravelle ; Vaugirard ; Rué ; Montauban ; Mauny ; le Pont-Rué ; les Minières. — *Terrier du Marais.*

1486. Antoine de Vignay, seigneur du Marais ; — 1518. Philippe Després, etc., etc. — La seigneurie du Marais dépendait de la châtellenie de Rochefort au comté de Montfort, et mouvait de Marcoussis.

« Marais chez madame des Marais, où il y avait beaucoup de monde du
« pays ; elle me reçut, à son ordinaire, avec beaucoup de joie et de magni-
« ficence. » (1) On lisait encore avant la Révolution, sur l'écorce d'un
orme séculaire, à l'entrée du château : « La main du grand Sully me'
« planta dans ces lieux. »

César Hurault vendit le Marais à Pierre Henry Le Maître, le 19 mars
1706.

L'avenue du château nous conduit au *Val-Saint-Germain*, le chef-lieu
de la commune, qu'on appelle aussi *Sainte-Julienne* car nous sommes
ici en plein pèlerinage, et l'image de la sainte dans sa chaudière se voit
aux enseignes du village. Sur une petite place, une très-vieille église,
au clocher nouveau, ouvre son porche de charpente au passant. Descendons dans cette nef humide et sombre, aux massifs et primitifs
piliers, à laquelle les siècles suivants ont ajouté un chœur élancé et des
ornements de tous les âges. Le long des murs, sous les arceaux, sont
rangées, comme en procession, des files de torches enrubannées de formes
bizarres, avec des inscriptions et des dates. Ce sont les « souches » offertes par les villes, les villages, les églises, les fidèles venus en pèlerinage
au Val. Elles sont en marbre, en bois, en métal, travaillées comme des
chefs-d'œuvre de maîtrise ou grossièrement taillées. Il y a des noms de
grandes villes, il y a des hommages venus de loin. C'est qu'en effet le
pèlerinage de Sainte-Julienne était — on peut dire est encore — le plus célèbre de la région. Suivant Surius et Baillet, la relique de sainte Julienne
de Nicomédie en Afrique fut apportée de Constantinople, après la prise
de cette ville par les Latins en 1203. D'après une pieuse tradition, un
gentilhomme breton qui faisait partie de la croisade et qui avait obtenu le
précieux chef de la sainte avec l'intention de l'emporter dans son pays,
passa, chemin faisant, par le Val-Saint-Germain. Retenu dans ce lieu
par une grave maladie, il fit vœu, s'il recouvrait la santé, d'élever au Val
une église en l'honneur de sainte Julienne et d'y déposer sa relique.
Pendant des siècles, cinq à six mille pèlerins, dit-on, se donnaient rendez-vous chaque année, principalement dans la semaine de la Pentecôte, de
plus de trente lieues à la ronde (2). Des paroisses de Paris y venaient
avec leur clergé, et les églises des environs, celle de Dourdan en
tête, arrivaient de toutes parts en procession. La foi s'est singulièrement attiédie, on n'accourt plus de si loin à Sainte-Julienne; pourtant
on peut voir encore à l'époque des pèlerinages quelques cortéges villa-

---

1 Mém. collect. Michaud. IIIe série, t. IV, p. 220.

2. La confrérie de la Charité de Meulan venait chaque année de plus de 70 kil. —
Hist. de Meulan, in-8, 1868, par Em. Réaux, p. 427.

Nous avons retrouvé à l'église Saint-Jacques-du-Haut-Pas de Paris le cérémonial du
pèlerinage à Sainte-Julienne, les comptes des carrosses et des repas du clergé, et plusieurs centaines de noms de la paroisse inscrits sur les registres de la confrérie de
Sainte-Julienne.

geois venir avec leurs bannières d'au delà de Dourdan, et s'y reposer en chantant à la chapelle de l'Hôtel-Dieu ; des charrettes pleines de vieillards cheminer par les routes, et une sorte de foire, moitié religieuse moitié profane, dresser ses tentes autour de l'église.

Saluons, en passant, la dernière maison qu'on rencontre en sortant du village, aux contrevents verts, à la grille blanche, avec son jardin taillé dans les prés. C'est l'ermitage du vieux poëte académicien Viennet qui a atteint et chanté là ses quatre-vingts ans et qui, durant de nombreuses années, maire du Val-Saint-Germain, a voulu s'y faire porter encore une fois l'an passé et s'y est éteint, visité à sa dernière heure par tous les grands personnages des environs qui sont venus rendre un dernier hommage à l'aimable patriarche de la vallée.

Laissant sur la droite le moulin de *Levimpont* et traversant le hameau du *Pont-Rué*, nous apercevons à mi-côte la commune de Saint-Cyr dominée par son clocher. A l'entrée du village une ferme, avec des tourelles aux angles, ressemble à une demeure fortifiée; là en effet était l'hôtel seigneurial du fief de *la Tour de Saint-Cyr*, bâti en 1560 à la place d'une vieille tour, auprès de l'église construite elle-même en 1540 sur l'emplacement de l'enclos du fief. Admirons dans l'église, nouvellement restaurée avec beaucoup de goût et parfaitement entretenue, les colonnettes s'épanouissant en forme de palmiers qui séparent la nef de l'unique bas-côté et les voûtes armoriées. Saint-Cyr par lui même est restreint, mais le hameau de *Bandeville* lui fait immédiatement suite. Traversant la route de Limours qui monte entre les deux et que nous reprendrons tout à l'heure, visitons Bandeville. Ceux qui l'ont vu il y a plusieurs années auraient peine à reconnaître son chemin boueux et ses chaumières dans cette longue rue à chaussée solide, bordée de trottoirs et de maisons neuves qui respirent l'aisance. C'est qu'au bout de cette rue est le château dont l'heureuse influence est loin d'être étrangère à tout ce qui se fait d'utile dans le pays. Encore une belle propriété, une noble demeure, centre depuis le xvie siècle d'un très-vaste domaine territorial. Cette fois, la grande façade de brique et les hautes cheminées nous reportent au temps de Louis XIII; un perron s'ouvre en face de la grille, un autre regarde le parc où des pièces d'eau superposées montent avec le terrain et s'encadrent dans de magnifiques ombrages habités par des troupeaux de daims.

Jadis existait là une simple maison seigneuriale avec un colombier et quelques jardins. Sept fiefs et plusieurs arrière-fiefs formaient sa mouvance et elle relevait elle-même de la grosse tour de Montlhéry. L'ancienne famille de Simon de Bandeville l'habitait au xiiie et au xive siècle, les du Belloy et les de Balu se la transmettaient au xve; Thomas Rappouël l'achetait en 1530. Ce Thomas Rappouël, notaire et secrétaire du roi et de sa chambre, surintendant de ses finances, comme l'indiquait une tombe placée dans la chapelle à côté du chœur dans l'église de Saint-Cyr, paraît avoir été un homme très en faveur à la cour de François I*er*. Il arrondit singulièrement son domaine par l'acquisition d'un grand nombre de fiefs voisins (1). C'est lui qui commença à agrandir les bâtiments de l'hôtel seigneurial, fit enclore de murs la pièce de bois appelée *la Touffe*, aujourd'hui le parc du château, et rebâtir l'église paroissiale de Saint-Cyr.

La famille de Thomas Rappoüel, famille de robe, recueillit ce riche héritage. Adrien Dudrac, conseiller au parlement sous Henri II, Jean Dudrac et son gendre Thierry Sevin ou Servin, président au parlement, ajoutèrent encore à l'importance de la seigneurie (2). Thierry et son fils Jean ont fait bâtir le château tel qu'il est aujourd'hui. Jean, seigneur de Bandeville, aimait les chasses fastueuses, au moins autant que la magistrature, et quand il arrivait aux rendez-vous du prince de Guéménée dans la forêt de Dourdan, on admirait en souriant, dit le malicieux marquis de Châtre, son justaucorps chamarré d'or et son chapeau à plumes flottantes. Des embarras de fortune forcèrent ses enfants à vendre (3) la seigneurie en 1676, à François Bazin, maître des requêtes. Le nouveau seigneur, désireux d'augmenter encore l'étendue de son domaine, acquit la terre de Longvilliers et la moitié de celle du Plessis-Marly, et en 1682, obtint de Louis XIV des lettres-patentes qui érigeaient en marquisat la terre de Bandeville. Vendue en 1704 à Pierre Doublet de Croüy, elle appartint à son fils aîné messire Pierre François Doublet, président au parlement, puis à son second fils Michel Doublet, baron de Beaulche, accrue de fiefs considérables acquis près de Dourdan des comtes de Sainte-Mesme (4). Les Cypierre de Chevilly, les Roslin d'Ivry, alliés aux Doublet, se succédèren à Bandeville durant les dernières années du xviii*e* siècle, et cédèrent le 10 décembre 1806 à James Alexandre, comte de Pourtalès. Son fils, M. le comte Robert de Pourtalès, est aujourd'hui propriétaire de Bandeville.

Morcelée en partie à la révolution, la grande terre des Doublet de Croüy se reforme peu à peu. Les fiefs importants d'autrefois, représentés par des fermes modernes, se rattachent de nouveau l'un après l'autre au château de Bandeville et de vastes exploitations rurales fleurissent sous son influence. Longeons quelques instants la grille du château et nous verrons à quel point le maître du domaine aime et protége la terre et sa culture. Presque dans le parc, une ferme modèle qu'il fait exploiter sous

---

1. Le fief de *Béchereau* qui touche à celui de Bandeville; celui de *Faucillon*; celui des *Fourneaux* dit le bois de l'Église; de *la Bâte*; du *Colombier* ou du *Bourg-Neuf*; de *la Tour-St-Cyr, St-Cyr de Briis, Foisnard*, château *Guillebaut, la Chaise, St-Yon de Guette*, et la moitié du bois des *Minières*. — Archives de Bandeville.

2. Les fiefs de *Bistelle, Morsang*, avec ses arrière-fiefs de *Bois-Fiquy, le Rosay, Bouc-Étourdi, le Gué de Machery, Cherfosse, Vatoüan*, etc.

3. Moyennant la somme de 122,000 livres.

4. *Rouillon, Cens-Boursier, Pierre de Sonchamp, Semont, Lyphard*, le *Moulin Grousteau*. 1739.—Voir *chap. XIII*.

ses yeux réunit des spécimens de races, procédés, instruments agricoles perfectionnés. Un beau moulin, qui était très-anciennement une fonderie de minerai de fer, s'élève en face du château. Les terres de la vallée sont soumises à des essais de toutes sortes ; le Plessis, où nous reviendrons, a son institut agricole, la Bâte a ses tuileries mécaniques, et le promeneur intelligent se plaît à retrouver aux portes de notre Beauce des goûts qui rappellent la noble vie anglaise.

Repassant par Saint-Cyr et gravissant la route de Limours, on gagne la commune d'Angervilliers. Deux généralités, celle de Paris et celle d'Orléans se partageaient autrefois son territoire. L'église date du xive siècle. A la place du château moderne de M. de Périgny, s'élevait encore au commencement du siècle, le vieux château dont Le Nôtre avait dessiné le parc et dont les étangs s'alimentaient par des aqueducs souterrains passant sous le village.

La terre d'Angervilliers, jadis relevant d'Aunainville en Beauce, appartenait à Élisabeth d'Angervilliers et à Étienne Boutard au xive siècle,— aux Sanguin, etc., pendant le xve. Donnée, en 1555, par le cardinal de Meudon à la dame de Pisseleu, duchesse d'Étampes, qui possédait aussi Dourdan et habitait le château de Limours, elle passa à son neveu Charles de Barbançon. Au xviie siècle, acquise par le président de Thou, cédée à Jacques Bouhier de Beauregard, considérablement augmentée par son petit-fils Édouard Ollier de Nointel, vendue à la famille Bouin qui l'occupa pendant une grande partie du xviiie siècle, elle eut pour derniers possesseurs les Rolland, les de Bouville et les Julien.

Le sol, sur plusieurs points ingrat pour la culture des céréales, mais assez favorable pour celle du châtaignier, a été de tout temps fouillé, et on a cherché à utiliser ses éléments divers. Les rognons ou minerais de fer qu'on rencontre assez abondamment dans les sables argileux ont été jadis l'objet d'une exploitation depuis longtemps abandonnée, et nous trouvons, entre autres, la mention d'une usine à fer sur le chemin d'Angervilliers au Marais, appartenant au seigneur du Marais en 1488. L'argile, propre à la cuisson, a toujours attiré sur les lieux des tuileries dont certains hameaux portent encore le nom et dont les produits sont estimés. Les pentes sableuses ont été affectées autrefois à la culture du raisin et il est question de vente de vignes « aux montagnes d'Angervilliers, » dans des contrats de 1484. Le sable lui-même, par son grain régulier, par son lavage parfait, est recherché et exploité pour les ciments. La main de l'homme, toujours industrieuse et active, arrache à la terre ses entrailles quand elle n'y trouve pas des sucs nourriciers.

Traversons, ou plutôt côtoyons des bois qui s'étendent sur le plateau, et dont la lisière nous conduira, en tournant, sur la commune de Bonnelles. Voici, adossé à ces bois, le domaine de *Bissy*, dont le château nouvellement restauré, les belles pièces d'eau, le grand parc, constituaient un fief considérable pour lequel messire d'Orsay, président au grand conseil, rendait aveu en 1588 au seigneur de Bonnelles (1). Bonnelles appartenait, au xvie siècle, à la famille de La Villeneuve. Au xviie siècle, M. de Bullion en était seigneur, et le fameux surintendant des finances y vint souvent avec une cour nombreuse. Au xviiie siècle, François-Emmanuel de Crussol, duc d'Uzès, réunit à ses grands domaines ceux de Bonnelles, de Bullion, des Bordes et autres lieux. M. le duc d'Uzès est encore aujourd'hui le propriétaire de Bonnelles. Après avoir traversé le village, dont l'église, bientôt reconstruite, est presque enclavée dans le parc, on passe devant la grille du château. Ne cherchons pas ici un antique manoir. La féodalité a disparu. Un château qui date de 1849 a remplacé l'ancien. Édifice monumental où la pierre, la meulière, la brique se mêlent harmonieusement, le château de Bonnelles est une des plus riches demeures modernes. Haut vestibule, dont l'armure à cheval d'un noble ancêtre garde l'entrée, salons immenses reliés par une serre magnifique à une salle à manger princière qui occupe tout le pavillon de droite : un grand luxe et un grand goût ont tout ordonné. Le parc, un peu découvert, laisse l'œil se reposer sur une vaste prairie où serpente un cours d'eau ; la campagne continue indéfiniment le paysage, et des bouquets d'arbres semés au loin encadrent des échappées sur les environs dont le château devient à son tour le point de vue.

Un peu au delà de Bonnelles est BULLION, l'ancien *Bualone*, qui faisait, au viie siècle, de ce côté, la limite extrême du « Pagus Stampensis » (2). On l'appelait *Boolun*, *Boolon* (3) au moyen âge et jusqu'en 1618 on disait encore *Boullon*. Le nom de Bullion date du surintendant. La seigneurie de Bullion relevait de Magny-Lessart, près Chevreuse. On lui connaît des maîtres dès le xiie siècle. Au xve et au xvie siècle, elle était possédée par la famille de la Motte. C'est en 1611 qu'elle fut vendue à Claude de Bullion, seigneur de Bonnelles, etc., l'un des plus habiles ministres du grand siècle. Anne de Bullion, en épousant le duc d'Uzès, lui apporta la terre de Bonnelles (4).

Autour de Bullion plusieurs écarts méritent l'attention : la ferme des *Carneaux*, ancien manoir seigneurial, a conservé quelques constructions du xve siècle. Au hameau de *Moûtiers*, jadis paroisse et prieuré de bénédictins, dépendant de Saint-Arnoult, une grande chapelle dédiée à

---

1. Voir les *Arch. de Seine-et-Oise*, E. 725-737. — *Bissy* appartient aujourd'hui à M. Desfontaines.
2. Testament de Bertram, évêque du Mans, 615. — Guérard, *polyptique*.
3. Bail de 1347, entre noble homme *Thibault de Brouville* et noble dame Agnès de Soysoy. — *Arch. de Seine-et-Oise*, E. 742.
4. Voir l'aveu et dénombrement portant foi et hommage de la terre de *Boullon*, rendu par *Jean de la Mocte*, écuyer au seigneur de Magny-Lessart. — Les déclarations censuelles au profit de dame François de la Mothe, ve de Fr. de Vendosmois, *sgr de Bullion*, 1601 ; — au profit de *Claude Bullion* sgr de Brouville, Bullion, Ronqueux, Lonchêne, etc., 1616-1670. — *Ibidem*, E. 743-747.

sainte Anne et sainte Scariberge, qui date de l'époque romane, était l'objet d'un pèlerinage fréquenté; elle appartient à la fabrique de Bullion et vient d'être réparée. *Lonchêne* a eu ses seigneurs et sa chapelle. Le château et la ferme de *Ronqueux*, après avoir appartenu au général Digeon et au comte d'Aramont, sont aujourd'hui la propriété de l'honorable M. d'Hendecourt.

Ronqueux nous mène près du territoire de la commune de la CELLE-LES-BORDES, et nous rentrons dans l'ancien diocèse de Paris. Le village de la *Celle* est situé dans une petite vallée dominée au nord par la plaine et bordée jadis par des vignes. Le voisinage de la forêt de Rambouillet ou d'Yveline lui a fait donner le nom de *Cella Æqualina* (1); la proximité de Cernay-la-Ville, celui de *Cella ad Sarnetum*; les vieux souvenirs de saint Germain lui ont valu le surnom de *Cella Sancti Germani* (2). Peut-être donnée à saint Germain lui-même par Childebert, cette terre appartenait à l'abbaye Saint-Germain, et il est constant que, du temps même de Charlemagne, il y avait deux paroisses et deux églises dans la commune, celle de la Celle et celle des *Bordes*. L'église des Bordes n'existe plus. Les seigneurs de la Celle étaient les de Harville. Le premier paraît être Claude de Harville, également seigneur de Palaiseau (1580). Le château de brique et de grès a été récemment vendu à la maison de Bonnelles; quant à l'église, elle a été dévastée à la Révolution.— Parmi les seigneurs des Bordes, on cite Alexandre des Bordes, parent de l'illustre Guy de Lévis, et Philippe des Bordes (1326), dont la femme est inhumée dans l'église de la Celle. L'ancien château-fort des Bordes, qui appartenait, avant la Révolution, aux maîtres de Bonnelles, a passé entre les mains du représentant Calès, de la bande noire, de M. Bar, du comte de Wall. Le propriétaire actuel, M. Flury, a fait élever au milieu du parc un nouveau château; mais il reste de l'ancien la porte principale, flanquée de deux tours, et des bâtiments convertis en communs.

Rapprochons-nous de Dourdan, en traversant les bois de la Celle qui touchent à ceux de ROCHEFORT. Sur la route de Bonnelles à Rochefort, le vieux pont du *Bourg-neuf* servait à traverser le fond de la prairie, et, non loin de là, dans la ferme de *la Cense,* on montre la chambre de Henri IV et de la belle Gabrielle. Pour avoir une juste idée de Rochefort, ce n'est point par le haut qu'il faudrait l'aborder. C'est d'en bas et d'un peu loin qu'il convient de voir l'abrupte colline faite exprès pour servir de base à une citadelle. Rochefort-en-Yveline est une des capitales de la féodalité, c'est la féodalité vivante. Ce n'est pas un village, c'est une ville seigneuriale. Les ruines qui couronnent sa tête, les maisons aux grandes portes armoriées qu'on rencontre dans ses rues montueuses,

---

1. Manuscrit de St-Germain-des-Prés sous l'abbé Irminon.
2. Charte de 774.

la fière position de son église, le vaste parc de son château, tout révèle une cité qui a eu de nobles maîtres et qui vit aujourd'hui des souvenirs d'une ancienne histoire. Cette histoire, nous ne l'aborderons pas ici; elle mériterait un ouvrage spécial. C'est à peine si nous la résumerons en quelques lignes (1).

Les murailles du vieux château, dont les pans ruinés forment une enceinte bizarre et irrégulière autour du sommet allongé de la colline, rappellent l'ancienne disposition de l'*oppidum* gaulois. Les possesseurs de la contrée ont dû, dans tous les temps, profiter de ce poste avantageux pour commander le pays, et, bien avant la féodalité, les légendes nous parlent du lieu d'*Hibernie*, dominant la Rabette sur les confins de l'Yveline et du Châtrais. Quand, avec la troisième race, les seigneurs de Rochefort commencent à jouer un rôle dans l'histoire, le château et l'église existent sans doute déjà, et la vaste circonscription du *doyenné* de Rochefort, dans le diocèse de Chartres, atteste bien évidemment l'ancienne importance de la localité. Chef-lieu d'un comté qui embrassait tout le midi de l'Yveline et une partie de la Beauce, Rochefort appartenait, au xie siècle, à ces puissants et redoutés seigneurs de Montlhéry, qui avaient dans leurs mains la clef de tous les passages entre Paris et Orléans. Nous avons vu les sanglantes inimitiés des maîtres de Rochefort et du roi Louis le Gros. C'est sur ces entrefaites que la seigneurie passa, par un mariage, aux Montfort, les fiers barons qui, pendant le xiie et le xiiie siècle, tenaient la couronne de France en échec, en traitant au besoin, comme des puissances, avec le roi d'Angleterre, et promenaient de croisade en croisade leur turbulente et farouche ambition (2). Une femme, la princesse Béatrix, demeura seule, durant près d'un demi-siècle, maîtresse et gardienne de l'héritage des Montfort, et c'est sa fille Jeanne, comtesse de Roucy, qui eut en partage Rochefort, laissant Montfort à sa sœur Yolande (1317).

Aux de Roucy, aux de la Roche-Guyon, succèdent les de Silly. Rochefort, partagé (1556) entre Bertin de Silly, Adrienne d'Estouteville et Jean d'Épinay, passe en 1596 au petit-fils de Catherine de Silly, Hercule de Rohan, et à toute sa race.

On sait les rôles politiques et religieux, les fortunes et les scandales de cette maison de Rohan, de ces princes de Guéménée, ducs de Montbazon, courtisans en faveur, hommes de guerre ou de plaisir. Rochefort a vu et gardé pendant cinq ou six années à peine le dernier monu-

---

1. MM. Moutié et de Dion ont reconstitué les annales féodales de Rochefort dans leurs belles et savantes études sur Chevreuse et sur Montfort.
2. Amaury III de Montfort, comte d'Évreux, qui épouse l'héritière de Rochefort, arrête le roi d'Angleterre (1124). Son fils, Simon III, lui livre au contraire ses châteaux de Rochefort, de Montfort et d'Épernon, pour forcer la main au roi de France. — Simon IV périt, souverain du Languedoc, dans les cruelles guerres des Albigeois, etc.

ment de leur luxe, le splendide château terminé en 1787 et peu après démoli par les fureurs populaires (1). Une aile, en face de laquelle on montre encore « la maison du Cardinal, » forme aujourd'hui l'emplacement du château habité par M. le comte Alfred de la Rochefoucauld, au pied du mont escarpé, devenu l'un des accidents du parc, avec ses rocs pittoresques et les ruines si imposantes et si curieuses qui se profilent sur son sommet. Ce grand domaine, aux landes peuplées de gibier, aux pentes couvertes de bruyères, aux lointains horizons, a gardé quelque chose de sauvage comme le souvenir de ses premiers seigneurs (2).

Longvilliers est situé plus bas que Rochefort, au-dessus de la vallée de la Rémarde qui s'offre une seconde fois à nous. A gauche, sur la route, est l'église au portail cintré; en face, dans la verdure, un cimetière circulaire et fermé, si tranquille que des étrangers y ont choisi le lieu de leur repos. Quant au village on le voit peu, il consiste dans un petit nombre de maisons et dans des écarts ou hameaux. Relevant du Plessis-Marly, Longvilliers formait, avant 1475, deux fiefs voisins avec deux manoirs seigneuriaux réunis par Philippe de Boilard et possédés par ses héritiers Jacques de Bonnes (1525), Pierre de Monsoy, procureur au parlement, Georges Boyer, contrôleur des guerres, François de Harville, etc., jusqu'à la réunion à la seigneurie de Bandeville (1679).

La Bâte, située au levant, en remontant dans la direction d'Angervilliers, est un des principaux écarts. La Bâte, autrefois fief relevant de Marolles, avait un hôtel seigneurial depuis longtemps démoli et une justice qu'un maire gardait encore au xviiie siècle. Possédée, au xve, par Guillaume Claustre, avocat au parlement et par ses descendants, cette terre fut réunie, au xvie siècle, au domaine de Bandeville. Le terrain argileux de la Bâte, qui retient les eaux, donne naissance à des mares dont les abords se couvrent de verdure. L'argile, exploitée avec intelligence, se convertit en tuiles, en poteries, en drains pour l'agriculture.

Au-dessous de Longvilliers où le moulin de la *Forge* a remplacé d'an-

---

1. Voir à la *Bibliothèque Impériale*, collection topographique, Seine-et-Oise IV, 5 : « Plan, coupe et élévation du château de Rochefort en Beauce près Dourdan, qu'a fait reconstruire S. A. Mgr le prince de Rohan-Rochefort, d'après les dessins et sous la conduite de Archangé, élève de l'académie royale d'architecture. Fondé en 1781 et terminé en 1787. »

2. Autrefois, là où est le parc du château de Rochefort, était le prieuré simple de *la Madeleine*, membre de Clairefontaine. La chapelle et les bâtiments du prieuré existaient en 1496. Le duc de Montbazon, grand veneur de France, s'empara de l'emplacement. L'image de la Madeleine fut transportée à l'église de Rochefort, et des démolitions de la chapelle fut faite celle de Sainte-Marie-Madeleine qui touche à cette église. Le bénéfice s'est perpétué longtemps. — *Inventaire du marquisat de Bandeville.*

Le *marché de Rochefort* est fort ancien, nous avons retrouvé tous ses titres historiques dans le mémoire à l'intendance de M. Védye, subdélégué de Dourdan, 1740.

ciennes mines, passe la Rémarde. Si l'on franchit la vallée et si l'on remonte en face sur l'autre versant, on voit à mi-côte, adossé au bois, un manoir seigneurial qui donne au paysage un pittoresque caractère. Château, forteresse, maison des champs, le *Plessis-Marly* ou *Plessis-Mornay*, avec ses tourelles, ses combles parfaitement restaurés, ses longues fenêtres à vitraux plombés, ses hautes lucarnes pointues, les pans de ses murs crénelés et les tours ruinées de son enceinte, conserve toute sa couleur et tous les souvenirs de l'hôte célèbre qui y vécut au XVIe siècle. Le fief du Plessis, relevant de Magny-Lessart, comprenant plus de deux cents arpents de terre et près de trois cents arpents de bois, avec plusieurs arrière-fiefs et avec des droits de censive et de justice, formait au XIVe et XVe siècle une belle seigneurie appartenant aux sieurs de Harville, seigneurs de Palaiseau. Dans un partage de famille, au commencement du XVI$_e$ siècle, l'aîné garda le manoir et la moitié des biens. C'est cette part qui fut possédée par la dame du Bec et le sieur de Mornay, son fils. On connaît l'histoire de Philippe de Mornay, l'austère calviniste, le véritable représentant du protestantisme en France sous la Ligue, le « pape des huguenots » comme on l'appelait ; à la fois politique, homme de guerre, théologien et écrivain mystique, ami de Henri IV, recherché pour son habileté, disgracié pour sa rigueur. De sa terre du Plessis, qu'il habitait et quittait tour à tour, comme on le voit dans ses mémoires, il négociait les plus délicates affaires et, pendant le siége de Dourdan en 1591, de continuels messages s'échangeaient entre le camp de Biron et la demeure du plénipotentiaire du roi de Navarre. Près du manoir fortifié, s'abritait un consistoire; et des familles qui avaient embrassé la réforme se serraient autour de ce centre de religion et de parti. De Saumur, où il commandait pour le roi, Philippe de Mornay n'oublia pas son église du Plessis, et une clause de son testament assurait une rente au pasteur, aux « entiens » et surtout aux pauvres de son consistoire (1). Louis XIV, après la révocation de l'édit de Nantes, accorda à l'hospice de Dourdan les matériaux du temple et la rente du consistoire du Plessis.

Le baron de Saint-Héranne (1626), Pierre Chartier, avocat au conseil (1668) et enfin le prince de Guéménée qui le joignit à Rochefort, possédèrent le Plessis (2). Aujourd'hui c'est une des plus belles annexes du domaine de Bandeville. M. de Pourtalès a acheté, restauré, complété par l'acquisition des bois et des terres qui l'environnent, le château du Plessis-Mornay. Une école pratique de culture agricole et horticole l'occupe sans le défigurer. De grands bâtiments d'exploitation, des champs

---

1. L'hospice de Dourdan a dans ses archives une expédition de cette clause. — Voir le chapitre de l'*Hôtel-Dieu* de Dourdan.

2. La part des puinés, toujours possédée par les de Harville, fut vendue aux seigneurs de Bandeville en 1679. — *Arch. de Bandeville*.

d'expérience l'environnent, et le vieux Philippe, dont le portrait surmonte la haute cheminée de pierre de la salle principale, retrouverait encore les enfants de la religion réformée dans ses murailles calvinistes.

Nous avons achevé l'énumération des communes du canton nord. Il nous reste à rentrer à Dourdan. Nous pourrions y arriver plus directement en continuant de monter la côte du Plessis par la route qui serpente jusqu'aux bois. Du haut de cette côte, nous aurions un des plus beaux points de vue des environs et la montagne de Rochefort nous apparaîtrait dans toute sa hauteur. Un chemin accidenté dans le bois nous amènerait à la route de Saint-Arnoult à Dourdan; mais nous aurons occasion de connaître cette route, et une autre voie, moins directe mais non moins accidentée, nous offrira plus d'intérêt. Regagnons le fond du vallon de la Rémarde et redescendons le cours de la rivière. Nous reverrons d'en bas la grande façade rougeâtre et les hautes cheminées de Bandeville s'élever au milieu de la verdure, Foinard au bord de l'eau et un peu plus loin le clocher de Saint-Cyr. Là, au bas du village, en face du chemin qui nous a amenés naguère du Val-Saint-Germain, nous nous arrêtons et tournant sur la droite nous nous engageons dans la route de Limours à Dourdan. Le versant franchi, un premier plateau se découvre, les petits bois du bord cessent et la plaine s'étend. Une ferme se montre sur la route, c'est *Bistelle*, jadis « Bichetelle » relevant de Béchereau, tenu par Thomas le Boucher (1405), Nicole de Longueil, procureur au Châtelet de Paris (1483) et ses descendants jusqu'à la vente de 1607 aux seigneurs de Bandeville. C'est encore une des fermes que le nouveau domaine a réunies. Plus loin, au milieu des terres, dans la direction du Marais, sont les *Loges* que traversait jadis le chemin de Dourdan (1). La route s'élève en tournant, bordée de châtaigniers, jusqu'au plateau supérieur de *Liphard*. Une ferme occupe la place de l'ancien hameau de vignerons de « Luffehard. » Nous sommes sur la commune de Dourdan et sur un terrain connu de nos lecteurs. A gauche, *Vaubénard* ou Vaubélard, et plus loin Châteaupers; à droite, *Rouillon* dans un repli de terrain, et *Semont* derrière le bois des Brosses. Encore un pas et une descente rapide nous ouvre l'horizon. Toute la vallée de Dourdan nous apparaît, et les clochers de l'église et le sommet de la tour sont plus bas que nous. A mi-côte, le cimetière s'adosse au versant et les tombes blanches s'étagent en plein midi là où s'alignaient les vignes d'autrefois. Le chemin de fer traverse la route sur un pont; la gare est tout près. Les promenades entourent la ville en suivant ses murailles. Nous voici à la porte de Chartres et la première partie de notre excursion est finie.

---

1. Non loin de là, était le fief de *la Roche* qui appartenait à la commanderie de Malte de Châlou-la-Reine et où existait un hospice.

II

Pour visiter le *canton sud*, la route départementale d'Arpajon à Rambouillet, par Saint-Arnoult, s'offre à nous en face de la porte de Chartres et nous conduit dans une direction qui n'est pas bien éloignée de celle que nous quittons. Avant de trouver la fin du territoire de la commune de Dourdan, il faut faire de ce côté plusieurs kilomètres, car la *forêt* tout entière est à traverser.

Au sortir de la vallée de Dourdan, au-dessus du Val-Biron, les bois du domaine commencent et s'étendent sur le plateau de l'est à l'ouest, mesurant environ 6,600 mètres de long sur 4,600 de large. Une route superbe, droite et unie comme une allée de parc, laisse à peine deviner les détours et les sites intérieurs de la forêt. Assez peu accidentée d'ailleurs, mais admirablement percée pour la chasse, la forêt de Dourdan peut offrir au promeneur de faciles et charmantes excursions. Les bois, peu profonds d'abord sur la droite et bordés par des champs, laissent découvrir Semont, Bonchamp et la route pavée de Rochefort.

A gauche, des chemins conduisent aux *Buttes Blanches*, dont les pentes sablonneuses, couvertes de lichens, s'étendent sur la lisière; d'autres mènent dans la direction de Sainte-Mesme et de Denisy. Coupant ces artères latérales, la large route de *la Fresnaye* et la route de *la Lieue* traversent la forêt dans sa plus grande longueur, et au centre des bois, derrière la *Mare double*, l'*Étoile de Nemours* forme un grand carrefour.

A six kilomètres environ de Dourdan, la route départementale descend brusquement. Du haut de la côte, en face du *Rendez-vous*, un point de vue magnifique laisse embrasser, sur la droite, tout le panorama des vallées et des coteaux que nous a fait parcourir le canton nord. La *Garenne*, plantée d'arbres verts, nous amène, en tournant, dans la vallée de Saint-Arnoult, en laissant sur la gauche les versants boisés du *Bréau*.

Saint-Arnoult *en Yveline*, situé sur la Rémarde qui alimente ses moulins et autrefois servait à ses tanneurs, est, après Dourdan, la ville la plus importante du canton, et son histoire mériterait d'être retracée avec plus de détails. Nous avons raconté, dans notre premier chapitre, la légende de son origine, qui se perd dans les profondeurs et les obscurités de la forêt Yveline; le cortége venant de Reims et conduisant le corps de saint Arnoult, évêque de Tours; son arrêt miraculeux, la fondation de la pieuse Scariberge, le don du seigneur Dordingus, etc. (1).

1. Saint-Arnoult (*Arnulfus*), 12e évêque de Tours pendant seulement 17 jours, successeur de Léon, est vénéré comme martyr le 15 des calendes d'août. On a sa vie dans la *Bibliothèque de Fleury*, éditée par Boscius. Flodoard et Marlot en parlent dans l'histoire de Reims, où il fut tué par les serviteurs de sa femme Scariberge qui s'était consacrée à Dieu. — *D. Bouquet*, tome II, 387.

Un prieuré, dépendant de l'abbaye de Saint-Maur-des-Fossés, exista très-anciennement à Saint-Arnoult, et Saint-Arnoult était une des *procurationes* de l'évêque de Chartres, dans le grand archidiaconé. La paroisse de Saint-Arnoult était fort importante au XIIIe siècle, d'après le pouillé du diocèse à cette époque. Plus peuplée que les deux paroisses de Dourdan, elle comptait 290 chefs de famille ou *parochiani*, qui représentaient environ 1,200 personnes. L'église, en partie romane, en partie du XVe et du XVIe siècle, est curieuse à étudier. Sa façade, son portail, son ancienne crypte, les charpentes sculptées et apparentes de sa nef la signalent à l'attention. La maison dite « le prieuré, » avec ses magnifiques caves, une autre maison à grande porte armoriée, se font remarquer sur la grande rue, qui est la grande route.

Pour aller de Paris à Chartres, souverains en voyage, armées en marche, ennemis en conquête, prisonniers de guerre, passaient par Saint-Arnoult. C'était une ville d'étape, de relai, visitée et habitée, prise et saccagée par occasion. C'est à Saint-Arnoult que le corps de ville de Dourdan vint saluer sa dame, Marie de Médicis, en 1621; Louis XIV y dîna les 25 et 26 mars 1665. Ruiné au passage par tous les conquérants de la contrée, entre autres par Salisbury en 1428, fortifié et plusieurs fois forcé, le bourg fut livré pendant deux jours au pillage (13 déc. 1562) par le prince de Condé à la tête des protestants.

L'histoire féodale de Saint-Arnoult se rattache à celle de Rochefort, car Saint-Arnoult n'a pas de seigneurs particuliers, et sa chronique consisterait principalement dans le relevé des donations, concessions etc., au prieuré de Saint-Arnoult, par les seigneurs ou dames de Rochefort, dans le genre de celle que relate une charte assez apocryphe des Montfort, gravée sur une pierre que l'on conserve dans l'église. Le marché de Saint-Arnoult, qui se tient encore tous les mardis, était, avec celui de Rochefort et de Dourdan, un des trois marchés de l'élection. La foire de Saint-Fiacre, du 30 août, rappelle l'ancienne chapelle de la maladrerie de Saint-Fiacre, qui s'élevait entre Saint-Arnoult et Rochefort, et était encore, au siècle dernier, un bénéfice estimé 100 livres.

Au-dessus de Saint-Arnoult, du côté du nord, après une montée rapide, s'ouvre une contrée aride et sauvage, couverte de bruyères, où nous pourrions nous croire bien loin de Dourdan. Nous sommes dans le pays des moines. Voici les *bois Saint-Benoît*. Au delà, dans une pittoresque vallée, le village de CLAIREFONTAINE a fait, des eaux limpides auxquelles il doit son nom, des marais à sangsues, et ses habitants y cultivent les prairies de l'ancienne abbaye.

L'antique abbaye de Claire-Fontaine (*clarus fons*), de l'ordre de Saint-Augustin, fondée, dit-on, en 1100, sous l'invocation de la Vierge, dans la forêt Yveline, entre les bois de Montfort et Dourdan, par Simon, comte de Montfort, fut confirmée le 14 des calendes d'octobre 1164, par Robert III, évêque de Chartres, et reçut le privilége de main-morte de Philippe-Auguste en 1207. Des chanoines réguliers l'occupèrent jusqu'en 1627, et furent remplacés par des ermites déchaussés sous le titre de Saint-Augustin. Rétablis par autorité royale et acte du Parlement de juillet 1640, les chanoines réguliers de la congrégation de France firent encore une fois place aux déchaussés en 1656 (1). L'abbaye de Clairefontaine, par suite de donations ou d'acquisitions fort anciennes, avait étendu son influence et ses droits sur un grand nombre de paroisses des environs. Détachés, comme des essaims d'une ruche, des hôtes du couvent s'y étaient établis en qualité de colons agricoles. Des religieux y avaient reçu charge d'âmes, et Clairefontaine était devenue la maison mère de plusieurs prieurés : Boissy-le-Sec, Mérobert, Paray, Roinville, la Madeleine de Rochefort, etc. (2). Les Jalots, près Dourdan, dont nous avons parlé spécialement, étaient une des premières exploitations rurales de l'abbaye.

On voit encore à Clairefontaine des restes intéressants du vieux monastère : l'ancienne église abbatiale, longue et simple chapelle romane, à chevet arrondi et à voûtes de bois; quelques pierres tombales; deux des côtés du cloître, l'un roman, l'autre de la Renaissance; l'entrée à arcades de la salle capitulaire, etc.

Non loin de là, est l'emplacement d'une autre abbaye, plus ancienne encore peut-être, celle de *Saint-Rémy-des-Landes*, qui emprunte son nom aux pentes stériles, aux bruyères et aux landes qui l'environnent. C'est dans ce désert érémitique que, suivant la légende, Scariberge, veuve de saint Arnoult et nièce de Clovis, aurait bâti un oratoire et se serait retirée. Il est constant qu'il y avait là, au xiie siècle, sur une terre dépendant de l'abbaye de Fleury, un très-humble monastère, soumis à la règle de saint Benoît (*angustum et tenue*), sous la redevance annuelle d'une monnaie d'or valant 2 sous 6 deniers de la monnaie chartraine, lorsqu'en l'an 1160, à la prière de Robert III, évêque de Chartres, Macaire, abbé de Fleury, du consentement de ses moines, dota plus richement les religieuses de ce lieu (3). Simon de Montfort leur aurait donné, en 1166, 200 arpents de bois dans la forêt Yveline, et, d'après les vieux registres de l'abbaye, serait regardé comme un des fondateurs. Au xiiie siècle, le couvent n'était pas riche, car Aubry le Cornu, évêque de Chartres (7 nov. 1242), donna aux pauvres religieuses (*pauperes moniales*), une part dans la dîme de la paroisse du Perray (4)

Favorisée pourtant et dotée par les seigneurs de Rochefort, l'abbaye possédait des prés exempts de dîmes (1179), des dîmes grosses et menues dans la paroisse de Clairefontaine (bulle du pape, 1179), des droits de

1. Voir la liste des abbés dans le *Gallia Christiana*, tome VII, col. 1315.
2. Voir aux *Archives de Seine-et-Oise* le fonds de l'abbaye de Clairefontaine qui remplit une vingtaine de cartons.
3. *Gallia christiana*, VII, col. 1299.
4. Cartul. de N.-D. de Chartres, II, 132.

pâturage dans les bois de Sonchamp (1177), des prés à Bullion, la *verrerie* de Clairefontaine, des droits sur le marché de Rochefort, sur la Mercerie, le prieuré de Saint-Évroult, la cure de Saint-Chéron, etc., et en 1414 on voyait encore les piliers marquant la justice du couvent au *Trou de l'abbesse* (1).

Si le lecteur veut avoir un échantillon assez amusant de la manière dont certains auteurs écrivaient l'histoire au xvii° siècle, nous lui recommandons un petit livre devenu rare : « *La vie de saint Arnoul et de* « *sainte Scariberge*, son épouse, où l'on voit l'origine et la fondation de « l'abbaye royale des religieuses Bénédictines de Saint-Rémy-des-Landes, « à neuf lieues de Paris, au diocèse de Chartres, par L. P. I. M. (le père « Jean-Marie-Cernot) 1676. » On y voit aussi des descriptions fort attrayantes sur le site et le paysage, sur l'air qui « y est si tempéré que s'il y avoit au monde un endroit où l'on pust estre dispensé de la mort et devenir immortel, ce seroit le païs dont on dépeint les beautez et les avantages, » sur le calme du lieu qui est tel que « comme on n'a plus la veue que des arbres, des cerfs, des biches, des sangliers et des chevreuils, on a loisir de converser en tranquillité avec les Anges par la contemplation, » d'où cette conclusion : « cette pensée doit attirer les filles dans l'abbaye de Saint-Rémy des Landes pour y prendre le voile et pour y passer le reste de leurs jours dans la solitude. »

Les dames de Saint-Rémy furent transportées à l'abbaye de Louye, à la fin du siècle dernier et nous avons vu comment finit le couvent avec la dernière abbesse.

Les *Bois de Sonchamp* nous font redescendre, par le *Coin du bois* et les *Chênes secs*, à Sonchamp, dans une vallée qu'arrose le cours naissant de la Rémarde et que traverse la route départementale qui nous a amenés à Saint-Arnoult.

Le terrain change ici complétement d'aspect et s'aplanit. Toutefois, sur plusieurs points, la main de l'homme déchire la terre pour l'extraction de pierres à chaux qui donnent lieu à une exploitation importante.

La paroisse de Sonchamp (*suus campus*) dans le sol de laquelle ont été trouvées des haches celtiques et de nombreuses monnaies romaines, avait au moyen âge une grande importance due aux possessions et à l'influence de la puissante abbaye de Saint-Benoît-sur-Loire (2).

On y comptait 360 feux, lorsqu'on n'en comptait à Dourdan que 256 (3), et la paroisse de Clairefontaine en dépendait alors. L'abbé de Saint-Benoît-sur-Loire, Léodebaut, y avait acheté, moyennant 300 sous d'or, de dame Mathilde, des terres depuis échangées. Des donations successives de Pépin, de Louis le Débonnaire (836), mirent toute cette pa-

1. Consulter les Archives de Seine-et-Oise.
2. Fonds de Saint-Benoît-sur-Loire, aux *Archives du Loiret*. — Histoire de l'abbaye par l'*abbé Rocher*.
3. Pouillé du diocèse de Chartres au xiii° siècle.

roisse aux mains de l'abbaye. Les seigneurs de Rochefort y percevaient des dîmes et tentèrent plus d'une fois des envahissements que les abbés de Saint-Benoît eurent toujours grand soin de conjurer. Par un accord avec Simon IV, l'un d'eux obtint l'engagement qu'aucun seigneur ne pourrait établir de manoir à Sonchamp, y résider, s'y clore, s'y étendre, etc. De temps immémorial, la paroisse de Sonchamp dépendait du bailliage de Dourdan et avait des redevances envers le domaine, entre autres les « coustumes de Sonchamp » sur 840 arpents adjugés au roi par arrêt du Parlement. Les abbés, qui cherchaient à s'affranchir de toute entrave, firent des difficultés pour reconnaître la juridiction de Dourdan, lors de la rédaction des coutumes en 1556, et revendiquèrent celles d'Orléans; mais il fut prouvé que Sonchamp n'avait jamais eu d'autre chef-lieu fiscal que Dourdan, et que ses gentilshommes avaient toujours répondu au ban et arrière-ban de ce bailliage (1). Au siècle dernier, les bois de Sonchamp furent souvent visités par les chasses royales. Le domaine appartenait au duc de Penthièvre. A la demande du prince, la paroisse fut pendant plusieurs années déchargée de la taille et sa part supportée par les autres paroisses de l'élection.

L'église de Sonchamp est une des belles églises des environs et l'on y sent l'influence de la riche abbaye. Placée sous l'invocation de saint Georges, elle offre la réunion de plusieurs styles. La nef est du XIIe siècle, le chœur du XIIIe, les nefs latérales du XVIe et du XVIIe.

Près de Sonchamp, le château de *Pinceloup*, qui appartient aujourd'hui à M. Ruffier, a été habité et agrandi au siècle dernier par Prévost, notaire de Louis XVI. Il date du XVIe siècle. François Simonneau était seigneur de Pinceloup en 1556.

La route impériale de Corbeil à Mantes nous fait pénétrer en pleine Beauce et nous conduit directement à ABLIS; pour cela nous passerons rapidement devant les communes d'ORPHIN, de CRACHES, de PRUNAY-SOUS-ABLIS, situées aux dernières limites occidentales du canton. Nous sommes ici fort loin de Dourdan. Vingt-deux kilomètres nous en séparent. Orphin, avec Cerqueuse, Craches qu'on surnommait l'*abbé*, appartiennent plutôt à l'histoire de Rambouillet qui n'est distant que de deux lieues. Quant à Prunay, son grand clocher en pierre du XVIe siècle, de forme pyramidale, bâti à côté d'une nef du Xe siècle, attire de loin l'attention. Aux environs, plusieurs écarts mériteraient d'être visités : la ferme de *Gourville* (*Gontharii villa*), ancien lieu seigneurial, d'après des titres du Xe siècle; la *Chapelle* sur l'emplacement d'un ancien sanctuaire de saint Laurent; *Villiers-Landoue*, siège d'un fief; le château des *Faures*, important au XVIIe siècle, aujourd'hui détruit en partie; *Marchais-Parfond* qui était aussi une seigneurie et relevait du prieur d'Auneau, etc.

---

1. Voir *Archives de l'Empire*, pièces concernant Sonchamp. Q. 1514. — *Archives du Loiret*. A. 1382, etc.

Ablis est un pays de grande culture. Nous sommes au milieu du vaste bassin lacustre, dans la région du blé, qui couvre, vers l'ouest, un immense territoire. Point de jonction de deux routes impériales dont l'une va directement de Paris à Chartres, Ablis, qui possède une foire le lundi d'après le 2 février, a pour ses produits de magnifiques débouchés. La paroisse d'*Abluyez* était, au moyen âge, une des bonnes paroisses du doyenné de Rochefort, on y comptait plus de mille habitants. L'église, bâtie au xie siècle, sous l'invocation de saint Pierre et de saint Paul, et dont la cure était à la collation de l'abbé de Josaphat, jouissait d'un revenu qui équivalait environ à 5,000 fr. d'aujourd'hui. Le chapitre de Notre-Dame de Cléry, l'abbaye des Vaux-de-Cernay, avaient à Ablis des possessions et des droits. Le territoire d'Ablis faisait anciennement partie de la châtellenie de Bretencourt et par conséquent de la seigneurie de Rochefort. En faveur de M. Poncet de la Rivière, Ablis fut érigé en comté, et conserva longtemps un droit de passage sur les grains qui circulaient journellement par la grande route. Ablis avait jadis une maladrerie et possède aujourd'hui un hospice assez richement doté.

Autour d'Ablis, d'anciens fiefs sont représentés par des fermes ou des hameaux : *Provelu, Long-Orme, Guierville, Mainguerain, Ménainville, Dimancheville,* dont la seigneurie appartenait au chapitre de Cléry et dont relevait le fief de Semont, près de Dourdan.

Sans pénétrer plus avant dans le canton au midi, prenons sur la gauche le chemin de grande communication qui ramène dans la direction de Dourdan, en côtoyant le chemin de fer. La commune de Boinville-le-Gaillard est, comme celle d'Ablis, essentiellement agricole. *Boenvilla* était au moyen âge une des *procurationes* de l'évêque de Chartres au doyenné de Rochefort. L'église, sous l'invocation de Notre-Dame, reconnaissait comme collateur l'abbé de Bonneval. Aux siècles derniers, les de l'Hospital Sainte-Mesme étaient regardés comme les seigneurs du lieu.

A côté de Boinville est le *Bréau*, dont le château du xvie siècle est aujourd'hui habité par MM. de Noé et d'Hervey. Le Bréau a reçu le surnom de Bréau-*sans-nappe*. Ce surnom a pu être l'occasion d'un bon mot de Henri IV, mais avait cours bien avant lui sous une forme qui a été altérée. Le nom de *Sannapes* ou *Sanapes* était celui d'une très-ancienne famille qui figure au moyen âge dans l'histoire féodale de la contrée. Philippe Guérin, grand pannetier de France, était « seigneur du Bréau Sannapes » et bailli de Dourdan en 1463 (1).

Dans la plaine unie et sans limite, un sillon se creuse, un vallon s'ouvre, quelques bois apparaissent et un cours d'eau s'en échappe; nous sommes aux sources de l'*Orge* et à l'origine de notre vallée, sur le territoire de la commune de Saint-Martin de Brethencourt. Ce double nom

1. Voir de Lescornay, p. 242.

représente et rappelle les deux parties distinctes et voisines d'une même paroisse. *Bretencourt*, Breteucourt, Bertrancourt (*Bertoldi, Bertocuria*), est un gros hameau qui est séparé par un kilomètre environ du village de Saint-Martin. Des souvenirs intéressants, des ruines fort curieuses et bientôt anéanties ont amené plus d'une fois l'antiquaire sur la plate-forme et le versant abrupte qui dominent le chemin de fer et les maisons.

Il est facile de reconnaître, de prime abord, la position avantageuse du lieu et l'intérêt évident qu'ont eu, dans tous les temps, les maîtres de la contrée à posséder et à conserver cette clef de la vallée. Aussi trouve-t-on au bord du plateau, sur plusieurs points, des vestiges d'établissements de diverses époques. Les Celtes, prétend-on, y ont laissé des traces de leur passage; des armes et monnaies trouvées sur les collines d'*Aigremont* et de *Montgarrier* attestent la présence d'un camp romain. Le château de Bretencourt est un des plus anciens témoins de l'époque féodale.

Pour tenir en échec le vieux château de Dourdan, que Hugues le Grand avait laissé à ses descendants couronnés comme un des forts avancés du nouveau domaine royal, Guy, comte de Rochefort-en-Yveline, seigneur de Montlhéry, vassal encore indompté du trône, fit construire le château de Bretencourt vers la fin du xie siècle. Sur l'un des côtés d'une première enceinte circulaire assez étendue, un large fossé détache une seconde enceinte, longue de 5o mètres et large de 3o, qui contient un donjon rectangulaire. Ce donjon, qui est de la même date, de la même forme et de la même dimension que celui de Chevreuse, est un type de la maison-forte, *domus lapidea*, dérivée de la salle ou *aula* des nations germaniques. Les murailles, qui atteignent à peine deux mètres d'épaisseur, étaient soutenues par quatorze contre-forts, quatre sur chacun des grands côtés, trois sur les petits. Elles contenaient une salle divisée en plusieurs étages par des planchers que supportaient des murs de refend. Malheureusement ce donjon curieux, vendu pierre à pierre, a été depuis quelque temps presque entièrement démoli et ne sera bientôt plus qu'un souvenir, ainsi que les deux enceintes de l'ancienne forteresse.

La châtellenie de Bretencourt, qui embrassait un territoire assez étendu et comprenait Ablis et Auneau en partie, suivit le sort de la seigneurie de Rochefort et passa comme elle aux Montfort. Devenue, en 1181, l'apanage de Gui, troisième fils de Simon III, elle passa, par sa petite-fille Éléonore, à la maison de Vendôme, qui la posséda jusqu'à la dernière année du xive siècle. Tenue alors par Sanguin, bourgeois de Paris, et son gendre Gilles Malet, vicomte de Corbeil, elle eut à souffrir, comme Dourdan, en 1428, du terrible assaut de l'impitoyable Salisbury. Acquise par les Hurault de Cheverny, elle fut revendue, à la fin du xvie siècle, à la famille de l'Hospital Sainte-Mesme. C'est au château de

Bretencourt que nous avons vu de Lescornay se retirer, en bon royaliste, pendant le siége soutenu à Dourdan contre Henri IV, en 1591.

On montre encore à Bretencourt la place des fourches patibulaires, le vieux puits du château avec un chemin souterrain, la place de l'ancienne chapelle Sainte-Madeleine, devenue le rendez-vous d'une fête, et celle de la chapelle Saint-Jacques, près de laquelle se voient de magnifiques caves. Dans un terrain proche du château, le sol d'un ancien cimetière est facile à reconnaître. Au milieu d'une terre noirâtre, on rencontre des débris et parfois de petites lampes ou godets en terre rouge terminés en pointe.

A *Saint-Martin*, les souvenirs de l'ancien prieuré sont encore vivants (1). Près de l'église, dont on remarque la belle tour carrée et quelques sculptures intérieures, une maison porte encore le nom de *prieuré*. Chapelle communiquant avec l'église, portail, vieilles murailles, caveaux, fontaines, font aujourd'hui partie d'une demeure particulière et sont enclavés dans des jardins. Les célestins d'Éclimont avaient une ferme non loin de là.

Au-dessus de Saint-Martin, les terres de la ferme de *La Brosse* s'étendent sur le plateau, et *Ardenay* et *Haudebout* rappellent d'anciens fiefs pour lesquels rendaient aveu les châtelains de Bretencourt.

En suivant la vallée que dominent les pentes abruptes de *Brandelle* et où courent à la fois le chemin de fer et la rivière, on rencontre le *Moulin de Ville* et des prés tourbeux où le sol manque souvent sous les pas. Une sorte de chaussée indique même sur la gauche le lit d'un ancien étang (2). La fraîcheur et la verdure du fond de la vallée font ressortir les versants arides couverts de bruyères et les pentes sablonneuses de la forêt. Leur crête semble fermer le vallon, qui tourne presque à angle droit.

A cette seconde porte de la vallée de l'Orge, un très-vieux et très-intéressant village, dont nous avons eu souvent l'occasion d'entretenir nos lecteurs, SAINTE-MESME, commande et occupe le passage. Il est formé d'une longue rue, et à l'endroit où la route fait un coude brusque à la sortie du village, le château, dominé par l'église, s'appuie au coteau de la forêt et fait face à la prairie.

Nous avons mentionné, en parlant des origines de Dourdan (3), l'existence parfaitement prouvée d'une grande *villa* gallo-romaine dans cette prairie, près du moulin de Corpeaux. Nous avons raconté la légende du roi *Dordanus* et celle de sainte Mesme ou *Maxima*, sa fille, secrètement chrétienne, décapitée par son frère Maximin et donnant son nom au vil-

---

1. Voir au sujet de ce prieuré les *Archives de Seine-et-Oise*.
2. Il paraît, par d'anciens aveux, qu'il y avait autour de Sainte-Mesme six étangs déjà convertis en prés au XVIIe siècle.
3. Page 6-10.

lage. Nous n'avons pas dissimulé toutes les obscurités de ce récit au point de vue historique et toutes ses incertitudes au point de vue ecclésiastique, de l'aveu des hagiographes les plus accrédités (1). Nous devons constater toutefois la persistance de la tradition. Deux fontaines en vénération existent encore à Sainte-Mesme ; l'une occupe le centre d'un petit terrain qui s'ouvre au milieu du village. Elle est recouverte d'un toit en charpente très-ancien et de forme curieuse, portant un groupe fort naïf du martyre de la sainte. L'autre est dans le bois, à l'endroit où Maximin fit, dit-on, pénitence, et naguère encore elle était entourée d'une foule de petites croix que les pèlerins devaient fabriquer de leurs mains pour être guéris de la fièvre.

Quant aux reliques de sainte Mesme, elles ne paraissent pas avoir été déposées dans l'église avant le XVIe siècle. C'est seulement en 1539, suivant les Bollandistes, qu'une pieuse veuve (*nobilis vidua*) du nom d'Anne, sans doute Anne Lucas, veuve de messire Claude de Poisieux et dame de Sainte-Mesme, demande à Dieu la grâce de ne point mourir avant d'avoir contemplé de ses yeux les reliques de sainte Maxime. Cette consolation lui est procurée miraculeusement, et des reliques sont apportées de Rome (2).

L'église de Sainte-Mesme, située un peu au-dessus du village, est encore entourée des tombes de son cimetière, ce qui devient rare dans la contrée. Elle est intéressante à étudier ; mais ce que nous signalerons principalement, c'est la chapelle des seigneurs de Sainte-Mesme, où se voient des armoiries et des pierres tombales, dont l'une surtout, redressée et enchâssée contre le mur, a une véritable valeur artistique.

La seigneurie de Sainte-Mesme, relevant du roi à cause de sa grosse tour de Dourdan, et dépendant du bailliage dudit lieu, a été considérable et touche de trop près à Dourdan pour que nous n'entrions point dans quelques détails à son sujet.

Vers 1470, vivait à Sainte-Mesme, dans un beau manoir fortifié, un grand ami du roi Louis XI, Aymard ou Esmard de Poisieu ou Poisieux, surnommé Capdorat, colonel de quatre mille francs-archers. Il était baron de Marolle et seigneur de Sainte-Mesme. En 1473, il étendit singulièrement son domaine, en achetant de Guillaume Aymery la seigneurie de Rouillon avec ses fiefs de Liphard, Cens-Boursier, etc., bientôt accrus, en 1477, par noble dame Marguerite de Montorsier, dame de Sainte-Mesme, du fief de Semont, avec tous les arrière-fiefs de Grillon, Grousteau, Jorias, etc., qui mettaient dans la censive de Sainte-Mesme presque tout le territoire depuis Bonchamp jusqu'à Roinville, c'est-à-dire la plus grande partie de la vallée, des environs et de la ville même de Dourdan.

1. Voir les sources citées.

2. Il paraît que l'office que l'on chantait autrefois dans l'église de Sainte-Mesme est venu de Dreux, où il y a une chapelle dédiée à sainte Mesme dans l'église paroissiale.

Le fils d'Aymard, messire Claude de Poisieux, baron de Montigny, seigneur de Sainte-Mesme, etc., conseiller du roi, capitaine de la porte du roi, était maître d'hôtel de la reine Anne de Bretagne, tandis que sa femme, Anne Lucas, issue de la maison de Tonnerre, servait ladite reine comme dame d'atour (1). Ils avaient pour héritière une fille nommée Louise que la reine affectionnait. Ils la marièrent au chevalier Aloph de l'Hospital, seigneur de Choisy, et Anne de Bretagne, en apprenant ce mariage, ne put s'empêcher de faire un jeu de mots : « Louise, estant à *Mesme*, a *Choisy l'Hospital*. »

La famille de l'Hospital, à laquelle passait Sainte-Mesme, était une noble et très-ancienne maison. Le père d'Aloph, Adrian de l'Hospital, seigneur de Choisy, avait été un des officiers favoris du roi Charles VIII; il avait commandé l'avant-garde à la bataille de Saint-Aubin-du-Cormier (1488), et s'était signalé à la conquête du royaume de Naples et à la bataille de Fornoue, où il combattait près du roi. Il était mort en 1503, gouverneur et bailli de Gien. — Les de l'Hospital, qui portaient primitivement le nom de « Gallucio, » étaient originaires d'Italie. Ils descendaient du frère de saint Louis, Charles d'Anjou, dont le petit-fils, Philippe d'Anjou, prince de Tarente, avait marié sa fille à monseigneur Frédéric, comte de l'Hospital, fils d'Alphonse de l'Hospital et d'une fille de Galéas, duc de Milan. Jean de l'Hospital était venu en France du temps du roi Jean, qui l'aimait beaucoup.

Louise de Poisieux et son mari furent en faveur à la cour. Aloph, échanson de la mère de François Ier, et chargé de ses affaires, devint chambellan du roi, gouverneur de Brie, capitaine de Fontainebleau, maître des eaux et forêts. Louise fut dame d'honneur de Catherine de Médicis. Aloph (1562) et Louise furent enterrés à Choisy, mais léguèrent leur cœur à Sainte-Mesme. Ils avaient eu trois fils et cinq filles (2).

Sainte-Mesme passa au second fils, René, qui, laissant à son aîné le titre de l'Hospital-Choisy et à son oncle celui de l'Hospital-Vitry, transmit aux siens le titre de l'Hospital-Sainte-Mesme. Gentilhomme ordinaire de la chambre du roi, il épousa Louise de Montmirail.

Le fils, Anne de l'Hospital, seigneur de Sainte-Mesme, baron de Montigny, vicomte de Vaux, Chambourcy, Lorry et Villemandel, devint, sous Henri IV, gouverneur et bailli de la ville de Dourdan, où plusieurs de ses parents avaient déjà commandé (3). Des alliances avec le Marais achevèrent de mettre aux mains de la famille toute l'influence et toute la fortune territoriale. Anne épousa en effet Jacqueline Hurault,

---

1. Tous deux enterrés à Sainte-Mesme.
2. Actes de foi et hommage, 8 octobre 1507, 15 octobre 1530. — *Archives de l'Empire*. O. 20250. — Voir chapitre XIII.
3. Jean de Choisy, gouverneur de Dourdan, avait rendu la ville aux huguenots en 1567. — Louis de Vitry s'était retiré par scrupule devant Henri IV.

dont la belle-sœur, Rachel de Cochefilet, était devenue femme de Sully et dame de Dourdan.

La seigneurie de Sainte-Mesme fut, vers ce temps-là, érigée en comté (1) en faveur des l'Hospital, comme celle de Dourdan en faveur de Sully, et la plus grande partie du château fut reconstruite. Messire Anne-Alexandre, petit-fils d'Anne (mort en 1620), occupa, pendant tout le xvii° siècle, une haute position. Comte de Sainte-Mesme, Rouillon, Liphard, Semont, le Jallier et Corpeaux, seigneur châtelain de Denisy et Ponthévrard, de Bretencourt et Houdebout, de Garantières, le Bréau-sans-nappe et Boinville-le-Gaillard, Villemanoche, Sorbonne, et autres lieux; lieutenant général des armées du roi; gouverneur, bailli, capitaine des chasses et maître particulier des eaux et forêts de Dourdan, il donna en plusieurs rencontres des marques de valeur et fut le premier écuyer de Gaston, frère de Louis XIII, plus tard de sa veuve. Tout dévoué à la famille d'Orléans, il devint chevalier d'honneur de la grande duchesse de Toscane, et sa femme, Élisabeth Gobelin, fut attachée à la princesse comme dame d'honneur (2). Étroitement liée d'amitié avec les Sainte-Mesme, la grande duchesse, comme nous l'avons raconté au chapitre de l'*Hôtel-Dieu*, venait, à la fin du xvii° siècle, passer chez eux, chaque année, les mois d'automne, et c'est à cette occasion qu'elle devint la charitable et puissante protectrice de l'hospice de Dourdan.

Le vieux comte Anne-Alexandre ne mourut qu'à soixante-dix sept ans et vit la première année du xviii° siècle. Sa veuve mourut à quatre-vingt sept ans, en 1725, et survécut à son fils Guillaume-François-Antoine de l'Hospital, marquis de Sainte-Mesme et de Montellier, à son tour bailli et gouverneur de Dourdan, savant très-distingué qui quitta l'armée pour se vouer à l'étude de l'algèbre et des mathématiques, fut nommé vice-président de l'académie des sciences et mourut à quarante-trois ans, en 1704..

Élie-Guillaume de l'Hospital conserva la terre patrimoniale, mais la démembra, en vendant à M. Lévy, riche bailli de Dourdan, la seigneurie de Rouillon (1723) (3). Gallucey de l'Hospital, comte de Sainte-Mesme, vendit le tout le 27 février 1772. — L'acquéreur, César-Pierre-Thibault de la Brousse, marquis de Verteillac, rendit foi et hommage et prêta serment de fidélité le 28 juin 1773, au duc d'Orléans, pour la terre, seigneurie et comté de Sainte-Mesme, du Jallier et Denisy, avec droits

---

1. Avec droits de justice, bailliage, deux foires annuelles en mai et août et marché le mercredi.

2. Leur second fils, Raymond dit le comte de l'Hospital, fut aussi chevalier d'honneur et premier écuyer de la grande duchesse.

3. Foi et hommage rendus entre les mains de M. d'Argenson, chancelier du duc d'Orléans, le 14 juin 1726. — *Archives de l'Empire*, O. 20250. — Voir les charmantes vues du château de Sainte-Mesme, faites à la plume et à l'aquarelle par M. d'Argenson. — *Bibliothèque de l'Arsenal*.

de haute, moyenne et basse justice, sous le titre de bailliage, ladite terre mouvant et relevant en partie du duc d'Orléans à cause de sa grosse tour de Dourdan.

Sainte-Mesme fut, au commencement du siècle, la demeure paisible et la dernière retraite de l'aimable vieillard qui avait tant affectionné et protégé Dourdan : l'architrésorier Lebrun y mourut, vers la fin de la Restauration, entouré de ses livres qui l'avaient jadis consolé à Grillon, pendant l'orage révolutionnaire. Il avait fait dans la contrée de nombreuses acquisitions territoriales et rendu à la terre de Sainte-Mesme une grande importance. Presque toute la vallée appartenait à M. Lebrun jusqu'au-dessus de Roinville. Dans le partage entre ses enfants, le domaine de Sainte-Mesme échut à madame de Chabrol, qui ne le conserva point.

Le château passa, de M. Dujoncquoy de Ville-Lebrun, qui fit combler une partie des fossés, à madame la générale Dupont, et à MM. de Richemont. Il est aujourd'hui la belle et pittoresque demeure du célèbre romancier Auguste Maquet, qui a tout réparé et disposé en homme de goût et en artiste. Avenue fermée aux bruits du dehors, grande poterne féodale, édifice de deux époques, façades et hautes cheminées Louis XIII, tourelle d'angle du temps de Louis XI avec magnifique escalier de pierre en spirale, vaste cabinet de travail aux murs tapissés de personnages, aux fenêtres ombragées de saules, au pied baigné par l'eau des douves, parterre dans le goût d'autrefois, formant un contraste savamment ménagé avec le parc solitaire que domine le versant des bois : par son site, son aspect et ses souvenirs, le vieux manoir est, à la fois, un sanctuaire et un cadre pour les études ou les rêveries de l'historien et du poëte.

Continuons notre route vers Dourdan ; mais, auparavant, visitons au-dessus de Sainte-Mesme le hameau de *Denisy*, qui touche à la forêt et avait peut-être plus d'importance au moyen âge que Sainte-Mesme (1), malgré les ravages du gibier royal ;—plus loin encore, la petite commune de Ponthévrard, qui se rapproche de Saint-Arnoult et du bois du Bréau et dont la vieille église et tout le territoire étaient un des revenus particuliers affectés aux évêques de Chartres. Par bulle du 24 septembre 1162, le pape Alexandre III leur garantissait cette possession de *Pons-Ebrardi*. La *mairie* de Ponthévrard, *majoria Pontis-Evradi* ou *Evrardi* devait dix-huit septiers de dîme, 38 sols de cens à la Toussaint, la tierce partie de la laine, le champart, menues dîmes, etc., et de plus l'obligation du rachat à chaque changement d'évêque (2). A deux kilomètres de Ponthévrard,

---

1. Désigné dans le pouillé du diocèse au XIIIe siècle par ces mots : « *Danesi cum capellâ*, Denisy avec sa chapelle » comptant 56 feux, revenu estimé à 20 livres de l'époque. — collateur : l'abbé de Josaphat — patron : sainte Mesme.

1503. — Procédures faites aux requêtes du palais par Ferry de Wicardel, seigneur de Lonchêne, etc., contre Claude de Poisieu pour le contraindre à lui faire foi et hommage du fief de *Denisy*. — *Archives de Versailles*, E. 740.

2. *Cartul. de N.-D. de Chartres*, I, 170 — II, 242-4-6.

la ferme des *Châtelliers* rappelle le « castellum » romain que nous avons cité au chapitre des origines de Dourdan, et peut-être le *rex Castiliæ* de la légende.

Plusieurs chemins pourraient nous ramener de Sainte-Mesme à Dourdan : celui « d'en haut, » côtoyant la lisière des bois et dominant le panorama de la vallée; celui « du milieu » ou celui « d'en bas. » Sur ce dernier, devenu la grande route, nous rencontrons, en longeant le cours de l'Orge, *Ville-Lebrun*, l'ancien fief du Jallier, où l'architrésorier a fait élever une manufacture, devenue aujourd'hui l'importante fabrique de MM. Dujoncquoy, dont nous avons parlé ailleurs ; plus loin, *Grillon*, où nos lecteurs chercheraient en vain dans les prés la joyeuse demeure de Regnard ou la paisible retraite de Lebrun (1) ; en face, la belle propriété de *la Garenne* appuyée au bois ; sur la rivière, le *moulin de Grillon*, une petite maison, dernier vestige de la cité ouvrière qui florissait au commencement du siècle, *Potelet* redevenu une ferme, Dourdan vu en raccourci et fièrement assis en amphithéâtre au milieu de la vallée.

Nous ne rentrons pas encore dans ses murs car notre tournée n'est pas finie. Au carrefour du Puits-des-Champs, une route monte vers le sud-ouest, c'est celle qui doit nous ramener en Beauce.

La route de Garancières, comme l'ancien chemin de Corbreuse et d'Auneau, traverse la forêt de Louye qui couronne tout ce versant de la vallée. Moins étendue que celle de Saint-Arnoult, cette portion de la forêt de Dourdan est plus pittoresque et plus accidentée. La route du *Président*, celle des *Sept-Buttes* la coupent en travers. A gauche, un chemin descend vers le vallon solitaire de la vieille abbaye. Au sortir du bois, le grand plateau commence.

CORBREUSE est le premier village qui apparaît. Il doit sa fondation ou tout au moins son développement à une donation royale du XIIe siècle. Louis le Gros, en 1116, à la prière d'Étienne de Garlande, permit au chapitre de Paris de construire ce village et commit, en même temps, son « prévôt royal de Dourdan » pour désigner aux « pauvres de Corbereuse » les terrains qu'ils pouvaient cultiver dans la terre de l'église de Paris (2). Au bout de cinq siècles, les doyen, chanoines et chapitre de Paris se sentaient si bien maîtres sur leur terre et seigneurie de Corbreuse, Outrevilliers et la Grange-Paris, qu'ils refusaient au procureur du roi, lors de l'assemblée des coutumes, de reconnaître en aucune façon la juridiction de Dourdan. Se rattachant à la prévôté de Paris et portant ses appels à la barre du chapitre et au Parlement, la paroisse de Corbreuse voulait se soustraire au bailliage, en dépit des lettres patentes

---

1. Un vieux mur, une grille, une avenue, la rivière canalisée en cet endroit, voilà tout ce qui reste du château de Grillon. — Voir chapitre XXI.

2. Archives de l'Empire.

de 1532 qui réunissaient la justice de Corbreuse à celle de Dourdan, en dépit des redevances qui avaient toujours été payées au domaine et du service de ban et arrière-ban.

Jusqu'à la fin du siècle dernier, Corbreuse garda ses puissants seigneurs. Ils avaient une administration complète. Honorable homme Louis Jonquet, leur procureur fiscal et receveur, mort en 1622, est enterré à l'entrée du chœur de l'église (1). Bâtie au xiiie siècle et depuis agrandie, l'église de Corbreuse avait été dédiée à Notre-Dame, comme la cathédrale de Paris. Le lendemain de la fête patronale du 15 août, un pèlerinage en l'honneur de saint Roch attirait jadis un grand concours de fidèles.

Corbreuse, dans les péripéties de l'histoire, partagea toutes les fortunes de Dourdan. Ses riches moissons tentèrent plus d'une fois l'avidité des partis rivaux. Il y a deux cents ans, son territoire était complétement ravagé par les armées de la Fronde, et le curé Giles Lenormand écrivait sur le registre paroissial : « Le 24 avril 1652, Étampes « fut pris par le Prince et le 25 Corbreuse pillé ; et tout un chacun prit « la fuite à Sainte-Mesme où Monseigneur Anne-Alexandre, comte du- « dict lieu, nous reçut deux mois durant. »

Passant au *Plessis-Corbreuse,* (2) derrière lequel se trouve la ferme du *Trouvillier* (l'Outre-Villiers du chapitre de Paris), la route court parallèlement à celle de Saint-Martin et traverse CHATIGNONVILLE. Sujette et redevable au roi à cause de sa châtellenie de Dourdan, la paroisse de « Chantinonville » ou « Chantignoville » était une seigneurie (3) qui chercha vainement, au xvie siècle, à se rattacher à Montfort-l'Amaury. Jacques de Morinville, écuyer, en était alors seigneur. Aux siècles suivants, Châtignonville appartint à la famille le Boistel qui fournit à Dourdan plusieurs de ses principaux administrateurs et un des curés de sa paroisse Saint-Pierre. Aujourd'hui, sur l'emplacement du château et du parc détruits en 1827, une distillerie de betteraves, annexée à une belle ferme, offre à la contrée l'exemple d'un des perfectionnements de la culture moderne.

Nous retrouvons la route impériale qui mène d'Ablis à Étampes, et

---

1. Une autre pierre tombale servant de perron à une maison de Dourdan, rue Croix-Ferras, porte en beaux caractères du xiiie siècle : HIC. IACET. MAGISTER. PETR...................... DNI. SYMONIS. RECTOR. ECCLIE. DE. CORBOROSA. ORATE. PRO. EO.

2. Etienne de Pussay, sieur du *Plessis-de-Corbreuse,* homme d'armes du seigneur de Palaiseau. — Thomas de Pouy, seigneur du fief de *Bandeville* assis à Corbreuse (xve siècle).

3. On voit à Dourdan, dans le jardin de M. Demetz, une grande pierre tombale qui a été transportée du pays où elle servait de pont et qui va être déposée dans l'église Saint-Germain. Elle porte la figure en pied d'un chevalier armé, avec cette légende en caractères du xive siècle : « CI GIST MONCEIGNEVR GVILLAVME DE CENTEGNONVILLE CHEVALLIER. PRIEZ DIEV POVR LI. »

nous sommes sur la paroisse d'ALLAINVILLE, paroisse agricole comme toutes ses voisines semées dans la plaine, dont l'histoire ne serait qu'une longue nomenclature de mouvances territoriales et de partages fonciers. Des fermes, au nom uniformément terminé en *ville,* se sont perpétuées, de temps immémorial, sur l'emplacement des anciennes *villas* ou maisons rurales, et chacune d'elles est restée le centre d'une exploitation cultivée d'abord, puis affermée par le maître. A chacun de ces centres était attachée la tradition d'une seigneurie ou le titre d'un fief, et de riches familles, propriétaires du sol, emportaient à la cour ou sur les champs de bataille, comme nom patronymique ou surnom nobiliaire, le nom de ces terres qu'elles avaient possédées ou possédaient encore. La maison des champs révélait toujours, par quelque côté, le lieu seigneurial, et la féodalité s'y affirmait par quelque corps d'hostel à côté de la grange, ou, à défaut de manoir, par quelque tourelle, colombier ou portail.

A *Érainville* existait un véritable château. Charles de Gaudart, sieur d'Érainville, était forcé d'y reconnaître les anciens droits de l'Église de Paris, et en même temps de répondre au ban du bailliage de Dourdan convoquant les gentilshommes pour les guerres de Louis XIV. A *Soupplainville,* le seigneur avait relié en un vaste domaine les champs et les fermes du voisinage, et un long terrier établissait, à la veille de la Révolution, ses droits et ses devoirs féodaux (1). — *Hattonville,* — *Obeville,* — *Groslieu,* rappellent les embuscades et les rendez-vous des troupes du duc de Guise dans leur marche contre les reîtres d'Auneau.

Notre course est vers le sud. Toutefois, pour ne point omettre deux lointaines paroisses du canton, placées sur la limite du département, mentionnons celle de PARAY-DOUAVILLE, autrefois PARAY-LE-MOINEAU, qui a reçu en 1845 le nom du château et de la grande terre du marquis de Barthélemy, et celle d'ORSONVILLE, proche d'Auneau, où une vieille église et un ancien château disparaissent presque au milieu des créations factices et bizarres, du parc accidenté et des fabriques du marquis de Chabanais. — Le chemin de fer de Dourdan traverse ces communes essentiellement rurales, s'y arrête et ouvre à leurs produits un débouché vers la capitale.

Le route impériale, qui de Paray descend à Allainville, se dirige vers Étampes, et croise à Authon une autre grande route de la Beauce qui s'enfonce dans le cœur de la vaste plaine. Nous sommes dans cette *Belsia,* tour à tour chantée pour sa fertilité et raillée pour sa tristesse, dans « cette grande plaine *fourmentière,* plus féconde que ne fut jamais la « Béotie, du nom de laquelle quelques-uns tirent l'excellence de son « origine (2). » Vaste désert de moissons, dont la monotonie impatiente le voyageur qui passe, la Beauce a sa grandeur qu'il serait injuste de

---

1. Rédigé par Mᵉ Héroux, — déposé aujourd'hui chez Mᵉ Ortiguier.
2. André du Chesne.

vouloir nier. Ses habitants, qu'on plaint quelquefois, tiennent à leur sol et n'échangeraient pas volontiers, pour l'enceinte étouffée des villes, leur libre et lumineux horizon, immense comme la mer, leur air vif et nourrissant, leur terre féconde qui donne à ceux qui la touchent ce caractère à la fois doux, tenace et robuste qui a bien sa valeur.

De distance en distance, un clocher dont l'isolement grandit les proportions, émerge aux confins du ciel. Il révèle un centre habité mais semble reculer devant le marcheur, car les champs à perte de vue et les routes aux courbes immenses produisent de vrais mirages. Il est rare que quelques bouquets d'arbres et quelques remises n'apparaissent pas à l'horizon, et dans la contrée que nous parcourons ils sont encore assez fréquents. La paroisse de Saint-Escobille nous offre même un bois célèbre au siècle dernier pour avoir servi de repaire aux brigands de la bande d'Orgères. La ferme de Saint-Escobille est le plus beau spécimen peut-être de toute la région comme aménagement agricole, perfectionnement de culture, élève de bestiaux, choix de races et de procédés. Il y avait là encore, au commencement du siècle, un superbe château où habitait le riche intendant des finances sous Louis XVI, M. de Laborde. Le château et la terre de Saint-Escobille avaient été, avant lui, sous Louis XIV, la propriété du chevalier de Passart, le bienfaiteur de l'Hôtel-Dieu de Dourdan; Le Venier de la Grossetière, issu d'Antoine Le Venier, doge de Venise au xive siècle, avait acheté, au xvie, la seigneurie de Saint-Escobille de Gabriel de la Vallée. Les hameaux d'*Aubray*, *Paponville* et le *Bréau-Dame-Marie*, en dépendaient. Quant à *Guillerville*, il appartenait à l'abbaye de Morigny.— De vastes carrières, où nos pères ont puisé pendant des siècles le calcaire de Beauce, forment à Saint-Escobille comme des catacombes où la tradition place le rendez-vous des premiers chrétiens.

Plus au sud encore est la paroisse de Mérobert, qui touche à un territoire accidenté et au vallon de Châlo-Saint-Mard. Mérobert, du bailliage d'Étampes, avait anciennement pour seigneurs les de la Vallée, et reconnaissait, au xviie siècle, messire Jean de Sève, président en la Cour des Aydes, avec droit de justice mouvante en plein fief de celui de Malicorne assis à Boutervilliers.

Authon-la-Plaine est placé au point de jonction des grandes routes qui amenaient jadis et amènent encore vers le Hurepoix et Dourdan les produits de la haute Beauce. La tour basse de sa vieille église est comme une sorte de borne milliaire. Une portion de la paroisse, du côté d'Étampes, était tenue en censive du roi, qui avait droit de péage, et elle répondait devant le prévôt d'Étampes. L'autre portion, avec le *Grand* et le *Petit Plessis*, le *Grand* et le *Petit Sainville*, appartenait, comme Sonchamp, à l'abbé de Saint-Benoît sur Loire, avec tous les droits de justice et le titre de bailliage et châtellenie. La grande abbaye avait toujours cherché à s'affranchir de toute juridiction et de toute servitude, et le représentant de l'abbé, révérendissime cardinal de Châtillon, sut si bien protester contre les préténtions des bailliages d'Orléans, Dourdan et Étampes, lors de la rédaction des coutumes, sous Henri II, qu'il obtint un renvoi à la Cour du Parlement, en dépit des lettres patentes de 1532, qui avaient bien réellement réuni au domaine de la châtellenie de Dourdan Authon et le Plessis-Saint-Benoît.

Le *Grand* et le *Petit Guignard*, les *Pavillons*, *Hérouville*, étaient autant de fiefs qui fournissaient des surnoms à leurs seigneurs. Les *bois du Plessis* offraient une chasse d'autant plus estimée que les bois sont rares en Beauce. Napoléon y vint chasser le loup, le 24 août 1806. *Hérouville* ou *Érouville*, dont M. Levavasseur était seigneur au siècle dernier et où M. Bazouin s'est fait aujourd'hui une solitaire et artistique demeure, a servi sans doute de station romaine au temps où une voie coupait de ce côté le pays des Carnutes. Des monnaies, des armes, des fragments, boucles et mors de bronze, statuette d'argent, débris enfouis dans un sol remué et dans un humus noirâtre, ont été recueillis et sont conservés avec soin.

La route d'Authon se dirige vers Dourdan en passant par les Granges, mais il reste à visiter la paroisse de RICHARVILLE, Ricarville ou Richerville, dont messire François de Cugnac, chevalier, marquis de Dampierre, était seigneur sous Louis XIV, et où, suivant déclaration donnée au roi en 1539, il y avait moyenne et basse justice tenue en fief du château d'Étampes, avec droit et usage de chasser et vener, « à cor et à cry, » laisser courre lévriers et chiens, tendre et hayer à toutes bêtes en la forêt et buisson appelé *Montbardon* et en tout le chantier de *Chenevelles*, sans compter la seigneurie du *Bréau-Saint-Lubin* qui touche à la route, et les trois fiefs de la *Margaillerie*, mouvant de Marcoussis, donnés en 1631 à César de Balsac et possédés en partie par le chevalier de Passart et les dames de Lonchamp.

De Richarville, il est facile de gagner LA FORÊT-LE-ROY, notre plus lointaine étape de ce côté. Tenue en plein fief du château d'Étampes, c'était une baronnie dont les seigneurs, « hauts chastellains, » faisaient exercer toute justice haute, moyenne et basse, par un bailli et autres officiers. Philippe de Beauvais, chevalier, en rendait aveu au roi le 1er mars 1400. Plus tard, on trouve le nom du sieur de Paviot, et, sous Louis XIV, les enfants de feu messire Charles Leclerc de Fleurigny. M. de Gauville, baron de La Forêt-le-Roy, était le député de la noblesse de Dourdan aux États généraux de 1789, et nous avons fait faire sa connaissance à nos lecteurs. Depuis la Révolution, le château de La Forêt a été vendu à M. de La Boirre. Acquis un instant par le prince d'Aremberg, il appartient aujourd'hui à M. le baron des Étards.

A la sortie de La Forêt, la route d'Étampes à Dourdan traverse un étroit et profond vallon, et cette descente rapide, suivie d'une rude montée, a été autrefois un dangereux passage, difficile encore aujourd'hui.

Laissant à droite une plaine qui nous ramènerait, par Plateau et Marchais, sur la commune de Roinville, nous retrouvons le village des Granges-le-Roy, à une demi-lieue de Dourdan, au sommet de l'angle formé par la route d'Étampes et la route de Beauce que nous avions quittée. Il est inutile de revenir ici sur les détails que nous avons eu occasion de donner dans le cours de cette histoire, au sujet d'une des plus anciennes dépendances du domaine de Dourdan ; sur son rôle de grenier ou de *granche* du roi ; sur ses redevances en nature pour les chasses du seigneur; sur la fondation de son prieuré contemporain de celui de Saint-Germain de Dourdan. Nous avons vu, en effet, que l'église de Saint-Léonard des Granges-le-Roy fut concédée vers 1150, par Goslin de Lèves, aux chanoines augustins de l'abbaye de Saint-Chéron-lès-Chartres, et nous trouvons, dès 1170, une transaction entre le prieur et les habitants, pour « le luminaire de la Saint-Barthélemy (1). »

On connaît toutes les difficultés nées au xiii° siècle pour la perception de la dîme de vin des Granges dont une partie du territoire était cultivée en vignes, et les procédures du curé « Barthélemy Jorri » en 1217. L'église de Saint-Léonard, qui date à la fois du xii°, xiii° et xiv° siècle et dont la tour carrée se voit de très-loin, partageait avec celle de Dourdan les offrandes et les legs pieux des propriétaires du pays, et son revenu s'élevait au xiii° siècle à environ 4,000 francs d'aujourd'hui. Le patron, saint Léonard, était l'objet du pèlerinage des mères de la contrée qui y portaient leurs enfants « pour les faire parler. » On voit, dans le chœur et dans le milieu de la nef, des pierres tombales du xiv° et du xv° siècle, qui portent les noms de plusieurs laboureurs et agriculteurs de la paroisse, spécialement des terres de Louye, et attestent d'une manière intéressante le rôle honorable du cultivateur dans la région.

La plus grande partie de la seigneurie et des droits domaniaux des Granges-le-Roy avait été, comme on l'a dit, engagée par saint Louis à Jean Bourguiguel et transmise par celui-ci aux « dames de Lonchamp. » Nous avons cité les contrats, cueillerets, terriers, établissant à diverses époques les droits de ces dames sur le territoire et donnant des détails curieux sur l'ancienne consistance du sol (2); leurs arrangements avec M. de Passart, au xvii° siècle ; leurs transactions avec le duc d'Orléans à la fin du xviii°.

Un très-ancien fief, dont le nom rappelle ceux des seigneurs de Dourdan, *le fief de Jean et Louis, fils de roy*, situé au centre et aux environs du village des Granges, se partageait entre les seigneurs de Sainte-

---

1. Archives d'Eure-et-Loir, *fonds de Saint-Chéron*. — Voir au même fonds d'autres pièces : acquisition par le prieur d'une maison au village des Granges (décembre 1326). — Bail de prés à Dourdan par le prieuré (1391). — Prise de possession du prieuré, par Jean Aubert (1408), etc.

2. Voir Chapitre IV, p. 39. — Chapitre XIII, p. 130, 148. — Pièce justificative XVI.

Mesme et ceux de Marcoussis (1). — Au-dessus des Granges, sur la route d'Authon, la ferme de la *Villeneuve* était un manoir seigneurial avec chapelle, que le chevalier de Passart quitta au xviie siècle pour venir mourir à l'Hôtel-Dieu de Dourdan.

L'antique *abbaye de Louye* appartient à la paroisse des Granges avec sa plaine solitaire au milieu des bois. La chapelle dont la voûte est malheureusement en partie effondrée, subsiste à l'état de ruine. Les bâtiments, reconstruits au xviiie siècle par les dames de Saint-Rémy-des-Landes, quelques parties de l'ancien monastère forment à côté une pittoresque habitation acquise par le grand-père de la propriétaire actuelle Mme Ventenat, née Gratiot.

Pour rentrer à Dourdan, il nous eût fallu jadis descendre le chemin raviné de la *Testée des Granges*. Aujourd'hui la belle route d'Étampes nous fait pénétrer en tournant dans la vallée par la *garenne des Granges*. A droite sont les pentes des *Jalots* d'où la vue de Dourdan est si belle, à gauche l'emplacement de l'*étang de la Muette,* un peu plus loin *Normont* et à ses pieds *Saint-Laurent,* la chapelle des lépreux. L'Orge franchie, nous sommes à Dourdan, au faubourg d'Étampes. Nous fermons le circuit, et si nous avons le regret d'avoir marché trop vite, nous gardons l'espoir de laisser au lecteur quelque envie de revoir à loisir un pays plus varié qu'on ne le suppose, aussi riche en vieux souvenirs et en nobles demeures qu'en beaux sites et en fécondes moissons.

---

1. Consistant en 63 septiers; 2 mines de terre, 12 l. de menus cens et un muid de champart. — Enoncé à l'aveu rendu au roi le 20 février 1574 par François de Balsac, seigneur de Marcoussis, relevant de Saint-Yon et mouvant directement de Marcoussis au moyen du partage fait entre César de Balsac de Gié et Marie-Charlotte de Balsac, dame de Bassompierre en 1630.

APPENDICE III

TABLEAU GÉOLOGIQUE DE DOURDAN
ET DE SES CANTONS (1).

Le canton de Dourdan fait partie du bassin de Paris (2), et son sol, composé de différentes formations appartenant aux terrains *tertiaires*, repose sur l'assise supérieure du terrain *crétacé*.

1º — Troublée sans doute par des mouvements qui ont altéré son horizontalité, la *craie* se relève dans le canton d'une manière remarquable du nord-est au sud-ouest et se montre par des affleurements au fond de la vallée de l'Orge et surtout dans celles de la Rémarde et de l'un de ses affluents (la Rabette). Blanche et peu consistante, cette roche renferme

---

1. Nous devons ici des remerciements à M. Malbé, conducteur des ponts et chaussées à Dourdan, qui a bien voulu prendre une large part à la rédaction de cet appendice. L'étude spéciale qu'il a faite de la localité nous a permis de compléter, sur beaucoup de points, les observations données par M. de Sénarmont, dans sa description du département.

2. Toutefois, si l'on en excepte la formation des argiles plastiques, on peut dire que les couches de l'étage *Éocène*, si nombreuses et si développées aux abords de Paris, viennent expirer successivement en deçà ou près de la limite N. E. du canton de Dourdan, vers Breuillet, Breux, etc. A partir de ce point, l'argile plastique et les sables inférieurs séparent seuls, du terrain crétacé, les couches de l'étage *Miocène* des terrains tertiaires, et encore ce dernier vestige de l'étage Éocène disparaît-il parfois, notamment aux environs de Longvilliers et de Saint-Arnoult, laissant alors les sables de l'étage Miocène directement en contact avec la craie supérieure ou craie de Meudon.

des silex noirs. On en tire de la marne et des silex dans un grand nombre de localités : notamment des deux côtés de la vallée de l'Orge depuis Sermaise jusqu'à Saint-Chéron; autour de Rochefort et de Longvilliers où elle s'élève à 10 mètres au moins au-dessus de la vallée; à Saint-Cyr où elle se montre jusqu'à 18 mètres environ au-dessus de la rivière de Rémarde ; à l'entrée des vallons d'Angervilliers et de Vaugrigneuse. — La craie est exclusivement employée dans le canton de Dourdan à l'amendement des terres; c'est un excellent correctif pour les terrains siliceux.

2° — Sur la craie reposent en général l'*argile plastique* et les *sables inférieurs* (1). Le passage de la craie à l'argile se fait ordinairement par un poudingue de silex de la craie, lavés mais non roulés, enchâssés et liés par l'argile, sorte d'échantillon de la grande assise des « argiles à silex » d'Eure-et-Loir, de Loir-et-Cher, etc.

Le dépôt de « l'argile plastique » paraît s'être opéré dans un bassin limité par les relèvements de la craie ; aussi son épaisseur varie-t-elle suivant qu'on s'éloigne ou qu'on s'approche de ces relèvements, jusqu'à devenir nulle aux points où la craie atteint sa plus grande hauteur, comme dans les communes déjà citées de Longvilliers et de Saint-Arnoult, ainsi que dans le coteau du Tertre, vis à vis Sermaise, tandis que sur d'autres points, notamment à Dourdan, la puissance de cette assise atteint et dépasse même parfois 15 mètres.

Grise, blanche, jaune, rouge ou lie de vin, l'argile contient de la pyrite et du gypse en petits cristaux. Séparées par des sables, les couches argileuses retiennent les eaux et donnent naissance à des sources abondantes. De nombreuses tuileries exploitent ce banc d'argile au moulin de Guédone, à la Bâte, à Angervilliers, à la Fontaine-aux-Cossons, aux Tuileries près Saint-Chéron, et d'anciennes fouilles ont été ouvertes près du hameau de la Poterie, dans le vallon de Clairefontaine et près du Val-Saint-Germain. Quelques-unes de ces tuileries fournissent maintenant de nombreux « drains » à l'agriculture, qui puise ainsi, dans l'argile même, les moyens de combattre les effets si nuisibles de sa trop grande imperméabilité.

Le terrain d'argile plastique renferme du minerai de fer qu'on peut trouver presque partout à la surface du sol en rognons assez riches. On retrouve d'anciennes scories et l'on croit voir des trous de sonde tout autour de Dourdan, dans le vallon de Clairefontaine et aux environs de Rochefort. Le nom de plusieurs localités prouve d'ailleurs surabondamment que ces minerais ont servi autrefois à la fabrication du fer ; il suffit de citer : le champtier des Minières, le Minerai, les Hautes-Minières, près Dourdan ; le hameau du Fourneau, le moulin de la Forge dans la commune de Longvilliers, le village de Forges, etc.

---

1. Voir sur la carte, à la fin du volume, *les coupes géologiques*, figure I.

Entre les différentes couches de l'argile plastique, mais surtout à la partie supérieure de la formation, s'étendent les « sables inférieurs » composés de grains irréguliers de quartz laiteux plus ou moins arrondis; on y trouve quelquefois du mica, ainsi que des silex roulés de petite dimension et de différentes couleurs.

A la partie supérieure des sables on rencontre des grès, tantôt stratifiés et friables, comme à Saint-Maurice; tantôt en blocs irréguliers à ciment argileux et à cassure terreuse, comme à Jouy, près de Saint-Chéron, ou bien à ciment siliceux et à cassure lustrée, comme à Breuillet, à Saint-Évroult (commune de Saint-Chéron), etc.

Ces derniers sont très-durs, d'une exploitation et d'une mise en œuvre difficile; néanmoins on peut les utiliser avec succès dans les constructions hydrauliques.

Quant aux sables mêmes, leur emploi dans la fabrication des mortiers serait précieux, si l'on pouvait les purger complétement de l'argile qui s'y trouve mêlée. Le meilleur moyen de les utiliser serait de les soumettre à une cuisson qui convertirait l'argile en une pouzzolane artificielle et contribuerait à rendre les mortiers hydrauliques.

Pour ce qui est des autres assises de l'étage « éocène, » nous l'avons dit en commençant cette étude, elles disparaissent au delà des limites du canton de Dourdan, et c'est à peine si l'on retrouve dans les communes de Breuillet, de Breux et de Saint-Yon, quelques derniers lambeaux de « travertin inférieur, » de « marnes vertes » et « d'argiles à meulières inférieures ou meulières de Brie. »

3º — Au-dessus de la formation des argiles plastiques ou directement superposées à la craie, là où l'argile plastique manque, s'étendent les trois grandes assises de l'étage « miocène : » et d'abord *les sables supérieurs* ou *de Fontainebleau* qui affleurent sur les deux versants de toutes les vallées autour de Dourdan, de Saint-Arnoult, de Rochefort, d'Angervilliers, etc. Les pentes des coteaux s'adoucissent, et cette assise ayant une grande puissance (souvent 50 mètres et plus), ses affleurements sont très-étendus (1).

A la partie supérieure de ces sables, on trouve les grès qui portent également le nom de « grès de Fontainebleau. » Agglomération de sable par la silice, ces grès, d'une dureté variable, se présentent en roches isolées ou en bancs de quelques mètres d'épaisseur. Les plus durs ont été exploités pour les pavages des environs ; les veines plus tendres et susceptibles de se tailler à la pique ont été jadis employées dans tous les travaux hydrauliques et dans les constructions importantes, comme : à Dourdan, le château et le soubassement de l'église; à Longvillier, le clocher de l'église et l'ancien château du Plessis-Mornay; à Rochefort, le château, la mairie (autrefois tribunal et prison), etc., etc.

1. Voir les *Coupes géologiques*, fig. 2.

De nos jours, l'emploi du grès dans les constructions devient de plus en plus rare ; il n'y a d'exception que pour les principales assises des constructions hydrauliques. Mais le grès reste toujours l'élément indispensable pour le pavage des rues, les dallages, les bornages, etc.

Les principales exploitations dans le canton de Dourdan se font à Saint-Chéron, au Plessis (commune de Longvillier), et surtout à Liphard (commune de Dourdan), d'où l'on exporte même du pavé sur Paris.

Des exploitations, à peu près abandonnées, existaient jadis à Rochefort, autour de Saint-Arnoult, de Roinville et de Sermaise; l'abandon de ces carrières est d'autant plus regrettable que le chemin de fer de Paris à Tours, par Vendôme, a ouvert pour ces matériaux un débouché immense dans les contrées qui s'étendent de Dourdan à Tours d'une part, et de Chartres à Orléans de l'autre, contrées dépourvues de grès propres aux pavages (1). Il y aurait là peut-être une source importante de commerce pour le canton de Dourdan.

4° — Au-dessus des sables de Fontainebleau s'étend le *calcaire lacustre supérieur* ou *de Beauce*, cet important dépôt laissé comme témoin par le vaste lac de la Beauce (2). Ce calcaire, qui se présente souvent à l'état de marne à la surface, et qui devient plus compact, plus dur et passe à l'état de pierre en augmentant d'épaisseur, s'est en quelque sorte moulé sur les nombreuses ondulations des sables de Fontainebleau qu'il recouvre, en conservant lui-même sa surface à un niveau à peu près uniforme. Aussi cette assise, qui parfois ne dépasse pas 4 ou 5 mètres de hauteur, atteint souvent 20 mètres dans le canton de Dourdan et quelquefois 30 et 32 mètres de puissance à peu de distance au delà (Eure-et-Loir).

Toutefois, la forme générale de ce dépôt accuse une progression croissante de puissance dans la direction du sud-ouest à partir de Dourdan, tandis qu'au nord et au nord-est de cette ville, c'est à peine si l'on en retrouve çà et là quelques lambeaux qui témoignent d'une très-faible épaisseur d'eau. En sorte que l'on pourrait donner une idée assez exacte de cette formation en disant que l'emplacement occupé par Dourdan était un rivage d'un grand lac d'eau douce, augmentant de profondeur en avançant vers le sud-ouest, tandis qu'au nord et au nord-est il n'existait que des marais à peine submergés par les eaux chargées de matières calcaires. Sur certains points même de cette dernière contrée, les sables plus élevés formaient des îlots ou des promontoires dominant les eaux du lac et n'ont pu recevoir le dépôt calcaire qui les environne, ce qui explique comment, sur certains points, les sables se montrent à une alti-

1. Si ce n'est, exceptionnellement, auprès de Bonneval (Eure-et-Loir) et à quelque distance de Montoire (Loir-et-Cher), où se montrent quelques roches (notamment les grès Ladères de Bonneval) qui suffisent à peine à une consommation locale très-restreinte.

2. Voir les *Coupes géologiques*, fig. 3.

tude supérieure à celle de la surface du calcaire lacustre qui les entoure (comme cela arrive à Rambouillet au lieu dit : « le Moulin à vent »), et comment aussi des meulières supérieures se superposent immédiatement aux sables sans couche intermédiaire de calcaire, comme on le voit au sommet de la côte de Liphard près Dourdan, au-dessus de La Bâte (commune de Longvillier), sur les hauteurs qui dominent Mirgaudon et Saint-Évroult (commune de Saint-Chéron), sur le contrefort qui sépare les vallées de l'Orge et de la Rémarde, entre Roinville et le Val-Saint-Germain, etc.

Dans toute la portion du plateau de la Beauce qui fait partie du canton de Dourdan, on extrait le calcaire lacustre supérieur à l'état de marne pour amender les terres ; on l'exploite à l'état de pierre, comme moellon pour les constructions ou comme pierre à chaux (donnant par la cuisson de la chaux grasse) à Sonchamp, à Brethencourt (commune de Saint-Martin), etc. On trouve des affleurements entre Saint-Arnoult et Rambouillet, dans la commune de Prunay-sous-Ablis, près de l'origine de la vallée de l'Orge, entre Montgarrier et Groslieu, à l'est des Granges-le-Roi, etc.

Le sol profondément entamé sur lequel est construit Dourdan, n'a gardé qu'un fragment du calcaire de Beauce au lieu dit « la Butte de Normont » où des fossiles d'eau douce fort bien conservés, surtout des lymnées, se montrent immédiatement au-dessus de fossiles marins appartenant aux sables sous-jacents.

Le calcaire de Beauce a été autrefois exploité aux environs comme pierre propre à la taille et à la sculpture. Les portes d'églises de la plupart des villages du canton sont en pierre de Beauce. A Dourdan, cette pierre a servi à la construction de la grosse tour du château, et la ressemblance des matériaux de cette tour avec ceux de la tour de Brethencourt ferait croire que les uns et les autres proviennent de carrières ouvertes à l'origine de la vallée. C'est encore le calcaire de Beauce qui, associé au grès, forme l'appareil extérieur de l'église de Dourdan et se retrouve presque partout à l'intérieur. Comme pierre sculptée, c'est lui qui a servi aux décorations les plus massives de l'intérieur, piliers, chapiteaux, etc., et paraît avoir seulement cédé la place au « calcaire grossier » des environs de Paris et à des pierres d'autre provenance pour les détails de l'ornementation fine et délicate exécutée à l'extérieur au xve et au xvie siècle.

Des marnes verdâtres situées vers la partie inférieure du calcaire lacustre affleurent au village de Prunay-sous-Ablis, un peu au-dessous du château d'Éclimont, et des fontaines assez importantes en jaillissent.

5º — Enfin les *meulières supérieures* ou *meulières de Beauce* — en contact avec le calcaire, sur le plateau qui s'étend au sud et à l'ouest, à Saint-Rémi-des-Landes, à Rouillon, Ablis, etc.; ou directement avec les sables (nord de Clairefontaine, de Rochefort, de Saint-Cyr) — s'offrent à des degrés divers d'épaisseur (de 1 à 6 mètres) comme la dernière couche de ces formations successives sur lesquelles repose notre sol.

Les argiles à meulière sont utilisées sur quelques points pour la fabrication des tuiles, briques, etc., mais donnent en général, dans le canton de Dourdan, des résultats inférieurs à ceux que l'on obtient avec l'argile plastique.

Les meulières sont employées comme moellon, à l'état brut, dans les constructions; très-compactes, très-résistantes, elles sont en quelque sorte indestructibles, mais nulle part dans le canton on ne les rencontre à l'état de silex carié, léger, susceptible de se tailler, comme on en trouve sur les hauteurs qui dominent la vallée de l'Yvette.

On trouve parfois dans les argiles à meulière, notamment entre Ponthévrard et Saint-Arnoult, au sommet de la côte du Goulet, du minerai de fer en grains agglomérés, formant une espèce de poudingue par petits blocs de 1 à 3 décimètres de diamètre.

6º — Plus haut c'est la terre argilo-sableuse que remue la main de l'homme; cette couche, due aux dernières révolutions du globe, *diluvium* des plateaux, *terrains remaniés* des plaines basses, *terrain de transport* des vallées.

Pour l'homme instruit ou simplement attentif, qui sait observer et reconnaître ces tranches diverses de l'écorce terrestre que tant de déchirures naturelles ou artificielles nous révèlent, il y a plus qu'une science, plus qu'une curiosité satisfaite, il y a la réponse à mille questions pratiques, l'explication de beaucoup de lois mystérieuses.

Pourquoi, dans l'étendue d'un même canton, ces niveaux différents de nos puits? — L'examen des diverses couches d'argile nous le découvre :

Un premier niveau se rencontre dans le terrain d'argile à meulières supérieures; ces argiles retiennent les eaux superficielles et donnent lieu quelquefois à de petits suintements sur le talus des coteaux, mais ces infiltrations méritent à peine le nom de source.

Le second niveau, qui n'est pas général, se trouve vers la base du calcaire lacustre supérieur.

Les glaises à meulières inférieures produisent un troisième niveau qui n'a guère d'autre effet que de retenir les eaux pluviales dans des mares, à la surface des plaines du second étage dont ce terrain forme le sol. Elles sont rares dans le canton et n'existent qu'au nord.

Un quatrième niveau, au-dessus des glaises vertes, produit des sources nombreuses, souvent abondantes, mais d'un débit variable (1).

Un cinquième niveau se rencontre à la surface de l'argile plastique; c'est celui des puits qui, à Dourdan, subissent le plus l'influence des

---

1. Le 3ᵉ et le 4ᵉ niveau, nuls dans le canton de Dourdan, sont seulement mentionnés ici pour ne pas interrompre l'ordre des formations et parce qu'ils existent sur la limite du canton — communes d'Égly et d'Ollainville.

longues sécheresses. C'est cette couche qui alimente les fontaines de Bonniveau, Saint-Laurent, la Râchée, et donne naissance à la rivière d'Orge.

Un autre niveau se trouve dans les sables inférieurs situés à la base de l'argile plastique ou à son contact avec la craie; c'est celui qui alimente les puits abondants (1). — Dans ce dernier cas, le relèvement de la craie aux alentours de Dourdan (surtout au nord), relèvement que suivent l'argile plastique et ses sables, détermine dans les puits une notable élévation des eaux. On voit, en effet, dans la plupart des puits qui atteignent les sables inférieurs ou le voisinage de la craie, les eaux prendre tout à coup une épaisseur de 10, 12 et 15 mètres. On pourrait donc, dans l'ouverture de ces puits, économiser une grande partie de la fouille et de la construction des murs de revêtement, en pratiquant dans l'argile plastique un simple forage avec tuyaux. Il est probable même que, dans certaines parties basses de la ville, on arriverait par un forage à obtenir de l'eau, sinon jaillissante, du moins s'épanchant à la surface du sol.

Pourquoi cette différence dans la qualité de l'eau de nos sources? — Les unes sont pures, elles viennent des terrains argileux et sont filtrées par les sables; les autres sont plus ou moins chargées de carbonate de chaux, elles sortent des couches marneuses et calcaires. D'autres sont plus ou moins ferrugineuses et passent pour médicinales, comme « la minérale » de Grillon, aux portes de Dourdan; la fontaine de la Râchée, etc. Le sulfate et le carbonate de protoxyde de fer qu'elles contiennent proviennent très-probablement d'une réaction de l'oxygène et des carbonates terreux dissous par les eaux sur les pyrites assez abondantes dans ces terrains (2).

Pourquoi surtout cette variété infinie dans la fertilité, le rendement et la valeur de nos terres? — La terre végétale est composée des détritus de la couche géologique subjacente, quelle qu'elle soit, modifiés par les agents atmosphériques et par une ancienne végétation dont ils enveloppent tous les débris. La culture et la main des hommes y introduisent chaque jour des éléments nouveaux. Sans doute, les qualités de cette terre tiennent beaucoup à sa composition chimique et à la quantité de matières organiques qu'elle renferme; mais elles tiennent peut-être encore plus à la nature perméable ou imperméable du sous-sol et surtout à l'état physique de ses éléments, état duquel dépendent la quantité d'eau qu'elle peut absorber et retenir, la cohésion et la dureté plus ou moins grande qui succèdent à la dessiccation, etc.

Si, dans tous les temps, aux mêmes lieux, les titres du passé nous

1. On pourrait ajouter qu'en perçant la craie à une assez grande profondeur, on obtient, sur les pentes, des puits qu'on peut regarder comme intarissables.
2. A en juger par leur température, aucune de ces sources ne vient d'une grande profondeur, bien qu'il y ait dans la vallée de Dourdan un lieu dit les *Fontaines bouillantes*.

permettent de constater que la culture n'a pour ainsi dire pas varié, c'est que cette culture correspond à la constitution du sol. Là où l'assise géologique est composée de roches homogènes et non remaniées, craie ou calcaire, la terre végétale est peu épaisse et peu fertile. La vigne seule s'y plaît, quand l'exposition le permet.

Les sables, par leur aridité et leur mobilité extrême; les argiles, par un défaut contraire, sont peu propres à la végétation; leur mélange avec les marnes, au contraire, la favorise.

Des bois médiocres végètent sur les sables siliceux, et des prairies occupent la surface des argiles. Les céréales et les arbres fruitiers sont cultivés sur les meulières. Les parties trop arides ou trop argileuses sont plantées de forêts.

C'est à la présence des divers terrains remaniés, à ce merveilleux drainage opéré par les calcaires ou par les sables, que les plaines doivent une fertilité variable comme l'épaisseur du sol végétal. Les cultures les plus riches et les plus variées couvrent ces plaines.

Les alluvions font la richesse des vallées.

Quelquefois un sol imperméable se recouvre d'un atterrissement tourbeux. Il est très-développé sur les affleurements de l'argile plastique, dans les vallons qui environnent Rochefort, notamment dans celui de Clairefontaine. On trouve aussi de la tourbe au-dessus et au-dessous de Dourdan (Saint-Martin, Roinville, etc.).

Dans la part qui lui ont faite les révolutions du globe, Dourdan ne saurait vraiment se plaindre ni de son sol, ni de son climat, ni de son ciel.

PIÈCES JUSTIFICATIVES [1]

PIÈCE I.

Titre de donation de la paroisse Saint-Germain aux chanoines de Saint-Chéron.

« Ego Golenus dei gratia Carnotensis Episcopus Ecclesiam Sancti carauny officiosæ charitatis prerogatiua diligens ut postquam ex seculari in regularem domini papæ Eugenii assensu conuerteram cogitaui ut dei Seruis ibidem congregatis aliquod munificæ liberalitatis datum impartirer quod ope complere satagens donari eis Ecclesiam de Dordano cum capella de granchiis ita scilicet ut canonici regulares jugiter ibi deseruiant et parochialia integre obtineant saluo in omnibus ut decet tam Episcopi quam archidiaconi jure et ut hac nostra donatio nulla in posterum mutatione solueretur nostro tam sigillo roborauimus eorumque qui interfuerunt nomina subscripsimus ego Golenus Carnotensis Episcopus Droco Archidiaconus cujus coniuentia et assensu istud firmatum est Robertus Succentor Renerius archidiaconus Joannes Archidiaconus Guillelmus camerarius Milo præpositus Odo Presbiter Mile Presbiter Odo canonicus et diaconus. »

Page 18.   Circ. 1150. (*Archives de l'Église.*)

PIÈCE II.

Création par Philippe-Auguste d'un chapelain dans la chapelle de son nouveau château de Dourdan.

— 2 au 30 avril 1222. —

« Philippus, etc., noverint universi præsentes pariter et futuri quod nos sta-

---

1. Nous avons hésité à reproduire ici des pièces réellement intéressantes pour l'histoire de Dourdan, mais qui existent imprimées dans de Lescornay ou ailleurs. C'eût été surcharger ce volume. Beaucoup de pièces inédites auraient pu trouver leur place, mais les passages caractéristiques, les extraits considérables que nous avons fondus dans notre narration nous semblent rendre inutile une citation *in extenso*. Les pièces que nous offrons ici nous ont paru devoir être transcrites pour ne pas être exposées à retomber dans l'oubli d'où nous les avons tirées.

tuimus in castro nostro novo Dordani unam capellaniam et concessimus abbati et conventui sancti Carauni carnotensis quod unus ex canonicis suis manentibus in prioratu suo Sancti Germani de Dordano celebret divina singulis diebus in prædictâ capellâ et ille canonicus qui divina celebrabit in illâ capellâ faciet fidelitatem nobis et hæredibus nostris dictum castrum possidentibus et quotiens mutabitur canonicus totiens nostram faciet fidelitatem nos vero assignamus eidem canonico quindecim libras redditûs in præpositurâ nostrâ Dordani reddendas medietatem in festo omnium sanctorum et medietatem in purificatione beatæ Mariæ et per quot dies præpositus noster distulerit canonico dicto facere pagam suam per tot dies nobis solveret quinque solidos pro emenda Quod ut ratum etc, anno domini millesimo ducentesimo vicesimo secundo. »

P. 24. *(Biblioth. impériale.)*

PIÈCE III.

Engagement de P., abbé de Saint-Chéron, de desservir la chapelle du nouveau château de Dourdan.

— 3 au 30 avril 1222. —

« P. Abbas et totus conventus sancti Carauni-Carnotensis, notum faciunt se domino suo Philippo, illustri Francie regi, creantasse ut ei unum de canonicis suis in prioratu suo S. Germani de Dordano manentibus deputarent ad divina celebranda in illa capella quam præfatus rex in castro suo de Dordano de novo construxit, ea lege ut canonicus in dicta capella deserviens, quicumque pro tempore fuerit, præfato regi et ejus hæredibus fidelitatem sit facturus. — Quod ut firmum sit in perpetuum, præsentem cartam sigillorum nostrorum munimime fecimus communiri. Actum anno gratie M° CC° vicesimo secundo, mense aprili. »

(Cette charte était scellée dans le principe de deux sceaux pendants sur double queue. Le sceau de l'abbaye de Saint-Chéron est détaché, mais ils sont tous deux décrits dans l'inventaire, le sceau de l'abbé Pierre n° 8616, et celui de l'abbaye n° 8185.)

P. 24. *(Trésor des Chartes.)*

PIÈCE IV.

Cession des droits de Jean Bourguignel sur Dourdan aux dames de Lonchamp.

— 1266. —

« A touz ceus qui ces lettres verront Estienne Boiliaue garde de la prevoste de Paris, salut. Nous faisons assavoir que pardevant nous vindrent Jehan Bourgueignel chambellenc le Roy de France et Marguerite sa fâme et recongnurent en droit que il avoient vendu et quitte a touzjourz et perpetuelment à l'abbeesse et au couvent de l'umilite nostre Dame des Sercurs meneurs encloses jouste Saint Cloust; cest assavoir tout quantque li Roys de France avoit donne au devant dit Jehan si comme il disoient, aus granches le Roy de les Dourdan si comme il disoient : cest assavoir le champart et le champartage de la ville dessus dite et ventes et reventes et les bonnages et les corvees qui appartiennent à celui champart. Et les cens des terres qui ont este ascensees qui doivent champart si comme il disoient et toutes autres choses queles que elles soient qui sont appartenanz au don que li Roys donna au devant dit Jehan en la ville dessus dite si comme il disoient qu'il ont eues et receues et dont il se tindrent a poiez devant nous. Et preindrent pardevant nous et par leur loiaus creanz chascun pour le tout li devant diz Jehan et Marguerite sa fâme que eus encontre ceste vente et ceste quitance dessus dite en la manière qui est devisee par desus garantîront délivreront et deffendront a ladite abbeesse et au couvent dessus nomme et a leur suscesseurs en jugement et hors jugement toutes les foiz que mestier leur sera a leurs propres couz aus us et au coustumes de France contre touz si comme il disoient et quant a ce tenir et fermement a emplir les devant diz Jehan et Marguerite sa fâme ont oblige et souz mis chascun pour le tout eus et touz leurs biens meubles et non meubles présenz et a venir ou qu'il soient a jousticiers a nous et a nos suscesseurs. En tesmoignage de ce nous avons mis le scel de la prevoste de Paris ez ces lettres l'an de l'Incarnacion Nostre Seingneur mil CC soissante et sis au mois d'ottovre. »

Vidimée au mois de février suivant par S. Louis et le mardi après la mi-août 1299 par Guillaume Thibout, garde de la prévôté de Paris.

Cet acte signé : J. de Nanterre, sur parchemin, sans queue ni sceau, est aux Archives départementales du Loiret. Comté de Dourdan. — Invent. de Vassal. A, 1384.

P. 26.

PIÈCE V.

Obligation, pour le paiement des dîmes de vignes dans la paroisse Saint-Germain.

— Avril 1209-1210. — (Vidimée en 1251.)

CYROGRAPHUM.

Willelmus, decanus ; Goslenus, cantor ; Symeon de Berou, canonicus Carnotensis, universis fidelibus Xpisti, tam futuris quam presentibus, ad quos littere iste pervenerint salutem in Domino. Ad litis fugam et pacis custodiam universitati vestre notificare curamus litterisque presentibus aperire quod cum inter abbatem et capitulum Sancti Carauni Carnotensis, canonicos, ex una parte, et burgenses de Dordano, ex altera, coram nobis a fide apostolica judicibus delegatis, esset causa diutius agitata super decima vini ex omnibus vineis in parrochia Sancti Germani de Dordano constitutis ante non reddita, quam idem canonici jure petebant parrochiali. Tandem, mediantibus bonis viris, facta est compositio inter eos et pax amicabilis in hunc modum : Dicti burgenses et eorum heredes, de omnibus vineis plantatis in predicta parrochia, vel in futurum plantandis, reddent pro decima dictis canonicis annuatim, tempore vindemiarum, ad requisitionem canonicorum, de singulis arpentis quatuor sextarios vini pede pressi ad mensuram ejusdem loci que nunc est, sive crescat ibi tantum vini, sive non crescat, sed ad reddendum amplius non tenebuntur. Ubi autem minus arpento fuerit, de eo reddent pro quantitate ipsius juxta prenotatam rationem arpenti, ita tamen quod ex novis plantis pro decima nichil reddere tenebuntur ante quinquennium completum a tempore plantationis earum, sed ex tunc in posterum tenebuntur. Si autem canonici aliquos ex burgensibus suspectos haberent quod non redderent de tot arpentis aut tanto vinee quantum tenerent, ipsi canonici, si vellent, possent accipere super hoc juramentum a quolibet possessore tam futuro quam presenti, semel tantum in vita ipsius, nisi creverit aut decreverit in vinearum possessione. Quotiens enim creverit vel decreverit in vinearum possessione, tenebitur super hoc ad requisitionem canonicorum juramentum prestare arpentis secundum censum qui inde redditur computatis, et hac essent canonici probatione contenti. Quod ut ratum et inconcussum in posterum permaneat, ad petitionem utriusque partis, in testimonium et munimen hujus facti presentes inde notari fecimus et sigillorum nostrorum munimine muniri, factum istud auctoritate apostolica qua fungimur confirmantes. Actum anno incarnati Verbi Millesimo Ducentesimo Nono, mense Aprili. »

(*Original en parchemin, avec trois lacs de soie verte, verte et rouge.* — *Archives d'Eure-et-Loir, fonds de l'abbaye de Saint-Chéron.*)

P. 40.

PIÈCE VI.

Donation par l'évêque de Chartres de dîmes de vignes de Dourdan aux frères de Louye.

— Mars 1213-1214- n. s. —

« R[aginaldus] Dei gratia Carnotensis episcopus.... Ad universorum cognitionem transferri volumus nos, a Roberto de Willervilla et Agnete ipsius uxore, unanimiter vendentibus, comparasse omnes decimas tam minutas quam grossas, quas intra parrochias Dordani et Granchiarum possidebant ; Theobaldo, ipsius R. sororgio, a quo dictas feodaliter tenebat decimas ; Hugone de Marchesio, milite, principali domino illius feodi, venditionem istam fide interposita concedentibus et in perpetuum quitantibus omne jus suum feodale. Prefati similiter R. et A. ejus uxor decimarum venditores in manu nostra fidem fecerunt quod in predictas decimas a se venditas nichil in perpetuum reclamabunt, nobis concedentes ad nostrum libitum disponere de eisdem. Nos autem religionem fratrun de Loia, ordinis Grandis-Montis, attendentes, de assensu predictarum personarum, predictas decimas a nobis emptas ecclesie de Loia et dictis fratribus ibi Deo servientibus caritative donavimus ad usus faciendum eorumdem. Elemosinam nostram eis in perpetuum garantire promittentes, et eandem tam litteris presentibus quam sigilli nostri robore confirmantes. Actum anno Domini et Incarnationis Millesimo Ducentesimo XIII° mense Martio. »

(*Original en parchemin avec lacs de soie verte.* — *Archives d'Eure-et-Loir.*)

P. 40.

PIÈCE VII.

Sentence arbitrale attribuant lesdites dîmes aux moines de Saint-Chéron.

— Février 1219-1220 n. s. —

« E. archidiaconus et Magister Galterius Cornutus, canonicus Parisiensis omnibus.... Notum facimus quod nos arbitri de consensu partium electi, sub pena centum librarum parisiensium super omnibus causis que vertebantur auctoritate apostolica inter... Abbatem et conventum Sancti Carauni Carnotensis, ex una parte, et magistrum et fratres de Loia Grandimontensis ordinis, ex altera, die ad hoc statuta, abbate Sancti Carauni presente, et conventu Sancti Carauni et fratribus de Loia per procuratores suos presentibus : adjudicavimus abbati et conventui Sancti Carauni Carnotensis dominium et possessionem totalis decime que fuit Roberti de Guillervilla, militis, tam bladi quam vini in parrochia de Dordano et de Granchiis, et etiam minutam decimam que fuit ejusdem R. militis; et totalem minutam decimam vini que est de dimidio quarterio decime quod fuit quondam Andree Polin. Ita quod, infra quatuor annos, dicti abbas et canonici Sancti Carauni reddant dictis fratribus de Loia centum et sexaginta libras parisienses in quolibet quatuor annorum : scilicet, quadraginta libras donec centum sexaginta libre fuerint persolute; et hoc pro pretio quod datum fuit pro eadem decima quando empta fuit ab eodem, R, milite. Adjudicavimus etiam quod totalis decima bladi que fuit Andree Polin, et fructus percepti tam de decima Andree Polin quam de decima Roberti de Guillervilla, penes dictos fratres libere permanebunt. De decimis novalium terrarum et vinearum quas propriis sumptibus et laboribus dicti fratres excolunt, pronunciavimus quod penes ipsos fratres, secundum quod in eorum continetur privilegio, quantum ad eosdem abbatem et canonicos, libere remanebunt. Præterea de dictis centum et sexaginta libris, secundum quod superius dictum est, persolvendis, dabunt abbas et canonici securitatem dictis fratribus, secundum quod nobis placuerit disponendum. De expensis ab utraque parte factis pro causis que inter ipsos vertebantur coram nobis, partes sese ad invicem absolverunt. Preterea interdicti vel excommunicationis sententias quascunque a suis judicibus relaxari et denuntiari penitus esse nullas. Dicti vero fratres de Loia parrochianos de Dordano et de Granchiis, et omnes alios contra quos dicti fratres habebant causam super decima vini Roberti de Guillervilla et Andree Polin coram nobis penitus quitaverunt, et quos citari occasione predicta fecerant in pace dimitterunt et illos quos excommunicari fecerant denuntiari fecerunt absolutos. Hec omnia suprascripta fuerunt adjudicata et pronunciata sicut superius est expressum et confirmata de consensu partium sub pena centum librarum parisiensium contenta in compromissione facta et sigillata sigillorum abbatis et conventus Sancti Carauni Carnotensis et C.; prioris Grandimontensis. In cujus rei memoriam.... etc. Actum anno Domini Millesimo Ducentesimo Nonodecimo, mense Februario, die Jovis proxima post octabas Purificationis beate Marie Virginis. »

(*Original en parchemin avec deux doubles attaches de sceaux. — Archives d'Eure-et-Loir, fonds de Saint-Chéron.*)

P. 41.

PIÈCE VIII.

Mandement par le Chapitre de Paris d'excommunier les lépreux et les mendiants de Dourdan s'ils refusent de payer les dîmes des vignes.

— Septembre 1219. —

« N. cantor, et G. canonicus parisienses, filio suo presbitero de Foresta salutem in Domino. Cum de primo et secundo decreto induxerimus religiosos viros abbatem et conventum Sancti Carauni Carnotensis in veram possessionem decimarum vinearum quas Leprosi percipiunt apud Dordanum; et aliarum decimarum vinearum quas elemosinarii de Dordano percipiunt in parrochia Sancti Germani de Dordano; et quarumdam decimarum terrarum quas Petrus Jorri percipit apud Semons in predicta parrochia; ob eorum contumaciam manifestam, de quibus inter eos auctoritate apostolica coram nobis questio vertebatur, auctoritate supra dicta vobis mandamus quatenus tam dictos Elemosinarios, quam Leprosos, quam etiam predictum P. Jorri qui predictam possessionem perturbare dicuntur, diligentius moneatis ut dictas decimas, tam vinearum quam terrarum, dictis abbati et conventui Sancti Carauni reddant pacifice et quiete. Quod si ad monitionem vestram facere noluerint, in eos excommunicationis sententiam promulgatis, ipsos in parrochiis suis excommunicatos denunciari publice facientes. Omnes etiam pertubationes possessionis dictarum decimarum in quam dictos abbatem et conventum, prout superius expressum est, induximus excommunicationis sentenie supponentes. Datum anno Domini M° CC° Nonodecimo, mense Septembri, in festo Exaltationis Sancte Crucis. »

(*Original en parchemin avec deux simples attaches de sceaux. — Archives d'Eure-et-Loir, fonds de Saint-Chéron.*)

P. 41.

PIÈCE IX.

Attribution de la dîme de vin des vignes des lépreux de Dourdan aux chanoines de Saint-Chéron.

— Janvier 1222. —

CYROGRAPHUM.

« Omnibus Xpisti fidelibus presentes litteras inspecturis, S... Carnotensis archidiaconus in Domino salutem. Noverit universitas vestra quod cum contencio verteretur inter canonicos Sancti Carauni, ex una parte, et leprosos de Dordano, ex altera, super decimis vinearum leprosorum de Dordano; habito bonorum virorum consilio, composita est in hunc modum : quod leprosi de Dordano dabunt canonicis Sancti Carauni decimas omnium vinearum suarum, tam adquisitarum quam adquirendarum, eodem modo quo parrochiani de Dordano donant decimas de vineis suis, secundum formam compositionis habite inter canonicos et burgentes de Dordano super solutionem decime vini vinearum suarum in parrochia Sancti Germani de Dordano, excepto clauso super domum Sancti Lazari integre usque ad vineam que fuit Willelmi Born..., defuncti, et excepta vinea subter viam que erunt quite et libere a decimis dandis; preter dimidium arpentum situm in dicta vinea subter viam, de quo dabunt decimam, sicut de aliis, canonicis memoratis. Quod ut ratum... etc. Datum anno Domini Millesimo Ducentesimo Vicesimo Secundo, mense Januario. »

(*Original en parchemin, avec doubles attaches de sceaux. — Archives d'Eure-et-Loir, fonds de Saint Chéron.*)

P. 41.

PIÈCE X.

Compromis entre les abbayes de Saint-Chéron et de Clairefontaine, au sujet des dîmes de Saint-Germain.

— Octobre 1219. —

« B... decanus, G... abbas Sancte Marie de Josaphat, et G... Foaille canonicus Carnotensis, omnibus presentem paginam inspecturis salutem in auctore salutis. Cum viri religiosi abbas et conventus Sancti Karauni Carnotensis, ex una parte, et abbas et conventus de Clarofonte, ex altera, coram venerabilibus viris... cantore et G., canonico parisiensibus; item coram abbate et priore Sancti Dionisii, et priore de Strata auctoritate apostolica super quibusdam decimis et rebus aliis causas haberent : in nos fuit, sub pena quadraginta librarum parisiensium, de assensu et voluntate partium compromissum. Nos igitur, per confessiones partium et inspectionem privilegii de Clarofonte rei veritate plenius intellecta, abbati et conventui Sancti-Carauni Carnotensis adjudicavimus quintam partem magnarum decimarum de terris ab antiquo cultis in territorio quod dicitur de *Biaurepère*, in parrochia Sancti Germani de Dordano.

« Ipsos vero abbatem et conventum de Clarofonte condempnamus in decem sextarios soliginis pro eo quod ex inde perceperant, ut eos dictis abbati et conventui Sancti Carauni restituant et de cetero eos ibi decimam percipere permittant. Eisdem etiam canonicis Sancti Carauni adjudicavimus jus parrochiale in familia canonicorum de Clarofonte quam habent in domo sua, sita in parrochia Sancti Germani, que parrochia est canonicorum Sancti Carauni. Abbatem vero et conventum de Clarofonte absolvimus a petitione decimarum de novalibus, que propriis manibus aut sumptibus excolunt in eodem territorio. Item, eosdem absolvimus a petitione decimarum de nutrimentis suorum animalium. Decrevimus etiam ut si non propriis manibus aut sumptibus excolerent, canonici Sancti Carauni, ibidem decimas libere perciperent. Datum anno Domini Millesimo Ducentesimo Nonodecimo, mense octobri. »

(*Original en parchemin, avec trois doubles attaches de sceaux. — Archives d'Eure-et-Loir, fonds de Saint-Chéron.*)

P. 42.

PIÈCE XI.

Donation de cinq hostises devant l'église Saint-Germain aux chanoines de Dourdan, par Renaud du Château.

— Mai 1235 ou peut-être vers 1178. —

« Utilis est scripture custodia que emergentibus occurrit calumpniis et rerum gestarum seriem exponendo vicem testium sufficit adimplere. Quocirca presentibus et futuris innotescat quod Raginaldus de Castello quinque hostisias ante ecclesiam beati Germani existentes et omnes redditus et consuetudines quas in terra illa habebat, videlicet tres solidos et unum sextarium avene de unoquoque hospite pro censu et tallia, corveias, forragium, roagium, tunleium, fusi sanguinis et latronis justitiam, pro salute anime sue et pro animabus antecessorum suorum canonicis ejusdem ecclesie tali pactione erogavit quod canonici singulis diebus, hora prima, in oratorio crucifixi missam celebrarent et lampadi ibidem accendende oleum perpetuo assignarent. Tres autem Raginaldi sorores, videlicet Avelina, Ginburgis, Egidia, et mariti earum, et filii et filie earum donationem istam concesserunt, quam Petrus de Masseria garantire tenetur. Donationi autem isti affuerunt Johannes, abbas Clarifontis ; Johannes de Boelono ; Hodaerius, prior ; Ricardus, canonicus ; Raginaldus de Vilereto ; Simon Botinus ; Petrus Roille ; Petrus de Masseria ; Thomas de Messuns ; Radulfus Lovearius. »

(*Original en parchemin. — Archives d'Eure-et-Loir, fonds de Saint-Chéron.*)

P. 42.

PIÈCE XII

Julienne de Choiseler reconnaît que le prieur de Saint-Germain a droit de recevoir un muid de blé de rente annuelle sur le moulin de Choiseler.

— 1281-1282 n. s. —

« A tous ceus qui verront et orront ces présentes legtres, Gille Cortoys et Nicholas Deville prévoz de Dourdan salut en nostre Seigneur. Sachent tust que Julianne de Choiseler famme jadis feu Amauri de Choiseler, quenut et confessa par devant nous, le mardi après les brandons l'an de grâce M.CC.IIIIxx et un, en la présence de frère Renaut chanoine de St-Cheron du chemin et de Liger procureur de leur meson ; de Colin d'Apernon, de Simon le sergent, de Johanot le Choiseler, et de Johannin Coupeguel, que religieus home le prieur de St-Germain de Dourdan et si prédécesseur pour raison de leur meson et de leur prieuré de St-Germain desus dit ont esté tozjourz et sont en possession de prandre et recevoir ou moulin de Choiseler un mui de blé de rante chacun an franc, quite et délivre ; c'est à savoir sur la partie de tel droit que elle a ou dit moulin huit setiers et sus la partie Johannot le Camus quatre setiers francs, quites et delivrez. Laquelle confessait s'estre. Jehannot le meunier desus dit afferma estre vrae en disant que le dit prieur n'avait riens pris, levé n'emporté du dit moulin puis la nativité Saint Jehan Baaptiste prochaine passée et que tozjourz li et si prédécesseurs ont eu et receu ladite rante ou dit moulin chacun an et que tozjourz en avait esté paiez le dit prieur chacun an, fors puez ladite feste en ança et dellors li devoir l'an. Ce fut fait l'an et le jour dessus dit et scellé du sael de la prévosté de Dourdan. »

(*Original avec attaches de parchemin auxquelles pend un sceau de cire brune entièrement fruste. — Archives d'Eure-et-Loir, fonds de St-Chéron.*)

P. 43.

PIÈCE XIII.

Meurtre d'un prieur de Louye.

— Mars 1385. —

Charles par la grâce de Dieu, Roy de France, — Savoir faisons à touz présens et avenir Nous avoir receu humble supplicacion de Guillaume Le Pennelier povre homme demourant à Corbereuse, contenant que comme, à un certain jour environ la Saint-Matias derrenierement passé, et deux ans, un moyne appelé frère Martin qui lors avoit le gouvernement du prioré de Louyce de l'ordre de Grantmont de par l'abbé dudit lieu de Grantmont, pour ce que le dit abbé apperçut que ledit frère Martin estoit homme rigoreux et qui ne vouloit rendre compte dudit gouvernement, y cellui abbé eust mis hors ledit frère Martin et y eust mis et institué un appelé frère Jehan Chardebuef, lequel frère Jehan gouverna ledit prioré par l'espace de deux moys ou environ, pendant lequel temps le dit frère Martin ne se volt départir dudit prioré jusques à ce que le dit abbé le mist et fist mener hors de sa terre par delà Orliens, et il soit ainsi que quinze jours après ou environ ledit frère Martin retourna à Dourdan près dudit prioré et ou pays d'environ, et quant il vint à la cognoissance dudit frère Jehan que le dit frère Martin estoit ainsi retourné, lui pria et dist moult amiablement qu'il alast prendre de telz biens qu'il avoit ou dit prioré et il lui en donroit voulentiers, lequel frère Martin respondi qu'il n'y vouloit point aler, et à un certain jour subséquent un charetier, qu'il avoit demouré avecques le dit frère Martin comme son compaignon, lia son cheval à la barrière et donna à entendre au dit frère Jehan que le dit cheval estoit adire et qu'il ouvrist la porte pour le aler quérir, lequel frère Jehan luy ouvry, et le dit charretier s'en yssy et ala à Dourdan, qui n'est pas à demie lieue ou plus dudit prioré, où estoit ledit frère Martin, et, après ce, ledit frère Martin dist audit suppliant, à Colin Charlot et à un compaignon Breton, qui là estoient alez jouer et esbatre qu'ilz alassent avecques luy à Louyee et après il leur tenroit compaignie jusques à Corbereuse, lequel suppliant qui ne pensoit pas le mauvais propos dudit frère Martin, sans porter cousteau ne baston, s'en ala avecques ledit frère Martin et les autres compaignons oudit prioré, et ainsi qu'ilz entroient en la porte dudit prioré, ilz trouvèrent ledit frère Jehan près de la dicte porte, auquel le dit frère Martin escria à mort, à mort, et en ce criant, ala soudainnement contre ledit frère Jehan et le frappa d'un demy glayve dessoubz l'aiselle, de quoy assez tost après mort s'en ensuy en la personne dudit frère Jehan ; pourquoy les diz supplians et Charlot s'en fouyrent et furent tous esbahis, quant ilz virent l'outraige dudit frère Martin, pour lequel fait ledit suppliant, doubtant rigoreuse justice ou trop longue detencion de prison s'est absentez du pays, et est en grant péril et doubte d'estre bannis de nostre royaume. Si nous a fait humblement requérir que, comme en touz ses autres faiz ait tousjours esté de bonne vie et honneste conversacion et que audit frère Jehan ne fery ne hurta ne n'avoit intencion du faire, mais ignoroit du tout, quant il y ala, le mauvais propos dudit frère Martin, et fut très parfaitement dolent et courroucié en cuer, quant il vist ledit fait ainsi avenu, et aussi considéré l'aage dont il estoit pour lors, c'est assavoir de dix huit ans ou environ, nous luy veillions sur ce impartir nostre grâce et miséricorde; Nous, ces choses considérées, à ycelluy suppliant, ou dit cas, avons remis, quitté et pardonné, et par ces présentes, quittons, remettons et pardonnons le dit fait, de nostre grâce especial et auctorité royal, avec toute offense, peine et amende corporelle, criminelle et civile, que pour ce il puet estre encouru envers nous, et le restituons à sa bonne fame, renommée, au pays et à ses biens non confisquez, satisfaction faicte à partie, se aucune en y a, premiérement et avant toute euvre. Si donnons en mandement à nostre bailli de Chartres et à touz noz autres justiciers, à leurs lieuxtenans présens et avenir et à chacun d'eulz, si comme à luy appartendra, que ledit suppliant facent, souffrent et laissent joir et user paisiblement de nostre présente grâce et rémission, et contre la teneur d'icelle ne le molestent ou empeschent en aucune manière, mais se son corps ou ses biens non confisquez sont, pour ce présens, detenuz, saisiz ou arrestez, si les lui mettent ou facent mettre sanz delay à plaine délivrance. Et pour ce que ce soit ferme chose et establie à touzjours, nous avons fait mettre nostre seel ordonné en l'absence du grant, à ces présentes, sauf en autres choses nostre droit et l'autruy en toutes. Donné à Paris, l'an de grâce mil trois cenz quatre vingt et cinq ou moys de Mars, et de nostre règne le siziesme. — Par le Conseil, Ingranmis.

(*Archives de l'Empire, registre JJ*, 128, f° 89, r°.)

P. 57.

PIÈCE XIV.

Extraits du cahier des Doléances pour le Tiers-Etat de Dourdan aux États-Généraux d'Orléans.

— 5 Décembre 1560. —

Quant aux gens de guerre. — Les rois, pour faire cesser les anciennes vexations, ont ordonné aux gens de guerre de payer leurs dépenses ; pour cela on a augmenté les tailles afin de grossir leurs gages et ceux des prévôts des maréchaux, et des receveurs desdites tailles ; or les gens de guerre reviennent à leur ancienne manière et ne paient plus, ou donnent ce qu'ils veulent et contraignent leurs hôtes à certifier qu'ils sont « bien vivans » et paient leurs dépenses. Faute en est aux prévôts des maréchaux qui ont charge et grands gages pour y veiller : « même un prévost des maréchaux prend sur l'élection de Dourdan la « somme de mil ou douze cents livres tournois pour lesquels sans nulz mérites, il « fait seullement chevaulchée une ou deux par an audit Dourdan et aux envi- « rons pour seullement prendre certificat de sa dite chevaulchée, et de puni- « tions de malfaicteurs faictes par ledit prévost, n'en est aucune mémoire. »

Quant aux gens de cour. — Tant ceux qui vivent aux champs en l'absence de leurs maîtres gens de cour, que ceux qui suivent le train de la cour, ne paient rien en général à leurs hôtes. « De sorte que le peuple est grandement foullé et « travaillé pour les vivres et choses qu'ils prennent sur le peuple et dommages « qu'ils font à leurs domiciles, les rompant pour loger et approprier sans rien « païer, ne récompenser leurs hostes de leur logis et ustanciles, licts et aultres « choses dont se servent. »

Quant à ceux qui ont des offices. — « Nommés sans respect pour leur suffisance, « se récompensent des deniers déboursez pour leurs états par des moyens insu- « portables. »

Quant à la noblesse. — « Le dict tiers-état dit estre grandement foullé et vexé « par les gentilshommes du païs qui ordinairement et sans cesse dissipent et « gastent les grains et vignes estans en maturité par le moien de la chasse à « laquelle ils vacquent journellement. — Aussi aulcuns nobles et aultres aians « moullins à vent ou à eau veullent adstraindre les subjects de leurs terres et « leurs voisins aller faire mouldre en leurs moullins où ils ont gens depputez « pour ce faire qui sont de mauvaise foy et ne rendent de moulture que le tiers

« des grains qui leur sont baillés à faute de prendre et rendre lesdits grains aux
« poix. »

Quant à justice. — « Que la justice est mal administrée par les moyens des
« formalitez qu'il convient garder ès justices inférieures sans peine au but et
« poinct principal de la vérité, et par les moyens des ressorts qui sont ès justices
« inférieures du Royaulme, et advient telle longueur de procès que à peine les
« enffans des pères qui commencent les procès peuvent voir le bout d'iceulx.
« De là advient que la plus part des maisons et subjects du Royaulme se ruynent
« et dissipent par procès, qui est une excessive foulle au pauvre peuple. — Et si
« en plusieurs lieucx sont seullement oys en justice les prélats et grands seigneurs,
« et le pauvre peuple renvoyé sans estre oy ni receu mesme. Par le moïen des
« privilèges octroiez à plusieurs prélats, nobles officiers du Roy à la suite de sa
« court, présidens et conseillers en la court du Parlement, advocats et procureurs
« en icelle, le tiers-état est attiré en première instance par devant les gens tenant
« les requestes du palais à Paris, ores qu'il ne soit question que d'un denier de
« cens ou aultre petite somme, en quoy il est grandement vexé et travaillé, et le
« plus souvent plusieurs pauvres personnes sont contrainctes quitter leurs terres
« et laisser perdre leurs droicts pour être travaillés et poursuivis par devant
« aultres que leurs juges naturels. »

« Pour le comble des doléances dudict tiers-état de Dourdan, le froict à pré-
« sent si picquant et si urgent les fait resentir d'un grand bien qu'ils recep-
« voient par le passé de se chauffer du bois mort de la forest de Dourdan qui
« leur avoit esté octroyé de la grâce et bénignité des prédécesseurs Roys aux-
« quels pour raison de ce ils paioient aulcunes reddevances. Comme aulcune des-
« quelles reddevances ils ne sont encores deschargés et néantmoins puis douze ou
« quinze ans on leur a osté leur dict chauffaige et pasturaige pour leurs bestes,
« en sorte qu'ils n'ont moïen de se chauffer et tenir vaches pour la nourriture de
« leurs petits enfants. — Supplie humblement ledict tiers-état qu'il plaise au
« Roy de voulloir de sa bénigne grâce remettre auxdicts drpits et privillèges de
« chauffaige et pasturaige en la dicte forest de Dourdan, et en ce faisant offrent
« contynuer volontairement lesdictes reddevances. » Ainsi signé « Hébert,
« Joncquet, Dutertre et plusieurs aultres. »—(*D'après le manuscrit retrouvé chez
M. Roger.*)

P. 81.

PIÈCE XV.

Gages des officiers du bailliage de Dourdan pour l'année 1646

A M. de Beaultru, *bailli*..	12 liv.	10 s.
A M. Richard le Boistel, *prévost*............................	15 l.	
A M. de Beaultru, *gouverneur de la ville et château*...........	25 l.	
A M. Hector le Fébure, *procureur du Roy au bailliage et prévosté*.	10 l.	
A M. François Hervé, *geollier et garde des prisons royalles de Dourdan*...	10 l.	5 s.
A M. Paul Labbé, *conservateur du domaine de Dourdan*........	100 l.	

A M. Jacques de La Loy, *comptable*........................ 26 l.
A M. Jacques de Lescornay, *propriétaire de l'office de concierge du château*.. 100 l.
Au même, comme *advocat du Roy au bailliage*............... 100 l.
Au même, comme *conseiller*................................ 50 l.
Officiers des eaux et forêts.
A M. Nicolas Gardebled, *conseiller du Roy, maître particulier antien des eaux et forêts de Dourdan*................... 200 l.
Au même, comme *maître particulier alternatif des eaux et forêts*.. 300 l.
A M. de Beaultru, *maître particulier triennal desdites eaux et forêts de Dourdan*... 300 l.
A M. André le Roux, *lieutenant des eaux et forêts*........... 150 l.
A M. Pierre de Chauannes, *conseiller antien et héréditaire des eaux et forêts*.. 150 l.
A M. François Haultemps, *conseiller alternatif héréditaire*..... 150 l.
A M. Jean Boutet, *conseiller triennal*...................... 150 l.
A M. Michel le Fébure, *procureur du Roy ès eaux et forêts*...... 100 l.
A M. François Fayet, *propriétaire du greffe des eaux et forêts*.... 25 l.
A chacun des 4 *sergens*................................... 20 l.

Suivent les *taxations* des officiers des eaux et forêts « pour avoir vacqué aux délivrances des ventes, baillivage et martelage. »

(*Extrait du compte-rendu pour les années* 1646 *et* 1647, *par Jacques de La Loy, receveur du domaine de Dourdan*. — Archives de l'Empire, Q. 1514.)

Il est assez curieux de savoir comment la rédaction du compte du domaine absorbait elle-même une part assez notable du revenu et comment les appointements du comptable, qui ne figurent ci-dessus que pour 26 livres, s'arrondissaient par les accessoires :

Pour le port et voitures de deniers par lui voiturez au bureau de sa recette, par luy receus du fermier du domaine..... .... 10 liv.
Pour recouvrement d'estat................................ 25 l.
Pour son voyage à Paris pour présenter son compte...... 200 l.
A nos Seigneurs des Comptes, pour leurs droicts et espices pour avoir examiné et arrêté le présent compte.......... 199 liv. 15 s.
Au procureur de la Chambre des comptes................. 25 l.
Au commis du *relieur* des comptes de la Chambre des comptes. 12 s. 6 d.

(Archives de l'Empire, Q. 1514. — *Compte du domaine de Dourdan, par Jacques de La Loy*.)

P. 119.

PIÈCE XVI.

Censive des Dames de Longchamp.

« Déclaration que fournissent au Roy et à Monseigneur le Duc d'Orléans,
« comte de Dourdan, les Dames abesse et Religieuses de l'Humilité de Long-
« champs, des fiefs nobles à elles apartenants scis aux Granges-le-Roy et

« Dourdan dans l'étendue dudit comté, champart seigneurial et champartage
« des Granges-le-Roy et Dourdan, ventes et reventes, bonnages et courvées apar-
« tenants audit champart, et les cens des terres ascensées chargées de champart
« et de tous autres droits féodaux et seigneuriaux.

« Premièrement, possèdent lesdites Dames Religieuses une ferme aux Granges,
« concistant en maison manable, écurie, grange-champarteresse, bastiments pro-
« che et vis-à-vis l'église dudit lieu, court au milieu, jardin ; tenant, la totalité,
« d'une part aux héritiers Antoine Jouce ; d'autre, à la rue du costé de la marre;
« d'un bout, sur la rue où il y a une ruelle pour passer un homme de cheval ;
« d'autre, sur Nicolas Boujon.

« Item, une pièce de terre contenant sept arpens, sise au terroir des Granges,
« champtier de la Souffloire, tenant d'une part à M. de Péricart, etc. . . .

« Plus, une autre pièce de terre contenant sept quartiers, scise audit terroir et
« champtier, etc. . . . .

« Item, une autre pièce de terre contenant unze arpens, scise audit terroir
« et champtier ou de la Gronalière, tenant d'une part audit sieur de Masle ;
« d'autre, au sieur Feugère, etc. . . . .

« Item, une autre pièce de terre contenant dix arpens, scise audit terroir,
« champtier du chemin de Bretencourt, etc. . . . .

« . . . .

« Est observé que leur domaine concistoit cy devant en quatre-vingt arpens
« de terre dont a esté donné à nouveau cens à différents particuliers la quantité
« de cinquante arpens ou environ.

« *Observent encore* que par contrat datté du mois d'octobre 1266, elles ont
« acquises de Jean Bourguignel, chambelan du Roy saint-Louis, et Margueritte
« sa femme, le champart et champartage, ventes et reventes, les bonnages et
« courvées qui apartenoient audit champart et en leurs terres qui en avoient
« esté ascensées et qui devoient champart, lesquels fiefs et droits seigneuriaux
« avoient apartenu à Mre Bertaut Gelapon, seigneur de Favière au Perche,
« près Châteauneuf ; et depuis leur acquisition elles ont esté amorties du Roy,
« qui les avoit donné auxdits Bourguignel et sa femme en 1253 ;

« Qu'en 1304 elles ont acquises de Perinelle La Bourguignelle *quatre livres*
« *seize sols* de menus cens en la ville de Dourdan, qu'elle tenoit en plein fief de
« la Dlle Souque de Ronvilliers, femme de Guillaume de Langreville ;

« Qu'en 1307 elles ont acquises de Guillaume de Langreville et de la Dlle sa
« femme tout ce qu'ils avoient en la seigneurie de Dourdan, fiefs, arrière-fiefs,
« cens, rentes, avoines et champarts qui estoient tenus d'eux par plusieurs
« personnes, lesquelles choses estoient tenues en fief de Vilain de Voise,
« qui les a amorti, jusqu'au comte d'Evreux, par acte du samedy d'après la
« Ste-Croix 1322 ;

« Que par autre contrat de l'année 1319 elles ont acquises de Pierre Ause de
« La Forest, seigneur de Hautvillier, 56 sols parisis de chef-cens, et quelques
« portions de champartz portant lodz et ventes sur plusieurs pièces (de) terre
« scises en la châtellenie de Dourdan, tenues en fief d'Etienne de La Forest,
« avec la moitié du champart de trois septiers de terre que l'on apelle la terre
« St-Ladre, et deux deniers de cens ;

« Tous lesquels droits ont été amortis par ledit Estienne de La Forest, par le
« même contrat.

« Qu'elles ont pareillement acquises, par un autre contrat du dimanche d'après
« la St-Vincent 1322, de Philippes de St-Yon, écuyer, sieur Du Marais, et
« Dlle Eustache, sa femme, tous les cens et champarts de bled et avoine, terres,
« et le nombrage de champartage ès lieux spécifiez par le contrat ; et enfin tout
« ce que ledit sieur de St-Yon tenoit en fief, foy et hommage d'Aubert de La
« Chapelle, qui les tenoit de Jean de Vilain (de) Voise, qui les tenoit en foy et
« hommage dudit comte d'Evreux, comte de Dourdan ;

« Qu'elles ont aussi acquises, par contrat du 23 février 1325, de Philippes de
« St-Yon et sa femme 2 livres 16 sols parisis des mêmes cens en la valée des
« Granges, amortis de tous seigneurs jusqu'au dit comte d'Evreux, avec une
« mine de champart de grain, sur le terroir appelé les Terres-Moytoyères, ventes,
« saisine, droitures et tous droits seigneuriaux ;

« En 1320 et 1325, toutes ces acquisitions ont esté amorties par Vilain de
« Boise (sic) auxdites Religieuses pour les acquisitions par elles faittes de plusieurs
« fiefs relevants dudit Vilain de Boise (sic), et à elles avenues par donnations de
« Mgr Jean, auquel Mgr Jean elles estoient avenues par le décès de Denis des
« Vitres ;

« Qu'en 1516, ayant esté décerné contrainte contre lesdites dames pour raison
« des francs-fiefs, par sentence de MM. les Commissaires députés, etc. . .
« . . . .

« En l'année 1548, lesdites Religieuses ont rendu leur aveu au Roy à cause de
« ses fiefs, terres et seigneuries des Granges et Dourdan, venues de Jean Bour-
« guignel, Margueritte sa femme, qui les tenoient du Roy saint Louis, consistant
« en tous droits seigneuriaux, cens, rentes, vassaux, ventes et reventes, saisine
« et amande, champarts et champartages, mesurages et abonages, et les corvées
« qui apartenoient audit champart, et en 455 arpents de terre qui estoient
« tenus en censive dudit Mre Bertault, tant aux terroirs de Dourdan qu'aux
« Granges-le-Roy, avec vingt-six maisons assises au bourg et ville de Dourdan,
« avec les courts, jardins et apartenances d'icelles assises au bourg de la ville de
« Dourdan, en plusieurs places, et autres aires de jardin scis en plusieurs places
« de ladite ville et avec 400 arpents de terre qui estoient tenus de luy à cham-
« part, scis au terroir des Granges en plusieurs champtiers, et avec une grange
« et apartenances audit lieu près l'église, dont la déclaration ensuit :

« Premièrement : quatre maisons devant le marché ; — 4 maisons en la
« grande rue ; — 1 maison *devant la grosse tour* ; — une maison, et 2 jardins, à
« la Fosse-aux-Chevaux ; — 1 maison en la rue de la Riuière ; — 2 maisons,
« court et jardins, rue des Vergers ; — 1 maison audit lieu ; — 2 maisons, courts
« et jardins en la rue des Champs ; — 3 maisons audit lieu ; — 1 maison à la
« Bretonerie ; — 1 maison et jardin en Favereux ; 5 maisons et jardins scis
« aux Vergers ; — 9 aires audit lieu ; — 12 aires à la Saulçaye ; — 7 aires près
« la Fosse-aux-Chevaux ; — 2 aires près la rue des Champs ;

« 78 arpents, tant en terre que prez et vignes, pouvant valoir 6 l. 2 s. 9 d.,
« payable le jour St-Remy ;

« Et, aux Granges-le-Roy, que Jean Saillart tenoit dudit M. Bertaut 216 ar-

« pents de terre, 14 arpents de vigne à Montgilbert et 140 arpents aussy de
« vignes aux autres champtiers, valant 8 l. 18 s. parisis de censive ; 400 arpents
« de terre à champart ; 45 arpents de bois.

« Par ce même aveu, le Roy a déclaré avoir donné tout ce qui est cy-dessus
« compris audit Bourguignel et Margueritte sa femme, qui les tenoit dudit Ber-
« taut et dudit Saillard, comme aussi du don fait auxdites dames par Jean
« Launay, de 56 sols parisis de menus cens ; quatre septiers de bled, 4 l. 15 s.
« parisis de menus cens deus, et venus de Vilain de Boise, avec tous les cham-
« parts, champartages, ventes, reventes, abonages, courvées, cens et rentes, valant
« 30 livres tournois de cens.

« . . . . »

(*Arch. du Loiret, A.* 1384.)

Extrait du registre censier ou cueilleret comprenant en plusieurs cahiers de papier
(60 feuillets in-folio) les années 1399-1418.

ANNÉE 1399.

« *Aux Granches le Roy.*

« Ce sont les cens et droiz seigneuriaulx appartenans à mes dames les Reli-
« gieuses abbesse et couvent de Long Champ près de Paris, receuz aux Gran-
« ches le Roy le jour Saint Denis, par Jacques du Ru, l'an mil IIIc IIIIxx
« et XIX.

« Premièrement

« *Au Cleau.*

« Jehan Vanier, pour sa vigne du Cleau, tenant au chemin d'Estampes d'une
« part et à Jehan le Couturier d'aultre part . . . . . . 2 den. tourn.
« . . . .

« *Grymouart.*

« Jehan de Troyes, pour sa terre de Grimouart, tenant à Ligier Leme-
« reau . . . . 6 deniers.

« *A l'Erable.*

« Item, pour ung minot à l'Erable, tenant à Jehan Langlois . 5 deniers.
« . . . .

« *Es Marnières.*

« Ledit Liénard, pour sa vigne des Marnières, tenant à Jacquet Du Ru,
« appartenant à Symonet Challes . . . . 2 deniers.

« *A la Ruelle de l'Oye.*

« Luy, pour son friche tenant à la Ruelle de l'Oye, apartenant à Symonet
« Challes . . . . 3 deniers.
« . . . . »

PIÈCES JUSTIFICATIVES.

Ce cueilleret de 1399 comprend, à lui seul, 18 folios; les autres terroirs y indiqués sont : « la Fontaine-des-Vignes, — Ruisseaulx, — Vaugiroust, — les Groux, — le Court-Noyer, — le Nichet, — le Fossé, — la Housée, — la Perche, — Vauvanier, — le Vauderran (Val-d'Aran), — du Mur, — la Ruelle Petit-Viault, — Le Puiset, — la Ruelle-aux-Moines, — la Parroiche, — entre le chemin d'Estampes et la Garenne, — la Groue, — Maumarché, — Mont-Gilebert, — le chantier de la Croix, — le Fourneau, — l'Orme-Sec, — Larris, — le chemin des Granges à Dourdan, — la Soufflouère, etc. »

(*Archives du Loiret*, A. 1388.)

P. 149.

PIÈCE XVII.

Noms de plusieurs notaires, garde-notes, tabellions de Dourdan, recueillis par nous sur des actes.

- 1408. Simon Bonnet, *tabellion*.
- 1412. Louis Le Ricordeau, *idem*.
- 1416. Cantien Berault, *idem*.
- 1439. Jean Lesourt, *clerc, tabellion juré de l'écriture à Dourdan*.
- 1455. Dechénac, *notaire*.
- 1458. Charlot, *prêtre, tabellion de la ville de Dourdan*.
- 1461. Diguet et Garson, *notaires*.
- 1472. Guillaume Piquenot, *notaire*.
- 1483. Jacques Charles, *tabellion juré*.
- 1484. Gilles Simon, 1er *tabellion juré*.
- 1496. Jean de La Croix, *idem*.
- 1499. Guillaume Yvon, *idem*.
- 1510. Soutif, *tabellion*.
- 1517. Jean Rivet, *notaire*.
- 1523. L'Heureux, *tabellion*.
- 1525. Ittier, *idem*.
- 1556. Hannibal Perier, *fermier au tabellionné*.
- 1556. Denis Fanon, *notaire royal*.
- 1569. Pierre Boudet.
- 1594. Legendre, *notaire royal*.
- 1602. Denis Boucher.
- 1612. Thomas Richer, *notaire royal*.
  Louis Richer, *notaire et tabellion royal tant en scel qu'écriture, héréditaire au bailliage*.
- 1643. Jean Boucher, *notaire royal*.
- 1659. Balthazard Imbault.
- 1674. Richard Boucher, *notaire royal, garde-note héréditaire*.
- 1683. Claude Michau.

1697. Denis Chardon, *notaire royal, garde-note héréditaire.*
1709. Isaac Rousseau, *idem.*
1721. François Coquet, *idem.*
1725. Lubin Charpentier, *notaire et tabellion au bailliage.*
1735. Martial de Barateau, *notaire royal.*
1740. Jean Lequeux, *idem.*
1743. Nicolas Bouquin, *notaire royal, garde-note héréditaire.*
1779. Jean-Baptiste-Michel Lequeux.
1787. Etienne Héroux, *notaire royal, garde-note héréditaite.*
René Buffy, *principal tabellion royal héréditaire.*

P. 155.

PIÈCE XVIII.

Appel fait par le Bailli de Dourdan, des nobles et autres possédant fief dans l'étendue du Bailliage pour l'exécution des lettres patentes du Roi, pour la convocation du ban et arrière-ban, dans la province de l'Ile-de-France, et la lettre du duc d'Estrée, gouverneur.

— 24 avril 1697. —

Dourdan.

Anne de l'Hospital à cause de son comté de Sainte-Mesme, et des fiefs du Jallier, Denisy, Corpeaux, Semonds, Chamboursier, Pierre de Sonchamp, Jean fils de Roy, Fief-Marqué, la Gravelle, l'Ecu, et la Guespière.

Fief de la Barre Vaubénard. (Paroisse Saint-Germain.)

Le sieur Prieur de Saint-Pierre, à cause de sa censive dans la ville.

Le sieur Prieur de Saint-Germain, pour son fief et moulin de Choiselier.

Les sieurs Prieur et Marguilliers de Saint-Germain, à cause de leur fief du Mesnil.

L'abbé de Clairefontaine, à cause de son fief et censive des Jallots.

L'abbé de Morigny, à cause de la censive qu'il a dans la paroisse proche la Garenne des Granges.

Le doyen, chanoines et chapitre de Sainte-Croix d'Etampes, à cause de leur censive à Dourdan.

L'abbé de Saint-Chéron, à cause de sa censive.

Le Prieur de Saint-Arnoult; idem.

Les dames de Lonchamp; idem.

Jacques de Lescornay, écuyer, sieur du Mont, demeurant à Dourdan.

Roynville.

Messire Charles Hurault, chevalier, comte du Marais, à cause de sa terre et seigneurie de Roynville et des fiefs du Coulombier, Pougnain, Flamant, Cristal, Richeville, Chasteaupers, et Beauvoir, assis dans ladite paroisse de Roynville, et de ceux des Minières, Groûteau, Grillon et Villencuve, assis dans la paroisse de Saint-Germain de Dourdan, et du Tartre, assis dans la paroisse de Sermaises.

Messire Nicolas de Sève, chevalier, seigneur de Platteau, à cause de son dit fief et de ceux du petit Platteau, Grattcloup et Marchais, assis dans la dite paroisse.

Le seigneur du fief du Bouchet, assis en ladite paroisse.

Le Prieur de Saint-Pierre, à cause de sa censive à Dourdan et aux Granges et de sa seigneurie au hameau de la Brierre.

Messire François Bazin, à cause de ses fiefs de la Chaise, assis dans ladite paroisse, et de Bistel, assis paroisse de Saint-Cyr.

Le fief de la Chasles, assis dans la paroisse des Granges-le-Roy.

Corbreuse.

L'Église de Paris, à cause des terres et seigneuries de Corbreuse, du Trouvillier et de la Grange de Paris (paroisse de Corbreuse), et du fief d'Erainville, (paroisse d'Allainville).

Le fief de Bandeville, assis dans ladite paroisse.

Charles de Gaudart, sieur d'Erainville.

Henri de Gaudart, sieur de La Barre.

Pierre de Tarragon, sieur de Suvrainville.

Le Prieur d'Auneau, à cause de son fief de Marchais Parfond (paroisse de Prunay-sous-Ablis).

Le fief du Marteau (paroisse Saint-Symphorien).

Le fief et moulin de Granville (paroisse du Val-Saint-Germain).

Authon.

L'abbé de Saint-Benoît-sur-Loire, à cause de sa terre et seigneurie du Plessis-Saint-Benoît.

Les fiefs du Grand, du Petit Guignard, de Languedoue, du Plessis, des Pavillons, assis dans la dite paroisse.

Sonchamp.

L'abbé de Saint-Benoît-sur-Loire, à cause de sa terre et seigneurie de Sonchamp.

Jean de Frémont, sieur de Loireux.

Louis Delbée, sieur de Belleville. — Philippe Delbée, sieur de Boisguyard.

Franc. Delbée, sieur de Sarieux. — Charles Delbée, écuyer.

Claude de Brunelles, sieur des Ruelles.

Jacques de Vol, écuyer, sieur de la Grandmaison.

Claude de Pontbreau.

Le seigneur du fief d'Epinville.

Marquisat de Bâville.

Chrétien-François de Lamoignon, à cause du marquisat de Bâville et des seigneuries de Saint-Chéron, Breux, Breuillet, avec les fiefs qui les composent.

Sermaises.

François de Hémery, pour les fiefs de la Borde, la Bretonnière, et la Mercerie. Mesdemoiselles de Heslin, pour ceux de Bellanger et de Villeneuve.
Les fiefs de la Guernadière, de Mondétour, de Maugrenoutte, et des Hautes-Minières, assis dans la dite paroisse.
Le Prieur de Chaufour, à cause de sa censive.

Saint-Chéron.

Monsieur de Lamoignon, pour le fief du Bréau.
Louis du Vivier, sieur de Lagrange.
Louis de Saint-Pol, à cause des fiefs d'Ecury et des Jurodières.
Marc-Antoine et Pierre de Saint-Paul, à cause du fief de Taillegrain.
Le couvent de Saussoy, à cause du fief de Rimoron.

Baronnie de Saint-Yon.

Le sieur de Lamoignon, baron de Saint-Yon et des seigneuries et châtellenies de Boissy, Torfou, Saint-Sulpice de Favières et autres fiefs.

Boissy-sous-Saint-Yon.

Le fief Foucaut, — Duperron, — de La Motte, — de Villelouvette, — d'Artois, — de Moret, — de Malzaix.

Comté de Launoy-Courson.

Sieur de Lamoignon, comte de Launoy-Courson, et de la châtellenie de Briis.

Briis.

Les fiefs de Bligny, de Vaugrigneuse, de la Sablière, de Lannoye et de la Gravelle.

(*Archives de l'Empire*, O. 20436.)

P. 156.

PIÈCE XIX.

Cadastre de l'élection de Dourdan.

— 1740-1745. —

Journaliers et leurs veuves. — Taxés l'un dans l'autre à trois livres.
Artisans. — Taxés à 10 liv., sauf les gros cabaretiers.
Bois. — Taillis affermés aux contribuables taxés à 10 s. l'arpent; — se coupent tous les dix ans, ce qui fait une taxe de 5 l. sur la coupe de chaque arpent qui se vend habituellement de 75 à 100 l.
Prés. — Taxés à 20 s. par arpent qui se loue de 30 l. à 40 et rapporte 300 bottes de 10 à 12 l.

Chanvre. — L'arpent de chennevière taxé au double, soit 2 l.

Vignes. — Peu utiles dans l'élection, étant très-fautives et le vin de peu de qualité, tenues toutes à fortes rentes par les vignerons — taxées sous deux classes : les unes à 30 s. l'arpent, les autres à 20. Outre cette somme, le vigneron est encore taxé comme journalier, ce qui donne pour la première classe 6 l. 15 s. et pour la deuxième 5 l. 5 s. — Un homme ne peut cultiver que 2 arpens et demi de vigne par an. — La production commune dans la première classe est de 5 poinçons jauge d'Orléans par arpent, le poinçon vaut 30 l. — Ce qui fait pour un homme 375 l., avec les frais 300 l. environ.— La deuxième classe à proportion.

Moulins. — Taxés suivant la force connue de leur travail.

Fours. — Idem.

Fruits. — Idem.

Revenus. — Taxés environ à 1 s. par livre.

Dîmes. — Les dîmes affermées à taillables sont taxées proportionnellement aux charrues.

Terres. — Le surplus de l'imposition réparti sur les laboureurs par charrue de 90 arpens au total de 100 perches de 22 pieds proportionnellement à leurs différentes valeurs.

Les blés, année commune, font 5 septiers par arpent, mesure de Dourdan de 230 l. pesant.

Les avoines, la nourriture est de 20 minots par arpent, aussi mesure de Dourdan.

TAXES.

Charrue fertile à froment	120 livres.
— communément fertile à froment	110 l.
— fertile à méteil	90 l.
— communément fertile à méteil	80 l.
— à petit méteil et seigle	65 l.
— moindre à seigle	60 l.
— à sarazin	40 l.

1. *Dourdan.* — Seigneur : S. A. le duc d'Orléans, apanagiste — nombre de feux : 600. — Nature du sol et industrie : peu de plaine — le surplus sables communs, fromens, méteils et seigle — peu de vignes — peu de prés — un marché de blé, une manufacture de bas. — 10 charrues peu fertiles à froment, 15 charrues méteil et seigle.

Des marchands détaillistes, — bonnetiers, — marchands de blé, — ouvriers en bas — usage du tricot pour les femmes — fagoteurs — manouvriers.

La ville fixée au conseil. — Total de la taille : 7090 livres.

2. *Allainville.* — M. de Turmenie de Montigny. — 55 feux. — Fertile — tricot soie et fil. — Taille : 2356 l.

3. *Ablis.* — M. Poncet de la Rivière. — Le chapitre de Cléry. — M. de Saint-Blaise. — L'Abbaye des Vaux de Cernay. — 160 f. — Fertile — tricot. — 5957 l.

4. *Angervilliers.* — M. le marquis de Ruffée. — 45 f. — Sableux. — 720 l.

5. *Ardelu.* — M. de Valangard. — L'abbé de Saint-Jean-en-Vallée. — L'abbé de Saint-Euverte. — 35 f. — Léger. — 709 l.

6. *Aullu.* — Les mathurins d'Etampes. — M. de Sabrevois. — 25 f. — Léger. — 180 l.

7. *Authon.* — L'abbé de Saint-Benoît-sur-Loire. — M. d'Allonville. — M. Le Vavasseur d'Erouville. — 130 f. — Plaine fertile — tricot de soie. — 4334 l.

8. *Barmainville.* — Dabos de Binanville. — 25 f. — Plaine fertile. — 1530 l.

9. *Baudreville.* — Chopin d'Arnouville. — 85 f. — Plaine — léger — tricot de laine. — 2018 l.

10. *Boutervilliers.* — M. de Savary. — 30 f. — Plaine fertile — tricot. — 1188 l.

11. *Boinville-le-Gaillard.* — Le comte de l'Hôpital. — 70 f. — Plaine fertile — tricot. — 3179 l.

12. *Boissy-le-Sec.* — M. Boyetet. — 120 f. — Plaine fertile — vallée sableuse — vignes — (110 arp. bois, 120 vignes). — 3574 l.

13. *Bonnelle.* — Marquis de Farvaques. — 80 f. — Petite plaine médiocre — vallée sableuse — filasse pour les femmes. — 1055 l.

14. *Breux.* — M. de Lamoignon. — 75 f. — Plaine — léger — presque tous vignerons (100 arp. de vigne) — filasses. — 865 l.

15. *Brierres-les-Scellez.* — Marquis de Chalmazel. — 80 f. — Plaine fertile — vallée aride (légumes). — 1225 l.

16. *Brouillet.* — M. de Lamoignon. — 115 f. — Petite plaine, vallée et côtes — léger (4 moulins à eau). — Presque tous vignerons (250 arp. de vignes) — filasse. — 1715 l.

17. *Bullion.* — Marquis de Farvaques. — 120 f. — Plaine bonne — vallée sableuse — filasse. — 1771 l.

18. *Challo Saint-Mard.* — MM. de Prunelé — de Vigny — Desmazis. — 170 f. — Plaines — vallée et côte productives — tricot, filasse. — 4663 l.

19. *Challou-la-Reine.* — Commanderie de Malte. — 45 f. — Plaine fertile — tricot. — 1805 l.

20. *Chantignonville.* — M. Duris. — 40 f. — Plaine fertile — tricot de soie. — 1355 l.

21. *Chastenay.* — M. de Valangard. — M. le baron de Wismes. — 70 f. — Plaine fertile — cardeurs de laine, — tricot de laine. — 2526 l.

22. *Clairefontaine.* — Abbaye. — 50 f. — Vallée sableuse produit seigles et sarasins — le reste landes et pâtures — les femmes occupées aux vaches en grand nombre. — 414 l.

23. *Congerville.* — Marquis d'Oysonville. — 30 f. — Plaine fertile — tricot de laine. — 911 l.

24. *Corbreuse.* — Chapitre de Paris. — 100 f. — plaine fertile — tricot soie et fil. — 2662 l.

25. *Dommerville.* — M. de Hallot. — 50 f. — Plaine fertile — tricot laine, 1215 l.

26. *Garentierres* — Comte de l'Hôpital. — 65 f. — Plaine fertile — tricot soie et fil. — 2882 l.

27. *Gaudreville*. — Marquis d'Oysonville — 20 f. — plaine — léger — tricot laine. — 576 l.

28. *Gommerville*. — Le Cheval. Briconnet — M. Chopin d'Arnouville. — 110 f. — Plaine ordinaire — tricot laine. — 3488 l.

29. *Grandville*. — M. Auvray. — 50 f. — Plaine, léger — tricot en laine. — 976 l.

30. *Guillerval*. — L'abbé de Saint-Denys — M. de Labarre. — 135 f. — plaine et vallée médiocres. — fil de laine. — 2300 l.

31. *Hattonville*. — MM. de Labarre et Bourgeois. — 30 f. — Plaine fertile. — tricot de soie. — 1742 l.

32. *Intreville*. — L'Hôtel-Dieu de Paris. — 60 f. — plaine fertile — tricot de laine. — 1860 l.

33. *La Forest-le-Roy*. — Le baron de Gauville. — 80 f. — Plaine fertile — vallée sableuse — tricot soie et fil. — 1366 l.

34. *Les Granges-le-Roy*. — Le duc d'Orléans — l'Abbaye de Lonchamp. — 90 f. — Plaine fertile — vallée sableuse — tricot fil et soie. — 2448 l.

35. — *Le Val-Saint-Germain*. — M. le Maître du Marais. — 120 f. — Plaine fertile. — terroir graveleux — vignes — femmes occupées au chanvre. — 1939 l.

36. *Longvilliers*. — Le prince de Montauban — le Président de Bandeville — 60 f. — Vallée plate fertile — tricot soie. — 1600 l.

37. *Merouvilile*. — M. de Hallot. — 100 f. — Plaine, léger — la plupart occupés à carder, filer et fouler la laine — tricot laine — bonnetiers. — 2259 l.

38. *Mesrobert*. — L'abbé de Sève. — 100 f. — Plaine, léger — tricot fil et laine — fagoteurs. — 2364 l.

39. *Monnerville*. — L'abbé de Saint-Denis. — 80 f. — Plaine médiocre — tricot. — 2357 l.

40. *Moulineux*. — Commanderie de Malte. — 20 f. — Vallée graveleuse. — 345 l.

41. *Neuvy*. — M. Cahouet. — 100 f. — Plaine — léger — cardeurs de laine tricot id. — 2364 l.

42. *Oynville-Saint-Lyphard*. — Le Chapitre de Meung. — M. Racle. — 120 f. — Plaine fertile — tricot de laine. — 4940 l.

43. *Oysonville*. — Le marquis d'Oysonville. — 110 f. — Plaine — léger — Bonnetier — cardeurs de laine — tricot id. — 2190 l.

44. *Parray*. — M. de Valangard — l'abbé Lemoine. — 40 f. — Plaine fertile — tricot fil et laine. — 2180 l.

45. *Ponthévrard*. — Le comte de l'Hôpital — M. le Breton. — 35 f. — Plaine médiocre — partie voituriers à somme, partie journaliers et fagoteurs — tricot de soie. — 818 l.

46. *Pussay*. — MM. de Vandeuil et d'Archambault. — 90 f. — Plaine fertile. — Quelques marchands bonnetiers occupent une partie des habitans à carder, filer et apprêter la laine — tricot de laine. — 2742 l.

47. *Rochefort*. — Le prince de Montauban. — 130 f. — Vallée sableuse — fagoteurs et journaliers — tricot de soie et filasse. — 642 l.

48. *Roynville*. — M. le Maître du Marais — M. de Péricard — le prieur de Saint-Pierre. — 100 f. — Plaine fertile — vallée sableuse — culture des terres et des vignes — tricot. — 2819 l.

49. *Rouvray-Saint-Denis*. — L'abbé de Saint-Denis — le marquis d'Arbouville. — 120 f. — Plaine fertile — tricot. — 4431 l.

50. *Saint-Arnoul*. — Le prince de Montauban — le comte de Graville. — 300 f. — Vallée sableuse — marché de blé — fagoteurs — la plupart vignerons (500 arp. de vignes) — marchands — artisans — tricot de soie — passage et logement de troupes. — 3720 l.

51. *Saint-Chéron*. — Le président de Lamoignon. — 220 f. — Petite plaine — vallée ordinaire — culture de la vigne (80 arp.) filasse. — 2025 l.

52. *Saint-Cyr*. — Le président de Bandeville. — 85 f. — Vallée plate assez fertile — filasse. — 1465 l.

53. *Saint-Escobille*. — 80 f. — Plaine fertile — tricot de soie. — 2645 l.

54. *Saint-Hilaire*. — Les Célestins de Marcoussis — les religieuses de Villechassant. — 45 f. — Plaine et vallée sableuses — filasse. — 1045 l.

55. *Saint-Lubin des Champs*. — Le marquis de Dampierre. — 60 f. — Plaine assez fertile — quelques vignes — filasses — 1233 l.

56. *Saint-Martin de Bretencourt*. — Le comte de l'Hôpital. — 120 f. — Plaine fertile — vallée et côtes sableuses — tricot soie et fil. — 2920 l.

57. *Saint-Maurice*. — Le président Pecquot. — 70 f. — Plaine et vallée peu fertiles — culture de la vigne. — 1441 l.

58. *Sainte-Mesme*. — Le comte de l'Hôpital. — 100 f. — Vallée médiocre — tricot de soie. — 1059 l.

59. *Sermaise*. — Le président de Lamoignon. — 130 f. — Plaine fertile — vallée sableuse — culture de la vigne (150 arp.) — 2970 l.

60. *Sonchamp*. — Le duc de Penthièvre. — 175 f. — Mauvaise plaine — dévastée par le gibier — fagoteurs et journaliers. — 3160 l.

61. *Souzy la-Briche*. — MM. Poisson et de Saint-Pol. — 45 f. — Plaine ordinaire. — 709 l.

62. *Thionville*. — M. Patois. — 20 f. — Plaine fertile. — Tricot de laine. — 799 l.

63. *Trancrainville*. — Mme Peigné — M. de Tarragon. — 80 f. — Plaine médiocre — tricot de laine. — 2300 l.

64. *Vierville*. — Le prieur de Saint-Martin de Bretencourt. — M. Defanières. — 30 f. — Plaine — léger — tricot de laine. — 1029 l.

65. *Villeconin*. — Le marquis de Chalmazel — MM. de Barville et de Rotrou. — 135 f. — Bonne plaine — vallée et coteaux moyens — presque tous vignerons (250 arp. de vigne) — 3043 l.

Total de la taille : 139,808 livres.

RÉCAPITULATION.

4125 Journaliers et leurs veuves à 3 livres.
357 Artisans, cabaretiers, petits détaillistes à 10 l.
40 id. à 15 l.

1317 arpens de bois taillis à 10 s.
1554 arpens de pré à 20 s.
113 arpens de filasse à 2 l.
650 arpens de vignes à 20 s.
1380   id.   à 30 s.
18 moulins à 10 l.
15   id. à 15 l.
19   id. à 20 l.
4   id. à 25 l.
17   id. à 30 l.
6   id. à 40 l.
6 fours à tuiles et à chaux à 10 l.
13 id. à 15 l.
5 id. à 20 l.
2 fours banaux à 4 l.
3   id.   à 10 l.
317 charrues 1/2 à 120 l.
275 ch.   1/2 à 110 l.
250 ch.   à 90 l.
92 ch.   1/2 à 80 l.
103 ch.   à 65 l.
23 ch.   à 60 l.
2 ch.   à 40 l.

P. 163.   (D'après un manuscrit.)

PIÈCE XX.

Extraits du rôle des Tailles de la ville de Dourdan.

— 1768. —

SOL.

Terres labourables. — (Celles de Dourdan sont au nombre des moins bonnes de l'élection.)

1° Terres à froment — l'arpent évalué, comme rapport 5 l., taxé à 1 l. de taille — soit 90 l. pour la charrue égale à 90 arpents.

2° Terres à méteil — évalué 4 l. l'arpent — taxé à 0,16 s. — soit 72 l. la charrue.

3° Terres à seigle — évalué 2 l. 10 s. l'arpent — taxé a 0,10 s. — soit 45 l. la charrue.

Prés. — Evalués 20 l. l'arpent — taxés à 2 l. de taille.
Bois. — Evalués 5 l. la feuille par arpent — taxés à 1 l. de taille.
Vignes. — Plus à charge qu'à profit — ne sont point comptées.
Le duc d'Orléans. — La forêt de Dourdan contenant 2800 arpens partie sur Dourdan, les Granges et St-Arnoult — (adjudication annuelle de 80 arpens).

Le domaine de Dourdan, consistant en prés et le moulin sousloué (la veuve Deslandres).

La Fabrique de St-Germain. — La ferme du mesurage des grains (n'est point à imposer crainte d'y porter atteinte et d'y préjudicier).

11 arpens de terre — 8 arp. 1/2 de prés, évalués 220 l. — taxés 26 l. 10 s.

Le prieur de St-Germain. — 2 arp. de prés évalués 40 l., taxés 4 l.

Les abbayes de St-Cheron-lès-Chartres — Villiers et Louye: La ferme des dîmes de la paroisse St-Germain, évaluée à 125 l., taxée à 25 l.

La Fabrique de St-Pierre. — 15 arpens 1/2 de terre 1 arpent de pré, évalués 80 l., taxés à 14 l.

Le prieur de St-Pierre. — La ferme des dîmes de la paroisse taxée à 6 l. de taille.

Un arpent 75 perches de terre — 2 arp. 16 perch. de prés taxés 5 l.

L'Hôtel-Dieu de Dourdan. — 139 arp. de terre et 2 arp. 1/2 de pré — évalués 570 l., taxés à 113 livres.

La Communauté de Dourdan. — 72 arp. de terre — 3/4 de pré — évalués 291 l., taxés à 56 l. 14 s.

Les Jalots. — A l'abbé de Clairefontaine. — 120 arp. de terre évalués 560 l. — 6 arp. de bois taillis évalués à 30 l. — Bêtes à laine évaluées à 100 l. — taille fixée à 123 l.

Postelet. — A M. Poussepin — 150 arp. de terre éval. 575 l. — 4 arp. 1/2 de pré (90 l.) — 12 arp. de bois taillis (60 l.) — taxés à 136 l.

Grillon. — A M. le marquis de Magny — 82 arp. de terre (187 l.) — 8 arp. de pré (160 l.) — 2 arp. de bois (10 l.) — taxés à 55 l. 10 s.

Bonchamp. — Le sieur Gaudron du Coudray. — 81 arp. de terre (383 l. 6 s.) — 1 arp. de bois (5 l.) — taxés 63 l.

Semont. — Le sieur Corbet. — 80 arp. de terre (306 l.) — taxés à 61 l. 6. s.

Rouillon. — La veuve Deslandres. — 160 arp. de terre (651 l.) — 2 arp. 1/2 de pré (60 l.) 10 arp. de bois (50 l.) taxés à 146 l. 6 s.

MOULINS.

1° *Du Roy* — au duc d'Orléans — éval. 250 l., taxé 25 l. avec la prairie de l'étang contenant 14 arp. partie en marais, loués à plusieurs, éval. 280 l., taxé 28 l., total 53 l.

2° *Grillon* — au marquis de Magny — éval. 250 l., taxé 25 l.

3° *Postelet* — au sieur Poussepin — év. 150 l., taxé 15 l.

4° *Choiselier* — au prieur de St-Germain — év. 200 l., taxé 20 l. avec 1/2 arp. de terre et 2 arp. de pré, taxé 4 l.

5° *Grousteau* — aux Cordeliers — év. 200 l., taxé 20 l.

6° *Tuilerie de Postelet.* — au s. Poussepin — éval. 300 l., taxée 15 l.

EXEMPTS DE LA TAILLE.

Le prieur-curé — les 2 vicaires — les 2 chantres — l'organiste — le maître des enfants de chœur de St-Germain.

Le curé de St-Pierre.

Les chapelains de la communauté et de l'Hôtel-Dieu.
Les dames de l'instruction chrétienne.
Les sœurs de l'Hôtel-Dieu.
Le lieutenant général — le lieutenant particulier — et le procureur du roi au bailliage.
Le lieutenant, les 2 élus, et le receveur de l'élection.
Les nobles :
(Comte de Verteillac — S. et Dlles de Sabrevois — le S. de Thorigné — le S. et veuve de Fanières.)
Le contrôleur des guerres.
Les veuves d'officiers du roi.
Les exempts de la maréchaussée — commis au tabac — employés aux aides.

P. 170. (D'après un rôle manuscrit.)

PIÈCE XXI.

Un Te Deum *à Dourdan, en* 1748.

La paix d'Aix-la-Chapelle, signée le 18 octobre 1748, entre la France, l'Angleterre et la Hollande, permettait d'espérer la fin d'une guerre ruineuse, et la publication de cette paix devait être partout le signal de réjouissances et de *Te Deum*. Elle ne fut officiellement ordonnée par édit du Roi et lettre de l'intendance, qu'en février 1749, et les autorités s'étant concertées, ce fut le samedy, 1er mars qu'elle eut lieu à Dourdan. M. Vedye, lieutenant-général et subdélégué, dans son rapport à l'intendance, croit pouvoir : « avancer sans exagéra-
« tion, qu'il n'y a pas une ville dans le Royaume, quelque grande et quelque
« riche qu'elle soit, qui ait plus fait paraître son zèle et son attachement au Roy,
« par la joye, les acclamations et l'ordre qui a régné, malgré l'affluence du peu-
« ple, tant de la ville que des environs..... » « Le samedy matin, ajoute-t-il,
« tout le cortège partit à neuf heures du château. La marche était ouverte par
« 4 tambours, 2 haubois et 4 violons. Ensuite marchoit une compagnie d'envi-
« ron 30 jeunes gens à cheval, ayant un trompette, leurs officiers et un étendard
« à leur teste. Après eux, marchoit le syndic, accompagné des 4 hallebardiers
« de la ville, ensuite celuy qui devoit faire la publication, et enfin le Commis-
« saire de police et les huissiers. Ils marchèrent ainsy, suivant que la marche
« avoit été dirigée dans les différentes rues, et la publication fut faite en six en-
« droits différents, aux acclamations du peuple, et vers les unze heures et demie,
« le cortège rentra au château. Le soir du même jour, les réjouissances du
« lendemain furent annoncées par le son des cloches de toute la ville et par
« 3 volées de 3 canons, très-petits à la vérité, mais qui néanmoins marquoient
« la bonne volonté des habitans qui avoient voulu faire en sorte que rien ne
« manquast à leur joye. Le lendemain dimanche au matin, cela fut reytéré,
« et sur le midy, 4 compagnies de bourgeoisie de 40 hommes chacune, qui
« s'estoient assemblées sous les murs entrèrent par la porte du costé de Char-

« tres, ayant chacune leurs officiers et leurs drapeaux à leur teste, et se rendi-
« rent dans la cour du château, après cependant en avoir fait le tour en dehors.
« Sur les quatre heures, le Bailliage s'y rendit aussy, dans l'auditoire, et de là,
« précedé des 4 compagnies de bourgeoisie à la teste desquelles estoit le Syndic
« et ses hallebardiers, alla en corps à la principalle Eglise où devoit se chanter
« le *Te Deum*. La bourgeoisie se rangea en haye dans la nef et dans les costez,
« le Bailliage prit la place qui luy est marquée dans le Chœur, où les officiers de
« bourgeoisie et les drapeaux se placèrent aussy, et le *Te Deum* fut chanté
« à 3 chœurs, du peuple, de l'orgue, et des instrumens de musique qui ont tou-
« jours marché à la teste des compagnies ; après quoy, on sortit dans le même
« ordre, et on fit le tour du feu qui estoit préparé dans la place et il fut allumé
« par le lieutenant-général au bruit de trois décharges de mousquetterie et de
« ces petits canons, et aux acclamations du peuple dont cette place estoit rem-
« plie ; après quoy, toutes les maisons furent illuminées, et presque touttes con-
« sidérablement, ce qui dura jusqu'à plus de minuit. »

P. 209.

PIÈCE XXII.

Instructions de S. A. R. la Grande Duchesse de Toscane pour les malades de l'hostel Dieu de Dourdan.

— 1684 —

Son Altesse Royalle, madame la Grande Duchesse de Toscane, soite que tous les malades de la ville soyent receu à l'hostel Dieu, a raison de cinq solz par jours, les enfens y seront receu ayant atint l'aage de sept ans, et depuis cette aage jusques a dix, les sœurs en receuvront deux pour un, ledit hostel Dieu fournira aux malades de la charité de tous leurs besoins.

Les seurs ne receuvront point de femme accouchée et les dames de la charité donneront aux seurs quatre sols par jours pour leur porter la portion en leurs maisons et la charité leur fournira de linge et autres besoins qu'elles pouront avoir.

Les seurs ne receuvront point dans l'hostel Dieu de personne qui seroient malades des escrouelles, du mal caduc, et des personnes qui perdent l'esprit hidropiques, pulmoniques ; quand ces personnes seront malades, la charité leur donnera a leur besoin de la manière quelle fait aux accouchées.

Le jour de l'entrée des malades a l'hostel Dieu et le jour de la sortie ne seront contez que pour un jour.

(*Archives de l'Hospice.*)

P. 257.

PIÈCE XXIII.

Hommage des habitants à la Grande-Duchesse.

— 1695. —

Aujourd'huy, dix-septième jour d'avril 1695; en l'auditoire royal de Dourdan, lieu ordinaire où se tiennent les assemblées de la dite ville, et où estoient lesdits habitants assemblés au son de la cloche, à la dilligence de Noël-Denis Lesourd, leur procureur-syndicq, est comparu M. André Le Camus, — substitut de M. le Procureur du Roi, de l'artillerie de France, résident au dit Dourdan, fondé de procuration de sœur Louise Texier, administratrice du temporel de l'Hostel-Dieu de Dourdan, — lequel a dit que depuis unze années qu'il a la direction de l'Hostel-Dieu, de la dite ville, sous la procuration de la dite Texier, il a reçeu de très-haute, très-puissante et très-illustre princesse Madame Margueritte-Louise d'Orléans, grande-duchesse de Toscane, plusieurs sommes de deniers qu'il a employez tant au restablissement et augmentation des bâtiments et réparations de la Chappelle du dit Hostel-Dieu, que pour la norriture, gouvernemens, pencemens et médicamens des pauvres du dit Hostel-Dieu, et pour norrir, gouverner et instruire, un nombre de petites filles, orphelines de la dite ville, Son Altesse Royale, madite Dame Grande-Duchesse, lui avait plusieurs fois dit, que touttes les sommes de deniers qu'elle a donnez et donne souventes fois, elle vouloit que le tout fust employé, tant pour les dits pauvres malades, que pour les dites petittes filles orphelines, et que sa volonté estoit que l'on passast un acte portant que le dit Hostel Dieu seroit obligé d'y en norrir, gouverner et instruire un nombre certain. La proposition ayant été mise en délibération, les dits habitants assemblez ont tous d'une voix dit et déclaré, que pour donner des marques de leur recognoissance à Son Altesse Royale, Madame la Grande-Duchesse, de tant de bienfaits qu'ils ont receus de sa part en la personne des pauvres mallades et autres de la dite ville et de ceux qu'elle leur a procurez, et qu'ils espèrent qu'elle leur donnera et procurera par sa charité incomparable et sans exemple, ont consenty et accordé, consentent et accordent autant qu'ils le peuvent et sans néantmoins s'y obliger, que le dit Hostel-Dieu soit et demeure chargé de six petites filles de la dite ville, orphelines de père ou de mère, nées en loyal mariage, pour y être norries, entretenues, gouvernées et logées, tant saines que malades, et instruittes par une seur de la Charité, ou autre fille qui leur apprendront à faire des bas de soye ou la couture, lesquelles petites filles ne pourront être receues au dit Hostel-Dieu, qu'elles n'ayent attaint l'âge de cinq à six ans, et y demeureront jusqu'à ce qu'elles sachent gaigner leurs vies aux dits ouvrages, ou qu'elles soient en état et force d'aller servir. La gouvernante des dits enfants orphelines, sera tenue et obligée, outre les instructions ci-dessus, de les mener et conduire tous les jours à la chappelle du dit Hostel-Dieu, et là estant, leur faire garder le respect et modestie, les faire prier Dieu pour le Roi, notre Sire, pour Monseigneur le Duc D'Orléans, frère unicque de Sa Majesté, comte et seigneur de cette ville de Dourdan; pour son Altesse

Royale, Ma dite Dame Grande-Duchesse de Toscane, fondateurs et bienfaicteurs du dit Hostel-Dieu, à cette fin et intentions, chanteront les litanies de la Sainte-Vierge, aveq l'oraison : *Et Exaudiat te Dominus in Die tribulationis*, aveq l'oraison, l'antienne de la Sainte-Vierge, qui se chante selon les Tems que l'Eglise observe, aveq un *De Profundis* pour les pauvres trespassez, les quelles prières se feront depuis Pasques jusqu'à la Saint-Remy, à sept heures du soir, et depuis la Saint-Remy jusqu'à Pasques, à cinq heures du soir, sauf à advancer ou retarder les dites prières d'une demye heure, si le service pressant des mallades le requeroit. La dite prière sera annoncée par le son de la cloche de la dite chappelle; pendant la dite prière, il y aura deux cierges allumez sur l'autel. Les dites orphelines seront receues au dit Hostel-Dieu, soubs le bon plaisir et au choix de Son Altesse Royalle Ma dite Dame Grande-Duchesse, ou par telle personne qu'il lui plaira nommer et commettre pour cet effet, et après seront choisies et nommez alternativement, savoir : la première fois, par M. Le Prieur de Saint-Germain, la seconde, par M. le Curé de Saint-Pierre, la troisième, par M. le lieutenant-général, la quatrième, par M. le Procureur du Roi du Bailliage, la cinquième, par M. l'administrateur, et la sixième, par M. le procureur du Roi de la ville et communauté du dit Dourdan, sans que l'ordre ci-dessus puisse être changé que du consentement des dits sieurs cy-dessus nommés qui auront soin par leurs charitez, de prendre toujours les plus pauvres et destituez de parens ; ne seront receues au dit Hostel-Dieu, les petites filles qui se trouveront malades d'épilepsie, ou haut mal, les escrouellées, celles qui auront la tigne, ulcères et autres maux incurables ; et si par la suite des temps, les dites orphelines se trouvent attaintes des dites infirmités, soit qu'elles eussent été receues par surprise, ou que cela leur fust arrivé naturellement, l'on les fera séparer des autres. Déclarant les dits habitants assemblez, qu'ils voudraient avoir plus grandes occassions de tesmoigner à Son Altesse Royale, Ma dite Dame Grande-Duchesse, leurs recognoissances de ses bienfaicts.

Fait et arresté en la dite assemblée, le dit jour, dix-septième avril 1695, d'une heure de relevée, en présence des dits habitants, savoir Claude Regnou, Claude Guerton, Claude Poussepin, Léonard Dossonville, Pierre Le Camus, Pierre Aury, Pierre Houssu, Pierre Dutocq, Anne Houssu, Anthoine Roussin, Claude Sédillon, Louis Guillemin ; tous marchands, demeurans en la dite ville de Dourdan ; devant nous, Anne Pelault, sieur de Cherelles, conseiller du Roi et son procureur en la ville et communauté du dit Dourdan, et ont tous les sus dits habitants signé.

(*Archives de l'Hospice.*)

P. 261.

PIÈCE XXIV.

Les Rosières de Dourdan

P. 347.

	Année.		Année.
1 Cocheteau, *Désirée*	1823	25 Auvillain, *Clémentine*	1847
2 Chevallier, *Charlotte*	1824	26 Saucier, *Virginie*	1848
3 Colle, *Henriette*	1825	27 Girard, *Pauline*	1849
4 Faby, *Martiale*	1826	28 Meunier, *Louise*	1850
5 Caquet, *Augustine*	1827	29 Marnet, *Annette*	1851
6 Hincourt, *Joséphine*	1828	30 Houssu, *Louise*	1852
7 Seugnot, *Joséphine*	1829	31 Giraud, *Alphonsine*	1853
8 Lambert, *Félicité*	1830	32 Lemaître, *Alma*	1854
9 Ménard, *Adélaïde*	1831	33 Imbault, *Stéphanie*	1855
10 Lefèvre, *Eugénie*	1832	34 Hutteau, *Louise*	1856
11 Coignet, *Sophie*	1833	35 Simonneau, *Honorine*	1857
12 Randouin, *Sophie*	1834	36 Fraumont, *Eulalie*	1858
13 Rouillion, *Eugénie*	1835	37 Rossignol, *Fébronie*	1859
14 Coignet, *Adélaïde*	1836	38 Bienfait, *Héloïse*	1860
15 Houy, *Héloïse*	1837	39 Millochau, *Maxime*	1861
16 Marville, *Julienne*	1838	40 Flabbée, *Louise*	1862
17 Goret, *Anaïs*	1839	41 Chauvet, *Eugénie*	1863
18 Levesteau, *Clémentine*	1840	42 Damoiseau, *Léontine*	1864
19 Chevallier, *Félicité*	1841	43 Rousseau, *Louise*	1865
20 Poussard, *Evélina*	1842	44 Bichain, *Julie*	1866
21 Ruffier, *Louise*	1843	45 Mussaut, *Delphine*	1867
22 Boudon, *Adélaïde*	1844	46 Planche, *Justine*	1868
23 Proust, *Henriette*	1845	47 Valetat, *Anaïs*	1869
24 Daubroche, *Aventine*	1846		

TABLE DES MATIÈRES

SUIVANT L'ORDRE ALPHABÉTIQUE.

A

Ablis, 3o5, 385, 427.
Age de pierre, 3.
Age de bronze, 3.
Alix, mère de Philippe-Auguste, 19, 20.
Allainville (la paroisse d'), 394.
Anecdote pour la gazette officielle (1775), 137, 167.
Angervilliers (la commune d'), 373.
Anne de Bretagne, 389.
Anne d'Autriche, 118, 254.
Anne d'Este, veuve du duc de Guise, hérite de ses droits sur Dourdan, 82, 84.
Anne de Pisseleu, comtesse d'Etampes, est mise en possession de Dourdan, 71, 373.
Apchon (le marquis d'), 335.
Aramont (le comte d'), 375.
Archidiacres (les) institués au IXe siècle, 33.
Aremberg (le prince d'), 396.
Argenson (le marquis d'), chancelier du duc d'Orléans. Paysages exécutés par lui en 1753, représentant les environs de Dourdan, 159, 366, 390.
Armagnacs (les), 60.
Arnoult (saint), 12e évêque de Tours, 7, 380.
Aubry le Cornu, évêq. de Chartres, 382.
Aubry (Jean), seigneur du Gravier, administrateur de l'Hôtel-Dieu de Dourdan, en 1499, 251.
Auneau, défaite des Reîtres, 87-91.
Authon-la-Plaine, 87, 395.
Aymery (Guillaume), 138.

B

Baillis, leur établissement, 151; leurs fonctions, 153; liste chronologique des baillis de Dourdan, 156.
Barbazan, 62.
Barentin (de), intendant d'Orléans (1747), 164.
Barthélemy Faye, conseiller du roi, 74.
Basclac (Denis), commis à la recette de Dourdan en 1450, 66.
Baussan (de), intendant d'Orléans (1739), 164.
Bautru (Nicolas de), 115, 116, 117; avocat des pauvres, 117; tué au passage du Rhin, 117; 154, 158.
Bâville (le château de), manoir des Lamoignon, 364.
Bazouin (M.), 396.
Beauvais (Philippe de), 396.
Belsia (la Beauce), 394.
Berry (le duc de, 1400), 57, 58; on lui attribue les fortifications de Dourdan, 59.
Berthault Cocalogon (messire), lettres d'aveu de 1190, 26, 153.
Besnard (le S^r) donne, en 1696, à la chapelle de l'Hôtel-Dieu de Dourdan des reliques de plusieurs saints, 261.
Bigal de Lavaur (dom), abbé de Grandmont, général de l'ordre, 113.
Biron (le maréchal de), 97, 98.
Bissy (le fief de), 373.
Blanche de Bourgogne, 47.
Blanche de Castille, 25.
Blancheface (le fief de), 342.
Boinville-le-Gaillard (la commune de), 385.
Boirre (M. de la), 396.
Bois Saint-Benoît (les), 381.
Boissy-sous-Saint-Yon, 367.
Boistel (Richard le), lieutenant général à Dourdan pendant plus de 5o ans, 154.
Boistel (la famille le), 393.
Boivin (Denis-Aubin), maire de Dourdan, 347.
Boivin (Émile), fils du précédent, maire de Dourdan, 179, 348; président du con-

TABLE DES MATIÈRES.

seil d'administration de l'Hôtel-Dieu de Dourdan, 268.
Bonchamp, 140, 432.
Bonnelle (Claude de la Mothe) fortifie Dourdan, 82, 84.
Bonnelles (la commune de), 373.
Bosredon (Louis de), 61.
Boucher, subdélégué, 164.
Bouchet (la terre du), 20.
Boudet (Pierre), député du Tiers aux États-Généraux de Paris, en 1614, 113.
Boudon, lieutenant général du bailliage de Dourdan, 103, 154.
Boulard (Marie), supérieure de l'Hôtel-Dieu de Dourdan, 261.
Bourdaloue (le R. P.), 256.
Bourguignel (Jean), chambellan de saint Louis, 26.
Boutet, seigneur de Bois-Poignant, administr. de l'Hôtel-Dieu de Dourdan, 252.
Boutet (la famille), 154.
Bouville (de), intendant d'Orléans (1723), 164.
Bréau-Sans-Nappe (le), 385.
Bréthencourt, voy. Saint-Martin.
Breuillet, 367.
Breux, 367.
Broglie de Révèl (le prince de), député pour Dourdan aux États-Généraux de 1789, 154, 335.
Broussard (Louis), chanoine de Chartres, est chargé, en 1694, d'une enquête sur Saint-Laurent et sur l'Hôtel-Dieu, 258.
Brunet le parricide; son histoire, 292.
Brussel, cité, 15, 22, 28.
Buhy (de), gouverneur du château de Dourdan, 112, 158.
Bullion (M. de), seigneur de Bonnelles, 374.
Bullion (le domaine de), 374.
Buron (François), administrateur de la maladrerie Saint-Laurent, 77, 251.

C

Carnutes (les), 2.
Caron (madame Marie-Thérèse), supérieure des filles de l'Instruction chrétienne, 274.
Carrey, maître des eaux et forêts à Dourdan (1783), 171.
Catherine de Médicis, 81.
Celle-les-Bordes (la commune de la), « cella Sancti Germani; » peut-être donnée à saint Germain lui-même par Childebert, 375.
Cens-Boursier (fief de), 139.
Cense (ferme de la), on y montre la chambre de Henri IV, 375.
Censive de l'abbé de Saint-Chéron-lès-Chartres, 150.
Censive du prieur de St-Arnoult, 150.
Censive de Sainte-Croix d'Etampes, 150.
Censive de l'abbé de Morigny, 149.
Censive de l'abbé de Clairefontaine, 149.
Censive des dames de Lonchamp, 148.
Censive du prieur de Saint-Germain, 146.

Censive du prieur de Saint-Pierre, 145.
Chabrol (madame de), 391.
Châlo-Saint-Mard, 34, 395, 428.
Chalou (la seigneurie de), 20.
Champtier de Navarre (le), 98.
Chanoines du chapitre de Paris, seigneurs de Corbreuse, 79, 392.
Chardon (Denis), 160.
Charles d'Evreux, 51-53.
Charles VI, 58.
Charles VIII, 70, 74, 389.
Charles IX, 81, 82.
Charles X, 137.
Charles Jouan, subdélégué, 164; maître des eaux et forêts, 171.
Charlotte de France; récit rectifié par M. Douët d'Arcq, 67.
Charpentier (l'abbé), 205.
Chartres, 1, 12, 17, 18, 23, 33, 64, 96, 100, 112, 117, 168, 174, 323.
Chasses, 19, 22, 28, 29, 46, 67, 69, 72, 113, 136, 171, 380.
Chastillon (le card. de), 78.
Château (le) de Dourdan, 10, 13, 15, 24, 25, 27, 30, 49, 51, 58, 60, 62, 64, 67, 69, 80, 82, 89, 95, 97, 101, 106, 108, 110, 114, 120, 129, 157, 173, 188; chap. XVIII entier consacré à sa description, 230-248, 253; converti en prison, chap. XXII, 289-298; 309, 336 et suiv., 403.
Châteaupers, 108, 359, 369.
Châtelliers (ferme des), 7, 392.
Chatignonville (la paroisse de), 393.
Châtres (marquis de), *Jeux d'esprit et de mémoire*, 136.
Chavanne, 419, maître des eaux et forêts à Dourdan (1786), 171.
Chevreau (Catherine), supérieure de l'Hôtel-Dieu de Dourdan (1682), 255.
Christofle de Thou, 74.
Christofle le Prince, administrateur de l'Hôtel-Dieu de Dourdan, en 1576, 252.
Cimetière gallo-romain, 5.
Cinguot (Jean), 138.
Clairefontaine (l'abbaye de), 21, 37, 41, 149, 381.
Cloches, 105, 109, 202.
Cochefilet (Rachel de), femme de Sully, 108, 369.
Commerce, 316 et suiv.
Communauté ou de l'Instruction chrétienne à Dourdan (maison de la), 271 et suiv.
Condé (le grand), 119.
Confréries de charité (dites *charités*), instituées par S. Vincent de Paul, 265.
Corbreuse (la paroisse de), 90, 166, 392, 415.
Coutumes de Dourdan (1556), 75.
Craches, 352, 384.
Croissant (l'auberge du); on y défraye les prédicateurs étrangers, 105, 183.
Crussol (François-Emmanuel de), duc d'Uzès, seigneur de Bonnelles, 374.
Cugnac (François de), 396.
Curé (Jean-Raphaël), maître des eaux et forêts (1758), 171.
Cypierre (de), intendant d'Orléans (1760), 164, 309.

TABLE DES MATIÈRES.

D

Dauvigny (M.), maire de Dourdan (1800-1808), 344.
Debat (Daniel) mesureur à Dourdan en 1633, 212.
Demetz (M.), maire de Dourdan, 345, 346.
Demetz (M.), fondateur de la colonie de Mettray, 179, 346.
Denis et Noël Boutet, 160.
Denisy (le hameau de), 30, 391.
Diard (le D^r), maire de Dourdan, 179, 348.
Digeon (le général), 375.
Dion (M. de), 376.
Dordanus, Dordingus rex, légende, 7, 10.
Dourdan. — Origines, 1 et suiv.; dénominations diverses, 9; sous les premiers Capétiens, 13; Hugues le grand y meurt, 14; terre de la Couronne, 15; sous Philippe-Auguste, 22; comptes relatifs à la prévôté de Dourdan, 23; donné par S. Louis à la reine Blanche, 25; à Marguerite de Provence, 27; sous Philippe le Bel, 28; donné en apanage à Louis d'Evreux, 30; état ecclésiastique au XIIIe siècle, 32; sous les comtes d'Evreux, 45; prison de Jeanne de Bourgogne, 47; siége et peste en 1380, 54; sous les ducs de Berry et de Bourgogne, 58; assiégé et pris par les Bourguignons, 60-62; par l'anglais Thomas de Montagu, 63; état lamentable de la contrée, 63; donné à Jean de Nevers, 64; mis sous sequestre, 66; les seigneurs engagistes, 68; sur l'ancien domaine de Dourdan, 69; revient à la Couronne, 70; est engagé par Louis XII à Malet de Graville, 70; Montgomery en reçoit la jouissance pour 10 ans, 71; passe aux mains d'Anne de Pisseleu, 71; revient à Henri II, 72; vendu à François de Lorraine, duc de Guise, 72; rédaction des coutumes, 74; Dourdan sous les Guises, 80; représenté aux Etats-Généraux de 1560, 81; les reîtres de d'Andelot s'en emparent, 82; Guise les chasse, 82; il est assassiné et sa veuve Anne d'Este hérite de ses droits, 82; Dourdan est mis à sac par les religionnaires, 83; sert de rendez-vous pour la guerre d'Auneau, 86; occupé par la Ligue, 94; défendu par le capitaine Jacques, 97; est repris par le maréchal de Biron, 98; désastres, 101; le domaine de Dourdan est vendu au sieur Imbert de Diesbach, 105; à Harlay de Sancy, 106; le duc de Sully a la jouissance de Dourdan, 108; ère de paix, 109; Dourdan revient au domaine royal, 111; douaire de Marie de Médicis, 111; en grande faveur sous Louis XIII, 113; peste et famine à Dourdan en 1626, 117; est engagé par Louis XIV à Anne d'Autriche, 119; est rançonné pendant la Fronde, 119; Dourdan sous les ducs d'Orléans, 122; domaine de Dourdan, 127; perception des revenus du domaine, 131; terriers, 131; fermiers, 132; forêt de Dourdan, 133; routes ouvertes par les ducs d'Orléans, 135; principales censives particulières sur le territoire des paroisses de Dourdan, 138; prévôté, bailliage, 151; gouvernement de la ville et du château, 157; corps de ville, 159; milice bourgeoise, 160; armes de la ville, 161; subdélégation, fonctions du subdélégué, 162; chef-lieu d'une élection, 163; levée de la milice, 165; chemins, santé publique, 165; élection, 168; impôts, 170; maîtrise des eaux et forets, 170; capitainerie des chasses, conservateur particulier, 171; grenier à sel, 172; premiers officiers du grenier à sel, 172; auditoire royal, 173; officialité, 174; liste des autres fonctionnaires, 174; la poste à Dourdan au XVIIIe siècle, 174; service militaire, 175; description rétrospective de Dourdan, rues, maisons, etc., 177; les habitants, 188; l'église Saint-Germain, 191; l'église Saint-Pierre, 220; le château, 229; l'Hôtel-Dieu, 249; établissement de la foire Saint-Félicien, 261; établissement des charités, 265; lettre du subdélégué sur l'état de Dourdan en 1773, 267; maison de la Communauté, 271; le château de Regnard, 277; le château du Parterre, 284; les prisons, 289; les sorciers de Dourdan, 290; la bande de Renard et la bande d'Orgères, 293; le marché aux grains, 299; crise à propos du libre commerce des grains, 309; état actuel du marché, 313; industrie et commerce : les potiers, 316, mines de fer, 318; la vigne, 318; tanneurs et mégissiers, 320; ouvrages de laine, 320; bas de soie, 321; merciers, toiliers, drapiers, épiciers, chandeliers et quincailliers, 323; boulangers et pâtissiers, 324; bouchers, 324; charcutiers, 325; chirurgiens et barbiers, 326; hôteliers-marchands de vin, poissonniers, 327; tisserands, etc., 328; la corporation et la confrérie, 328; la halle, 329; les foires Saint-Laurent, Saint-Félicien, Ventôse, 330; Dourdan en 1789, 333; les Etats-Généraux et M. Lebrun, 335; nouvelle division territoriale, 339; Dourdan au XIXe siècle, 343; invasion, fuite de Marie-Louise, 345; institution des rosières, 346; statistique sommaire de la ville et du canton, 351; promenade dans les deux cantons de Dourdan, 358; tableau géologique, 399; pièces relatives aux dîmes des vignes, etc., 408; doléances du Tiers-Etat de Dourdan aux Etats-Généraux d'Orléans, en 1560, 417; les notaires de Dourdan, 423; ban et arrière-ban du bailliage, 424; cadastre de l'élection, 426; extraits du rôle des tailles, 431; un *Te Deum* à Dourdan, 433; les rosières, 437.
Dubois, agent-voyer en chef du département de Seine-et-Oise, 7.
Duchâlais (M.), 7.
Duchesne (Pierre), prieur de Saint-Germain de Dourdan, en 1567, 110, 204.
Dujoncquoy de Ville-Lebrun (MM.), 143, 323, 391.
Du Marais, gouverneur du château de Dourdan en 1616, 112, 158.
Du Plessis-Mornay, 98, 378.

E

Effiat (le marquis d'), 154, 280.
Eclimont (les célestins d'), 387.
Enseignes, 179-187.
Erainville, 394.
Eschanson (fief de l'), 24, 79, 131.
Esgaré (Nicolas), donation pieuse, 43.
Etangs (les) de Dourdan, 3, 107, 130, 327, 432.
Étards (baron des), 396.
Etats (les trois), d'Église, de Noblesse et du Tiers, 46, 75-77, 81, 113, 335.
Etienne (reliques de saint), 83, 110, 200, 201.

F

Félicien (saint); ses reliques sont données à l'Hôtel-Dieu de Dourdan par la grande duchesse de Toscane, 260.
Flury (M.), 375.
Foires, 329.
Forêt-le-Roy (la), 33, 396.
Forêt de Dourdan, 133, 170, 380.
François Ier, 71, 372.
François II, 81.
François de Lorraine, duc de Guise, 72, 80, 81.
Fronde (guerres de la), 119 et suiv.

G

Gâcon, cité, 278.
Gapaumes (Jehan de), capitaine de Dourdan, 65, 157.
Garantières (de), gouverneur de Dourdan pour Henri IV, 102, 103, 158.
Gaudart (Charles de), 394.
Gaudry (madame), supér. des filles de l'Instruction chrétienne en 1792, 274.
Gaultier de Launay, écorché vif, 48.
Gaumer, commissaire de police à Dourdan, note sur Dourdan, 231.
Gauville (M. de), député de la noblesse pour Dourdan, 337 et suiv.; 396.
Geffroy de Paris, citations de sa *Chronique rimée*, 47 et suiv.
Généralités; l'institution remonte à François Ier, 163.
Géologie de Dourdan et de ses cantons, 399.
Gérard (l'abbé), curé de Dourdan, 205.
Gerbert, lettre à Adalbéron, 14.
Gilles du Couldrier, 366.
Girard le Charron, dernier bailli de *robe longue* à Dourdan, 153.
Girard Garnier, substitut du procureur d'Etampes, 78.
Gobaches (Pierre), seigneur de Dourdan, 68, 129.
Godet des Marais, év. de Chartres, 272.
Goslin de Léves, évêque de Chartres, 17.
Gouffier (Jehan), administrateur de l'Hôtel-Dieu de Dourdan en 1446, 250.
Gouin (la famille), 154, 223.
Grâce (abbaye de la), en Languedoc, 27.
Grande Duchesse (la). Voy. Marguerite-Louise d'Orléans.

Grandmont (religieux de), 19, 27; sévérité de leur règle, 37, 341. Voy. Louye.
Granges-le-Roy (les), 18, 26, 29, 34, 38-42, 120, 128, 130, 143, 148, 306, 397, 408 et suiv., 419 et suiv.
Grâville (l'amiral Louis-Malet de), 70.
Grégoire de Tours, 10, 11.
Grêle terrible à Dourdan en 1702, 222.
Grenier à sel à Dourdan (1743), 172, 245.
Grillon (fief de), 52, 141; Regnard à Grillon, 278; habité par le consul Lebrun, 333, 392.
Groslieu, 394.
Guegnée, 362.
Guenée (Amédée), achète le château de Dourdan, préface, IV, 219, 247.
Guérin (Philippe), grand pannetier de France, bailli de Dourdan en 1463, 385.
Guignard (Grand et Petit), 396.
Guillaume de Dourdan, grand-maître des arbalétriers en 1291, 29.
Guises (Dourdan sous les), 72, 74 et s.
Guyot (Pierre), syndic de Dourdan, en 1595, 104.
Guyot (Julien), succède à Pierre Boudon, dans la charge de lieutenant général à Dourdan, en 1630, 154.
Guyot (M.), premier marguillier de Saint-Germain de Dourdan, en 1675, 207, 221.
Guyot (Louis), « maire perpétuel de ville et paroisse de Dourdan, » en 1706, 160, 168, 187.
Guyot (Ludovic), 247.
Guymart (Nicolle) administrateur de l'Hôtel-Dieu de Dourdan en 1523, 251.

H

Haches celtiques, 3.
Halle de Dourdan, 25, 30, 46, 98, 107, 128, 173, 187, 232, 329, 347.
Harlay de Sancy, 106, 238.
Hattonville, 394.
Hémery (la famille d'), 94, 154, 361, 362.
Hendecourt (M. d'), 375.
Henri VI, roi de France et d'Angleterre, 64.
Henri II, 72 et suiv.
Henri IV, 86, 93-110.
Hérouville, 396.
Hocquincourt (M. d'), 120.
Hospital (de l'), généalogie de cette famille, 389.
Hospital (Jean de l'), comte de Choisy, 83, 389.
Hospital Sainte-Mesme (comtes de l'), 76, 119, 138, 154, 157, 158, 171, 189, 255 et suiv., 386, 388 et suiv.
Hospital Vitry (Louis de l'), 86, 94, 158.
Hôtel-Dieu de Dourdan, ses origines, 249; administrateurs laïques et ecclésiastiques au moyen âge, 250 et suiv.; commissaires *par justice*, 252; ce qu'était l'Hôtel-Dieu de Dourdan au XVIIe siècle, 253; est confié à des religieuses, 253; charités de la grande duchesse de Toscane, 256, 434-436; enquête sur l'état de l'Hôtel-Dieu en 1694, 259; est réformé par M. de Pas-

TABLE DES MATIÈRES.

sart, en 1696, 262; reconstruit au XVIIIe siècle, 264; destinées actuelles, 268.
Houssaye, inspecteur des forêts à Dourdan, 246.
Hugues le Grand, 12, 13.
Hurault de Cheverny, 85, 99, 369, 386.
Hurault, seigneurs du Marais, 76, 359, 360, 369.
Hurault de Vauluisant, bailli d'épée, 85, 159.
Hurepoix (le), *Huripensis pagus*, 2, 163.
Huvé (Jean le), prêtre, administrateur de l'Hôtel-Dieu de Dourdan en 1495, 251.

I

Imbert de Diesbach, colonel d'un régiment suisse, achète le domaine de Dourdan, 105.
Industrie, 316-331.
Innocent III, 18.
Isabelle de Dourdan, 20.

J

Jacques (le capitaine), 96; défend Dourdan, 97 et suiv.; capitule 99; conditions de la capitulation, 99, 158.
Jalots (fief des), 37, 149, 398, 413, 432.
Jean (le roi), 53.
Jean de Bourgogne, comte de Nevers, 64.
Jean de Foix, vicomte de Narbonne, 68.
Jean de Bourgogne, dit Sans-Peur, 59.
Jean et Louis, fils de roy (le fief de), 397.
Jeanne d'Arc, 64.
Jeanne de Bourgogne, 47; renfermée à Dourdan, 49; reconnue innocente, 49.
Johannes Jaucus, bailli d'Orléans (1234), 152.
Jonnart (Jehan), administrateur de l'Hôtel-Dieu de Dourdan en 1446, 250.
Jorias (fief de), 140, 388.
Josaphat (abbaye de), au diocèse de Chartres, 20, 34.
Journal d'un curé ligueur, cité, 83.
Journal d'un bourgeois de Paris, cité, 63.

L

La Bourdaisière défend Chartres en 1591, 96.
La Brière (hameau de), 146, 225, 360.
La Brousse de Verteillac (MM. de) 159, 171, 173, 185, 186, 225, 226, 244, 286, 345, 346.
La Brousse (Madeleine-Angélique de), comtesse de Verteillac, 286.
Lac (Jacques du), prieur commendataire de Louye, 113, 116.
La Ferté (le marquis de), 141, 368.
Lagrave (de), inspecteur des forêts de Dourdan, 246.
La Hire, captif à Dourdan, 64.
La Leu ou Lalun (fief de), 140.
Lally-Tollendal (le comte de), 335 et s.
Lamoignon (Mademoiselle de), 256.
Lamoignon (Chrétien de), 364.

Lamoignon (Guillaume de), 280, 361, 362, 363, 365, 367.
Landuyer, prêtre administrateur de l'Hôtel-Dieu de Dourdan, 252.
La Rochefoucauld (le comte Alfred de), 377.
La Rochelle (prise de), 118.
Launay (Philippe de), écorché vivant, 48.
Lazare (ordre de Saint-), desservant les maladreries, 36, 258.
Lebrun (Charles-François), duc de Plaisance, 6; achète Grillon, 333; député par Dourdan aux Etats-Généraux, 357, 359; député à la Convention, 340; est emprisonné, 340; bienfaiteur de Dourdan, 181, 269, 275, 343, 347.
Le Camus (André), administre l'Hôtel-Dieu de Dourdan en 1678, 254-263, 273.
Lefébure (Hector), receveur des tailles à Dourdan, 103.— (Michel), 140.
Lefébure (Mademoiselle), 256.
Lefort (MM.), 180, 322, 340.
Legras (madame), collaboratrice de saint Vincent de Paul, 254.
Le Meignan (Jean), administrateur de l'Hôtel-Dieu de Dourdan en 1556, 251.
Lenormand (Gilles), curé de Corbreuse, 119, 393.
Le Nôtre, 373, 385.
Léodebaud, abbé de Saint-Benoît-sur-Loire, 383.
Léonard (saint), 397.
Lépinois, *Histoire de Chartres*, 96.
Léproserie de Dourdan, 20. Voy. Maladrerie.
Le Roux (la famille), 154, 197.
Le Roux (François), prêtre, administrateur de l'Hôtel-Dieu de Dourdan en 1535, 251.
Lescornay (de), ancienne famille de Dourdan, 81, 84, 85, 89, 91, 103, 158.
Lescornay (Jacques de), 6, 7, 17, 19, 20, 24, 25, 26, 29, 53 et suiv., 66, 83, 90, 98, 99, 111, 117, 159, 161, 201, 231, 233, 319, 321; ses Mémoires de la ville de Dourdan, datés de 1624; préface, p. I, 111, 115, 117, 180.
Lescornay (Thomas de), maître des eaux et forêts (1718), 171, 180.
L'Estoile, anecdote relative au siège de Paris, 101.
Lettres d'abolition, 103.
Levavasseur (M.), 396.
Le Venier de la Grossetière, 395.
Lévy (Michel-Jacques), créateur du Parterre à Dourdan, 138, 144, 154, 158, 159, 186, 227, 284 et suiv.
Liphard (le fief de), 52, 139, 318, 379.
Logement de troupes, 88, 103, 259, 310.
Lonchamp (abbaye de), fondée par la sœur de saint Louis, 26, 38; ses droits sur Dourdan, 52, 130, 132, 148, 181, 419.
Longvilliers, 352, 377.
Louis le Gros, 16.
Louis le Jeune, 19.
Louis (Saint), 25, 26, 27, 152, 420.
Louis d'Anjou, second fils du roi Jean, 57.

Louis d'Evreux, 30, 45, 49, 51, 152.
Louis d'Etampes, 53 et suiv.
Louis XI, 67, 68, 369, 388.
Louis XII, 70, 369.
Louis XIII vient à Dourdan, 111-119, 212, 253.
Louis XIV, 119, 122, 133, 159, 198, 208, 241, 257, 272, 277, 304, 321, 330, 381.
Louis XV, 136, 155, 172, 208, 286.
Louis XVI, 136.
Louis XVIII, 137, 346.
Louis d'Orléans (le duc), reçoit Dourdan en apanage, 124, 306.
Louis-Philippe d'Orléans (le duc), reçoit Dourdan en apanage, 124, 145.
Louis-Philippe Joseph d'Orléans, dernier seigneur de Dourdan, 124, 336, 342.
Louis de Vendôme, prince de Chabanais, 71.
Louye (l'abbaye de), 19, 22, 27, 37, 38, 40, 41, 46, 56; drame sanglant, 57; ravagée, 63; 84, 113, 114, 136, 214, 215, 273; est cédée à des religieuses bénédictines de Saint-Rémy des Landes, 341, 398, 415.
Lucas (la famille des), bienfaiteurs de l'Eglise de Dourdan au xve siècle, 154, 196, 197, 360.

M

Madeleine (léproserie de la), 259, 367.
Magny (le marquis de), 142, 284.
Maîtrise des eaux et forêts à Dourdan; 170.
Maladrerie Saint-Laurent de Dourdan, 20, 35, 36; cérémonies lugubres, 36, 41, est unie à l'Hôtel-Dieu, 180, 258, 259.
Malte-Brun, *Hist. de Marcoussis*, 8, 71.
Maquet (M. Auguste), 391.
Marais (le domaine et château du), 141. 145, 359, 368, 369. Voy. Hurault.
Marchais (fief de), 40, 147, 360.
Marché, 299 à 331.
Marguerite de Bourgogne, 47.
Marguerite de Provence, 28, 199, 222.
Marguerite-Louise d'Orléans, grande duchesse de Toscane, 124; ses libéralités à l'Hôtel-Dieu de Dourdan, 124, 255-257; obtient pour Dourdan l'établissement de la foire de Saint-Félicien, 260, 263, 264, 399; ses instruct. pour l'Hôtel-Dieu, 434.
Marie d'Espagne, petite-fille de saint Louis, 51, 118.
Marie de Luxembourg, 71.
Marie de Médicis, usufruitière de Dourdan, 111, 112, 114, 115, 118, 119, 254.
Masserie (Jean, Jacquelin et Jacques de), donations pieuses, 42.
Matharel (Estiennette) de l'ordre de Cîteaux, mère de l'Hôtel-Dieu de Dourdan, 253.
Mathieu, évêque de Chartres, 35.
Mathis (Etienne), maître des eaux et forêts (1777), 171.
Mayenne (le duc de), 96, 97, 99.
Mayol (l'abbé), 274.
Mazis (Jean des), bailli de Dourdan, 64, 65, 147, 157.

Médicis (Gaston de), grand duc de Toscane; sa libéralité envers l'Hôtel-Dieu de Dourdan, 264.
Mémoires d'Etat de Villeroy, cités 97, 99.
Mérobert (la paroisse de), 382, 395, 429.
Mesnil (fief du), 147, 216.
Mesurage (droit de), 25, 128, 212-214, 302-307, 313.
Michel (M.), doyen des avoués de la Cour d'appel de Paris, dote une rosière, 346.
Millet (l'abbé), curé de Saint-Pierre, député du clergé pour Dourdan, 227, 337.
Milon le Cruel, de Montlhéry, 16.
Miramion (Mme de), 272.
Mondétour, 361, 362.
Monnaies gauloises, 4.
Monstrelet, cité, 60, 62, 65.
Montagu (Thomas de) assiége et prend Dourdan, 63.
Montbazon (de), 112, 113, 115, 158, 376.
Montfort (Simon de), 376, 381, 382.
Montgomery, seigneur de Lorges, 71,— fils de ce dernier, ravage Dourdan, 83, 158.
Montpensier (Mademoiselle de), 255, 369.
Mont-Rond (M. de), *Essai hist. sur la ville d'Etampes*, 51.
Morigny (l'abbaye de), 18, 35, 145, 149, 221, 224.
Mornay (Pierre de). Voy. de Buhy. Philippe de), voy. Duplessis.
Moulin, baron de Menainville, maire de Dourdan, 346.
Moulin-Grousteau, 143, 187, 432;—Choiselier, 43, 146, 187, 415, 432;—du Roi, 107, 129, 181, 432;—de Grillon, 141, 279, 392, 432;—de Pôtelet, 69. 129, 432.
Moutié (Aug.), président de la Société archéol. de Rambouillet, 3, 19, 37, 39, 64, 109, 340, 376.
Moutier Saint-Père, 35, 224.
Moutiers (le hameau de), 374.
Murailles, fortifications et fossés, 59, 85, 129, 179, 182, 185, 186, 229, 232, 285.
Murs (la terre des), 46, 52, 72, 129; l'hôtel des — 6, 69.

N

Napoléon 1er vient à Dourdan, 269, 344.
Nemours (Mme de). Voy. Anne d'Este.
Nicod (dom), prieur de Louye, cité en son Journal (1770), 37, 215.
Noms d'habitants et officiers de Dourdan, 47, 51, 52, 65, 77, 106, 153-174. 179 et suiv., 197, 198, 205, 212, 226, 251, 264, 269, 272 et suiv., 280, 294, 336 et suiv., 344, 433, 436, 437.
Notaires (les) de Dourdan, 423.

O

Obeville, 394.
Odile de Pommereuil, maître des eaux et forêts à Dourdan (1761-1783), 171;— lieutenant des chasses, 171;— receveur, 172, 173.

Officialité de Dourdan, 174, 204.
Orge (l'), rivière de Dourdan, 1, 2, 3, 10, 87, 180, 299, 314, 359, 361, 363, 367, 385, 387, 392, 398, 399, 405.
Orgères (la bande d'), 297.
Orléans (le duc d'), assassiné, 60.
Orléans (maison d'), 122, 201. Voy. Louis-Philippe, etc.
Orléans, siége de la généralité, 26, 38, 61, 78, 81, 163, 164, 175, 300, 308, 309.
Orphin, 353, 384.
Orsonville, 394.

P

Pajot, intendant d'Orléans (1740), 164.
Pajot de Juvisy, 335, 337.
Palma Cayet, cité, 93, 96.
Papillon (Mathieu de), donation pieuse, 43.
Paray-Douaville, 394, 429.
Parterre (le) à Dourdan, 159, 186, 189; ses destinées diverses, 227, 284 et suiv.
Passart (Alexandre de), son testament (1696), 243, 262; ses instructions pour l'Hôtel-Dieu de Dourdan, 262, 395, 398.
Paume (jeu de) à Dourdan, 114, 185.
Pavillons (les), 168, 396.
Péages au xvii° siècle, 305.
Pelault (la famille), 154, 211.
Pellenc (M.), 288.
Perrot Joly, donation pieuse, 42.
Peschard (M.), maire de Dourdan, 339.
Peste à Dourdan, 54, 63, 117, 120, 197, 258.
Philippe-Auguste, 20, 22-25, 151, 230 et suiv., 407.
Philipe le Bel, 28, 47-49.
Philippe de Valois, 53.
Philippe le Hardi, duc de Bourgogne, 59, 62, 64.
Philippe de France, frère de Louis XIV, reçoit Dourdan en apanage, 122, 124, 132, 256, 260.
Pictet, de Genève (M.), 3.
Pierre Bourguignon, prêtre, 138.
Pierre de Condé, comptes de 1284, 29.
Pierre, abbé de Saint-Chéron, 24.
Pinceloup (le château de), 384.
Plessis-Marly ou Mornay (temple et consistoire du) sont donnés par Louis XIV à l'Hôtel-Dieu de Dourdan, après la révocation de l'édit de Nantes, 257, 378.
Poisieux (Aymard de), 138, 388.
Poisieux (Claude de), 389.
Poncet de la Rivière (M. de), 305, 385.
Ponthévrard (la commune de), 7, 391.
Poste (la) à Dourdan, au xviiie siècle, 174.
Potelet (le fief de), 52, 69, 129, 168, 182, 317, 331, 392, 432.
Potiers à Dourdan, 4, 161, 316.
Pourrat (Michel), prieur de Louye, 64.
Pourtalès (le comte de), 138, 372, 378.
Poussepin (Jean-Louis), lègue tous ses biens à l'Hôtel-Dieu de Dourdan en 1786, 179, 264.
Prisons (les), 289-298.

Prony (de), sous-ingénieur des ponts et chaussées en 1783, 174.
Prunay-sous-Ablis, 353, 384.
Prunelé (le vicomte de), 335.

Q

Queyron (M.), inspecteur général des travaux de N.-D. de Paris, 191, 218.

R

Ragot, prieur de Saint-Pierre de Dourdan (1693), 225.
Regnard (le poëte), seigneur de Grillon, bailli de Dourdan, 142, 154, 171, 277, 392. Voy. Grillon.
Renard (la bande de), 293 et suiv.
Renaud, évêque de Chartres en 1213, 40.
Renaud du Château, donation pieuse, 42.
Richarville, 396.
Richelieu (le card.), achète la terre de Limours, 114.
Riocreux et Millet (MM.), de la manufacture de Sèvres, 4.
Rivet (l'abbé), 205.
Rivet (Louis), prêtre de la Mission, 265.
Robert III, évêque de Chartres (1160), 21, 382.
Robert le Charron, comptes cités (1485-1491), 69.
Robert Joudoin, prieur de Saint-Germain de Dourdan, 55, 56.
Rochefort en Yveline, 16, 62, 113, 167, 291, 375, 378, 381, 382, 386, 400.
Roger (Félix M.), d'Etampes, préf., p. ii, 81, 164.
Roger (MM.), lieutenants généraux à Dourdan, 154, 164, 166, 294, 336, 338, 339.
Rohan-Guéménée (le prince de), gouverneur du château de Dourdan (1660), 136, 158, 241.
Roinville (commune de), 359, 424, 430.
Romains (les) à Dourdan, 5.
Rosière (couronnement de la) à Dourdan, 346; liste des rosières, 437.
Rouage (fief du), 143.
Rouage, droit sur les charrois, 128.
Rouillon (la seigneurie de), 138-145.
Roussineau (M.), curé de Saint-Germain de Dourdan, 201, 205, 343.
Roustan Raza (le mameluck) repose dans le cimetière de Dourdan, 344.

S

Saint-Arnoult-en-Yveline, 8, 34, 75, 104, 112, 141, 203, 300, 310, 320, 347, 353, 380, 399, 424, 430.
Saint-Benoît-sur-Loire (abbaye de), 34, 75, 383, 395.
Saint-Chéron (commune de), 34, 352, 363, 430.
Saint-Chéron-les-Chartres (abbaye de), 17, 24, 32, 34 et suiv., 55, 75, 150, 203, 215, 407, 408.

Saint-Cyr (la commune de), 34, 371.
Saint-Escobille, 243, 353, 395, 430.
Saint-Evroult, 6, 363, 383, 401, 403.
Saint-Germain (église),17, 24, 32, 33, 40, 43, 54, 55-58, 63, 70 84, 90, 97, 98, 102, 109, 118; vaisseau, 191; anciennes décorations et dispositions intérieures, 199; service religieux, 203; ressources, 209; restauration actuelle, 218; 222, 263, 265, 274, 305, 341, 348, 356, 407, 433.
Saint-Laurent. Voy. maladrerie.
Saint-Martin de Bréthencourt, 62, 103, 353, 385, 430.
Saint-Maurice, 352, 368, 430.
Sainte-Mesme, 6, 28, 34, 45, 76, 119, 131, 255, 353, 387 et suiv., 424, 430. Voy. l'Hospital.
Saint-Pierre (église), seconde paroisse de Dourdan, 18, 35, 145, 186, 212, 220; description rétrospective, 222; prieuré et cure, 224; revenus de la fabrique, 227, 285, 432. Voy. Morigny.
Saint-Pol (la famille de), 154, 180, 366, 426.
Saint-Remy-des-Landes (l'abbaye de), 21, 341, 382.
Saint-Sulpice-de-Favières (la commune de), 352, 365.
Saint-Yon, 352, 366.
Salisbury (Jean de), évêque de Chartres, 19.
Salisbury. Voy. Montagu.
Sanguin, bourgeois de Paris, 386.
Sault-de-l'Eau (fief du), 141.
Scariberge (sainte), nièce de Clovis, 8, 375, 380, 382.
Semont (fief de), 41, 76, 98, 139, 143, 210, 379, 424, 432.
Sénéchau, maître des eaux et forêts à Dourdan (1783), 171.
Sermaise (commune de), 77, 94, 155, 352, 360, 426, 430.
Servin (Mme), supérieure des sœurs de l'Instruction chrétienne, 272 et suiv.
Servin (François), fils de la précédente, religieux de Louye, 273.
Sœurs de l'Instruction chrétienne (les), 272. Voy. Communauté.
Sœurs de Saint-Paul (les), 275, 357
Sonchamp, 30, 75, 131, 353, 383, 425, 430.
Sorciers de Dourdan (les), 290 et suiv.
Soupplainville, 394.
Statistique sommaire de Dourdan et de ses cantons, 351-357.

Subsides de guerre, 85, 103.
Sully (Maximilien de Béthune, duc de), seigneur de Dourdan, 108, 110, 241.

T

Talaru (M. de), 276.
Tanneguy du Châtel, 62.
Templiers (ordre des), 20, 46.
Thibault (le comte), 16, 19.
Thomas Mousset, fondeur, 105.
Tirard (Louis), comptes pour 1540 à 1549, 72.
Torfou (la contrée de), 365.
Tresme (le duc de), 159.
Triens mérovingien, 11.
Tristand le Charron, bailli de Dourdan, 74, 153.
Turenne, 120.

V

Val-Saint-Germain (le), ou Sainte-Julienne, pèlerinage célèbre, 352, 370.
Vausoleil (fief de), 143.
Védye (MM.), lieutenants généraux à Dourdan, 154, 157, 162, 164, 165, 168, 169, 212, 306.
Ventenat (Madame), 398.
Verteillac. Voy. La Brousse.
Viennet (M.), son ermitage, 371.
Vignes (les), de Dourdan, 34, 40 et suiv., 139, 215, 318, 327, 360, 409 et suiv. 427.
Ville-Lebrun, 6, 323, 344, 392.
Villa romaine, 6.
Vincent de Paul (saint), 121; crée des *marmites*, 121, 254; fonde les Servantes des pauvres, 254; lettre autographe à la sœur Legras (1640), 254.
Violaine (de), inspecteur des forêts à Dourdan, 246.
Viole (Jacques), conseiller du roi, 74.

X

Xaintrailles, 64.

Y

Yveline (forêt d'), 3, 380.

TABLE DES CHAPITRES
DES APPENDICES ET DES PIÈCES JUSTIFICATIVES

SUIVANT L'ORDRE DE LA PAGINATION.

Chap. Ier.—Les Origines de Dourdan. 1	§ 3.—Principales censives particulières sur le territoire des paroisses de Dourdan........ 138
Chap. II.—Dourdan sous les premiers Capétiens (956-1180)............ 13	Chap. XIV.—Juridictions, administration...................... 151
Chap. III.—Dourdan, de Philippe-Auguste à Philippe le Bel (1180-1307)............................. 22	Chap. XV.—La ville............. 177
	Chap. XVI.—L'église St-Germain.. 191
Chap. IV.—Personnes et biens d'Église à Dourdan au XIIIe siècle.... 32	§ 1.—Vaisseau de l'église...... 191
Chap. V.—Dourdan sous les comtes d'Évreux (1307-1400)............ 46	§ 2.—Anciennes dispositions et décorations intérieures...... 199
Chap. VI.—Dourdan sous les ducs de Berry et de Bourgogne (1400-1478)............................. 58	§ 3.—Service religieux......... 203
	§ 4.—Ressources de l'église..... 209
Chap. VII.—Les seigneurs engagistes de Dourdan (1478-1559)..... 68	Chap. XVII.—L'église Saint-Pierre. 220
Chap. VIII.—Les Coutumes de Dourdan (1556).................... 74	Chap. XVIII.—Le Château......... 229
	Chap. XIX.—L'Hôtel-Dieu........ 249
Chap. IX.—Dourdan sous les Guises (1559-1588).................. 80	Chap. XX.—La maison de la Communauté...................... 271
Chap. X.—Dourdan sous Henri IV (1589-1611).................. 93	Chap. XXI.—Le château de Regnard à Grillon, et la maison du Parterre à Dourdan..................... 277
Chap. XI.—Dourdan sous Louis XIII et Anne d'Autriche (1611-1672)... 111	Chap. XXII.—Les prisons.......... 289
Chap. XII.—Dourdan sous les ducs d'Orléans (1672-1793).......... 122	Chap. XXIII.—Le marché aux grains. 299
Chap. XIII.—La Seigneurie et les Censives de Dourdan............ 127	Chap. XXIV.—Industrie et commerce........................ 316
§ 1.—Domaine de Dourdan.... 127	Chap. XXV.—Dourdan en 1789.... 333
§ 2.—Forêt de Dourdan........ 133	Chap. XXVI.—Dourdan au XIXe siècle 343

APPENDICES

Appendice I.—Statistique sommaire de la ville et des cantons de Dourdan............................ 351	deux cantons de Dourdan........ 358
	Appendice III.—Tableau géologique de Dourdan et de ses cantons............................ 399
Appendice II.—Promenade dans les	

PIÈCES JUSTIFICATIVES

Pièce I.—Titre de donation de la paroisse St-Germain aux chanoines de St-Chéron (vers 1150).......... 407

Pièce II. — Création par Philippe-Auguste d'un chapelain dans la chapelle de son nouveau château de Dourdan (2 au 30 avril 1222)..... 407

Pièce III.—Engagement de l'abbé de Saint-Chéron de desservir la chapelle du nouveau château de Dourdan (3 au 30 avril 1222).......... 408

Pièce IV.—Cession des droits de Jean Bourguignel sur Dourdan aux dames de Longchamp (1266)...... 408

Pièce V.—Obligation pour le paiement des dîmes de vignes dans la paroisse Saint-Germain (avril 1209-1210)........................ 409

Pièce VI.—Donation par l'évêque de Chartres de dîmes de vignes de Dourdan aux frères de Louye (mars 1213-1214, n. s.).............. 410

Pièce VII.—Sentence arbitrale attribuant lesdites dîmes aux moines de Saint-Chéron (février 1219-1220 n. s.)........................ 411

Pièce VIII.—Mandement par le Chapitre de Paris d'excommunier les lépreux de Dourdan s'ils refusent de payer les dîmes des vignes (septembre 1219).................. 412

Pièce IX. — Attribution de la dîme de vin des vignes des lépreux de Dourdan aux chanoines de Saint-Chéron (janvier 1222)............ 413

Pièce X. — Compromis entre les abbayes de Saint-Chéron et de Clairefontaine, au sujet des dîmes de Saint-Germain (octobre 1219). 413

Pièce XI.—Donation de cinq hostises devant l'église Saint-Germain aux chanoines de Dourdan, par Renaud du Château (mai 1235 ou peut-être vers 1178)....................... 414

Pièce XII.—Julienne de Choiseler reconnaît que le prieur de Saint-Germain a droit de recevoir un muid de blé de rente annuelle sur le moulin de Choiselier (1281-1282 n. s.).......................... 415

Pièce XIII.—Meurtre d'un prieur de Louye (mars 1385).............. 415

Pièce XIV.—Extraits du cahier des Doléances pour le Tiers-État de Dourdan aux Etats-Généraux d'Orléans (5 décembre 1560)........ 417

Pièce XV. — Gages des officiers du bailliage de Dourdan pour l'année 1646........................... 418

Pièce XVI.—Censive des Dames de Longchamp..................... 419

Pièce XVII.—Noms de plusieurs notaires, garde-notes, tabellions de Dourdan, recueillis par nous sur des actes...................... 423

Pièce XVIII.—Appel fait par le bailli de Dourdan, des nobles et autres, possédant fief dans l'étendue du bailliage, pour l'exécution des lettres-patentes du Roi, pour la convocation du ban et arrière-ban, dans la province de l'Ile-de-France, et de la lettre du duc d'Estrée, gouverneur (24 avril 1697)............ 424

Pièce XIX.— Cadastre de l'élection de Dourdan (1740-1745)............ 426

Pièce XX. — Extraits du rôle des Tailles de la ville de Dourdan (1768) 431

Pièce XXI.—Un *Te Deum* à Dourdan, en 1748.................... 433

Pièce XXII.—Instructions de S. A. R. la grande duchesse de Toscane pour les malades de l'Hôtel-Dieu de Dourdan (1684)................ 434

Pièce XXIII. — Hommage des habitants à la grande-duchesse (1695). 435

Pièce XXIV.—Rosières de Dourdan. 437

Nota. *Les armes de Dourdan, inscrites sur notre titre, sont la reproduction d'une planche faisant partie d'une collection de bois gravés pour la maison d'Orléans en 1664, sauvés de la destruction en 1793 par M. Dardenne, garde des archives du duc d'Orléans, et possédés aujourd'hui par M. A. Aubry, éditeur.*

Paris.—Jules Bonaventure, quai des Grands-Augustins, 55.

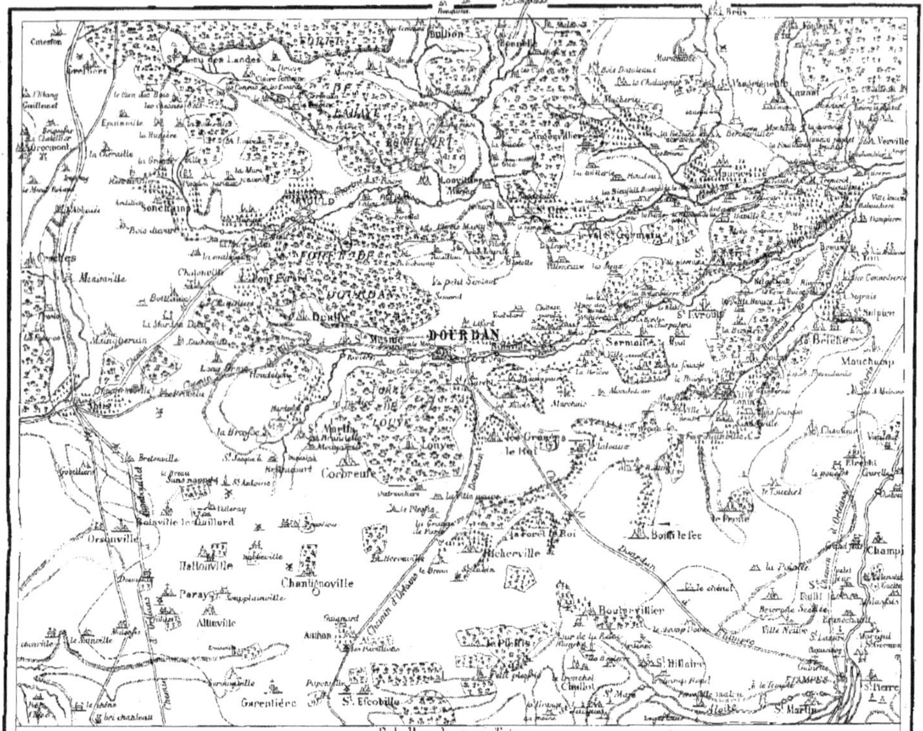

Histoire de Dourdan.   par Joseph Guyot.

LES ENVIRONS DE DOURDAN
d'après une carte manuscrite de 1743.

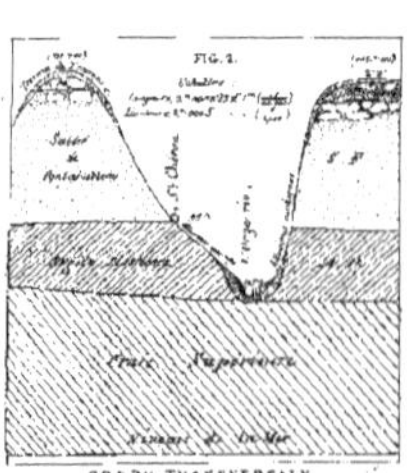

Echelles de 4000 Toises

Ville — Château — Ferme — Moulin à vent
Village — Hameau — Justice
Abbaye — Chapelle — Moulin à eau — La ligne ponctuée indique les limites de l'Élection

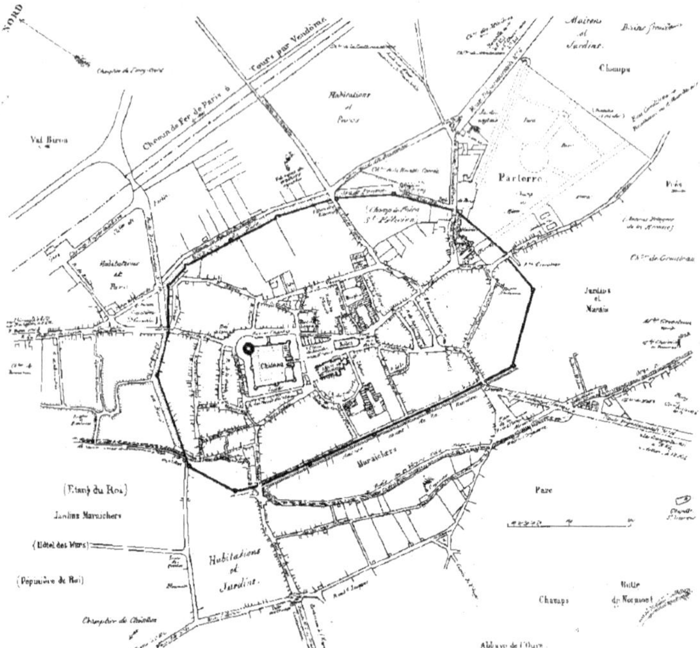

PLAN ACTUEL DE LA VILLE DE DOURDAN
D'APRÈS LE CADASTRE, LES PLANS DE LA MAIRIE, &c.
(Les mots entre parenthèses indiquent un ancien état des choses)

FIG. 1
COUPE TRANSVERSALE
de la Vallée de l'Orge à S.¹ Chéron.

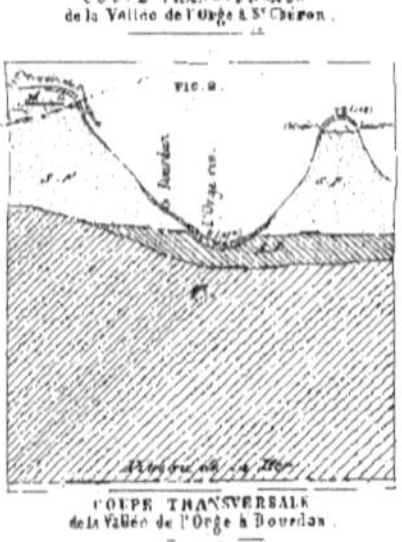

FIG. 2
COUPE TRANSVERSALE
de la Vallée de l'Orge à Dourdan.

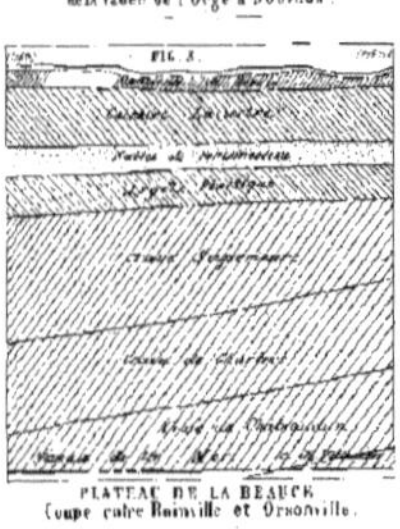

FIG. 3
PLATEAU DE LA BEAUCE
Coupe entre Roinville et Orsonville.

MDCCCLXIX